Friedrich Ferdinand Kampe

Die Erkenntnistheorie des Aristoteles

Friedrich Ferdinand Kampe

Die Erkenntnistheorie des Aristoteles

ISBN/EAN: 9783743314962

Hergestellt in Europa, USA, Kanada, Australien, Japan

Cover: Foto ©ninafisch / pixelio.de

Manufactured and distributed by brebook publishing software
(www.brebook.com)

Friedrich Ferdinand Kampe

Die Erkenntnistheorie des Aristoteles

DIE

ERKENNTNISSTHEORIE

DES

ARISTOTELES.

VON

DR. FRIEDR. FERDINAND KAMPE.

LEIPZIG,

FUES'S VERLAG (R. REISLAND).

1870.

Druck von L. Fr. Fues in Tübingen.

Vorwort.

Auf dem Boden der griechischen Philosophie erscheint das Verhältniss von Subject und Object, wenn auch nicht unangetastet und ungestört, doch im Ganzen als ungebrochen und unmittelbar. In Folge dieser Thatsache war die Frage, welche die Erkenntnisstheorie zu beantworten sucht, noch nicht in derjenigen principiellen und umfaßenden Bedeutung und somit noch nicht mit derjenigen Dringlichkeit, welche der Stellung und den Anforderungen der neuern Philosophie entsprechen, dem forschenden Geiste nahegetreten. Nichtsdestoweniger war sie schon zu oft, nicht ohne nachdrücklichen Accent und nicht ohne tiefgreifende Folgerungen, bald von diesem bald von jenem Punkte aus in Anregung gebracht oder in ernste Erwägung genommen worden, schließlich lag sie naturgemäß viel zu sehr in der Bahn seiner universellen Interessen, war zu vielfach und zu eng damit verknüpft, als daß ein Philosoph wie Aristoteles sie hätte überhören können. Wie werden die Principien bekannt, und welches ist die erkennende Kraft? fragt er im Schlußcapitel der analytischen Schriften, räumt sofort, mit einem Blicke auf Platon, die Voraussetzung von einem dunkeln Schachte des Bewußtseins bei Seite, geht dann zu dem Positiven über, wie sie zuallererst und in primitivster Form lediglich durch die sinnliche Wahrnehmung entstehen, und bezeichnet endlich diejenige Kraft und Kraftäußerung des Denkvermögens,

welche der adäquaten Erkenntniss ausschließlich gewachsen sein
sollen. In der Metaphysik wirft er die Frage auf, in welche
Wißenschaft die Untersuchung der Axiome oder der für alles
Seiende geltenden, somit allen wißenschaftlichen Gebieten gemeinsamen Principien gehöre? Unzweifelhaft in die Philosophie.
Das höchste oder tiefste, allen übrigen vorhergehende Princip
ist der Satz des Widerspruchs; mit der nun sofort beginnen-
den Polemik erscheint Aristoteles wiederum auf dem Grund
und Boden der hier in Rede stehenden Wißenschaft. Die
Ergänzung und Erweiterung, Ausgestaltung und Vertiefung
dieser Bruchstücke — ein besonderes Werk über diesen Gegenstand liegt bekanntlich nicht vor, noch hat ein solches, den
überlieferten Katalogen nach zu urtheilen, je existirt, — gibt die
Erkenntnisstheorie des Aristoteles. Die Sache liegt also nicht
so, wie man etwa nach einer Homerischen Theologie fragt,
als ob es lediglich darauf ankäme, zerstreute Materialien unter
einen von Außen herangebrachten Gesichtspunkt zu stellen,
sondern dieser Gesichtspunkt existirt mit voller Bestimmtheit
im Bewußtsein des Aristoteles; er wirft ausdrücklich die Frage
auf: wie werden die Principien der Beweise bekannt und welches
ist die erkennende Kraft? und geht in großen, mit fester Hand
entworfenen Zügen auf die Beantwortung derselben ein. Für
die weitere Ausführung kommt zunächst seine Psychologie in
Betracht. Einem allgemeinen Kanon zufolge gehen die Thätigkeiten den Kräften, die Objecte den Thätigkeiten begrifflich
vorher; um das wahrnehmende und denkende Vermögen zu
verstehen, muß man zuvor die wahrnehmbaren und denkbaren
Objecte sowie das Wahrnehmen und das Denken betrachten.
Das in diesem Zusammenhange gebotene erkenntnisstheoretische
Material steht also unter psychologischem Gesichtspunkte. An
die Psychologie schließen sich die Schrift über das Gedächtniss, die Erinnerung und das Sich-besinnen als wesentliche und
unentbehrliche, die übrigen kleinern physiologisch-psychologi-

schen Abhandlungen als höchst charakteristische und sehr beachtungswerthe Ergänzung an. Die Lehre vom streng wißenschaftlichen, mit dem in der realen Welt schöpferisch auftretenden schlechthin identischen Begriffe kommt hauptsächlich im Verlaufe der ontologischen Untersuchungen, dagegen die Entstehung desselben im Bewußtsein auf der Grundlage einer vorläufigen Kenntniss oder der Erfahrung in der Lehre vom Beweise zur Sprache: allenthalben zerstreutes Material, welches den erkenntnisstheoretischen Excurs am Schluße der analytischen Schriften unterbaut, ergänzt, zahlreiche Fugen schließt und das Ganze über Erwarten rundet.

Wie das rein historische, so scheint auch das systematische, neuerdings der Erkenntnisstheorie wieder in höherm Maße zugewandte Interesse unmittelbar die Aufforderung zu enthalten, immer wieder den Versuch zu machen, den einschlagenden Lehren des größten Denkers des Alterthums so nahe als möglich zu treten. Diese schwierige, ja schwierigste Aufgabe im Gebiete der Aristotelischen Philosophie hat nun die vorliegende Schrift zum ersten Male in weiter gesteckten Grenzen und größerer Ausführlichkeit zum Gegenstande. Die Beantwortung der Frage, welche sich unmittelbar hieran knüpft, ob dieses zunächst nur quantitative Verhältniss zur Rechtfertigung seiner Veröffentlichung genügen soll, oder ob und wie auch die Resultate dabei in Anschlag kommen, übernimmt der gegenwärtige Versuch am Füglichsten unmittelbar selbst. Der Verfaßer gestattet sich daher nur noch wenige Bemerkungen.

Die Untersuchung der Echtheit oder Unechtheit der hier in Betracht genommenen, unter dem Namen des Aristoteles überlieferten Werke (es kommen fast sämmtliche in Betracht) gehört unter die literar-historischen Voraussetzungen; der Verf. schickt dem Ganzen eine diesen Punkt betreffende Zusammenstellung voraus. Um einem ungebührlichen Anwuchse der Anmerkungen zu begegnen, wurde eine Anzahl exegetischer, meistentheils die Bücher de anima betreffender Excurse wieder unterdrückt. Sollte die Aufnahme vorliegender Forschungen eine Ermunterung für ihn mit sich führen, so würde der Verf. Bedacht darauf nehmen, diese Abhandlungen gelegentlich in anderer Form zu veröffentlichen.

Breslau im April 1870.

Ferdinand Kampe.

Inhaltsverzeichniss.

Verzeichniss erklärter Stellen des Aristotelischen Textes.

Verzeichniss

derjenigen unter dem Namen des Aristoteles überlieferten Schriften und Theile solcher Schriften, welche in vorliegender Darstellung als pseudonym vorausgesetzt und als Quellen zweiten Ranges benutzt werden:

categ. (Prantl, Geschichte der Logik im Abendlande, I, S. 90 f. 207 f. 227, Anmerk. 243. 256 f., Anm. 530 f.; gegen die Instanz des πρός τί πως ἔχειν u. A. mit Recht Zeller, Die Philosophie der Griechen etc., II, 2. S. 50. — Bonitz, Über die Kategorien des Aristoteles, Sitzungsber. der k. Ak. d. W. X, Wien 1853, S. 593 f., setzt die Unechtheit, ohne sich bestimmt zu entscheiden [vgl. Aristotel. Studien, V. Heft, Wien 1867, S. 37. Anmerk.], thatsächlich voraus.)

de interpret. (Gumposch. Über die Logik und logischen Schriften des Aristoteles, Leipzig 1839, S. 89 ff. Rose, De Aristotelis librorum ordine et auctoritate comment., Berol. 1854, p. 232 sqq., zugleich über die Kategorien. Prantl. a. a. O. S. 91 f. 147, Anmerk. 164, Anmerk. Vgl. auch Trendelenburg zu de an. p. 116 sq.)

de motu an. (Rose a. a. p. 162 sqq. Zeller a. a. O. S. 69. 763 f.)

physiognom. (Rose a. a. O. p. 221 sqq.)

problem. (Prantl, Über die Probleme des Aristoteles, Abhandl. der I. Classe der k. Akad. der Wißenschaften, VI [München 1850], 2. S. 341 ff. vgl. Rose a. a. O. p. 63 sqq. 189 sqq. Brandis, Handbuch der Geschichte der Griechisch-Römischen Philosophie, II, 2. S. 121 f. Zeller a. a. O. S. 71.)

metaph. I min. (π) und X. (K; Zeller a. a. O. S. 57 f. 711 u. A. Bonitz, comm. p. 15 sqq. 18. 27, schwankt in Bezug auf die Authenticität des Buches α.) Über XII (M), 10. vgl. Abschn. II der Untersuchung.

eth. Nicom. V, 15 — VII. (Fischer, De ethicis Nicomacheis et Eudemiis quæ Aristotelis nomine tradita sunt, Bonnæ 1847. Fritzsche in s. Ausg. der Eudem. Ethik.)

eth. Eud. und m. mor. (Zeller a. a. O. S. 72 f. 766 ff. Trendelenburg, Historische Beiträge zur Philosophie, III [Berlin 1867], S. 433 ff. u. A.), auch de virtut. et vit. (Zeller a. a. O. S. 73).

œcon. (Zeller a. a. O. S. 75. 768 f.)

I.

Die Denkseele oder der getrennte und trennbare Nus.

Erkennen, Wahrnehmen, Denken u. s. w. kommen nicht „der ganzen Seele" zu, [1]) sondern die Seele ist in „Theile" unterschieden: das ernährende, wahrnehmende, denkende und bewegende Vermögen: [2]) — zwar nicht so unterschieden, wie wenn diese Theile, einer ausgenommen, ohne Weiteres von einander trennbar wären, [3]) aber doch so, daß man von ebenso vielen Seelen, [4]) — um wie viel mehr, wenn sie etwa die trennbare wäre, von einer „denkfähigen oder denkenden Seele", von einem „denkenden Theile" sprechen kann, [5]) m i t w e l c h e m die Seele erkennt, denkt u. s. w. [6]) Geläufig ist dafür der Ausdruck N u s (ὁ νοῦς).

---

1) ἐπεὶ δὲ τὸ γινώσκειν τῆς ψυχῆς ἐστι καὶ τὸ αἰσθάνεσθαί τε καὶ τὸ δοξάζειν, ἔτι δὲ τὸ ἐπιθυμεῖν καὶ βούλεσθαι καὶ ὅλως αἱ ὀρέξεις, γίνεται δὲ καὶ ἡ κατὰ τόπον κίνησις τοῖς ζώοις ὑπὸ τῆς ψυχῆς, ἔτι δ᾽ αὔξη τε καὶ ἀκμὴ καὶ φθίσις, πότερον ὅλῃ τῇ ψυχῇ τούτων ἕκαστον ὑπάρχει, καὶ πάσῃ νοοῦμέν τε καὶ αἰσθανόμεθα καὶ κινούμεθα καὶ τῶν ἄλλων ἕκαστον ποιοῦμέν τε καὶ πάσχομεν, ἢ μορίοις ἑτέροις ἕτερα; de an. I, 5. 411 a 26 ff.

2) ...ἡ ψυχὴ... τούτοις ὥρισται, θρεπτικῷ, αἰσθητικῷ, διανοητικῷ, κινήσει, a. a. O. II, 2. 413 b 11 ff. δυνάμεις δ᾽ εἴπομεν θρεπτικόν, ὀρεκτικόν, αἰσθητικόν, κινητικὸν κατὰ τόπον, διανοητικόν, c. 3. 414 a 31 f. ἢ οὐκ ἔστι πᾶσα ἡ ψυχὴ κινήσεως ἀρχή, οὐδὲ τὰ μόρια ἅπαντα, ἀλλ᾽ αὐξήσεως μὲν ὅπερ καὶ ἐν τοῖς φυτοῖς, ἀλλοιώσεως δὲ τὸ αἰσθητικόν, φορᾶς δ᾽ ἕτερόν τι καὶ οὐ τὸ νοητικόν· ὑπάρχει γὰρ ἡ φορὰ καὶ ἐν ἑτέροις τῶν ζώων, διάνοια δ᾽ οὐδενί, de part. an. I, 6. 641 b 4 ff.

3) de an. I, 5. 411 b 5 f. II, 2. 413 b 14 ff. u. s.

4) a. a. O. II, 3. 414 b 24 f. πάσας ψυχὰς, de generat. an. II, 3. 736 b 14 ff.

5) ἡ ψυχὴ νοητική, de an. III, 4. 429 a 27 f. de generat. an. II, 3. 736 b 14. τὸ νοητικὸν μέρος, phys. VII, 3. 247 b 1. ψυχὴ διανοητική, de an. III, 7. 431 a 14.

6) περὶ δὲ τοῦ μορίου τοῦ τῆς ψυχῆς ᾧ γινώσκει τε ἡ ψυχὴ καὶ φρονεῖ, κτλ. a. a. O. C. 4. 429 a 10 f. λέγω δὲ νοῦν ᾧ διανοεῖται καὶ ὑπολαμβάνει ἡ ψυχή, a 23. Vergl. ἔστι γὰρ καὶ ὁ νοῦς τῶν φύσει ἐν ἡμῖν ὥσπερ ὄργανον ὑπάρχων. problem. XXX, 4. 995 b 25 f.

1 *

A. Die Getrenntheit und Trennbarkeit der Denkseele.

Alles Denken und alles Wißen ist theils theoretisch, theils praktisch (das praktische theils auf das Hervorbringen, theils auf das Handeln gerichtet). [1]
Theoretische Erkenntniß hat entweder die qualitativen Bestimmtheiten der Dinge und, tiefer in den Grund dringend, den Wesensbegriff oder die schöpferische Form, oder zweitens die quantitativen Verhältnisse, oder endlich die höchsten, ewigen Ursachen zum Gegenstande. Die qualitativen Bestimmtheiten der Dinge (Affectionen) sind nicht trennbar [2], und die Formen existiren lediglich im Stoffe, nicht außerhalb der Dinge. [3] Desgleichen die mathematischen Objecte nicht; [4] aber „Erz und Stein gehören nicht zur Substanz des Kreises, da sie getrennt davon vorkommen." [5] Die dem Wesen der mathematischen

---

1) πᾶσα διάνοια ἢ πρακτικὴ ἢ θεωρητική, metaph. V, 1. 1025 b 25. C. 2. 1026 b 4 f. I, 1. 982 a 1. I min., 1. 993 b 20 f. X, 7. 1064 a 16 ff. top. VI, 6. 145 a 15 f. 17 f. VIII, 1. 157 a 10 f. de an. III, 10. 433 a 14 f. C. 9. 432 b 27. I, 3. 407 a 23 ff. polit. VII, 14. 1333 a 25. — In Hinsicht der Begriffe θεωρεῖν (denkend, besonders wißenschaftlich denkend betrachten), θεωρητικός, θεωρία, θεώρημα vgl. analyt. post. I, 10. 76 b 3 f. 13. II, 13. 96 b 20. metaph. II, 2. 997 a 20. 22. 24. 32. III, 1. 1003 a 21 f. 25. C. 2. 1005 a 15 f. V, 1. 1025 b 25 ff. X, 3. 1061 b 29. phys. II, 2. 193 b 32 f. de an. I, 1. 402 a 7 f. vgl. III, 10. 433 b 20 f. de part. an. I, 1. 641 a 29 u. s. Zu ποιεῖν und πράττειν: metaph. V, 1. 1025 b 22 ff. eth. Eud. V (Nicom. VI), 4. von Anf. m. mor. I, 35. 1197 a 3 ff. u. s. Vgl. TRENDELENBURG, Elementa logices Aristoteleæ, ed. IV., p. 79. BONITZ, Comm. zur Metaph., p. 127. Näheres über die Gliederung des Aristotelischen Systems bei ZELLER, Die Philosophie der Griechen etc., II, 2. S. 122 ff.
2) ... τὰ πάθη τῆς ὕλης τὰ μὴ χωριστὰ μηδ' ἢ χωριστά, de an. I, 1. 403 b 10. metaph. I, 8. 989 b 3. VI, 1. 1028 a 33 f. C. 13. 1038 b 27 ff. XI, 1. 1069 a 24. C. 5. 1071 a 1 f. XII, 2. 1077 b 4 ff. C. 3. 1078 a 7 f. phys. I, 2. 185 a 31. C. 4. 188 a 6. 12 f. u. s. vgl. BONITZ, Aristotelische Studien, V. Heft, S. 29.
3) ἡ μορφὴ καὶ τὸ εἶδος οὐ χωριστὸν ὂν ἀλλ' ἢ κατὰ τὸν λόγον, phys. II, 1. 193 b 4 f. C. 2. 194 a 12 ff. IV, 2. 209 b 22 f. 30 f. metaph. V, 1. 1025 b 27 f. 30 ff. 1026 a 13 f. VI, 11. 1036 b 3 f. VII, 1. 1042 a 28 f. C. 3. 1043 b 19 ff. XI, 3. 1070 a 13 ff. u. s.
4) a. a. O. X, 1. 1059 b 13. C. 7. 1064 a 32 f. XII, 2. 1076 b 11 ff. 1077 b 13 f. C. 8. 1083 b 19 ff. C. 9. 1085 b 34 ff. XIII, 3. 1090 a 29. b 13. C. 4. 1092 a 7 f. C. 6. 1093 b 25 ff. de an. I, 1. 403 b 14. analyt. post. I, 18. 81 b 2 ff. u. s.
5) metaph. VI, 11. 1036 a 33 f. de cœlo I, 9. 278 a 2 ff.

Objecte adäquate Existenz ist ihre Abstraction im Denken. [1])
Der Nus denkt sie daher gleichwie Getrennte. [2]) Die höchsten, ewigen Ursachen endlich sind an und für sich getrennt. [3])
Die erste Klasse denkt der Naturforscher, die zweite der
Mathematiker, die dritte der Theolog, erste Philosoph (ὁ πρῶ
τος φιλόσοφος) oder Metaphysiker. [4])
Nach der Psychologie III, 4. erscheint die oben skizzirte
Natur der mathematischen Objecte (ihr Verhältniss zu ihren
Substraten und zum Denken) von constituirendem Einfluße
auf die Lehre vom Nus.

Da die Größe und der Begriff der Größe (τὸ μεγέθει εἶναι),
sagt hier Aristoteles, [5]) und ferner das Waßer und der Begriff
des Waßers verschieden sind (ebenso bei vielen Andern, nicht
aber bei Allem, denn bei Einigem — den stofflosen Objecten,
z. B. den reinen Begriffen, ist Beides identisch), so erkennt
man den Begriff des Fleisches entweder mit einem Andern
als demjenigen, womit man das Fleisch erkennt, oder mit
einem sich anders Verhaltenden (ἢ ἄλλῳ ἢ ἄλλως ἔχοντι), d. h.
mit einer andern Function desjenigen, womit man das Fleisch
erkennt. Denn das·Fleisch ist nicht ohne Stoff, sondern wie
das Concavnasige (τὸ σιμόν), dieses (die Form) in diesem (im
Stoffe). Mit dem Wahrnehmungsvermögen (τῷ αἰσθητικῷ) [6])

---

1) metaph. XII, 2. 1077 b 14 ff. C. 3. χωριστὰ γὰρ τῇ νοήσει κινήσεώς ἐστι,
phys. II, 2. 193 b 34 f. τὰ ἐν ἀφαιρέσει ὄντα, de an. III, 4. 429 b 18. ἐξ ἀφαιρέσεως,
I, 1. 403 b 15 u. s. w. TRENDELENBURG in Comm., p. 478 sqq. WAITZ zum
Organon II, p. 346 sq.

2) τὰ μαθηματικὰ οὐ κεχωρισμένα ὡς κεχωρισμένα νοεῖ, de an. III, 7. 431 b
15 f. metaph. XII, 3. Oder „inwiefern" sie, nämlich im Denken, getrennt sind,
V, 1. 1026 a 9 f., vgl. 1078 a 17 ff. phys. II, 2. 193 b 31 ff. analyt. post. I, 13.
79 a 7 ff.

3) εἰ δέ τί ἐστιν ἀΐδιον καὶ ἀκίνητον καὶ χωριστόν, κτλ. metaph. V, 1. 1026 a
10 ff. de an. I, 1. 403 b 15 f.

4) metaph. V, 1. 1025 b 25 ff. 1026 a 7 ff. 10 ff. ὥστε τρεῖς ἂν εἶεν φιλοσοφίαι
θεωρητικαί, μαθηματική, φυσική (ἡ δευτέρα φιλοσοφία, VI, 11. 1037 a 13 ff. ἔστι δὲ
σοφία τις καὶ ἡ φυσική, ἀλλ' οὐ πρώτη, III, 3. 1005 b 1 f.), θεολογική, a 18 f.
X, 7. 1064 b 1 ff. de an. I, 1. 403 b 11 ff.

5) a. a. O. III, 4. 429 b 10 ff.

6) BRENTANO, Die Psychologie des Aristoteles, insbesondere seine Lehre
vom νοῦς ποιητικός, Mainz 1867, S. 134, erklärt αἰσθητικῷ für corrumpirt und

erkennt und unterscheidet man nun das Warme und das Kalte
und alles das, worauf sich, als ein gewisses Verhältniss, das
Fleisch (das Medium des Tastsinns) bezieht, aber den Begriff
des Fleisches mit einem Andern, entweder Getrennten (χωριστῷ)
oder in der Weise, daß sich das wahrnehmende Vermögen
„wie die gebogene Linie zu sich selbst verhält, wenn sie aus-
gespannt ist," d. h. so verhält, daß das genannte Vermögen
aus der dem Concreten der Einzeldinge angemeßenen Form
in jene übergeht, welche dem Abstracten, Allgemeinen, — dem
Ursprünglichen oder Frühern entspricht. [1]) Jedenfalls ist also
das Organ in diesen verschiedenen Fällen ein irgendwie verschiedenes. Die Frage ist durch das Verhältniss des Einzelnen
zum Begriffe noch nicht erledigt; Aristoteles geht zu den mathematischen Denkobjecten fort: „Wiederum ist bei den mathematischen Abstractionen das Gerade wie das Concavnasige; es
ist nemlich mit dem Continuirlichen (dem Stoffe) verbunden;
dagegen ist der formende oder schöpferische Begriff (τὸ τί ἦν
εἶναι), wenn der Begriff des Geraden und das (concrete) Gerade verschieden sind, ein Anderes." [2]) Indem Aristoteles das
Ganze recapitulirt (ἑτέρῳ ἄρα ἢ ἑτέρως ἔχοντι κρίνει), hält er sich
an die mathematischen Getrennten: „und demzufolge ist überhaupt wie die Objecte vom Stoffe, so auch der Nus getrennt." [3])

---

schreibt dafür αἰσθητῷ. Mit diesem αἰσθητῷ steht und fällt Br.'s Auslegung
dieses ganzen Abschnitts (a. a. O. unter Nr. 11).

1) Der Begriff ist das Frühere, weil der schöpferische Grund des realen
Objects, s. Abschn. V. — *Inflexa linea*, sagt TRENDELENBURG im Comm.
p. 477 sq., *e recta nata posterius aliquid est, cui recta tanquam prius subest.
Si inflexam in rectam rursus extenderis, princeps illud et causa restituitur. Ita
mens, si notionem, quae rem constituit tanquam lex et causa, intellexerit, hoc,
quod subest, sublatis, quae materiae natura notioni acciderunt, in dignitatem
restituit suam.* Dreht sich die ganze Untersuchung um die Frage, ob das Abstracte (wie die ἀρχαῖοι de an. III, 3. 427 a 21 ff. wollten) mit dem αἰσθητικόν
oder etwas Anderm erkannt werde, so ist nicht der Nus, dessen Existenz eben
in Frage steht, sondern die Seele oder der Mensch Subject, wie auch ZELLER
a. a. O. S. 438 bemerkt.

·2) ἄλλο, BONITZ, Aristotel. Stud. IV. Heft (Wien 1866), S. 376 f. Anmerk.
Wogegen TORSTRIK, Neue Jahrb. f. Philol. und Pädag., 1867, S. 245, die gewöhnliche Lesart (ἄλλῳ) vertritt.

3) καὶ ὅλως ἄρα ὡς χωριστὰ τὰ πράγματα τῆς ὕλης οὕτω καὶ τὰ περὶ τὸν νοῦν,
de an. III, 4. 429 b 21 f. Die von TRENDELENBURG l. l. p. 482 aufgeworfene

Die von Aristoteles weiterhin und zwar in dichtem Anschlusse an eine Verhandlung über das Verhältniss der Trennbarkeit bei den mathematischen Objecten aufgeworfene, jedoch nirgends wieder aufgenommene Frage:[1] „überhaupt aber ist der Nus in Thätigkeit die Objecte selbst; ob es aber möglich ist, daß er, wenn er selber nicht von der Größe (dem Körper) getrennt ist, etwas Getrenntes denke oder nicht, ist später zu untersuchen," mag um so eher wieder in den Hintergrund getreten sein, je mehr sie in der Hauptsache schon erledigt war.

Demnach ist die gründliche Einwirkung eines von Aristoteles bestrittenen, ursprünglich Empedokleischen Satzes nicht zu verkennen; wie viel sich auch gegen die Behauptung, daß Gleiches durch Gleiches erkannt werde,[2] einwenden läßt: zwischen dem Object und dem Organe des Erkennens bleibt doch immer ein Verhältniss gewisser Aehnlichkeiten bestehen.[3] Gibt es also Denkobjecte, die nur als getrennte gedacht werden können, die mithin, wenn auch nur subjectiv, trennbar sind, so ist auch das entsprechende Organ getrennt. Um wie viel mehr, wenn die höchsten und erhabensten Objecte aller wißenschaftlichen Betrachtung an und für sich getrennt, ihrer Natur nach von allem Diesseitigen abgeschieden sind.

Während nun alle übrigen Seelenvermögen in einer so engen Verbindung mit einander stehen, daß immer die Existenz eines höhern die eines niedern zur Voraussetzung hat, so ist das Verhältniss des Nus ein anderes.[4] Als Entelechie,

Frage: *Num vero ex hac similitudine ipsam mentem a corpore segregari concludit?* ist ohne Zweifel zu bejahen.

1) a. a. O. C. 7. 431 b 16 ff. Pacius ad h. l., comm. analyt. zu de an. (Hanoviæ 1611), p. 398 sqq. u. A. beziehen diese Stelle auf die metaphysischen Objecte.

2) γινώσκεσθαι τῷ ὁμοίῳ τὸ ὅμοιον, a. a. O. I, 2. 404 b 17 ff. 405 a 27 f. b 15. C. 5. 409 b 26 f. 410 a 23 ff. metaph. II, 4. 1000 b 5 ff.

3) ... τῆς γὰρ αὐτῆς (sc. ἐπιστήμης) περὶ νοῦ καὶ τοῦ νοητοῦ θεωρῆσαι, εἴπερ πρὸς ἄλληλα, de part. an. I, 1. 641 b 1 f. Vgl. „Für zwei der Gattung nach verschiedene Gebiete gibt es auch zwei der Gattung nach verschiedene Theile der Seele, von welchen jeder auf das ihm entsprechende Gebiet angewiesen ist. wenn anders zwischen dem Erkennen und dem Erkannten eine gewisse Ähnlichkeit und ein gewisses eigenthümliches Verhältniss stattfindet," eth. End. V (Nicom. VI), 2. 1139 a 8 ff.

4) περὶ δὲ τοῦ θεωρητικοῦ νοῦ ἕτερος λόγος, de an. II, 3. 415 a 11 f.

d. h. dem immanenten Zwecke entsprechender oder zweckgemäß vollendeter Zustand mit Werkzeugen versehenen natürlichen Körpers [1]) oder kurz: als Form des Körpers ist die
Seele unmöglich trennbar vom Körper,[2]) wohl aber ein gewisser Theil der Seele, welcher keines Körpers vollendeter
Zustand,[3]) nicht in diesem Sinne Seele ist. Wird der Nus
ohne nähere Bestimmung als getrennt und trennbar (χωριστός)
bezeichnet,[4]) so heißt das nicht bloß, daß er mit den übrigen
Seelen in keinem seine Existenz bedingenden Zusammenhange,
also auch mit dem Körper, den er bewohnt, in keiner stofflichen Verbindung steht,[5]) und somit seine Thätigkeit nicht
an der körperlichen participirt,[6]) daher auch nicht bloß soviel,
daß er fähig ist, sich auf sich zu beziehen, wann er sich selbst
denkt,[7]) sondern auch, daß er, weil von Vorn herein seinem
ganzen Wesen nach von der übrigen Seele verschieden, so
verschieden wie Ewiges und Vergängliches, insofern an sich
getrennt, unbeschadet seiner Existenz vom Körper örtlich
gesondert werden kann.[8])

Dem Austritte aus dem Körper entspricht der Eintritt.
In dieser Beziehung entwickelt Aristoteles Folgendes:[9]) Man
kann den Lebenskeim der Thiere nicht für etwas schlechthin
Seelen- und Lebloses nehmen; Samen und Lebenskeime leben
so gut wie die Pflanzen. Selbstredend haben sie, wie sich
aus der Psychologie ergibt, zuerst die ernährende Seele, in
der weitern Entwicklung aber auch die empfindende, kraft

---

1) a. a. O. II, 1. 412 b 5 f. u. s.

2) οὐκ ἔστιν ἡ ψυχὴ χωριστὴ τοῦ σώματος, a. a. O. II, 1. 413 a 4.

3) οὐ μὴν ἀλλ' ἔνιά γε οὐδὲν κωλύει, διὰ τὸ μηθενὸς εἶναι σώματος ἐντελεχείας,
a. a. O. 413 a 6 f. vgl. I, 5. 411 b 18 f.

4) a. a. O. III, 5. 430 a 17.

5) ... διὸ οὐδὲ μεμίχθαι εὔλογον αὐτὸν τῷ σώματι· κτλ. a. a. O. C. 4. 429 a
24 ff. τὸ μὲν γὰρ αἰσθητικὸν οὐκ ἄνευ σώματος, ὁ δὲ χωριστός, b 4 f.

6) οὐδὲν γὰρ αὐτοῦ ἡ ἐνέργεια κοινωνεῖ σωματικῇ ἐνεργείᾳ (Text mit WIMMER),
de generat. an. II, 3. 736 b 28 f.

7) ... αὐτὸ ἑαυτὸ γινώσκει καὶ ἐνεργείᾳ ἐστὶ καὶ χωριστόν, de an. III, 6. 430 b
25 f. C. 5. 430 a 22 f.

8) ἀλλ' ἔοικε ψυχῆς γένος ἕτερον εἶναι, καὶ τοῦτο μόνον ἐνδέχεται χωρίζεσθαι
καθάπερ τὸ ἀΐδιον τοῦ φθαρτοῦ, a. a. O. II, 2. 413 b 25 ff. vgl. χωριστὸν ... καὶ
τόπῳ, b 14 f. Vgl. PACIUS im comm. analyt. zu de an., p. 372. 380. 382.

9) de generat. an. II, 3. 736 a 32 ff.

deren sie Thiere sind. Denn nicht gleichzeitig ist das Thier-
und Menschwerden. Der Zweck verwirklicht sich nemlich
zuletzt; das Eigenthümliche ist der Zweck des Werdens eines
Jeglichen. Und darum hat es in Betreff des Nus die
größte Schwierigkeit, um deren Lösung man sich
mit aller irgend möglichen Anstrengung bemühen
muß, wann, wie und woher die an diesem Principe Theil habenden Wesen dasselbe erhalten.
Offenbar muß man nun den Satz aufstellen, daß die Samen
und noch ungetrennten Keime die ernährende Seele potenziell
oder der Anlage nach (δυνάμει), jedoch actuell oder der Wirklichkeit nach (ἐνεργείᾳ) nicht eher besitzen, als bis sie, wie die
sich trennenden Keime, Nahrung aufnehmen, und das Geschäft
einer solchen Seele verrichten. Denn Anfangs scheinen alle
derartigen Keime ein Pflanzenleben zu führen; erst in der
Folge ist auch von der wahrnehmenden und der denkenden
Seele zu sprechen; denn nothwendiger Weise besitzen sie alle
diese Seelen früher potenziell als actuell. Nun aber müßen
die Seelen (1.) entweder (a) sämmtlich früher (d. h. in der
Anlage) nicht gewesen und erst hineingekommen, oder (b)
sämmtlich früher vorhanden gewesen oder (c) Theils vorhanden, Theils nicht vorhanden gewesen, und (2.) in den Keim-
stoff entweder (a) ohne oder (b) mit dem männlichen Samen
eingetreten, endlich (3.) in das männliche Individuum entweder (a) alle oder (b) keine oder (c) nur theilweise von Außen
her (θύραθεν) gekommen sein. Daß nun die Seelen nicht
sämmtlich in der Anlage vorhanden sein können (προϋπάρχειν),
ergibt sich aus Folgendem: diejenigen Principien, [1] deren Actualität eine körperliche ist, existiren unmöglich ohne Körper,
z. B. das Gehen nicht ohne Füße; so daß sie unmöglich von
Außen (θύραθεν) eintreten. Denn sie können weder für sich,
da sie untrennbar sind, noch in einem Körper eintreten; denn
der Same ist eine Ausscheidung der sich verwandelnden Nahrung. [2] (Sie treten also mit dem Samen ein.) „So bleibt

---

1) ἀρχῶν, 736 b 22, wofür WIMMER πράξεων lesen möchte, da nicht anzunehmen sei, daß Aristoteles das Gehen eine ἀρχή genannt habe. Aber nicht
das Gehen ist ἀρχή, sondern das Vermögen zu gehen.

2) οὔτε γὰρ αὐτὰς καθ' αὐτὰς εἰσιέναι οἷόν τε ἀχωρίστους οὔσας, οὔτ' ἐν σώματι

denn übrig, daß der Nus allein von Außen hineinkomme, und
allein göttlich sei; denn in Nichts nimmt seine Thätigkeit an
der körperlichen Theil."[1] Deutlicher kann man nicht reden:
ist der Nus dieses völlig Heterogene, von Allem, was sonst
den Menschen constituirt, *toto coelo* Verschiedene oder seinem
ganzen Wesen nach Getrennte und Trennbare, so entsteht er
unmöglich im Samen und wird unmöglich durch Zeugung fort-
gepflanzt. Also tritt er bei Gelegenheit der Zeugung,[2]
und zwar im dürren Sinn des Wortes und nimmermehr „gleichsam,"[3] zu den übrigen „Seelen" oder „Theilen der Seele"
von Außen in den Samen ein.

εἰσιέναι· τὸ γὰρ σπέρμα περίττωμα μεταβαλλούσης τῆς τροφῆς ἐστίν, a. a. O. b 25 ff.
Der Same ist eine Ausscheidung dieser Art, aber nicht ein Körper, d. h. ein
gegliederter Leib, weil kein Excerpt aus dem gesammten Körper des Erzeugers,
a. a. O. I, 17. 721 b 11 bis C. 18. 724a 13. ἔτι εἰ μὲν διεσπασμένα τὰ μέρη, ἐν τῷ
σπέρματι, πῶς ζῇ; εἰ δὲ συνεχῆ, ζῷον ἂν εἴη μικρόν, a. a. O. C. 18. 722 b 3 ff.
723a 21 ff.

1) ... τροφῆς ἐστίν. λείπεται δὲ τὸν νοῦν μόνον θύραθεν ἐπεισιέναι καὶ θεῖον εἶναι
μόνον· οὐθὲν γὰρ αὐτοῦ ἡ ἐνέργεια κοινωνεῖ σωματικῇ ἐνεργείᾳ, a. a. O. II, 3. 736 b
27 f. Vgl. ὁ δὲ νοῦς ἔοικεν ἐγγίνεσθαι, οὐσία τις οὖσα, de an. I, 4. 408 b 18 f.

2) Noch vor dem Eintritte des Samens in die Gebärmutter, de generat.
an. a. a. O. a 7 ff.: συναπέρχεται κτλ. a 20 f.: ὅταν ἔλθῃ εἰς τὴν ὑστέραν, κτλ.
Nicht „zuletzt, nachdem der Fötus bereits des vegetativen und sensitiven
Lebens theilhaftig geworden," BRENTANO a. a. O. S. 202, — eine Auffaßung,
mit welcher de generat. an. a. a. O. a 9 f.: ὅτοις ἐμπεριλαμβάνεται τὸ θεῖον (τοιοῦτος δ' ἐστὶν ὁ καλούμενος νοῦς), wie Br. a. a. O. S. 201 selber bemerkt, „in
dem grellsten Gegensatze steht." Deshalb erklärt er diese Worte für eine in
den Text aufgenommene Note eines „unglücklichen Commentators."

3) Aristoteles schwanke de an. III, 4 ff., meint HARTENSTEIN, De psycho-
logiæ vulgaris origine ab Aristotele repetenda commentatio, Lipsiæ 1840, p. 14,
ob der Nus ein Theil der Seele sei oder nicht, so dass er ihn auf der einen Seite
allerdings dafür erkläre, auf der andern Seite χωριστόν, *a corpore separabilem et
... extrinsecus quasi accedentem faciat.* — Die Beweisführung Th. C. SCHMIDT's,
De loco Aristotelico τὸν νοῦν θύραθεν ἐπεισιέναι in Aristot. περὶ ζῴων γενέσεως
II, 3, Erfurter Progr. 1847, angelt um das ἐμπεριλαμβάνεσθαι, 736 b 36 und
737 a 9. Alles und jedes Seelenvermögen, sage Aristoteles 736 b 29 ff., parti-
cipire an einem Körper von höherer als der gemeinen Natur. Im Samen aller
Thiere, sowie in dem Schaumartigen desselben sei der entwicklungskräftige
Dunst (πνεῦμα) enthalten, ein- und umgefaßt (ἐμπεριλαμβανόμενον). Wie nun
dieser Dunst wesentlich dem Samen angehöre (ἐμπεριλαμβανόμενον), ebenso
sei auch der Nus von Natur im Zeugungskörper enthalten. *Deinde vero genituram etiam ipsum voῦν divinum sibi habere adjunctum ostendit vocabulo ἐμπερι-*

λαμβανόμενον, **eadem** notione, qua antea, iterato, qua intussusceptionem significat. **Sequitur, nullum esse tempus, quo** νοῦν ad genituram accedat eamque ingrediatur, sed **nullo tempore** non inesse intussusceptum. Gegen Ende der Abhandlung (p. 7 sq.) sagt der Verfaßer Folgendes: Der Ausdrücke θύραθεν, ἐπεισιέναι, ἐμπεριλαμβάνεσθαι, συναπέργεσθαι etc. bediene sich Aristoteles nicht als Dialektiker, sondern als Physiolog. Mit den Worten νοῦν θύραθεν εἰσιέναι wolle er nur sagen, dass der Nus nicht aus den Elementen, weder sublunarischen noch astrischen entsprungen, obschon auch diese göttlich seien; deshalb trete der Nus aus diesen nicht θύραζε hervor, sondern θύραθεν zu ihnen heran, deshalb g l e i c h s a m in den Schooß der Elemente, sofern der menschliche Körper aus ihnen gebildet sei, aber δυνάμει; denn ἐνεργείᾳ seien alle Anfänge der Elemente und alle Gattungen im Nus enthalten, und der Nus nehme die seiner Herrschaft unterworfenen Elemente an seinen Busen und umfaße sie, — sie, die mit ewigem Bande an ihn geknüpft seien, das zwar τῷ λόγῳ, in der Abstraction der Reflexionsphilosophie, aber nicht τῷ μεγέθει aufgelöst werden könne. Auch in der Psychologie gehe Aristoteles nicht sehr über die Denk- und Sprechweise der Schrift über die Zeugung der Thiere hinaus, sondern falle hin und wieder in physische und vulgäre Begriffe. — Nach BRANDIS, Handbuch der Geschichte der Griechisch-Römischen Philosophie, II, 2. S. 1176 f. (Geschichte der Entwickelungen der griechischen Philos. I, S. 519) sollen die Worte, dass der Geist allein von Außen in den Körper komme und allein göttlich sei, „wohl nichts Anderes bedeuten, als die auch anderweitig so entschieden geltend gemachte Unabhängigkeit desselben vom Organismus, seine höhere göttliche Natur.“ Denn „in derselben Stelle werde sein Eingehen in den Körper an die Zeugung der sterblichen Seele gebunden, der Geist also nicht als ein solches Princip bezeichnet, das ihr ursprünglich fremd, nur zum Abschluß ihrer Functionen von Außen hinzutrete;“ wofür Br. (Entwickel. 1, S. 572) eine Bestätigung in den Worten Theophrast's bei Themistius de an. (ed. SPENGEL. II, p. 198, 22 sqq.): ἀλλὰ τὸ ἔξωθεν ἄρα οὐχ ὡς ἐπιθετέον; ἀλλ' ὡς ἐν τῇ πρώτῃ γενέσει συμπεριλαμβάνον (leg. — βανόμενον) θετέον (eine Correctur, keine Erläuterung des Aristoteles), erkennt.

TRENDELENBURG's Ansicht (Comm. zu de an. p. 175) ist folgende: *Est igitur consentaneum, intellectum humanae naturae extrinsecus ingigni.* de generat. an. II, 3. ... *Quorsum tandem divina haec in naturali rerum ordine origo, si re vera intellectus sensibus contineretur? Ipsam igitur humanam mentem tanquam reliquis majorem Aristoteles segregavit et divinitus genuit* (über diese Voraussetzung später). ZELLER a. a. O. S. 439: „er entsteht nicht durch Zeugung, wie die übrigen Theile der Seele, er wird von dem Untergang des Leibes nicht berührt. Er hat sein Dasein nur an der Denkthätigkeit selbst; abgesehen davon ist er nur die Möglichkeit des Denkens und sonst Nichts.“ S. 456: „wiewohl daher auch sein Keim im Samen sich fortpflanzen soll“ (— er bewegt sich mit den übrigen Seelen der ὑστέρα zu, συναπέρχεται, de generat. an. II, 3. 737 a a 8), „wird doch zugleich behauptet, er allein komme von Außen her in den Menschen und sei in sein körperliches Leben nicht verwickelt.“

B. Das Substrat der Denkseele.

Ist der Nus etwas von allen übrigen Seelen Getrenntes und Trennbares und „eine gewisse Substanz", [1]) so ist er nicht Substanz im Sinne der Form eines Stoffs oder beziehungsweise Stofflichen, etwa der wahrnehmenden Seele, [2]) sondern eine gewisse, irgend eine Art von Einzelsubstanz. Wenn Alles, was in einer Mehrheit vorhanden, stofflich, und nur das der Zahl nach und in seiner Art einzige Ur-Bewegende, der göttliche Nus ohne Stoff und unmittelbar vollendete Wirklichkeit ist, [3]) so scheint auf eine stoffliche Grundlage des menschlichen Nus geschloßen werden zu müßen. [4]) Er ist, wie gesagt, trennbar, nicht bloß in der Abstraction (λόγῳ μόνον, κατὰ λόγον), sondern thatsächlich, der Größe nach (κατὰ μέγεθος), — setzen wir „Größe" zunächst metaphorisch: [5]) seiner Totalität, seinem Gesammtinhalte nach, [6]) also nicht so wie Theile eines Ganzen, welche in und mit der Trennung aufhören zu sein, oder gar wie bloße Eigenschaften, sondern so, daß er, wie zuvor, ehe

---

1) οὐσία τις οὖσα, de an. I, 4. 408 b 19.

2) vgl. ZELLER a. a. O. 245. Auch BIEHL, Über den Begriff νοῦς bei Aristoteles, Progr., Linz 1864, S. 10, findet die von Z. angeführten Stellen nicht beweiskräftig.

3) ἀλλ' ὅσα ἀριθμῷ πολλά, ὕλην ἔχει· εἷς γὰρ λόγος καὶ ὁ αὐτός πολλῶν, οἷον ἀνθρώπου, Σωκράτης δὲ εἷς. τὸ δὲ τί ἦν εἶναι οὐκ ἔχει ὕλην τὸ πρῶτον· ἐντελέχεια γάρ. ἓν ἄρα καὶ λόγῳ καὶ ἀριθμῷ τὸ πρῶτον κινοῦν ἀκίνητον ὄν, metaph. XI, 8. 1074 a 33 ff.

4) Allerdings ist das Princip der Verschiedenheit und Vielheit oder des qualitativen und arithmetischen Unterschieds der an sich verschiedene oder an sich mannigfach bestimmte Stoff (a. a. O. VI, 8. 1034 a 7 f. IX, 9. 1058 b 7 f. XI, 2. 1069 b 30 ff. de cœlo I, 9. 278 a 18 ff.); der Nus aber wird ausdrücklich als „einfach", d. h. als stofflos und dabei als abstracte universelle Form bestimmt. Nichtsdestoweniger existirt er nicht in der Weise der stofflosen Formen oder Artbestimmtheiten, sondern in einer Vielheit von Exemplaren. Es ist also die Frage, ob und wie diese, wie es scheint, sich ausschließenden Bestimmungen vereinigt werden können. In Betreff der Sphärengeister, welche Aristoteles geradezu als ἄνευ μεγέθους bezeichnet (a. a. O. C. 8. 1073 a 38), liegt der Widerspruch (auch SCHWEGLER, Metaphysik IV, S. 280, zu vergl.) am Tage.

5) vgl. a. a. O. IV, 16, 1021 b 21 ff. C. 21. 1022 b 20 u. s.

6) vgl. εἴτε χωριστοῦ ὄντος εἴτε καὶ μὴ χωριστοῦ κατὰ μέγεθος ἀλλὰ κατὰ λόγον (nun aber ist der νοῦς [ποιητικός] nicht so wie die Seele bloß κατὰ λόγον χωριστός), de an. III, 4. 429 a 11 f.

er von Außen eintrat, auch an einem andern Orte unverändert bleibt: er ist „örtlich" trennbar.[1]) Also ist unmittelbar mit dem Nus, vor oder nach der Trennung, somit auch vor dem Eintritte, ein Ort desselben gegeben: der Ort ist den Einzeldingen eigenthümlich, ebendeshalb sind sie örtlich trennbar.[2]) In der Schrift über die Erzeugung der Thiere erscheint der Nus von einem andern Körper umgrenzt:[3]) „der Körper der Samenflüßigkeit aber, in welchem der Same des seelischen Princips mitfortgeht, theils trennbar vom Körper, — wie dieß bei denen der Fall ist, bei welchen das Göttliche im Samen mitumfaßt ist[4]) (von dieser Beschaffenheit ist der sogenannte Nus), — theils untrennbar, dieser Körper der Samenflüßigkeit löst sich auf und verdunstet, indem er eine feuchte und wäßerige Natur hat." Das Umfaßende folgt der Grenze des Umfaßten, Grenze aber ist die Bestimmung der Ausdehnung,[5]) — die Grenze des Umfaßenden der Ort,[6]) — und unbegrenzt, also nicht umfaßbar, nur das, was, wie der urerste Beweger, der jenseitige Nus,[7]) und die Sphärengeister,[8]) ohne

---

1) vgl. πότερον δὲ τούτων (der einzelnen Vermögen der Seele) ἕκαστόν ἐστι ψυχή, ἢ μόριον ψυχῆς καὶ εἰ μόριον, πότερον οὕτως ὥστ' εἶναι χωριστὸν λόγῳ μόνον ἢ καὶ τόπῳ (vom bewegenden Vermögen insbesondere: πότερον ἕν τι μόριον αὐτῆς [sc. τῆς ψυχῆς] χωριστὸν ὂν ἢ μεγέθει ἢ λόγῳ, III, 9. 432 a 19 f.), περὶ μὲν τινῶν τούτων οὐ χαλεπὸν ἰδεῖν, ἔνια δὲ ἀπορίαν ἔχει, a. a. O. II, 2. 413 b 13 ff. Die übrigen Seelen sind nur τῷ λόγῳ ἕτερα, a. a. O. b 29, nicht örtlich trennbar, also fällt die örtliche Trennbarkeit dem Nus zu.

2) ὁ μὲν γὰρ τόπος τῶν καθ' ἕκαστον ἴδιος, διὸ χωριστὰ τόπῳ, metaph. XIII, 5. 1092 a 18 f.

3) τὸ δὲ τῆς γονῆς σῶμα ἐν ᾧ συναπέρχεται τὸ σπέρμα τὸ τῆς ψυχικῆς ἀρχῆς, τὸ μὲν χωριστὸν ὂν σώματος, ὅσοις ἐμπεριλαμβάνεται τὸ θεῖον (τοιοῦτος δ' ἐστὶν ὁ καλούμενος νοῦς), τὸ δ' ἀχώριστον, τοῦτο τὸ σῶμα (mit Wimmer für σπέρμα) τῆς γονῆς διαλύεται καὶ πνευματοῦται, φύσιν ἔχον ὑγρὰν καὶ ὑδατώδη, de generat. an. II, 3. 737 a 7 ff.

4) d. h. bei denen, „welche Theil haben an diesem Principe," a. a. O. 736 b 6.

5) vgl. phys. IV, 2. 209 b 1 ff.

6) Der ἴδιος τόπος ist die Grenze des Umschließenden (gegen das Umschloßene), a. a. O., ferner C. 4. 212 a 5 f. 20 f. 28 ff. C. 5 init. de caelo IV, 3. 310 b 7 f.

7) phys. VIII, 10. 267 b 19 ff. metaph. XI, 7. 1073 a 5 ff.

8) a. a. O. C. 8. 1073 a 38.

Größe (ἄνευ μεγέθους) ist. Man kann sich der Thatsache nicht verschließen: dem menschlichen Nus kommt eine Ausdehnung, ein Umfang, eine Größe und zwar im eigentlichen Sinne zu. Mit andern Worten: der Nus besitzt irgend ein körperliches Substrat; Aristoteles sagt ausdrücklich, daß „die Anlage einer jeden Seele" eines „Körpers" theilhaftig sei.[1]) Steht dieß fest, so kommt diesem Substrate wohl auch irgendwelche Qualität zu. Der Nus ist einfach,[2]) und, um aller Dinge, also nicht in der Weise der fünf Sinne, nur entweder dieser oder jener Gattung empfänglich zu sein, unvermischt. „Es ist mithin nothwendig," heißt es in der Psychologie,[3]) „daß er, weil er Alles denkt, unvermischt sei, wie Anaxagoras sagt: auf daß er herrsche, d. h. auf daß er erkenne; denn was sich etwa sonst noch darin zeigte, hielte das Fremdartige ab und versperrte ihm den Eintritt: so daß er (eben weil er unvermischt ist, auch) keine Natur hat, diese ausgenommen, daß er (alle Dinge zu erkennen und zu denken) vermögend ist." Unvermischtheit und Einfachheit sind wesentlich identische Bestimmungen; „einfach" heißt der Nus, weil er ohne Stoff, mit keinem Stoffe vermischt ist:[4]) der Nus ist ein Vermögen ohne den Stoff der realen Dinge.[5]) Beide Prädicate sind negativ und schließen die vier Elemente Feuer, Luft, Wasser und Erde, — zugleich die stofflichen Urbestand-

---

1) de generat. an. II, 3. 736 b 39 f. s. weiter u. Über de an. I, 3. 407 a 9 f. gleichfalls w. u. — Der Nus ist darum, weil er, wie wir sehen werden, ἄϋλος oder ἄνευ ὕλης ist, nicht auch ἀσώματος (Theophrast bei Themist. de an. Sp. II. p. 198, 27. vgl. fragm. libr. II. περὶ ψυχῆς in Priscians Metaphrase bei PHILIPP-SON, Ὕλη ἀνθρωπίνη, Berlin 1831, p. 248).

2) de an. III, 4. 429 b 23.

3) ἀνάγκη ἄρα, ἐπεὶ πάντα νοεῖ, ἀμιγῆ (auch C. 5. 430a 18) εἶναι, ὥσπερ φησὶν Ἀναξαγόρας, ἵνα κρατῇ, τοῦτο δ' ἐστὶν ἵνα γνωρίζῃ. παρεμφαινόμενον γὰρ κωλύει τὸ ἀλλότριον καὶ ἀντιφράττει· ὥστε μηδ' αὐτοῦ εἶναι φύσιν μηδεμίαν, ἀλλ' ἢ ταύτην, ὅτι δυνατόν, a. a. O. a 18 ff.

4) ἁπλοῦς: μὴ συνθετός; Näheres Abschn. V. — ἁπλοῦν und ἀμιγές ist auch das platonische ἕν, metaph. I, 8. 989 b 17, ἁπλῇ die Natur Gottes, metaph. XI, 7. 1072 a 32. eth. Eud. V (Nicom. VI), 15. 1154 b 24 ff.

5) ἄνευ γὰρ ὕλης δύναμις ὁ νοῦς τῶν τοιούτων (i. e. τῶν ἐχόντων ὕλην, a 6). de an. III, 4. 430 a 7 f. Über die Umstellung der Worte (quod Aristotelis in scribendo negligentiam prodit), s. WAITZ zum Organon I, p. 538 sq.

theile des menschlichen Körpers, also namentlich auch Heraklits denkendes Feuer und die denkende Luft des Diogenes von Apollonia, überhaupt jede der Sphäre dieser Elemente angehörige Natur unbedingt aus. Die Schrift über die Erzeugung der Thiere gibt positive Andeutungen. „Die Anlage einer jeden Seele scheint eines andern und zwar höher als die sogenannten Elemente qualificirten (göttlichern) Körpers theilhaftig zu sein. Wie sich aber die Seelen nach höherm und niederm Range von einander unterscheiden, ebenso unterscheidet sich auch die besagte Natur."[1]) Die Worte: „Die Anlage jedweder Seele" schließen sich unmittelbar an das Ergebniß der vorangegangenen Untersuchung, daß der Nus oder die Denkseele von Außen komme, an; die verschiedenen Qualitäten der Substrate entsprechen also den verschiedenen Rangstufen sämmtlicher Seelen. Von der im Dunste (πνεῦμα) des Samens befindlichen „Natur" sagt diese Schrift weiterhin, daß sie „dem Elemente der Gestirne verwandt sei."[2]) Wie verhalten sich dieser Dunst und diese Natur zu einander?

Der Same ist eine Ausscheidung der in der Verdauung begriffenen Nahrung,[3]) und besteht, mit etwas Beimischung von Erde,[4]) aus Wasser und Dunst;[5]) was ihn „zeugungs-

---

1) πάσης μὲν οὖν ψυχῆς δύναμις ἑτέρου σώματος ἔοικε κεκοινωνηκέναι καὶ θειοτέρου τῶν καλουμένων στοιχείων· ὡς δὲ διαφέρουσι τιμιότητι αἱ ψυχαὶ καὶ ἀτιμίᾳ ἀλλήλων, οὕτω καὶ ἡ τοιαύτη διαφέρει φύσις, de generat. an. II, 3. 736 b 29 ff.

2) καὶ ἡ ἐν τῷ πνεύματι φύσις, ἀνάλογον οὖσα τῷ τῶν ἄστρων στοιχείῳ, a. a. O. b 37.

3) a. a. O. b 26 f. I, 18. 726 a 26 ff. C. 19. 726 b 9 ff. IV, 1. 766 b 7 ff.

4) a. a. O. II, 2. 735 b 36. 736 a 5 ff.

5) a. a. O. 735 b 37 f. b 9 f. 736 a 8 f. — „πνεῦμα", bemerken AUBERT und WIMMER in ihrer Ausg. zu II, 3. 736 b 37, „ist leider ein sehr unklares Wort." Dieß scheint nicht der Fall zu sein. II, 2. 736 a 1 a. a. O. wird das πνεῦμα des Samens für „warme Luft" erklärt. πνεῦμα überhaupt ist zunächst (vgl. πνέω) Hauch, Wind (a. a. O. IV, 9. 777 b 32 f. 778 a 2. metaph. VII, 2. 1042 b 21. top. IV, 5. 127 a 4 u. s.), Athem, auch die eingeathmete Luft (de respirat. 4. 472 a 35. C. 7. 474 a 22. C. 15. 478 a 24. de an. II, 8. 420 b 20. histor. an. VII, 9. 587 a 4 f. de part. an. III, 3. 664 a 17 f. 27. de generat. an. V, 7. 788 a 18. 21. meteorol. II, 8. 367 b 1 u. s. πνευματικόν μόριον, de generat. an. V, 2. 781 a 31), und dient weiterhin zur Bezeichnung gasförmiger Aggregatzustände ursprünglich fester oder flüssiger Körper. Wo Feuchtigkeit und Wärme, ist nothwendiger Weise auch

kräftig" macht, ist das in ihm enthaltene „Warme", d. h. eben-
dieser „Dunst" und, sofern derselbe von der „innern Wärme"
stammt, [1]) in letzter Instanz die im Dunst enthaltene „Natur". [2])

πνεῦμα (de generat. an. II, 6. 742 a 14 f.). Denn die Wirkung der Wärme (ins-
besondre der Sonnenwärme, de somno 3. 457 b 31 f. de part. an. II, 7. 653 a
3 ff. meteorol. I, 4. 341 b 6 ff.) auf feste, zumal auf feuchte Körper ist Ver-
dunstung (πνευμάτωσις, de respirat. 20. 480 a 15. vgl. πνευματοῦσθαι und
διαπνεῖν, a. a. O. 479 b 31. 33. vgl. ferner de generat. an. V, 6. 786 a 6), d. h.
eine Erweiterung (de respirat. 20. 480 a 3. 15) und daher (a. a. O. 479 b 31 f.)
Bewegung des Stoffs nach Oben (de respirat. 7. 474 a 13. de somno 3. 457 b 18.
20 f. 458 a 26 f.). Der während der Verdauung aufsteigende Dunst (πνεῦμα, de
somno 3. 457 a 12; ἀναθυμίασις, a. a. O. 456 b 3 f. 19. 34. 457 a 25. 29. b 14)
enthält Feuchtes und Körperartiges (a. a. O. 456 b 25. 457 b 20. 458 a 26 f.).
die Nahrung (457 b 17 f.). Wird zwischen πνεῦμα und ἀτμίς unterschieden, so
ist jenes das aus dem Trockenen aufsteigende Rauchartige, Leichtere, diese
das Feuchte und Schwerere (meteor. I, 4. 341 b 6 ff. II, 9. 369 a 12 ff. u. s.
vgl. de part. an. II, 7. 653 a 4 f. de generat. et corrupt. II, 3. 330 b 4). Das
Warme hat also bewegende Kraft (auch problem. XIII, 5. 908 a 23 u. s. zu
vergl.), und der stärkste unter allen Körpern ist der Dunst (... μάλιστα τῶν
σωμάτων τὸ πνεῦμα κινητικόν, meteorol. II, 8. 366 a 1 ff.). πνεῦμα macht Körper-
theile schwellen (de generat. an. I, 20. 728 b 27 ff.); körperliche Zustände, die
auf starker Dunstentwicklung beruhen, πάθη πνευματώδη, wie Melancholie,
Fieber und Rausch, „bringen große Bewegung und Aufregung hervor," de
insomn. 3. 461 a 23 ff.; zusammengedrängt hat das πνεῦμα Kraft, zu stoßen
und zu schleudern (de generat. an. I, 20. 728 a 10 f. histor. an. VII, 7. von Anf.
vgl. de part. an. IV, 10. 689 a 30 f.). Von der atmosphärischen Luft wird es unterschieden (meteorol. II, 8. 366 b 22 ff. 367 b 30 f. 368 a 14 ff. de generat. et corr.
I, 3. 318 b 29. problem. XV, 5. 911 a 37 f. u. s. vgl. πνευματώδης ὁ ἀήρ,
meteorol. II, 8. 366 b 7). — Das σύμφυτον πνεῦμα vertritt als integrirender Theil
des Körpers bei einigen Thieren die Lunge (de respir. 9. 475 a 8. de part. an.
III, 6. 669 a 1. vgl. II, 16. 659 b 17. de somno 2. 456 a 12. 17. τὸ ἔσω πνεῦμα,
histor. an. IV, 9. 535 b 4 f.) und bewirkt somit das Athmen, bei andern bewirkt
es den Pulsschlag (de generat. an. V, 2. 781 a 24 f.). Auch im Gehöre und
Geruchssinne befindet sich σύμφυτον πνεῦμα (de generat. an. II, 6. 744 a 3. V, 2.
781 a 24), wo es wesentlich dasselbe was die atmosphärische Luft ist (de an.
II, 8. 420 a 4 ff. 9).

Die dem Aristoteles beigelegte Schrift de spiritu gehört einer weit spätern
Zeit an, vgl. Rose, De Aristotelis libr. ord. etc., p. 165 sqq. Die Rolle, welche das
πνεῦμα auch de motu an. 10 spielt, ist ein Indicium der Unechtheit dieser Schrift.

1) ... ὑπὸ τῆς ἐντὸς θερμότητος πνεῦμα πολὺ ἔχον θερμόν, de generat. an.
II, 2. 735 b 33 f.

2) πάντων μὲν γὰρ ἐν τῷ σπέρματι ἐνυπάρχει, ὅπερ ποιεῖ γόνιμα εἶναι τὰ σπέρ-
ματα, τὸ καλούμενον θερμόν. τοῦτο δ' οὐ πῦρ οὐδὲ τοιαύτη δύναμίς ἐστιν, ἀλλὰ τὸ
ἐμπεριλαμβανόμενον ἐν τῷ σπέρματι καὶ ἐν τῷ ἀφρώδει πνεῦμα καὶ ἡ ἐν τῷ πνεύματι φύσις, ἀνάλογον οὖσα τῷ τῶν ἄστρων στοιχείῳ, a. a. O. 736. b 33 ff.

Dieser Dunst und diese Natur (d. h. dieser Dunst, inwiefern er die dem Aether verwandte Natur als Princip in sich hat,) machen den Samen zeugungskräftig und entsprechen der vegetativen Seele.[1]) So enthält der Same Seele, d. h. er ist der Anlage nach beseelt.[2])

---

1) Die vegetative (zeugende und ernährende) Seele bethätigt sich als Form (vergl. a. a. O. C. 3. 737 a 18 ff. c. 4. 738 b 20 f. IV, 1. 765 b 10 ff.) zunächst mittels des Dunstes. Dunst grenzt die Glieder ab, formt und gestaltet also, a. a. O. C. 6. 741 b 37. Die zeugende Seele (Zeugen und Ernähren sind Bethätigungen eines und desselben Vermögens, de an. II, 4. 416 a 19. de generat. an. II, 5. 740 b 36 f.) „gebraucht Wärme und Kälte wie Werkzeuge," a. a. O. C. 4. 740 b 31 ff. vergl. C. 6. 743 a 36 ff. IV, 10. 777 b 27 ff. Die gleichtheiligen Bestandtheile (Fleisch, Knochen, Sehnen u. s. w., vergl. histor. an. I, 1. 487 a 1 ff.; ὁμοιομερῇ ... λέγω δ᾽ οἷον σάρκα καὶ ὀστοῦν καὶ τῶν τοιούτων ἕκαστον, de coelo III, 3. 302 a 32 f. de generat. an. I, 18. 722 a 16 f. meteorol. IV, 10. 388 a 13 ff. ... ἀπὸ τῶν ἀνομοιομερῶν οἷον προσώπου καὶ χειρός; u 18. 20 f. u. s.) entstehen durch Kälte und Wärme, II, 6. 743 a 3 ff. (metaph. XI, 4. 1070 b 14 f. 11 f. u. s.). Vorzugsweise ist der positive der beiden Gegensätze, „das Warme," Instrument der Seele, de juvent. 4. 469 b 11 f. de part. an. II, 7. 652 b 7 ff. de an. II, 4. 416 a 13 ff. b 25 ff., oder „die Wärme," de respirat. 8. 474 a 26 ff. de generat. an. II, 4. 740 b 29 ff.; nichts Beseeltes ohne diese Wärme (πᾶν ἔμψυχον ἔχει θερμότητα, de an II, 4. 416 b 29), ohne das „seelische" (de respirat. 15. 478 a 16. vergl. C. 16. 478 a 30. C. 8. 474 b 12 ff.), vom gewöhnlich so genannten wohl zu unterscheidende (de generat. an. II, 3. 736 b 35. 737 a 1 ff. meteorol. I, 3. 340 a 1 ff.) „Feuer." Erkaltet das natürliche Warme, so erfolgt der Tod (διὸ τῶν μὲν ἄλλων μορίων ψυχομένων ὑπομένει τὸ ζῆν, τοῦ δ᾽ [sc. τοῦ φυσικοῦ θερμοῦ] ἐν ταύτῃ, [sc. τῇ καρδίᾳ] φθείρεται πάμπαν, de juvent. 4. 469 b 13 f. de respirat. 17. 478 b 31 ff.). Das Princip der Wärme ist im Herzen, de juvent. 4. 469 b 9 f. vergl. b 14 ff. de respirat. 8. 474 a 28 ff. C. 15. 478 a 23 ff. de part. an. III, 5. 667 b 26 ff. C. 7. 670 a 23 ff. u. s., und im Herzen ursprünglich (πρώτως) auch die Seele, de juvent. 1. 467 b 15 f. C. 3. 469 a 4 ff. de part. an. III, 5. 667 b 21 ff. u. s. w.

Der Dunst und die dem Aether verwandte Natur entsprechen der vegetativen Seele; es ist also ungenau, wenn AUBERT und WIMMER, Einleitung zu de generat. an., S. 6, die Zeugungsseele als „eine Art Hauch" definiren.

2) de generat. an. II. 1. 735 a 4 ff. vergl. 733 b 31 ff.

Der Körper (der Stoff) kommt vom weiblichen, die Seele (die Form, — speciell also auch die wahrnehmende Seele, a. a. O. C. 5. 740 a 23 ff. 741 b 5 f.) vom männlichen Theile, a. a. O. I. 19. 727 b 31 ff. C. 20. 729 a 28 ff. II, 2. 732 a 7 ff. C, 3. 736 b 18. 737 a 29 f. 32 f. C. 4. 738 b 25 f. 20 ff. 740 b 24 f. C. 5. 741 a 13 f. metaph. 1, 6. 988 a 5 ff. IV, 28. 1024 a 34 f. VII, 4. 1044 a. 34 ff. XI, 6. 1071 b 29ff.; was dem weiblichen Beitrage zu einer neuen Bildung fehlt, ist „das Princip der Seele", de generat. an. II, 3. 737 a 29 f.

Hiernach ist nicht der Dunst als solcher jener höher als
die sogenannten Elemente qualificirte Körper, woran die zeugende und ernährende Seele gebunden ist, sondern das Sub-
strat der warmen und darum productiven Natur, ein gewisser
warmer und darum productiver eigenthümlicher Körper im
Dunste, und diese Natur oder vielmehr dieser Körper, [1]) das
Ursubstrat der vegetativen Seele (nicht der Dunst [2])), ist dem
Elemente der Gestirne verwandt. Ueber jenes „Göttlichere
als die sogenannten Elemente" und diese Verwandtschaft oder
„Analogie" — eine Hindeutung auf die dem Elemente der
Gestirne und der im Dunste befindlichen Natur gemeinsame
Kraft, Leben zu wecken, gehen die ausdrücklichen Bestim-
mungen des Substrats der untersten Seele nicht hinaus. [3])

1) Als Träger der betreffenden Natur; φύσις hat auch an sich schon die
Bedeutung Substrat: metaph. IV, 4. 1014 b 24 ff. 1015 a 7 ff. VI, 7. 1032 a 22 f.
phys. II, 1. 193 a 9 ff. 21 ff. de part. an. I, 1. 641 a 25 f. u. s.

2) So MEYER, Aristoteles Thierkunde, Berlin 1855, S. 410 und BRANDIS,
Handbuch etc. II, 2. S. 1218.

3) Vielleicht läßt sich die Beschaffenheit desselben ermitteln.

Luft- und Aether-Region sind durch eine Schicht getrennt, welche aus
glühender Luft, und inwiefern diese reiner und feiner nach der Aethergrenze
als nach der untern Luftgrenze hin ist, aus verschiedenen Qualitäten besteht
(meteorol. I, 3. 340 b 6 ff. 22 ff. 31 f.). Dieser Glühstoff ist das Product der
Reibung der Luft mit dem kreisenden Aether und das Princip der nach Unten
hin vermittelten befruchtenden Wärme. Ein noch höherer Wärmegrad wird
speciell durch die Bewegung der ihrem Stoffe nach gleichfalls ätherischen
Sonne hervorgebracht (meteorol. I, 3. 341 a 12 ff. de coelo II, 7. 289 a 30 f.;
vergl. jedoch ZELLER a. a. O. S. 361). Die Sonnenwärme weckt Leben (de generat. an. II, 3. 737 a 3 ff. vergl. C. 6. 743 a 35 f.); überhaupt gründen Entstehen und Vergehen in der schiefen Bewegung der Sonne (de generat. et
corr. II, 10. 336 a 31 ff. b 15 ff. metaph. XI, 6. 1072 a 10 ff. 17).
Nun aber entstehen Thiere und Pflanzen durch Urzeugung in der
Erde und im Feuchten, weil in der Erde Waßer, im Waßer Dunst, im
Dunste aber „seelische Wärme" vorhanden ist; „in gewisser Weise ist
Alles voll von Seele" (de generat. an. III, 11. 762 a 18 ff.). Was die
thierische Wärme, leistet auch die Sonne (a. a. O. b 12 ff.), und was
die Sonne, sofern sie Leben erweckt, auch die thierische Wärme, sowohl
die im Samen als die in anderer natürlicher Ausscheidung (a. a. O. II, 3.
737 a 3 ff.). Die Unterschiede der auf dem Wege der γένεσις αὐτόματος (ge-
neratio aequivoca) entstehenden Gattungen beruhen auf den Unterschieden
der stofflichen Einschließung (a. a. O. III, 11. 762 a 21 ff.), nicht auf qualitativen Unterschieden des „seelischen Princips;" wenn, wie Einige behaup-

Wie sich die Seelen durch höhern und niedern Rang von einander unterscheiden, ebenso die Substrate. In Hinsicht der

ten, Mensch und Vierfüßler ursprünglich (etwa in Wurmgestalt) aus der Erde entstanden sind (a. a. O. III, 11. 762 b 28 ff. 763 a 3 ff. polit. II, 8. 1269 a 5), so ist die Differenz dieser von jeder andern Gattung die Differenz des den Wärmegrund oder das seelische Princip unmittelbar umschließenden Stoffs von jedem anders qualificirten Stoffe (vergl. τὸ δὲ γένος ὕλη οὗ λέγεται γένος, metaph. IX, 8. 1058 a 3 f. u. s. w.). Hiernach kommt die Bedeutung des seelischen Princips überall auf dieses Wesentliche und Eine hinaus, Leben spendender Wärmegrund zu sein, und da die Natur Nichts zwecklos thut, nirgends den leeren Luxus liebt (διὰ τὸ μηδὲν μάτην ποιεῖν τὴν φύσιν μηδὲ περίεργον, de part. an. III. 1. 661 b 23 f. II, 13. 658 a 8 f. IV, 13. 695 b 19. de generat. an. II, 5. 741 b 4. f. C. 6. 744 a 36 f. V, 8. 788 b 20 ff. de an. III, 9. 432 b 21 f. C. 12. 434 a 31. de coelo I, 4 am Schl. u. s.), so steht Nichts im Wege, anzunehmen, daß das Princip aller seelischen Wärme, das Ursubstrat aller zeugenden Seelen, überall eins und dasselbe sei. Der menschliche Same als die in der Verdauung begriffene Nahrung enthält zugleich denjenigen Stoff, aus welchem dieses in allem Lebendigen gleiche Princip den eigenthümlichen Dunst bereitet, welcher zusammen mit ihr als das totale Substrat der zeugenden und ernährenden Seele zu betrachten ist.

Es gibt also diesseits zwei Leben spendende Principe, die Gluth- oder Feuer-Region am innern Rande des Aethers und das überall in der Natur zerstreute warme seelische Princip. Muß alles Entstehen in letzter Instanz auf den kreisenden Aether und speciell auf die Sonne zurückgeführt werden, so folgt unmittelbar, daß das jenseitige Princip, wie ausgesprochener Maßen zu dem einen der beiden diesseitigen Principe, der Feuerregion, auch zu dem andern irgendwie im Verhältnisse der Ursache zur Wirkung steht. Nimmt man damit zusammen, daß dieses zweite diesseitige oder das überall in der Natur vorhandene Princip dasselbe bewirkt, was die Sonne, und wiederum die Sonne dasselbe, was jenes, aber nicht direct, sondern durch Vermittlung des Gluthstoffs der obern Region, so ergibt sich ein hoher Grad von Wahrscheinlichkeit, daß beide diesseitigen, nach einer und derselben Richtung wirksamen Wärme- und Lebens-Principe im Wesentlichen identische Substanzen sind.

Der Stoff der Feuerregion ist an sich Nichts als atmosphärische Luft (vergl. meteorol. I, 3. 340 b 31 f.) und insofern (in demselben Sinne wie alle übrigen Elemente) auch „einfach", nichtsdestoweniger ein ἕτερον σῶμα πυρός τε καὶ ἀέρος, reiner und feiner nach der Aether- als nach der Luftgrenze hin (a. a. O. 340 b 6 ff.; — es ist hier nicht, wie Prantl, Aristoteles über die Farben, München 1849, S. 101. Anmerk., Zeller a. a. O. 344. 357 u. A. meinen, vom Aether die Rede. *Non loquitur hic de corpore coelesti, ut aliqui putant. . . . est enim (hoc corpus) fumus accensus*; etc. Accoramboxus, Vera mens Aristot., p. 472; bei Ideler, Aristot. meteorol. I, p. 346;), und somit ein eigenthümlicher Stoff (οἷον ὕλη τις οὖσα, b 15); damit stimmt ziemlich gut zusammen, wenn ein

übrigen wißen wir nur, was sie mit der untersten gemein
haben, daß ihr Substrat von höherer Qualität als die der gemeinen vier Elemente ist. Nothwendig sind diese Substrate
immer edler als das „dem Sternelemente verwandte.“ Nun
aber ist der Nus von den andern Seelen unendlich verschieden, eine wie das Ewige vom Vergänglichen verschiedene
Gattung, ein bei Weitem höheres Wesen;[1] so wird auch
sein Substrat von bei Weitem höherm und reinerm Adel, jedenfalls rein und frei von aller Vermischung mit den gemeinen,
irdischen Stoffen und Elementen, — „einfach“ und „unvermischt“ sein.

Es gibt eine derartige von den vier irdischen Elementen
unterschiedene, qualitativ durch den weitesten Abstand getrennte Substanz; dieß ist der Aether oder das Element der
Sterne.[2] Wohl möglich, und die Vermuthung liegt in der
That nahe genug, daß der „Körper“, woran der Nus gebunden, mit dem Elemente der Sterne identisch ist.

Der Aether umgibt die rings um die Erdkugel gela-
gerte, nach Oben hin modificirte Luftregion, und erfüllt den
Raum zwischen der Mondsphäre und der äußersten Grenze
der Weltkugel. Von diesem räumlichen Verhältnisse[3] zu den
übrigen Elementen heißt er „das obere Element“.[4] Alle

jedes der unter einander verschiedenen Seelensubstrate als ein ἕτερον σῶμα,
näher als ein σῶμα θειότερον τῶν καλουμένων στοιχείων, insbesondere aber die
φύσις im Dunste des Samens als „dem Elemente der Gestirne verwandt“ bezeichnet wird (de generat. an. II, 3. 736 b 29 ff.), und wie nun ferner jede
Seele unterhalb des ewigen und unzerstörbaren Nus, also auch die vegetative und diese früher als jede andere, vergänglich ist, so ist auch der Gluth-
stoff an der Aethergrenze, wie alle diesseitigen Elemente (de generat. et
corr. II, 4. I, 3. 319 b 1 f. Plut. de plac. philos. II, 4. Stob. ecl. I, 19.
Mein., p. 115, 31 sq.) und im Unterschiede vom Aether, der Gegensätze
von Wärme und Kälte empfänglich (meteorol. I, 3. 340 b 15 ff.), also lei-
densfähig und somit dem Untergange unterworfen.

1) de an. II, 2. 413 b 25 ff.
2) ἐκ δὲ τούτων φανερὸν ὅτι πέφυκέ τις οὐσία σώματος ἄλλη παρὰ τὰς ἐνταῦθα
συστάσεις, θειοτέρα καὶ προτέρα τούτων ἁπάντων, de coelo I, 2. 269 a 30 ff. ὡς
ἑτέρου τινὸς ὄντος τοῦ πρώτου σώματος παρὰ γῆν καὶ πῦρ καὶ ἀέρα καὶ ὕδωρ, C. 3.
270 b 20 ff.
3) vergl. ὁ ἄνω τόπος, meteorol. I, 3. 341 a 22. ὁ ἀνωτάτω τόπος, de
coelo I, 3. 270 b 22 u. s.
4) τὸ ἄνω στοιχεῖον, meteor. I, 3. 341 a 3. vergl. τὸ ἄνω σῶμα, de an. II, 7.

Elemente sind einfach; [1]) damit steht in unmittelbarem Zusammenhange, daß auch ihre örtlichen Bewegungen einfach sind, [2]) und daß einem jeden eine bestimmte Bewegung von Natur zukommt. [3]) Alle örtliche Bewegung ist entweder geradlinig oder kreisförmig oder aus beiden gemischt; die beiden ersten sind einfache Bewegungen. Die ursprüngliche gerade, entweder auf- oder absteigende ist die der sublunaren Elemente, [4]) die einzig vollkommene aber [5]) (und die einzige, die möglicher "Weise eine ewige ist, [6])) die Kreisbewegung, welche somit einem andern und zwar edlern Wesen als Erde, Waßer, Luft und Feuer angehört: [7]) dem „ersten oder Ur-Elemente", dem „ersten oder Ur-Körper". [8])

---

418 b 12 f. ἐν τῷ ἀϊδίῳ τῷ ἄνω σώματι, b 9. Das ἀΐδιον deckt die Beziehung auf den Aether gegen Beck, Aristoteles de sensuum actione, dissert. Berol. 1860, p. 9 f. 18 f. 21. — de motu an. 4. 699 b 25.

1) ... ἀδιαίρετον εἰς ἕτερον τῷ εἴδει· τοιοῦτον γάρ τι τὸ στοιχεῖον κτλ., de coelo III, 3. 302 a 18 f. C. 4. 302 b 19 f. ἁπλᾶ (sc. σώματα), a. a. O. I, 1. 268 b 27 ff. C. 3. 270 b 26 ff. III, 1. 298 a 29 f. de generat. et corr. II, 3. 330 b 31. C. 4. 331 a 7 u. s. de an. III, 1. 424 b 30. C. 13. 435 a 11 f. metaph. I, 3. 984 a 5 ff. C. 8. 988 b 29 ff. IV, 8 von Anf. VII, 1. 1042 a 8 ff. X, 10. 1066 b 38.

2) τοῦ μὲν γὰρ ἁπλοῦ σώματος ἀνάγκη τὴν κίνησιν ἁπλῆν εἶναι, de coelo, I, 3. 270 b 28 u. s. w.

3) λέγω δὲ ἁπλᾶ ὅσα κινήσεως ἀρχὴν ἔχει κατὰ φύσιν, οἷον πῦρ κτλ., a. a. O. C. 2. 268 b 27 ff. III, 2. von Anf.

4) a. a. O. I, 1. 268 b 17 ff. C. 2. 269 a 25 ff. b 4 ff. C. 3. 269 b 33 f. u. s. w. Das (schlechthin leichte) Feuer geht naturgemäß nach Oben; die Luft, das Waßer und die (schlechthin schwere) Erde gehen nach Unten, jedoch die Luft über das Waßer, das Waßer über die Erde, a. a. O. IV, 5. 5) a. a. O. I, 2. 269 a 20. II, 4. 268 b 21 f. phys. VIII, 7. 260 a 27 ff. C. 8. 264 b 27 f. C. 9. 265 a 16 f. vergl. metaph. XI, 6. 1072 b 8 ff. XII, 3. 1078 a 12 f.

6) phys. VIII, 9. 265 a 25 f. de coelo I, 2. 269 b 7 ff. C. 9. 279 b 1 ff. II, 3. 286 a 17. C. 5. 287 b 26. C. 6. 288 a 24 f. vergl. metaph. XI, 7. 1072 a 21 f.

7) de coelo I, 2. 269 a 30 ff. vergl. C. 3. 270 b 20 ff. II, 3. 286 a 11 f. 16 f. C. 7. 287 a 15 f.

8) τὸ πρῶτον στοιχεῖον, meteorol. 1, 1. 338 b 21. C. 3. 339 b 17. 340 b 11. τὸ πρῶτον τῶν στοιχείων, de coelo III, 1. 298 b 6. ἡ πρώτη οὐσία τῶν σωμάτων, I, 3. 270 b 11. II, 12. 291 b 32. τὸ πρῶτον τῶν σωμάτων, I, 3. 270 b 2f. II, 12. 292 a 2. τοῦ πρώτου σώματος, I, 9. 270 b 21. „Erstes Element" und „erster Körper", weil als Princip ewigen Entstehens (s. o. S. 18, Anmerk. 3) allen übrigen Elementen und allen Compositionen der diesseitigen Welt begrifflich

Schon nach einer alten, weit verbreiteten Meinung ist der
Aether mit Nichts in unserer Sphäre identisch, [1]) und in der
That, je größer sein Abstand von den diesseitigen Dingen,
um so ehrwürdiger seine Natur. [2]) Was ihn in so hohem
Maße auszeichnet, ist nicht nur die ihm naturgemäße Kreisbewegung, und von den nothwendigen Voraussetzungen derselben nicht bloß der Umstand, daß er keine Schwere und
keine Leichtigkeit haben, weil weder zum Welt-Mittelpunkte,
d. h. zur Erde hin, noch von ihm weg bewegt werden kann, [3])
sondern noch weit mehr dieß, daß er ungeworden, unvergänglich, ohne Wachsthum und keiner Verwandlung unterworfen
ist. Denn alles Entstehen und Vergehen und jede andere Veränderung eines Substrats beruht auf Gegensätzen oder ist ein Wechsel
von Gegensätzen. Zu den Gegensätzen gehören auch die ent-

---

vorhergehende, insofern ursprüngliche oder „frühere" Substanz, vergl. . . .
τις οὐσία . . . θειοτέρα καὶ προτέρα τούτων ἁπάντων, a. a. O. C. 2. 169 a 30 ff.
    Der Widerspruch, daß einerseits „Element" die Gattung, andrerseits aber
„das erste" — oder „fünfte Element" (eine Bezeichnung, welche nicht bei
Aristoteles selbst, aber in spätern Auszügen angetroffen wird [KRISCHE,
Forschungen auf dem Gebiete der alten Philosophie, Göttingen 1840, I,
S. 308], und welche PRANTL zur Physik, S. 498, auf keinen Fall gelten
laßen will;) von den übrigen Elementen nicht bloß der Art, sondern weil
total, ebendeshalb der Gattung nach verschieden ist, wird durch eine Hinweisung auf den einigermaßen analogen Gebrauch des Wortes Substanz,
οὐσία (die unvergängliche erste, ursprüngliche oder Ur-Substanz, πρώτη οὐσία,
im Verhältnisse zur vergänglichen οὐσία oder Einzelsubstanz), wenn nicht
gehoben, doch gemildert. Gemildert: inwiefern der in einem gewissen Sinne
schöpferische Aether im Vergleich mit den niedern Elementen mehr Form
als Stoff (worüber Näheres weiter unten), also keineswegs coordinirt, —
nicht gehoben: inwiefern das Urelement bei alledem doch immer als eine
Art von Stoff zu betrachten ist.
    Die von Aristoteles öfter wiederholte Bemerkung, daß der Aether vom
Feuer unterschieden werden müße, ist zum Theil ausdrücklich gegen Anaxagoras gerichtet, de coelo I, 2. 269 b 10 f. C. 3. 270 b 24 f. C. 7. 289
a 34 f. III, 3. 302 b 4 f. meteorol. I, 3. 339 b 21 ff.
    1) . . . καὶ διώρισαν ὀνομάζειν αἰθέρα τὸ τοιοῦτον ὡς ὂν οὐθενὶ τῶν παρ' ἡμῖν
τὸ αὐτό, meteorol. I, 3. 339 b 26 f.
    2) διόπερ ἐξ ἁπάντων ἄν τις τούτων συλλογιζόμενος πιστεύσειεν ὡς ἔτι τι
παρὰ τὰ σώματα τὰ δεῦρο καὶ περὶ ἡμᾶς ἕτερον κεχωρισμένον, τοσούτῳ τιμιωτέραν
ἔχον τὴν φύσιν ὅσῳπερ ἀφέστηκε τῶν ἐνταῦθα πλεῖον, de coelo I, 2. 269 b 13 ff.
    3) a. a. O. I, 3 von Anf. vergl. IV, 1 ff.

gegengesetzten räumlichen Bewegungen (nach Oben und Unten, Vorn und Hinten, Links und Rechts [1])). Wenn daher (und zwar im Unterschiede von den übrigen Elementen, welche, ein jedes mit einer ihm von Natur eigenen Bewegung entweder nach Oben oder nach Unten und fähig, Gegensätze aufzunehmen, aus einander entstehen und sich in einander auflösen,[2])) der dem Aether seiner Natur nach eigenthümlichen, [3]) ja in gewisser Rücksicht mit seiner Natur identischen[4]) Kreisbewegung keine andere entgegengesetzt ist, so ist er selber, der Aether, von den Gegensätzen ausgenommen,[5]) und somit, wie

1) phys. V, 5. 229 b 6 ff. C. 6. 230 b 10 ff. 231 a 10 ff. VIII, 7. 261 a 32 f. C. 38. 261 b 34 ff. 264 b 9 ff. de coelo I, 2. 269 a 14 f. C. 4. 271 a 3 ff. 26 ff. C. 6. 273 a 8 f.

2) a. a. O. III, 6. 305 a 14 ff. C. 7. de generat. et corr. II, 2. 329 b 23 f. C. 4. C. 5. 332 a 30 f. b 5 f C. 8. 335 a 17 f. C. 10. 337 a 1 ff. 10 f. meteorol. I, 3. 339 a 36 ff. Die Gegensätze, unter deren Einwirkungen der an sich individualitätslose, den vier Elementen zu Grunde liegende ewige Urstoff (de coelo II, 3. 286 a 25. de generat. et corr. I, 3. 319. b 2 ff. II, 1. 329 a 24 ff. C. 7, 334 a 23 ff. phys. I, 9. 192 a 25 ff.) den ewigen Kreislauf elementarischer Umgestaltungen durchmißt, sind das Warme und Kalte, Trockeno und Feuchte oder ursprünglich: „Flüßige". Das Feuer ist nemlich warm und trocken, die Luft warm und flüßig, das Wasser kalt und flüßig, die Erde kalt und trocken, de generat. et corr. II, 3. 330 b 3 ff. u. s. w.

3) vergl. de coelo I, 2. 269 a 5 ff. b 3 ff.

4) Denn der Aether ist überhaupt nur insoweit Stoff, als zu aller Bewegung auch Stoff gehört, seine ὕλη ist ὕλη κατὰ τόπον κινητή oder τοπική, metaph. VII, 4. 1044 b 8. C. 1. 1042 b 6 u. s. Vergl. weiter unten.

Unter den Gründen, mit welchen MEYER a. a. O. S. 407 ff. (vergl. BRANDIS, Handbuch etc. II, 2. S. 1218) die Unmöglichkeit nachzuweisen sucht, daß der Aether in die diesseitige Welt eindringe, spielt die Kreisbewegung (denn Entstehungslosigkeit und Unveränderlichkeit theilt der Aether auch mit den reinen Formen und dem menschlichen Nus; ein Eindringen in die diesseitige Welt ist noch kein sich-Vermischen mit ihr;) die Hauptrolle. Aber die ewige und zwar auch darum ewige, weil nicht naturwidrige, sondern naturgemäße (de coelo I, 2) Kreisbewegung schließt nichtsdestoweniger die Möglichkeit irgend einer andern Richtung oder der Ruhe, bei gewaltsamer Einwirkung nemlich, keineswegs aus (a. a. O. 269 a 7 f.). Wesentlich ebenso verhält es sich mit den ihrer Natur nach entweder abwärts oder aufwärts sich bewegenden niedern Elementen, welche den menschlichen und jeden anderen thierischen Körper constituiren, a. a. O. II, 6. 288 b 16 ff. III, 2 von Anf. IV, 5. 312 b 7 ff. de generat. et corr. II, 6. 333 b 26 ff. vergl. eth. Eud. II, 8. 1224 a 16 ff. m. mor. I, 14. 1188 b 1 ff.

5) ὁμοίως δ' εὔλογον ὑπολαβεῖν περὶ αὐτοῦ καὶ ὅτι ἀγένητον καὶ ἄφθαρτον καὶ

gesagt, ungeworden [1]) und daher ohne Wachsthum und ohne Abnahme, [2]) wenn ohne Wachsthum und ohne Abnahme, auch qualitativ unveränderlich [3]) und (da es keine Verände-

ἀναυξὲς καὶ ἀναλλοίωτον, διὰ τὸ γίγνεσθαι μὲν ἅπαν τὸ γιγνόμενον ἐξ ἐναντίου τε καὶ ὑποκειμένου τινός, καὶ φθείρεσθαι ὡσαύτως ὑποκειμένου τέ τινος καὶ ὑπ' ἐναντίου καὶ εἰς ἐναντίον, καθάπερ ἐν τοῖς πρώτοις εἴρηται λόγοις· τῶν δ' ἐναντίων καὶ αἱ φοραὶ ἐναντίαι, εἰ δὴ τούτῳ μηδὲν ἐναντίον ἐνδέχεται εἶναι διὰ τὸ καὶ τῇ φορᾷ τῇ κύκλῳ μὴ εἶναι ἄν τιν' ἐναντίαν κίνησιν (vergl. C. 4. C. 8. 277 a 24), ὀρθῶς ἔοικεν ἡ φύσις τὸ μέλλον ἔσεσθαι ἀγένητον καὶ ἄφθαρτον ἐξελέσθαι ἐκ τῶν ἐναντίων· ἐν τοῖς ἐναντίοις γὰρ ἡ γένεσις καὶ ἡ φθορά. ἀλλὰ μὴν καὶ τὸ αὐξανόμενον ἅπαν κτλ., de coelo I, 3. 270 a 12 ff. vergl. οἶον τὸ πῦρ ἄνω (i. e. die aus Aether geballte Sonne, nicht die obere Luftgluth, welche δυνάμει θερμὴ καὶ ψυχρὰ καὶ ξηρὰ καὶ ὑγρὰ κτλ. meteorol. I, 3. 340 b 15ff.), οὐ μή ἐστι τὸ ἐναντίον, de longit. 3. 465 b 2 f. Hiermit ist der Schluß von der begrenzten Zahl der ursprünglichen, einfachen Bewegungen auf die begrenzte Zahl der Formen und Arten der einfachen Körper oder Elemente, de coelo I, 3. 270 b 26 ff. C. 7. 274 a 34 ff. C. 8. 276 b 9 f., besonders aber jener von der Existenz der einfachen Bewegungen auf die Existenz der entsprechenden Elemente, a. a. O. b 10 f. IV, 5. 312 a 28 ff. zu vergl.

Daß alle Veränderungen (μεταβολαί), d. h. theils Entstehen und Vergehen, theils die drei Bewegungen (die örtliche, qualitative und quantitative, — s. weiter unten), Uebergänge aus Gegensätzen in Gegensätze sind, vergl. ferner phys. I, 5. 188 a 31 ff. b 21 ff. III, 5. 205 a 6 f. V, 1, 224 b 28 ff. C. 2. 226 b 1 ff. C. 3. 227 a 7 ff. VI, 10. 241 a 27ff. VIII, 2. 252 b 10ff. C. 3. 253 b 30. C. 7. 260 a 33. 261 a 32ff. de coelo I, 12. 283 a 20 f. IV, 3. 310 a 24 ff. (vergl. II, 3. 286 a 33 f.) de generat. et corr. I, 7, 323 b 28 f. 324 a 8 f. 11 ff. II, 4. 331 a 14. C. 5. 332 a 7 f. b 21 f. metaph. IX, 4. 1055 a 8 f. C. 7. 1057 a 31ff. b 23 f. X, 10. 1067 a 6f. C. 11. 1067 b 19ff. XI, 1. 1069 b 3ff. 13 f. C. 10. 1075 a 28 ff. b 23 f. XIII, 1. 1087 a 36 ff. de generat. an. IV, 1. 766 a 13. de an. II, 4. 416 a 33 f. C. 5. 417 a 31 ff. b 14 u. s. eth. Eud. VII, 1. 1235 a 17. Das zwischen den (äußersten) Gegensätzen, in Betreff der Farben z. B. zwischen Schwarz und Weiß, Befindliche (τὰ μεταξύ) gilt in dieser Beziehung als Gegensatz, phys. V, 1. 224 b 28 ff. V, 5. 229 b 14ff. — Nichts ist also ewig, was der Gegensätze empfänglich ist, de longit. 3. 465 b 29. vergl. metaph. XIII, 5. 1092 b 3 f.

1) ἀγένητον, vergl. ferner de coelo III, 1. 298 b 7. Vom Stoffe der Sterne: καὶ τῶν ἀϊδίων ὅσα μὴ γεννητὰ κινητὰ δὲ φορᾷ, ἀλλ' οὐ γεννητήν (sc. ὕλην ἔχει), metaph. XI, 2. 1069 b 25 f.

2) ἀναύξητον καὶ ἄφθιτον (nach Prantl's Besserung für ἄφθαρτον), de coelo I, 3. 270 a 25 f. οὔτ' αὔξησιν ἔχον οὔτε φθίσιν, b 1. Denn das Wachsende wächst und das Schwindende schwindet durch ein Verwandtes, welches zu ihm hinzutritt und sich in den Stoff desselben auflöst; nun aber gibt es für den Aether Nichts, woraus er geworden wäre, 270 a 22 ff.

3) ἀναλλοίωτον, vergl. ferner de coelo I, 3. 270 a 5 ff. b 2. und in derselben Beziehung über τὰ δεῦρο und τὰ κατὰ τὸν κόσμον metaph. X, 6. 1063 a 10 ff.

rung ohne Thun und Erleiden gibt,[1]) leidensunfähig,[2]) also
nicht alternd,[3]) unvergänglich (unzerstörbar),[4]) unsterblich[5])
und ewig.[6])

Nun die Denkseele betreffend, so ist das körperliche Substrat einer jeden Seele von edlerer Beschaffenheit als die
vier Elemente, und wie sich die Seelen nach höherm und niederm Range von einander unterscheiden, ebenso die körperlichen Substrate; dem Range der Denkseele entspricht das
Substrat. Wie das äußere Sinnesorgan, weil einer bestimmten
Gattung wahrnehmbarer Gegenstände empfänglich, „gleichtheilig" ist,[7]) so ist der Nus, weil er „Alles denkt," einfach
und unvermischt, mit nichts Stofflichem vermischt, und hat
mit Nichts, mit keiner Existenz der diesseitigen Region, der
Region des Entstehens und Vergehens, der Natur in diesem
Sinne, etwas Gemeinsames.[8]) Dasselbe gilt vom Elemente
der Gestirne, daß es mit Nichts von dem, was bei uns sich
findet, identisch sei. Die Spitze der Differenz der Denkseele
und der diesseitigen Existenzen ist die Leidensunfähigkeit und
Unzerstörbarkeit (Unvergänglichkeit), die nächste Voraussetzung
wiederum die Exemtion von den Gegensätzen. Denn wenn
auch der Nus Entgegengesetztes zu denken vermag, und insofern potenziell das Eine wie das Andere ist,[9]) so wird er
doch nicht reell von den Gegensätzen afficirt.[10]) Frei von
stofflicher Beimischung und actuell, bevor er denkt, Nichts

1) phys. VII, 1. 241 b 24ff. VIII, 5. 256 a 13ff. de generat. et corr. I, 6.
322 b 9 ff. u. s.

2) ἀπαθές, de coelo I, 3. 270 b 2.

3) ἀγήρατον, a. a. O. b 3.

4) ἄφθαρτον, vergl. ferner a. a. O. II, 1. 284 a 13. III, 1. 298 b 7.

5) ἀθάνατον, a. a. O. I. 3. 270 b 9.

6) ἀΐδιος, a. a. O. b 1. 23. τὸ ἀεὶ σῶμα meteorol. I, 3. 339 b 25. ἤ τε
γὰρ τῶν ἄστρων φύσις ἀΐδιος οὐσία τις οὖσα. metaph. XI, 8. 1073 a 34f. C. 1. 1069
a 30 f. — Nichtgeworden, unvergänglich und ewig sind Begriffe, welche implicite in einander enthalten sind (ἀλλήλοις ἀκολουθεῖ), de coelo I, 12. 282 a
25 ff. 30 ff. (vergl. 281 b 25 ff. 282 b 5 ff.) IV, 5. 313 a 28 ff.

7) de part. an. II, 1. 647 a 5ff. „Gleichtheilig": S. 17, Anmerk. 1.

8) μηθενὶ μηθὲν ἔχει κοινόν, de an. III, 4. 429 b 23 f. vergl. I, 2. 405 b 19 ff.

9) a. a. O. III, 6. 430 b 23 f.

10) vergl. categ. 5. 4 b 4 ff.

von dem, was existirt, somit weder am Stoffe, noch an den
Functionen des menschlichen Körpers betheiligt, bleibt er von
allen entgegengesetzten Beschaffenheiten unberührt. Bevor er
denkt, sagt Aristoteles, [1]) ist er keine von den Existenzen actuell. Deshalb ist es auch nicht wahrscheinlich, daß er
(wie das denkende Blut des Empedokles) mit dem Körper, den er bewohnt, vermischt sei; denn er müßte ja
sonst wechselnden Beschaffenheiten unterliegen, ebenso wie
der Körper kalt oder warm werden, [2]) oder es müßte ihm,
wie dem Wahrnehmungsvermögen (der wahrnehmenden Seele;
„denn das Wahrnehmungsvermögen ist nicht ohne den Körper,
er aber ist getrennt"[3])), ein körperliches Werkzeug zukommen; nun aber ist er (wie gesagt: actuell) keine (von den
Existenzen, bevor er denkt). Somit frei von Gegensätzen, ist
der Nus leidensunfähig, [4]) — nur einer Anregung von Seite
des Denkobjects empfänglich, [5]) und da das Denken mit dem

1) οὐδέν ἐστιν ἐνεργείᾳ τῶν ὄντων πρὶν νοεῖν. διὸ οὐδὲ μεμῖχθαι εὔλογον αὐτὸν τῷ
σώματι· ποιός τις γὰρ ἄν γίγνοιτο, ψυχρὸς ἢ θερμός, ἢ κἄν ὄργανόν τι εἴη, ὥσπερ
τῷ αἰσθητικῷ· νῦν δὲ οὐθέν ἐστιν. καὶ εὖ δὴ (im Anschluße an νῦν δὲ οὐθέν ἐστιν)
οἱ λέγοντες τὴν ψυχὴν εἶναι τόπον εἰδῶν κτλ., de an. III, 4. 429 a 24 ff. Themist.
de an. Sp. II, p. 193, 20 sq.: ... τῷ σώματι, οὐδὲ ὄργανόν τι (sc. σωματικόν,
lin. 27 sq.) αὐτῷ εἶναι, ὥσπερ τῷ αἰσθητικῷ· p. 174, 15 sq.: ἀλλ' οὐδὲ ὀργάνῳ
ἄν χρῶτο τῷ σώματι, ὥσπερ ἡ αἴσθησις. Simplic. p. 64 a (bei TRENDELEN-
BURG p. 470): οὐδέν ἐστιν αὐτῷ ὄργανον, ὥστε παντελῶς εἶναι χωριστὸν σωμάτων.
ARGYROPYLOS: nunc autem ipsius nullum prorsus est instrumentum. Ebenso
PACIUS: nunc vero nullum ejus instrumentum est. BRANDIS, Handbuch etc.,
II, 2. S. 1128. TORSTRIK in s. Ausg. p. 180. BRENTANO a. a. O. S. 124. ZEL-
LER a. a. O. S. 439 (und III, 1. S. 713): „er ist nur die Möglichkeit des Denkens, sonst Nichts". Vergl. PANSCU, De Aristotelis animae definitione, Gryphisw.
1861, p. 34: antequam cogitat, nihil est, quod vere et actu in rerum natura exstet.
2) BRENTANO a. a. O. S. 122 ff. 153 deutet die Worte ποιός τις γὰρ ἄν γίγνοιτο,
ψυχρὸς ἢ θερμός von intellectuellen, durch sensibele Objecte hervorgebrachten
Affectionen des Nus.
3) τὸ μὲν γὰρ αἰσθητικὸν οὐκ ἄνευ σώματος, ὁ δὲ χωριστός, de an. III, 4. 429 b 4. f.
4) ἀπαθής, a. a. O. I, 4. 408 b 25. 29. III, 4. 429 a 15. 29 f. b 23. C. 5.
430 a 18. 24. vergl. I, 2. 405 b 20.
5) νοῦς δὲ ὑπὸ τοῦ νοητοῦ κινεῖται, metaph. XI, 7. 1072 a 30. Ueber die mit
diesem κινεῖσθαι eintretende Aporie vergl. Abschn. VI. Die bloße Anregung
ist sowohl von jenem πάσχειν τι, welches das Denken ist, als von derjenigen
Bewegung zu unterscheiden, welche dem Denken (der διάνοια) direct von
Seite der umgebenden Außenwelt (ὑπὸ τοῦ περιέχοντος) mitgetheilt wird, phys.
VIII, 2. 253 a 16 f. S. Abschn. VI.

Wahrnehmen verglichen werden kann, „entweder ein gewisses Leiden von Seite des denkbaren Inhalts oder etwas Anderes dergleichen."[1]) Die Wahrheit zu sagen, leidet weder das wahrnehmende noch das denkende Vermögen im strengsten Sinne des Worts.[2]) Das erstere leidet allerdings, aber in einem weitern Sinne des Worts; das Denken dagegen, dieses durch ureigne Thätigkeit Erfülltsein mit denkbarem Inhalte, ist im Grunde nicht einmal „eine Art von Erleiden", sondern „etwas Anderes dergleichen," Etwas entfernt wie Erleiden. Nur unter dieser Voraussetzung ist der Nus auch unzerstörbar.[3]) Die Leidensunfähigkeit des wahrnehmenden und des denkenden Vermögens, sagt Aristoteles, [4]) sind nicht gleichartig; während eine sehr starke Einwirkung von Außen, ein gewaltiges Getöse, ein blendendes Licht, kurz ein „sehr wahrnehmbares Object" eine Sinneswahrnehmung unmöglich macht, wird die Kraft des Nus durch „ein sehr Denkbares," einen besonders klaren und lichten Gedanken (die Principien der Beweise sind von dieser Art) in den Stand gesetzt, minder leicht Denkbares (z. B. die Schlußsätze der Beweise) nur um so beßer zu denken. Daher denn schließlich die Bestimmungen, daß er nicht altert, [5]) unsterblich und ewig ist:[6]) das Wahre an der Präexistenz und Unsterblichkeit der Seele. „Ob aber auch nachher noch Etwas bleibt, ist zu untersuchen; denn bei Einigem steht Nichts im Wege, so z. B. wenn die Seele Etwas der Art ist, allerdings nicht die ganze, aber doch der Nus; denn unmög-

---

1) εἰ δή ἐστι τὸ νοεῖν ὥσπερ τὸ αἰσθάνεσθαι ἢ πάσχειν τι ἂν εἴη ὑπὸ τοῦ νοητοῦ ἢ τι τοιοῦτον ἕτερον, de an. III, 4. 429 a 13f. εἰ τὸ νοεῖν πάσχειν τί ἐστιν, b 24 f.

2) οὐκ ἔστι δ' ἁπλοῦν οὐδὲ τὸ πάσχειν, ἀλλὰ τὸ μὲν φθορά τις ὑπὸ τοῦ ἐναντίου, τὸ δὲ σωτηρία μᾶλλον τοῦ δυνάμει ὄντος ὑπὸ τοῦ ἐντελεχείᾳ ὄντος καὶ ὁμοίου οὕτως ὡς δύναμις ἔχει πρὸς ἐντελέχειαν · θεωροῦν γὰρ γίγνεται κτλ. a. a. O. II, 5. 417 b 2 ff. S. weiter u.

3) ὁ δὲ νοῦς ἔοικεν . . . οὐ φθείρεσθαι, a. a. O. I, 4. 408 b 18f.

4) ὅτι δ' οὐχ ὁμοία ἡ ἀπάθεια τοῦ αἰσθητικοῦ καὶ τοῦ νοητικοῦ, φανερὸν ἐπὶ τῶν αἰσθητηρίων καὶ τῆς αἰσθήσεως. ἡ μὲν γὰρ αἴσθησις οὐ δύναται αἰσθάνεσθαι ἐκ τοῦ σφόδρα αἰσθητοῦ, οἷον ψόφου ἐκ τῶν μεγάλων ψόφων, οὐδ' ἐκ τῶν ἰσχυρῶν χρωμάτων καὶ ὀσμῶν οὔτε ὁρᾶν οὔτε ὀσμᾶσθαι · ἀλλ' ὁ νοῦς ὅταν τι νοήσῃ σφόδρα νοητόν, οὐχ ἧττον νοεῖ τὰ ὑποδεέστερα, ἀλλὰ καὶ μᾶλλον, a. a. O. III, 4. 429 a 29 ff.

5) vergl. a. a. O, I, 4. 408 b 19ff. S. den Schluss dieses Abschn.

6) ἀθάνατον καὶ ἀΐδιον, a. a. O. III, 5. 430 a 23. vergl. II, 2. 413 b 27 ff.

lich wohl die ganze."¹) „Und dieß (der thätige Nus) ist allein
unsterblich und ewig, doch erinnern wir uns nicht, weil zwar
dieses (der thätige Nus) leidensunfähig, der leidende Nus aber
vergänglich ist, und es (der thätige Nus) Nichts ohne diesen
denkt."²) Denn wie das himmlische Licht und die himmlische

---

1) εἰ δὲ καὶ ὕστερόν τι ὑπομένει, σκεπτέον· ἐπ' ἐνίων γὰρ οὐθὲν κωλύει. οἷον εἰ ἡ
ψυχὴ τοιοῦτον, μὴ πᾶσα ἀλλ' ὁ νοῦς· πᾶσαν γὰρ ἀδύνατον (vergl. eth. Nicom. III, 9.
1115 a 26 f. C. 11. 1100 a 13 ff. C. 12. 1117 b 10 ff. u. s. ZELLER a. a. O.
S. 462 ff.) ἴσως, metaph. XI, 3, 1070 a 24 ff.

2) καὶ τοῦτο μόνον ἀθάνατον καὶ ἀίδιον, οὐ μνημονεύομεν δέ, ὅτι τοῦτο μὲν ἀπαθές,
ὁ δὲ παθητικὸς νοῦς φθαρτός, καὶ ἄνευ τούτου οὐθὲν νοεῖ, de an. II, 5. 430 a 23 ff.
Die Bemerkung TRENDELENBURG's zu de an. I, 4. 408 a 25 f. (comm. p. 268),
wo (wenn a 26 τῷ gelesen wird) im Widerspruch mit dem (übrigens von ROSE,
Aristoteles pseudepigr., p. 52 sqq. 23 sqq. für unecht erklärten) Dialoge „Eudemos
oder von der Seele" (vergl. David. proleg. in Aristot. categ. Scholia ed. BRAN-
DIS 24 b 10 sqq. ROSE l. l. p. 59 sqq. HEITZ, Fragmenta Aristotelis, 2 [67]
und folg., p. 48 sqq.) vom Untergange der Seele sammt dem Fleische die Rede
ist: *Prima sententia, animam una cum carne interire, ex ipsius Aristotelis
mente in dubium vocari potest; intellectui enim immortalitatem vindicat (III, 5).
Debet igitur sententiam ad inferiora animantium genera restringi*, übersieht den
unendlichen Gegensatz der Denk- und der übrigen Seelen.

Man kann nun fragen: wo kommt denn die Denkseele hin, wenn sie vom
Körper wieder abgetrennt ist? BIEHL, Ueber den Begriff νοῦς bei Aristoteles, S. 19,
sendet sie über den Fixsternhimmel hinaus nach dem de coelo I, 9. 279 a 16 ff.
„äußerst interessant gezeichneten Aufenthaltsorte „der reinen Geister", wo
es weder einen Körper und somit keine Entstehung, noch einen Ort, noch
ein Leeres, noch Zeit gibt, weshalb auch das Dortige weder an einem Orte
ist, noch altert, noch sich irgendwie verändert, sondern unwandelbar und
leidensunfähig immerwährend das beste und selbstgenügsamste Leben führt,
— wo die Gottheit weilt. Dort schaut er, ohne alle Erinnerung an sein
vergangenes diesseitiges Leben, sich selbst und die Gottheit an; — Alles nach
metaph. XI, 7. 1072 b 24: „Die denkende Betrachtung (ἡ θεωρία) ist das Ange-
nehmste und Beste". „Jedenfalls", versichert BRENTANO a. a. O. S. 207,
wird das künftige Leben „ein Leben geistiger Thätigkeit sein".

Um hier auf festern Boden zu kommen, ist der de an. III, 5. 430 a 23 f.
gebrauchte, offenbar gegen die Platonische Wiedererinnerung gerichtete Ausdruck: οὐ μνημονεύομεν zu erwägen. Wir erinnern uns also deshalb nicht, weil
der leidende Nus vergänglich ist, und der thätige Nus ohne diesen Nichts denkt.
In der That liegt das μνημονεύειν ganz außerhalb der Fähigkeit und Function
des unvergänglichen Nus: οὔτε μνημονεύει οὔτε φιλεῖ (sc. τις)· οὐ γὰρ ἐκείνου (des
Nus) ἦν, ἀλλὰ τοῦ κοινοῦ (des Menschen), ὃ ἀπόλωλεν, de an. I, 4. 408 b 28 f.
So wenig also der Nus im Stande ist, auch nur das Mindeste von „den durch
die organischen Thätigkeiten bedingten Erinnerungen ans Erdenleben für seine

Leben spendende, schöpferische Wärme das Ergebniss göttlich

Ewigkeit zu bewahren," so wenig gibt es irgend eine Aristotelische Unterlage, um mit Brandis, Handbuch etc. II, 2. S. 1181. Geschichte der Entwicklungen der griech. Philos. I, S. 520 auch nur so viel behaupten zu können, daß „das ihm Bleibende wohl nur das Ergebniss seiner Entwickelungen im Erdenleben sei." Also nicht dem leidensunfähigen, unsterblichen und ewigen Nus, sondern dem Menschen kommt das sich Erinnern, ebenso nicht dem leidensunfähigen Nus, sondern dem Menschen das Reflectiren, Lieben und Haßen zu (de an. I, 4. 408 b 25 ff.). Der leidensunfähige Nus ist vom Menschen wohl zu unterscheiden (ὁ δὲ τοιοῦτος ἂν εἴη βίος κρείττων ἢ κατ' ἄνθρωπον· οὐ γὰρ ἢ ἄνθρωπός ἐστιν οὕτω βιώσεται, ἀλλ' ἢ θεῖόν τι ἐν αὐτῷ ὑπάρχει, eth. Nicom. X, 7. 1177 b 27 ff.). Jedenfalls ist es bei diesen und derartigen Thätigkeiten der niedern Seele am Angemeßensten, zu sagen: „der Mensch" erbarmt sich, lernt, reflectirt (nicht die Seele, sondern der Mensch, das Concrete, „mit der Seele," de an. a. a. O. b 13 ff. vgl. ὁ ἀναμιμνησκόμενος καὶ θηρεύων σωματικόν τι κινεῖ, ἐν ᾧ τὸ πάθος, de memor. 2. 453 a 22 f. κινοῦντι, 452 a 8 f. ἐξ αὐτοῦ, a 11 u. s.). „Wir" sind also die sterblichen Menschen oder die Lebenden, die, im Besitze des Nus, sich ungeachtet der Unsterblichkeit desselben nicht erinnern (Brandis, Handbuch etc. a. a. O. S. 1179: der Nus des lebendigen Individuums in Rückauf seine Präexistenz; Zeller a. a. O. S. 465. Anmerk.: der Nus sowohl vor als nach seinem körperlichen Leben), und zwar deshalb sich nicht erinnern, weil das Organ der Erinnerung, das leidensfähige innere Centrum des wahrnehmenden Vermögens, weil der Mensch, ohne welchen der thätige Nichts denkt, zu Grunde gegangen ist. Wessen erinnern? Einer Existenz des unsterblichen und ewigen vor einer Verbindung mit dem leidenden, vergänglichen Nus und daher mit einem Körper, d. h. einer individualitätslosen und gedankenleeren Existenz? Also wohl eines Daseins in Verbindung mit dem leidenden, vergänglichen Nus und daher mit einem menschlichen Körper. Es ist ja überhaupt Grundsatz des Aristoteles, mehr oder minder irrthümliche Ansichten, wofern sie nur eine verbreitete Anerkennung oder angesehene Autoritäten für sich haben, nicht ohne Weiteres aufzugeben, sondern, wenn irgend möglich, von irgend einer Seite zu halten (metaph. XI, 8. 1073 a 38 ff. vgl. C. 10. 1075 a 28 ff. τὸ γὰρ ἀεὶ οὕτω φαινόμενον ἔχειν ἀληθὲς δοκεῖ, rhetor. II, 9. 1387 a 26 u. s.); die Platonische Präexistenz und Unsterblichkeit der Seele ersetzt die Ewigkeit des Nus. So scheint denn auch an die Stelle der Pythagoreisch-Platonischen Seelenwanderung eine Wanderung des Nus zu treten. Ist irgend etwas Wahres an einer derartigen Wanderung, was könnte sich beßer dazu eignen, als der in allen Menschen gleiche, für seine denkende Bethätigung zwar an einen menschlichen, aber nicht, wie die Seele (de an. I, 3. 407 b 15 ff. II, 2. 414 a 22 ff.), an einen bestimmten menschlichen Körper gebundene, sondern seiner Natur nach getrennte und trennbare Nus? Wenn man nur noch wüßte, was ihn veranlaßt, bei Gelegenheit einer Zeugung wieder „von Außen hereinzutreten" (denn die Annahme einer unmittelbaren Intervention ist mit dem Aristotelischen Gotte durchaus nicht zu vereinigen, wie Biehl

elementarischen und gemein-elementarischen Zusammenwirkens
sind,[1]) so ist auch der Nus die intellectuelle, lichtartige, schöpferische Kraft, die er an sich ist, actuell nur im Zusammenwirken
mit der (vergänglichen) wahrnehmenden und vorstellenden Seele.
Unvergängliches und Vergängliches sind „der Gattung
nach verschieden."[2]) Was aber der Gattung nach verschieden ist, hat nicht bloß einen größern Abstand von einander
als das, was, wie das Gegensätzliche, der Art nach verschieden ist,[3]) sondern noch mehr: es gibt überhaupt gar
keinen Uebergang des Einen in das Andere.[4]) Und in diesem Sinne ist der Aether nicht bloß örtlich, sondern auch qualitativ getrennt (κεχωρισμένον), und der Nus in letzter Instanz eben
darum örtlich trennbar (χωριστός), weil er von Vorn herein seinem
ganzen Wesen nach getrennt ist, mit Nichts in dieser Sphäre
etwas Gemeinsames hat, oder weil er, um das Ganze auf seinen
höchsten Ausdruck zurückzuführen, ewig und unvergänglich,
— von allem Diesseitigen der Gattung nach verschieden ist.[5])
    Der letzte Grund der Unvergänglichkeit des Nus wie des
Aethers ist die Stofflosigkeit Beider. Nur das Stoffliche ist
der Gegensätze empfänglich, und umgekehrt, was der Gegensätze
empfänglich[6]) und also der Veränderung (μεταβολή) unterworfen
ist, z. B. entsteht, ist stofflich.[7]) Nur das Stoffliche ist leidens-
fähig[8]) und somit vergänglich,[9]) das Ewige also ohne Stoff.[10])

a. a. O. S. 9 f. richtig bemerkt), so würde man dieser Ansicht, soweit sie hier
in Betracht kommt, Klarheit und Anschaulichkeit nicht absprechen können.

1) de cœlo II, 7. 289 a 19 ff. meteorol. I, 3. 340 b 10 ff. 341 a 17 ff.

2) ἢ ἄρα καὶ καθ' ὃ πρῶτον τὸ μὲν φθαρτὸν τὸ δ' ἄφθαρτον, ἔχει ἀντίθεσιν,
ὥστε ἀνάγκη γένει ἕτερα εἶναι, metaph. IX, 10. 1059 a 9 ff. vgl. von Anf.

3) τὰ δὲ γένει ἕτερα πλείον διέστηκεν ἢ τὰ εἴδει, a. a. O. a 14.

4) τὰ μὲν γὰρ γένει διαφέροντα οὐκ ἔχει ὁδὸν εἰς ἄλληλα, ἀλλ' ἀπέχει πλέον
καὶ ἀσύμβλητα, a. a. O. C. 4. 1055 a 6 f.

5) ... γένος ἕτερον εἶναι, καὶ τοῦτο μόνον ἐνδέχεται χωρίζεσθαι, καθάπερ τὸ
ἀίδιον τοῦ φθαρτοῦ, a. a. O. II, 2. 413 b 25 ff.

6) ἀδύνατον γὰρ τῷ ὕλην ἔχοντι μὴ ὑπάρχειν πως τὸ ἐναντίον, de longit. 3.
465 b 11. εὐθὺς γὰρ ἡ ὕλη τὸ ἐναντίον ἔχει, b 29 f. πάντα γὰρ τὰ ἐναντία ὕλην
ἔχει, metaph. XI, 10. 1075 b 23.

7) οὐδὲ παντὸς ὕλη ἐστὶν ἀλλ' ὅσων γένεσίς ἐστι καὶ μεταβολὴ εἰς ἄλληλα.
ὅσα δ' ἄνευ τοῦ μεταβάλλειν ἐστιν ἢ μή, οὐκ ἔστι τούτων ὕλη, a. a. O. VII, 5.
1044 b 27 ff. X, 12. 1068 b 10 f. XI, 1. 1069 b 3 ff. 24 f. phys. V, 2. 226 a 10 f.

8) εἰ δ' ἦν (die mathematischen Objecte) οὐσία τις ὑλική, τοῦτ' ἂν ἐφαίνετο

Die Gestirne haben keinen Stoff: d. h. „keinen solchen", keinen Stoff im gewöhnlichen Sinne, sondern nur insoweit, als Ortsveränderung einen solchen erfordert. ¹) Der Aether ist ein Stoff, der zugleich keiner ist, ein unstofflicher, ganz aparter Stoff. Nicht minder ist auch der Nus ohne Stoff, — ohne gemeinen, den Wandlungen des Entstehens und Vergehens unterworfenen Stoff, kurz: einfach und unvermischt, insofern also „nicht Natur." ²) Seiner universell-denktüchtigen Natur entspricht kein diesseitiger Stoff. Aber welcher?

Es gibt in der That einen denktüchtigen, jedenfalls unstoff-

δυνάμενα πάσχειν, metaph. XII, 2. 1077 a 35 f. ὅσα δ' ἐν ὕλῃ (sc. ἔχει τὴν μορφήν), παθητικά, de generat. et corr. I, 7. 324 b 5 f. τῆς μὲν γὰρ ὕλης τὸ πάσχειν ἐστὶ καὶ τὸ κινεῖσθαι, II, 9. 335 b 29 f.

9) τά γε ἐν ὕλῃ φθαρτὰ πάντα, metaph. X, 2. 1060 b 25 f. vgl. XI, 6. 1071 b 20 ff.

10) a. a. O. XIII, 2. init.

1) ἐπὶ δὲ τῶν φυσικῶν μὲν ἀϊδίων δὲ οὐσιῶν ἄλλος λόγος. ἴσως γὰρ ἔνια οὐκ ἔχει ὕλην, ἢ οὐ τοιαύτην ἀλλὰ μόνον κατὰ τόπον κινητήν, a. a. O. VII, 4. 1044 b 6 ff. C. 9. 1050 b 21 f. XI, 2. 1069 b 24 ff. vgl. VII, 1. 1042 b 5 f. Unter derselben Beschränkung sind die himmlischen Ursachen der sublunaren Veränderung (vgl. 1072 a 9 ff.) ἄνευ ὕλης, XI, 6. 1071 b 20 f. Die Worte ὁ ἥλιος καὶ ὁ λοξὸς κύκλος, οὔτε ὕλη κτλ., a. a. O. XI, 5. 1071 a 15 f., wollen nur soviel besagen, daß Sonne und Ekliptik keinen Stoff besitzen, welcher jenem des Menschen gleichartig wäre. Aus alledem folgt, dass sich nur in einem weitern Sinne des Worts (ἅπασα γὰρ ἴσως ἡ φύσις ἔχει ὕλην, a. a. O. I min., 3. 995 a 17) von einer φύσις der Gestirne sprechen läßt: ἥ τε γὰρ τῶν ἄστρων φύσις ἀίδιος οὐσία τις οὖσα (womit dieselbe Wendung de an. I, 4. 408 b 18 f.: ὁ δὲ νοῦς ἔοικεν ἐγγίνεσθαι οὐσία τις οὖσα, καὶ οὐ φθείρεσθαι, zu vergl.), a. a. O. XI, 8. 1073 a 34 f. III, 5. 1010 a 34. de cœlo I, 2. 269 b 16.

2) οὐδὲ γὰρ πᾶσα ψυχὴ φύσις, de part. an. I, 1. 641 b 9 f. Nicht diesseitige, dem ewigen Wechsel unterworfene Natur. In dieser Bedeutung der φύσις ist er mithin nicht Gegenstand der φυσικὴ ἐπιστήμη oder φυσικὴ γνῶσις, sondern derjenigen Wissenschaft, welche sich mit dem Unveränderlichen und Ewigen beschäftigt, der πρώτη φιλοσοφία oder Metaphysik, a. a. O. a 32 ff. Wenn Alles ὅσα μεταβάλλει, ὕλην ἔχει, Jedwedes nemlich einen solchen Stoff, welcher der ihm eigenen Veränderung entspricht: ἀλλ' ἕτερα ἑτέραν, die in örtlicher Veränderung begriffenen Gestirne also mindestens ὕλην τοπικήν (VII, 1. 1042 b 6), ἀλλ' οὐ γεννητήν besitzen, metaph. XI, 2. 1069 b 24 ff., — der Nus aber von Außen her einwandert und (τόπῳ χωριστός) den Körper einstens wieder verläßt, insofern also unter die μὴ γεννητὰ κινητὰ δὲ φορᾷ (vgl. a. a. O. b. 25 f.) gehört, so kommt ihm mindestens eine Art von ὕλη, die ὕλη τοπική oder zwar keine ὕλη τοιαύτη, ἀλλὰ μόνον κατὰ τόπον κινητή zu.

lichen, also wohl ganz aparten Stoff: die Gestirne, aus
Aether geballt, sind denkende Wesen. [1])
Der (gemeine, diesseitige) Stoff ist das Potenzielle, [2]) Wesen
und Form sind vollendete Wirklichkeit. [3]) Das Ewige und Unvergängliche, — das Unstoffliche, worin alles Werden und Vergehen und jede Veränderung ausgetilgt sind, ist somit in jedem
Zeitmomente volle Realität und Wirklichkeit, oder, einen andern
als den sublunaren Stoff vorausgesetzt, vollkommenste Durch-
dringung des Stoffs von Seite der Form und insoweit Identität der
Form und des Stoffs, [4]) kurz in jedem Zeitmomente actuell und in
keinem nur potenziell. [5]) Gibt es eine ewige Bewegung, wie z. B. die
räumliche der jenseitigen Region, so ist auch diese allezeit actuell,
höchstens in Bezug auf ihre Richtung potenziell. Dagegen ist
die Bewegung des Vergänglichen (die in ewiger Verwandlung
begriffenen, z. B. Erde und Feuer, ausgenommen), der Potenzialität des Stoffes wegen, mit der Möglichkeit des Gegentheils verbunden, so daß eine ununterbrochene Bewegung beschwerlich
wird, und Ermüdung eintritt. [6]) Wie mit der räumlichen Bewegung des Ewigen verhält es sich in dieser Beziehung mit der
Denkthätigkeit des göttlichen Nus; „ist er nicht Denkthätigkeit,

---

1) s. weiter u.

2) ἔτι ἡ ὕλη ἐστὶ δυνάμει, ὅτι ἔλθοι ἂν εἰς τὸ εἶδος· ὅταν δὲ γ᾽ ἐνεργείᾳ,
τότε ἐν τῷ εἴδει ἐστίν, metaph. VIII, 8. 1050 a 15 f. u. s. w. S. Abschn. II.

3) ὥστε φανερὸν ὅτι ἡ οὐσία καὶ τὸ εἶδος ἐνέργειά ἐστιν, a. a. O. b 2 f. vgl.
XI, 5. 1071 a 8 f.

4) Diese Form-Natur des höchsten Stoffs ist nicht ohne weiter herab-
reichende Unterlage. Sowohl bei dem Qualitativen als auch bei dem Quantitativen ist das Eine mehr Form, das Andere mehr Stoff, ebenso bei dem Örtlichen. Das Obere gehört dem Bestimmten (τοῦ ὡρισμένου; — ἡ δὲ μορφή καὶ
τὸ εἶδος ἁπάντων ἐν τοῖς ὅροις, de generat. et corr. II, 8. 335 a 21), das Untere
dem Stoffe an. Die Erde ist also am Meisten stofflich und am Wenigsten Form
und Individualität, mehr schon das Waßer, mehr noch die Luft, am Meisten
das Feuer, de cœlo IV, 4. 312 a 14 ff. de generat. et corr. I, 3. 318 b 29 ff. II, 8.
335 a 18 ff.

5) ἔστι δ᾽ οὐθὲν δυνάμει ἀίδιον, metaph. VIII, 8. 1050 b 7 f. 16 f. ἐνεργείᾳ
ἄρα πάντα (sc. τὰ ἄφθαρτα), b 18. οὐδεμία ἐστιν ἀίδιος οὐσία ἐὰν μὴ ᾖ ἐνεργείᾳ,
XIII, 2. 1088 b 26. vgl. XI, 8. 1074 a 19 f.

6) a. a. O. VIII, 8. 1050 b 20 ff. vgl. XI, 7. 1072 b 4 ff. de cœlo II, 1.
284 a 14 ff.

sondern nur Potenz, [1]) so dürfte die stetige Dauer des Denkens
ihm wohl beschwerlich fallen." [2])

Was nun den menschlichen Nus betrifft, so denkt derselbe
allerdings nicht immer; bald denkt er, bald denkt er nicht,[3]) und
tritt insofern oder rücksichtlich seiner Bethätigung in der Art
der vergänglichen Dinge, die Elemente ausgenommen, in den
Unterschied von Actualität und Potenzialität auseinander. Seine
Bethätigung hängt nemlich an der Gegenwart des Denkstoffs oder
an der Mitwirkung der vergänglichen mit dem Körper untrennbar verknüpften wahrnehmenden Seele. Auf Grund dieser be-
ziehungsweisen Verknüpfung mit Vergänglichem ist der ewige,
an sich getrennte Nus ebenso beziehungsweise, d. h. in Ansehung
seiner Bethätigung, bald actuell, bald potenziell, — potenziell
im Sinne ruhender, denktüchtiger Form. [4]) Aus der Theilnahme einer vergänglichen Seele und somit des entsprechenden innern Hauptorgans derselben an allem Denken folgt
namentlich auch die Ermüdung des menschlichen im Gegensatze
zum göttlichen, ununterbrochen denkenden Nus, [5]) — nicht des
höhern, sondern des niedern Theils. Endlich tritt zwar die Be-

---

1) δύναμις; vgl. τὸ δὲ δυνατὸν ἐνδέχεται καὶ ἐνεργεῖν καὶ μή, metaph. XIII, 2.
1088 b 19 f.

2) a. a. O. XI, 9. 1074 b 28 f. vergl. 19 f. C. 7. 1072 b 14 ff. 26 ff. C. 9.
1075 a 10.

3) ἀλλ' ὁτὲ μὲν νοεῖ, ὁτὲ δ' οὐ νοεῖ (über die Tilgung des οὐχ zwischen ἀλλ'
und ὁτὲ [im andern Falle wäre nur der göttliche Nus das passende Subject;
was auch Brentano a. a. O. S. 182 ff. bestimmt behauptet, indem er diese
Metabase mit einem „Aufblicke zu dem göttlichen Verstande" begleitet;]
vergl. Torstrik's unterrichtende Abhandlung in s. Ausg. p. 184 sqq.), de
an. III, 5. 430 a 22. τοῦ δὲ μὴ ἀεὶ νοεῖν τὸ αἴτιον ἐπισκεπτέον, C. 4. 430 a 5 f.
(vergl. I, 3. 407 a 22 f.) Die hier angeregte Untersuchung fehlt; der Grund
liegt, wie gesagt, in der Mitwirkung der vergänglichen an der Thätigkeit
der unvergänglichen Seele, womit Theophrast bei Themist. l. l. p. 200, 4 sq.
8 sqq. zu vergl.: εἰ μὲν οὖν σύμφυτος ὁ κινῶν, καὶ εὐθὺς ἐχρῆν καὶ ἀεὶ (sc. κινεῖν)·
... ἐνυπάρχων δ' οὖν διὰ τί οὐκ ἀεί; ἢ διὰ τί λήθη καὶ ἀπάτη καὶ ψεῦδος; ἢ διὰ τὴν μίξιν;

4) δεῖ δὲ δυνάμει εἶναι τὸ γνωρίζον, de an. III, 6. 430 b 23 f. vergl. ...
ἀλλ' ἢ ταύτην (sc. φύσιν), ὅτι δυνατόν, C. 4. 429 a 21 f. δυνατόν (nicht bloß
„reine Möglichkeit") in demselben intensivern Sinne wie metaph. VIII, 1.
1046 a 20. C. 5. 1047 b 35 f. X, 9. 1065 b 33 u. s.

5) metaph. XI, 7. 1072 b 14 ff. eth. Nicom. X, 8. 1178 b 26 f. vergl.
metaph. VIII, 8. 1050 b 24 ff. de somno 1. 454 a 26 ff. C. 2. 445 b 16 ff.

thätigung des erstern auf äußere Anregung, auf Anregung von Seite des Denkobjects hin ein; dennoch ist sie nicht Wirkung dieser ihm äußern Ursache, sondern hat ihren Grund in ihm selbst; wofern nur die nöthigen Bedingungen beisammen sind, ist der Nus, so wie es die Natur aller Form mit sich bringt, von sich selbst aus thätig.

Denn der Nus ist die „Form der Formen", [1]) die universelle Form, als diese Form an sich und unmittelbar der actuelle und nur als solcher, als actueller, auch der thätige und hervorbringende Theil, — denn wie könnte er thätig sein und hervorbringen, Grund, Ursache und Princip sein, wie Etwas durch ihn hervorgebracht werden, wenn er an sich selbst unvollendet, potenziell, nicht an sich selbst vollendet, actuell wäre? [2]) — indess der andere Factor, wie aller Stoff, sich beziehungsweise potenziell verhält. „Und dieser Nus ist trennbar und leidensunfähig und unvermischt, dem Wesen nach actuell; denn immer," fährt Aristoteles fort, „ist das Hervorbringende ehrwürdiger als das Leidende, und immer das Princip ehrwürdiger als der Stoff." [3])

So wenig sind die Sätze, daß der Nus seinem Wesen nach actuell (ἐνεργείᾳ) ist, und daß er sich bald als thätiges, bald als ruhendes Vermögen (— das psychische Vacuum) verhält, widersprechende Gegensätze, und ebenso wenig führen sie etwa in dieses Mittlere, daß er unbewußt oder in dunkeln Vorstellungen denke. [4]) Nicht denkend ist er nichtsdestoweni-

---

1) de an. III, 8. 432. a 2 vergl. weiter unten.

2) πῶς γὰρ κινηθήσεται, εἰ μηθὲν ἔσται ἐνεργείᾳ αἴτιον; κτλ. metaph. XI, 6. 1071 b 28 ff. ἀεὶ γὰρ ἐκ τοῦ δυνάμει ὄντος γίγνεται τὸ ἐνεργείᾳ ὂν ὑπὸ ἐνεργείᾳ ὄντος, κτλ., VIII, 8. 1049 b 24 ff. ἔστι γὰρ ἐξ ἐντελεχείᾳ ὄντος πάντα τὰ γιγνόμενα, de an. III, 7. 431 a 3 f.

3)... τῇ οὐσίᾳ ὂν ἐνεργείᾳ· ἀεὶ γὰρ τιμιώτερον τὸ ποιοῦν πάσχοντος καὶ ἡ ἀρχὴ (die begrifflich „frühere" Form ist Princip) τῆς ὕλης a. a. O. C. 5. 430 a 17 ff.

4) vergl. Leibnitz, Nouveaux essais sur l'entendement humain, II, 1. Opera philos. ed. Erdmann, p. 223 b sqq.

Die Räsonnements Brentano's a. a. O. S. 69 ff. von bewußtlosen Einflüßen der geistigen Kraft auf den Leib gründen auf gewissen Forderungen eines „harmonischen Ausbaus der Aristotelischen Seelenlehre," von welchen Aristoteles wenig Notiz genommen zu haben scheint. Mit Voraussetzungen dieser Art unterbaut Brentano die von ihm vorgetragene Fiction eines nicht

ger die immer bereite, eventuell von sich ausgehende Gedan-
ken-schöpferische universelle Form, als solche das Princip der
Realität gegenüber der Potenzialität seines Stoffs,[1]) — und
auch von dieser Seite als unvergänglich und ewig constatirt.
Aus alledem folgt unmittelbar, daß die Thätigkeit des
Nus, wie jede organische Function, z. B. Hören oder Sehen,
reine Wesensbethätigung, d. h. weder ein Werden, noch eine
Bewegung im strengen Sinne, sondern eine ruhende Thätigkeit ist.

Auch die actuellen Zustände des denkenden Theils, sagt
Aristoteles,[2]) sind keine Verwandlungen, und es gibt kein
Werden derselben. Denn bei Weitem am Meisten sagen wir
von dem Wißenden, daß es in einer gewissen Relation zu
einem Objecte beruht; von Relativem aber gibt es keine Verwandlung. Ferner offenbar aber auch kein Werden. Denn
das, was dem Vermögen nach ein Wißendes ist, wird nicht
dadurch ein Wißendes, daß es selbst bewegt wurde, sondern
dadurch, daß ein Anderes gegenwärtig ist. Denn wann das
Einzelne eingetreten, dann weiß es gewissermaßen durch das

---

denkenden und unbewußten, vor allem Denken als wirkendes Princip desselben sich bethätigenden νοῦς ποιητικός.

1) In dem engern Sinne naturgemäß ununterbrochener Thätigkeit gilt
der Ausdruck: „das Wesen ist Actualität" vom obersten Himmel und der
kreisenden Sonne als Principien der diesseitigen Bewegung; δεῖ ἄρα εἶναι ἀρχὴν
τοιαύτην ἧς ἡ οὐσία ἐνέργεια, metaph. XI, b. 1071 b 19 f. ὁ γὰρ νοῦς ἐνεργείᾳ,
1072 a 5 f., bezieht sich auf den als bewegenden (ὁ γὰρ νοῦς κινεῖ, a. a. O. C. 10.
1075 b 8) ununterbrochen thätigen Nus des Anaxagoras.

2) ἀλλὰ μὴν οὐδ᾽ αἱ τοῦ νοητικοῦ μέρους ἕξεις ἀλλοιώσεις, οὐδ᾽ ἔστιν αὐτῶν γένεσις.
πολὺ γὰρ μάλιστα τὸ ἐπιστῆμον ἐν τῷ πρός τι πως ἔχειν λέγομεν (vergl. ἐπεὶ οὖν τὰ
πρός τι οὔτε αὐτά ἐστιν ἀλλοιώσεις, οὔτε αὐτῶν ἐστιν ἀλλοίωσις οὐδὲ γένεσις οὐδ᾽ ὅλως
μεταβολὴ οὐδεμία, κτλ., 246 b 10 ff. οὐδὲ δὴ τῷ πρός τι [sc. ἔστι κίνησις] · ἐνδέχεται
γὰρ θατέρου μεταβάλλοντος ἀληθεύεσθαι θάτερον μηδὲν μεταβάλλον, ὥστε κατὰ
συμβεβηκὸς ἡ κίνησις αὐτῶν, V, 2. 225 b 11 ff). ἔτι δὲ καὶ φανερὸν ὅτι οὐκ ἔστιν
αὐτῶν γένεσις. τὸ γὰρ κατὰ δύναμιν ἐπιστῆμον οὐδὲν αὐτὸ κινηθὲν ἀλλὰ τῷ ἄλλο ὑπάρ-
ξαι· γίνεται ἐπιστῆμον. ὅταν γὰρ γίνεται τὸ κατὰ μέρος, ἐπίσταταί πως τῇ καθόλου τὸ
ἐν μέρει· κτλ. ἡ δ᾽ ἐξ ἀρχῆς λῆψις τῆς ἐπιστήμης γένεσις οὐκ ἔστιν· τῷ γὰρ ἠρεμῆσαι καὶ
στῆναι τὴν διάνοιαν ἐπίστασθαι καὶ φρονεῖν λέγομεν· εἰς δὲ τὸ ἠρεμεῖν οὐκ ἔστι γένεσις,
phys. VII, 3. 247 b 1 ff.
ἵστησι γὰρ ὁ λέγων (sc. ὄνομά τι) τὴν διάνοιαν, καὶ ὁ ἀκούσας ἠρέμησεν, de
interpret. 3. 16 b 20 f., — ist eine ungeschickt angebrachte Reminiscenz.

3 *

Wißen des Allgemeinen das Einzelne. Wiederum gibt es von seinem Gebrauche und seiner Thätigkeit kein Werden, wofern nicht Jemand glaubt, daß es auch vom Aufblicken und Betasten ein Werden gibt, und sein Thätigsein ist diesen ähnlich. Aber auch das anfängliche Erfaßen des Wißens ist kein Werden; denn im Ruhen und Stehen, sagen wir, versteht und überlegt das Denken. Aber in die Ruhe hinein gibt es kein Werden. — Der Schein eines solchen Ueberganges beruht auf Uebergängen des körperlichen Lebens, der physischen Unruhe in Ruhe oder darauf, daß Etwas im Körper verwandelt wird, wie bei dem Erwachen und Eintreten der Thätigkeit, wann Jemand nüchtern und vom Schlafe aufgeweckt wird, [1]) schließlich auf einer angemeßenen Umstimmung des centralen Organs der Wahrnehmung, welches, als integrirendes Glied des Körpers, unter den Einflüßen körperlicher Zustände steht. [2]) Das Denken hat mit andern Worten so wenig ein Werden wie das Sehen, es ist so wenig wie das Sehen und überhaupt die sinnliche Wahrnehmung Resultat einer ihm immanenten Reihenfolge von Ursache und Wirkung oder eines Entwicklungsprocesses in den drei wesentlichen Momenten der bewegenden Ursache (des ὑφ' οὗ), des Stoffs (des ἐξ οὗ) und des Products (des τί). [3]) Das Denken ist auch keine Bewegung, d. h. keine Entelechie oder Verwirklichung des Potenziellen, inwiefern dasselbe potenziell ist. [4]) Denn fünf Momente gehören zu aller Bewegung: ein Bewegendes, ein Bewegtes, die Zeit, in welcher, ferner das, woraus und das, in was die Bewegung stattfindet. [5]) Keine Veränderung

---

1) phys. VII, 3. 247 b 17 ff. vgl. problem. XXX, 14. 956 b 40 ff.

2) Näheres weiter unten.

3) metaph. VI, 7 von Anf. C. 8. von Anf. VIII, 8. 1049 b 27. ff. XI, 3. 1069 b 36 ff. phys. I, 7.

4) a. a. O. III, 1.

5) ἐπεὶ δ' ἔστι μέν τι τὸ κινοῦν πρῶτον, ἔστι δέ τι τὸ κινούμενον, ἔτι ἐν ᾧ, ὁ χρόνος, καὶ παρὰ ταῦτα ἐξ οὗ καὶ εἰς ὅ· πᾶσα γὰρ κίνησις ἔκ τινος καὶ εἴς τι· ἕτερον γὰρ τὸ πρῶτον κινούμενον καὶ εἰς ὃ κινεῖται καὶ ἐξ οὗ, οἷον τὸ ξύλον καὶ τὸ θερμὸν καὶ τὸ ψυχρόν. τούτων δὲ τὸ μὲν ὅ, τὸ δ' εἰς ὅ, τὸ δ' ἐξ οὗ. ἡ δὴ κίνησις δῆλον ὅτι ἐν τῷ ξύλῳ, οὐκ ἐν τῷ εἴδει· οὔτε γὰρ κινεῖ οὔτε κινεῖται τὸ εἶδος ἢ ὁ τόπος ἢ τὸ τοσόνδε, ἀλλ' ἔστι κινοῦν καὶ κινούμενον καὶ εἰς ὃ κινεῖται, phys. V, 1. 224 a 34 ff. vergl. metaph. X, 11. 1067 b 8 ff.

oder Bewegung: also keine unvollendete Thätigkeit (ἀτελὴς ἐνέργεια) oder Thätigkeit des Unvollendeten (τοῦ ἀτελοῦς ἐνέργεια), die
erst an ihrem Ziele zur Vollendung und Ruhe kommt, sondern
Thätigkeit schlechthin (ἁπλῶς ἐνέργεια), Bethätigung des an
sich vollendeten Wesens, eine Thätigkeit, welche ihren
Zweck und ihr Ziel in sich selbst hat, [1]) mithin eine Thätigkeit in Bewegungslosigkeit, [2]) in Ruhen und Stehen, [3]) — oder
eine andere Art von Bewegung (ἄλλο εἶδος τοῦτο κινήσεως). [4])
Daher den Aristoteles auch wieder sagen kann, daß die Bewegung des Nus Denken, [5]) Denken also Bewegung sei. Diese
Behauptung wird am Ende der betreffenden Erörterung dahin
corrigirt, daß „das Denken eher einer gewissen Ruhe und
einem Stillstande als einer Bewegung gleiche." [6]) Erklärt
man diesen Satz so, daß die *cogitatio res quasi defigit*, so leitet man Ruhe und Stillstand auf die Denkobjecte, und daß
sie *sensuum motum cohibet*, [7]) auf die Sinne ab. [8]) Unter der
Seele des All, argumentirt Aristoteles in Bezug auf die Kreis-

---

1) τὴν μὲν οὖν τοιαύτην (οἷον ὁρᾷ, ἀλλὰ καὶ φρονεῖ καὶ νοεῖ καὶ νενόηκεν, b 23 f.
vergl. 33 f.) ἐνέργειαν λέγω, ἐκείνην δὲ κίνησιν, a. a. O. VIII, 6. 1048 b 34 f.
Unvollendete Energie, unvollendete Entelechie(Entel. im Sinne der Zweck-
verwirklichung) oder Energie des Unvollendeten und andererseits Energie
schlechthin: phys. III, 2. 201 b 31 ff. VIII, 5. 257 b 8 f. metaph. VIII, 6. 1048
b 18 ff. 28 ff. C. 8. 1050 a 23 ff. — X, 9. 1065 b 14 ff. 1066 a 20 ff.

2) vgl. οὐ γὰρ μόνον κινήσεώς ἐστιν ἐνέργεια ἀλλὰ καὶ ἀκινησίας (von der göttlichen ἡδονή), eth. Eud. VI. (Nicom. VII), 15. 1154 b 26 f.

3) ἁπλῶς μὲν γὰρ ἐναντίον κινήσει, ἀντικεῖται δὲ καὶ ἠρεμία· στέρησις γάρ, phys.
V, 6. 229 b 24 f.

4) de an. III, 7. 431 a 6.

5) νοῦ μὲν γὰρ κίνησις νόησις, de an. I, 3. 407 a 20. Nach metaph. XI, 9.
1074 b 25 ff. vgl. 1075 a 5 ff. (phys. IV, 11 init. 219 a 5 f.) schließt der Wechsel
des Denkobjects eine μεταβολή und κίνησίς τις des Nus in sich. In andern
Beziehungen sind διανοεῖσθαι (de an. I, 4. 403 b 6. 9) und δόξα (phys. VIII, 3.
254 a 29 f.) „Bewegungen".

6) ἔτι δὲ ἡ νόησις ἔοικεν ἠρεμῆσαί τινι καὶ ἐπιστάσει μᾶλλον ἢ κινήσει· τὸν αὐτὸν
δὲ τρόπον καὶ ὁ συλλογισμός, de an. I, 3. 407 a 32 ff.

7) TRENDELENBURG, comm. p. 261.

8) wie physiognom. 6. 813 a 29 f.: ἂν γὰρ πρός τινι ἐννοίᾳ σφόδρα γένηται
ἡ ψυχή, ἵσταται καὶ ἡ ὄψις.
Die zum Denken nöthige innere Ruhe des Körpers, phys. VII, 3. 247 b
17 ff. vergl. problem. XXX. 14. 956 b 39 ff. u. s., hängt mit der Theilnahme des centralen Organs der wahrnehmenden Seele am Denken zusammen.

form und Kreisbewegung der im Timäus dargestellten Weltseele, [1]) ist der Nus zu verstehen; denn die Seele hat ja Empfindung und Begehren. Denken ist die Bewegung des Nus,
und Umdrehung die des Kreises. So wäre Denken Kreisbewegung, und ewige Kreisbewegung ewiges Denken. Im Gegentheile drängt das Denken in gerader Linie zum Resultate.
Die Grenze des praktischen Denkens liegt in den äußern Objecten, die Grenze des theoretischen in den Begriffen. Denn
alles (wißenschaftliche) Denken ist Definition oder Beweis.
Die Beweise kommen vom Principe her und haben gewissermaßen ihr Ziel und Ende, ohne zum Principe umzubiegen,
im Schlußsatze des Beweises. Endlich „gleicht das Denken
eher einer gewissen Ruhe und einem Stillstande als einer Bewegung; in derselben Weise aber auch der Schluß." Mit der
Gattung wird auch die Art negirt. Das Denken ist daher
auch keine Verwandlung (ἀλλοίωσις); Verwandlung ist Bewegung. [2]) Denn wenn das, was das Wißen hat, wenn das Or-

---

1) de an. I, 3. 407 a 3 ff.

2) ... λείπεται κατὰ τὸ ποιὸν καὶ τὸ ποσὸν καὶ τὸ ποῦ (die örtliche ist die
ursprüngliche Bewegung, VIII, 7. 260 b 5 ff. C. 9. 265 b 17 ff. de coelo
IV, 3. 310, b 33 ff.) κίνησιν εἶναι μόνον· ἐν ἑκάστῳ γὰρ ἐστι τούτων ἐναντίωσις· ἡ μὲν
οὖν κατὰ τὸ ποιὸν κίνησις ἀλλοίωσίς ἐστω· κτλ. (vgl. III, 3. 202 b 23 ff. V, 1.
224 a 28 ff. de coelo I, 3. 270 a 27. τούτων δὲ [sc. ὀργίζεσθαι κτλ.] συμβαίνει
τὰ μὲν κατὰ φορὰν τινῶν κινουμένων, τὰ δὲ κατ' ἀλλοίωσιν, de an. I, 4. 408 b 9 f.),
phys. V, 2. 226 a 24 ff. (metaph. X, 12. 1068 b 15 ff.) αἱ κατὰ γένεσιν καὶ φθορὰν
(sc. μεταβολαί) οὐ κινήσεις, κτλ. V, 1. 225 a 35 ff. 20 ff. vergl. C. 5. 229 b 10 ff.
C. 6. 230 a 7 ff. metaph. XIII, 1. 1088 a 29 ff. ἀνάγκη τρεῖς εἶναι κινήσεις, τήν τε
τοῦ ποιοῦ καὶ τὴν τοῦ ποσοῦ καὶ τὴν κατὰ τόπον, phys. V, 1. 225 b 7 ff. (metaph. X,
11. 1067 b 25 ff. 36ff. C. 12 init.) τρία εἴδη κινήσεως, C. 2. 226 a 16 f. b 8 ff.
C. 6. 230 a 18 ff. VII, 2. 243 a 6 ff. VIII, 7. 260 a 26 ff. de coelo IV, 3. 310
a 23 f. τεσσάρων δὲ κινήσεων οὐσῶν, φορᾶς, ἀλλοιώσεως, φθίσεως, αὐξήσεως, de an.
I, 3. 406 a 12 f., wozu de longit. vitae 3. 465 b 30 ff. zu vergl.: ὥστ' εἰ μὲν τοῦ ποῦ,
κατὰ τόπον μεταβάλλει, εἰ δὲ τοῦ ποσοῦ, κατ' αὔξησιν καὶ φθίσιν (οὐδὲν γὰρ ὄνομα κοινὸν ἐπ' ἀμφοῖν, phys. III, 1. 201 a 13. V, 2. 226 a 29 ff.)· εἰ δὲ πάθος, ἀλλοιοῦται.
Wenn Aristoteles auch sonst, aber in der Weise vier Bewegungen zählt,
daß er die Veränderung der Substanz oder Entstehen und Vergehen miteln-
rechnet (εἰ δὴ αἱ μεταβολαὶ τέτταρες, κτλ. metaph. XI, 1. 1069 b 9 ff.), so nimmt
er κίνησις in dem weitern Sinne von μεταβολή (διαφέρει μεταβολὴ κινήσεως,
phys. V, 5. 229 a 31), vergl. phys. III, 1. 200 b 32 ff. 201 a 9 ff. IV, 14. 223
a 30 ff. μηδὲν δὲ διαφερέτω λέγειν ἡμῖν ἐν τῷ παρόντι (in Bezug auf den Begriff
der Zeit) κίνησιν ἢ μεταβολήν, C. 10 fin. — Dagegen categ. 14, 15 a 13 f.:

gan des Wißens thatsächlich betrachtet, so ist dieß entweder
keine Verwandlung (denn ihm selbst und dem seinem immanenten Zwecke entsprechenden Zustande kommt der Zuwachs
zu Gute, εἰς αὐτὸ γὰρ ἡ ἐπίδοσις καὶ εἰς ἐντελέχειαν) oder eine andere Art von Verwandlung. Deshalb ist es nicht richtig zu sagen,
daß das Überlegende, wann es überlegt, sich verwandele, wie
auch nicht, daß der Baumeister, wann er baut, sich verwandele. [1])
Daher ist auch das, was lernt und Wißen von dem schon
wirklich Wißenden und Lehrenden aufnimmt, entweder nicht
als Leidendes zu bezeichnen, oder es gibt zwei Arten von
Verwandlung: die eine ist die Veränderung in negative, die
andere die Veränderung in positiv-actuelle Zustände und in's
Naturgemäße. [2])

Ein in jedem Stücke vor allem Irdischen so sehr ausge-
zeichnetes Wesen wie der Aether ist wohl würdig, das Element
der Götterwelt zu sein. Uralte Ueberlieferung hat die Region
dieses Elements, den obersten Ort, dem Göttlichen, Unsterb-
liches dem Unsterblichen zugetheilt. [3]) Aus dem Elemente
ihrer Umgebung, [4]) dem göttlichen Körper, [5]) gebildet, sind die Gestirne beseelte (weil zweckgemäß geformte) [6])

κινήσεως δέ ἐστιν εἴδη ἕξ, γένεσις, φθορά, αὔξησις, μείωσις, ἀλλοίωσις, ἡ κατὰ τόπον
μεταβολή (Verbeßerung der φορά nach top. IV, 2, 122 b 26 f. 31 ff.).

1) de an. II, 5. 417 b 5 ff. Biehls Auslegung dieser Stelle, a. a. O. S. 15
Anmerk., welche in dem θεωροῦν γὰρ κτλ. einen Gegensatz gegen die beiden vorhergehenden Arten des πάσχειν sieht, verstößt gegen den Zusammenhang.

2) a. a. O. b 12 ff. In dem Lernen liegt das sich in den naturgemäßen
Zustand Versetzen, εἰς τὸ κατὰ φύσιν καθίστασθαι, rhetor. I, 11. 1371 a 34.

3) de coelo I, 3. 270 b 5 ff. II, 1. 284 a 11 ff. ὡς ἔστιν ἀθάνατόν
τι καὶ θεῖον κτλ. a 3 f. ἐπεὶ δ' ὁ οὐρανὸς τοιοῦτος (σῶμα γάρ τι θεῖον), κτλ. C. 3
286 a 10 f.

4) εὐλογώτατον δὴ καὶ τοῖς εἰρημένοις ἑπόμενον ἡμῖν τὸ ἕκαστον τῶν ἄστρων
ποιεῖν ἐκ τούτου τοῦ σώματος ἐν ᾧ τυγχάνει τὴν φορὰν ἔχον, ἐπειδὴ ἐφαμέν τι εἶναι
ὃ κύκλῳ φέρεσθαι πέφυκεν, a. a. O. C. 7. 289 a 13 ff. C. 8. 290 a 8 f.

5) σῶμα θεῖον, meteorol. I, 3. 339 b 25.

6) de coelo II, 12. 292 a 18 ff. Zeller a. a. O. S. 349. Anmerk. 1.
(wogegen S. 358 und 387 Anmerk. 3) bezieht das hier Gesagte auf die
Sphären; vgl. jedoch b 1 ff.: διὸ δεῖ νομίζειν καὶ τὴν τῶν ἄστρων πρᾶξιν εἶναι
τοιαύτην οἵα περ ἡ τῶν ζῴων καὶ φυτῶν · κτλ. Einige spätere Zeugnisse (Cic. de
nat. deor. II, 15. § 42. Plut. de placit. philos. V, 20. Gal. hist. phil. 35.

und denkende Wesen, [1]) — göttliche Körper, [2]) Götter. [3])

Nicht minder ist der Nus und zwar unmittelbar, auf Grund
eines Substrats, kraft dessen er vermögend ist, zu denken, unter
allen Seelenvermögen allein „göttlich". [4]) Wie demnach die

Stob. ecl. I, 37) bei Christ, Studia in Aristotelis libros metaphysicos collata,
Berol. 1853, p. 123, Rose, Aristoteles pseudepigr., p. 44, Heitz, Fragm.
Aristot., p. 38. Auch bei Bernays, Die Dialoge des Aristoteles in ihrem
Verhältnisse zu seinen übrigen Werken, Berlin 1863, S. 102 ff. 167 f.

1) οὐχ οἷόν τε δὲ σῶμα ἔχειν μὲν ψυχὴν καὶ νοῦν κριτικόν, αἴσθησιν δὲ μὴ ἔχειν,
μὴ μόνιμον ὄν, γεννητὸν δέ. ἀλλὰ μὴν οὐδὲ ἀγέννητον (diese schon im Alterthume ver-
dächtigen, von Argyropylos übergangenen, von Pacius stillschweigend ge-
strichenen, von Torstrik für unecht erklärten Worte scheinen für den Zusammenhang unentbehrlich)· διὰ τί γὰρ ἕξει; ἢ γὰρ τῇ ψυχῇ βέλτιον ἢ τῷ σώματι. νῦν δ' οὐδέτερον· ἡ μὲν γὰρ οὐ μᾶλλον νοήσει, τὸ δ' οὐθὲν ἔσται· μᾶλλον δι'
ἐκεῖνο, de an. III, 12. 434 b 3 ff. Die Stelle metaph. XI, 8. 1073 a 36 ff.,
auf welche Trendelenburg verweist, spricht nicht von den Sternen, sondern von den unbewegten bewegenden Planetengeistern, vgl. Schwegler,
Metaph. IV, S. 271 f. 280. Bonitz, comm. p. 505. 512. de coelo II, 12.
292 b 1 ff. (a 18 ff.) vergleicht Aristoteles das von der vielfältigen, vielfältigem
Wohle dienenden Beschäftigung der Menschen unterschiedene Thun der Gestirne mit dem Thun der Thiere und Pflanzen. Hieran schließt sich eth.
End. V (Nicom. VI), 7. 1141 a 34 ff.: Jedes Wesen hat ein apartes Wißen
von dem, was ihm frommt; der Einwand, daß der Mensch das Beste der
lebenden Wesen, also im Besitze der eigentlichen Weisheit sei, thut Nichts
zur Sache; καὶ γὰρ ἀνθρώπου ἄλλα πολὺ θειότερα τὴν φύσιν, οἷον φανερώτατά γε
ἐξ ὧν ὁ κόσμος συνέστηκτν. Vergl. metaph. XI, 10. 1075 a 19 ff. und Bonitz ad
h. l. p. 519. Schwegler, Metaph. IV, S. 289.

2) τῶν σωμάτων τῶν θείων, de coelo II, 12. 292 b 32. metaph. XI, 8.
1074 a f. θεῖα, θειότερα, θειότατα: a. a. O. V, 1. 1026 a 18. de an. I, 2. 405
a 32. phys. II, 4. 196 a 33 f. de part. an. I, 5. 644 b 25. 645 a 4. eth. Eud. V
(Nicom. VI), 7. 1141 b 1.

3) ... ὅτι θεοὺς ᾤοντο τὰς πρώτας οὐσίας (im Sinne der überlieferten My-
then: Gestirne, im eigenen Sinne eher die οὐσίαι ἀΐδιοι καὶ ἀκίνητοι καθ' αὐτὰς
καὶ ἄνευ μεγέθους, 1073 a 38 f., d. h. die Beweger der Gestirne) εἶναι, θείως
ἂν εἰρῆσθαι νομίσειεν, metaph. XI, 8. 1074 b 9 f. vgl. a 38 ff. δαιμόνια, a. a. O.
IV, 8. 1017 b 12. Alexander Aphr. comm. in libr. metaphys. ed. Bonitz,
p. 333, 19 sq. Bonitz, comm. p. 233. Schwegler, Metaph. III, S. 215.

4) ... ὅσοις ἐμπεριλαμβάνεται (im Samenkörper) τὸ θεῖον (τοιοῦτος δ' ἐστὶν
ὁ καλούμενος νοῦς) κτλ., de generat. an. II, 3. 737 a 9 f. ... τὸν νοῦν ... θεῖον
εἶναι μόνον, 736 b 27. ὁ δὲ νοῦς θειότερόν τι καὶ ἀπαθές ἐστιν, de an. I, 4. 408 b
29 f. Es ist also unrichtig, wenn Brentano a. a. O. S. 225 behauptet, Aristoteles nenne nicht den aufnehmenden oder wirkenden Verstand, sondern das
wirkliche Erkennen das Göttliche in uns.

Trendelenburg, Comm. zu de an., p. 175, führt das θεῖον auf göttliche Zeu-

Seele gegenüber den Elementen, die sie zusammenhält, das höhere ist, so der Nus noch höher als die Seele; „denn es ist

gung zurück; — ist aber der Nus „ewig", so ist er (de cœlo I, 12. 282 a 30 ff. u. s. zu vergl.) auch ungezeugt. Mit TRENDELENBURG gehen SCHNEIDER, De causa finali Aristotelea, Berol. 1865, p. 85 sq. und EBERHARD, Die Aristotelische Definition der Seele und ihr Werth für die Gegenwart, Berlin 1868, S. 40. BRENTANO a. a. O. S. 199 vgl. 188 ff. 202 f. fügt in Betreff dieser Zeugung noch hinzu, daß „der geistige Theil durch einen unmittelbaren Act Gottes aus Nichts gewirkt wird"; — aber aus Nichts wird Nichts, sagt Aristoteles: τὸ μὲν ἐκ μὴ ὄντων γίνεσθαι ἀδύνατον, phys. I, 4. 187 a 34 u. s. w. Allen Schwierigkeiten ausweichend, zieht sich SCHRADER, Aristotelis de voluntate doctrina, Progr., Brandenburg 1847, p. 4, auf ein Quasi zurück: . . . τὸν νοῦν ποιητικὸν *extrinsecus et quasi divinitus hominem ingredi statuit.* Es bleibt noch die Annahme einer unmittelbaren Identität des göttlichen und des menschlichen Nus; bringt man jedoch die tiefgreifenden Differenzen Beider (vgl. Abschn. V.) in Anschlag, so dürfte die Ansicht SCHWEGLERS, Geschichte der griech. Philos., S. 195, daß der Nus, namentlich auch wegen des Prädicats θεῖον, „der göttliche Geist selbst ist", oder daß der Geist wie BRANDIS, Handbuch etc. II, 2. S. 1178 dieses Verhältniss anschaulich zu machen sucht, „eine unmittelbar von der Gottheit ausgehende individuelle Kraftthätigkeit ist," um eine ganze Etage in der aufsteigenden Ordnung des Weltgebäudes zu hoch gegriffen sein. In ähnlichem Sinne wie die beiden Vorhergehenden äußert sich auch ZELLER (a. a. O. S. 440 f.): „Die thätige Vernunft ist mit e i n e m Worte nicht allein das Göttliche im Menschen, sondern sie ist der Sache nach von dem göttlichen Geiste selbst nicht verschieden; denn wenn sie auch als individuelle mit dem Keim seiner körperlichen und seelischen Natur in den Einzelnen eingeht, wird sie doch zugleich so beschrieben, dass diese Beschreibung nur auf den allgemeinen Geist passt; es ist wenigstens schwer zu sagen, was von der Individualität übrig bleibt, wenn man nicht allein das leibliche Leben, sondern auch alle Entwicklung, alle leidentlichen Zustände, und mit diesen die Erinnerung und das Selbstbewußtsein von ihr abzieht. Andrerseits ließ sich aber freilich der außerweltliche göttliche Geist ni cht wohl als die den Einzelnen inwohnende und mittelst der Zeugung in sie übergehende Vernunft, als ein Theil der menschlichen Seele bezeichnen. Aber eine Lösung dieses Widerspruchs suchen wir bei Aristoteles vergeblich, und ebenso wenig erhalten wir über die Natur der leidenden Vernunft einen näheren Aufschluß."

Man wird hier an die bekannte Stelle bei Cicero de nat. deor. I, 13. § 33 (auch Minucius F., Octav. XIX. OEHLER p. 25) erinnert, wo die verschiedene Anwendung und Beziehung der Göttlichkeit Aristoteles von Seite eines Epikuräers den Tadel einträgt, dass er *multa turbat: Aristotelesque in tertio de philosophia libro* (gegen die Aechtheit dieses Dialogs [wie aller übrigen] ROSE, Aristoteles pseudepigr. p. 23 sqq. 27 sqq. 45 sq.) *multa turbat, a magistro suo Platone non dissentiens. Modo enim menti tribuit omnem divinitatem, modo mundum ipsum deum dicit*

wahrscheinlich, daß er, seiner Natur gemäß, das Erstgeborne
und Herrschende sei;"[1] einerseits „das Erstgeborne", — aber
nicht zeitlich,[2] denn Welt,[3] Himmel[4] und Gestirne,[5] der
Urstoff[6] und die Formen der Dinge,[7] Bewegung und Zeit,[8]

esse; modo quendam alium (nicht den Aether, wie Schömann zu dies. St.
bemerkt, sondern wie sofort aus dem Folgenden erhellt: den urersten Beweger, vergl. Krische a. a. O. S. 285 ff.) *praeficit mundo, eique partes tribuit,
ut replicatione quadam mundi motum regat atque tueatur; tum caeli ardo-
rem deum dicit esse, non intelligens, caelum mundi esse partem, quem* (wie ferner auch die dem Philo beigelegte Schrift de incorruptibilit. mundi, 3. Mang.
II, p. 489, Tauchn. VI, p. 4. Fragm. Aristot. ed. Heitz, 23 [43], p. 37 sq.
Bernays a. a. O. S. 101, vgl. mit de mundo 8. Mang. II, p. 609. Tauchn.
VI, p. 177 sq., ferner Clem. Alex. cohort. ad gent. 44. und Stob. ecl. I, 37.
Mein. 1, p. 208, 20 sq. bezeugen,) *alio loco ipse designarit deum etc.*

1) εὔλογον γὰρ τοῦτον εἶναι προγενέστατον καὶ κύριον κατὰ φύσιν, de an. I. 5.
410 b 14 f.

2) Trendelenburg im Comm. zu de an. p. 286: προγενέστατον, *mentem
omnium primam esse creatam.*

3) metaph. XI, 6. 1072 a 8 f. C. 10. 1075 b 33. Cic. acad. II, 38 init.
Philo de mundo l. l. de incorruptibilit. l. l. Die Anordnung (τάξις) der Welt ist
ewig, de coelo II, 14. 296 a 33 ff.

4) de coelo I, 9. init. C. 10 ff. II, 1. init. C. 5. 287 b 26. C. 6. 288 a
33 ff. 289 a 8 ff., womit de part. an. I, 1. 641 b 15 ff. zu vergl. — de motu an.
4. 699 b 21.

5) de coelo III, 1. init.

6) phys. I, 9. 192 a 28 ff. metaph. II, 4. 999 b 12 ff. VII, 1. 1042 a 30. XI, 3 init.

7) Alles Wahrnehmbare vergeht und ist in Bewegung (metaph. II, 4.
999 b 4 ff. 12 ff.), gibt es also kein Ewiges, so ist auch Entstehung oder Werden
unmöglich; denn zum Entstehen gehört nothwendig Etwas, das entsteht,
und Etwas, aus dem es entsteht, und hiervon ist das Letzte ungeworden, wenn
anders das Entstehen irgendwo aufhört und es unmöglich ist, daß Etwas aus
Nichtseiendem entstehe (aus Nichts wird Nichts, phys. 1, 4. 187 a 33 ff. [aus
Denkbarem keine Größe, IV, 1. 209 a 18.] de coelo III, 2. 302 a 5 ff. metaph.
II, 4. 999 b 8. III, 5. 1009 a 32 f. 1010 a 19 ff. VI, 7. 1032 b 30 f. X, 6. 1062 b
24 ff. u. s.). Gibt es nun einen Stoff, weil er nicht entstanden ist, so muß
man wohl noch eher die Substanz oder das Wesen voraussetzen, zu welchem
der Stoff wird. Denn wäre weder Wesen oder Form noch Stoff, so wäre ganz
und gar Nichts. Ist dieß unmöglich, so muss es ausser dem Einzeldinge noch
Etwas geben, die Gestalt und die Form. — Der letzte Grund alles Entstehens
ist also die ewige, nicht entstandene Form. Die Form entsteht nicht, außer
beziehungsweise, z. B. das Erz rund machen, heißt nicht, das Runde oder die
Kugel hervorbringen, sondern das Runde dem Erze einbilden (metaph. VI, 8.
1033 a 28 ff. b 5 ff. 16 ff. C. 15. 1039 b 23 ff. VII, 3. 1043 b 14 ff. C. 5 von
Anf. VIII, 10. 1051 b 28 ff. XI, 3 init. 1070 a 15 ff.). Dasselbe gilt von

Entstehen und Vergehen [1]) sind anfangslos, nicht entstanden, immerwährend, ewig; also dem Range nach, wie der Aether göttlicher und früher als sämmtliche diesseitigen Gebilde und Elemente ist; [2]) andrerseits „das Herrschende", wie an einer andern Stelle, wo er „unvermischt ist, weil er Alles denkt, wie Anaxagoras sagt: auf daß er herrsche, das heißt: auf daß er erkenne," — in demselben Sinne endlich, wie er eine allschöpferische Kraft ist, jedoch in der Weise des Lichts.

Fremd allen Elementen der irdischen Sphäre, ebendarum an sich getrennte und somit trennbare Substanz, körperlich und räumlich ausgedehnt, ferner gegensatzlos und unstofflich, leidensunfähig, unzerstörbar, unsterblich, ewig, göttlich, — alles dieß sind Prädicate des Nus, die nur so unter sich in Zusammenhang und zum Verständniss zu kommen scheinen, wenn sie auf ein Substrat bezogen werden, welches mit dem Elemente der Gestirne identisch ist.

Wenn nicht identisch, dann mindestens „analog", d. h. wenn auch nicht von einer und derselben Gattung, doch in hohem Grade ähnlich und verwandt. [3]) In gewisser Rücksicht

---

den mathematischen Abstractionen (a. a. O. II, 5. 1002 a 30 ff. VII, 5 von Anf. X, 2. 1060 b 17 ff.). Ueberhaupt haben also nur die materialisirten oder Einzel-Substanzen ein Entstehen (de generat. et corr. 1, 1. 328 b 32 f. metaph. II, 5. 1002 a 30 ff. VI, 8. 1033 b 16 ff. C. 15 von Anf. VII, 1. 1042 a 29 f. C. 3. 1043 b 17 f. X, 2. 1060 b 18, XI, 1, 1069 a 30 ff. XIII, 1. 1088 b 29 ff. ἔτι ὕλην δεῖ ὑπεῖναι καὶ τῷ γιγνομένῳ καὶ τῷ μεταβάλλοντι, phys. V, 2. 226 a 10 f. metaph. X, 12. 1068 b 10 f. vgl. XI, 2. 1069 b 6 ff. 14 f. 24 f. C. 6. 1071 b 20 fl. de generat. et corr. 1, 4. 320 a 2 f.). Wenn, was nicht entstanden, unmittelbar auch nicht vergänglich ist (de coelo I, 12. 282 a 30 ff.), so vergeht die Form auch nicht (metaph. VI, 15. 1039 b 23 ff. VIII, 10. 1051 b 26 ff. XI, 3. 1070 a 15 ff. vgl. analyt. post. 1, 24. 85 b 16 ff.), außer wiederum beziehungsweise (wenn, was entstanden ist, auch ein Ende nehmen muß, phys. III., 4. 203 b 8 f. vgl. C. 5. 204 b 33 f. de coelo 1, 10. 279 b 17 f. C. 12. 282 a 22 f. b4. 8 f. 283 a 29 ff.), d. h. im Einzelnen (phys. 1, 9. 192 b 1 f. de generat. et corr. I, 10. 328 a 27 f. metaph. X, 2. 1060 a 22 f.). Ein Beispiel ist die Seele des belebten Individuums.

8) phys. VIII, 1. 251 b 15. C. 7 ff. metaph. XI, 6. 1071 b 6 f.

1) de generat. et corr. II, 10 von Anf. 336 b 25 f.

2) de coelo I, 2. 269 a 30 ff.

3) wie z. B. der Rückenknochen des Tintenfisches, Gräte und Knochen: ἔστι δ᾽ ἐπόμενα καὶ τούτοις ὥσπερ μιᾶς τινὸς φύσεως τῆς τοιαύτης οὔσης, analyt. post.

ist der Wärme-Grund, an welchen die unterste Seele gebunden ist, dem Elemente der Gestirne analog. Nun aber steht
die Denk-Seele unendlich höher als die zeugende, unendlich
höher also das Substrat. Was, wie das Substrat der Denkseele, einerseits von den vier Elementen nachdrücklich geschieden wird, andrerseits mit dem fünften, letzten (oder ersten) und
gleichfalls von den vier Elementen nachdrücklich geschiedenen
überraschend identische Bestimmungen, vor allen andern aber sogar diese identische Bestimmung führt, denktüchtig zu sein (denn
die aus Aether geballten Gestirne denken), wird, wenn anders
die Natur, wie sonst, so auch hier nicht den leeren Luxus liebt,
schwerlich diesem bloß analog, sondern wohl identisch mit
ihm sein.

Dann aber ist der Aether, an sich Fremdling im Diesseit, durchaus das Princip des Lichts, sowohl in der äußern
Natur als auch im Innern der menschlichen Seele, oder es
ist in letzter Instanz eine und dieselbe Natur, welche die
Dinge sinnlich und welche sie streng begrifflich erkennbar
macht.

Also überragt der Nus, sagt die Nikomachische Ethik, [1])
Alles bei Weitem an Macht und Rang, wenn er auch klein
von Umfang ist. „Klein von Umfang“? Man verweist den
Leser auf eine ähnliche Wendung gegen Ende der Schrift
über die sophistischen Widerlegungsschlüße. [2]) Von den An-
fängen einer Theorie, einem theoretischen Satze und dergl.,
überhaupt von allen begrifflichen Totalitäten, welche aus verhältnissmäßig wenigen Momenten bestehen, kann man wohl so
reden. Wie aber passt, muß man fragen, diese Beziehung auf ein
objectiv Existirendes wie der Nus? In welcher Beziehung
kann man vom Nus sagen, daß er, extensiv angesehen, etwas
Unbedeutendes ist, während er doch an Intensität und Tragweite seiner Kraft Alles an Bedeutsamkeit übertrifft? Aber

---

II, 14. 98 a 22 f. Vgl. Trendelenburg, Histor. Beiträge zur Philos., I (Berlin
1846), S. 151 ff.

1) εἰ γὰρ καὶ ὄγκῳ μικρόν ἐστι, δυνάμει καὶ τιμιότητι πολὺ μᾶλλον πάντων ὑπερ-
έχει, eth. Nicom. X, 7. 1177 b 34 ff.

2) top. IX (de sophist. el.), 34. 188 b 22 ff.; Zell im Comm. p. 458. Auch
de coelo I, 5. 271 b 11 ff. zu vergl.

vielleicht darf man den Ausdruck nicht pressen und den quantitativen Gegensatz schließlich nur als Folie für eine um so
wirksamere Behauptung oder als an sich leere Phrase im Dienste
eines reellen Gedankens gelten laßen. Es passt aber doch
nicht jede Redensart in jeden Zusammenhang, es muß doch
wenigstens im Allgemeinen Etwas zu Grunde liegen, was eine
Digression in's Quantitative einigermaßen zu rechtfertigen im
Stande ist. Möglicherweise schloß sich in der Conception
des Verfassers, vielleicht unter einer Art rhythmischer Mitwirkung einer gebräuchlichen, Quantum und Quale entgegen-
setzenden Redewendung, an die Reflexion auf die großartige
Wirksamkeit des Nus eine oberflächliche Reflexion auf die
räumlich unbedeutende Behausung dieser Seele in irgend einem
Theile des menschlichen Körpers an, — wie wenn etwa Platon oder ein Anderer Volumen und Wirksamkeit des Kopfes
contrastiren ließe. Muß einmal so viel zugegeben werden,
so stellt sich sofort für die Möglichkeit einer bloß allgemeinen die Wahrscheinlichkeit einer speciellen Beziehung ein. In
der That sollte man meinen, daß das, was der Samenkörper
„ein- und umschließt", und, seinem Wesen nach getrennt von
der uns umgebenden Natur des Werdens und Vergehens, weder wächst noch schwindet, in der Vorstellung allerdings nur
wie etwa ein materialisirter Punkt oder Etwas wie ein Atom
existiren kann. Ein Minimum göttlichen Denkelements muß
wohl ausreichen, wenn die Expansion des Seelenkreises im
Timäus um deswillen als ein bloßer Luxus betrachtet werden
soll, weil zum Denken unter Berührung des Objects schon
„ein beliebiges Theilchen" der Peripherie oder ein Punkt derselben genüge. [1]) Fordert ein derartig reducirtes Quantum
ohnehin nicht gerade den Gedanken an Theilbarkeit heraus,
so tritt die Kategorie der Quantität und mit ihr die Bestimmung der Theilbarkeit, [2]) wie sonst, so auch hier unter dem

---

1) εἰ δ' ἱκανὸν θιγεῖν ὁτιοῦν τῶν μορίων (vgl. κατὰ στιγμήν, a 12 f.), τί δεῖ
κύκλῳ κινεῖσθαι ἢ καὶ ὅλως μέγεθος ἔχειν; de an. I, 3. 407 a 16 f. Ueber die Platonische Weltseele und die Aristotelische Kritik derselben vergl. ZELLER a. a. O.
II, 1. S. 490 ff.
2) Alles Continuirliche (συνεχές) oder jede Größe ist theilbar, phys. VI, 2.

Gesichtspunkte der (einen oder untheilbaren [1])) Form und des (untheilbaren) Wesens, also des Denkvermögens als solchen vollends zurück. So ist wohl das äußere Sinneswerkzeug, aber nicht der Sinn eine Größe (sondern ein Verhältniss und ein Vermögen des körperlichen Substrats), [2]) also im Besondern wohl das Auge als „Stoff des Gesichtssinns", [3]) aber nicht der im Auge materialisirte Sinn des Gesichts theilbar. Soll also von einer Continuität des Nus die Rede sein, so bezieht sie sich passender Weise auf die Function. Continuirlich ist, so angesehen, der Nus wie die Zahl, die als Summe zur Einheit zurückkehrt. [4]) So wie ein Kreis „ist daher der Nus nicht continuirlich", [5]) d. h. nur im Fortgange von Gedanke zu Gedanke continuirlich, also höchstens in Bezug auf die Momente der Gedankenreihe theilbar. — Steht aber die Sache trotz alledem anders, ist der Nus nicht bloß relativ, sondern absolut ohne Stoff, so tritt ein erheblicher Widerspruch zwischen die Schrift über die Zeugung der Thiere und die Psychologie, aber auch in die Psychologie selbst; Aristoteles leugnet dann geradezu wieder ab, was in den Bestimmungen, daß der Nus wie jede andere Seele eines Körpers theilhaftig, daß er seinem Umfange nach und örtlich trennbar sei, demgemäß von Außen eintrete und das menschliche Leben unverändert überdauere, was in diesen und andern Bestimmungen theils klar und deutlich ausgesprochen, theils an sich enthalten ist, und dann trüben allerdings die bekannten Unklarheiten und Widersprüche in der Lehre vom jenseitigen auch die Sphäre des diesseitigen Nus. In einem gewissen Grade fallen übrigens hier auch die Vorgänger des Aristoteles in's Gewicht.

---

init. 233 b 15 ff. metaph. IX, 1. 1053 a 24, und zwar in immer wieder Theilbares theilbar, phys. VI, 1. 231 b 15 ff. C. 2. 232 b 24 f. VI, 6. 237 b 20 f. C. 8. 239 a 20. de coelo I, 2. 268 a 6 f. de generat. et corr. 1, 2. 316 b 19 ff. u. s.

1) vergl. metaph. IV, 6. 1016 b 1 ff. 8 ff. 31 ff. IX, 1. 1052 a 30 ff. b 17. XII, 3. 1078 a 23 f. phys. I, 2. 185 b 7 ff. de an. III, 6. 430 b 14 ff. u. s. vergl. Abschn. V.

2) a. a. O. II, 12. 424 a 24 ff.

3) a. a. O. C. 1. 412 b 20.

4) ὁ δὲ νοῦς εἷς καὶ συνεχὴς ὥσπερ καὶ ἡ νόησις· ἡ δὲ νόησις τὰ νοήματα· ταῦτα δὲ τῷ ἐφεξῆς ἕν, ὡς ὁ ἀριθμός, ἀλλ' οὐχ ὡς τὸ μέγεθος, a. a. O. I, 3. 407 a 6 ff.

5) διόπερ οὐδ' ὁ νοῦς οὕτω συνεχής, ἀλλ' ἤτοι ἀμερὴς ἢ οὐχ ὡς μέγεθός τι συνεχής, a. a. O. 407 a 9 f.

Bei der Einfachheit, Unvermischtheit und Stofflosigkeit,
so zu sagen stofflosen Stofflichkeit des Nus wird man nemlich
an Anaxagoras, bei dem Eintreten von Außen und dem Punktartigen an Demokrit, und bei der Frage, ob eine solche Uebereinstimmung zufällig sei oder auf einem Zusammenhange beruhe, an den Grundsatz des Aristoteles erinnert, Nichts, was
eine namhafte Autorität für sich hat, ganz und gar umkom-
men zu laßen. Wie er also sagenhafte Traditionen besonderer Beachtung würdigt, so überhört er noch viel weniger die
Stimmen der Erfahrnen und Verständigen. [1]) Der Zusammenhang mit dem Anaxagoreischen Nus gibt sich überall und
meistens ausdrücklich zu erkennen, wo Aristoteles Prädicate
anführt, die er entweder ohne Weiteres oder umdeutend zu
den seinigen macht. Der Anaxagoreische Nus ist Beweger
und Ordner, das Princip des Alls wie des Einzelnen, Seele
und Nus in Einem. [2]) Jenseits nimmt nun im jüngern Systeme
der Ordner und Beweger eine persönliche Zuspitzung an; diesseits legt Aristoteles diesen Nus theils als Zweck in die Dinge
selbst, — denn der Nus kommt den Dingen nicht zu, [3]) theils
als „eine Kraft in Ansehung der Wahrheit" in den Menschen.
Hier „herrscht" der Nus, wie Anaxagoras sagt, „d. h.", com-
mentirt Aristoteles, „er erkennt," aber herrscht oder erkennt
kraft seiner unvermischten, weil nur so der Universalität denkender Erkenntniss entsprechenden Natur. Unvermischtheit und
Einfachheit und daß der Nus mit Nichts etwas Gemeinsames
habe, sind ursprünglich Anaxagoreische Bestimmungen, welche
Aristoteles adoptirt. [4]) Anaxagoras bezeichnet damit sowie mit

---

1) παραδέδοται δὲ παρὰ τῶν ἀρχαίων καὶ παμπαλαίων κτλ., metaph. XI, 8.
1073 a 38 ff. u. s. Vergl. Bonitz, comm. p. 47 sq. 513. Zeller a. a. O.
II, 2. S. 177 f. Anmerk. 3. Hiermit hängt das Interesse des Aristoteles für
Sprichwörter und sprichwörtliche Redensarten zusammen, Zeller a. a. O.
Stahr, Aristotelia II, S. 43 f. I, S. 68 f.
2) de an. I, 2. 404 a 30 f. 405 a 14 f.
3) ἐκείνοις μὲν οὐχ ὑπάρξει νοῦς κτλ., a. a. O. III, 4. 430 a 7. vgl. 429 b 27.
4) a. a. O. a 18. b 23 ff. vgl. I, 2. 405 a 16 ff. b 19 ff. metaph. I, 8. 989 b
14 ff. phys. VIII, 5. 256 b 24 f. Die Leidensunfähigkeit (ἀπάθεια) des Anaxagoreischen Nus (de an. I, 2. 405 b 19 f. III, 4. 429 b 23. phys. VIII, 5. 256 b
24 f.) scheint eine von Aristoteles gezogene Folgerung, eine λῆψις πρὸς τὴν
διάνοιαν (metaph. I, 4. 985 a 4 f.) zu sein.

der „Reinheit" und „Feinheit" eine Substanz, die, bei einem
angeblich unendlichen Gegensatze gegen alles Stoffliche, immer
noch so viel davon an sich behält, als für die Vorstellung
einer realen Existenz unumgänglich nothwendig erscheint. [1])
In Bezug auf das Eintreten von Außen wie in Betreff des
Punktartigen kommt die Lehre Demokrits in Betracht. Die
feurige und warme Seele, sagt Demokrit, besteht aus kugel-
förmigen, den Sonnenstäubchen ähnlichen Atomen, die mit dem
Athem in den Körper dringen, und hier, weil sie ewig un-
ruhiger Natur sind und daher Bewegung verleihen, als Seele
fungiren. Während nun die umgebende Luft [2]) den Körper

---

1) Daß dabei nicht (mit Brucker und Tiedemann, vgl. Schaubach, Ana-
xagorae Clazom. fragm., Lips. 1827, p. 104) an den Aether zu denken ist, geht
zur Genüge aus den Fragmenten selbst hervor. Der Anaxagoreische Aether
(das Feurige) ist ursprünglich mit allen Dingen gemischt (fr. 1. Mullach,
fragm. philos. Grace. I, p. 248), vom Himmel unterschieden (fr. 2) und seine
Umdrehung wie jene der Sterne, der Sonne, des Monds und der Luft ein Werk
des Nus (fr. 6. Mullach, p. 249). Der Nus ist mit Nichts vermischt, vielmehr
frei und unabhängig, μέμικται οὐδενὶ χρήματι, ἀλλὰ μοῦνος αὐτὸς ἐφ' ἑωυτοῦ ἐστι,
und wenn er λεπτότατόν τε πάντων χρημάτων καὶ καθαρώτατον, das Feinste und
Reinste von allen Dingen ist (fr. 6), so steht er in dieser Beziehung auch über
dem Anaxagoreischen Aether. Auf der andern Seite gehört die Behauptung, daß
diese Feinheit und Reinheit auf die Alles durchdringende intellectuelle Schärfe
oder, wie Andere wollen, auf das schöpferische Wirken des Nus zu beziehen
seien, und die materialistische Sprache der Ungelenkigkeit des Ausdrucks (etwa
nach Aristot. metaph. I, 8. 989 a 30 ff. b 10 ff.), so zu sagen dem ψελλισμός
(vgl. a. a. O. C. 4. 985 a 5. C. 10. 993 a 15 ff.) oder der ἀγροικία (C. 5. 986 b
26 f.) des Anaxagoras zur Last falle (Schaubach a. a. O. p. 103. Breier, Die
Philos. des Anaxagoras von Klazom. nach Aristoteles, Berlin 1840, S. 63 ff.
u. A.), einer Auslegungsweise an, welcher auch sonst kein Ding unmöglich
ist. Zeller a. a. O. I, S. 682 f. schlägt in Bezug auf diesen Punkt einen mittlern Weg ein; a. a. O. Anmerk. 6 (3. Aufl. S. 806) fügt er noch Folgendes hinzu:
„Aehnliche halbmaterialistische Vorstellungen vom Geiste finden sich auch bei
Solchen, denen der Gegensatz von Geist und Stoff auf's Entschiedenste feststeht;
so wird z. B. Aristoteles, wenn er sich die Weltkugel von der Gottheit um-
schlossen denkt, schwer davon freizusprechen sein."

2) τὸ περιέχον (im weitern Sinne die Außenwelt, z. B. phys. VIII, 2. 253 a
13. 16 f. C. 6. 259 b 11), italienisch l'ambiente, aër ambiens (Pacius ad h. l.
comm. analyt. p. 171), vgl. de juvent. 6. 470 a 27 ff. de longit. 3. 465 b 20.
de generat. an. V, 3. 782 b 25 f. u. s.; in Verbindung mit ἀήρ de respirat.
5. 472 b 13 f. C. 9. 474 b 27 f. Vgl. Mullach, Democriti Abder. operum
fragm., Berol. 1853, p. 398 sq.

zusammen- und diese Atome oder „Figuren" herausdrängt,
wird letzterem Hilfe durch neuen Zuzug von Außen (θύραθεν
ἐπεισιόντων ἄλλων τοιούτων) und zwar durch Vermittlung des
Athmens. Aehnlich, bemerkt Aristoteles, [1]) lehre auch Leukipp
und ein Theil der Pythagoräer. Aber nicht der Nus, sagt er, [2])
— denn auch Demokrit setzt Seele und Nus als Eins und
Dasselbe, [3]) nicht der Nus von Außen (ὁ θύραθεν νοῦς) bringe
jene Hilfe, sondern inwendig sei das Princip des Athmens und
der Bewegung, — wie wenn es (sofern nur die Seele in dieser Beziehung ein für alle Male aus dem Spiele bleibt) im
Uebrigen gar nichts so Erstaunliches wäre, daß das Denkvermögen in der Gestalt eines Atoms von Außen komme.

C. Der Sitz der Denkseele im menschlichen Körper.

Ist dieß nun die Ansicht unsers Philosophen, der Nus
so gut wie die übrigen Seelen an ein Substrat gebunden, —
wofern aber dennoch ohne alles und jedes Substrat wenigstens
nicht ohne räumliche Beziehung, so thut sich von selbst die
Frage nach seinem Orte im Innern des menschlichen Körpers
auf. Es läßt sich wohl annehmen, daß das, was zur Zeit der
Entstehung des Menschen zusammen mit der niedern Seele
den Samen des seelischen Princips bildet, [4]) und was ein „Theil"
der Seele heißt, [5]) nur da seinen Sitz haben kann, wo die
Seele — die centralisirte Seele; also nicht (wie namentlich
Demokrit und Platon behaupteten) im Gehirne, welches in der
Hauptsache nur ein Kühlapparat für das Blut ist, [6]) sondern

---

1) de an. I, 2. 403 b 31 ff. vgl. C. 4. 409 a 10 ff. C. 5. 409 b 7 ff. de
respirat. 4. 472 a 8 ff. — In einem Orphischen Gedichte kam die Behauptung
vor, daß die Seele, von den Winden getrieben, aus dem All und zwar beim
Athmen eintrete, de an. I, 5. 410 b 28 ff.; über Heraklit vergl. ZELLER a. a. O.
I, S. 481 f.

2) de respirat. 4. 472 a 22 ff.

3) de an. I, 2. 405 a 9. 404 a 28.

4) de generat. an. II, 3. 737 a 8 ff.

5) de an. I, 402 b 10 ff. III, 4. 429 a 10 u. s.

6) de part. an. II, 7.

Das kühlere, dünnere und reinere Blut ist für Wahrnehmung und
Denken geeigneter: αἰσθητικώτερον δὲ καὶ νοερώτερον τὸ λεπτότερον καὶ

da, wo die Sinne enden, im Herzen. [1]) Wenn das Zwerchfell
durch Anziehung der warmen Flüßigkeit der Ausscheidung
(nemlich in der Trunkenheit) auf das Denken verwirrend, verändernd oder wider Willen anregend, [2]) aufliegende übergroße
Körperschwere hinderlich wirkt, [3]) so ist der solchen Einflüßen
von Unten und Oben ausgesetzte Theil der mittlere oder wiederum das Herz. Nicht so, als ob die Energie des getrennten und leidensunfähigen Nus direct davon betroffen würde;
wenn aber das Denken, wie die Form an den Stoff, an die
Vorstellungen gebunden ist, so werden körperliche Einflüße
auf den Nus durch das centrale Organ der wahrnehmenden
Seele vermittelt. Die actuellen Beziehungen zwischen dem
Vorstellungs- und dem Denkvermögen werden mit dem „Bewegen" von der einen und mit dem „Berühren" von der andern Seite eröffnet. Drückt das Erste auch nur eine (wer
weiß, wie vermittelte) Anregung, das Zweite nur ein intellec-
tuelles Erfaßen des Gegenstandes aus, so erscheint doch auch
so schon eine örtliche Vereinigung so gut wie selbstverständlich. [4])

D. Die Denkseele ist abstracte universelle Form.

Die Energie des Nus, welche darin besteht, zu denken
und denkend zu erkennen, d. h. das Allgemeine — im strengsten Sinne Allgemeine zu erkennen, erstreckt sich auf alle
Dinge. [5]) Alle Dinge sind der Möglichkeit nach denkbar; [6])

ψυχρότερον (sc. αἷμα), a. a. O. II, 2. 648 a 3 f. vgl. C. 4. 650 b
18 ff.

1) de juvent. 3. 469 a 12 ff. u. s.

2) ὅταν γὰρ (sc. τὸ διάζωμα) διὰ τὴν γειτνίασιν ἑλκύσωσιν ὑγρότητα θερμὴν
καὶ περιττωματικήν, εὐθὺς ἐπιδήλως ταράττει τὴν διάνοιαν καὶ τὴν αἴσθησιν, διὸ
καὶ καλοῦνται φρένες ὡς μετέχουσαί τι τοῦ φρονεῖν, de part. an. III, 10. 672 b
28 ff. 673 a 5 f.

3) ἔργον δὲ τοῦ θειοτάτου τὸ νοεῖν καὶ φρονεῖν· τοῦτο δ᾽ οὐ ῥᾴδιον πολλοῦ
τοῦ ἄνωθεν ἐπικειμένου σώματος· τὸ γὰρ βάρος δυσκίνητον ποιεῖ τὴν διάνοιαν καὶ
κοινὴν αἴσθησιν, a. a. O. IV, 10. 686 a 28 ff. vgl. de memor. 2. 453 a 31 ff.

4) Kurz: die Stätte des leidenden ist wohl auch die Stätte des thätigen Nus.

5) πάντα νοεῖ, de an. III, 4. 429 a 18.

6) ἐν δὲ τοῖς ἔχουσιν ὕλην δυνάμει ἕκαστόν ἐστι τῶν νοητῶν. ὥστ᾽ ἐκείνοις μὲν

das Wißen des Allgemeinen ist gewissermaßen Wißen des subsumirten Einzelnen.[1]) Insofern oder mit Rücksicht auf das den Dingen und dem Denken Allgemeine und mit Abzug des Stoffs ist der Nus, wann er actuell auftritt, die Objecte, oder mit den Objecten identisch;[2]) aber wie gesagt: nur, wann er actuell auftritt; „denn in Wirklichkeit ist er kein Existirendes, bevor er denkt.“[3]) Bevor er denkt, ist er der Möglichkeit nach gewissermaßen die Denkobjecte.[4]) Die Stelle der Psychologie, die hier vorzugsweise in Betracht kommt, knüpft an der kurz zuvor aufgeworfenen Frage an, wie der Nus, wenn er einfach und leidensunfähig ist und mit Nichts etwas Gemeinsames hat, zu denken im Stande sei? Denn das Denken sei doch ein gewisses Erleiden, und das Verhältniss des Thuns und Leidens setze etwas Gemeinsames voraus.[5]) Was das Leiden in Rücksicht auf etwas Gemeinsames betrifft, antwortet Aristoteles,[6]) „so ist schon vorher auseinandergesetzt worden, daß der Nus potenziell in gewisser Weise die Denkobjecte, actuell aber keins (von ihnen) ist, bevo r er denkt. Man muß sich,“ setzt er erläuternd hinzu, „dieß Verhältniss (daß der Nus dem

οὐχ ὑπάρξει νοῦς (ἄνευ γὰρ ὕλης δύναμις ὁ νοῦς τῶν τοιούτων), ἐκείνῳ δὲ τὸ νοητὸν ὑπάρξει, a. a. O. - 430 a 6 ff.

1) ἐπίσταταί πως (sc. τὸ ἐπιστῆμον) τῇ καθόλου τὸ ἐν μέρει, phys. VII, 3. 247 b 6 f. u. s.

2) ὅλως δὲ ὁ νοῦς ἐστιν ὁ κατ᾽ ἐνέργειαν τὰ πράγματα, de an. III, 7. 431 b 16 f. τὸ δ᾽ αὐτό ἐστιν ἡ κατ᾽ ἐνέργειαν ἐπιστήμη τῷ πράγματι, a. a. O. a 1 f. C. 5. 430 a 19 f. ὅταν δ᾽ οὕτως ἕκαστα γένηται ὡς ὁ ἐπιστήμων λέγεται ὁ κατ᾽ ἐνέργειαν κτλ., C. 4. 429 b 5 ff.

3) οὐθέν ἐστι ἐνεργείᾳ τῶν ὄντων πρὶν νοεῖν, a. a. O. a 24.

4) ἢ, τὸ μὲν πάσχειν κατὰ κοινόν τι διῄρηται πρότερον (nemlich 429 a 24. 27 ff. vgl. b 5 ff., nicht, wie BRENTANO a. a. O. S. 136 f. 142 will, II, 5. 417 b 2 ff., wo nicht das πάσχειν κατὰ κοινόν τι, sondern daß das πάσχειν nicht ἁπλοῦν ist, erörtert wird;), ὅτι δυνάμει πώς ἐστι τὰ νοητὰ ὁ νοῦς, ἀλλ᾽ ἐντελεχείᾳ οὐδέν, πρὶν ἂν νοῇ, a. a. O. 429 b 29 ff. . . . ἡ (sc. ψυχή) νοητική, οὔτε ἐντελεχείᾳ ἀλλὰ δυνάμει τὰ εἴδη, a 28 f. τῆς δὲ ψυχῆς τὸ αἰσθητικὸν καὶ τὸ ἐπιστημονικὸν δυνάμει ταῦτά ἐστι, τὸ μὲν ἐπιστημονικὸν τὸ ἐπιστητόν, τὸ δὲ αἰσθητικὸν τὸ αἰσθητόν, C. 8. 431 b 26 ff.

5) a. a. O. C. 4. 429 b 22 ff. Sonst setzt nämlich das Verhältniss von Thun und Leiden die Gemeinsamkeit der Gattung und den Gegensatz in der Art voraus, de generat. et corr. I, 7. 323 b 29 ff. u. s.

6) . . . πρὶν ἂν νοῇ. δεῖ δ᾽ οὕτως ὥσπερ ἐν γραμματείῳ ᾧ μηθὲν ὑπάρχει ἐντελεχείᾳ γεγραμμένον· ὅπερ συμβαίνει ἐπὶ τοῦ νοῦ, de an. III, 4. 429 b 31 ff.

4 *

Vermögen noch in gewisser Weise die Denkobjecte, aber der
Wirklichkeit nach, bevor er denkt, keins von ihnen ist,) so
vorstellen, wie auf einer Schreibtafel, welcher nichts thatsächlich Geschriebenes zukommt, — was wesentlich bei dem Nus
zutrifft." Das erforderliche Gemeinsame (κοινόν τι) wird auf
Seite des Nus durch eine universelle Potenzialität oder durch
das Vermögen, sich mit den Denkobjecten in gewisser Weise
identisch zu machen, repräsentirt. [1]) Seine Unvermischtheit,

---

1) Vergl. Pacius ad h. l. comm. analyt. p. 377: *nam intellectus nihil habet
cum aliis rebus commune actu, habet tamen potestate: quia secundum suam
naturam actu nihil intelligit, sed est aptus ad omnia intelligenda.* Ganz anders
erklärt Torstrik p. 182 sq. den Sinn dieser Stelle: *Patitur quidem quidque et
agit ita, ut eodem genere contineantur ambo et specie contraria sint: intellectus
vero vel ideo non potest hoc modo pati quia, quum potentiâ omnia sit, antequam
cogitet nihil est actu: ergo ne contrarium quidem. Sed intellectus passio, si
modo passio appellanda est, non ita fit, ut e contrario intellectus transeat in
contrarium: imo intellectui evenit sicuti libello, in quo, quum antea nihil scrip-
tum sit, quum possint inscribi omnia, postea inscribuntur quaedam. Nam ne
libellum quidem quispiam dicat eodem genere contineri, quo literas vel verba, nec
esse contraria verba et libellum, nec transiisse libellum in contrarium. Quam-
quam hoc differunt exemplum et ea res cujus est exemplum, quod libellus etiam
antequam inscribatur est res quaedam certa et definita, intellectus nisi* δυνάμει
non est, antequam cogitat. — *Vides quantum distet Aristotelis sententia ab sen-
sualistarum placitis. A quibus injuriâ Aristotelem in partes vocari multi jam
viderunt: quid vero tandem sibi voluerit Ar., quum tabulam rasam tanquam
exemplum intellectus proponeret, ne ii quidem videntur intellexisse omnes.* Hiernach wäre die Lösung der von Aristoteles aufgeworfenen Frage eine negative,
oder diese Frage vielmehr ungelöst; der Sinn der Torstrik'schen Erklärung ist
nemlich folgender: weder theilt der Nus, indem er, bevor er denkt, actuell Nichts
ist (— „keins von den Denkobjecten ist," sagt die betreffende Stelle), mit den
Objecten die Gattung, noch ist er denselben der Art nach entgegengesetzt;
darin gleicht er einer unbeschriebenen Tafel, und so folgt denn nach Torstrik,
daß der Nus, weit entfernt, unter dem gewöhnlichen Kanon über Thun und
Leiden zu denken, unter völlig verschiedenen Voraussetzungen denkt, — aber
im Sinne der Aristotelischen Demonstration (vergl. 429 b 22 ff.): daß er dann
überhaupt nicht denkt. Es handelt sich aber hier nicht um die Gegensätze
(diese liegen unmittelbar in der Nichtidentität des Nus mit den Denkobjecten
und in dem Nichtbeschriebensein der Tafel; die Gegensätze sind also contra-
dictorisch, — wozu das Analoge in der sinnlichen Wahrnehmung, de an. II, 5
u. s.; vergl. den folg. Abschn.), sondern um das κοινόν Der Kern der Antwort
liegt demnach nicht in dem negativen ἐντελεχείᾳ οὐδέν, πρὶν ἂν νοῇ, sondern in
dem positiven δυνάμει πώς ἐστι τὰ νοητά. Ist der Nus dem Vermögen nach gewissermaßen die Denkobjecte oder denkbaren Formen, d. h. die reinen Begriffe,

der Grund und die Bedingung seiner Universalität, bedeutet einerseits seine Reinheit von allem Grobstofflichen, seine Stofflosigkeit in diesem Sinne, andrerseits aber zugleich auch seine Leere an allem intellectuellen Gehalte. [1]) Nur wenn er, der Thätige, Productive, Leidensunfähige, diese leere Tafel, die er ist, selbst beschreibt, und dieß geschieht, indem er sich einen Inhalt nimmt und denkt, ist er actuell oder thatsächlich mit den Denkobjecten identisch, immer aber nur „gewissermaßen" identisch,[2]) weil er nur so der denkbaren Formen empfänglich ist, daß er sie denkend reproducirt, — ihr An- und Fürsich, sie selbst in ihrer reinen Gestalt producirt; er selbst ist nicht die (denkbare) Form, sondern Etwas wie dieselbe:[3]) die universelle und ganz abstracte Form. Seine Potenzialität in Beziehung auf eine gewisse Identität mit den Denkobjecten ist also seine Befähigung, sie zu denken, oder er ist nur insofern potenziell mit ihnen identisch, als er in die Thätigkeit, worin er sie denkt, einzutreten vermag, beziehungsweise (besonders mit dem Unterschiede der Activität gegen eine „gewisse" Passivität) so, wie auch das an sich von allem Inhalte völlig leere Vermögen der sinnlichen Wahrnehmung potenziell mit seinem Gegenstande identisch ist,[4]) und schwerlich in dem Sinne, wie wenn er die Begriffe nur aus sich zu entwickeln brauche, — eine Ansicht, die mit

─── ── ───

so ist der positive Nachweis geleistet, das Gemeinsame constatirt, und das Denken möglich (πῶς νοήσει, ist die Frage, 429 b 24); das Verhältniss liegt dann ganz so wie bei einer unbeschriebenen Tafel. Die leere Tafel ist δυνάμει alles Mögliche, was etwa darauf geschrieben werden könnte.

1) vergl. das folgende ἄρα; ... ὁ ἄρα καλούμενος τῆς ψυχῆς νοῦς ... οὐθέν ἐστιν ἐνεργείᾳ τῶν ὄντων πρὶν νοεῖν, de an. III, 4. 429 a 22 ff.

2) εἴπωμεν πάλιν ὅτι ἡ ψυχή τὰ ὄντα πώς ἐστι πάντα ἢ γὰρ αἰσθητὰ τὰ ὄντα ἢ νοητά, ἔστι δὲ ἡ ἐπιστήμη μὲν τὰ ἐπιστητά πως, ἡ δ' αἴσθησις τὰ αἰσθητά, a. a. O. C. 8. 431 b 21 ff.

„Ein solches „gewissermaßen" ist bei Aristoteles nicht bloße Phrase," etc. PRANTL zur Physik, S. 477. Vergl. auch top. IX (de sophist. el.), 7. 169 b 11 f.

3) ἀπαθὲς ἄρα δεῖ εἶναι, δεκτικὸν δὲ τοῦ εἴδους (τὸ γὰρ δεκτικὸν τοῦ νοητοῦ καὶ τῆς οὐσίας νοῦς, metaph. XI, 7. 1072 b 22), καὶ δυνάμει τοιοῦτον ἀλλὰ μὴ τοῦτο, καὶ ὁμοίως ἔχειν, ὥσπερ τὸ αἰσθητικὸν πρὸς τὰ αἰσθητά, οὕτω τὸν νοῦν πρὸς τὰ νοητά, de an. III, 4. 429 a 15 ff.

4) a. a. O. C. 8. 431 b 27 f. vgl. τὸ δ' αἰσθητικὸν δυνάμει ἐστιν οἷον τὸ αἰσθητὸν ἤδη ἐντελεχείᾳ καθάπερ εἴρηται, II, 5. 418 a 3 f. u. s.

derjenigen im Wesentlichen zusammenfällt, welche Aristoteles
geradezu bestreitet. Die Platoniker, sagt er in der Metaphysik, [1]) prätendiren den Besitz einer Wißenschaft von den Principien aller Dinge. Wenn eine jede ihre eigenen Principien
hat, so ist eine solche Wißenschaft nicht möglich. Soll sie
aber angeboren sein, so ist es doch erstaunlich, wie wir die
vorzüglichste innehaben sollen, ohne es zu wißen. Ein *locus*
in der Topik [2]) handelt von entgegengesetzten Prädicaten eines
und desselben Subjects. Unmöglich kommt Entgegengesetztes
zu gleicher Zeit Einem und Demselben zu. Wird aber dennoch einem Subjecte Etwas beigelegt, von dessen Gegentheile
man weiß, daß es jenem zukommt, so kommt ihm dann nothwendig zu einer und derselben Zeit Entgegengesetztes zu.
„Wie man z. B. sagt, daß die Ideen in uns sind; so wird sich
ergeben, daß sie sowohl in Bewegung versetzt werden, als auch
ruhen, und ferner, daß sie wahrnehmbar und denkbar sind.
Nun aber sollen nach der Meinung derer, welche die Ideen aufstellen, die Ideen ruhen und gedacht werden können. Wenn
sie aber in uns sind, können sie unmöglich unbeweglich sein: denn
wenn wir uns bewegen, so wird sich nothwendig Alles in uns
mitbewegen. [3]) Es ist aber klar, daß sie auch wahrnehmbar
sind, wenn anders sie in uns sind; denn durch den Gesichtssinn
nehmen wir die Formen an Jedem wahr." Jeder Gedanke,
meint Aristoteles, weist auf eine äußere Wahrnehmung zurück;
fehlt eine Wahrnehmung, so fehlt nothwendig auch ein Wißen. [4])
Sind also die Ideen in uns, so müßen sie auch äußerlich wahrnehmbar sein. Sehr bestimmt tritt er endlich im Schlußcapitel der analytischen Schriften auf. Hier forscht er nach dem Ursprunge der
explicirten unvermittelten Begriffe als oberster Vordersätze oder
kurz: der Principien der Beweise; auch die Axiome sind Principien der Beweise. Wenn die Erkenntnisse derselben, sagt er auch

---

1) metaph. I, 9. 992 b 18 ff. ἀλλὰ μὴν καὶ εἰ τυγχάνει σύμφυτος οὖσα, θαυμαστὸν πῶς λανθάνομεν ἔχοντες τὴν κρατίστην τῶν ἐπιστημῶν, b 33 ff.

2) top. II, 7. 113 a 20 ff.

3) vergl. ... καὶ μὴ εἶναι (sc. τὰ μεταξὺ τῶν τε εἰδῶν καὶ τῶν αἰσθητῶν,
a 7 f.) ἀκίνητα ἐν κινουμένοις γε ὄντα τοῖς αἰσθητοῖς, metaph. II, 2. 998 a 14 f.
phys. VIII, 6. 259 b 18 f.

4) analyt. post. I, 18. 81 a 38 f.   ·

bei dieser Gelegenheit, [1]) von Geburt in uns sind, so ergibt
sich etwas Widersinniges; wir besitzen dann, ohne
es zu wißen, Kenntnisse, die genauer als der (darauf
gegründete) Beweis sind. — Der Nus gleicht mithin ganz
im Ernste einer leeren Tafel (ὅπερ [2]) συμβαίνει ἐπὶ τοῦ νοῦ), und nur
als dieß rein formale Vermögen ist er „ein Ort der Formen,"
nemlich „dem Vermögen nach die Formen;" in gewisser Weise
haben also Platon und die Platoniker Recht, aber man muß
ihre Ansicht corrigiren, man kann sie nur formell, nicht materiell, nur die so bestimmte Möglichkeit, nimmermehr eine
reale Präsenz der Ideen gelten laßen. [3]) Speciell offenbart
sich diese Natur des Nus den Gegensätzen gegenüber, wo er
sich überall rein potenziell, rein formell verhält. [4]) Damit

---

1) a. a. O. II, 19. 99 b 25 ff.

2) vgl. Bonitz, comm. p. 176 sq. Waitz a. a. O. I, p. 467 sq. II, p. 355.

3) καὶ εὖ δὴ λέγοντες (namentlich Platon und die Platoniker) τὴν ψυχὴν
εἶναι τόπον εἰδῶν, πλὴν ὅτι οὔτε ὅλη, ἀλλ' ἡ νοητική, οὔτε ἐντελεχείᾳ, ἀλλὰ
δυνάμει τὰ εἴδη, de an. III, 4. 429 a 27 ff. Zeller a. a. O. II, 2. S. 443 faßt diesen Punkt in folgender Weise auf:
„Die Vernunft hat die allgemeinen Begriffe der Möglichkeit nach in sich; wenn
sie dieselben denkt, denkt sie sich selbst, denn im Unsinnlichen fällt das Denkende mit dem Gedachten zusammen; sie braucht sie daher nicht von Außen
her in sich aufzunehmen, sondern nur aus sich zu entwickeln." Vergl. S. 135 ff.
Ferner Brandis, Geschichte der Entwickel. der griech. Philos. etc. I, S. 417.
415. Trendelenburg, Comm. zu de an., p. 485 sq. Wolf, Aristotelis de
intellectu agente et patiente doctrina, dissert. Berol. 1844, p. 40 sq. Faber,
De universa cognitionis lege qualem Plato statuit, cum Aristotelea comparata,
dissert. Vratisl. 1865, p. 54. Endlich gehört hierher, was Hegel, Gesch. der
Philos. II, S. 342 f., zu dem „berüchtigten Beispiele" von der tabula rasa
bemerkt.

Nach Heyder, Die Methodologie der Aristotel. Philosophie etc. (Kritische
Darstellung und Vergleichung der Aristotel. und Hegel'schen Dialektik, I.),
Erlangen 1845, S. 202, und Schwegler, Gesch. der griech. Philos., S. 195
(ebenso Überweg, Grundriß der Geschichte der Philos. etc., 2. Aufl. I, S. 147),
ist der leidende, nach Brentano a. a. O. S. 31, Anmerk. S. 115 u. s. der (sowohl vom νοῦς ποιητικός als vom νοῦς παθητικός unterschiedene) Nus δυνάμει
(die einzige intellective geistige Kraft des Menschen) die unbeschriebene Tafel.
„Ein solcher unerfüllter Ort der Gedanken," sagt Schwegler, „ist die leidende
Vernunft, bis sie durch die Einwirkung der thätigen Vernunft das wird, was
sie der Anlage nach ist:" die leidende Vernunft wird vielmehr durch die sinnliche Wahrnehmung beschrieben.

4) ... τῷ ἐναντίῳ γάρ πως γνωρίζει. δεῖ δὲ δυνάμει εἶναι τὸ γνωρίζον, de
an. III, 6. 430 b 23 f. vgl. categ. 5. 4 a 34 ff.

stimmt denn nun auf's Beste zusammen, wenn der Nus als die
„Form der Formen" bezeichnet wird. [1]) Sehr mit Unrecht
würde man aus dieser Bezeichnung auf apriorische Denkformen,
alle oder einen Theil der Kantischen Kategorientafel schließen,
wie wenn der Nus vor allem Denken, und da er ungeworden
und das, was er ist, von Ewigkeit ist, von Natur mit derartigen Formen ausgerüstet sei. Aristoteles macht keinen Unterschied zwischen objectiven und rein subjectiven Begriffen;
ganz so wie die concreten kommen auch die Begriffe der
Quantität und Qualität, der Substanz und des Accidens, der
Ursache und Wirkung, des Grundes und der Folge, der Möglichkeit und· Unmöglichkeit, des Daseins und Nichtdaseins, der
Nothwendigkeit und Zufälligkeit dem Nus in erster Instanz
(unbeschadet seiner begriffbildenden Kraft) aus der Außenwelt
zu. Als Form der Formen ist der Nus die (wie alle Form)
von sich aus thätige, gestaltende und insofern productive universelle und ganz abstracte Form des schöpferischen Begriffs,
d. h. dasjenige intellectuelle Vermögen, welches, indem es erkennt, sein Object wie einen Stoff in die Form des schöpferischen Begriffs faßt: die Urform oder der Urbegriff (nicht Inbegriff) der Begriffe. [2]) Die Momente des schöpferischen oder
Wesens-Begriffs sind aber die Gattung und die artbildenden
Unterschiede; jetzt, scheint es, thun wir einen tiefen Blick in
das Innere des ewigen Nus. Indessen sind Beide, *genus* und
differentia specifica, darum doch wieder nicht zugleich auch
als subjective Formbestimmtheiten anzusehen, weil gewisse

---

1) ὥστε ἡ ψυχή, ὥσπερ ἡ χείρ ἐστιν· καὶ γὰρ ἡ χεὶρ ὄργανόν ἐστιν ὀργάνων,
καὶ ὁ νοῦς εἶδος εἰδῶν καὶ ἡ αἴσθησις εἶδος αἰσθητῶν, de an. III, S. 432 a 1 ff.

... καὶ διὰ τοῦτο ἐν τῷ Εὐδήμῳ διαλόγῳ εἶδός τι ἀποφαίνεται τὴν ψυχὴν
εἶναι, καὶ ἐν τούτοις (den Büchern de an.) ἐπαινεῖ τοὺς τῶν εἰδῶν δεκτικὴν
λέγοντας τὴν ψυχήν, οὐχ ὅλην ἀλλὰ τὴν νοητικὴν ὡς τῶν ἀληθῶν δευτέρως εἰδῶν
γνωστικήν, Simplic. de an. f. 62 a, bei Rose, Aristot. pseudepigr. p. 65. Heitz,
Fragm. Aristot., p. 53.

2) *Mens enim quum ipsas rerum formas et genera cogitando subigat et ex-
ploret* (εἶδος εἰδῶν) etc., Schrader, Aristotelis de volunt. doctr., p. 4. „Der
νοῦς ist ... jenes Princip, durch welches wir die Begriffe erkennen, und vermöge der hiezu von ihm ausgehenden formbildenden Thätigkeit kann er selbst
die Form der begrifflichen Formen (εἶδος εἰδῶν) genannt werden," Prantl,
Gesch. der Logik etc., I, S. 108.

eigenthümliche Objecte des höchsten Denkvermögens, vor allen andern der jenseitige Nus, *unica* und somit nicht definirbar sind. [1])

An sich leer wie eine unbeschriebene Tafel, ist der Nus für jede Art von Thätigkeit an die innere sinnliche Erscheinung (φαντασία), durch die Erscheinung an die wahrnehmende Seele und insoweit an den Körper geknüpft.

E. Die wahrnehmende ist die nächste Voraussetzung der Denk - Seele.

Wie schon im Eingange bemerkt worden ist, sind die Theile der Seele nicht so von einander getrennt, wie Platon und die Platoniker lehren, [2]) sondern der höhere nimmt die niedern als Bedingungen seines Daseins in sich auf, der frühere ist im spätern immer an sich vorhanden. [3]) Nothwendig ist die ernährende Seele, welche auch für sich bestehen kann, [4]) in allem Lebendigen, [5]) in Verbindung mit andern Theilen der Seele ist sie immer Voraussetzung derselben, [6]) alle übrige Wahrnehmung ist unmöglich ohne den Tastsinn, [7]) der wieder (in

---

1) vergl. metaph. VI, 15. 1040 a 26 ff.

2) de an. I, 5. 411 b 5 f. II, 2. 413 b 27 ff. III, 9. 432 a 23 ff. C. 10. 432 b 31 ff.

3) a. a. O. II, 3. 414 b 29 ff.

4) a. a. O. C. 2. 413 a 31. C. 3. 415 a 2 f. I, 5. 411 b 29 f.

5) a. a. O. II, 2. 413 a 31 ff. III, 12. 434 a 22 ff.

6) a. a. O. I, 5. 411 b 30. II, 2. 413 a 31 ff. C. 3. 415 a 1 f. de somno 1. 454 a 14.

7) de an. II, 2. 413 b 4 f. C. 3. 415 a 3 ff. III, 12. 434 b 10 ff. C. 13. 435 a 12 ff. b 2. 17. de somno 2. 455 a 24 f. Da die Wahrnehmung wesentliche und zwar unterscheidende Bestimmung des Thiers ist (de sensu 1. 436 b 10 ff. de juvent. 3. 469 a 19 f. de part. an. II, 8. 653 b 22 f. III, 4. 666 a 34. de an. II, 2. 413 b 2 ff. C. 3. 414 a 33 f. eth. Nicom. IX, 9. 1170 a 16. polit. IV, 4. 1290 b 26 f. u. s.), so kommt allen Thieren zuerst und mindestens der Tastsinn zu: de an. II, 2. 413 b 8 f. C. 3. 414 b 3 ff. III, 11. 434 a 1. C. 13. 435 b 15 ff. vergl. problem. XXVIII, 2. 949 b 6 ff. de sensu 1. 436 b 12 ff. histor. an. I, 3. 489 a 17 f. IV, 8. 533 a 17 f. de part. an. II, 8. 653 b 22 ff. — Nach de somno 2. 455 a 7 f. soll es unvollständige Thiere geben, welche nicht den Tastsinn (auch den Geschmacksinn nicht) besitzen; davon sei in der Psychologie die Rede gewesen. Es können nur diejenigen gemeint sein, welche zwar den Sinn des

Verbindung mit der ernährenden Seele) in gewissen Thieren
für sich existirt, [1]) und unmöglich die praktische Ueberlegung
ohne alles Vorhergehende. [2]) Endlich denkt der Nus die
äußern Dinge nicht, außer unter sinnlicher Wahrnehmung; [3])
das Einzelne wird nicht durch Denken, sondern durch Wahrnehmen erkannt. [4]) Die Denkobjecte sind nemlich in den wahrgenommenen Formen, und „deshalb kann, wer Nichts wahrnimmt, auch Nichts lernen, noch auch Etwas verstehen." [5])
So ist der Nus wohl an sich der „getrennte" und zwar
der einzige „getrennte" Theil der Seele; was jedoch seine
Thätigkeit betrifft, so ist dieselbe an die Thätigkeit der Sinnesorgane, also an den Körper geknüpft, [6]) und damit unter
die Einflüße sowohl der natürlichen Disposition [7]) als auch vor-
übergehender Zustände desselben, [8]) insbesondere des Wachsthums, des Gipfels und der Abnahme gestellt.

Tastgefühls, aber nur eine unklare Vorstellung, also diese einzige Sinnesthätigkeit nur in einem sehr geringen Grade besitzen, de an. III, 11 von Anf.
Der Satz EBERHARDS a. a. O. S. 21: „Die ψυχὴ θρεπτικὴ ist bei den Thieren
das Gefühl," u. s. w. ist unverständlich.

1) de an. II, 2. 413 b 5 ff. C. 3. 415 a 4 ff. de somno 2. 455 a 23 f.

2) de an. II, 3. 415 a 8 ff. „Praktische Überlegung" (λογισμός), vergl.
Abschn. VI.

3) de sensu 6. 445 b 16 f.

4) metaph. VI, 10. 1036 a 5 ff. C. 15. 1040 a 2 ff. analyt. pr. II, 21. 67 a
39 f. analyt. post. I, 18. 81 b 6 f. top. V, 3. 131 b 21 ff.

5) de an. III, 8. 432 a 4 ff.

6) μάλιστα δ' ἔοικεν ἴδιον τὸ νοεῖν· εἰ δ' ἐστὶ καὶ τοῦτο φαντασία τις ἢ μὴ
ἄνευ φαντασίας, οὐκ ἐνδέχοιτ' ἂν οὐδὲ τοῦτ' ἄνευ σώματος εἶναι, a. a. O. I, 1.
403 a 8 ff.

7) Hierher gehört das Verhältniss des Tastorgans zur geistigen Begabung,
οἱ μὲν γὰρ σκληρόσαρκοι ἀφυεῖς τὴν διάνοιαν, οἱ δὲ μαλακόσαρκοι εὐφυεῖς, a. a. O.
II, 9. 421 a 25 f.

8) Affect, Krankheit, Schlaf, de an. III, 429 a 5 ff. — Das dünnere,
kühlere und reinere Blut ist für Wahrnehmen und Denken geeigneter, de part.
an. II, 2. 648 a 3 f. C. 4. 650 b 18 ff. — Wenn das Zwerchfell die benachbarte
warme Ausscheidungsflüßigkeit anzieht, so verwirrt es sogleich das Denken
und die Wahrnehmung; daher wird es auch φρένες genannt, weil es am φρονεῖν
einen gewissen Antheil hat, a. a. O. III, 10. 672 b 28 ff. — Das Denken beweist
die gute Temperatur des menschlichen Herzens, de generat. an. II, 6. 744 a 30. —
Über die Abhängigkeit der Gedanken von den Affectionen des Körpers auch
physiognom. 1. 805 a 1 ff. C. 4. 808 b 11 ff. zu vergl.

Da der Nus oder die Denkseele leidensunfähig und unveränderlich ist, so beruht die geistige Unreife der Jugend
(die Seele unterscheidet sich in diesem Alter kaum von jener
der Thiere, [1])) auf der Unreife der körperlichen Verhältnisse,
zunächst auf dem „Zwergartigen", d. h. auf einem Missver-
hältnisse zwischen Rumpf und Beinen, näher einer Uebergröße
und daher Ueberschwere des erstern, wodurch das Denken
und die gemeinsame Wahrnehmung an ihren Bewegungen
gehindert, [2]) und die Functionen des Gedächtnisses beeinträch-
tigt werden. [3]) Ferner beruht diese Unreife auf der Flüch-
tigkeit, übergroßen Beweglichkeit und Unruhe des Körpers,
ein Nachtheil, der speciell wieder das Gedächtniss trifft. [4])
Erst „dadurch, daß die Seele aus der natürlichen Aufregung
zum Stehen kommt, wird Etwas ein Kluges und Wißendes;
darum können auch die Kinder nicht in gleicher Weise wie
die Bejahrtern weder lernen, noch in Betreff sinnlicher Wahrnehmungen unterscheiden; denn groß sind die Aufregung und
Bewegung." [5]) — Mit dem Körper altert auch die Fähigkeit
zu denken. [6]) An sich unzerstörbar, sagt Aristoteles, [7]) litte
der Nus wohl am Ersten noch unter der Schwäche des Alters.
Hier tritt jedoch dasselbe Verhältniss ein wie zwischen der
Seele und den Sinnesorganen. Denn wenn ein Greis das
Auge eines Jünglings nähme, würde er ebenso gut wie der

1) histor. an. VIII, 1. 588 b 32 ff.
2) de part. an. IV, 10, 686 a 28 ff. b 27 f. vergl. b 2 f. 22 ff.
3) de memor. 2. 453 a 31 fl. vergl. Abschn. III.
4) a. a. O. b 4 ff. C. 1. 450 a 32 ff.
5) phys. VII, 3. 247 b 17 ff. Anders, aber äußerlicher wird die Frage διὰ
τί πρεσβύτεροι μὲν γινόμενοι μᾶλλον νοῦν ἔχομεν, νεώτεροι δὲ ὄντες θᾶττον μανθάνομεν, problem. XXX, 5. 955 b 22 ff. beantwortet. Vgl. ferner: διὸ καὶ φυσικὰ
δοκεῖ εἶναι ταῦτα (sc. νοῦς, φρόνησις, σύνεσις und γνώμη, i. e. ἡ τοῦ ἐπιεικοῦς κρίσις
ὀρθή, C. 11. 1143 a 20), καὶ φύσει σοφὸς μὲν οὐδείς, γνώμην δ᾽ ἔχειν καὶ σύνεσιν
καὶ νοῦν. σημεῖον δ᾽ ὅτι καὶ ταῖς ἡλικίαις οἰόμεθα ἀκολουθεῖν, καὶ ἥδε ἡ ἡλικία
νοῦν ἔχει καὶ γνώμην, ὡς τῆς φύσεως αἰτίας οὔσης, eth. End. V (Nicom. VI), 12.
1143 b 2 ff. τὰ δὲ (sc. τὰ τέκνα στέργει) προελθόντα τοῖς χρόνοις τοὺς γονεῖς,
σύνεσιν ἢ αἴσθησιν λαβόντα, eth. Nicom. VIII, 14. 1161 b 25 f. ὁ δὲ λογισμὸς
(das praktische Überlegen) καὶ ὁ νοῦς (Denken und Denkfähigkeit) προϊοῦσιν
ἐγγίνεσθαι πέφυκεν, polit. VII, 15. 1344 b 24 f.
6) ἔστι γάρ, ὥσπερ καὶ σώματος, καὶ διανοίας γῆρας, a. a. O. II, 9. 1270 b
40 f.
7) de an. I, 4. 408 b 19 ff.

Jüngling sehen, so daß die Schwäche nicht in einem Schaden
der Seele (als der Form), sondern im Körper beruht, wie im
Zustande der Trunkenheit und Krankheit. Folglich schwinden
auch Denken und denkendes Betrachten, wenn „etwas Anderes drinnen" zu Grunde geht; der Nus dagegen ist leidensunfähig. [1])

Die aristokratische Natur und vornehme Abgeschloßenheit
des Nus ist in Einem seine absolute Bedürftigkeit plebejischer
Dienste. Das denkend, und genauer: das Wesen und Grund
und erst so im höchsten Sinne und wahrhaft Erkennende ist
an das wahrnehmend Erkennende gewiesen. Die Lehre von
der wahrhaften und höhern Erkenntniss setzt die Lehre von
dieser niedern Erkenntnissstufe voraus.

---

1) καὶ τὸ νοεῖν δὴ, καὶ τὸ θεωρεῖν μαραίνεται ἄλλου τινὸς ἔσω φθειρομένου,
αὐτὸ δὲ ἀπαθές ἐστιν, a. a. O. b 24 f.

Quid sit, quod intus perire dicatur (TRENDELENBURG ad h. l. p. 272 sq.),
*commentatores quaerunt; sed nihil definiendum, nisi quod oculi similitudini re-
spondeat.* PACIUS ad h. l. p. 209: *organum aliquod internum.* Dieses innere
ist das Central-Organ der sinnlichen Wahrnehmung, dessen Functionen die
Thätigkeit des leidensunfähigen Nus bedingen (der vergängliche leidende Nus).
Das Organ des Gedächtnisses, welches mit jenem der innern Erscheinungen
identisch ist, verwittert wie ein Haus, wird hart und unempfindlich, de memor.
1. 450 b 3 ff. C. 2. 453 b 4 ff.

In der Rathlosigkeit diesem ἔσω gegenüber hat man ἔξω vorgeschlagen.
Auch BONITZ, Aristotel. Studien, Heft II u. III (Wien 1863), S. 24. Anmerk.,
ist der Meinung, daß das betreffende körperliche Organ, gleichviel welches,
im Verhältniss zur geistigen Kraft nicht als etwas Inneres, sondern als etwas
Äußeres bezeichnet werden müße, und liest: ἄλλου τινὸς ἐν ᾧ φθειρομένου,
„indem etwas Anderes, worin der Geist sich befindet, entkräftet wird." Das
wäre aber wieder das Herz (vergl. ὁ εἴσω τόπος, problem. XXX, 14. 957 a 17),
also ἄλλο τι ἔσω.

II.

Die Wahrnehmung.

Alle Erkenntniss (γνῶσις, γνωρισμός, — γιγνώσκειν, γνωρίζειν [1]) hebt mit der sinnlichen Wahrnehmung an. Die Seele erkennt und unterscheidet theils mit dem Denk-, theils mit dem Wahrnehmungs-Vermögen. [2]) Kurz, die Wahrnehmung (ἡ αἴσθησις) ist selbst eine Art von Erkenntniss. [3]) Wie jede andere ist die sinnliche Erkenntniss eine Beziehung von Subject und Object, aber von Subject und äußerm Object. Ohne Aeußeres keine Wahrnehmung; Wahrnehmung steht daher nicht in unserer Willkür. [4]) Nach einem ganz allgemeinen Gesetze geht die Aufhebung der unbedingten

---

1) Diese Ausdrücke bedeuten nicht bloß Erkenntniss und Erkennen, sondern auch Kenntniss und Kennen (Wißen): analyt. post. I, 2. 71 b 11. metaph. I, 3. 983 a 25 f. I min., 2. 994 b 30. II, 2. 997 a 1 u. s. w.

2) τούτοις γὰρ (sc. νοητικῷ und αἰσθητικῷ) μόνοις τῶν ἐν ἡμῖν γνωρίζομέν τι, de insomn. 1. 458 b 2 f. κρίνεται δὲ τὰ πράγματα τὰ μὲν νῷ (durch Intuition, s. Abschn. V.), τὰ δ' ἐπιστήμῃ, τὰ δὲ δόξῃ, τὰ δ' αἰσθήσει, de an. I, 2. 404 b 25 ff. vergl. III, 3. 428 a 4 f. ἐπεὶ δὲ ἡ ψυχὴ κατὰ δύο ὥρισται δυνάμεις ἡ τῶν ζῴων, τῷ τε κριτικῷ, ὃ διανοίας ἔργον ἐστὶ καὶ αἰσθήσεως, καὶ ἔτι τῷ κινεῖν τὴν κατὰ τόπον κίνησιν, κτλ., a. a. O. C. 9. 432 a 15 fl. δοκεῖ δὲ καὶ τὸ νοεῖν καὶ τὸ φρονεῖν ὥσπερ αἰσθάνεσθαί τι εἶναι (ἐν ἀμφοτέροις γὰρ τούτοις κρίνει τι ἡ ψυχὴ καὶ γνωρίζει τῶν ὄντων), a. a. O. C. 3. 427 a 19 ff. — de motu an. 6. 700 b 19 ff. u. s.

3) ἡ αἴσθησις γνῶσίς τις, de generat. an. I, 23. 731 a 33 f. ἔτι δὲ τῶν αἰσθήσεων οὐδεμίαν ἡγούμεθα εἶναι σοφίαν· καίτοι κυριώταταί γ' εἰσὶν αὗται τῶν καθ' ἕκαστα γνώσεις, metaph. I, 1. 981 b 9 ff. vergl. 980 a 26. μετὰ ... αἰσθήσεως γνωρίζονται sc. τὰ καθ' ἕκαστα, a. a. O. VI, 10. 1036 a 5 f. top. V, 3. 131 b 23. ἔχει γὰρ (sc. τὰ ζῷα) δύναμιν σύμφυτον κριτικήν, ἣν καλοῦσι αἴσθησιν, analyt. post. II, 19. 99 b 35 f. Das πρῶτον αἰσθητικόν erkennt, γνωρίζει, de memor. 1. 450 a 9 f. vergl. a 12; wir erkennen (γνωρίζομεν) das Süße am Weißen, de an. III, 1. 425 a 24. U. s. w.

4) de an. II, 5. 417 a 3 ff. b 19 ff. 24 ff., ein Moment des Unterschieds vom Wißen; vergl. auch top. I, 13. 105 a 28 f. αἰσθάνονται μὲν γὰρ τὰ παρόντα, rhetor. I, 11. 1370 a 34.

Trennung und Gleichgiltigkeit des Subjects und Objects oder
die erste Aeußerung einer Kraft, deren Wirkung sinnliche Wahrnehmung ist, von derjenigen Seite aus, welche sich im Zustande der Vollendung befindet. [1]) Das ruhende Wahrnehmungsvermögen ist nur potenziell, nicht actuell, [2]) das Wahrnehmbare dagegen wirklich und vollendet.[3]) Somit bringt das
Object die Wahrnehmung hervor. [4]) Also geht die Bereit-
schaft des Sinnes, seine Potenzialität, der actuellen Wahrnehmung zwar vorher und ist insofern früher; [5]) aber das Object,
der active Theil, ist dem Sinne, wie alles Bewegende dem
Bewegten gegenüber „seiner Natur nach früher", oder geht
ihm begrifflich vorher. [6]) Das Subject ist sonach der passive
Theil: Wahrnehmung ist Bewegung, Bewegtwerden und Erleiden. [7])

---

1) ἀεὶ γὰρ ἐκ τοῦ δυνάμει ὄντος γίγνεται τὸ ἐνεργείᾳ ὂν ὑπὸ ἐνεργείᾳ ὄντος,
οἷον ἄνθρωπος ἐξ ἀνθρώπου, μουσικὸς ὑπὸ μουσικοῦ, ἀεὶ κινοῦντός τινος πρώτου·
τὸ δὲ κινοῦν ἐνεργείᾳ ἤδη ἐστίν, metaph. VIII, 8. 1049 b 24 ff. vergl. XI, 5. 1071 a
36. C. 6. 1071 b 22 ff. C. 7. 1072 b 30 ff. XIII, 5. 1092 a 15 ff. τὸ δὲ κινοῦν
ἤδη ἐνεργείᾳ ἐστίν, κτλ., phys. VIII, 5. 257 b 9 ff. III, 2. 202 a 11 f. ὑπὸ τοῦ
ἐντελεχείᾳ ὄντος τὸ δυνάμει ὂν γίνεται ἐν τοῖς φύσει ἢ τέχνῃ γινομένοις, de generat.
an. II, 1. 734 a 30 f. b 21 f. ἔστι γὰρ ἐξ ἐντελεχείᾳ ὄντος πάντα τὰ γιγνόμενα,
de an. III, 7. 431 a 3 f. πάντα δὲ πάσχει καὶ κινεῖται ὑπὸ τοῦ ποιητικοῦ καὶ
ἐνεργείᾳ ὄντος, a. a. O. II, 5. 417 a 17 f.

2) τὸ αἰσθητικὸν οὐκ ἔστιν ἐνεργείᾳ ἀλλὰ δυνάμει μόνον, a. a. O. 417 a 6 f.
... διχῶς ἂν λέγοιτο καὶ ἡ αἴσθησις, ἡ μὲν ὡς δυνάμει, ἡ δὲ ὡς ἐνεργείᾳ, a 12 f.
vergl. III, 8. 431 b 24 ff. — ἡ μὲν γὰρ αἴσθησις ἕξις, top. IV, 5. 125 b 17.

3) τὸ αἰσθητὸν ἤδη ἐντελεχείᾳ, de an. II, 5. 418 a 4.

4) τὰ ὑποκείμενα ... ποιεῖ τὴν αἴσθησιν, metaph. III, 5. 1010 b 33 f. τὰ
γὰρ αἰσθητὰ καθ' ἕκαστον αἰσθητήριον ἡμῖν ἐμποιοῦσιν αἴσθησιν, de insomn. 2.
459 a 24 f. χρῶμα καὶ χυμὸς καὶ ὀσμὴ καὶ βάρος καὶ ψόφος καὶ ψυχρὸν καὶ
θερμὸν καὶ κοῦφον καὶ σκληρὸν καὶ μαλακὸν .. ποιητικὸν γάρ ἐστιν ἕκαστον αὐτῶν
τῆς αἰσθήσεως, de sensu 6. 445 b 6 ff.

5) τὸ γὰρ αἰσθητὸν ἐνεργεῖν ποιεῖ τὴν αἴσθησιν, ὥσθ' ὑπάρχειν ἀνάγκη αὐτὴν
δυνάμει πρότερον, de sensu 2. 438 b 22 f. metaph. VIII, 8. 1049 b 19 ff.

6) ἀλλ' ἔστι τι καὶ ἕτερον παρὰ τὴν αἴσθησιν, ὃ ἀνάγκη πρότερον εἶναι τῆς
αἰσθήσεως· τὸ γὰρ κινοῦν τοῦ κινουμένου φύσει πρότερόν ἐστι· κἂν εἰ λέγεται πρὸς
ἄλληλα ταῦτα, οὐδὲν ἧττον, metaph. III, 6. 1010 b 36 ff. de part. an. I, 1. 640 a
23 ff. vergl. de an. II, 4. 415 a 20 f. III, 7. 431 a 2 f. categ. 7. 7 b 36 ff.

7) ἡ δ' αἴσθησις ἐν τῷ κινεῖσθαί τε καὶ πάσχειν συμβαίνει, de an. II, 5. 416 b
33 f. ἡ δὲ λεγομένη αἴσθησις, ὡς ἐνέργεια, κίνησίς τις διὰ τοῦ σώματος τῆς ψυχῆς
ἐστί, de somno 1. 454 a 8 ff. ἡ γὰρ αἴσθησις ἡ κατ' ἐνέργειαν κίνησίς ἐστι διὰ

Dieses Erleiden ist nemlich Bewegtwerden in qualitativer Beziehung, d. h. Verwandlung, [1]) diese Verwandlung aber unmittelbar Actualität des Wahrnehmungsvermögens. Hierin liegt eine Schwierigkeit. Wie überhaupt alle Veränderung (μεταβολή), so beruht auch alle Verwandlung auf Gegensätzen; [2]) die Gegensätze unterliegen nicht selbst der Verwandlung, sondern die Wirkung des einen auf den andern geschieht so, daß der zweite entweicht, [3]) und das zu Grunde Liegende in den Zustand des ersten, d. h. des thätigen verwandelt wird; [4]) in gewisser Rücksicht fällt also das Leidende der Vernichtung anheim. Dieß trifft auf das Verhältniss des thätigen Objects und des wahrnehmenden Vermögens nicht zu; aber wie ist dann die Wahrnehmung Erleiden und Verwandlung? Beides ist in einer andern, überhaupt in doppelter Bedeutung zu nehmen. Ein Mal ist das Erleiden eine gewisse Vernichtung durch das Gegentheil, das andere Mal vielmehr Erhaltung des Potenziellen durch die Einwirkung von Seite des Vollendeten. [5]) Die eine Art von Verwandlung ist Beraubung des bisherigen Zustands, die andere dagegen Herstellung eines der eigenthüm-

σώματος, πασχούσης τι τῆς αἰσθήσεως, phys. VII, 2. 244 b 11 f. de cœlo II, 2. 284 b 28 f. de generat. an. V, 1. 780 a 3 f. τὸ γὰρ αἰσθάνεσθαι πάσχειν τι ἐστίν, de an. II, 11. 423 b 31 f. πάσχοντος γάρ τι τοῦ αἰσθητικοῦ γίνεται τὸ ὁρᾶν, C. 7. 419 a 17 f. de generat. et corr. II, 2. 329 b 15. top. IX (de sophist. el.), 22. 178 a 12 f.

1) ἢ γὰρ θερμαινόμενον ἢ γλυκαινόμενον ἢ πυκνούμενον ἢ ξηραινόμενον ἢ λευκαινόμενον ἀλλοιοῦσθαί φαμεν, ὁμοίως τὸ ἄψυχον καὶ τὸ ἔμψυχον λέγοντες, καὶ πάλιν τῶν ἀψύχων τά τε μὴ αἰσθητικὰ τῶν μερῶν καὶ αὐτὰς τὰς αἰσθήσεις. ἀλλοιοῦνται γάρ πως καὶ αἱ αἰσθήσεις· ἡ γὰρ αἴσθησις ἡ κατ' ἐνέργειαν κτλ., phys. VII, 2. 244 b 6 ff. εἴπερ οὖν ἀλλοιοῦνται τὸ ἀλλοιούμενον ὑπὸ τῶν αἰσθητῶν, κτλ., 245 a 2 ff. ἀλλοιοῦται (sc. τὸ αἰσθητικὸν μέρος) ὑπὸ τῶν αἰσθητῶν, C. 3. 247 a 7. 248 a 6 ff.

2) s. o. S. 24. Anmerk.

3) phys. I, 7. 190 b 33. de generat. et corr. I, 6. 322 b 16 ff. II, 1. 329 b 2 f. metaph. XI, 1. 1069 b 6 ff.

4) ὥστ' ἀνάγκη τὸ πάσχον εἰς τὸ ποιοῦν μεταβάλλειν, de generat. et corr. I, 7. 324 a 12 f.

5) οὐκ ἔστι δ' ἁπλοῦν οὐδὲ τὸ πάσχειν, ἀλλὰ τὸ μὲν φθορά τις ὑπὸ τοῦ ἐναντίου, τὸ δὲ σωτηρία μᾶλλον τοῦ δυνάμει ὄντος ὑπὸ τοῦ ἐντελεχείᾳ ὄντος, de an. II, 5. 417 b 2 ff. πάσχει γάρ τι ἡ γεῦσις ὑπὸ τοῦ γευστοῦ, ᾗ γευστόν. ἀναγκαῖον ἄρα ὑγρανθῆναι τὸ δυνάμενον μὲν ὑγραίνεσθαι σωζόμενον, μὴ ὑγρὸν δέ, τὸ γευστικὸν αἰσθητήριον, a. a. O. C. 10. 422 b 2 ff.

lichen Natur [1]) oder dem immanenten Zwecke entsprechenden
Zustands, d. h. Erfüllung des immanenten Zwecks. [2]) „Das
Wahrnehmungsfähige leidet nicht und wird auch nicht verwandelt;" das äußere Object bringt vielmehr eine Thätigkeit
hervor, welche die Erfüllung des dem Erstern eigenthümlichen
Zweckes ist. [3]) Wahrnehmung ist mithin nur in „gewissem
Sinne Verwandlung," „eine besondere Art von Verwandlung." [4])
Verwandlung ist Bewegung, Wahrnehmung somit „eine besondere Art von Bewegung", d. h. nicht Bewegung im Sinne
„unvollendeter Thätigkeit" oder „Thätigkeit des Unvollendeten", wie Gehen und Bauen, sondern „Thätigkeit schlechthin",
d. h. eine solche, welche ihr Ziel in sich selbst hat. [5]) So ist
das Wahrnehmen ein gewisses Erleiden und zugleich ein Thun, [6])
und dieses Thun, diese Thätigkeit und Bethätigung, wie gesagt, die Wirkung des äußern Objects. [7])

---

1) ... ἢ δύο τρόπους εἶναι ἀλλοιώσεις, τήν τε ἐπὶ τὰς στερητικὰς διαθέσεις
μεταβολὴν καὶ τὴν ἐπὶ τὰς ἕξεις καὶ φύσιν, a. a. O. II, 5. 417 b 14 ff.

2) a. a. O. b 5 ff. 16 ff. zu vergl.

3) φαίνεται δὲ τὸ μὲν αἰσθητικὸν ἐκ δυνάμει ὄντος τοῦ αἰσθητικοῦ ἐνεργείᾳ
ποιοῦν· οὐ γὰρ πάσχει οὐδ' ἀλλοιοῦται, a. a. O. III, 7. 431 a 4 f. Daher die
(von jener des Nus verschiedene) ἀπάθεια τοῦ αἰσθητικοῦ, C. 4. 429 a 29 f.

4) ἕτερον γένος ἀλλοιώσεως, a. a. O. II, 5. 417 b 7. ἔστι δὲ καὶ ἀλλοίωσις·
καὶ αὔξησις κατὰ ψυχήν· ἡ μὲν αἴσθησις ἀλλοίωσίς τις εἶναι δοκεῖ, C. 4. 415 b
23 f. C. 5. 416 b 34 f. ... ἐπειδή ἐστιν ἀλλοίωσίς τις ἡ κατ' ἐνέργειαν αἴσθησις,
de insomn. 2. 459 b 4 f. ἀλλοιοῦνται γάρ πως καὶ αἱ αἰσθήσεις, phys. VII, 2.
244 b 10 f.

5) ... οὐδ' ἀλλοιοῦται. διὸ ἄλλο εἶδος τοῦτο κινήσεως· ἡ γὰρ κίνησις τοῦ
ἀτελοῦς ἐνέργεια ἦν, ἡ δ' ἁπλῶς ἐνέργεια ἑτέρα ἡ τοῦ τετελεσμένου, de an. III, 7.
431 a 6 f. πρῶτον μὲν οὖν ὡς τοῦ αὐτοῦ ὄντος τοῦ πάσχειν καὶ τοῦ κινεῖσθαι καὶ
τοῦ ἐνεργεῖν λέγωμεν· καὶ γὰρ ἐστιν ἡ κίνησις ἐνέργειά τις, ἀτελής μέντοι, καθάπερ
ἐν ἑτέροις εἴρηται, II, 5. 417 a 14 ff. metaph. VIII, 6. 1048 b 23 f. 33 f. vergl.
δοκεῖ γὰρ ἡ μὲν ὅρασις καθ' ὁντινοῦν χρόνον τελεία εἶναι· οὐ γάρ ἐστιν ἐνδεὴς
οὐδενός, ὃ εἰς ὕστερον γενόμενον τελειώσει αὐτῆς τὸ εἶδος. τοιούτῳ δὲ ἔοικε καὶ ἡ
ἡδονή, eth. Nicom. X, 3. 1174 a 14 ff. b 13. — Die sinnliche Thätigkeit hat
auch kein Werden, a. a. O. b 12 ff. S. o. Abschn. I. S. 35 f.

6) ἀλλὰ μὴν τό γ' ὁρᾶν αἰσθάνεσθαί τί ἐστιν, ὥστε καὶ πάσχειν τι ἅμα καὶ
ποιεῖν, top. IX (de sophist. el.), 22. 178 a 15 f. Vergl. metaph. VIII, 3. 1047 a 7 ff.

7) τὸ γὰρ αἰσθητὸν ἐνεργεῖν ποιεῖ τὴν αἴσθησιν, de sensu 2. 438 b 22 f.
Das ποιεῖν und ἀντιποιεῖν der ὄψις de insomn. 2. 459 b 26 f. 460 a 1. 25 f.
hat keine Beziehung zur wahrnehmenden Function; vergl. Prantl, Aristoteles
über die Farben, S. 159.

Daß die Wahrnehmung wesentlichen Theils ein stofflicher Process, d. h. ein Gemeinsames der Seele und des Körpers ist, [1]) oder „der Seele (die Nichts für sich, nicht ohne den Stoff ist,) durch den Körper vermittelt wird," ist hiernach ohne Weiteres evident. [2])

A. Die äußere Wahrnehmung.

1. Die Objecte der Wahrnehmung und die Sinne.

Faßen wir den Gegenstand der Wahrnehmung in's Auge, so ist das Wahrnehmungsfähige der Möglichkeit nach so beschaffen wie das Wahrnehmbare der Wirklichkeit nach, [3]) je ein besonderer Sinn wie die Objecte der ihm eigenthümlichen Gattung, [4]) Eins dem Andern „gleich", — nicht schlechthin gleich, sondern Beides, gleich und ungleich, in Einem. Denn

---

1) φαίνεται δὲ τὰ μέγιστα, καὶ τὰ κοινὰ καὶ τὰ ἴδια τῶν ζώων, κοινὰ τῆς ψυχῆς ὄντα καὶ τοῦ σώματος, οἷον αἴσθησις καὶ μνήμη καὶ θυμὸς καὶ ἐπιθυμία καὶ ὅλως ὄρεξις, καὶ πρὸς τούτοις ἡδονή τε καὶ λύπη, de sensu 1. 436 a 6 ff. ἐπεὶ δ' οὔτε τῆς ψυχῆς ἴδιον τὸ αἰσθάνεσθαι οὔτε τοῦ σώματος (οὗ γὰρ ἡ δύναμις, τούτου καὶ ἡ ἐνέργεια· ἡ δὲ λεγομένη αἴσθησις, ὡς ἐνέργεια, κίνησίς τις διὰ τοῦ σώματος τῆς ψυχῆς ἐστί), φανερὸν ὡς οὔτε τῆς ψυχῆς τὸ πάθος ἴδιον, οὔτ' ἄψυχον σῶμα δυνατὸν αἰσθάνεσθαι, de somno 1. 454 a 7 ff. ἀπορίαν δ' ἔχει καὶ τὰ πάθη, τῆς ψυχῆς, πότερόν ἐστι πάντα κοινὰ καὶ τοῦ ἔχοντος ἢ ἐστί τι καὶ τῆς ψυχῆς ἴδιον αὐτῆς· τοῦτο γὰρ λαβεῖν μὲν ἀναγκαῖον, οὐ ῥᾴδιον δέ. φαίνεται δὲ τῶν μὲν πλείστων οὐθὲν ἄνευ τοῦ σώματος πάσχειν οὐδὲ ποιεῖν, οἷον ὀργίζεσθαι, θαρρεῖν, ἐπιθυμεῖν, ὅλως αἰσθάνεσθαι. κτλ., de an. I, 1. 403 a 2 ff.

2) ἡ δ' αἴσθησις ὅτι διὰ σώματος γίνεται τῇ ψυχῇ, δῆλον καὶ διὰ λόγου (Begründung) καὶ τοῦ λόγου χωρίς, de sensu 1. 436 b 6 f.

3) τὸ δ' αἰσθητικὸν δυνάμει ἐστὶν οἷον τὸ αἰσθητὸν ἤδη ἐντελεχείᾳ, de an. II, 5. 418 a 3 f. III, 8. 431 b 27 f.

4) πάσχει δὲ τὸ δυνάμει ὂν ὑπὸ τοῦ ἐνεργείᾳ ὄντος, ὥστε·ἔστι τὸ αὐτὸ τῷ γένει καὶ ἐκεῖνο ἓν καὶ τοῦτο ἕν, de part. an. II, 1. 647 a 8 f. Vom Tastsinne: ... θερμόν ψυχρόν, ξηρὸν ὑγρόν, ... τὸ δὲ αἰσθητήριον αὐτῶν, τὸ ἁπτικὸν καὶ ἐν ᾧ ἡ καλουμένη ἁφὴ ὑπάρχει πρώτῳ, τὸ δυνάμει τοιοῦτόν ἐστι μόριον, de an. II, 11. 423 b 28 ff. Vom Geschmack: ὥστε τὸ γευστικὸν ἐστι τὸ δυνάμει τοιοῦτον, γευστὸν δὲ τὸ ποιητικὸν ἐντελεχείᾳ αὐτοῦ, C. 10. 422 b 15 f. vgl. ἐπεὶ δ' ὑγρὸν τὸ γευστόν, ἀνάγκη καὶ τὸ αἰσθητήριον αὐτοῦ μήτε ὑγρὸν εἶναι ἐντελεχείᾳ μήτε ἀδύνατον ὑγραίνεσθαι, a 34 ff. Vom Geruch: ὃ γὰρ ἐνεργείᾳ ἡ ὄσφρησις, τοῦτο δυνάμει τὸ ὀσφραντικόν, de sensu 2. 438 b 21 f. Vom Gesicht: καὶ δεῖ τὸ μέλλον αἰσθήσεσθαι λευκοῦ καὶ μέλανος μηδέτερον αὐτῶν εἶναι ἐνεργείᾳ, δυνάμει δ' ἄμφω (οὕτω δὲ καὶ ἐπὶ τῶν ἄλλων) κτλ., de an. II, 11. 424 a 7 ff.

so wenig Ungleiches von schlechthin Ungleichem, z. B. der
Nus von gemeinem Stoffe, so wenig leidet Gleiches von schlechthin Gleichem. ¹) Nach einem allgemeinen Gesetze sind nemlich sowohl die Gleichheit als die Ungleichheit beider Extreme,
nemlich die Gleichheit in Betreff der Gattung und die Ungleichheit, näher die Gegensätzlichkeit in Betreff der Art wesentliche Bedingungen alles Thuns und Leidens. ²) Erst so
„macht das Bewirkende das, was der Möglichkeit nach ist,
zu einem solchen, wie es selber der Wirklichkeit nach ist." ³)
Nicht jeder Grad einer solchen Einwirkung des Wahrnehmbaren ist geeignet, eine Wahrnehmung hervorzubringen.
Ist die Wirkung zu schwach, ⁴) so erfolgt so wenig eine Wahr-

---

1) τό τε γὰρ ὅμοιον καὶ τὸ πάντῃ πάντως εὔλογον μὴ πάσχειν ὑπὸ τοῦ ὁμοίου
μηθέν· τί γὰρ μᾶλλον θάτερον ἔσται ποιητικὸν ἢ θάτερον; de generat. et corr. I, 7.
323 b 18 ff. ἄτοπον δὲ καὶ τὸ φάναι μὲν ἀπαθὲς εἶναι τὸ ὅμοιον ὑπὸ τοῦ ὁμοίου,
αἰσθάνεσθαι δὲ τὸ ὅμοιον τοῦ ὁμοίου καὶ γιγνώσκειν τῷ ὁμοίῳ τὸ ὅμοιον, de an. I, 5.
410 a 23 ff. vergl. II, 4. 416 a 31 f.

2) πάντα δὲ πάσχει καὶ κινεῖται ὑπὸ τοῦ ποιητικοῦ καὶ ἐνεργείᾳ ὄντος. διὸ ἔστι
μὲν ὡς ὑπὸ τοῦ ὁμοίου πάσχει, ἔστι δὲ ὡς ὑπὸ τοῦ ἀνομοίου, a. a. O. C. 5. 417 a
17 ff. 418 a 4 f. ἀλλ' ἐπεὶ οὐ τὸ τυχὸν πέφυκε πάσχειν καὶ ποιεῖν, ἀλλ' ὅσα ἢ ἐναντία
ἐστὶν ἢ ἐναντίωσιν ἔχει, ἀνάγκη καὶ τὸ ποιοῦν καὶ τὸ πάσχον τῷ γένει μὲν ὅμοιον εἶναι
καὶ ταὐτό, τῷ δ' εἴδει ἀνόμοιον καὶ ἐναντίον· πέφυκε γὰρ σῶμα μὲν ὑπὸ σώματος,
χυμὸς δ' ὑπὸ χυμοῦ, χρῶμα δὲ ὑπὸ χρώματος πάσχειν, ὅλως δὲ τὸ ὁμογενὲς ὑπὸ
τοῦ ὁμογενοῦς. τούτου δ' αἴτιον ὅτι τἀναντία ἐν ταὐτῷ γένει πάντα. ποιεῖ δὲ καὶ
πάσχει τἀναντία ὑπ' ἀλλήλων· ὥστ' ἀνάγκη πῶς μὲν εἶναι ταὐτὰ τό τε ποιοῦν καὶ τὸ
πάσχον, πῶς δ' ἕτερα καὶ ἀνόμοια ἀλλήλοις, de generat. et corr. I, 7. 323 b 29 ff.
de sensu 4. 441 b 8 ff. 14 ff.

3) ὥστε τὸ ποιοῦν, οἷον αὐτὸ ἐνεργείᾳ, τοιοῦτον ἐκεῖνο ποιεῖ τὸ δυνάμει ὄν, de
an. II, 11. 425 a 1 f.

4) a. a. O. C. 8. 419 b 14 ff. C. 11. 424 a 12 f. Je kleiner Etwas ist, um
so mehr entzieht es sich der Wahrnehmung. Wenn man etwas sehr Kleines
und Unmerkliches nahe an die Augen bringt, so fließt die Anschauung ver-
worren in einander, ... οὔτε πάμμικρον ... (συγχεῖται γὰρ ἡ θεωρία ἐγγὺς τοῦ
ἀναισθήτου [χρόνου] γενομένη), poet. 7. 1450 b 37 ff. χρόνου (etwa aus de sensu
7. 448 a 20 ff. problem. III, 10. 872 b 9) von BONITZ, Aristotel. Stud. I, S. 96 f.,
und SUSEMIHL in s. Ausg. gestrichen, von VAHLEN beibehalten. — Unter obigen
Gesichtspunkt fällt möglicher Weise auch die von BEKKER und PRANTL in
Klammern gesetzte Stelle phys. IV, 8. 216 b 18 ff.: „... Die Luft ist Etwas,
scheint aber nicht Etwas zu sein, und auch das Waßer würde — den Fischen —
nicht Etwas zu sein scheinen, wenn sie eisenhart (also beziehungsweise em-
pfindungslos) wären; denn durch den Tastsinn ist die Unterscheidung des
Tastbaren."

nehmung, wie wenn sie zu stark ist. ¹) In letzterm Falle darum
nicht, weil der Sinn ein Verhältniss darstellt, welches mit den
Saiten einer Lyra, Kithara oder Harfe verglichen werden kann; ²)
übermäßig starke Eindrücke verderben oder zerstören dieses
Verhältniss und somit zugleich das Sinneswerkzeug. ³) Ueberdieß behauptet jeder Sinn („jeder" nach Analogie des Tastsinns) den Gegensätzen seiner Gattung gegenüber eine gewisse
Mitte, über welche die Einwirkung, um Verwandlung hervorbringen, d. h. unterschieden werden zu können, nach der einen
oder andern Seite hinausgehen muß. ⁴)

Wenn das Wahrnehmbare auf das Wahrnehmungsvermögen wirkt, so geschieht dieß, wieder nach einem allgemeinen
Gesetze, lediglich so, daß es dasselbe berührt, ⁵) wenn nicht
unmittelbar, dann durch Zwischenglieder oder Medien (μεταξύ),⁶)

---

1) de an. II, 10. 422 a 20 ff. C. 11. 424 a 14 f. III, 4. 429 a 31 ff. de
generat. an. V, 1. 780 a 7 ff.

2) λόγος τις, de an. II, 12. 424 a 27 f. 31. III, 2. 426 b 3. 7. ἡ ἀκοή,
a 28 ff. ἡ σάρξ, C. 4. 429 b 15 f.

3) φανερόν δ' ἐκ τούτων καὶ διὰ τί ποτε τῶν αἰσθητῶν αἱ ὑπερβολαὶ φθείρουσι τὰ
αἰσθητήρια· ἐὰν γὰρ ᾖ ἰσχυροτέρα τοῦ αἰσθητηρίου ἡ κίνησις, λύεται ὁ λόγος (τοῦτο
δ' ἦν ἡ αἴσθησις), ὥσπερ καὶ ἡ συμφωνία καὶ ὁ τόνος κρουομένων σφόδρα τῶν χορ-
δῶν, a. a. O. II, 12. 424 a 28 ff. III, 2. 426 a 30 ff. b 7 f. C. 13. 435 b 7 ff.

4) διὸ τοῦ ὁμοίου; (wie das Tastmedium) θερμοῦ καὶ ψυχροῦ ἢ σκληροῦ καὶ
μαλακοῦ οὐκ αἰσθανόμεθα, ἀλλὰ τῶν ὑπερβολῶν, ὡς τῆς αἰσθήσεως οἷον μεσότητός
τινος οὔσης τῆς ἐν τοῖς αἰσθητοῖς ἐναντιώσεως. καὶ διὰ τοῦτο κρίνει τὰ αἰσθητά. τὸ
γὰρ μέσον κριτικόν· γίνεται γὰρ πρὸς ἑκάτερον αὐτῶν θάτερον τῶν ἄκρων, a. a. O.
II, 11. 424 a 2 ff. vgl. a 32 ff. III, 13. 435 a 21 ff. meteorol. IV. 4. 382 a 17 ff.

5) phys. VII, 1. 242 b 24 ff.; der von Spengel wiederhergestellte Text
auch in der Ausg. von Prantl, S. 342. Hauptsächlich ferner C. 2. ἀλλὰ μὴν
οὐδὲ τοῦ ἀλλοιουμένου καὶ τοῦ ἀλλοιοῦντος (sc. οὐδέν ἐστι μεταξύ). τοῦτο δὲ δῆλον ἐξ
ἐπαγωγῆς· κτλ. 244, b 2 ff. εἴπερ οὖν ἀλλοιοῦται τὸ ἀλλοιούμενον ὑπὸ τῶν αἰσθητῶν, ἐν ἅπασί γε τούτοις φανερὸν ὅτι ἅμα (λέγω δὲ τὸ ἅμα, ὅτι οὐδέν ἐστιν αὐτῶν
μεταξύ, Anf. des Cap.) ἐστὶ τὸ ἔσχατον ἀλλοιοῦν καὶ τὸ πρῶτον ἀλλοιούμενον. τῷ
μὲν γὰρ συνεχὴς ὁ ἀήρ, τῷ δὲ ἀέρι τὸ σῶμα. πάλιν δὲ τὸ μὲν χρῶμα τῷ φωτί, τὸ
δὲ φῶς τῇ ὄψει. τὸν αὐτὸν δὲ τρόπον καὶ ἡ ἀκοὴ καὶ ἡ ὄσφρησις· πρῶτον γὰρ κινοῦν
πρὸς τὸ κινούμενον ὁ ἀήρ. καὶ ἐπὶ τῆς γεύσεως ὁμοίως· ἅμα γὰρ τῇ γεύσει ὁ χυμός,
245 a 2 ff. VIII, 1. 251 b 1 ff. III, 2. 202 a 6 f. οὔτε γὰρ ποιεῖν ταῦτα καὶ
πάσχειν δύναται κυρίως ἃ μὴ οἷόν τε ἅψασθαι ἀλλήλων, de generat. et corr. I, 6.
322 b 22 ff. C. 9. 327 a 1 ff. de generat. an. II, 1. 734 a 3 f.

6) phys. VIII, 4 fin. C. 5. init. 256 a 22 ff. de generat. et corr. I, 9.
327 a 3 ff.

welche die Abstände der gegensätzlichen, aber nothwendiger
Weise dabei homogenen Extreme (τἀνχντίχ) füllen; [1]) — so
nemlich, daß die einmal in Bewegung gesetzten Medien die
Bewegung mit einer gewissen Selbständigkeit oder als nächste
Ursache ihrer Wirkung auch dann noch (allerdings mit abneh-
mender Intensität) weiterführen, wenn die erste Anregung bereits in Ruhe übergegangen ist. [2]) Nun haben zwar alle Sinne
ihre Medien. [3]) Eine eigentliche Selbstthätigkeit der letztern
findet aber nur da Statt, wo die Objecte aus der Ferne wirken, mithin die Mittelglieder dem Körper äußerlich sind. [4])
Die Objecte der betreffenden Sinne, also des Gesichts, des
Gehörs und des Geruchs, wirken überhaupt nicht anders als
in dieser Weise, die Farben z. B. nicht durch „Ausflüße,“ [5])
und sie würden überhaupt nicht wirken, wenn zwischen ihnen
und dem Auge eine Leere wäre; [6]) bringt man daher einen
Gegenstand mit dem Auge, dem Gehöre oder dem Geruch-
sinne in unmittelbare Berührung, so findet keine Wahrnehmung Statt. [7]) Weil aber Zunge und Fleisch die Medien der
beiden übrigen Sinne sind, so gilt dieß im Grunde von allen
Sinnen. [8]) Uebrigens darf man sich das Ganze nicht so vor-

---

1) ... ἅπτεσθαι δὲ (sc. λέγεται), ὧν τὰ ἄκρα ἅμα, μεταξὺ δὲ εἰς ὃ πέφυκε πρῶτον
(πρότερον, metaph. X, 12. 1068 b 28. vgl. I, 9. 990 b 20 f. XII, 4. 1079 a 16 f.)
ἀφικνεῖσθαι τὸ μεταβάλλον ἢ εἰς ὃ ἔσχατον μεταβάλλει κατὰ φύσιν συνεχῶς μεταβάλλον. ἐν ἐλαχίστοις δ' ἐστὶ τὸ μεταξὺ τρίσιν· ἔσχατον μὲν γάρ ἐστι τῆς μεταβολῆς τὸ
ἐναντίον, phys. V, 3. 226 b 23 ff. metaph. IX, 7. 1057 b 23 ff.

2) phys. VIII, 10. 267 a 2 ff. IV, 8. 215 a 14 ff. de coelo III, 2. 301 b 26 ff.
... καὶ ἔστι διὰ μέσου ἡ κίνησις, καὶ τὸ μὲν πρῶτον κινοῦν ὦθεῖ οὐκ ὠθούμενον, τὸ
δ' ἔσχατον μόνον ὠθεῖται οὐκ ὦσαν, τὸ δὲ μέσον ἄμφω, πολλὰ δὲ μέσα, κτλ., de
an. III, 12. 434 b 26 ff. vgl. de insomn. 2. 459 a 29 ff.

3) αἰσθανόμεθά γε πάντων διὰ τοῦ μέσου, de an. II, 11. 423 b 7. πάντα δὲ
(sc. στοιχεῖα) τῷ δ' ἑτέρου αἰσθάνεσθαι ποιεῖ τὴν αἴσθησιν καὶ διὰ τῶν μεταξύ, III, 13.
435 a 15 ff.

4) αἱ γὰρ αἰσθήσεις δι' ἑτέρων αἰσθάνονται, οἷον ὄσφρησις ὄψις ἀκοή, a. a. O.
III, 12. 434 b 14 f.

5) a. a. O. II, 10. 422 a 14 f. de sensu 3. 440 a 15 ff. de gen. et corr. I, 8
von Anf. Gegen die ἀρχαῖοι, Empedokles und die Atomistiker.

6) οὐ γὰρ καλῶς τοῦτο λέγει Δημόκριτος οἰόμενος, εἰ γένοιτο κενὸν τὸ μεταξύ,
ὁρᾶσθαι ἂν ἀκριβῶς καὶ εἰ μύρμηξ ἐν τῷ οὐρανῷ εἴη· τοῦτο γὰρ ἀδύνατόν ἐστιν, de
an. II, 7. 419 a 15 ff.

7) a. a. O. 419 a 12 ff. 17 ff. 25 ff. C. 9. 421 b 16.

8) a. a. O. b 17 ff.

stellen, als ob das wahrnehmbare Object selbst in den Process hineingezogen wäre. In diesem wie in jedem andern Verhältnisse von Thun und Leiden bleibt das erste Bewegende, als Form oder insofern es als Form in Betracht kommt, trotz der von ihm ausgehenden Wirkung unbewegt, was im Bereiche der Wahrnehmung besonders am Sichtbaren deutlich wird. [1])

a. Die Medien der Sinne.

Somit sind die Agenten ebenso indifferent auf sich bezogener Mandatoren die Medien, [2]) und diese sind hauptsächlich Luft und Waßer. In Betreff des Gesichtssinnes eigentlich nicht Luft und Waßer, sondern allgemein das Durchsichtige, [3]) d. h. das actuell Durchsichtige; die Actualität des Durchsichtigen als solchen ist das Licht. [4]) Luft, Waßer und gewisse feste Körper sind nicht als Waßer oder als Luft u. s. w. durchsichtig, sondern weil eine mit jener im Aether (und im Feuer) identische Natur in ihnen ist. [5]) Finsterniss ist die Negation einer derartigen Beschaffenheit oder Kraft im Durch-

---

1) vergl. τὸ ἐπιπολῆς χρῶμα ἀκίνητον ὄν, de sensu 3. 440 a 24. de an. III, 2. 426 a 9 ff.

τὸ δὲ κινοῦν οὕτως ὥστ' εἶναι μὴ ᾧ κινεῖ, ἀκίνητον, phys. VIII, 5. 256 b 20. vgl. V, 1. 224 b 4 ff. 5 f. de generat. et corr. I, 6. 323 a 12 ff. C. 7. 324 a 30 ff. b 10 ff. de an. III, 10. 433 b 14 ff. de generat. an. I, 22. 730 b 11 ff. u. s. τῆς μὲν γὰρ ὕλης τὸ πάσχειν ἐστὶ καὶ τὸ κινεῖσθαι, τὸ δὲ κινεῖν καὶ ποιεῖν ἑτέρας δυνάμεως, de generat. et corr. II, 9. 335 b 29 ff. ἡ δ' ὕλη ᾗ ὕλη παθητικόν, I, 7. 324 b 18.

2) vergl. τὸ δὲ κενὸν ὀρθῶς λέγεται κύριον τοῦ ἀκούειν. δοκεῖ γὰρ εἶναι κενόν ὁ ἀήρ, κτλ., de an. II, 8. 419 b 33 f.

3) τὸ ἄρα διαφανὲς καθ' ὅσον ὑπάρχει ἐν τοῖς σώμασιν (ὑπάρχει δὲ μᾶλλον καὶ ἧττον ἐν πᾶσι) χρώματος ποιεῖ μετέχειν, de sensu 3. 439 b 8 ff. a 24 f. Ohne Licht kein Sehen, keine Wahrnehmung von Farben, de an. II, 7. 418 b 2. 419 a 9. C. 8. 420 a 27 f. III, 3. 429 a 4. de sensu 2. 438 b 6 f.

4) φῶς δέ ἐστιν ἡ τούτου ἐνέργεια, τοῦ διαφανοῦς ᾗ διαφανές, de an. II, 7. 418 b 9 f. ἡ δ' ἐντελέχεια τοῦ διαφανοῦς φῶς ἐστιν, 419 a 11.

5) τοιοῦτον δέ ἐστιν ἀὴρ καὶ ὕδωρ καὶ πολλὰ τῶν στερεῶν· οὐ γὰρ ᾗ ὕδωρ οὐδ' ᾗ ἀὴρ διαφανές, ἀλλ' ὅτι ἐστί τις φύσις ὑπάρχουσα ἡ αὐτὴ ἐν τούτοις ἀμφοτέροις καὶ ἐν τῷ ἀϊδίῳ τῷ ἄνω σώματι, a. a. O. 418 b 6 ff. ... τοῦ διαφανοῦς, ὅταν ᾗ ἐντελεχείᾳ διαφανὲς ὑπὸ πυρὸς ἢ τοιούτου οἷον τὸ ἄνω σῶμα· καὶ γὰρ τούτῳ τι ὑπάρχει ἓν καὶ ταὐτόν, b 11 ff. ... ἀλλὰ πυρὸς ἢ τοιούτου τινὸς παρουσία ἐν τῷ διαφανεῖ, b 16 f. de sensu 3. 439 a 19 ff. Der Tag ist begrifflich dasselbe, was die Bewegung der Sonne oberhalb der Erde, top. VI, 4. 142 b 4 f. vgl. a 34 ff.

sichtigen, [1]) also Potenzialität der Durchsichtigkeit. [2]) Die beiden weitverbreiteten Elemente Luft und Waßer eignen sich aber nicht nur deshalb dazu, vorzugsweise Medien der sinnlichen Wahrnehmung zu sein, weil sie (was doch bloß den Gesichtssinn angeht) unter einer bestimmten Bedingung durchsichtig sind, sondern auch deshalb, weil sie leicht beweglich, nachgiebig, elastisch und gleichmäßig zusammenhängend sind. Wie wenn man, sagt Aristoteles, [3]) Etwas in Wachs taucht, so wird es gerade bis dahin bewegt, bis wohin man es taucht. Der Stein aber wird gar nicht, Waßer dagegen weithin, die Luft aber sehr weit bewegt, und übt Einwirkungen aus und erleidet sie, wenn sie Stand [4]) und continuirlich zusammenhält (εἰς ἕ). [5]) Daher ist auch die Ansicht, daß die Luft insoweit von Gestalt und Farbe leide, als sie stetig mit sich zusammenhängt, beßer als die Empedokleische und Platonische, wonach der heraustretende Blick, d. h. ein vom Auge ausgehender Lichtstrahl zurückgeworfen wird. [6]) Auf dem Glatten aber (was auch für die Entstehung des Schalls von wesentlicher

---

1) ἔστι δὲ τὸ σκότος στέρησις τῆς τοιαύτης ἕξεως ἐκ διαφανοῦς, ὥστε δῆλον ὅτι καὶ ἡ τούτου παρουσία τὸ φῶς ἐστίν, de an. II, 7. 418 b 18 ff. de sensu 3. 439 a 20 f. metaph. IX, 2. 1053 b 30 f.

2) de an. II, 7. 418 b 29 ff. — Über den Begriff des Durchsichtigen vergl. PRANTL, Aristoteles über die Farben, S. 93 ff.

Eine besondere Bewandtniss hat es mit dem feurig Erscheinenden und Glänzenden (πυρώδη φαινόμενα καὶ λάμποντα, nicht: Gestirne, TRENDELENBURG im Comm. p. 376), z. B. mit dem Pilz, Horn, ferner mit Köpfen, Schuppen und Augen von Fischen. Gegenstände dieser Art werden nicht im Lichte gesehen, bewirken aber in der Dunkelheit eine Wahrnehmung, de an. II, 7. 419 a 1 ff. de sensu 2. 437 b 5 ff.

3) de an. III, 12. 435 a 3 ff.

4) vergl. τοῦτο δὲ γίνεται, ὅταν ὑπομένῃ πληγεὶς ὁ ἀὴρ καὶ μὴ διαχυθῇ, a. a. O. II, 8. 419 b 21 f.

5) vergl.... ὁ ἀήρ, οὗτος δ' ἐστὶν ὁ ποιῶν ἀκούειν, ὅταν κινηθῇ συνεχὴς καὶ εἷς, a. a. O. b 34 f. 420 a 3 f.

6) vergl. top. I, 14. 105 b 6 ff. Näheres de sensu 2. 438 a 25 ff. 437 a 30 ff. de generat. an. V, 1. 781 a 3 f. Nach der ältern (ZELLER a. a. O. S. 106) Schrift de coelo II, 8. 290 a 17 ff. dehnt sich der Blick nach dem Gegenstande hin. Daraus erkläre sich das Flimmern der eingefügten Sterne; weil der Blick zu schwach sei, die gerade Richtung auf dieses allzu entfernte Ziel einzuhalten (vergl. meteorol. III, 4. 374 b 11 f.), so beginne er zu zittern. Dieß sein eigenes Zittern erscheine als Flimmern der Fixsterne.

Bedeutung ist,) bildet die Luft diese stetige Einheit (ἐστὶν εἰς); deshalb bewegt sie hinwiederum den Gesichtssinn, wie wenn das in Wachs eingedrückte Zeichen des Siegels bis zur gegenüberliegenden Grenze hindurchgeführt würde. — Die Medien bewirken also eine Bewegung oder Verwandlung der sinnlichen Organe, wie gesagt: keine absolute, sondern so, daß die Organe „erhalten werden" und in jene Thätigkeit übergehen, welche die Erfüllung ihres Zwecks ist. So heißt es denn im Besondern in Bezug auf den Gesichtssinn, daß die Farbe das Durchsichtige, z. B. die Luft bewegt, von diesem aber, indem es continuirlich ist, das Sinneswerkzeug bewegt wird;[1]) weiter, daß — sei nun Licht oder Luft das zwischen dem Gesehenen und dem Auge Befindliche — die durch dasselbe (dieses Medium) entstehende Bewegung das Sehen bewirkt,[2]) und noch stärker, daß die Luft die Pupille zu einer so beschaffenen macht, die Pupille aber ihrerseits wieder etwas Anderes.[3]) Ganz dasselbe wird vom Geruche und vom Gehör gesagt.[4]) Die Luft (auch Waßer[5])) ist es, welche das Hören hervorbringt.[6]) „Bringt der objective den subjectiven Geruch hervor,"[7]) so geschieht es, wie gesagt, durch das Medium, die eingeathmete Luft, durch Waßer nur für Waßerthiere.[8]) Der Geschmack ist eine Art Tastsinn.[9]) Der letztere

_____

1) ἀλλὰ τὸ μὲν χρῶμα κινεῖ τὸ διαφανές, οἷον τὸν ἀέρα, ὑπὸ τούτου δὲ συνεχοῦς ὄντος κινεῖται τὸ αἰσθητήριον, de an. II, 7. 419 a 13 ff. πάσχοντος γάρ τι τοῦ αἰσθητικοῦ γίνεται τὸ ὁρᾶν· ὑπ' αὐτοῦ μὲν οὖν τοῦ ὁρωμένου χρώματος ἀδύνατον, λείπεται δὲ ὑπὸ τοῦ μεταξύ, a 17 ff. πάλιν οὗτος (sc. ὁ ἀήρ) τὴν ὄψιν κινεῖ, III, 12. 435 a 8 f.

2) ἀλλ' εἴτε φῶς εἴτ' ἀήρ ἐστι τὸ μεταξὺ τοῦ ὁρωμένου καὶ τοῦ ὄμματος, ἡ διὰ τούτου κίνησίς ἐστιν ἡ ποιοῦσα τὸ ὁρᾶν, de sensu 2. 438 b 3 ff.

3) ὥσπερ δὲ ὁ ἀὴρ τὴν κόρην τοιανδὶ ἐποίησεν, αὕτη δ' ἕτερον, de an. III, 7. 431 a 17 f.

4) ἀλλ' ὑπὸ μὲν ὀσμῆς καὶ ψόφου τὸ μεταξὺ κινεῖται, ὑπὸ δὲ τούτου τῶν αἰσθητηρίων ἑκάτερον, a. a. O. II, 7. 419 a 27 f. τὸν αὐτὸν δὲ τρόπον καὶ ἡ ἀκοὴ καὶ ἡ ὄσφρησις· πρῶτον γὰρ κινοῦν πρὸς τὸ κινούμενον ὁ ἀήρ, phys. VII, 2. 245 a 7 ff.

5) de an. II, 8. 419 b 18 f. 420 a 11 ff. Von den Fischen: histor. an. IV, 8. 533 a 34 ff.

6) ... ὁ ποιῶν ἀκούειν, κτλ. de an. II, 8. 419 b 34 f. 420 a 3 f.

7) τὴν ὄσφρησιν ἡ ὀσμὴ ποιεῖ, a. a. O. II, 12. 424 b 6.

8) a. a. O. C. 9. 421 b 8 ff. 32 ff. histor. an. IV, 8. 534 a 11 ff. 533 a 33 f.

9) ἡ δὲ γεῦσις ἀφή τις ἐστίν, de sensu 4. 444 a 3. C. 2. 438 b 30 f. ... τὴν ν

empfindet die zahlreichen Gegensätze des Warmen und Kalten, Trocknen und Feuchten, Schweren und Leichten, Harten
und Weichen, Zähen und Spröden, Rauhen und Glatten, Dicken
und Dünnen, [1]) und hat, also zusammen mit dem Geschmack,
seinen Sitz im Innern des Körpers, [2]) in der Gegend des Herzens, oder bestimmter: im Herzen selbst. [3]) Die äußern Werkzeuge, Zunge und Fleisch, [4]) sind also Medien wie Luft und
Waßer, [5]) aber keine dem Körper äußerlichen und fremden,

γεῦσιν διὰ τὸ εἶναι αὐτὴν ἁφήν τινα, de an. II, 9. 421 a 18 f. C. 10. 422 b 17 ff.
III, 12. 434 b 18 ff. de part. an. II, 10. 656 b 37 f. C. 17. 660 a 21 f. Aber
Beide nicht identisch: de an. II, 11. 423 a 19 ff.

1) εἰσὶ δ' ἐναντιώσεις κατὰ τὴν ἀφὴν αἴδε, θερμὸν ψυχρόν, ξηρὸν ὑγρόν (die
vier ursprünglichen Unterschiede, b 32 ff.), βαρὺ κοῦφον, σκληρὸν μαλακόν,
γλίσχρον κραῦρον, τραχὺ λεῖον, παχὺ λεπτόν, de generat. et corr. II, 2. 329 b
18 ff. vgl. de an. II, 11. 422 b 17 ff. 423 a 17. b 27 ff. III, 13. 435 a 21 ff. de
part. an. II, 1. 647 a 16 ff.

2) οὐκ ἔστι τὸ πρῶτον αἰσθητήριον ἡ σὰρξ καὶ τὸ τοιοῦτον μόριον, ἀλλ'
ἐντός (ὅτι ἐντὸς τὸ τοῦ ἁπτοῦ αἰσθητικόν, de an. II, 11. 423 b 23), de part. an.
II, 10. 656 b 35 f. Hierzu bemerkt FRANTZIUS S. 281 (vgl. S. 276) seiner Ausg.
(AUBERT und WIMMER zu histor. an. I, 3. 489 a 17 ff. berufen sich darauf):
„Obgleich dem Aristoteles die Kenntniss und Bedeutung der Nerven unbekannt
geblieben ist, so weiß er doch so viel, daß das Fleisch an und für sich nicht
empfindend und Sinnesorgan ist, daß aber in ihm ein erstes Sinnesorgan (Ur-
empfindungsträger) enthalten ist, welches in der That die Nerven sind.“

3) τὸ δὲ γευστικὸν εἶδός τι ἁφῆς ἐστιν. καὶ διὰ τοῦτο πρὸς τῇ καρδίᾳ τὸ
αἰσθητήριον αὐτῶν, τῆς τε γεύσεως καὶ τῆς ἁφῆς, de sensu 2. 438 b 30 ff. de
part. an. II, 10. 656 a 29 ff. de juvent. 3. 469 a 12 ff. Im Herzen ist der ursprüngliche Sitz der wahrnehmenden Seele (de part. an. III, 4. 666 a 33 ff. C. 5.
667 b 21 ff. de juvent. 3. 469 a 4 ff. u. s.), und das centrale Organ derselben
das κοινόν und κύριον αἰσθητήριον; τοῦτο δ' ἅμα τῷ ἁπτικῷ μάλιστ' ὑπάρχει,
de somno 2. 455 a 22 f.

4) de an. II, 11. 423 b 17 u. s. de part. an. II, 1. 647 a 19 f. αὐτὴ γὰρ
(sc. ἡ σάρξ) θιγγανομένη ποιεῖ αἴσθησιν, C. 3. 650 b 5 f. C. 5. 651 b 4 f. C. 8.
653 b 23 f. histor. an. I, 4. 689 a 23 ff. vgl. C. 3. 489 a 17 ff. C. 11. 492 b
28 ff. Dagegen sind Fett und Talg, weil Blutgebilde, unempfindlich, de part.
an. II, 5. 651 a 36 ff.; denn das Blut οὐκ ἔχει αἴσθησιν, b 5 f. u. s. „Das Blut“
ist also nicht „Organ des Gefühls,“ wie SCHNEIDER, AUBERT und WIMMER
(zu histor. an. I, 4. 489 a 23 ff.) meinen; weshalb aber „die mit Blut erfüllten
Fleischtheile,“ s. weiter u.

5) ὅλως δ' ἔοικεν ἡ σὰρξ καὶ ἡ γλῶττα, ὡς ὁ ἀὴρ καὶ τὸ ὕδωρ πρὸς τὴν
ὄψιν καὶ τὴν ἀκοὴν καὶ τὴν ὄσφρησιν ἔχουσιν, οὕτως ἔχειν πρὸς τὸ αἰσθητήριον
ὥσπερ ἐκείνων ἕκαστον, de an. II, 11. 423 b 17 ff. Die angebliche Thatsache,
daß Waßer und Luft bei stattfindender Berührung nicht vollständig entfernt

sondern „angewachsene". ¹) Wir nehmen daher zwar das Harte und das Weiche, ebenso wie das Schallende, Sichtbare und Riechbare, durch Anderes, aber das Eine aus der Ferne, das Andere aus der Nähe, kurz Alles durch ein Medium wahr, aber bei Geschmack und Tastsinn ist dieß Medium verborgen. ²) Ueber diese wichtige Differenz äußert sich Aristoteles noch in folgender Weise: ³) „aber es unterscheidet sich das Tastbare vom Sichtbaren und Hörbaren in der Art, daß wir letzteres durch eine gewisse Einwirkung des Medium auf uns, das Tastbare aber nicht durch das Medium (als die nächste thätige Ursache, ὑπό), sondern zugleich mit dem Medium wahrnehmen, — wie derjenige, der durch den Schild getroffen wird; denn nicht der getroffene Schild sticht, sondern Beide (Schild und Mann) werden zugleich getroffen." Dieses Zusammenhangs wegen kann man das innere ursprüngliche Organ mit dem Medium, etwa wie die Pupille mit dem ganzen Durchsichtigen des Auges, zusammenfaßen, ⁴) — das Medium zum Organe, das Fleisch zum Tastsinne erheben. ⁵)

b. Physiologie der Sinne.

Die Einwirkung der Medien auf die Sinnesorgane setzt eine angemeßene Beschaffenheit der letztern voraus. „Gleichtheilig" sind sie alle. ⁶) Das Auge ist „aderartig". ⁷) Aber das Innere, wo sich „die Seele des Auges oder das Sinnesor-

---

werden können, sondern immer ein Minimum davon zwischen Berührtem und Berührendem zurückbleibt, · a. a. O. 423 a 21 ff., ist ohne weitern Einfluß auf dieses Verhältniss.

1) ὥστε ἀναγκαῖον τὸ σῶμα εἶναι τὸ μεταξὺ τοῦ ἁπτικοῦ προσπεφυκός, a. a. O. 123 a 15 f.

2) a. a. O. 423 b 4 ff.

3) a. a. O. b 12 ff.

4) de part. an. II, 8. 653 b 23 ff.

5) αἰσθητήριον, a. a. O. C. 1. 647 a 19 f. u. s. de generat. an. II, 6. 743 b 37 f. 744 b 23. ἀφή, de an. III, 13. 435 a 13 f. 17 u. s. w. Hiernach war es ein Irrthum Demokrits und der meisten Physiologen, alles Wahrnehmbare auf Tastbares zurückzuführen, de sensu 4. 442 a 29 ff. — problem. III, 10. 872 b 8 ff. ist vom Sehen als einer ἀφή ὄψεως oder einem ἅπτεσθαι derselben die Rede.

6) de part. an. II, 1. 647 a 2 ff.

7) de insomn. 2. 460 a 5 f.

gan der Seele" befindet, besteht aus Waßer, denn das Waßer
ist durchsichtig, d. h. des Lichtes empfänglich; aus Waßer
aber, weil nicht aus Luft, [1]) denn jenes ist dauerhafter und
dichter als diese. [2]) Mithin ist das Waßer als das Sehkräftige
des Auges zu betrachten, [3]) aber nicht wiefern es Waßer,
sondern wiefern es durchsichtig ist; denn das Durchsichtige ist
das Wesentliche. [4]) Ebenso ist die gegen Störungen wohl-
geschützte, gleichmäßig ruhig verharrende, weil in die Ohren
„eingebaute" Luft [5]) fähig, den Schall wahrzunehmen; [6]) in-

---

1) καὶ εὐλόγως τὸ ἐντός ἐστιν ὕδατος· διαφανὲς γὰρ τὸ ὕδωρ. ὁρᾶται δὲ ὥσπερ
καὶ ἔξω οὐκ ἄνευ φωτός, οὕτω καὶ ἐντός· διαφανὲς ἄρα δεῖ εἶναι. καὶ ἀνάγκη ὕδωρ
εἶναι, ἐπειδὴ οὐκ ἀήρ. οὐ γὰρ ἐπὶ τοῦ ἐσχάτου ὄμματος ἡ ψυχὴ ἢ τῆς ψυχῆς τὸ αἰσθη-
τήριόν ἐστιν, ἀλλὰ δῆλον ὅτι ἐντός· διόπερ ἀνάγκη διαφανὲς εἶναι καὶ δεκτικὸν φωτὸς
τὸ ἐντὸς τοῦ ὄμματος. καὶ τοῦτο καὶ ἐπὶ τῶν συμβαινόντων δῆλον· ἤδη γάρ τισι πλη-
γεῖσιν ἐν πολέμῳ παρὰ τὸν κρόταφον οὕτως ὥστ' ἐκτμηθῆναι τοὺς πόρους τοῦ ὄμματος, ἔδοξε γενέσθαι σκότος ὥσπερ λύχνου ἀποσβεσθέντος, διὰ τὸ οἷον λαμπτῆρά τινα
ἀποτμηθῆναι τὸ διαφανές, τὴν καλουμένην κόρην, de sensu 2. 438 b 5 ff. (Hiermit,
meint BRENTANO a. a. O. S. 89, wolle Aristoteles beweisen, „daß die nächsten
Sinneswerkzeuge, wie z. B. das Auge, nicht empfinden" [sondern der einheitliche empfindende Theil].) ἡ μὲν γὰρ κόρη ὕδατος, de an. III, 1. 425 a 4. de
generat. an. V, 1. 779 b 23 ff.

Das Waßer der Augen stammt aus der Flüßigkeit in der Umgegend des
Hirns. Von hier wird „das Reinste" durch die Kanäle (διὰ τῶν πόρων) abge-
sondert, welche sich von den Augen bis zur Gehirnhaut erstrecken, de generat.
an. II, 6. 744 a 8 ff. de sensu 2. 438 b 28 f. Wegen dieser Verbindung mit
dem Gehirne ist das Auge auch kalt, de generat. an. a. a. O. a 6. vgl. de sensu
a. a. O. b 29 f.

2) τὸ μὲν οὖν τὴν ὄψιν εἶναι ὕδατος ἀληθὲς μέν, οὐ μέντοι συμβαίνει τὸ ὁρᾶν ᾗ
ὕδωρ ἀλλ' ᾗ διαφανές· ὃ καὶ ἐπὶ τοῦ ἀέρος κοινόν ἐστιν. ἀλλ' εὐφυλακτότερον (vgl.
de part. an. II, 10. 656 b 2) καὶ εὐπιλητότερον τὸ ὕδωρ τοῦ ἀέρος· διόπερ ἡ κόρη
καὶ τὸ ὄμμα ὕδατός ἐστιν, de sensu 2. 438 a 12 ff.

3) vergl. τοῦ μὲν ὄμματος τὸ ὁρατικὸν ὕδατος ὑποληπτέον, de sensu 2. 438 b
19 f. τὸ δ' ἐντὸς τοῦ ὀφθαλμοῦ, τὸ μὲν ὑγρόν, ᾧ βλέπει, κόρη, τὸ δὲ περὶ τοῦτο
μέλαν, τὸ δ' ἐκτὸς τούτου λευκόν, histor. an. I, 9. 491 b 20 ff. de generat. an.
V, 1. 779 b 19 f.

4) ἔστι δ' ἡ τούτου τοῦ μορίου κίνησις ὅρασις, ᾗ διαφανὲς ἀλλ' οὐχ ᾗ ὑγρόν, de
generat. an. a. a. O. 780 a 3 f. Ferner die eben ausgezogene Stelle de sensu 2.
438 a 12 ff.

5) ὁ δ' ἐν τοῖς ὠσὶν ἐγκατῳκοδόμηται πρὸς τὸ ἀκίνητος εἶναι, ὅπως ἀκριβῶς
αἰσθάνηται πάσας τὰς διαφορὰς τῆς κινήσεως, de an. II, 8. 420 a 9 f. ὅτι ἀκούομεν
τῷ ἔχοντι ὡρισμένον τὸν ἀέρα, a. a. O. a 19. ἡ δὲ ἀκοὴ ἀέρος, III, 1. 425 a 4 f.

6) ... ὑποληπτέον, ἀέρος δὲ τὸ τῶν ψόφων αἰσθητικόν, de sensu 2. 438 b 20.

dem die äußere Luft in Schwingungen geräth, wird auch die innere bewegt. [1]) Bei der Beschreibung der übrigen Sinnesorgane stimmen die frühern und die spätern Schriften nicht zusammen. Die Psychologie führt sämmtliche Sinne auf Luft und Waßer zurück; der Geruchssinn bestehe aus beiden. [2]) Allenfalls sei dem (aus Luft und Waßer zusammengesetzten) Tastsinne, d. h. dem Medium des innern Tastsinns und zwar der nöthigen Festigkeit wegen, [3]) noch Erde beigemischt. Der Geschmack, der nicht erwähnt wird, ist eine Art Tastsinn. Feuer läßt Aristoteles nur insofern zu, als „kein Sinn ohne Wärme wahrnehmungsfähig," d. h. jeder untrennbar an die ernährende Seele gebunden ist. [4]) Also bestehen die Sinneswerkzeuge „lediglich aus diesen beiden Einfachen, Luft und Waßer." Und darin beruht zugleich der auf diesem Boden zureichende Beweis des erkenntnisstheoretisch hochwichtigen Satzes, daß, „wenn es nicht noch einen andern Körper und eine Qualität gibt, welche keinem der diesseitigen Körper angehört," wir im Vollbesitze aller möglichen Sinne sind, — weil nemlich Luft und Waßer die allmächtigen Vermittler, die vollkommenern lebenden Wesen aber (während das Eine oder das Andere, Luft oder Waßer, eigentlich schon genügt [5])) im

---

τὸ δὲ τῆς ἀκοῆς αἰσθητήριον ἀέρος εἶναί φαμεν, de part. an. II, 10. 656 b 16. ... τὸ αἰσθητήριον ἀέρος, de generat. an. V, 2. 781 a 23 f.

1) ἀκοῇ δὲ συμφυὴς ὁ ἀήρ· διὰ δὲ τὸ ἐν ἀέρι εἶναι, κινουμένου τοῦ ἔξω ὁ εἴσω κινεῖται, de an. II, 8. 420 a 4 f.

2) τῶν δὲ ἁπλῶν ἐκ δύο τούτων αἰσθητήρια μόνον ἐστίν, ἐξ ἀέρος καὶ ὕδατος (ἡ μὲν γὰρ κόρη ὕδατος, ἡ δ' ἀκοὴ ἀέρος, ἡ δὲ ὄσφρησις θατέρου τούτων), τὸ δὲ πῦρ ἢ οὐδενὸς ἢ κοινὸν πάντων (οὐδὲν γὰρ ἄνευ θερμότητος αἰσθητικόν), γῆ δὲ ἢ οὐδενός, ἢ ἐν τῇ ἁφῇ μάλιστα μέμικται ἰδίως, διὸ λείποιτ' ἂν μηθὲν εἶναι αἰσθητήριον ἔξω ὕδατος καὶ ἀέρος· ταῦτα δὲ κτλ., de an. III, 1. 425 a 3 ff. Den Geruchsinn betreffend, vergl. ll, 9. 422 a 1 ff. de sensu 5. 444 b 21 ff.: beim Athmen erweitern sich die Adern (τὰ φλέβια) und die Kanäle (οἱ πόροι), indem die Luft einen den Augenlidern analogen Deckel weghebt. de generat. an. II, 6. 744 a 1 ff. deutet bloß auf Luft: ἡ δ' ὄσφρησις καὶ ἡ ἀκοὴ πόροι συνάπτοντες πρὸς τὸν ἀέρα τὸν θύραθεν, πλήρεις συμφύτου πνεύματος.

3) de an. II, 11. 423 a 12 ff.

4) vergl. πάθος γάρ τι τὸ θερμὸν αἰσθήσεώς ἐστιν, meteorol. I, 3. 341 a 15.

5) ἔχει δὲ οὕτως ὥστ' εἰ μὲν δι' ἑνὸς πλείω αἰσθητὰ ἕτερα ὄντα ἀλλήλων τῷ γένει, ἀνάγκη τὸν ἔχοντα τὸ τοιοῦτον αἰσθητήριον ἀμφοῖν αἰσθητικὸν εἶναι κτλ. de an. III, 1. 424 b 31 ff. Weit entfernt also, daß uns irgend ein Sinn mangelt,

Besitze derselben, mithin alle möglichen Wahrnehmungen ge-
sichert, die fünf Sinne vollzählig [1]) und ausreichend seien. [2])

könnten wir in dieser Beziehung eher von einem Luxus sprechen, wenn es
nicht Objecte gäbe, wie Größe, Bewegung, Gestalt u. s. w., sog. „gemeinsame“
Objecte, deren Wahrnehmung mehrere Sinne erfordert; für den Gesichtssinn
z. B. fließen Farbe und Größe so zusammen, daß wir beide ohne den Tastsinn
nicht unterscheiden würden, a. a. O. 425 b 4 ff.

1) εἰσὶ δ' αἱ πλεῖσται (sc. αἰσθήσεις), καὶ παρ' ἃς οὐδεμία φαίνεται ἴδιος ἑτέρᾳ,
πέντε τὸν ἀριθμόν, ὄψις, ἀκοή, ὄσφρησις, γεῦσις, ἁφή, histor. an. IV, 8. 432 b
31 ff.

2) Nun aber besitzt ein Theil der lebendigen Wesen Luft und Waßer,
ταῦτα δὲ καὶ νῦν ἔχουσιν ἔνια ζῷα· πᾶσαι ἄρα αἱ αἰσθήσεις ἔχονται ὑπὸ τῶν μὴ
ἀτελῶν μηδὲ πεπηρωμένων· (φαίνεται γὰρ καὶ ἡ ἀσπάλαξ ὑπὸ τὸ δέρμα ἔχουσα
ὀφθαλμούς·) ὥστ' εἰ μή τι ἕτερόν ἐστι σῶμα, καὶ πάθος ὃ μηθενός ἐστι τῶν ἐνταῦθα
σωμάτων, οὐδεμία ἂν ἐκλείποι αἴσθησις, de an. III, 1. 425 a 8 ff.
Das Princip dieses wahrscheinlich gegen Demokrit gerichteten Beweises
ist also die sowohl der Luft als dem Waßer eigenthümliche Fähigkeit, Objecte
der sinnlichen Wahrnehmung nicht bloß durchzulaßen, sondern activ zu vermitteln. Der Nachsatz der großen Periode (424 b 24 ff.) beginnt, wie schon
Pacius, comm. analyt. zu de an. p. 334 sq., richtig gesehen, 425 a 9: πᾶσαι
ἄρα αἱ αἰσθήσεις ἔχονται κτλ.; „so sind also die Sinne sämmtlich im Besitze der
nicht unvollständigen oder nicht verstümmelten Thiere (denn es scheint auch
der Maulwurf [oder vielmehr der Blindmoll, spalax typhlus, Aubert und
Wimmer in ihrer Ausg. der histor. an. I, S. 64; als Säugethier eigentlich ein
vollständiges Thier und somit im Besitze der sämmtlichen fünf Sinne, histor.
an. IV, 8. 532 b 34 ff.; sein γένος, seine Art, ist insofern πεφυκὸς ἔχειν, metaph.
IV, 22. 1022 b 24 ff.] unter dem Felle Augen zu haben [histor. an. I, 9. 491 b
26 ff. IV, 8. 533 a 2 ff.]), so daß“ u. s. w. Der Beweis schließt also nicht damit, daß keinem Thiere einer der fünf Sinne fehle (vgl. Trendelenburg,
Comm. p. 423: conclusio admodum manca. Non id sibi proposuerat etc.),
Aristoteles beschränkt vielmehr diese Vollständigkeit auf ἔνια und zwar μὴ
ἀτελῆ, — sondern daß kein μὴ ἀτελὲς ζῷον über die fünf Sinne hinaus irgend
einen vermiße. Daher ist hier von einer Vierzahl der Elemente (vgl. Trendelenburg p. 419. Brandis, Handbuch etc. II, 2. S. 1117) nur in der Absicht
die Rede, um Feuer und Erde im Wesentlichen auszuschließen. Mithin gibt es
wohl auch Nichts zu verwundern, daß der Beweisgang nur von den Elementen
der Sinne, nicht von jener facultas spreche, qua haec externa quasi sensuum
corpora temperentur (Trendelenburg, p. 422); dieß gehört ja nicht zur Sache.
Ferner ist der Untersatz des Schlußes nicht der, dass nullum sensorium ad ea
(corpora) percipienda natum deficit (Torstrik, p. 161), was eben bewiesen
werden soll, sondern daß ἔνια ζῷα die allvermittelnden Medien wirklich besitzen
(425 a 8 f.), und der Schluß: πᾶσαι ἄρα αἱ αἰσθήσεις ἔχονται κτλ., 425 a 9 ff.,
und noch ein Mal: οὐδεμία ἂν ἐκλείποι αἴσθησις, a 13. — Endlich darf man bei
der Stelle 424 b 31 ff.: ἔχει δ' οὕτως ὥστ' εἰ μὲν δι' ἑνός κτλ. nicht an unser

Nur so ist die Seele gewissermaßen alle Dinge: wie das Wißen gewissermaßen alles Wißbare, so „die Wahrnehmung alles Wahrnehmbare."[1]) Die Allvermittlung der Medien hat also unmittelbar zur Voraussetzung, daß k e i n Ding und k e i n e Qualität — wenigstens in der diesseitigen Weltregion — an sich ist, ohne zugleich auch für uns zu sein,[2]) und dieß Für-uns-sein ist die vom An-sich-seienden ausgehende Bewegung, von welcher zuerst das Medium ergriffen wird. Die Universalität der Luft und des Waßers ist die Universalität der Sinneswahrnehmung. — Anders die Schrift über die Wahrnehmung. Aristoteles reflectirt hier nicht auf das Medium, sondern auf das Object. Der objective Geruch ist eine rauchartige Ausdünstung, die aus Feuer kommt,[3]) eine allgemein anerkannte Ansicht, wie denn namentlich Heraklit gesagt hat, daß, wenn alles Seiende sich in Rauch verwandelte, die Nasen erkennen würden.[4]) Daraus folgt, daß auch das

---

Auge und Ohr (vergl. TRENDELENBURG p. 422 und das. Simplicius), sondern nur an irgend einen möglichen Luft- und irgend einen möglichen Waßer-Sinn denken, von welchen jeder sowohl hört als sieht (wie ja auch der Tastsinn πλείους αἰσθήσεις vermittelt), also für sich allein genügen könnte und genügen würde, wenn nicht in anderer Rücksicht eine Mehrheit von Sinnen erforderlich wäre.

An vorstehenden schließt sich dann der weitere Beweis, daß auch die Objecte gemeinschaftlicher Wahrnehmung keinen aparten Sinn haben. In der Hauptsache dieselbe Auffassung bei J. PACIUS l. l. p. 333 sqq. und in neuerer Zeit bei BONITZ, Aristotel. Studien, Heft II. u. III, S. 36 ff.; auch ZELLER a. a. O. S. 418 Anmerk. zu vergl. Die Erklärung TORSTRIKS p. 161: *Videtur autem post Aristotelem nemo hanc demonstrationem intellexisse: rideantur Simplicius, Philoponus, Sophonias, Alexander, Averroes, J. Pacius, denique Trendelenburgius. Nec ego intelligo*, findet auf PACIUS keine Anwendung. Der Hauptgrund des Nichtverständnisses liegt in der unzureichenden Würdigung der μεταξύ.

1) de an. III, 8. 431 b 21 ff. 27 f.

2) Dabei wird auch die Unzulänglichkeit der Sinne nicht übersehen, so z. B. de sensu 7. 449 a 21 fl. der Abstand in Betracht gezogen, in welchem Etwas nicht wahrgenommen werden kann; vergl. m. mor. II, 16. 1213 b 7 ff. Das übermäßig Große läßt sich nicht übersehen, poet. 7. 1450 b 39 ff., das allzu Kleine nicht deutlich wahrnehmen, h 37 ff.

3) de sensu 2. 438 b 24 ff.

4) καὶ πάντες ἐπιφέρονται ἐπὶ τοῦτο περὶ ὀσμῆς· διὸ καὶ Ἡράκλειτος οὕτως

Geruchsvermögen aus Feuer besteht, „denn was der objective Geruch der Wirklichkeit nach, das ist das Riechfähige der Möglichkeit nach."[1]) Soll schließlich das Tastfähige (das Fleisch), wozu auch das Schmeckfähige gehört, aus dem letzten Elemente, welches früher der Festigkeit wegen nur beigemischt, sonst aber gerade der Tastfunctionen [2]) wie überhaupt jeder andern Sinnesthätigkeit[3]) für unfähig erklärt worden war, also kurz aus Erde bestehen,[4]) so sieht man Aristoteles zur vollen Vierzahl der Elemente zurückgekehrt[5]) und mit der großen Autorität der Uebereinstimmung Vieler oder gar Aller[6]) wieder im Einverständnisse; die vier Elemente kommen auch so zu ihrer Geltung, wenn, wie die Schrift über die Theile der Thiere sagt,[7]) das Organ des Tastsinns (genau genommen, das Medium desselben), um der Vermittlung zahlreicher und heterogener Ge gensätze zu genügen, zwar „gleichtheilig", aber nicht einfach, s ondern gemischt und „das körperlichste unter den Sinneswerkzeugen" ist. — Immer aber ist das Vermögen

εἴρηκεν, ὡς εἰ πάντα τὰ ὄντα καπνὸς γένοιτο, ῥῖνες ἂν διαγνοῖεν, a. a. O. 5. 443 a 22 ff.

1) ... πυρὸς δὲ τὴν ὄσφρησιν. ὃ γὰρ ἐνεργείᾳ ἡ ὄσφρησις, τοῦτο δυνάμει τὸ ὀσφραντικόν, a. a. O. 2. 438 b 20 ff. vergl. ἡ μὲν γὰρ ὀσμῆς δύναμις θερμὴ, τὴν φύσιν ἐστίν, C. 5. 444 a 24 f. Trotz der Nähe des kalten Gehirns, „denn der Stoff des Kalten ist der Möglichkeit nach warm," a. a. O. 2. 438 b 26 f. (Anders Zeller a. a. O. S. 418 f. Anmerk. 4.)

2) de an. III, 13. 435 a 19 ff. b 3 f.

3) τὰ δὲ ἄλλα (sc. στοιχεῖα) ἔξω γῆς αἰσθητήρια μὲν ἂν γένοιτο, a. a. O. a 14 f.

4) τὸ δ' ἁπτικὸν γῆς. τὸ δὲ γευστικὸν εἶδός τι ἁφῆς ἐστίν, de sensu 2. 438 b 30 f.

5) ... φανερὸν ὡς δεῖ τοῦτον τὸν τρόπον ἀποδιδόναι καὶ προσάπτειν ἕκαστον τῶν αἰσθητηρίων ἑνὶ τῶν στοιχείων, a. a. O. b 17 ff.

6) τῶν δὲ αἰσθητηρίων ἕκαστον πρὸς ἕκαστον ἐπιζευγνύουσι (sc. οἱ φυσιόλογοι) τῶν στοιχείων, τὸ μὲν ἀέρα φάσκοντες εἶναι, τὸ δὲ πῦρ, de part. an. II, 1. 647 a 12 ff.

7) ... τὸ δὲ πῦρ. οὔσης δὲ τῆς αἰσθήσεως ἐν τοῖς ἁπλοῖς μέρεσιν εὐλόγως μάλιστα συμβαίνει τὴν ἁφὴν ἐν ὁμοιομερεῖ μὲν ἥκιστα δ' ἁπλῷ τῶν αἰσθητηρίων ἐγγίνεσθαι· μάλιστα γὰρ αὕτη, δοκεῖ πλειόνων τῶν γενῶν, καὶ πολλὰς ἔχειν ἐναντιώσεις τὸ ὑπὸ ταύτην αἰσθητόν, θερμὸν ψυχρόν, ξηρὸν ὑγρόν καὶ εἴ τι ἄλλο τοιοῦτον· καὶ τὸ τούτων αἰσθητηρίων, ἡ σάρξ, καὶ τὸ ταύτῃ ἀνάλογον σωματωδέστατόν ἐστι τῶν αἰσθητηρίων, a. a. O. a 14 ff. μόνον γὰρ ἢ μάλιστα τοῦτ' ἐστι σωματῶδες τῶν αἰσθητηρίων, C. 8. 653 b 29 f. vergl. οὔτε γὰρ ὅσων τὸ σῶμα ἁπλοῦν ἐνδέχεται ἁφὴν ἔχειν, de an. III, 12. 434 a 27 f. b 9 f. C. 13. 435 a 11 f.

vom stofflichen Substrate, der Sinn als solcher vom Werkzeuge als solchem wohl zu unterscheiden. „Das (äußere) Sinneswerkzeug ist das Erste, worin ein solches Vermögen. Es ist also (Beides) zwar dasselbe, aber das Sein (der Begriff Beider) ist verschieden. Denn eine gewisse Größe wäre ja sonst das Wahrnehmende; aber sicher ist der Begriff des Wahrnehmungsfähigen keine Größe und auch der Sinn nicht, sondern ein gewisses Verhältniss (λόγος τις) und ein Vermögen jenes."[1])

2. **Das Resultat des Processes ist die an sich allgemeine Form des wahrnehmbaren Objects im äußern Sinne.**

Nun aber kommt alle Thätigkeit, welche ihren Zweck außer sich hat (nicht Handeln, πράττειν, sondern Hervorbringen, ποιεῖν), nicht anders als an und in ihrem Producte zur Erscheinung und Wirklichkeit, oder hat ihre Wirklichkeit an und in ihrem Producte.[2]) Wenn in dieser Weise beide Thätigkeiten, d. h. diejenige des wahrnehmbaren Objects (z. B. der Schall eines ehernen Schildes) und diejenige im Sinnesorgane, gleichzeitig sind,[3]) so geht die zu Hervorbringen oder Thun und Leiden erforderliche Ungleichheit in die Gleichheit über; das Hervorbringende macht sich das Leidende gleich, und andrerseits verwandelt sich das Leidende in seinen Gegensatz, das Hervorbringende.[4]) Oder die von dem Hervorbringenden ausgehende Bewegung ist, wenn sonst Nichts im Wege

---

1) a. a. O. II, 12. 424 a 24 ff.

2) τούτων μὲν ἡ ἐνέργεια ἐν τῷ ποιουμένῳ ἐστίν, metaph. VIII, 8. 1050 a 31 ff. de an. III, 2. 426 a 2 ff. 9 ff. II, 2. 414 a 11 f.

3) ἔστι γὰρ ἀκοὴν ἔχοντα μὴ ἀκούειν, καὶ τὸ ἔχον ψόφον οὐκ ἀεὶ ψοφεῖ. ὅταν δ' ἐνεργῇ τὸ δυνάμενον ἀκούειν καὶ ψοφῇ τὸ δυνάμενον ψοφεῖν, τότε ἡ κατ' ἐνέργειαν ἀκοὴ ἅμα γίνεται καὶ ὁ κατ' ἐνέργειαν ψόφος, ὧν εἴπειεν ἄν τις τὸ μὲν εἶναι ἄκουσιν τὸ δὲ ψόφησιν, a. a. O. III, 2. 425 b 29 ff. vergl. metaph. X, 9. 1065 b 20 ff. phys. II, 3. 195 b 16 ff. Diese Bewegungen haben somit gleiche Dauer, de an. III, 2. 426 a 17 ff.

4) ... διὸ καὶ εὔλογον ἤδη τό τε πῦρ θερμαίνειν καὶ τὸ τὸ ψυχρὸν ψύχειν, καὶ ὅλως τὸ ποιητικὸν ὁμοιοῦν ἑαυτῷ τὸ πάσχον· τό τε γὰρ ποιοῦν καὶ τὸ πάσχον ἐναντία ἐστί, καὶ ἡ γένεσις εἰς τοὐναντίον. ὥστ' ἀνάγκη τὸ πάσχον εἰς τὸ ποιοῦν μεταβάλλειν· οὕτω γὰρ ἔσται εἰς τοὐναντίον ἡ γένεσις, de generat. et corr. I, 7. 324 a 9 ff.

steht, unmittelbar Verwandlung des leidenden Theils, so daß
die Thätigkeit des erstern zugleich im letztern ist, oder ei n e
Thätigkeit Zweien zukommt, jedoch nicht so, daß ihr „Sein"
identisch wäre, sondern so, wie das Potenzielle im Verhältnisse
zum Actuellen steht: es bleibt der Unterschied der Passivität
und der Activität. ¹) „So ist auch die Actualität des Wahrnehmbaren und jene des Wahrnehmungsfähigen in dem Wahrnehmungsfähigen,"²) oder im Besondern „der Schall und das
actuelle Gehör in dem potenziellen Gehör,"³) oder mit andern
Worten: die Thätigkeit des Wahrnehmbaren und des Sinnes
ist dieselbe und eine, aber ihr Sein (ihr Begriff, inwiefern
jenes das Actuelle und Hervorbringende, dieses das Potenzielle und Erleidende,) ist nicht dasselbe. ¹) In Summa: das

1) ἢ οὔτε τὸ τὴν ἄλλου ἐνέργειαν ἐν ἑτέρῳ εἶναι ἄτοπον ..., οὔτε μίαν δυοῖν τὴν
αὐτὴν εἶναι κωλύει, μὴ ὡς τὸ εἶναι τὸ αὐτό, ἀλλ' ὡς ὑπάρχει τὸ δυνάμει ὂν πρὸς τὸ
ἐνεργοῦν. κτλ. ὅλως δ' εἰπεῖν οὐδ' ἡ δίδαξις τῇ μαθήσει οὐδ' ἡ ποίησις τῇ παθήσει τὸ
αὐτὸ κυρίως, ἀλλ' ᾧ ὑπάρχει ταῦτα, ἡ κίνησις· τὸ γὰρ τοῦδε ἐν τῷδε καὶ τὸ τοῦδε
ὑπὸ τοῦδε ἐνέργειαν εἶναι ἕτερον τῷ λόγῳ, phys. III, 3. 202 b 5 ff. a 13 ff. vergl.
metaph. X, 9. 1066 a 26 ff.
2) de an. III, 2. 426 a 10 f.
3) a. a. O. a 3 f.
4) ἡ δὲ τοῦ αἰσθητοῦ ἐνέργεια καὶ τῆς αἰσθήσεως ἡ αὐτὴ μέν ἐστι καὶ μία, τὸ δ'
εἶναι οὐ τὸ αὐτὸ αὐταῖς, a. a. O. 425 b 25 ff. ἐπεὶ δὲ μία μέν ἐστιν ἡ ἐνέργεια ἡ τοῦ
αἰσθητοῦ καὶ ἡ τοῦ ἡ τοῦ αἰσθητικοῦ, τὸ δ' εἶναι ἕτερον, ἀνάγκη ἅμα φθείρεσθαι καὶ
σώζεσθαι τὴν οὕτω λεγομένην ἀκοὴν καὶ ψόφον, κτλ. 426 a 15 ff.
Was BRANDIS, Handbuch etc. II, 2. S. 1119. Entwickel. I, S. 517, derselben
Stelle dieses „dunkeln Hauptstücks" (425 b 25 ff.) gegenüber von „einer zwie-
fachen Thätigkeit" sagt, wovon die eine aus bestimmter Erregung von Außen
hervorgehe, und die andere „davon unabhängige" dem Sinne als solchem
eigenthümlich sei, scheint darauf zurückgeführt werden zu müßen, daß das
Object, beziehungsweise das Medium, das innere Waßer oder die innere Luft
bewegt oder verwandelt, und diese Verwandlung, indem sie den ganzen Sinn
in Mitleidenschaft zieht, zugleich (um nicht zu sagen: unmittelbar) die Thätigkeit des betreffenden Sinnes ist.
Ferner dürfte die Ansicht PRANTLS von einer „Wechselwirkung des Em-
pfindungsobjectes und des empfindenden Organes," und „daß die Farbe erst dadurch Farbe wird, daß sie als Farbe ergriffen wird" (Aristoteles über die Farben,
S. 144 ff.), weder in einer der hier angezogenen Stellen, noch phys. III, 1.
201 b 4, und noch weniger metaph. VIII, 8. 1050 a 23 ff. eine Stütze finden;
τὸ αἰσθητὸν ἤδη ἐντελεχείᾳ, de an. II, 5. 418 a 4.
Endlich ist das verschiedene Sein (τὸ δ' εἶναι οὐ τὸ αὐτό oder ἕτερον) nicht
die verschiedene, nämlich äußere und innere Weise der Existenz (HEGEL,, Ge-

Wahrnehmungsfähige ist der Möglichkeit nach so beschaffen, wie das Wahrnehmbare bereits der Wirklichkeit nach; es erleidet also als Nicht-Gleiches; wann es aber erlitten hat, ist es gleich gemacht worden und wie jenes.[1]) Die Gleichheit beruht in einer Bewegung oder Verwandlung, welche der Form des Objects entspricht. Das Bewegende brachte die Form herbei.[2]) — Jedes ist das, was es ist, durch seine Form; die Form ist die Ursache eines Jeden.[3]) Sie ist ferner das Allgemeine am Einzelnen;[4]) der Grund der Einzelheit als solcher,[5]) die Bedingung der äußern Existenz und somit der Wahrnehmbarkeit des Allgemeinen ist der Stoff.[6]) Das aus Form und Stoff Zusammengesetzte (τὸ σύνθετον, συνειλημμένον, τὸ σύνολον, τὸ ἐξ ἀμφοῖν) ist die Substanz:[7]) „die wahrnehmbaren Substanzen haben alle Stoff."[8]) Da der Stoff an und für sich bloße Potenzialität, nicht viel mehr als selbstloses Vehikel ist,[9]) so greift die

schichte der Philos. II. S. 338 f. Michelet, Anmerk. zu Hegel a. a. O., ferner im Comm. zu eth. Nicom. V. 3. 1130 a 12 und in der Zeitschrift: Der Gedanke, IV [Berlin 1863]. S. 271 ff.), sondern dasjenige ist, welches, den Dingen als der schöpferische Grund derselben vorhergehend, den Inhalt der Definition ausmacht, τὸ δὲ εἶναι δηλοῦν ... ὅρος ἐστίν, top. V, 5. 135 a 1 f.

1) τὸ δ' αἰσθητικὸν δυνάμει ἐστὶν οἷον τὸ αἰσθητὸν ἤδη ἐντελεχείᾳ, καθάπερ εἴρηται. πάσχει μὲν οὖν οὐχ ὅμοιον ὄν, πεπονθὸς δ' ὡμοίωται καὶ ἔστιν οἷον ἐκεῖνο, de an. II. 5. 418 a 3 ff. πάσχει μὲν γὰρ τὸ ἀνόμοιον, πεπονθὸς δ' ὁμοιόν ἐστιν, 417 a 20 f.

2) vergl. εἶδος δὲ ἀεὶ οἴσεταί τι τὸ κινοῦν, κτλ. phys. III, 2. 202 a 9 ff.

3) metaph. VI, 17. 1041 b 17 ff. VII, 2. 1043 a, 2 f. C. 3. 1043 b 13. phys. II, 1. 193 a 36 ff. de generat. et corr. II, 9. 335 b 29 ff. de part. an. I, 1. 641 a 30 f. de an. II, 1. 412 a 8 f.

4) vergl. metaph. VI, 8. 1033 b 21 f. I, 6. 988 a 3 f. u. s.

5) διαφέρει γὰρ (sc. πάντα χρήματα) τῇ ὕλῃ κτλ., a. a. O. XI, 2. 1069 b 30. C. 8. 1071 a 33 f. VI, 8. 1034 a 7. IX, 9. 1058 b 7 f. de cœlo I. 9. 278 a 18 ff.

6) metaph. VI, 10. 1035 b 27 ff.

7) a. a. O. C. 3. 1029 a 30 f. C. 10. 1035 a 1 f. C. 11. 1037 a 29 f. C. 15 von Anf. VII, 1. 1042 a 29 f. C. 2. 1043 a 19. 28. XI, 3. 1070 a 12 f. C. 5. 1071 a 9. de an. II, 2. 414 a 16. C. 1. 412 a 9 u. s.

8) metaph. VII, 1. 1042 a 25 f.

9) a. a. O. VI, 3. 1029 a 20 ff. C. 10. 1035 a 8 f. ἡ δ' ὕλη ἄγνωστος καθ' αὑτήν, 1036 a 8 f. ἀόριστον γάρ, C. 11. 1037 a 27. ὕλην δὲ λέγω ἣ μὴ τόδε τι οὖσα ἐνεργείᾳ δυνάμει ἐστὶ τόδε τι, VII, 1. 1042 a 27 f. VIII, 8. 1050 a 15 f. X, 2. 1060 a 20 f. XIII, 4. 1092 a 3 ff. phys. III, 6. 207 a 25 f. I. 7. 191 a 7 ff. C. 9. 192 a 3 ff. de an. II. 1. 412 a 7 f. u. s. Der Stoff ist wohl auch Substanz,

Bedeutung der Form über:[1] die Form (namentlich in dem
tiefern und tiefsten Sinne des „Was war das Sein einem
Dinge"), das Princip der Actualität, setzt sich selbst als Substanz.[2] In dieser Weise verhalten sich also Form und Stoff.[3]
Das Resultat des bisherigen Processes ist die Form des
wahrnehmbaren Objects im wahrnehmenden Sinne. „Wie das
Wachs," sagt Aristoteles.[4] „das Zeichen des Siegelringes ohne
das Eisen und ohne das Gold aufnimmt, aber das goldene
oder eherne Zeichen, doch nicht wiefern es Gold oder Erz,
ebenso erleidet der Sinn ·Einwirkung von Jedem, was Farbe
oder Geschmack oder Schall hat, aber nicht wiefern jedes von
ihnen ein Einzelnes (ἢ ἕκαστον.), sondern wiefern es ein so Beschaffenes (ἢ τοιονδί) ist und nach der Seite des Begriffs." Der
Sinn erleidet Einwirkung von jedem wahrnehmbaren Objecte
nicht nach der Seite des Stoffs (ist der wahrnehmbaren Objecte
empfänglich mit Ausschluß ihres Stoffs[5]). sondern nach der
Seite des Begriffs, d. h. der Form, der Beschaffenheit.[6] Die

---

metaph. VII, 1. 1042 a 26 ff. 32 ff. C. 4. 1044 a 15. VIII, 7. 1049 a 36. XII, 2.
1077 a 34 ff., aber potenziell, C. 2 von Anf. vergl. XI, 3. 1070 a 9 ff. phys.
I, 9. 192 a 5 f.

1) τὸ εἶδος τῆς ὕλης πρότερον καὶ μᾶλλον ὄν, κτλ., metaph. VI, 3. 1029 a
5 ff. 29 f. ἡ κατὰ τὴν μορφὴν φύσις κυριωτέρα τῆς ὑλικῆς φύσεως, de part. an.
I, 1. 640 b 28 f. de generat. et corr. II, 9. 335 b 34 f.

2) metaph. I, 6. 987 b 20 f. C. 8. 989 a 28 f. II, 4. 999 b 20. 22. IV, 8.
1017 b 21 f. 24 ff. VI, 3. 1028 b 34 f. C. 8. 1033 b 17. ἡ οὐσία γάρ ἐστι τὸ
εἶδος τὸ ἐνόν, C. 11. 1037 a 29. C. 13. 1038 b 2 f. C. 17. 1041 b 8 f. C. 15
von Anf. VII, 1. 1042 a 14 f. 17. XI, 3. 1070 a 11 f. XII. 2. 1077 a 32 f. de
an. II, 1. 412 a 9 f. b 10 ff. u.s. D. h. als die ursprüngliche Substanz, ἡ πρώτη
οὐσία, metaph. III, 3. 1005 a 35. VI, 7. 1032 b 1 f. C. 11. 1037 a 33 f. IX, 3.
1054 b 1, oder die gedachte Substanz, ἡ κατὰ τὸν λόγον οὐσία, a. a. O. IV, 1.
1025 b 27. VI. 10. 1035 b 13. 15. C. 11. 1037 a 17. VII, 1. 1042 a 31.

3) Näheres bei ZELLER a. a. O. S. 235 ff. 255 ff. PRANTL, Geschichte der
Logik etc., I, S. 235 ff.

4) de an. II, 12. 424 a 19 ff.

5) ἡ μὲν αἴσθησίς ἐστι τὸ δεκτικὸν τῶν αἰσθητῶν ἄνευ τῆς ὕλης, a. a. O.
II. 12. 424 a 17 ff. III, 2. 425 b 23 f. C. 8. 432 a 9 f. C. 12. 434 a 29 f. Käme,
wie unter den Alten namentlich Demokrit behauptete, die Farbe (ebenso der
Schall etc.) dem wahrnehmenden Sinne durch Ausflüsse zu, so wäre alle Wahr-
nehmung Tastempfindung, de sensu 3. 440 a 15 ff. C. 4. 442 a 29 ff. de an.
II, 10. 422 a 14 f. vergl. C. 7. 419 a 15 ff. 25 ff.

6) τὸ γὰρ εἶδει λέγω καὶ λόγῳ ταὐτόν, phys. I, 7. 190 a 16 f. τὸ τοιόνδε
σημαίνει (sc. die Form), metaph. VI, 8. 1033 b 21 f. vergl. categ. 5. 3 b 19 f.

Form als Wesen oder wiefern sie dem Objecte als gestaltendes Princip zu Grunde liegt und nur durch das Denken (Denken im engsten Sinne des Worts, das streng wißenschaftliche Denken) erfaßt werden kann, tritt zuallererst als sinnlich wahrnehmbare Form vor die Seele: die Erkenntniss beginnt, sofern „wir Alles nach der Form erkennen", [1]) bei der unmittelbar erscheinenden Form. Als dieses Vermögen, „die Formen der wahrnehmbaren Objecte" [2]) aufzunehmen, oder als dieses den sinnlichen Formen adäquate Vermögen, ist der Sinn (unter dem Gesichtspunkte des vollendeten Objects eher Stoff als Form) „die Form der wahrnehmbaren Objecte." [3]) Nun aber geht die Thätigkeit, deren Erfolg die Wahrnehmung ist, vom Einzelnen aus: insofern ist jeder Act der Wahrnehmung auf das Einzelne gerichtet. [4]) Wiederum hat die Wahrnehmung nur die an sich allgemeine, also ihrer Natur nach von diesem Einzelnen freie Form, das an sich allgemeine „so Beschaffene" [5]) zum Inhalte; der Sinn erleidet Einwirkungen von Seite des Einzelnen nicht, inwiefern dasselbe ein Einzelnes, weil Stoffbehaftetes, sondern inwiefern es ein Solches ist: hiernach geht die Wahrnehmung auf das Allgemeine und nicht auf das Einzelne. [6]) Die Lösung ist diese, daß sie nicht auf das All-

---

1) κατὰ τὸ εἶδος ἅπαντα γιγνώσκομεν, metaph. III, 5. 1010 a 25.

2) τὰ εἴδη τῶν αἰσθητῶν, de an. II. 12. 424 b 2. vergl. III. 2. 427 a 8 f. C. 8. 431 b 29 f. 432 a 5.

3) ὁ νοῦς εἶδος εἰδῶν καὶ ἡ αἴσθησις εἶδος αἰσθητῶν, a. a. O. a 2 f.

4) τῶν καθ' ἕκαστον ἡ κατ' ἐνέργειαν αἴσθησις, ἡ δ' ἐπιστήμη τῶν καθόλου, a. a. O. II, 5. 417 b 22 f. τῶν γὰρ καθ' ἕκαστον ἡ αἴσθησις· οὐ γὰρ ἐνδέχεται λαβεῖν αὐτῶν τὴν ἐπιστήμην, analyt. post. I, 18. 81 b 6 f. . . . ἀλλ' αἰσθάνεσθαι γε ἀναγκαῖον τόδε τι καὶ ποῦ καὶ νῦν, C. 31. 87 b 29 f. αἰσθάνεσθαι μὲν γὰρ ἀνάγκη καθ' ἕκαστον, ἡ δ' ἐπιστήμη, τῷ τὸ καθόλου γνωρίζειν ἐστίν, b 37 ff. ὁ μὲν γὰρ λόγος τοῦ καθόλου, ἡ δ' αἴσθησις τοῦ κατὰ μέρος, κτλ. phys. I. 5. 189 a 7 ff. vergl. metaph. VI, 10. 1036 a 1 ff.

5) οὐθὲν γὰρ τῶν κοινῶν τόδε τι σημαίνει, ἀλλὰ τοιόνδε, metaph. II. 6. 1003 a 8 f. VI, 14. 1039 a 1 f. 14 ff. top. IX (de sophist. el.), 22. 178 b 37 ff.

6) . . . ὁμοίως δὲ καὶ ἡ αἴσθησις ἑκάστου ὑπὸ τοῦ ἔχοντος χρῶμα ἢ χυμὸν ἢ ψόφον πάσχει, ἀλλ' οὐχ ᾗ ἕκαστον ἐκείνων λέγεται, ἀλλ' ᾗ τοιονδὶ καὶ κατὰ τὸν λόγον, de an. II. 12. 424 a 21 ff. εἰ γὰρ καὶ ἔστιν ἡ αἴσθησις τοῦ τοιούδε καὶ μὴ τοῦδέ τινος, κτλ. analyt. post. I, 31. 87 b 28 f. καὶ γὰρ αἰσθάνεται μὲν τὸ καθ' ἕκαστον, ἡ δ' αἴσθησις τοῦ καθόλου ἐστίν, οἷον ἀνθρώπου, ἀλλ' οὐ Καλλίου ἀνθρώπου, a. a. O. II. 19. 100 a 17 f.

6*

gemeine schlechthin, sondern auf das örtlich und zeitlich ver-
einzelte Allgemeine geht:[1]) die Wahrnehmung hat das Allgemeine am Einzelnen zum Gegenstande. [2])

1) vergl. εἰ γὰρ καὶ ἔστιν ἡ αἴσθησις τοῦ τοιοῦδε καὶ μὴ τοῦδέ τινος, ἀλλ'
αἰσθάνεσθαί γε ἀναγκαῖον τόδε τι καὶ ποῦ καὶ νῦν· τὸ δὲ καθόλου καὶ ἐπὶ πᾶσιν
ἀδύνατον αἰσθάνεσθαι· οὐ γὰρ τόδε οὐδὲ νῦν· οὐ γὰρ ἂν ἦν καθόλου, analyt. post.
l, 31. 87 b 28 ff. vergl. Waitz a. a. O. II, p. 373. 431. Zeller a. a. O. S. 139.
Themist., analyt. post., l. l. 1, p. 102, 11 sqq. schol. cd. Brandis, 250 b
46 sqq.: ὥστε τρόπον τινὰ καὶ αἴσθησις τοῦ καθόλου, ἀλλ' οὐχ οὕτως ὥστε αὐτὸ
χωρίσαι καὶ ἀφελεῖν καὶ καθ' ἑαυτὸ γνῶναι, ἀλλὰ συγκεχυμένον τε τῷ καθ' ἕκαστον
καὶ μᾶλλον εἰς ἐκεῖνο ἀποτετραμμένον.

2) Zabarella, in duos Aristotelis libros posteriores analyticos commen-
tarii (opera logica ed. Havvenreuter. ed. postr. Francof. 1608), p. 1275 sq.,
vergl. p. 994, sicht dieses Verhältniss in folgender Weise an: *Ego enim puto,*
philosophum dicere ipsum sentiendi actum non esse nisi rei singularis, ... sed
ipsam sensu naturam ad universale dirigi: sensus enim nunc videt colorem
hunc, non colorem universalem. ipsa tamen natura visus respicit cognitionem
non hujus coloris, sed simpliciter coloris tanquam objectum proprium, et sibi
adaequatum, quod significat Aristoteles dicens absolute (analyt. post. II, 19):￼ *at*
non Calliae hominis, non enim dicit: non solum Calliae, ut illi interpretabontur,
sed absolute dicit: non est Calline. etc. Wesentlich ebenso Pacius, Comm.
analyt. in organum (Francof. 1597), p. 319 a (zu analyt. post. I, 31), vergl.
p. 348 a sq., und unter den Neuern Trendelenburg, Elem. log. Aristot. ed. IV.,
p. 124 sq. In den Erläuterungen zu den Elementen der Aristotel. Logik, 2. Aufl.,
S. 125, übersetzt letzterer die Worte καὶ γὰρ αἰσθάνεται μὲν τὸ καθ' ἕκαστον κτλ.,
analyt. post. II, 19 so: „denn man nimmt zwar nur das Einzelne wahr, aber
die Sinneswahrnehmung hat eine allgemeine Bestimmung, und geht z. B. auf
den Menschen überhaupt, aber nicht bloß (wogegen Zabarella l. l.) auf den
Menschen Kallias;" elem. log. p. 153 zu vergl. Dieser Auffassung widerspricht
aber de an. II. 12. 424 a 22 ff. geradezu: „der Sinn erleidet Einwirkung
von Jedem, was Farbe oder Geschmack oder Schall hat, aber nicht wiefern
jedes von ihnen ein Einzelnes, sondern wiefern es ein so Beschaffenes ist und nach der Seite des Begriffs." Dieß auf Kallias
und den Artbegriff angewandt, so erleidet der Sinn Einwirkung von Kallias,
aber nicht wiefern er der Mensch Kallias, sondern wiefern er Mensch ist (τὸ
γὰρ ἄνθρωπος καὶ ἅπαν τ. κοινὸν οὐ τόδε τι, ἀλλὰ τοιόνδε τι ... σημαίνει, top. IX
[de sophist. el.], 22. 178 b 37 ff.). Also geht der actuelle Sinn oder die
thätige Wahrnehmung „auf das Allgemeine, z. B. den Menschen, aber nicht
auf den Menschen Kallias," — sondern auf den Menschen am Individuum Kallias oder auf Kallias, inwiefern er Mensch ist.

Heyder, Die Methodologie der Aristotel. Philos.. S. 168 ff., bringt die
angeblich auch hier entscheidenden Gegensätze des Actuellen und Potenziellen,
also speciell des Potenziellen der „Wahrnehmung; welches auf das Allgemeine,
und des Actuellen, welches auf das Einzelne gehe, in der Weise zusammen,

Nunmehr sind also der actuelle Sinn und das Wahrnehmbare nicht mehr ungleich, sondern gleich, d. h. das Wahrgenommene [1]) und die Form des Objects sind identisch, — wie Bild und Sache identisch. In der Schrift über das Ge-

daß die actuelle Wahrnehmung des Allgemeinen in und mit der actuellen Wahrnehmung des Einzelnen auf Rechnung des Potenziellen kommt. Denn das Potenzielle erlösche nicht im Actus der Wahrnehmung (— aber hebt sich im Actus auf, wird selbst Actus), und so entstehe neben der Wahrnehmung des Einzelnen eine unbestimmte Vorstellung des Allgemeinen. An HEYDER schließt sich im Wesentlichen BRANDIS (Handbuch etc. II, 2. S. 350) an. Beide berufen sich auf metaph. XII (M), 10, wo die Behauptung aufgestellt wird, daß „der Gesichtssinn die allgemeine Farbe (die Gattung) κατὰ συμβεβηκός, d. h. indirect sehe, weil diese bestimmte Farbe. τόδε τὸ χρῶμα, welche er sieht, Farbe sei," 1087 a 19 f. (*Alii vero dicunt, sentiri per se singulare, universale vero non per se, sed per accidens. Quam sententiam clare apud Aristotelem legimus in cap. ultimo libri 13. Metaphysicorum etc.*, ZABARELLA l. l. p. 1275.) Die auf diese bestimmte Farbe gerichtete Wahrnehmung ist unmittelbar Wahrnehmung der Species (des Weißen oder Schwarzen) und mit der Species zugleich und zwar ungetrennt auch des Genus; ebendeshalb nimmt man das Genus für sich (vergl. τῷ γὰρ χρώματι συμβέβηκε νοεῖσθαι, phys. V, 1. 224 b 19 f.) weder καθ' αὑτό noch κατὰ συμβεβηκός sinnlich wahr. Analog und im Zusammenhange damit und in noch schrofferem Widerspruche mit der sonst unbedingten These von der allgemeinen Natur des actuellen Wißens (s. Abschn. V. vergl. BONITZ, comm. p. 569 u.) soll nach metaph. XII, 10 das Wißen direct auf das Einzelne und nur indirect auch auf das Allgemeine gehen. Das Wißen (ἡ γὰρ ἐπιστήμη, ὥσπερ καὶ τὸ ἐπίστασθαι). heißt es a. a. O. 1087 a 15 ff., sei zwiefach, theils potenziell, theils actuell. Die Potenzialität, welche als Stoff allgemein und unbestimmt sei, gehe auf das Allgemeine und Unbestimmte (wie das Allgemeine der Wahrnehmung im Sinne eines Zusammenflußes der Elemente, phys. I, 1, ein Unbestimmtes ist), dagegen die Actualität, welche bestimmt und ein Dieses sei, auf das Bestimmte (das Allgemeine des Wißens ist aber an sich Bestimmtes, analyt. post. I. 24) und ein Dieses. Aber indirect sehe der Gesichtssinn die allgemeine Farbe, und dieses A da, welches der Grammatiker untersuche, sei ein A überhaupt: während, wenn die Principien (der Einzelsubstanzen) allgemein sein müßten, nothwendig auch das aus ihnen Gefolgerte allgemein wäre, wie bei den Beweisen. Wäre aber dieß der Fall, so gäbe es kein Getrenntes und auch keine Einzelsubstanz. Daraus erhelle, dass das Wißen in gewisser Rücksicht allgemein, in gewißer nicht allgemein sei. — Es erhellt aber nicht minder, daß der Verdacht gegen die Echtheit dieses Buchs der Metaphysik (vergl. ROSE de Aristot. libr. etc., p. 157 ff.) in einer solchen Argumentation (deren Schärfe und Wahrheit CHRIST, Studia etc., p 95, ganz besonders anerkennen zu dürfen glaubt,) seine zähesten Wurzeln schlagen muß.

1) τὸ αἴσθημα, i. e. πάθος τοῦ αἰσθανομένου, metaph. III, 5. 1010 b 33.

dächtniss kommt Aristoteles darauf zu sprechen. [1] daß es Etwas geben müße, womit man die (bestimmte oder unbestimmte) Größe der Zeit erkennt. Man wird die Zeit erkennen, wie man überhaupt die Größe „denkt" (und die Größe erkennt man durch einen Zusammenfluß von Wahrnehmungen verschiedener Sinne in dem innern wahrnehmenden Vermögen). Das Große und Entfernte „denkt" man nicht dadurch (— als bewußte ist die innere Wahrnehmung ein „Denken", ein sinnliches Denken), daß sich „der Gedanke" streckt, wie Einige vom Gesichte sagen; denn wenn es auch nicht vorhanden ist, so „denkt" man es doch auf gleiche Weise, — sondern durch eine analoge innere Bewegung. Denn es sind in der Seele gleichartige Figuren und Bewegungen. [2] Wie man daher den Formen gegenüber ein analoges Anderes aufnimmt, geradeso verhält es sich bei den Abständen. [3] Die Figuren und Bewegungen in der Seele, d. h. im innern, mit jenem der „gemeinsamen", d. h. auf Größe, Zeit u. s. w. bezogenen Wahrnehmung identischen Vermögen sind nicht unmittelbar die Formen und Bewegungen in den äußern Sinnen, aber aus diesen übertragen, und wenn Beide, die Formen im innern und die Formen im äußern Vermögen mit jenen der wahrnehmbaren Objecte identisch sind, so sind sie mit einander identisch. Also sind auch in den äußern Sinnen Figuren und Bewegungen, Etwas wie „Bilder" und „Gemälde": denn mit diesen werden die Formen im Innern der Seele oder die innern Erscheinungen verglichen. [4] Das Auge, welches die Farbe hat, ist daher nur „in gewisser Weise" gefärbt. [5] Klang und actuelles Gehör sind nicht schlechthin, sondern nur „in gewissem Sinne" eins. [6] Das Innere ist etwas Analoges, beziehungs-

1) de memor. 2. 452 b 7 ff.

2) ἔστι γὰρ ἐν αὐτῇ τὰ ὅμοια σχήματα καὶ κινήσεις, a. a. O. b 12 f.

3) ἔστι δ' ἴσως ὥσπερ καὶ τοῖς εἴδεσιν ἀνάλογον λαβεῖν ἄλλο ἐν αὐτῷ οὕτω καὶ τοῖς ἀποστήμασιν, a. a. O. b 15 ff.

4) a. a. O. 1. 450 b 15 u. s. S. weiter u. und im folg. Abschn.

5) καὶ χρῶμα ἕξει τὸ ὁρῶν πρῶτον, de an. III, 2. 425 b 19. τὸ ὁρῶν ἔστιν ὡς κεχρωμάτισται, b 22 f. Weil der Sinn, meint PRANTL, Aristoteles über die Farben, S. 147, die unterscheidende Mitte sei, so müße „ebendarum das Sehorgan selbst an der Farbe Theil haben, und das Auge gewissermaßen gefärbt sein."

6) ἡ δὲ φωνὴ καὶ ἡ ἀκοή ἔστιν ὡς ἕν ἐστι. a. a. O. 426 a 27 f.

weise ein Abbild, ein Miniaturbild des Aeußern. Die Form des Wahrnehmbaren im wahrnehmenden Sinne ist dieses Abbild; Sache und Bild sind dasselbe, — jedoch das Sein Beider ist nicht dasselbe. [1]) Alles drängte zunächst auf diesen einen Punkt hin, daß Sinn und Object, Wahrgenommenes und Wahrnehmbares identisch sind. Die Identität des Sinnes mit diesem Objecte ist Ausschließung eines jeden andern, — die Identität des Wahrgenommenen und Wahrnehmbaren aber die Wahrheit der sinnlichen Wahrnehmung.

3. Jeder Act der äußern Wahrnehmung ist ein einheitlicher.

„Mit einem Sinne zwei Objecte zugleich wahrzunehmen, ist nicht möglich, wenn sie nicht gemischt sind, denn die Mischung will Eins sein; auf Eins der Zahl nach geht die der Actualität nach eine Wahrnehmung, auf Eins der Form und Art nach die der Potenzialität nach eine; [2]) auf dieses Weiße oder dieses Schwarze je eine wirkliche, auf das Weiße überhaupt oder Schwarze überhaupt, auf das Hohe oder Tiefe, Süße oder Bittere überhaupt je eine mögliche Wahrnehmung; der Sinn erleidet nicht von der Form oder Art überhaupt, sondern von der Form oder Art am Einzelnen, von der individualisirten Form. Wenn demnach jeder Zeit einer Wahrnehmung ein mit sich identisches Object, eine bestimmte Farbe z. B. entspricht, so geschieht die Wahrnehmung einer Totalität nicht-identischer Objecte, verschiedener Farben z. B., nicht anders als so, daß sich Wahrnehmung an Wahrnehmung reibt. [3])

---

1) de memor. 1. 450 b 20 ff.

2) τῇ μιᾷ δὲ ἅμα δυοῖν οὐκ ἔστιν αἰσθάνεσθαι ἂν μὴ μιχθῇ· τὸ γὰρ μίγμα ἐν βούλεται εἶναι, ... ἑνὸς μὲν γὰρ ἀριθμῷ ἡ κατ' ἐνέργειαν μία (sc. αἴσθησις), εἴδει δὲ ἡ κατὰ δύναμιν μία, de sensu 7. 447 b 9 f. 13 f. vergl. 20 f. 27 ff. Ueber das Gemischte ibid. b 9 ff., im Besondern über die Harmonie in der Musik 448 a 8 ff. vergl. de an. III. 2. 426 a 27 ff. Diese Töne gelangen nicht in verborgenen Zeitabständen (denn jede Zeit ist wahrnehmbar, a 24 ff.), wie Einige sagen, sondern gleichzeitig in's Gehör, de sensu 7. 448 a 19 ff.

3) Größe und Figur werden dadurch wahrgenommen, daß die betreffenden

4. Wahrheit und Irrthum in der Wahrnehmung der einem jeden einzelnen Sinne eigenthümlichen Objecte.

Diejenigen Objecte, welche einem bestimmten Sinne ausschließlich zukommen, nennt Aristoteles (im Unterschiede von den schon erwähnten gemeinsamen) „eigenthümliche";[1] so ist z. B. die Farbe (nicht die gefärbten Körper) das Eigenthümliche des Gesichtssinns.[2] Die eigenthümlichen sind die eigentlichen Objecte der Wahrnehmung, weil die Natur eines jeden Sinnes auf sie angelegt ist.[3] Die einem Sinne eigenthümliche Objectssphäre stellt eine „Gattung" vor: je ein Sinn nimmt eine Gattung wahr.[4]

Sinne „sich bewegen", den Linien der Figur nachgehen. de an. III, 1. 425 a 16 ff.

1) λέγω δὲ ἴδιον μὲν ὃ μὴ ἐνδέχεται ἑτέρᾳ αἰσθήσει αἰσθάνεσθαι, a. a. O. II, 6. 418 a 11 f. de insomn. 1. 458 b 6.

2) τὸ γὰρ ὁρατόν ἐστι χρῶμα, de an. II, 7. 418 a 29. 419 a 1 f. 8. C. 6. 418 a 12 f. metaph. IV, 15. 1021 b 1 f. C. 22. 1022 b 34 f. Inwiefern Farbe und Sichtbares nicht identisch sind, vergl. phys. III, 1. 201 b 4. a 27 ff. Die Farbe ist nemlich mehr an und für sich, mehr objectiv, wogegen das Sichtbare mehr die Beziehung zum thätigen Gesichtssinne ausdrückt.

Da jeder Sinn nur die ihm eigenthümliche Gattung zum Gegenstande hat, so ist es, beiläufig bemerkt, ein Solöcismus, zu sagen: er sah Schall und Farbe, anstatt: er nahm Schall und Farbe wahr, rhetor. III, 5. 1407 b 18 ff.

3) τῶν δὲ καθ᾽ αὑτὰ αἰσθητῶν τὰ ἴδια κυρίως ἐστὶν αἰσθητά, καὶ πρὸς ἃ ἡ οὐσία πέφυκεν ἑκάστης αἰσθήσεως, de an. II. 6. 418 a 24 f.

4) ... διὰ τὸ τῶν αἰσθήσεων ὁποιανοῦν ἑνός τινος εἶναι γένους, καὶ τὸ αἰσθητήριον ἑκάστου δεκτικὸν εἶναι τῶν αἰσθητῶν, de part. an. II, 1. 647 a 6 ff. de sensu 7. 448 b 25. καὶ ἕτερον τῶν μὲν γένει τῶν δὲ εἴδει, a. a. O. 449 a 18 f. de somno 2. 455 a 21 f. de an. III, 1. 424 b 31 f. metaph. III. 2. 1003 b 19 u. s.

Objecte verschiedener Gattungen, die auf verschiedene Sinne in analoger Weise wirken, z. B. Weiß und Süß, sind insofern Angehörige derselben Ordnung oder Klasse. σύστοιχα, de sensu 7. 447 b 29 ff. 448 a 13 ff. (vergl. WAITZ zum Org. II, p. 359 sq.). Die Differenz des Süßen und Schwarzen ist daher größer als die Differenz der σύστοιχα Weiß und Süß. Denn Weiß und Süß sind nur der Gattung nach verschieden; in diese Differenz tritt für Süß und Schwarz noch die Differenz der Art: τὸ γλυκὺ δὲ τοῦ μέλανος πλείονος ἔτι τῷ εἴδει διαφέρει ἢ τὸ λευκόν, a. a. O. 448 a 16 f. An dieser Stelle nimmt TORSTRIK zu de an. p. 169 folgende Veränderungen vor: τὸ γλυκὺ δὲ τοῦ λευκοῦ πλέον ἔτι διαφέρει ἢ τὸ μέλαν (aut ἢ τοῦ πικροῦ): „das Süße differirt vom Weißen noch mehr als das Schwarze (oder: als vom Bittern)."

Die Wahrnehmung der Eigenthümlichen ist dem Irrthume
nicht unterworfen,[1] „sie ist immer wahr," oder so wenig als
möglich falsch,[2] am Ersten wohl in der Entfernung.[3] Sin-
nestäuschung ist insoweit so gut wie ausgeschloßen; Aristoteles setzt allerdings normale, gesunde Sinneswerkzeuge[4] und
naturgemäßen Gebrauch voraus.[5]
Die Wahrheit der sinnlichen Wahrnehmung setzt unmittel-
bar die R e a l i t ä t des w a h r g e n o m m e n e n O b j e c t s voraus.
Aristoteles, in dieser Beziehung wesentlich Apologet, begründet
letztere aus ersterer, die Realität des Wahrgenommenen, die
allgemeine Basis seines Realismus, aus der an sich oder ihrer
Natur nach wahren sinnlichen Wahrnehmung. Richtig ist,
entgegnet er dem Sophisten Protagoras und dessen Anhängern,[6]
daß, wenn es bloß Wahrnehmbares, inwiefern es wahrnehmbar
ist, gäbe, es dann auch ohne Wahrnehmung nichts Wahrnehmbares und nichts Wahrgenommenes geben würde, — das Wahrgenommene ist nemlich eine Affection des wahrnehmenden
Vermögens; irrthümlich aber, daß damit die Existenz der Substrate, welche die Wahrnehmung hervorbringen, aufhören würde.
Denn die Wahrnehmung ist doch nicht Wahrnehmung ihrer
selbst, sondern es gibt Etwas außer der Wahrnehmung, was

---

1) ἴδιον ... περὶ ὃ μὴ ἐνδέχεται ἀπατηθῆναι, οἷον ὄψις χρώματος καὶ ἀκοὴ ψόφου
καὶ γεῦσις χυμοῦ, de an. II, 6. 418 a 12 f. ἡ μὲν γὰρ αἴσθησις τῶν ἰδίων ἀεὶ ἀληθής, III, 3. 427 b 11 f. 428 a 11 f. C. 6. 430 b 29. de sensu 4. 442 b 8 f.
metaph. III, 5. 1010 b 2 f. 14 ff.

2) ἡ αἴσθησις τῶν μὲν ἰδίων ἀληθής; ἐστιν ἤ, ὅτι ὀλίγιστον ἔχουσα τὸ ψεῦδος,
de an. III, 3. 428 b 18 f.

3) vergl. metaph. III, 5. 1010 b 4 ff.

4) de an. II, 10. 422 b 5 f. metaph. III, 5. 1010 b 6 f. 21 ff. X, 6. 1062 b
36 ff. eth. Nicom. III, 6. 1113 a 29 f. X, 2. 1173 b 24 ff. C. 5. 1176 a 13 ff.

5) Wenn man z. B. einen Körper mit über einander geschlagenen Fingern
faßt, so scheint das Eine doppelt zu sein. Hätten wir also bloß den Tastsinn,
so würden wir in diesem Falle getäuscht; dabei kommt aber der Gesichtssinn
zu Hilfe, de insomn. 2. 460 b 20 ff. vergl. C. 3. 461 b 4 f. metaph. III, 6. 1011
a 33 f. — X, 6. 1063 a 6 ff. 37 ff. problem. XXXI, 11. 958 b 11 ff. 14. C. 17.
959 a 9 ff. 15 f. XXXV, 10. 965 a 36 ff. eth. Eud. VIII, 1. init.

6) metaph. III, 5. 1010 b 30 ff. vergl. VIII, 3. 1047 a 4 ff. πάντων χρημάτων εἶναι μέτρον ἄνθρωπον, X, 6. 1062 b 13 f. ... οἱ πρότερον φυσιολόγοι (TREN-
DELENBURG im Comm. p. 437 sqq.) τοῦτο οὐ καλῶς ἔλεγον, κτλ. de an. III, 2.
426 a 20 ff.

nothwendig früher ist als sie. Denn das Bewegende ist von
Natur früher (begrifflich ursprünglicher) als das Bewegte, und
zwar um Nichts weniger, wenn Beide in Beziehung auf einander gedacht werden. — Eine andere Wendung ist folgende:[1)]
Da wir wahrnehmen, daß wir sehen, so müßen wir entweder
mit dem Gesichtssinne oder mit einem andern Sinne wahrnehmen, daß wir sehen. Dieser andere Sinn würde wieder einen
dritten, der dritte einen vierten erfordern: ein Progress in's
Unendliche; also nimmt die Wahrnehmung von Vorn herein
sich selbst wahr. Dieß enthält aber, fährt Aristoteles fort,[2)]
eine Schwierigkeit. Denn wenn das Wahrnehmen mit dem
Gesichtssinne Sehen, und wenn ferner Farbe oder das, was
sie hat (das gefärbte Substrat), gesehen wird, so wird, wenn
man das Sehende sieht, auch das erste Sehende Farbe haben;
es ist also offenbar, daß das Wahrnehmen mit dem Gesichtssinne nicht einheitlich (ἕν, — Wahrnehmung nicht schlechthin Wahrnehmung ihrer selbst) ist (sondern aus zwei Elementen, Sinnesthätigkeit und Object besteht). Denn selbst wenn
wir nicht sehen, so unterscheiden wir doch mit dem Gesichtssinne sowohl die Finsterniss als das Licht, allerdings nicht auf
gleiche Weise (wie die realeren Objecte). Ferner ist auch
das Sehende gewissermaßen gefärbt; denn jedes Sinneswerkzeug ist des wahrnehmbaren Objects empfänglich, mit Abzug
des Stoffs. — Ueberall gilt die Existenz des äußern Objects
für viel zu selbstverständlich, als daß skeptische Einwürfe im
Stande wären, diese naive Gewissheit ernstlich zu stören. So
lange der Satz, daß die Wahrnehmung unmittelbar oder als
das, was sie ihrem Begriffe nach ist (als ein Bewegtes, welches ein von Natur Früheres, ein Bewegendes, — einen
äußern realen Grund fordere), die Realität des wahrgenommenen Objects constatire, sich nicht prüfend in sich selber
vertieft, wird das Problem (τὸ ἐξ ἀρχῆς κείμενον) im Wesentlichen nur vorausgesetzt.

Die ihrem Begriffe nach wahre sinnliche Wahrnehmung
ist die Zweckerfüllung des äußern Sinnes. Ist dieser Zweck,

1) a. a. O. vom Anf. des Cap.
2) a. a. O. 425 b 17 ff.

welchen der Sinn erfüllt, letzter oder erster, und wenn erster, in welcher Weise? Ist die Thätigkeit des äußern Sinnes an und für sich schon vollkommen vollendete Wahrnehmung oder nur äußerliches, beziehungsweise unbeseeltes Mittel für die Wahrnehmung eines andern Sinnes, oder drittens ein Mittleres zwischen beiden Gegensätzen?

5. Die relative Selbständigkeit der äußern Sinne.

Die vorhin in anderweitigem Interesse berührte Stelle vom Sichselbstwahrnehmen des Sinnes enthält näher Folgendes:[1]) Da wir wahrnehmen, daß wir sehen und hören, so geschieht dieses Wahrnehmen nothwendig entweder mit dem Gesichtssinne selbst oder mit einem andern Sinne. In letzterm Falle würde der andere Sinn auf die Thätigkeit des ersten und zugleich auf das äußere Object (die vorliegende Farbe etwa) gerichtet sein. So daß entweder Zwei, der andere, unterschiedene Sinn und der erste, auf Ein und Dasselbe gehen, oder der erste auf sich selbst. Geht der andere auf den ersten, so wird wieder ein dritter erfordert, welcher auf den zweiten gehe, und so entsteht ein unendlicher Progress, — oder der erste Sinn geht von Vorn herein auf sich selbst und nimmt, indem er ein Object wahrnimmt, zugleich sich selber wahr. — Die Sinne bilden geschloßene Ganze, in welchen die Wahrnehmung zu der dem Werkzeuge entsprechenden Vollendung kommt. „Wahrnehmen ist Unterscheiden,“ gewissermaßen Unterscheiden (πώς), d. h. unmittelbares Unterscheiden, Innewerden unmittelbar vorliegender Unterschiede. Das Gesicht unterscheidet das Schwarze und das Weiße, — jeder Sinn die Arten seiner Gattung.[2]) Aber nicht die Gattung von der Gattung,

---

1) ἐπεὶ δὲ αἰσθανόμεθα ὅτι ὁρῶμεν καὶ ἀκούομεν, ἀνάγκη ἢ τῇ ὄψει αἰσθάνεσθαι ὅτι ὁρᾷ, ἢ ἑτέρᾳ. ἀλλ' ἢ αὐτὴ ἔσται τῆς ὄψεως καὶ τοῦ ὑποκειμένου χρώματος. ὥστε ἢ δύο τοῦ αὐτοῦ ἔσονται ἢ αὐτὴ αὑτῆς. ἔτι δ' εἰ καὶ ἑτέρα εἴη ἡ τῆς ὄψεως αἴσθησις, ἢ εἰς ἄπειρον εἶσιν ἢ αὐτή τις ἔσται αὑτῆς. ὥστ' ἐπὶ τῆς πρώτης τοῦτο ποιητέον (θετέον, Trendelenburg), a. a. O. III, 2 von Anf.

2) τὸ δ' αἰσθάνεσθαι κρίνειν ἐστί, ... τὸ γὰρ κρίνειν γένος τοῦ αἰσθάνεσθαι· ὁ αἰσθανόμενος κρίνει πως, top. II, 4. 111 a 16. 19 f. de an. II, 6. 418 a 14 f. III, 2. 426 b 8 ff. Als eine gewisse Mitte zwischen den wahrnehmbaren Gegensätzen κρίνει, sc. ἡ ἀρχή, τὰ αἰσθητά. τὸ γὰρ μέσον κριτικόν, a. a. O. II, 11. 424 a

das Weiße vom Süßen; auch ist die Beziehung des actuellen Sinnes
auf das Object und in Einem auf sich selbst oder das Sichselbstwahrnehmen des Sinnes noch nicht vollkommen bewußtes Wahrnehmen oder sinnliches Erkennen. Der äußere Sinn vermittelt nur die sinnliche Erkenntniss; [1]) darin besteht die Relativität, die relative Selbständigkeit der äußern Wahrnehmung.

B. Die innere Wahrnehmung.

1. Der Sinn für Unterscheidung der Gattungen, der innere Sinn.

Die Psychologie leitet den weitern Fortgang in folgender
Weise ein: [2]) „Jeder Sinn in seinem Sinneswerkzeuge, inwiefern
es Sinneswerkzeug ist, geht auf das vorliegende Wahrnehmbare und unterscheidet die Unterschiede des Wahrnehmbaren,
das Gesicht Weißes und Schwarzes, der Geschmack Süßes
und Bitteres. Ebenso verhält sich dieß auch bei den andern
Sinnen. Da wir aber auch das Weiße und das Süße und jedes
Wahrnehmbare von jedem unterscheiden, womit nehmen wir
nun wahr, daß sie unterschieden sind? Nothwendiger Weise
doch durch Wahrnehmung; denn es sind wahrnehmbare Objecte.
In dieser Hinsicht ist denn auch klar, daß nicht das Fleisch das
letzte Sinnesorgan ist, denn dann müßte das Unterscheidende
das Wahrnehmbare durch Berührung unterscheiden." [3]) Seiner

---

5 f. τῇ ἀρῇ γὰρ ἡ κρίσις τοῦ ἁπτοῦ, phys. IV, 8. 216 b 19 f. Von einer „beur-
theilenden“ oder „urtheilenden Mitte“ (PRANTL, Aristoteles über die Farben,
S. 146 f.) ist nicht die Rede. Die einzelnen Sinne unterscheiden, aber beurtheilen nicht; das Unterscheiden ist Auffaßen gegebener Unterschiede: πολλὰς γὰρ
εἰσαγγέλλουσι διαφοράς (sc. ὄσφρησις καὶ ἀκοὴ καὶ ὄψις), de sensu 1. 437 a 2. C.
7. 447 b 26 ff. metaph. I, 1. 980 a 26 f.

1) μάλιστα ποιεῖ γνωρίζειν τι ἡμᾶς αὕτη, τῶν αἰσθήσεων (sc. τὸ ὁρᾶν), metaph.
a. a. O. VI, 10. 1036 a 5 f. top. V, 3. 131 b 23.

2) de an. III, 2. 426 b 8 ff.

3) Ueber den Satz: ἢ καὶ δῆλον ὅτι ἡ σὰρξ οὐκ ἔστι τὸ ἔσχατον αἰσθητήριον·
ἀνάγκη γὰρ ἂν ἦν ἁπτόμενον αὐτοῦ κρίνειν τὸ κρῖνον, b 15 ff., bemerkt TRENDE-
LENBURG im Comm. p. 442 Folgendes: in quibus verbis mirum quantum inter-
pretes laborant; neque ullam rationem quam prorsus conveniat, excogitarunt,
und bezieht (p. 443) σάρξ und dem entsprechend auch ἁπτόμενον auf alle Sinnesorgane, — TORSTRIK p. 169 seiner Ausg. τὸ ἔσχατον auf das Medium des Tastsinns; ergo caro non est id, in quo habitat tactus, sed medii locum tenet. —

vielfachen und sehr verschiedenen Gegensätze wegen, und
weil er eigentlich mit dem innern Sinne zusammenfällt, bietet

eine Deutung. die. wie schon TRENDELENBURG bemerkt hatte, nicht in den Zusammenhang passt.
Es handelt sich zunächst darum, was nicht ἔσχατον αἰσθητήριον sein
könne. — ἔσχατον im Gegensatze zum äußern als ersten Organe, vergl. II, 12.
424 a 24: αἰσθητήριον δὲ πρῶτον ἐν ᾧ ἡ τοιαύτη δύναμις, (welches BRENTANO
a. a. O. S. 88 f. Anmerk. mit dem innern. ursprünglichen Sinneswerkzeuge ver-
wechselt), und C. 11. 423 b 31, wo die σάρξ das πρῶτον des Tastsinns heißt.
Richtig bezieht also Simplicius (bei TRENDELENBURG p. 442. 513) „das letzte
Sinnesorgan" ebenso wie τὸ ἔσχατον III, 7. 431 a 19 (wozu PACIUS, comm.
analyt. zu de an. p. 392 sq. zu vergl.) auf den gemeinsamen, also den innern,
centralen Sinn. Umgekehrt wird dieser auch als πρῶτον αἰσθητήριον bezeichnet,
und de part. an. II, 10. 656 b 35 f. in Bezug auf die ἀρχή ausdrücklich gesagt,
daß nicht die σάρξ das πρῶτον αἰσθητήριον sei. Der innere Sinn ist also je nach
dem Gesichtspunkte und der Stellung das Erste und das Letzte, ganz so,
wie die ἐσχάτη τροφή oder das Blut (de somno 3. 456 a 34. de part. an. I,
4. 651 a 14. IV, 4. 678 a 7. de generat. an. II, 4. 740 a 21. τελευταία, de
juvent. 3. 469 a 1. de generat. an. I, 19. 726 b 11. ὑστάτη, ibid. C. 20.
728 a 20) gelegentlich einmal (de generat. an. II, 6. 744 b 14) die πρώτη
τροφή, die dem Körper nächste Nahrung. — ferner die ἐσχάτη ὕλη, der Stoff
auf der relativ höchsten Stufe seiner Qualität (metaph. VI. 10. 1035 b 30. VII,
6. 1045 b 18. vergl. VIII. 7. 1049 a 36. XI. 3 init. τελευταία, das. 1070 a 20 f.),
zugleich der nächste Stoff, die πρώτη ὕλη, (a. a. O. VI, 4. 1044 a 18. 23. IV, 4.
1015 a 7 ff. C. 24 von Anf.), — ferner die Grenze der Welt das Letzte
und ihrer Natur, nach das Erste (de caelo IV, 1. 308 a 21 f.). — ferner
der Grund. das an sich Erste, für die Nachforschung das Letzte (analyt.
post. I, 24. 85 b 30. metaph. I, 3. 983 a 28 f. phys. II, 7. 198 a 16 ff.
eth. Nicom. III. 5. 1112 b 19 ff. ... καὶ τὸ ἔσχατον ἐν τῇ ἀναλύσει πρῶτον εἶναι
ἐν τῇ γενέσει, b 23 f.), — ferner die erste (nächste) Gattung (πρῶτον, metaph. II,
1. 995 b 30. VI, 7. 1038 a 4) auf dem Wege von Oben nach Unten die
letzte ist (ἔσχατον, top. IV, 4. 124 a 38. metaph. II. 3. 968 b 16. 999 a
32. — τὰ πρῶτα γένη, die obersten Gattungen, a. a. O. X, 1. 1059 b 27), — ferner die äußersten Enden (Grund und Resultat) des Entstehens und Vergehens
Beide ἔσχατα (metaph. IV, 10. 1018 a 21 f.), und eth. End. V (Nicom. VI),
12. 1143 a 35 ff. die πρῶτοι ὅροι als Extreme zu den einzelnen Dingen
gleichfalls ἔσχατα sind. Vergl. auch SCHWEGLER, Metaph. III. S. 207. Bo-
NITZ, comm. p. 235 sq. zu metaph. IV, 6. 1016 a 20.
de memor. 2. 451 a 25 f. wird demnach unter dem ἄτομον und ἔσχατον
nicht das Individuum (WAITZ zum Org. I, p. 379), sondern wohl das letzte
und untheilbare Sinnesorgan zu verstehen sein.
Zuerst wird also de an. III, 2. 426 b 15 ff. das Fleisch, welches hier wie sonst
für den Tastsinn eintritt, in Betracht gezogen. Es unterscheidet sich von
den übrigen Sinnen u. A. durch eine umfassende Sphäre, und es ist nicht

sich zunächst der Tastsinn als das gesuchte Sinnesorgan an,
wird aber abgewiesen, und ebenso beseitigt Aristoteles auch
die übrigen Einzelsinne. Denn man kann, sagt er, das Weiße
und das Süße nicht mit dem Auge und zugleich mit der Zunge,
nicht mit „getrennten" Sinnen, sondern nur mit einem einzigen, einem und demselben, [1]) und zugleich allen Sinnen
gemeinsamen unterscheiden. [2])

Wie die „ganze Seele" ihre Theile, so faßt auch der
wahrnehmende Theil seine besondere Totalität zur Einheit zusammen; die Theilnahme an der Seele, oder daß jedes entsprechende Werkzeug „beseelter Theil", [3]) ist absolute Bedingung aller Sinnesfunction. Jener Sinn, auf welchen sich die
Einzelsinne als auf den gemeinsamen Einigungspunkt beziehen,

_____

so leicht, das Eine und Allgemeine so zahlreicher (de generat. et corr. II.
2. 329 b 18 ff. πολλαὶ ἐναντιώσεις, de an. II, 11. 422 b 26 u. s. μάλιστα γὰρ
αὕτη δοκεῖ πλειόνων εἶναι γενῶν, de part. an. II, 1. 647 a 16 f.) Gegensätze
zu bestimmen, wie bei den übrigen Sinnen, die, wie das Gehör auf den
Schall, das Gesicht auf die Farbe (obwohl sich auch an Schall und Farbe
etliche Gegensätze unterscheiden laßen), auf ein zu Grunde Liegendes gehen
(de an. II, 11. 422 b 32 ff. 25 ff.) ; daraus konnte sehr wohl die ἀπορία entstehen, ob man in dem einen Tastsinne nicht am Ende statt eines mehrere
Sinne vor sich habe (a. a. O. 422 b 19 f.). Das Verhältniss zu dem die verschiedenen Gattungen der Einzelsinne unterscheidenden Centralsinne wird dadurch
nur um so enger, wenn sich das eigentliche Organ des Tastsinns gleichfalls „inwendig" befindet (a. a. O. 423 b 23 u. s.), d. h. mit dem innern Sinne (ἀλλὰ τὸ
εἶναι οὐ ταὐτό, könnte Aristoteles bemerken,) zusammenfällt, daher denn in solchen Thieren, welche auf diesen untersten Sinn beschränkt sind, der Tastsinn
mit dem innern Sinne geradezu identisch ist (vergl. de somno 2. 455 a 22 ff.,
eine Stelle, welche Boxitz, Aristotel. Stud. II und III, S. 72 f. Anmerk.,
mit den sonst von Aristoteles dargelegten Ansichten über die κοινὴ αἴσθησις
nicht in Einklang bringen zu können erklärt).

1) ἀλλὰ δεῖ ἐνί τινι ἄμφω δῆλα εἶναι. ... δεῖ δὲ τὸ ἓν λέγειν ὅτι ἕτερον · ...
λέγει ἄρα τὸ αὐτό, de an. III. 2. 426 b 18 f. 20 f. vergl. de sensu 7. 449
a 5 f.

2) οὐ γὰρ δὴ τῇ γε ὄψει ὁρᾷ ὅτι ὁρᾷ, καὶ κρίνει δὴ καὶ δύναται κρίνειν ὅτι ἕτερα
τὰ γλυκέα τῶν λευκῶν, οὔτε γεύσει οὔτε ὄψει οὔτ' ἀμφοῖν, ἀλλά τινι κοινῷ μορίῳ
τῶν αἰσθητηρίων ἁπάντων, de somno 2. 455 a 17 ff.

3) Vom Organ des Gehörs: μέρος ἔμψυχον, de an. II, 8. 420 a 7. Analog: οὐ γὰρ πάντως τοῦ ἀνθρώπου μέρος ἡ χείρ, ἀλλ' ἡ δυναμένη τὸ ἔργον ἀποτελεῖν,
ὥστε ἔμψυχος οὖσα· μὴ ἔμψυχος δὲ οὐ μέρος, metaph. VI, 11. 1036 b 30 ff. de
generat. an. I. 19. 726 b 2 ff. II. 1. 734 b 24 ff. 735 a 7 f. C. 5. 741 a
10 ff.

ist das Princip dieser Einheit. Aber dieß Princip, als ein besonderes Organ für sich gesetzt, ist wieder gegen die Einzelsinne selbständig, die Einzelsinne (was durch die unbeachteten Wahrnehmungen constatirt wird[1])) in gewissem Grade gegen das Einigende und Eine. Aber das Eine greift unmittelbar über die getrennten Sinne über und setzt sie im Wesentlichen zu Mitteln seiner selbst herab.

Dieses Organ der einheitlichen Wahrnehmung, dieser prägnanteste Punkt aller wahrnehmenden Thätigkeit, das „Urvermögen der Wahrnehmung",[2] das „Ursinneswerkzeug",[3] das „Princip der Wahrnehmung",[4] daher das „Vermögen der Wahrnehmung" vor jedem andern,[5] entspricht in gewissem Sinne, vor aller übrigen Organisation der Wahrnehmung, der wahrnehmenden Seele selbst.[6] Der Sitz desselben ist die Mitte des Körpers,[7] das Herz: nicht das ganze Herz,[8] son-

---

1) de insomn. 3. 460 b 32 ff. de divinat. per s. 1. 463 a 7 ff.

2) τὸ πρῶτον αἰσθητικόν, de memor. 1. 450 a 11 f. 14. 451 a 17. de somno 3. 454 a 30 f. de part. an. III, 4. 666 a 34 f.

3) τὸ πρῶτον αἰσθητήριον, de somno 2. 456 a 21. C. 3. 458 a 28 f.

4) ἀρχὴ τῆς αἰσθήσεως, de insomn. 3. 461 a 6. vergl. a 31. b 4. 12. ἡ αἰσθητικὴ ἀρχή, de part. an. III, 5. 667 b 29. de juvent. 3. 469 a 18. περὶ μὲν οὖν τῆς ἀρχῆς ᾗ φαμὲν τὸ ζῷον αἰσθητικὸν εἶναι κτλ., de an. III, 2. 427 a 15 f.

5) ἡ αἰσθητικὴ δύναμις, de part. an. II. 1. 647 a 24 f. τὸ αἰσθητικόν, de memor. 2. 453 b 2. phys VII, 3. 247 a 17 u. s.

6) ἡ ψυχὴ αἰσθητική, de generat. an. II. 3. 736 b 14. de part. an. III. 5. 667 b 23. de juvent. 3. 469 a 5 f. 25 f. C. 4. 469 b 4. vergl. de an. I. 4. 408 b 15 ff.

7) ἐπεὶ οὖν τῶν ἰδίων αἰσθητηρίων ἕν τι κοινόν ἐστιν αἰσθητήριον, εἰς ὃ τὰς κατ' ἐνέργειαν αἰσθήσεις ἀναγκαῖον ἀπαντᾶν, τοῦτο δ' ἂν εἴη, μέσον τοῦ πρόσθεν καλουμένου καὶ ὄπισθεν κτλ., de juvent. 1. 467 b 28 ff. δῆλον ἐκ τῶν εἰρημένων ὅτι ἐν τούτῳ τε καὶ ἐν τῷ μέσῳ τοῦ σώματος τῶν τριῶν μορίων ἥ τε τῆς αἰσθητικῆς ἀρχὴ ψυχῆς ἐστι καὶ τῆς αὐξητικῆς καὶ τῆς θρεπτικῆς, a. a. O. 3. 469 a 24 ff. de somno 2. 455 b 34 ff. Daher der Ausdruck αἰσθητικὴ μεσότης, de an. III, 7. 431 a 11. 19. PACIUS ad h. l. comm. analyt. p. 390 sq. — SCHRADER, Aristotel. de volunt. doctr., p. 7 und BRENTANO a. a. O. S. 100, Anmerk. 63, beziehen diese μεσότης irriger Weise auf das μέσον κριτικόν de an. II, 11. 424 a 6. Die Mitte ist der zweckentsprechendste Platz; denn sie ist einheitlich (ἕν) und von allen Seiten auf gleiche oder fast gleiche Weise erreichbar, de part. an. III, 6. 666 a 14 ff., — der dominirende (die ἀρχικὴ χώρα, a. a. O. C. 4. 665 b 18) und der schönste Platz, vergl. de juvent. 4. 469 a 28 ff., wie ja auch das Schöne der ethischen Handlungen wesentlich in der Ein-

dern Etwas im Herzen entspricht dem Principe oder Ursprunge dieser Seele. [1]

2. Der physiologische Process der innern Wahrnehmung.

Alle Sinneswerkzeuge erstrecken sich daher nothwendig nach dem Herzen. [2] Die Fortleitung der empfangenen Ein-

---

haltung der Mitte zwischen den Extremen besteht. Genau genommen, fallen die Mitte des körperlichen Quantums und die Mitte des lebendigen Wesens als solchen nicht zusammen (de cœlo II. 13. 293 b 6 f.). Das Herz nimmt ungefähr die Mitte ein, es befindet sich mehr oben als unten, mehr vorn als hinten, weil die Natur, wofern nichts Wichtigeres hindert, das Edlere an die edlere Stelle placirt (das Obere, Vordere und Rechte ist nemlich vornehmer als das Untere, Hintere und Linke, C. 3. 665 a 21 ff. C. 4. 665 b 19 ff. C. 5. 667 b 34 ff., vergl. de coelo II, 2. 284 b 24 ff.: — freilich liegt das Herz „mehr auf der linken Seite,- histor. an. II. 17 init.), de part. an. III, 4. 665 b 18 ff. 666 b 2 ff.

3) So Zeller a. a. O. S. 421. Faber a. a. O. p. 35.

1) ἡ δὲ καρδία κυριωτάτη καὶ τὸ τέλος ἐπιτίθησιν. ὥστ' ἀνάγκη, καὶ τῆς αἰσθη-τικῆς καὶ τῆς θρεπτικῆς ψυχῆς ἐν τῇ καρδίᾳ τὴν ἀρχὴν εἶναι τοῖς ἐναίμοις, de juvent. 3. 469 a 4 ff. 10 ff. 16 ff. C. 4. 469 b 4 ff. de somno 2. 455 b 34 ff. de insomn. 3. 461 a 6 f. de part. an. II, 1. 647 a 24 ff. C. 10. 656 a 27 f. b 24. III, 3. 665 a 10 ff. C. 4. 666 a 11. 34 f. ... τὴν αἰσθητικὴν ψυχὴν ... ὥστε καὶ τὸ μόριον ἓν τὸ ταύτην ἔχον πρώτως, κτλ. C. 5. 667 b 23 ff. 28 ff. u. s. vergl. metaph. IV, 1. 1013 a 5 ff. VI, 10. 1035 b 25 ff.

Weil die ἀρχὴ τῶν αἰσθήσεων sich im Herzen befindet, so ist dieses auch das erste Product der zeugenden Seele (Herz und Leber, de part. an. III, 4. 665 a 33 f.), der Kopf dagegen und was dazu gehört erst das zweite, de generat. an. I, 1. 735 a 15 ff. II, 4. 740 a 3 f. 17 f. C. 5. 741 b 15 f. C. 6. 742 a 37 ff. b 12 ff. 35 ff. 743 b 25 f. de part. an. III, 4. 666 a 10 f. 20 ff. de juvent. 3. 468 b 28.

2) δύο δὲ φανερῶς ἐνταῦθα (in's Herz) συντεινούσας ὁρῶμεν, τήν τι γεῦσιν καὶ τὴν ἁφήν, ὥστε καὶ τὰς ἄλλας ἀναγκαῖον, ... ταῦτα δ' οὐδὲν συντείνει πρὸς τὸν ἄνω τόπον (das Hirn), de juvent. 3. 469 a 12 ff. τοῦ γὰρ κυρίου τῶν ἄλλων πάν-των αἰσθητηρίου καὶ πρὸς ὃ συντείνει τἄλλα κτλ., de somno 2. 455 a 33 f. Werden Gesicht, Gehör und Geruch auf das Hirn oder den Kopf (Tastsinn und Geschmack nach wie vor auf das Herz) bezogen (de sensu 2. 438 b 25 ff. de part. an. II, 10. 656 a 29 ff., wo Aristoteles soeben [a 17 f. 23] die Ansicht, daß das Hirn empfinde, bestritten hatte; ferner IV, 10. 686 a 8 f. de juvent. 3. 469 a 20 ff.: daher Einige, sagt er hier, das Hirn für das Organ der Wahrnehmung halten; vergl. die folg. Anmerk.), so ist von γένεσις, τάξις und θέσις der Organe, aber nicht (wie, wenigstens für die Augen, auch Aubert und Wimmer zur Thierkunde. Einleit. I, S. 40, anzudeuten scheinen,) von

drücke geschieht durch Kanäle und durch das Blut in den
Adern,[1]) und, da das Blut nicht wahrnehmungsfähig ist und

der innern Wahrnehmung die Rede; wie wäre der gemeinsame Sinn, wenn
er theils im Herzen, theils im Kopfe wohnte, das ἕν und τὸ αὐτό, als welcher
er die Gattungen aller Sinne, also auch Süß und Weiß z. B., unterscheidet?
Das Hirn „hat ganz und gar keinen Zusammenhang mit den empfindenden
Theilen, was theils durch den Augenschein, theils und noch mehr dadurch
klar ist, daß es, wenn es berührt wird, keine Empfindung hervorbringt. . . .
Es dient aber den Thieren zur Erhaltung ihrer gesammten Natur,“ de part.
an. II, 7. 652 b 3 ff. Namentlich ist die ihm eigene Kälte ein Gegenge-
wicht zur Wärme des Herzens (de generat. an. II, 6. 743 b 28 f. de sensu
2. 439 a 2 ff. de somno III, 457 b 29 f. de part. an. II, 7. 652 b 16 ff. C. 10.
656 a 19 ff.). Es mäßigt diese Wärme und kühlt, da ein Uebermaß von
Blutwärme die Thätigkeit des Sinnes unterdrückt (de part. an. II, 10. 656 b 5 f.;
das dünnere und kühlere Blut ist zum Wahrnehmen und Denken geeigneter,
II, 2. 648 a 3 ff. C. 4. 651 a 12 ff. vergl. IV, 10. 686 a 8 ff.; der Mensch
hat unter allen Säugethieren das dünnste und reinste Blut, histor. an. III, 19.
521 a f.), das Blut und die Sinne des Kopfs. Der Mensch besitzt unter
allen Thieren das verhältnissmäßig größte Hirn (de sensu 5. 444 a 30 f.
histor. an. I, 16. 494 b 27 f. de generat. an. II, 6. 744 a 27 f. V, 3. 784
a 3 f.); das Hirn der Männer ist größer als das der Frauen, weil die Herz-
und Lungengegend der erstern wärmer und blutreicher ist (de part. an. II,
7. 653 a 28 ff.) Vergl. auch PHILIPPSON, Ὕλη ἀνθρωπίνη, p. 6 sqq. Uebrigens
ist die Stellung und Vertheilung der Sinnesorgane und besonders der drei Kopfsinne zweckmäßig und schön zu nennen (de part. an. II, 10. 656 a 37 ff. b
26 ff., vom Geruch: de sensu 5. 444 a 22 ff.).

1) οἱ γὰρ πόροι τῶν αἰσθητηρίων πάντων, ὥσπερ εἴρηται ἐν τοῖς περὶ αἰσθήσεως
(nicht de sensu et sensili), τείνουσι πρὸς τὴν καρδίαν, de generat. an. V, 2. 781 a
20 ff. Alle Sinne befinden sich ἐπὶ πόρων (a. a. O. II, 6. 743 b 35 ff.; die Augen:
744 a 8 ff. histor. an. I, 16. 495 a 11 ff.). Diese mit Luft oder mit Feuch-
tem gefüllten Kanäle oder Gänge erstrecken sich also „nach dem Herzen,“
die der Kopfsinne zunächst in's Hirn (die der Augen: histor. an. a. a. O.
vergl. C. 11. 492 a 21, die des Gehörs in den gehirnlosen [de part. an. II,
10. 656 b 12 f. de generat. an. V, 4. 785 a 1], leeren [histor an. I, 7. 491
a 34 f. C. 16. 494 b 33 f.], d. h. luftgefüllten [de part. an. a. a. O. b 15] Hinter-
kopf: de part. an. a. a. O. b 13 ff.; — nach histor. an. I, 11. 492 a 19 f. nicht
in's Hirn, sondern in den Gaumen. Damit übereinstimmend endet de generat.
an. V, 2. 781 a 23 ff. 31 f. der Kanal des Luftsinns, d. h. des Gehörs zunächst
[a 20 ff.] in der [durch Kanäle mit dem Herzen verbundenen, histor. an. I, 16.
495 b 12 ff. 17. 496 a 27 ff.] Lunge als der ἀρχὴ τοῦ αἰσθητηρίου τοῦ τῆς ἀκοῆς;
vergl. problem. XXXII. 6. 960 b 35 ff. PHILIPPSON a. a. O. S. 232.) oder an die
Adern, welche „vom Herzen her nach der Gegend des Gehirns laufen“ (die luftgefüllten Kanäle des Gehörs und Geruchs: de generat. II, 6. 744 a 3 ff. [also
gegen V, 2. 781 a 23 ff.], die Kanäle der Augen: de part. an. II. 10. 656

somit in dieser Rücksicht auch keiner Verwandlung unterliegt,
rein mechanisch. So gelangen die Wahrnehmungen oder For-

---

b 16 ff.). Da, wo die Kanäle in die Adern münden (also reichen [gegen
BRANDIS, Handbuch etc. II, 2. S. 1323] die hohlen Gefäße zur Vermittlung zwischen dem Herzen und den Sinneswerkzeugen nicht aus), übernimmt das Blut (es selbst ist nicht empfindend [gegen eine ziemlich allgemeine Annahme, speciell gegen Platon und Empedokles], so wenig wie
das, was kein Blut enthält, θιγγανόμενον αἴσθησιν οὐ ποιεῖ, so. τὸ αἷμα,
de part. an. II, 3. 650 b 3 f. vergl. C. 5. 651 b 5 f. C. 7. 652 b 5. C. 10. 656 b
19 ff. III, 4. 666 a 16 f. histor. an. III, 19. 520 b 14 f.) die Weiterbeförderung
zur ἀρχή, für die Wahrnehmungen des Gesichts (so daß die πόροι lediglich der
Erhaltung des Organs dienen, de generat. an. II, 6. 744 a 8 ff. de sensu 2. 438 b
28 ff. s. o. S. 74. Vergl. PHILIPPSON a. a. O. p. 15 ff. 231), des Tast- und Ge-
schmackssinns wahrscheinlich von Vorn herein (Adern verlaufen sich nach den
Sinneswerkzeugen des Kopfes, histor. an. III, 3. 514 a 19 f. vergl. I, 11. 492 a
22; die Augen sind aderartig, de insomn. 2. 460 a 5 f.; der Tastsinn befindet
sich in den blutführenden oder, für die blutlosen Thiere, in den denselben analogen Theilen, histor. an. I, 4. 489 a 23 ff. Nach de an. II, 9. 422 a 3, vergl.
de sensu 5. 444 b 21 ff. öffnen und erweitern sich bei dem mit dem Riechen
verbundenen Athmen nicht nur Kanäle, sondern auch Adern). Wenigstens gelangt in dieser Weise ein Theil der in den Sinneswerkzeugen restirenden (de an.
III. 2. 425 b 24 f. ὑπόλειμμα τοῦ ἐν τῇ ἐνεργείᾳ αἰσθήματος, de insomn. 3. 461 b
21 ff. ferner C. 2. 459 a 26 ff. b 5 ff. 460 b 2 ff. C. 3. 461 a 26 ff. 462 a 8 ff.,
von anderweitig in Anspruch genommenen Thätigkeiten der Sinne und des
Denkens oder von stärkern Affectionen beiseite gedrängten und unbeachtet ge-
bliebenen, a. a. O. 460 b 32 ff. de divinat per s. 1. 463 a 7 ff., durch den auf der
Oberfläche des Organs begonnenen Verwandlungsprocess bis in die Tiefe des
Sinnes fortgeleiteten, de insomn. 2. 459 a 28 ff.), entweder noch in der Fort-
dauer begriffenen (vergl. κινήσεις, de an. I, 4. 408 b 17 f. κινήσεις ἐνεργείᾳ, de
insomn. 3. 461 b 13) oder bereits in ruhende, aber actionsfähige Niederschläge
übergegangenen Wahrnehmungen (κινήσεις δυνάμει, a. a. O. b 12 f.; μοναί, de
an. I, 4. 408 b 18, d. h. der μονὴ τοῦ αἰσθήματος, analyt. post. II, 19. 99 b 36 f.,
oder dem eigentlichen Gedächtnisse analoge „Verharrungen") während des
Schlafs (eine nach der andern aus der Tiefe des Sinnes, wie salzgefüllte künst-
liche Frösche vom Grunde des Waßers, auftauchend) ausdrücklich in und mit
dem Blute nach dem Herzen, wo sie als Traum zur Erscheinung kommen: ὅταν
γὰρ καθεύδῃ, κατιόντος τοῦ πλείστου αἵματος ἐπὶ τὴν ἀρχὴν συγκατέρχονται αἱ ἐνοῦσαι κινήσεις, αἱ μὲν δυνάμει αἱ δὲ ἐνεργείᾳ. κτλ., de insomn. 3. 461 b 11 ff. ... ἐπὶ
τὴν ἀρχὴν τῆς αἰσθήσεως καταφέρονται καὶ γίνονται φανεραὶ καθισταμένης τῆς ταρα-
χῆς, a 6 ff. vergl. a 25 ff. Nach einigen Stellen der Physiognomik (C. 6. 813 b
7 ff. 16 ff. 30 ff.) beruht die schnelle oder langsame Auffaßungsgabe kleiner
oder großer Menschen auf der kürzern oder längern Bahn, welche das Blut
und die κινήσεις ἐπὶ τὸ φρονοῦν oder πρὸς τὸν νοῦν (b 11. 32) zu durchlaufen
haben. Jedenfalls ist das Blut bei aller Wahrnehmung wesentlich betheiligt;

men, Figuren, Bilder u. s. w. mit Substraten, die den Stoffen der Sinneswerkzeuge entstammen mögen, am centralen Organe

seine Rolle besteht, wie gesagt, in der Beförderung der εἴδη von irgend einer Station der Reise (der κίνησις μέχρι τῆς ψυχῆς, vergl. de an. I, 4. 408 b 15 ff.) bis an den Bestimmungsort, und es folgt daraus, daß der Wahrnehmungsprocess (vergl. de an. a. a. O. b 9 ff.) aus qualitativer und örtlicher Bewegung zusammengesetzt ist. Nun wird auch klar, weshalb der Ursprung des Bluts mitunter ohne Weiteres mit dem Ursprunge der Wahrnehmung in einen und denselben Theil verlegt, und von der örtlichen Lage des einen auf die des andern geschlossen wird. Da die Leber nicht der Anfang des Blutes ist, ἀνάγκη τὴν καρδίαν εἶναι καὶ τοῦ αἵματος ὀργήν. τὸ μὲν γὰρ ζῷον αἰσθήσει ὥρισται, αἰσθητικὸν δὲ πρῶτον τὸ πρῶτον ἔναιμον, τοιοῦτον δ' ἡ καρδία, de part. an. III, 4. 666 a 33 ff. Der Grund davon, daß die Adern zusammen in einem Ursprunge endigen (συντελεῖν) und von einem ausgehen, ist τὸ μίαν ἔχειν πάντα τὴν αἰσθητικὴν ψυχήν ..., ὥστε καὶ τὸ μόριον ἐν ᾧ ταύτην ἔχον πρώτως, ... διὰ καὶ τὴν τοῦ θερμοῦ ἀρχὴν ἀναγκαῖον ἐν τῷ αὐτῷ τόπῳ εἶναι· αὕτη, δ' ἐστὶν αἰτία καὶ τῷ αἵματι τῆς ὑγρότητος καὶ τῆς θερμότητος. κτλ., a. a. O. III, 5. 667 b 21 ff. vergl. IV, 5. 678 b 2 ff. de juvent. 1. 467 b 18 ff. C. 3. 469 a 17 ff.

MEYER, Aristot. Thierkunde, S. 428, erklärt sich der Ansicht geneigt, daß die Adern als Ueberträger der Empfindung zum Herzen anzusehen seien; nur „sei das Wie dieser Vermittlung nicht mehr klar." Nach AUBERT und WIMMER zur Thierkunde, Einleit., I, S. 40, „läßt sich, inwieweit das Herz auch Centralorgan der Empfindung ist, nicht genauer feststellen; Aristoteles scheint sich eine Verbindung desselben mittelst der Adern bis zum Fleische hin zu denken." Bestimmt und zwar auf Grund der Stelle de insomn. 3. 461 a 25 ff. spricht sich FREUDENTHAL, Ueber den Begriff des Wortes φαντασία bei Aristoteles, Göttingen 1863, S. 25, für diese Vermittlung von Seite des Blutes aus.

Die Wanderung der Wahrnehmungen durch πόροι würde der durch äußere Medien bewirkten Bewegung entsprechen. Aber auch die Beförderung durch das Blut hat etwas Anschauliches, wofern nur nicht die Zumuthung damit verbunden wird, die Wahrnehmungen gegen den Strom schwimmen zu sehen. Es gehört also, wenn auch nicht gerade der beständige Kreislauf (nach FRANTZIUS, S. 290 seiner Ausg. zu de part. an. III, 4. 666 a. 6 ff. und MEYER a. a. O. S. 425 hatte Aristoteles keinen Begriff, keine Ahnung davon; vergl. auch AUBERT und WIMMER a. a. O. S. 39), doch ein beständiger Rücklauf des Bluts, also wenigstens diese Ahnung des Kreislaufs dazu.

Wenn die Nahrung von Außen in die zu ihrer Aufnahme geeigneten Orte kommt, so dunstet sie in die Adern aus, verwandelt sich dort in Blut und wandert zum Princip (de somno 3. 456 b 2 ff.). Sie verwandelt sich in den Adern in Blut, indem sie sich mit dem schon vorhandenen mischt (vergl. a. a. O. 458 a 21 ff.). Dann vermittelst seiner Wärme zum kalten Gehirn aufdampfend (meist Schlaf erzeugend), wird dieß Gemisch von Dunst, festern Bestandtheilen und Blut oder dieses ungekochte Blut — Dank der dünnen und engen Beschaffenheit der Hirnadern (a. a. O. a 5 ff.) — gekühlt.

7 *

der Wahrnehmung an. Wäre auch nicht ausdrücklich von Niederschlägen der Vorgänge in den Sinneswerkzeugen die Rede, so würde die Art der Vermitthung der äußern Wahrnehmung mit dem innern Organe auf solche materiellen Secrete führen. Die Wirkung der Medien auf die einzelnen Sinnesorgane ist von Anfang bis zum Ende Verwandlung, nemlich Verwandlung des das Sinnesorgan wesentlich constituirenden Elements, und nur insofern einem Siegeln ähnlich, als der Sinn nur die Form, nicht zugleich auch den Stoff aufnimmt. Mit der innern Wahrnehmung verhält es sich anders. Die Form des Objects ist bereits Form im äußern Sinne, aber das Blut weder wahrnehmungsfähig, noch ein Medium wie Luft und Waßer. Nun drückt, wie Aristoteles in der Schrift über das Gedächtniss sagt, [1] die innere Bewegung dem Urwahrnehmungsvermögen, welches geradeso und in demselben Sinne wie die äußern Organe „die Formen erleidet," [2] Etwas wie ein „Gepräge des Wahrgenommenen" auf, „so wie diejenigen thun, welche mit Ringen siegeln;" dabei hängt es von der größern oder geringern Consistenz des centralen Or-

---

verdichtet und wenigstens zum Theil (das Unbrauchbare wird ausgeschieden), nun seinerseits kühlend, zum Herzen (a. a. O. 457 b 31 ff. 458 a 1 ff.), zur Küche des nährenden Bluts, hinabgedrängt. Dieser Zufluß ist ein beständiger (τοῦ ἀεὶ προσιόντος ἐκ τῆς τροφῆς ὑγροῦ), wie das beständige Pulsiren bezeugt (de respirat. 20. 480 a 2 ff.). Besonders aber geschieht es nach dem Eintritte des Schlafs, daß sich das Blut zum Herzen begibt (de insomn. 3. 461 b 11 f. u. s.), und bei dieser Gelegenheit gelangen auch die nicht beachteten, in den Grund versenkten Wahrnehmungen aus den äußern Sinnen zum Herzen. Wahrscheinlich hängt es nicht bloß mit der Functionsfähigkeit der äußern Sinne, sondern auch mit der örtlichen Beförderung der Wahrnehmung zur gemeinsamen ἀρχή zusammen, daß das dünnere Blut zum Wahrnehmen geeigneter als das dickere ist (de part. an. II, 2. 648 a 3 f. C. 4. 650 b 22 ff.). Endlich stimmt damit auch der Ausdruck zusammen, daß die Adern nicht bloß vom Herzen ausgehen, sondern auch im Herzen zusammenlaufen (a. a. O. III, 5. 667 b 21 f.), und nicht, wie Frantzius a. a. O. behauptet, daß das im Herzen gekochte und im Körper verbreitete Blut „vollständig verbraucht werde, ohne daß der Ueberschuß wieder zum Herzen zurückkehrt." Aristoteles kann bei alledem sehr wohl sagen: ἐκ τῆς καρδίας γὰρ ἐποχετεύεται (sc. τὸ αἷμα) καὶ εἰς τὰς φλέβας, εἰς δὲ τὴν καρδίαν οὐκ ἄλλοθεν (aus keinem andern Ursprunge), de part. an. III, 6. 666 a 6 f.

1) ἡ γὰρ γινομένη κίνησις ἐνσημαίνεται οἷον τύπον τινὰ τοῦ αἰσθήματος, καθάπερ οἱ σφραγιζόμενοι τοῖς δακτυλίοις, de memor. 1. 450 a 30 ff.

2) vergl. τὰ εἴδη πάσχειν, de an. III, 2. 427 a 8 f.

gans ab, ob und wie das Gepräge (ὁ τύπος) oder die Erscheinung (Vorstellung, τὸ φάντασμα) faßt und haften bleibt. ¹) Auf der andern Seite ist alle Wahrnehmung, innere wie äußere, „eine Art von Verwandlung." Das Eine geht mit dem Andern, wenn die Verwandlung des innern Organs die Wirkung eines mechanisch erregten Reizes ist.

Dieß scheint die Vermittlung der Thatsache zu sein, daß sich in der Seele den äußern Objecten analoge und gleichartige Figuren, Bewegungen und Abbilder befinden, und daß die Vorstellungen den wahrnehmbaren Objecten entsprechen. ²)

3. Der innere ist der universelle Sinn.

Als das „gemeinsame Sinnesorgan, in welchem die actuellen Wahrnehmungen nothwendig zusammentreffen," ³) umfaßt der innere Sinn alle fünf Gattungen wahrnehmbarer Objecte, und weil die fünf äußern Sinne aller irgend möglichen Wahrnehmung genügen, so ist er der universelle Sinn. ⁴)

---

1) de memor. 1. 450 a 32 ff. b 5. 10 f. s. Abschn. III.

2) τὰ γὰρ φαντάσματα ὥσπερ αἰσθη[μα]τά (ARGYROPYLOS und PACIUS dem Zusammenhange gemäß: sensibilia) ἐστι, πλὴν ἄνευ ὕλης, de an. III, 8. 432 a 9 f.

3) de juvent. 1. 467 b 28 f. τὸ πάντων τῶν αἰσθητηρίων κοινὸν αἰσθητήριον, 3. 469 a 12. ... ἀλλά τινι κοινῷ μορίῳ τῶν αἰσθητηρίων ἁπάντων (sc. κρίνει), de somno 2. 455 a 19 f.

4) ᾧ ἅπαντα αἰσθάνεται, de sensu 7. 449 a 9 τὸ αἰσθητικὸν πάντων, a. a. O. a 17 f. ἐν ᾧ πρώτῳ ᾧ αἰσθάνεται πάντων, de somno 2. 445 b 10. ᾗ μέν ἐστι δεκτικὸν πάντων τῶν αἰσθητῶν, de part. an. II, 1. 647 a 28.

Daher ist der Hauptsinn auch das Organ für die Wahrnehmung innerer Zustände und Bewegungen. ἡδοναί und λῦπαι (die Gegensätze des Gefühls [αἴσθησις ist eben Beides, sowohl Empfindung als Wahrnehmung, αἰσθάνεσθαι empfinden und wahrnehmen], welches bei Aristoteles theoretisch nicht zu seinem Rechte kommt,) sind Affectionen und Thätigkeiten des πρῶτον αἰσθητικόν selbst: καὶ ἔστι τὸ ἥδεσθαι καὶ λυπεῖσθαι τὸ ἐνεργεῖν τῇ αἰσθητικῇ μεσότητι πρὸς τὸ ἀγαθὸν ἢ κακόν, ἢ τοιαῦτα. καὶ ἡ φυγή, δὲ καὶ ἡ ὄρεξις τοῦτο (sc. τὸ ἐνεργεῖν κτλ.) ἢ κατ᾽ ἐνέργειαν, καὶ οὐχ ἕτερον τὸ ὀρεκτικὸν καὶ φευκτικόν, οὔτ᾽ ἀλλήλων οὔτε τοῦ αἰσθητικοῦ· ἀλλὰ τὸ εἶναι ἄλλο, de an. III, 7. 431 a 10 ff. (Bewegungen: de part. an. III, 4. 666 a 11 ff. rhetor. I. 11. init. Bewegung und Thätigkeit: m. mor. II, 7. 1204 b 25 ff. Verwandlungen: phys. VII, 3. 247 a 16 f., — aber keine Bewegungen im engern Sinne, weil keine ἐνέργεια τοῦ ἀτελοῦς oder ἀτελές, sondern τοῦ τετελεσμένου, eth. Nicom. X, 3. 1174 a 19. b 9 f. 13 f. m. mor. II, 7. 1204 b 20 ff. top. IV, 1. 121 a 30 ff.). Vergl. ὀργίζεσθαι, θαρρεῖν, ἐπι-

4. Der universelle ist der Sinn der gemeinsamen Objecte der Wahrnehmung.

„Gemeinsame" sind im Unterschiede von den „Eigenthümlichen" solche Objecte, welche in den Bereich aller [1]) oder einiger Sinne, besonders des Gesichts und des Tastsinns fallen, [2]) nemlich Bewegung und Ruhe, Gestalt und Größe, Zahl und Eins. [3]) Mit der Bewegung gehört auch die Zeit dazu; [4]) mit der Gestalt gehen das Rauhe und Glatte, das

---

θυμεῖν, ὅλως αἰσθάνεσθαι, de an. 1, 3. 403 a 7. Wenn man, sagt Aristoteles a. a. O. III, 9, die Seelenvermögen so schroff von einander trennt und für sich setzt, wie Platon und die Seinigen dieß thun, so dürfte eine Darstellung des empfindenden Vermögens, inwiefern es einestheils ohne Ueberlegung ist, anderntheils Ueberlegung hat (vergl. eth. Nicom. I, 13.), gewiss nicht so leicht werden: ... καὶ τὸ αἰσθητικόν, ὃ οὔτε ὡς ἄλογον οὔτε ὡς λόγον ἔχον θείη ἄν τις ῥᾳδίως, a. a. O. 432 a 30 f. Vergl. auch PACIUS ad h. l. comm. analyt. p. 415.

Ueber die Collision des begehrenden und verabscheuenden Centralsinns mit dem ὀρεκτικόν als besonderm Seelentheile (— eine „inconstantia" und „discrepantia" des Systems) vergl. SCHRADER, Aristot. de volunt. doctr., p. 6 sqq. — BRENTANO a. a. O. S. 63 ff. 104 ff. und EBERHARD a. a. O. S. 13 f. 25 f. 40 f. 56 wollen nur drei Seelenvermögen: das θρεπτικόν, αἰσθητικόν und διανοητικόν, dagegen das ὀρεκτικόν und κινητικὸν κατὰ τόπον (de an. II, 3. 414 a 31 f.; κινητικὸν κ. τ. ex appetitu prodit, SCHRADER l. l. p. 3) nur als untergeordnete Fähigkeiten anerkennen.

Der Sitz der begehrenden und bewegenden δύναμις ist gleichfalls im Herzen, wie denn auch die Sehnen, die unmittelbaren Werkzeuge derselben, hier ihren Ursprung nehmen, de part. an. II, 1. 647 a 24 ff. III, 4. 666 b 13 f. de somno 2. 455 b 34 ff. histor. an. III, 5 init.

1) τὰ γὰρ τοιαῦτα οὐδεμιᾶς ἐστιν ἴδια, ἀλλὰ κοινὰ πάσαις, de an. II, 6. 418 a 18 f. 10 f. vergl. ὧν ἑκάστῃ αἰσθήσει αἰσθανόμεθα κατὰ συμβεβηκός, a. a. O. III, 2. 425 a 14 f.

2) ... κοινὰ τῶν αἰσθήσεών ἐστιν, εἰ δὲ μὴ πασῶν, ἀλλ᾽ ὄψεώς γε καὶ ἁφῆς, de sensu 4. 442 b 6 f. de an. II, 6. 418 a 19 f. Hauptsächlich in den Bereich des Gesichtssinns, de sensu 4. 442 b 13. C. 1. 437 a 8.

3) ... κινήσεως, στάσεως, σχήματος, μεγέθους, ἀριθμοῦ, ἑνός (primary qualities bei LOCKE) · ταῦτα γὰρ πάντα κοινῇ αἰσθανόμεθα, de an. III, 1. 425 a 15 ff. Das Eins (vielleicht in der Zahl begriffen, nach metaph. XIII, 1. 1088 a 6 jedoch keine Zahl; die Zahl ist eine Summe von Einheiten, a. a. O. IX, 1. 1053 a 30) fehlt de an. II, 6. 418 a 17 f.

4) μέγεθος δ᾽ ἀναγκαῖον γνωρίζειν καὶ κίνησιν ᾧ καὶ χρόνον, de memor. 1. 450 a 9 f. 451 a 16 f.

Wahrnehmung der Zeit, jedoch nur der ungezählten oder ungemessenen, kommt auch einem Theile der Thiere zu, weil Gedächtniss, denn Gedächtniss ist

Scharfe und Stumpfe an den Körpern.[1]) Hätten wir bloß
einen, den Gesichts-Sinn z. B., den Sinn der Farbe, so würden uns die gemeinsamen Objecte, welche die eigenthümlichen
begleiten, Bewegung, Größe und Zahl, besonders augenfällig

unmittelbar Beziehung auf die Zeit; ὥσθ' ὅσα χρόνου αἰσθάνεται, ταῦτα μόνα τῶν
ζῴων μνημονεύει, de memor. 1. 449 b 28 f. 450 a 16 ff. u. s. Wir sagen,
es sei eine Zeit verfloßen, wenn wir von dem Früher oder Später in
der Bewegung eine Wahrnehmung gemacht haben, phys. IV, 11. 219 a 23 ff.
34 f. Das Früher und das Später sind aber zählbar, b 25. 28; bestimmte oder
gemeßene (de memor. 2. 452 b 8, — 453 a 2 von der unbestimmten und ungemeßenen, C. 1. 450 a 21 f. vom bloßen πρότερον und ὕστερον unterschiedene)
Zeit ist also die Zahl der Bewegung in Rücksicht auf das Früher und Später,
b 1 f. 5. 220 a 3 f. 24 f. C. 12. 220 b 8 ff. 221 a 13 ff. C. 14. 223 a 28 f. 33 f.
vergl. VIII, 1. 251 b 10 ff. de coelo I, 9. 279 a 14 f. vergl. de generat. et corr.
II, 10. 337 a 22 ff. Die Wahrnehmung gemeßener Zeit setzt demnach Zählen
voraus. „Wenn aber nichts Anderes seiner Natur nach zu zählen befähigt ist,
als die Seele und zwar das Denkvermögen der Seele, so kann die Zeit unmöglich
ohne die Seele, sondern nur das sein, was, wie immer beschaffen, die Zeit ist
(d. h. nur die Bewegung sein), nemlich wenn es möglich ist, daß die Bewegung
ohne die Seele ist; εἰ δὲ μηδὲν ἄλλο πέφυκεν ἀριθμεῖν ἢ ψυχὴ καὶ ψυχῆς νοῦς, ἀδύνατον εἶναι χρόνον ψυχῆς μὴ οὔσης, ἀλλ' ἢ τοῦτο ὅ ποτε ὄν ἐστιν ὁ χρόνος, οἷον εἰ
ἐνδέχεται κίνησιν εἶναι ἄνευ ψυχῆς, phys. IV, 14. 223 a 25 ff. vergl. C. 11. 218
b 27 ff.

Hiernach wäre die Bewegung das Objective und Reale, die bestimmte und
als solche unmittelbar gewußte Zahl derselben das Subjective und Ideelle im
Begriffe der Zeit. Die Bewegung, der Umlauf der Gestirne z. B., ist an sich
continuirlich, die Zahl beruht aber auf der Negation des Continuirlichen, diese
Negation ist eine Thätigkeit, und die Einheit oder das Maß derselben eine mehr
oder minder willkürliche Voraussetzung des Nus. Wenn aber dieser Maßstab
und somit die Zeit auch etwas Wahres und Reales an sich haben, und nicht,
wie der Bockhirsch (analyt. pr. I, 38. 49 a 24. analyt. post. II, 7. 92 b 7 u. s.),
etwas Nichtseiendes sind, so wird auch das Bestimmte und als solches Gewußte
an der Zeit nicht bloß etwas Subjectives sein. Die Ansicht des Aristoteles
von der Subjectivität des Bestimmten in der Zeit beruht auf einem einseitigen
Schluße, nicht auf idealistischem Interesse. Vergl. auch ZELLER a. a. O.
S. 301 f.

Zur Erkenntniss der gemeßenen Zeit gehört also der Nus, — der niedere,
sinnliche, in wißenschaftlicher Hinsicht aber oder wofern es sich um ewige,
z. B. astronomische Wahrheiten handelt, der höhere. Die Zeit, deren Wahrnehmung auch gewissen Thieren zukommt, ist mithin die nichtgemeßene, diejenige aber, welche nur die überlegenden Wesen wahrnehmen (vergl. ... ἐν τοῖς
χρόνου αἴσθησιν ἔχουσιν· κτλ., de an. III, 10. 433 b 7), die gemeßene Zeit.

1) de sensu 4. 442 b 5 f. Rauhes und Glattes werden auch unter die
Eigenthümlichen des Tastsinns gezählt, de generat. et corr. II, 2. 329 b 20.

die Größe, mit der Farbe identisch erscheinen und somit verborgen bleiben. Kommen aber die Gemeinsamen auch an andern Gattungen des Wahrnehmbaren, wie z. B. Größe und Gestalt nicht bloß am Sichtbaren, sondern auch am Tastbaren vor, so treten Eigenthümliches und Gemeinsames deutlich aus einander. [1]) Wahrnehmungen dieser Art erfordern also mehrere Sinne, und nur um so eher, wenn jeder einzelne für sich die gemeinsamen Objecte, welche, wie gesagt, die direct wahrgenommenen eigenthümlichen, z. B. die Farbe und das Tastbare, begleiten, [2]) seiner (auf das ihm eigenthümliche Object angelegten [3])) Natur gemäß nur indirect wahrzunehmen im Stande ist. [4]) Durchaus beruhen diese Wahrnehmungen auf Bewegung, entweder auf wirklicher Bewegung der betheiligten Sinne, oder, wie bei der Ruhe, auf der Voraussetzung der objectiven Bewegung, inwiefern die Ruhe der Gegensatz der Bewegung ist; die Zahl nimmt auch das Denken in Anspruch. (Schon daraus geht hervor, daß ein besonderer, sechster Sinn für diese Art von Wahrnehmung unmöglich ist. [5])) Das Re-

---

1) de an. III, 1. 425 b 4 ff.

2) a. a. O. b 5 f. C. 3. 428 b 22 ff.

3) a. a. O. II, b. 418 a 24 f.

4) ... ὧν ἑκάστῃ αἰσθήσει αἰσθανόμεθα κατὰ συμβεβηκός, a. a. O. III, 1. 425 a 14 f. καί vor ἑκάστῃ („praeterea") stört, οὐ vor κατὰ συμβεβηκός (so beide Male TORSTRIK) zerstört den Sinn.

5) An den Nachweis, daß mit den fünf Sinnen der vollkommenen Thiere die Zahl aller möglichen Sinne erschöpft sei, schließt sich unmittelbar die These an, daß auch in Rücksicht der gemeinsamen Objecte ein besonderes Sinneswerkzeug unmöglich sei, a. a. O. a 13 ff.

„Aber sicher kann es auch für die gemeinsamen Objecte, welche wir mit jedem einzelnen Sinne indirect wahrnehmen, nemlich Bewegung, Stillstand, Figur, Größe, Zahl, Eins, kein eigenthümliches Sinneswerkzeug geben; denn alle diese Objecte nehmen wir durch Bewegung wahr, nemlich Größe durch Bewegung, somit auch Gestalt, denn die Gestalt ist eine gewisse Größe. Das Ruhende aber (wird) dadurch (wahrgenommen), daß es nicht bewegt wird, die Zahl durch Negation (also Denken, — vorstellendes Denken; μηδὲν ἄλλο πέφυκεν ἀριθμεῖν ἢ ψυχὴ καὶ ψυχῆς νοῦς, phys. IV, 4. 223 a 25 f.) des Continuirlichen und durch die eigenthümlichen Objecte (das Sichtbare, Tastbare u. s. w. an einem und demselben Substrate); denn jeder Sinn nimmt eins (ein eigenthümliches Object, eine Gattung der verschiedenen wahrnehmbaren Seiten des zu Zählenden) wahr. So daß, wie klar am Tage liegt, unmöglich irgend einem

sultat besteht in einer einzigen, dem mehrseitig constatirten
Objecte conformen Vorstellung: was die Wahrnehmungen der
verschiedenen Sinne combinirt und, als das adäquate Organ,
die so erhobene Vorstellung direct, wie der Einzelsinn sein
Eigenthümliches, zum Gegenstande hat, [1]) ist der gemeinsame,
der ursprüngliche Sinn. [2])

---

jener gemeinsamen Objecte, so z. B. (vor allen andern) der Bewegung, ein
eigenthümlicher Sinn zukommt. -

Von hier aus wird denn nun auch der zweite, hypothetische Theil der De-
duction (a 21 ff.) verständlich. ohne daß man genöthigt wäre. mit Trendelenburg ad h. l. comm. p. 431 die Worte οὐδαμῶς γὰρ κτλ. oder mit Torstrik p.
165, um der „inextricabilis confusio" beizukommen, εἰ δὲ μή bis Κλέωνος εἶναι zu
streichen; die von Beiden geforderte Tilgung der Worte τὸν Κλέωνος υἱὸν ἡμᾶς
ὁρᾶν, a 29 f., dürfte genügen.

Gäbe es einen aparten Einzelsinn, fährt Aristoteles fort, so wäre ein doppelter Fall denkbar. Es würde 1. entweder so sein (οὕτω γὰρ ἔσται κτλ.), wie
wir thatsächlich mit dem Gesichtsinne das Süße wahrnehmen, wenn eine Farbe
und das damit erfahrungsmäßig verbundene Süße zusammenfallen (das Spe-
ciellere über diese Art von Wahrnehmung κατὰ συμβεβηκός nachträglich a 30 ff.).
Unter den κοινά die Bewegung als Beispiel genommen, so entspricht die Farbe
des Süßen der Farbe des Bewegten, das Süße der Bewegung, der hiermit unmittelbar gesetzte Geschmackssinn dem hypothetischen Einzelsinne für die gemeinsamen Objecte; es würde sich also entweder das Wahrgenommene des hypothetischen an das direct Wahrgenommene des wirklich vorhandenen Sinnes (wie
das Süße an die reell wahrgenommene Farbe) unmittelbar anschließen (d. h.
der Gesichtssinn die Bewegung in der angegebenen Weise, nemlich als Wahrgenommenes des hypothetischen Sinnes, κατὰ συμβεβηκός wahrnehmen), oder 2.
(εἰ δὲ μή) die Wahrnehmung des hypothetischen Sinnes sich wie die Ueberlegung
in der vorzugsweise sogenannten Wahrnehmung κατὰ συμβεβηκός verhalten,
wenn wir z. B. das direct wahrgenommene Weiße dort als den Sohn des Kleon
erkennen. Nun aber geschieht die Wahrnehmung der Gemeinsamen nicht (weder
im zweiten noch im ersten Sinne) κατὰ συμβεβηκός, sondern so, daß die in jedem
besondern Falle betheiligten Sinne (ein jeder einzelne für sich den Begleiter
seines eigenthümlichen Objects nicht anders als κατὰ συμβεβηκός, d. h. in einem
dritten Sinne κατὰ συμβεβηκός, wahrnehmend, a 14 f.) zur Wahrnehmung des
Gemeinsamen auch gemeinsam, je nach ihrer Natur mehr oder weniger gleichmäßig beitragen (der gemeinsame Sinn aber direct wahrnimmt): folglich ist
der Sinn der gemeinsamen Objecte kein eigenthümlicher (τῶν δὲ κοινῶν ἤδη
ἔχομεν αἴσθησιν κοινήν, οὐ κατὰ συμβεβηκός· οὐκ ἄρ' ἔστιν ἰδία, a 27 f.).

1) vergl. λέγεται δὲ τὸ αἰσθητὸν τριχῶς, ὧν δύο μὲν καθ' αὑτά φαμεν αἰσθάνεσθαι, τὸ δὲ ἓν κατὰ συμβεβηκός. τῶν δὲ δύο τὸ μὲν ἴδιόν ἐστιν ἑκάστης αἰσθήσεως,
τὸ δὲ κοινὸν πασῶν, de an. II, 6. 418 a 8 ff.

2) vergl. μέγεθος δ' ἀναγκαῖον γνωρίζειν καὶ κίνησιν ᾧ (mit demselben Or-

5. Wahrheit und Irrthum in der Wahrnehmung der gemeinsamen Objecte.

Der Umstand, daß die Natur eines jeden Einzelsinns lediglich auf ein Eigenthümliches angelegt ist, macht sich sofort, trotz vereinigter Thätigkeit, in Bezug auf die Sicherheit und die Zuverläßigkeit in der Wahrnehmung der Gemeinsamen fühlbar. Im Unterschiede von der Wahrnehmung der Eigenthümlichen ist diejenige der Gemeinsamen auch der Täuschung unterworfen; [1]) in weiter Entfernung täuscht namentlich die Größe. [2])

_____

gane, mit welchem) καὶ χρόνον, καὶ τὸ φάντασμα τῆς κοινῆς αἰσθήσεως πάθος ἐστίν. ὥστε φανερὸν ὅτι τῷ πρώτῳ αἰσθητικῷ τούτων ἡ γνῶσίς ἐστιν, de memor. 1. 450 a 9 ff.

    FREUDENTHAL, Zur Kritik und Exegese von Aristoteles' _parva naturalia_; Mus. f. Philol. n. F. XXIV (1869), S. 396 f., bemerkt zu dieser Stelle Folgendes: Die Zeit sei dem Aristoteles Maß oder Zahl der Bewegung, zugleich aber eine continuirliche Größe und daher keine Zahl (— also wohl auch kein Maß) im eigentlichen Sinne, — wofür er sich auf phys. IV, 12. 220 b 24 f. u. s. w., so wie auf den Satz beruft, daß „jede Größe continuirlich ist," a. a. O. VI, 2. 232 a 24 f. „Daher," fährt FREUDENTHAL fort, „spreche Aristoteles mit vollem Rechte den für die Aristotelische Lehre von den κοιναὶ αἰσθήσεις und von χρόνος bisher nicht verwertheten Gedanken aus: Größe und Bewegung muß aber der vorstellen, der Zeit vorstellt (ᾧ καὶ χρόνον). Auf das vorhergehende alle Begriffe begleitende ποσόν dürfe man aber μέγεθος hier nicht beziehen und demnach nicht übersetzen: Größe und Bewegung muß man aber nothwendig mit demselben Organe vorstellen, mit welchem man die Zeit vorstellt; denn in diesem Falle wäre καὶ κίνησιν durchaus überflüßig, ja gar nicht zu erklären."

    Aber dem Satze von der Continuität der Größen steht der andere zur Seite, daß „alles Continuirliche in immer wieder Theilbares theilbar," also „jede Größe", so z. B. die Zeit, „in Größen theilbar sei" (phys. VI, 1. 231 b 15 f. C. 2. Anf.), und die Bewegung (καὶ κίνησιν) ist nicht nur eins der gemeinsamen Objecte, sondern zugleich auch wesentliches Moment des Zeitbegriffs. Endlich tritt auch der Zusammenhang mit dem unmittelbar Folgenden: καὶ τὸ φάντασμα ... ἡ γνῶσίς ἐστιν in's Spiel. „Diesen Satz," erklärt Fr., „muß man auf den ersten Blick an dieser Stelle für unpassend halten;" denn das voraufgehende μέγεθος δ' ἀναγκαῖον κτλ. spreche von der Erinnerung (ᾧ καὶ χρόνον nimmt vielmehr den 449 b 30 niedergelegten Faden wieder auf, um ihn 450 a 12 ff. mit dem 449 b 30 neu angezettelten zusammenzuknüpfen), καὶ τὸ φάντασμα aber führe zu dem eben erst Gesagten zurück, daß der Begriff mit einem φάντασμα verbunden sein müße. U. s. w.

    1) de an. III, 3. 428 b 24 f. de sensu 4. 442 b 8.

    2) ἅπαντα μὲν οὖν αἰσθητά ἐστιν, ἀλλ' οὐ φαίνεται ὅσα ἐστίν· τοῦ γὰρ ἡλίου

6. Jeder Act der innern Wahrnehmung ist ein einheitlicher.

Wenn es aber unmöglich ist, die unter einen und denselben Sinn fallenden Objecte zugleich wahrzunehmen, sobald es zwei sind, so ist klar, daß man noch viel weniger die unter zwei Sinne fallenden Objecte, wie Weißes und Süßes, zugleich wahrnehmen kann.[1] Diesen Satz behandelt Aristoteles in der Psychologie und zwar im Anschluße an das Ergebniss der vorhergegangenen Untersuchung, wonach das Identische und Eine (τὸ αὐτό, τὸ ἕν) die Gattungen, z. B. das Süße vom Weißen, in untrennbarer Zeit, oder daß Untrennbares in untrennbarer Zeit die Gattungen unterscheidet,[2] in folgender Weise:[3] „Aber es ist in der That unmöglich, daß das Iden-

---

τὸ μέγεθος, ὁρᾷ καὶ τὸ τετράπηχυ πόρρωθεν, ἀλλ' οὐ φαίνεται ὅσον, κτλ. de sensu 7. 448 b 12 ff. metaph. III, 5. 1010 b 3 ff.

1) de sensu 7. 447 b 21 ff. 448 a 1 ff. Die schwächern Sinneseindrücke unterliegen den stärkern: ἔστι δέ τις ἀπορία καὶ ἄλλη τοιάδε περὶ αἰσθήσεως, πότερον ἐνδέχεται δυεῖν ἅμα αἰσθάνεσθαι ἐν τῷ αὐτῷ καὶ ἀτόμῳ χρόνῳ, ἢ οὔ, εἰ δὴ ἀεὶ ἡ μείζων κίνησις τὴν ἐλάττω ἐκκρούει· διὸ ἐπιφερομένων ἐπὶ τὰ ὄμματα οὐκ αἰσθάνονται, ἐὰν τύχωσι σφόδρα τι ἐννοοῦντες ἢ φοβούμενοι ἢ ἀκούοντες πολὺν ψόφον, u. a. O. 447 a 12 ff. de insomn. 3. 460 b 28 ff. de divinat. per s. 1. 463 a 7 ff.

2) οὐδ' ἐν κεχωρισμένῳ χρόνῳ κτλ., de an. III, 2. 426 b 24 ff. ἀλλ' οὕτω λέγει καὶ νῦν καὶ ὅτι νῦν· ἅμα ἄρα. ὥστε ἀχώριστον καὶ ἐν ἀχωρίστῳ χρόνῳ, b 28 f. Individuum tempus ne intelligas instans, sed quod est idem tempus; reluti si quis simul legat et deambulet, dicitur hoc facere in tempore individuo, quia non est distinctum tempus, quo legit et deambulet, PACIUS, comm. analyt. zu de an. p. 349.

3) ἀλλὰ μὴν ἀδύνατον ἅμα τὰς ἐναντίας κινήσεις κινεῖσθαι τὸ αὐτὸ ᾗ ἀδιαίρετον καὶ ἐν ἀδιαιρέτῳ χρόνῳ. εἰ γὰρ γλυκύ, ὡδὶ κινεῖ τὴν αἴσθησιν ἢ τὴν νόησιν, τὸ δὲ πικρὸν ἐναντίως, καὶ τὸ λευκὸν ἑτέρως, ἆρ' οὖν ἅμα μὲν καὶ ἀριθμῷ ἀδιαίρετον καὶ ἀχώριστον (vergl. C. 6. 430 b 18. metaph. IX, 1. 1052 b 17; s. Abschn. V.) τὸ κρῖνον, τῷ εἶναι δὲ κεχωρισμένον; ἔστι δή πως ὡς τὸ διαιρετὸν τῶν διῃρημένων αἰσθάνεται, ἔστι δ' ὡς ᾗ ἀδιαίρετον· τῷ εἶναι μὲν γὰρ διαιρετόν, τόπῳ δὲ καὶ ἀριθμῷ ἀδιαίρετον. ἢ οὐχ οἷόν τε; δυνάμει μὲν γὰρ τὸ αὐτὸ διαιρετὸν καὶ ἀδιαίρετον, τῷ δ' εἶναι οὔ, ἀλλὰ τῷ ἐνεργεῖσθαι διαιρετόν, καὶ οὐχ οἷόν τε ἅμα λευκὸν καὶ μέλαν εἶναι, ὥστ' οὐδὲ τὰ εἴδη πάσχειν αὐτῶν, εἰ τοιοῦτον ἡ αἴσθησις καὶ ἡ νόησις, a. a. O. b 29 ff. τὸ δὲ ἔσχατον ἕν, καὶ μία μεσότης, τὸ δ' εἶναι αὐτῇ πλείω, C. 7. 431 a 19 f. ὁμοίως τοίνυν θετέον καὶ ἐπὶ τῆς ψυχῆς τὸ αὐτὸ καὶ ἐν εἶναι ἀριθμῷ τὸ αἰσθητικὸν πάντων, τῷ μέντοι ἕτερον καὶ ἕτερον τῶν μὲν γένει τῶν δὲ εἴδει. ὥστε καὶ αἰσθάνοιτ' ἂν ἅμα τῷ αὐτῷ καὶ ἑνί, λόγῳ δὲ (= τῷ εἶναι)

tische, insofern es untrennbar ist, zugleich und in untrennbarer Zeit in conträren Bewegungen bewegt werde. Denn das
Süße bewegt den Sinn oder das Denken in dieser, das Bittere
in conträrer, das Weiße wieder in anderer Weise. Also ist
wohl das Unterscheidende zugleich und der Zahl nach untrennbar und unscheidbar, dem Sein (dem Begriffe seiner Thätigkeit) nach aber geschieden? [1]) In gewisser Rücksicht nimmt
also das Identische getrennte Objecte als selber Getrenntes,
in anderer dagegen als Ungetrenntes wahr: denn dem Sein
nach ist es getrennt, örtlich aber und der Zahl nach ist es
ungetrennt. Oder ist dieß unmöglich? Denn dem Vermögen
nach ist das Identische getrennt und ungetrennt, dem Sein
nach aber nicht, sondern der Bethätigung nach getrennt, und
es ist nicht möglich, zugleich weiß und schwarz zu sein, folglich auch nicht, ihre (des Weißen und des Schwarzen) Formen zu erleiden, wenn der Sinn und das Denken so beschaffen ist.“ Der Unterschied der Bethätigung oder Thätigkeit,
z. B. des Schmeckens und des Sehens, ist der Unterschied
des Seins oder der begriffliche Unterschied. [2]) In dieser Weise
kommt also das Axiom des Widerspruchs im Acte der Wahrnehmung zu Tage. Daher wird das innere Eine mit dem
Punkte verglichen, welcher für sich schlechthin einer, ungetrennt, aber als Grenze getrennt, jetzt Ende und dann Anfang ist. [3])

οὐ τῷ αὐτῷ, de sensu 7. 449 a 16 ff. ... ἔστι μὲν γὰρ μία αἴσθησις καὶ τὸ
κύριον αἰσθητήριον ἕν, τὸ δ' εἶναι αἰσθήσει τοῦ γένους ἑκάστου ἕτερον, οἷον ψόφου
καὶ χρώματος, de somno 2. 455 a 20 ff.

1) Nicht die *falsa* (PACIUS l. l. p. 349), sondern die wahre *solutio*; die
Antwort ist: ja natürlich!

2) Hiermit dürften die von TRENDELENBURG im Comm. p. 446 sq. erhobe-
nen Schwierigkeiten als beseitigt zu betrachten sein.

3) de an. III, 2. 427 a 9 ff. C. 7. 431 a 21 f.

BRANDIS (Handbuch etc. II, 2. S. 1120; vergl. dagegen S. 1172 f.) hat in
dem ganzen Abschnitte de an. III, 2. 426 b 8 ff. trotz b 17 ff. und 427 a 15 f.
(περὶ μὲν οὖν τῆς ἀρχῆς κτλ.) immer noch den einzelnen Sinn im Auge. Es
werde nur „stillschweigend vorausgesetzt, daß alle fünf Sinne, wie verschieden
auch ihre Gegenstände und Äußerungsweisen, in einem und demselben Vermögen der Wahrnehmung wurzeln.“

Aristoteles beantwortet die Frage, womit die Seele verschiedene Gattungen,
z. B. Weiß und Warm, unterscheide, auch in folgender Weise: Es gebe, sagt

7. Der innere ist der Sinn der bewußten Wahrnehmung, des wahrnehmenden Denkens.

Die äußern Sinne nehmen sich selbst wahr, aber erst im Mittelpunkte tritt das volle Bewußtsein der sinnlichen Thätigkeit ein. Aristoteles spricht sich darüber in der Schrift über Schlaf und Erwachen in folgender Weise aus:[1]) Es gibt in Betreff eines jeden Sinnes theils etwas Eigenthümliches, theils etwas Gemeinsames, — Eigenthümliches, wie dem Gesichtssinne das Sehen, dem Gehör das Hören, ebenso den Uebrigen; es gibt aber auch ein gewisses gemeinsames Vermögen, welches alle begleitet, womit man wahrnimmt, daß man sieht und hört (denn offenbar sieht man nicht mit dem Gesichtssinne, daß man sieht), — der „eigentliche Sinn,"[2]) das „eigentliche" oder „Haupt-Sinneswerkzeug."[3]) Dieser Haupt- oder eigentliche Sinn, worin sich die wahrnehmende Seele die Richtung auf die Thätigkeit der Einzelsinne gibt, der Einwirkung

---

er (a. a. O. III, 7. 431 a 20 ff.), ein gewisses Einheitliches, und in diesem Einen seien auch die verschiedenen Wahrnehmungen eins, eins nach dem gegenseitigen Verhältnisse und der Mischungszahl so wie die entsprechenden äußern Objecte (— die angenehmen Farben sind Mischungen von Schwarz und Weiß λόγῳ und κατ' ἀριθμούς, de sensu 3. 439 b 19 ff. 27 ff. [vergl. Prantl., Aristoteles über die Farben, S. 111 ff.], und ebenso die angenehmen χυμοί Mischungen von Süß und Bitter κατὰ λόγον und κατ' ἀριθμούς, a. a. O. 4. 442 a 12 ff.). Ob man in Rücksicht der Unterscheidung nicht homogene (τὰ μὴ ὁμογενῆ, Torstrik), wie Süß und Warm, oder homogene und dabei gegensätzliche Objecte, wie Schwarz und Weiß, in's Auge faßt, trage zur Sache Nichts bei. Setzen wir also homogene. A (Weiß) und B (Schwarz), das objective Paar, verhalten sich wie C und D, das subjective Paar, somit A zu C wie B zu D. Komme also CD dem innern Einen zu, so werde es sich wie AB verhalten, als Ein und Dasselbe und in Einheit, aber das Sein sei nicht dasselbe. Ebenso wenn A und B nicht derselben Gattung angehören. — Der begriffliche Unterschied ist der Unterschied der Thätigkeiten des innern Einen.

1) de somno 2. 455 a 12 ff. vergl. de insom. 3. 461 b 3 ff. ... μνημονεύει, καὶ τούτῳ ᾧ αἰσθάνεται (sc. τῷ πρώτῳ αἰσθητικῷ), de memor. 1. 449 b 29 f. ὁ δ' ὁρῶν ὅτι ὁρᾷ αἰσθάνεται, καὶ ὁ ἀκούων ὅτι ἀκούει, eth. Nicom. IX, 9. 1170 a 29. — Das Wahrnehmen der äußern Sinne ist αἰσθάνεσθαι ἁπλῶς, de insom. 1. 459 a 10, Wahrnehmen schlechthin, d. h. (top. II, 11. 115 b 33 ff.) „ohne weitern Beisatz."

2) αἴσθησις ἡ κυρία, de somno 2. 456 a 6.

3) τὸ κύριον αἰσθητήριον, a. a. O. 2. 455 a 21. a 33 f. τὸ κύριον τῶν αἰσθήσεων, de juvent. 3. 469 a 10. τὸ κύριον καὶ ἐπικρίνον, de insom. 3. 461 b 25.

von Außen aus dem Innern die ungetheilte Empfänglichkeit
oder die Aufmerksamkeit entgegenbringt (so nemlich „begleitet" das identische innere die äußern Vermögen [1])), ist, wie gesagt, der Zweck der Einzelsinne, die letztern sind wesentlich
seine Mittel. [2]) Die bewußte Wahrnehmung ist unmittelbar
Beziehung der innern Erscheinung auf das äußere Object.
Man kann sehr wohl sagen, daß die im Sinne zurückbleibende
Wahrnehmung des Koriskos so Etwas wie Koriskos, aber nicht
(wie im Traume [3])), daß sie Koriskos selber sei. Hingegen
als die Wahrnehmung Statt fand, fährt Aristoteles fort, [4])
sprach das Principale und Entscheidende dieselbe nicht als den
Koriskos selber, sondern durch sie den wahren Koriskos aus."
Wahrnehmen mit diesem vollen Bewußtsein ist mehr als bloß
unmittelbares Unterscheiden; es ist schon Etwas wie ein Urtheil, Etwas wie das Denken, es ist vielmehr geradezu Denken, Denken im weitesten Sinne. [5])

1) ... κοινὴ δύναμις ἀκολουθοῦσα πάσαις, de somno 2. 2. 455 a 15 f.
2) de juvent. 3. 469 a 4 ff.
3) Da die Traumerscheinungen auf den Restanten unbeachteter, ohne die
aufmerksame Begleitung des innern Vermögens empfangener Eindrücke in den
Sinneswerkzeugen beruhen, so haben sie, wie die Wahrnehmungen, eine doppelte Stätte. Die eigentlichen Träume gehen im centralen Organe der wahrnehmenden Seele, einzelne Traumerscheinungen auch schon in den äußern
Sinneswerkzeugen, besonders in den Augen vor sich (de insomn. 3. 461 b
16 ff.), sobald das Hemmende, nemlich das Blut (b 27), entfernt worden ist,
und in den Überbleibseln desselben sich die restirenden Wahrnehmungen in
Bewegung setzen. Das Nähere über diesen Gegenstand gehört in die
Psychologie.
4) ὅτε δ' ᾐσθάνετο, οὐκ ἔλεγε Κορίσκον τὸ κύριον καὶ τὸ ἐπικρῖνον, ἀλλὰ διὰ
τοῦτο ἐκεῖνον Κορίσκον τὸν ἀληθινόν, de insomn. 3. 461 b 24 ff.
5) vergl. εἰ γὰρ γλυκύ, ὡδὶ κινεῖ τὴν αἴσθησιν ἢ τὴν νόησιν, κτλ. de an.
III, 2. 426 b 31 f. 22. εἰ τοιοῦτον ἡ αἴσθησις καὶ ἡ νόησις, 427 a 9. νοεῖ γὰρ τὰ
μεγάλα καὶ πόρρω ... τῇ ἀνάλογον κινήσει· κτλ, de memor. 2. 452 b 9 ff. 13.
Wie das Denken überhaupt, so reift mit zunehmendem Alter auch die
Wahrnehmung in diesem prägnanten Sinne; διὸ (wegen der innern ταραχῇ) καὶ
τὰ παιδία οὔτε μανθάνειν δύναται οὔτε κατὰ τὰς αἰσθήσεις ὁμοίως κρίνειν τοῖς
πρεσβυτέροις· κτλ., phys. VII, 3. 247 b 18 ff. vergl. eth. Nicom. VIII, 14.
1161 b 24 ff.

8. Der Sinn des wahrnehmenden Denkens ist der Sinn gewisser indirecter Wahrnehmungen; Wahrheit und Irrthum in diesen Wahrnehmungen.

Wo Aristoteles die Existenz eines besondern Einzelsinnes für die gemeinsamen Objecte der Wahrnehmung bestreitet und zugleich auseinandersetzt, wie die Wahrnehmung derselben nicht geschieht, schließt er zuerst diejenige aus, welche zusammenfallende oder in einem Körper vereinigte Gattungen zum Gegenstande hat. „Wir nehmen," sagt er,[1] „mit dem Gesichtssinne das Süße wahr; dieß aber (geschieht), weil wir die Wahrnehmung Beider (des Weißen und des Süßen) haben, zufolge welcher Wahrnehmung und wann sie zusammenfallen wir sie zugleich erkennen." „Die Sinne," erläutert er gleich nachher,[2] „nehmen einer des andern eigenthümliche Objecte indirect wahr, nicht als ebenso viele selbständige, sondern als eine Wahrnehmung, wann die Wahrnehmung bei Einem und demselben zugleich eintritt, z. B., daß die Galle bitter und gelb ist: denn selbstredend kann weder der eine noch der andere Sinn sagen, daß Beide eins sind." — Indem sich die reelle Wahrnehmung naturgemäß in den Grenzen ihrer Gattung hält, schließt sich eine andere von anderer Gattung (aus dem Gedächtnisse) so unmittelbar an, daß der ganze Act auf einen einzigen hinauskommt. Da kein äußerer Sinn im Stande ist, die Einheit verschiedener Gattungen auszusprechen, so ist das Organ dieser Wahrnehmung das gemeinsame innere.

Eine andere Art indirecter Wahrnehmung findet Statt, wenn Jemand, indem er etwas Weißes sieht, den Sohn des Diares, also Etwas, was dem direct Wahrgenommenen zukommt, zu sehen glaubt.[3] Die directe Wahrnehmung liegt zu Grunde; daran schließt sich eine Erinnerung über Größe und Figur und an diese Erinnerung eine einfache Folgerung, also Denken (Denken schon in einer vollern, concretern Bedeutung

1) de an. III, 1. 425 a 21 ff.

2) a. a. O. a 30 ff.

3) κατὰ συμβεβηκός δὲ λέγεται αἰσθητόν, οἷον εἰ τὸ λευκόν εἴη Διάρους υἱός· κατὰ συμβεβηκός γὰρ τούτου αἰσθάνεται, ὅτι τῷ λευκῷ συμβέβηκε τοῦτο οὗ αἰσθάνεται, διὸ καὶ οὐδὲν πάσχει ᾗ τοιοῦτον ὑπὸ τοῦ αἰσθητοῦ, a. a. O. II, 6. 418 a 20 ff. III, 1. 425 a 24 ff.

des Wortes) an. [1]) Daß auch das Subject dieser Wahrnehmung der Haupt-, innere und centrale, der denkende Sinn,
als denkender er für sich allein ohne Beihilfe eines andern Vermögens ist, wird aus spätern Untersuchungen evident. [2])
Von der einen wie von der andern Art dieser Wahrnehmung sagt Aristoteles: daß es weiß ist, darüber täuscht man
sich nicht, ob aber das Weiße dieses oder etwas Anderes, [3])
— was das Schallende oder wo es ist, [4]) darüber täuscht
man sich.

9. Die Wahrnehmung des Einzelnen als solchen.

Die Wahrnehmung, welche den Sohn des Diares wieder-
erkennt, ist Wahrnehmung des Einzelnen als solchen. Die
Wahrnehmung gemeinsamer Objecte bezieht der Gattung nach
verschiedene Sinneseindrücke auf ein und dasselbe Wahrnehmbare (Bewegung, Größe, Gestalt u. s. w.) und combinirt sie zu einer einzigen. Wenn dieses Ineinssetzen durch
den innern Sinn die Unterschiede im innern Producte der
Wahrnehmung nicht zugleich wieder tilgt, sondern erhält und
so auf ein und dasselbe zu Grunde Liegende bezieht, so entsteht
die Wahrnehmung des concreten Objects, aber nicht wiefern
dasselbe ein Einzelnes, sondern wiefern es Exemplar der Art
ist. Für die bloße Wahrnehmung, meint Aristoteles, [5]) sind
Individuen derselben Art nicht unterscheidbar; wie die abstracten Objecte der Wahrnehmung, z. B. Weiß und Süß, sind
auch die concreten allgemein. „Die Wahrnehmung geht auf
das Allgemeine, z. B. den Menschen, aber nicht auf den Men-

---

1) vergl. καθ' αὐτὸ οὐ τῷ λόγῳ, i. e. οὐ κατὰ συμβεβηκός, a. a. O. II, 7.
418 a 20.

2) s. Abschn. VI.

3) a. a. O. III, 3. 428 b 21 f. vergl. C. 1. 425 b 3 f. C. 6. 430 b 29 f.
top. IX (de sophist. el.), 1. 164 b 21 ff. C. 5. 167 b 4 ff.

4) de an. II, 6. 418 a 16.

Täuschungen in Krankheiten und Affecten (de insomn. 1. 458 b 26 f. C. 2.
460 b 3 ff.) kommen auf Rechnung der Einbildungskraft und stehen insofern
mit den Träumen auf gleicher Stufe.

5) vergl. ἀδιάφορα δ' ὧν ἀδιαίρετον τὸ εἶδος κατὰ τὴν αἴσθησιν, metaph.
IV, 6. 1016 a 18 f.

schen Kallias."[1]) Die Erkenntniss des Einzelnen als solchen setzt Erfahrung oder ein Allgemeines (nicht bloß am Einzelnen, sondern) als solches (in der Vorstellung), zugleich aber auch ein Vermögen, welches die verschiedenen von einem einzelnen Concreten ausgehenden, auf einige oder alle Sinne wirkenden Wahrnehmungen an dem Allgemeinen der Erfahrung (mehr oder weniger unmittelbar) zu meßen, den individuellen Ueberschuß zu combiniren und auf die Einzelsubstanz als solche zu schließen im Stande ist, kurz: ein Vermögen wie den Nus, wie dieses Vermögen für das Nothwendige und Ewige (den schöpferischen Begriff und die beweisbaren Accidentien desselben) oder einen Nus für Sinnliches, Zufälliges und Vergängliches voraus. Mit der Wahrnehmung des Einzelnen als solchen ist die Grenze der Wahrnehmung im engern Sinne bereits überschritten.

Die äußern Sinne sind Mittel des innern, der innere ist Mittel des Nus; Erkennen und Denken sind der Zweck des Lebens:[2]) je höher die Stufe des Lebens, um so höher die Stufe der Wahrnehmung.[3])

C. Die Sinne unter dem Gesichtspunkte des obersten Zwecks.

Durch die Schärfe ihrer Augen, ihres Gehörs und Geruchs sind viele Thiere dem Menschen überlegen,[4]) namentlich durch den Geruch,[5]) aber nur in der Richtung auf Nahrung

---

1) analyt. post. II, 19. 100 a 17 f. s. o. S. 83. Unter fremden, besonders unvermischt erhaltenen Menschenrassen, z. B. unter Negern und Mongolen, ferner unter Heerden von Thieren u. s. w. erscheint ein Individuum wie das andere, bis sich der Arttypus festgestellt hat.

2) ζῆν ἃ βούλεται, ὅτι βούλεται ἀεὶ γνωρίζειν, eth. Eud. VII, 9. 1245 a 9 f. vergl. 1244 b 33 ff. 28 f. eth. Nicom. IX, 9. 1170 a 16 ff. ὁ δὲ λόγος ἡμῖν καὶ ὁ νοῦς τῆς φύσεως τέλος, polit. VII, 15. 1133 b 14 f.

3) τοῦ μᾶλλον ζῶντος τὸ μᾶλλον αἰσθάνεσθαί ἐστιν ἴδιον, κτλ. top. V, 8. 137 b 23 ff.

4) ἔχει δὲ ἀκριβεστάτην ἄνθρωπος τῶν αἰσθήσεων τὴν ἁφήν, δευτέραν δὲ τὴν γεῦσιν· ἐν δὲ ταῖς ἄλλαις λείπεται πολλῶν, histor. an. I, 15. 494 b 16 ff. de an. II, 9. 421 a 20 ff.

5) τὴν αἴσθησιν ταύτην οὐκ ἔχομεν ἀκριβῆ, ἀλλὰ χείρω πολλῶν ζῴων· φαύλως γὰρ ἄνθρωπος ὀσμᾶται, de an. II, 9. 421 a 9 ff. de sensu 4. 440 b 31 f.

Kampe, Die Erkenntnisstheorie des Aristoteles. 8

und Geschmack; der Geruchssinn des Menschen hat dafür
einen weitern Bereich, indem er sich auch auf das Angenehme
und Unangenehme erstreckt:[1] „nur der Mensch erfreut sich der
Gerüche der Blumen und derartiger Dinge."[2] In Betreff
des Gehörs hat das Thier die Wahrnehmung aus größern Ent-
fernungen, der Mensch die schärfere Auffaßung der Unterschiede voraus.[3] Ferner werden die Thiere vom Menschen
und zwar ganz entschieden gerade durch zwei Sinne übertrof-
fen, welche der Erhaltung und Ernährung dienen.[4] Dieß ist
der Tastsinn und der mit demselben gewissermaßen identische
Geschmack.[5] Je weniger der oberste Zweck dem Gesichtssinne gegenüber durchdringen zu können scheint, um so bestimmter drückt er sich im Ersten und Untersten aus, wodurch
die Seele des Thiers sich von der Seele der Pflanze unterscheidet.

Nun die Sinne des Menschen für sich und unter einander betrachtet, so ist der Geruchssinn unter allen der schwäch-
ste,[6] der Tastsinn der schärfste.[7] Auf der Feinheit dieses
Sinnes beruht theilweise die geistige Ueberlegenheit des Menschen über die Thiere. Beweis ist die Thatsache, daß die
Menschen mit hartem Fleische unbegabt, die mit weichem
glücklich begabt sind.[8] Somit kommen auch in dieser Be-

---

1) de sensu 5. 444 a 3 ff. 14 f. 445 a 1 ff. καὶ οὐθενὸς ὀσφραίνεται τῶν
ὀσφραντῶν ἄνευ τοῦ λυπηροῦ ἢ τοῦ ἡδέος, de an. II, 9. 421 a 11 f.

2) de sensu 5. 444 a 31 ff. vergl. eth. Nicom. III, 13. 1118 a 16 ff. in Bezug auf Geruch, Gehör und Gesicht.

3) de generat. an. V, 2. 781 b 17 ff. vergl. a 15 ff.

4) de sensu 1. 436 b 12 ff. de an. III, 12. 434 b 10 ff. C. 13. 435 a 13 f.
b 4 f. II, 2. 413 b 8 f.

5) de an. II, 9. 421 a 20 ff. dazu a 18 f. histor. an. I, 15. 494 b 16 ff.
τὴν δ' ἀφὴν ἀκριβεστάτην τῶν ἄλλων ζῴων (sc. ἔχομεν). ἡ δὲ γεῦσις ἀφή τις
ἐστίν, de sensu 4. 441 a 2 f. μαλακωτάτη δ' ἡ σὰρξ ἡ τῶν ἀνθρώπων ὑπῆρχεν.
τοῦτο δὲ διὰ τὸ αἰσθητικώτατον εἶναι τῶν ζῴων τὴν διὰ τῆς ἀφῆς αἴσθησιν, de
part. an. II, 16. 660 a 11 ff. 20 f.

6) de sensu 4. 440 b 31 ff. de an. II, 9. 421 a 12 f.

7) ... ταύτην δ' ἔχειν τὴν αἴσθησιν τὸν ἄνθρωπον ἀκριβεστάτην, a. a. O. a
19 f. vergl. dag. διαφέρει δὲ ἡ ὄψις ἀφῆς καθαριότητι, καὶ ἀκοὴ καὶ ὄσφρησις γεύσεως,
eth. Nicom. X, 5. 1175 b 36 ff. Die höchste Tastfähigkeit besitzt die Zunge,
de part. an. II, 17. 660 a 21. de sensu 4. 442 b 14 f.

8) διὸ καὶ φρονιμώτατόν ἐστι (sc. ὁ ἄνθρωπος) τῶν ζῴων. σημεῖον δὲ τὸ καὶ

ziehung die verschiedenen Aggregatzustände des innern Organs des Tastsinns, d. h. des allgemeinen centralen Organs in Betracht; [1]) Wahrnehmungsfähigkeit und moralischer Charakter hängen mit den Unterschieden in der Gliederung, mit der Größe oder Kleinheit, Härte oder Weichheit des Herzens zusammen. [2]) — Der Tast- und Geschmackssinn stehen, wie gesagt, im Dienste der Selbsterhaltung, die Sinne mit äußern Medien dagegen im Dienste des „Wohls", eines Zustands also, welcher dem höhern Wesen des Menschen, seiner „Theilnahme am Göttlichen"[3]) entspricht;[4]) denn die letztern zeigen unterschiedene Objecte an, aus welchen das theoretische wie praktische Denken in uns entsteht.[5]) Wie aber einerseits auch die Sinne mit äußern Medien, namentlich der Gesichtssinn,[6]) dem leiblichen Wohle unentbehrlich sind,[7]) so ist es andrerseits nicht die Ansicht des Aristoteles, daß der Tastsinn mit seiner ausgezeichnet reichen Sphäre und bei seiner hervorragenden Bedeutung für die Wahrnehmung gemeinschaftlicher Objecte[8]) nicht auch den theoretischen Interessen diene. Den obersten Rang nimmt in dieser Beziehung der Gesichtssinn

---

ἐν τῷ γένει τῶν ἀνθρώπων παρὰ τὸ αἰσθητήριον τοῦτο εἶναι εὐφυεῖς καὶ ἀφυεῖς, παρ' ἄλλο δὲ μηδέν· οἱ μὲν γὰρ σκληρόσαρκοι ἀφυεῖς τὴν διάνοιαν, οἱ δὲ μαλακόσαρκοι εὐφυεῖς, de an. II, 9. 421 a 22 ff. vergl. physiogn. 2. 806 b 21 ff.

1) Die Unterschiede des Gedächtnisses und namentlich des Vermögens, sich zu besinnen, beruhen auf eigenthümlichen Beschaffenheiten und Zuständen des centralen Organs: de memor. 1. 450 a 32 ff. C. 2. 453 a 31 ff. vergl. Abschn. I. S. 60 und Abschn. III.

2) εἰσὶ δὲ τῶν μὲν αἰσθητικῶν (sc. αἱ καρδίαι) ἀρθρωδέστεραι, τῶν δὲ νωθροτέρων ἀναρθρότεροι, καθάπερ αἱ τῶν ὑῶν. αἱ δὲ διαφοραὶ τῆς καρδίας κατὰ μέγεθός τε καὶ μικρότητα καὶ σκληρότητα καὶ μαλακότητα τείνουσι πῃ καὶ πρὸς τὰ ἤθη. τὰ μὲν γὰρ ἀναίσθητα σκληρὰν ἔχει τὴν καρδίαν καὶ πυκνήν, τὰ δ' αἰσθητικὰ μαλακωτέραν· κτλ., de part. an. III, 4. 667 a 9 ff. vergl. physiogn. 6. 810 b 20 ff.

3) de part. an. II, 10. 656 a 7 f.

4) vergl. τὸ δὲ εὖ ζῆν ἐστιν ἐκ περιουσίας, αὐτὸ δὲ τὸ ζῆν ἀναγκαῖον, top. III, 2. 118 a 7 f.

5) ... τοῖς δὲ καὶ φρονήσεως τυγχάνουσι τοῦ εὖ ἕνεκα· πολλὰς γὰρ εἰσαγγέλλουσι διαφοράς, ἐξ ὧν ἥ τε τῶν νοητῶν ἐγγίνεται φρόνησις καὶ ἡ τῶν πρακτῶν, de sensu 1. 437 a 1 ff.

6) a. a. O. a 3 f.

7) a. a. O. 436 b 18 ff. de an. III, 12. 434 b 24 ff. C. 13. 435 b 19 ff.

8) de an. II, 6. 418 a 19 ff. de sensu 4. 442 b 7.

8 *

und zwar insofern ein, als die Unterschiede, die er meldet,
zahlreich und mannigfaltig sind, denn an der Farbe nehmen
alle Körper Theil; für die Wahrnehmung der gemeinsamen
Objecte ist er deshalb auch der Hauptsinn. [1]) „Und weil das
Gesicht so vorzugsweise Sinn ist, hat die innere Erscheinung
(die Vorstellung, φαντασία) ihren Namen vom Lichtschein (φάος)
erhalten, weil ohne Lichtschein zu sehen unmöglich ist." [2]) In
anderer Hinsicht ist das Gehör bedeutsamer, inwiefern es nemlich
die Wahrnehmung der Stimme vermittelt; „die Stimme ist ein gewisser Schall, welcher eine Bedeutung hat." [3]) Denn die Wörter sind entweder Nachahmungen [4]) oder bloße Zeichen (σύμβολα)
der Dinge. [5]) „Indem die Rede hörbar ist, ist sie die Ursache
des Lernens, nicht an sich (direct), sondern accidentiell (indirect); denn sie besteht aus Namen, jeder Name aber ist ein
Zeichen. Deshalb sind von den von Geburt an beider Sinne
Beraubten die Blinden gescheidter als die Stummen und die
Tauben." [6]) Auch von den Thieren lernen nur diejenigen,
welche neben dem Gedächtnisse den Sinn des Gehörs besitzen. [7])
Insofern also, für die Entwicklung des Denkvermögens, hat
das Gehör eine größere Bedeutung als die übrigen Sinne. [8])

---

1) a. a. O. C. 1. 437 a 5 ff. C. 4. 442 b 13. de insomn. 2. 460 b 21 f.
metaph. I, 1. 980 a 26 f.

2) de an. III, 3. 429 a 2 ff.

Inwiefern er vorzugsweise Sinn, ist der Gesichtssinn (begrifflich) ursprünglicher oder früher als der Tastsinn: πρότερον ὄψις ἀφῆς, ὥστε καὶ τὸ
ὑποκείμενον πρότερον. ἀλλ' οὐκ ἔστι σώματος ἁπτοῦ πάθος ἢ ἁπτόν, ἀλλὰ καθ'
ἕτερον, καὶ εἰ ἔτυχε τῇ φύσει πρότερον, de generat, et corr. II, 2. 329 b 14 ff.
Nach PRANTL zu dies. St. (S. 504 seiner Ausg.): weil der Gesichtssinn der
der Sinn für das Licht und somit für den principiellen Körper, den Aether, sei.

3) de an. II, 8 420 b 32 f.

4) rhetor. III, 1. 1404 a 20 ff.

5) top. IX (de sophist. el.), 1. 165 a 6 ff. de sensu 1. 437 a 14 f.
vergl. de interpret. 1. 16 a 3 f. σημεῖα, a 6.

6) de sensu 1. 437 a 12 ff. vergl. ὅσοι δὲ γίνονται κωφοὶ ἐκ γενετῆς, πάντες καὶ ἐνεοὶ γίνονται, histor. an. IV, 9. 536 b 3 f.

7) a. a. O. IX, 1. 608 a 17 ff. metaph. I, 1. 980 b 24 f.

8) κρείττων ... πρὸς δὲ νοῦν καὶ κατὰ συμβεβηκὸς ἡ ἀκοή, de sensu 1.
437 a 4 f. κατὰ συμβεβηκὸς δὲ πρὸς φρόνησιν ἡ ἀκοὴ πλεῖστον συμβάλλεται
μέρος, a 11 f.

Jedenfalls ist der Gesichtssinn dem Geruchssinne vorzuziehen, rhetor. I,
7. 1364 a 37 ff.

Mehr geistreich als sachgemäß ist die Beziehung, in welche das fünfte Buch der Schrift über die Zeugung der Thiere in dieser Rücksicht das Gehör mit der durch einen Kanal mit ihm verbundenen Lunge bringt. Es ist, als ob das Gedächtniss ausgeschloßen, das Lernen eine Affection der Lunge, und das Nachsprechen des Erlernten eine Reflexbewegung der letztern oder Etwas wie ein Echo wäre, wenn „das Erlernen dessen, was gesprochen wird, dadurch geschieht, daß man das Gehörte wieder ausspricht; denn eben so eine Bewegung wie die, welche durch das Sinnesorgan eintrat, geht, wie von einem und demselben Eindrucke her, wiederum durch die Stimme hinaus, so daß man ausspricht, was man gehört."[1]

Der Nus ist nur so dem Vermögen nach alle Dinge, daß auch das wahrnehmende Vermögen dem Vermögen nach alle Dinge ist. Durch die Wahrnehmung wird die äußere zur innern Welt; die Dinge erscheinen im Innern der Seele.

---

[1] de generat. an. V, 2. 781 a 26 ff. Daß das Nachsprechen von Seite des Schülers Anfangs ohne Verständniss der Sache und gedankenlos geschieht (οἱ πρῶτον μαθόντες συνείρουσιν μέν τοὺς λόγους, ἴσασι δ' οὔπω, eth. End. VI [Nicom. VII], 5. 1147 a 21 f.), trägt zur Erklärung, nicht zur Begründung dieser Ansicht bei.

III.
Die Vorstellung.

A. Zwei Arten von Vorstellung.

In der Untersuchung über die Träume erklärt Aristoteles Folgendes:[1]) Das Träumen ist dem Gesagten zufolge keine Affection (πάθος) dessen, was Meinung hat, und auch nicht dessen, was reflectirt, und ebenso wenig dessen, was schlechthin wahrnimmt; denn sonst wäre es schlechthin Sehen und Hören. So viel steht aber fest, daß, wenn anders der Schlaf, auch das Träumen eine Affection des wahrnehmenden Vermögens ist. Da aber das vorstellende Vermögen, fährt er fort,[2]) mit dem wahrnehmenden identisch, aber der Begriff des vorstellenden von jenem des wahrnehmenden verschieden, ferner die Vorstellung die vom thätigen Sinne ausgehende Bewegung, endlich der Traum, wie es scheint, eine Art Vorstellung ist, so folgt evident, daß das Träumen dem wahrnehmenden Vermögen zukommt, diesem nemlich, sofern es das vorstellende ist. — Das wahrnehmende Vermögen ist also theils in Wahrnehmungen, theils in Vorstellungen thätig, vorzugsweise in Wahrnehmungen das äußere, in Vorstellungen das innere. Das äußere nur vorzugsweise in Wahrnehmungen: denn die Sinneswerkzeuge behalten nach Entfernung der Objecte die „Vorstellungen" eine Zeit lang zurück,[3]) und ruhende Niederschläge der Sinnesthätigkeit

---

1) de insomn. 1. 459 a 8 ff.

2) ἐπεὶ δὲ ..., καὶ ἔστι μὲν τὸ αὐτὸ τῷ αἰσθητικῷ τὸ φαντασικόν, τὸ δ' εἶναι φαντασικῷ καὶ αἰσθητικῷ ἕτερον, ... φανερὸν ὅτι τοῦ αἰσθητικοῦ μέν ἐστι τὸ ἐνυπνιάζειν, τούτου δ' ᾖ τὸ φαντασικόν, a. a. O. a 14 ff. vergl. de an. III, 9. 431 a 31 f.

3) διὸ καὶ ἀπελθόντων τῶν αἰσθητῶν ἔνεισιν αἱ αἰσθήσεις καὶ φαντασίαι ἐν τοῖς αἰσθητηρίοις, a. a. O. C. 2. 425 b 24 f. κινήσεις φαντασικαὶ ἐν τοῖς αἰσθητηρίοις, de insomn. 3. 462 a 8 f. u. s.

werden im Schlafe als Traumvorstellungen lebendig; [1]) das innere Wahrnehmungsvermögen aber in Vorstellungen: denn als solche werden auch die Wahrnehmungen desselben bezeichnet. [2]) Der Begriff der innern Erscheinung oder Vorstellung (φαντασία, φάντασμα) umfaßt somit Beide: die Bilder der actuellen Wahrnehmung und die Vorstellungen im engern Sinne.

B. Der physiologische Entstehungsprocess der Vorstellung.

In diesem Sinne kann man sagen, daß die Bewegung der innern Wahrnehmung unmittelbar inneres Bild und einbildender Process, oder dass sie Vorstellung und zugleich Entstehung der Vorstellung ist. Die Vorstellung, heißt es in der Psychologie, [3]) ist die vom thätigen Sinne als nächster Ursache ausgehende Bewegung. „Weil, wenn dieß da bewegt wird, ein Anderes von diesem bewegt werden kann, die Vorstellung aber eine Art von Bewegung zu sein und nicht ohne Wahrnehmung, sondern nur bei denen, welche wahrnehmen, und von dem, worauf sich Wahrnehmung bezieht, zu entstehen scheint, Bewegung aber von der Thätigkeit des Sinnes entstehen kann, und diese nothwendig der Wahrnehmung gleichartig ist, so dürfte es nicht wohl möglich sein, weder daß diese Bewegung ohne Wahnehmung ist, noch daß sie Nichtwahrnehmenden zukommt." [4]) „Es ist klar," sagt Aristoteles in der Schrift über das Gedächtniss, [5]) „daß man die durch die Wahrnehmung in der Seele und zwar in demjenigen Theile des Körpers, welcher sie (die Seele) hat (das Herz), entstehende Affection, deren Besitz (τὴν ἕξιν) wir Gedächtniss nennen, als etwas Derartiges wie ein Gemälde denken muß. Denn

---

1) a. a. O. 3. 461 b 16 ff.

2) καὶ τὸ φάντασμα τῆς κοινῆς αἰσθήσεως πάθος ἐστίν, de memor. 1. 450 a 10 f. οὐ μένει τὸ φάντασμα ἐν τῇ ψυχῇ, b 10 f.

3) ἡ φαντασία ἂν εἴη κίνησις ὑπὸ τῆς αἰσθήσεως τῆς κατ' ἐνέργειαν γιγνομένη, de an. III, 3. 429 a 1 f. vergl. 428 b 25 f.

4) a. a. O. b 10 ff. „Nicht ohne Wahrnehmung" etc.: 427 b 15 f. vergl. de insomn. 1. 458 b 30 f.

5) de memor. 1. 450 a 27 ff. a 28 mit Rassow, Progr., Berlin 1858, S. 32: τοιοῦτόν τι γινόμενον.

die entstehende Bewegung drückt gleichsam eine Art Gepräge
des Wahrgenommenen auf, wie die thun, welche mit Siegel-
ringen siegeln."

Wenn das innere Eine und Identische die Formen „er-
erleidet,"[1] so ist unmittelbar auch der einbildende Process
ein Erleiden des innern Organs; damit hängt der von der
Vorstellung wie auch von dem Acte des Vorstellens gebrauchte
Ausdruck Affection ($\pi\acute{\alpha}\theta o\varsigma$) zusammen.[2] Folglich ist dieser
Process zugleich und wesentlich ein stofflicher; denn was lei-
det, ist stofflich. Man kann in dieser Hinsicht nicht deutlicher
sprechen, als Aristoteles es thut, wenn er darin, daß die Vorstellungen „der Seele und zwar demjenigen Theile des Körpers, der sie hat,[3] durch den Act der Wahrnehmung, die,
wie bekannt, körperlich, also durch stoffliche Vorgänge vermittelt wird,[4] wie Abbilder aufgeprägt werden (so daß Stoff
auf Stoff wirkt), zugleich den Grund findet, weshalb die in
einer Aufregung oder in einem krankhaften Zustande Befindlichen, ferner zu Junge, überhaupt Solche, welche in großer
innerer Bewegung sind, und zu Alte, ferner die zu flüchtigen
und die zu schwerfälligen Geister an schwachem Gedächtnisse leiden. Bei den Einen, sagt er,[5] ist es geradeso, wie

---

1) de an. III, 2. 427 a 8 f.

2) $\pi\acute{\alpha}\theta o\varsigma$ wird von der ruhenden wie von der bewegten Vorstellung gebraucht: de memor. 1. 450 a 26. 30. b 12. 18. C. 2. 451 a 28 u. s. ἔτι δ'
ὅτε τὸ πρῶτον ἐγγέγονε τῷ ἀτόμῳ καὶ ἐσχάτῳ, τὸ μὲν πάθος ἐνυπάρχει ἤδη τῷ
πάσχοντι κτλ, a. a. O. 2. 451 a 25 ff. u. s. Vergl. Bonitz, Aristotel. Stud.
V. Heft (Wien 1867), S. 17 ff. 23.

Die Ansicht Trendelenburgs, Comm. zu de an. III, 3. 427 b 18 (p.
455): Cur φαντασία πάθος? Inest in phantasia vis, ut non per se temperari,
sed a rebus abripi videatur etc. Dum pars agit, reliquum patitur ita ut facultas πάθος dici potest, geht von der Voraussetzung aus, daß ἡ φαντασία
überall die Einbildungskraft sei.

3) ... γινόμενον διὰ τῆς αἰσθήσεως ἐν τῇ ψυχῇ καὶ μορίῳ τοῦ σώματος τῷ
ἔχοντι αὐτήν ... τὸ πάθος, de memor. 1. 450 a 28 ff.

4) de sensu 1. 436 b 6 ff.

5) διὸ καὶ τοῖς μὲν ἐν κινήσει πολλῇ διὰ πάθος ἢ δι' ἡλικίαν οὖσιν οὐ γίνεται μνήμη, καθάπερ ἂν εἰς ὕδωρ ῥέον ἐμπιπτούσης τῆς κινήσεως καὶ τῆς σφραγῖδος·
τοῖς δὲ διὰ τὸ ψήχεσθαι, καθάπερ τὰ παλαιὰ τῶν οἰκοδομημάτων, καὶ διὰ σκληρότητα τοῦ δεχομένου τὸ πάθος οὐκ ἐγγίνεται ὁ τύπος. διόπερ οἵ τε σφόδρα νέοι
καὶ οἱ γέροντες (C. 2. 453 b 4: λίαν γέροντες) ἀμνήμονές εἰσιν· ῥέουσι γὰρ οἱ

wenn die Bewegung und das Siegel in fließendes Waßer ge-
riethe, bei den Andern entsteht kein Gepräge, weil das, was
die betreffende Affection aufnimmt, abgerieben wie alte Gebäude
und hart ist. Die Erstern sind die sehr Jungen, die Andern
die Greise, beide vergeßlich, weil die besagten Gepräge bei
den Einen wegen des Wachsthums, bei den Andern wegen
der Abnahme schwinden. Gleicherweise haben weder die allzu
Raschen noch die allzu Schwerfälligen Gedächtniss. „Denn
die Einen sind übermäßig feucht, die Andern übermäßig hart,
bei jenen bleibt die Vorstellung nicht in der Seele, und bei
diesen haftet sie nicht." Es sind aber auch diejenigen, setzt
Aristoteles am Schluße dieser Abhandlung hinzu, [1] deren obe-
rer Körpertheil zu groß ist, d. h. die Zwergartigen, vergeß-
licher als die von entgegengesetzter Beschaffenheit, und zwar
wegen der Last, die auf das Wahrnehmungsvermögen drückt,
und weil die Bewegungen weder von Vorn herein darin bleiben, sondern sich auflösen, noch im Besinnen auf Etwas leicht
geradeaus gehen können. „Daß die Affection etwas Körperliches, und das Sichbesinnen ein Suchen einer Vorstellung in
einem Derartigen (d. h. Körperlichen) ist, davon ist ein Beleg,
daß es Manche unangenehm berührt, einerseits, wann sie, trotzdem sie ihre Gedanken angespannt darauf richten, sich nicht
erinnern können, und andrerseits, wann sie, trotzdem sie den
Versuch machen, nicht mehr daran zu denken, sich nichtsdestoweniger erinnern, — so vorzugsweise die Melancholischen;

μὲν διὰ τὴν αὔξησιν, οἱ δὲ διὰ τὴν φθίσιν. ὁμοίως δὲ καὶ οἱ λίαν ταχεῖς καὶ οἱ
λίαν βραδεῖς οὐδέτεροι φαίνονται μνήμονες. οἱ μὲν γάρ εἰσιν ὑγρότεροι τοῦ δέοντος,
οἱ δὲ σκληρότεροι· τοῖς μὲν οὖν οὐ μένει τὸ φάντασμα ἐν τῇ ψυχῇ, τῶν δ' οὐχ
ἅπτεται, de memor. 1. 450 a 32 ff. οἱ δὲ πάμπαν νέοι καὶ λίαν γέροντες ἀμνή-
μονες διὰ τὴν κίνησιν· οἱ μὲν γὰρ ἐν φθίσει, οἱ δ' ἐν αὐξήσει πολλῇ εἰσίν· ἔτι δὲ
τά γε παιδία καὶ νανώδη, ἐστὶ μέχρι πόρρω τῆς ἡλικίας, a. a. O. 2. 453 b 4 ff.

1) εἰσὶ δὲ καὶ οἱ τὰ ἄνω μείζω ἔχοντες καὶ οἱ νανώδεις (vergl. νανῶδες γάρ
ἐστιν οὗ τὸ μὲν ἄνω μέγα, τὸ δὲ φέρον τὸ βάρος καὶ πεζεῦον μικρόν. κτλ., de
part. an. IV, 10. 686 b 3 ff.) ἀμνημονέστεροι τῶν ἐναντίων διὰ τὸ πολὺ βάρος
ἔχειν ἐπὶ τῷ αἰσθητικῷ (τὸ γὰρ βάρος δυσκίνητον ποιεῖ τὴν διάνοιαν καὶ τὴν κοινὴν αἴσθησιν, a. a. O. IV, 10. 686 a 30 f.), καὶ μήτ' ἐξ ἀρχῆς τὰς κινήσεις
δύνασθαι ἐμμένειν ἀλλὰ διαλύεσθαι μήτ' ἐν τῷ ἀναμιμνήσκεσθαι ῥᾳδίως εὐθυπορεῖν, de
memor. 2. 453 a 31 ff. vergl. μνήμονες οἱ τὰ ἄνω ἐλάττονα ἔχοντες καὶ γλα-
φυρὰ σαρκωδέστερα, physiogn. 3. 808 b 9 f.

denn diese werden vorzugsweise durch Vorstellungen bewegt.
Die Ursache, daß das Erinnern nicht in ihrer Gewalt steht,
liegt darin, daß, gleichwie es nicht mehr in der Gewalt des
Werfenden steht, zum Stillstand zu bringen, so auch derjenige,
der sich besinnt, etwas Körperliches in Bewegung setzt, worin
sich die Affection befindet. Am Meisten aber werden diejeni-
nigen belästigt, bei welchen sich zufälligerweise um die wahrnehmende Stelle Feuchtigkeit befindet; denn ist diese einmal
in Bewegung gesetzt, so kommt sie nicht leicht zur Ruhe,
bis das Gesuchte aufgestoßen, und die Bewegung darauf los-
gegangen ist." [1])
     Wie verhält sich nun das Bewustsein zu diesen stofflichen
Processen? Es heißt von der Vorstellung, dass sie sich „in"
der körperlichen Affection befinde; in und mit der ruhenden,
unbewegten Affection ruht auch die Vorstellung. Affection
und Vorstellung werden einander gleichgesetzt. Die Erregung wird von der körperlichen Affection auf die Vorstellung
übertragen; [2]) umgekehrt „schaut der mit dem Gedächtnisse
Thätige die (körperliche) Affection an und nimmt sie wahr." [3])
Ueberhaupt treten Seele und centrales Organ gern Eins für
das Andere ein. [4]) Wird also eine solche Affection bewegt
oder belebt, so geht unmittelbar die entsprechende Vorstellung
auf, die Bewegung der Affection ist die Vorstellung. [5]) Die

---

1) ὅτι δὲ σωματικόν τι τὸ πάθος καὶ ἡ ἀνάμνησις ζήτησις ἐν τοιούτῳ φαντάσματος σημεῖον κτλ., de memor. 2. 453 a 14 ff.
     In Bezug auf die physiologische Grundlage dieser Art von Seelenthä-
tigkeit vergl. auch FREUDENTHAL, Ü. d. Begriff des W. φαντασία etc., S. 19 ff.
     2) καὶ ὅταν ἐνεργῇ ἡ κίνησις αὐτοῦ (τοῦ ἐν ἡμῖν φαντάσματος) κτλ., a. a.
O. C. 1. 450 b 27.
     3) a. a. O. b 17 f.
     4) Die wahrnehmende Seele für die Totalität ihrer Substrate und na-
mentlich für ihr Hauptorgan: ἡ δὲ ψυχὴ ὑπάρχει τοιαύτη οὖσα οἵα δύνασθαι
πάσχειν τοῦτο, analyt. post. II, 19. 100 a 13 f. τοῖς μὲν οὐ μένει τὸ φάντασμα
ἐν τῇ ψυχῇ, de memor. 1. 450 b 10 f. vergl. de an. II, 4. 415 b 23 f. ἡ ψυχὴ
πάσχει, problem. XXX, 10. 958 b 9 f. Das Umgekehrte findet Statt, wenn
z. B. der Act des Vorstellens als πάθος bezeichnet wird, de memor. 1. 450
a 26. 30 u. s.
     5) Die Bewegung und Thätigkeit eines solchen stofflichen Gebildes ist
unmittelbar ein „Wahrnehmen" oder „Anschauen" von Seite der Seele:

Seele wird dieser Belebung in derselben Weise inne, wie jede Bewegung, jede Thätigkeit eines Sinnesorgans unmittelbar eine Wahrnehmung ist. [1])

C. Unterschied der Vorstellung von der Wahrnehmung und vom Denken.

Die Vorstellung oder innere Erscheinung ist theils Wahrgenommenes, theils von der Wahrnehmung emancipirt, immer aber ist die Wahrnehmung Bedingung der Vorstellung. Die Stellung der innern Anschauung einer erneuerten, mit einer frühern Wahrnehmung mehr oder weniger identischen Erscheinung zwischen der Wahrnehmung und der Meinung schließt für das Bewußtsein die Gefahr einer Vermischung nach Oben und Unten in sich. Die Verwandtschaft der Vorstellung (φαντασία, φάντασμα, φαίνεταί τι) mit der Meinung (δόξα, δοκεῖν), des Erscheinens mit dem Scheinen (φαίνεσθαι ist Beides), liegt zu Tage. In der That erklärt Platon das, was wir durch „es erscheint uns" (φαίνεται) ausdrücken, für eine Mischung von Wahrnehmung und Meinung. [2]). Gegen das Eine wie gegen das Andere geht Aristoteles mit der Antithese an, daß die Vorstellung von der Wahrnehmung und vom Denken verschieden ist. [3])

1) Gegen die Vermischung mit der Wahrnehmung. [4])

αἰσθάνεσθαι, αἴσθησις, a. a. O. b 14. 16. 18. 28. θεωρεῖν, θεώρημα, b 18. 23. 25 f. 30. 32. 451 a 7. 8. 12. θεᾶσθαι, de an. III, 3. 427 b 24.

πρὸ ὀμμάτων ποιήσασθαι oder ποιεῖν (de an. III, 3. 427 b 18 f. rhetor. III, 10. 1411 b 4. 22. vergl. a 26. 28. 35. b 6. 8 f.) oder τίθεσθαι πρὸ ὀμμάτων (de memor. 1. 450 a 5. de insomn. 1. 458 b 23) heißt eine Vorstellung vergegenwärtigen, die aus dem Bereiche des Gesichtssinns stammt, daher eine Sache z. B. durch Metaphern anschaulich machen, lebendig vor die Seele stellen; λέγω δὴ πρὸ ὀμμάτων ταῦτα ποιεῖν ὅσα ἐνεργοῦντα σημαίνει, κτλ. rhetor. III, 11. 1411 b 25 ff.

1) vergl. ἔστι δ' ἡ τούτου τοῦ μορίου κίνησις ὅρασις, de generat. an. V, 1. 780 a 3 f. u. s.

2) σύμμιξις αἰσθήσεως καὶ δόξης, Soph. 264. A. B.

3) φαντασία γὰρ ἕτερον καὶ αἰσθήσεως καὶ διανοίας, de an. III, 3. 427 b 14 f.

4) a. a. O. 428 a 5 ff. ἀλλ' ἡ φαντασία οὐ ταὐτὸν τῇ αἰσθήσει, metaph. III, 5. 1010 b 3.

Das Vorstellungsvermögen ist auch dann thätig, wenn jene
ruht, wie im Schlafe. Ferner kommt Wahrnehmung immer
(bei allen Thieren) vor, [1]) Vorstellungsvermögen dagegen nicht;
wäre aber letzteres actuell dasselbe wie jene, so käme es allen
Thieren zu; dieß ist nicht der Fall. [2]) Ferner sind die Wahr-

---

1) Wenn man die Worte εἶτα αἴσθησις μὲν ἀεὶ πάρεστι, φαντασία δ' οὔ, de
an. III, 3. 428 a 8 f. so wie TRENDELENBURG ad h. l. p. 457 (ebenso SCHRA-
DER a. a. O. p. 14 u. A.) faßt: *sensus ita nobis adest, ut eo semper uti liceat,
imaginatio non ita penes nos est, ut quasi vocata semper respondeat*, so widerspricht dem ersten Satze die Stelle II, 5. 417 b 24 ff., dem zweiten die
kurz zuvor aufgestellte Behauptung, daß die Vorstellung jederzeit in unserer Gewalt stehe, 427 b 17 ff. Geht man diesem doppelten Dementi in obiger Weise (vergl. auch PACIUS ad h. l. comm. analyt. p. 359) aus dem
Wege, so tritt zugleich (εἶτα und ἔπειτα a 8. 11. 12 leiten je einen Gesichtspunkt ein,) der Zusammenhang mit dem unmittelbar Folgenden hervor.
Eben dieses Zusammenhangs wegen scheint die von TORSTRIK, N. Jahrb. f.
Philol. u. Pädagog. 1867, S. 246, vorgeschlagene Aenderung: αἴσθησις μὲν
ἀεὶ τοῦ παρόντος ἐστί, φαντασία δ' οὔ, nicht annehmbar. Vergl. auch Themist.
de an. Sp. II, p. 165, 22 sqq.
2) de an. III, 3. 428 a 8 ff. 22. 23 f. II, 3. 415 a 10 f. (wohl dieselben, welche auch träumen, de divinat. per s. 2. 463 b 12), vergl. analyt.
post. II, 19. 99 b 37 ff. Nach de an. III, 10. 433 a 10 ff. b 29 f. metaph.
I, 1. 980 b 26. vergl. eth. Eud. VI (Nicom. VII), 5. 1147 b 5 haben alle
Thiere φαντασίας. Bei gewissen Thieren, welche fortleben können, wenn sie
auch zerschnitten sind, behält jeder getrennte Theil Wahrnehmung und Bewegung, „wenn aber Wahrnehmung, dann auch φαντασία und Begehren,"
de an. II, 2. 413 b 22 f. Die Sache ist nicht so ohne Weiteres klar: C.
3. 414 b 16. Eine nähere Untersuchung über die Frage, ob auch den bloß
mit dem Tastsinne versehenen unvollkommenen Thieren φαντασία zukomme,
ergibt, daß dieß allerdings der Fall, die Vorstellung solcher Thiere aber nur
undeutlich sei, ἀορίστως δ' ἔνεστιν, a. a. O. III, 11. Anf. Mit dieser Einschränkung kommt die Vorstellung allen Thieren zu (ἐν τοῖς ἄλλοις ζώοις
ὑπάρχει), a. a. O. 434 a 6. — Unter der Vorstellung, welche allen Thieren
zukommt, versteht Aristoteles wahrscheinlich die mit der äußern Wahrnehmung verbundene, nicht die von der Wahrnehmung getrennte, d. h. durch
das Gedächtniss conservirte Vorstellung. Es geht dieß auch daraus hervor,
daß er de somno 2. 455 a 7 f. gewissen unvollständigen Thieren den
Tastsinn geradezu abzusprechen scheint, und sich dafür auf die Schrift
über die Seele, also III, 11, d. h. auf die soeben erwähnte Untersuchung
bezieht. Aber Wesen ohne Tastsinn sind überhaupt keine Thiere mehr; die Lösung ist also wohl diese, daß ein Sinn, welcher kein deutliches Bewußtsein
seiner Thätigkeit hervorzurufen vermag, der überhaupt nur in einem gewissen Grade als Sinn betrachtet werden kann (wie z. B. der Schwamm nur eine

nehmungen immer, die Vorstellungen (die Traumerscheinungen und dergl. eingerechnet) nur der Minderzahl nach wahr.[1]) Ferner sagen wir nicht: dieses erscheint uns (nemlich in der Vorstellung) als ein Mensch, wenn wir scharf, sondern wenn wir undeutlich wahrnehmen. Endlich hat man auch dann Vorstellungen, wenn man die Augen schließt.

2. Gegen die Vermischung mit dem Denken.[2]) Wißen und Intuition sind immer wahr, Vorstellungen auch irrig. Meinung, obschon bald wahr, bald irrig, ist mit Gewissheit, Gewissheit mit Ueberzeugung, Ueberzeugung mit Ueberlegung (also Meinung mit Ueberlegung) verbunden; nun aber kommt gewissen Thieren zwar Vorstellung, aber nicht Gewissheit und Ueberlegung zu. Somit ist die Vorstellung auch keine Verknüpfung der Wahrnehmung und der Meinung, wie wenn das eine Vorstellung hieße, wenn Jemand Ein und Dasselbe zum Gegenstand seiner directen Wahrnehmung und zugleich zum Inhalte seiner Meinung hat, so z. B. über das Weiße, welches er direct wahrnimmt, gleichzeitig die Meinung hegt, daß es weiß ist,[3]) — eine Ansicht, in Folge deren mitunter wiederstreitende Elemente zusammenkommen würden, wenn die (wahrgenommene) Erscheinung irrig, die Meinung dagegen wahr ist, wie z. B. in Betreff der Sonne.[4]) Nach der Erscheinung (dem Augenscheine) ist sie einen Fuß groß, nach der Ueberzeugung größer als die Erde. Endlich[5]) liegt in ihrer Stellung zwischen Wahrheit und Irrthum auch der Grund, weshalb eine Meinung zu haben nicht immer in unserer Willkür steht (wir schwanken bisweilen oder müßen ge-

---

gewisse, eine Art von Wahrnehmung zu haben scheint, histor. an. I, 1. 487 b 9 f., manche Schalthiere eine schwache Sinneswahrnehmung besitzen, VIII, 1. 588 b 17 f.), in gewisser Weise Sinn, in gewisser Weise nicht, oder so gut wie keiner ist.

1) vergl. metaph. III, 5. 1010 b 2 f.

2) de an. III, 3. 428 a 16 ff.

3) ὅτι οὐδὲ δόξα μετ' αἰσθήσεως, οὐδὲ δι' αἰσθήσεως, οὐδὲ συμπλοκὴ δόξης καὶ αἰσθήσεως φαντασία ἂν εἴη, κτλ. a. a. O. a 25 ff. vergl. Pacius ad h. l. comm. analyt. p. 361 sq.

4) φαίνεται δὲ καὶ ψευδῆ und φαίνεται μὲν ὁ ἥλιος ποδιαῖος (vergl. de sensu 7. 448 b 12 ff.), πέπεισται δ' εἶναι μείζω τῆς οἰκουμένης, a. a. O. b 3 f.

5) a. a. O. 427 b 16 ff.

stehen, über dieß oder das keine Meinung zu haben), wogegen die Vorstellung, wie die Gedächtnisskünstler beweisen, allezeit zur Hand ist. Außerdem ist die Meinung ein Beziehen, und darum Furcht erregenden oder Mitleid einflößenden Dingen gegenüber auch sofort von entsprechenden Gefühlen begleitet; in der Vorstellung betrachten wir dergleichen wie auf einem Gemälde, — eine Objectivität, welche freilich nur unter der Mitwirkung der Reflexion denkbar ist, wenn, wie Aristoteles sich anderweitig äußert, [1]) die Vorstellungen die Thiere und in erregten Zuständen, in Krankheiten und im Schlafe auch die Menschen beherrschen.

Daß, wie eben gesagt wurde, die Mehrzahl der Vorstellungen irrig sei, [2]) bedarf um so mehr einer genauern Bestimmung, als das Vermögen der Erscheinungen (φαντασία im eigentlichen Sinne [3])) ausdrücklich als eins von denjenigen Vermögen (Wahrnehmung, Meinung, Wißen und Intuition) bezeichnet wird, durch welche „wir unterscheiden und Wahrheit oder Irrthum aussprechen." [4])

D. Wahrheit und Irrthum in der Vorstellung.

Die Vorstellung gründet auf der Wahrnehmung, und es gibt drei Arten derselben: Wahrnehmung der Eigenthümlichen, indirecte Wahrnehmung und Wahrnehmung der Gemeinsamen. Nun ist die Vorstellung entweder mit der innern Wahrnehmung identisch, also mit der äußern Wahrnehmung gleichzeitig, oder von der Wahrnehmung unterschieden. Im ersten Falle sind die Grade der Zuverläßigkeit der drei Arten der Wahrnehmung zugleich die Grade der Zuverläßigkeit der Vorstellungen. Wenn

---

1) a. a. O. 429 a 5 ff. 428 b 16 f. C. 10. 433 a 10 ff. 20. b 12. vergl. ἣ οὖν τότε γινομένη φαντασία ἡδονὴν ἐμποιεῖ, rhetor. II, 2. 1378 b 8 f.

2) de an. III, 428 a 12. vergl. a 17. b 2. 17. φαντασία καὶ ὀρθὴ καὶ οὐκ ὀρθή, C. 10. 433 a 27.

3) μὴ εἴ τι κατὰ μεταφορὰν λέγομεν, a. a. O. C. 3. 428 a 2.

4) εἰ δή ἐστιν ἡ φαντασία καθ' ἣν λέγομεν φάντασμά τι ἡμῖν γίγνεσθαι καὶ μὴ εἴ τι κατὰ μεταφορὰν λέγομεν, μία τίς ἐστι τούτων δύναμις ἢ ἕξις, καθ' ἣν κρίνομεν καὶ ἀληθεύομεν ἢ ψευδόμεθα. τοιαῦται δ' εἰσὶν αἴσθησις, δόξα, ἐπιστήμη, νοῦς, a. a. O. a 1 ff. vergl. de motu an. 5. 700 b 19 ff.

aber zwischen die äußere Wahrnehmung und die (actuelle)
Vorstellung ein gewisser Zeitabstand tritt (der Grund des Ver-
geßens ist die Zeit [1])), aus dem frischen Eindrucke des gegenwärtigen äußern Objects „eine Art schwacher Wahrnehmung" wird, [2]) so geht, einer fortdauernden Aehnlichkeit mit
den äußern Objecten ungeachtet, [3]) auch die ursprüngliche
Zuverläßigkeit auf einen niedern Grad zurück. Aristoteles
drückt dieß in folgenden Worten aus: [4]) „Die Bewegung,
welche von der Actualität des Sinnes, d. h. von diesen drei
Wahrnehmungen ausgeht, wird Unterschiede enthalten: die
erste ist·wahr, wenn die Wahrnehmung gegenwärtig ist; die
andern aber dürften leicht irrthümlich sein, gleichviel, ob die
Wahrnehmung gegenwärtig oder nicht, und am Ehesten dann,
wann der wahrnehmbare Gegenstand (wie z. B. die Sonne [5]))
entfernt ist." Unter „Wahrheit" ist die Congruenz mit dem
äußern Objecte zu verstehen ; [6]) denn inwiefern bei Wahrheit
oder Irrthum an eine bejahende oder verneinende Verknüpfung
gedacht wird, ist die Vorstellung allerdings weder eine Aussage noch eine Verneinung. [7]).

In Rücksicht auf Wahrheit oder wirkliche Erkenntniss
steht das unmittelbare Zeugniss der Sinne also höher. Aber
die von der Wahrnehmung getrennte, für sich bestehende Ein-

---

1) phys. IV, 12. 220 a 32 ff. C. 13. 222 b 17 ff.

2) ἡ δὲ φαντασία ἐστὶν αἴσθησίς τις ἀσθενής, rhetor. I. 11. 1370 a 28 f.

3) καὶ διὰ τὸ ἐμμένειν καὶ ὁμοίας εἶναι ταῖς αἰσθήσεσι (sc. τὰς φαντασίας)
κτλ., de an. III, 3. 429 a 4 f. τὰ γὰρ φαντάσματα ὥσπερ αἰσθήματά (leg. αἰσθητά)
ἐστι, πλὴν ἄνευ ὕλης, C. 8. 432 a 9 f. τῇ δὲ διανοητικῇ ψυχῇ τὰ φαντάσματα
οἷον αἰσθήματα ὑπάρχει, C. 7. 431 a 15. vergl. οἷον ζωγράφημα, de memor. 1.
450 a 29 f. ὅμοιον ὥσπερ τύπος ἢ γραφὴ ἐν ἡμῖν, a. a. O. b 16. b 30. οἷον
εἰκών, b 27. ὡς εἰκόνα θεωρεῖ, b 30. εἰκών, 451 a 2. a 11. 15. — de interpret.
1. 16 a 6 ff.

4) ἡ δὲ κίνησις ἡ ὑπὸ τῆς ἐνεργείας γινομένη διοίσει τῆς αἰσθήσεως, ἡ ἀπὸ
τούτων τῶν τριῶν αἰσθήσεων. καὶ ἡ μὲν πρώτη, παρούσης τῆς αἰσθήσεως ἀληθής,
αἱ δ' ἕτεραι καὶ παρούσης καὶ ἀπούσης εἶεν ἂν ψευδεῖς, καὶ μάλιστα ὅταν πόρρω
τὸ αἰσθητὸν ᾖ, de an. III, 3. 428 b 25 ff.

5) vergl. de insomn. 1. 458 b 28 f. C. 2. 460 b 18 f.

6) metaph. IV, 29. 1024 b 21 ff.

7) ἔστι δ' ἡ φαντασία ἕτερον φάσεως καὶ ἀποφάσεως · συμπλοκὴ γὰρ νοημάτων ἐστὶ τὸ ἀληθὲς ἢ ψεῦδος, de an. III, 8. 432 a 10 ff. — Plat. Theaet.
190 B ff.

zelvorstellung ist nicht das Letzte im Bereiche des sinnlichen
Vermögens, ein Höheres ist „die Erfahrung." Nicht minder
als die Einzelvorstellung und noch mehr als diese setzt die
Erfahrung das Haften und Bleiben empfangener Eindrücke
voraus. „Diejenigen lebendigen Wesen, in welchen keine
Verharrung des Wahrgenommenen entsteht, haben, entweder
überhaupt oder in Bezug worauf sie entsteht, keine Erkenntniss über das Wahrnehmen hinaus; in welchen aber, wenn sie
wahrnehmen, Verharrung ist, die vermögen das Wahrgenommene noch ferner in der Seele zu behalten." [1])

1) analyt. post. II, 19. 99 b 37 ff.

IV.

Die Erinnerung und die Erfahrung.

A. Die Erinnerung.

1. Das Gedächtniss und die Erinnerung.

Die von der Wahrnehmung emancipirte Vorstellung setzt also voraus, daß die Form, das Gepräge u. s. w. nach Entfernung des wahrgenommenen Gegenstandes haftet und bleibt: [1] das Gedächtniss (ἡ μνήμη). Das Gedächtniss ist eine Fähigkeit des centralen Urwahrnehmungsvermögens, — desselben Vermögens, womit wir die Zeit erkennen [2]) und welchem die Vorstellungen zukommen, [3]) — in *concreto* „der Besitz" einer Vorstellung, [4]) einer solchen Affection [5]) oder selbst Affection, [6]) nemlich des Organs jenes centralen Vermögens. Somit scheint der Gedanke, wie der getrennte, ewige Nus ihn denkt, vom Gedächtnisse ausgeschloßen zu sein. Das Vermögen, welches jene Fähigkeit besitzt, geht auf das Seine,

1) ... τὰς κινήσεις ... ἐμμένειν, de memor. 2. 453 b 2 f. καὶ διὰ τὸ ἐμμένειν ... (sc. τὰς φαντασίας), de an. III, 3. 429 a 4 f. vergl. de memor. 1. 450 b 10 f. ἐνούσης τῆς αἰσθήσεως τοῖς μὲν τῶν ζώων ἐγγίνεται μονὴ τοῦ αἰσθήματος, τοῖς δ' οὐκ ἐγγίνεται, analyt. post. II, 19. 99 b 36 f.

2) ὥσθ' ὅσα χρόνου αἰσθάνεται, ταῦτα μόνα τῶν ζώων μνημονεύει, καὶ τούτῳ ᾧ αἰσθάνεται, de memor. 1. 449 b 28 ff. τί μὲν οὖν ἐστὶ μνήμη καὶ τὸ μνημονεύειν, εἴρηται, ... καὶ τίνος μορίου τῶν ἐν ἡμῖν, ὅτι τοῦ πρώτου αἰσθητικοῦ, καὶ ᾧ χρόνου αἰσθανόμεθα, 451 a 14 ff.

3) τίνος μὲν οὖν τῶν τῆς ψυχῆς ἐστιν ἡ μνήμη, φανερόν, ὅτι οὗπερ καὶ ἡ φαντασία, a. a. O. 450 a 22 f.

4) εἴρηται, ὅτι φαντάσματος, ὡς εἰκόνος οὗ φάντασμα, ἕξις, a. a. O. 451 a 15 f. vergl. 449 b 25. ὅταν δὲ ἐγγένηται ἡ ἕξις καὶ τὸ πάθος, τότε ἡ μνήμη ἐστίν, C. 2. 451 a 23 f.

5) ... τὸ πάθος, οὗ φαμὲν τὴν ἕξιν μνήμην εἶναι, a. a. O. 1. 450 a 30. vergl. C. 2. 451 b 3 f.

6) a. a. O. 1. 449 b 5. 25.

Kampe, Die Erkenntnisstheorie des Aristoteles. 9

130 Die Erinnerung und die Erfahrung.

ihm Adäquate, nicht auf das, was des Nus ist, und der Nus ist leidensunfähig (ἀπαθής), unfähig, eine Affection (πάθος) an oder in sich zu setzen oder setzen zu laßen. [1]) Hinwiederum ist das Denken nicht ohne Vorstellung, die Vorstellung der Stoff des Denkens. Auf Grund dieser Beziehung ist der Gedanke allerdings Gegenstand des Gedächtnisses, aber nicht direct, sondern indirect; [2]) worauf jedoch das Wiedererkennen beruhe, wenn er wesentlichen Theils in einer Thätigkeit des getrennten Nus besteht, wird nicht gesagt. [3])

1) vergl. οὔτε μνημονεύει οὔτε φιλεῖ (sc. τις)· οὐ γὰρ ἐκείνου ἦν (des Nus ἀπαθής), ἀλλὰ τοῦ κοινοῦ (des Menschen), ὃ ἀπόλωλεν, de an. I, 4. 408 b 28 f.

2) ἡ δὲ μνήμη καὶ ἡ τῶν νοητῶν οὐκ ἄνευ φαντάσματός ἐστιν, de memor. 1. 450 a 12 f. καὶ ἔστι μνημονευτὰ καθ' αὑτὰ μὲν ὅσα ἐστὶ φανταστά, κατὰ συμβεβηκὸς δὲ ὅσα μὴ ἄνευ φαντασίας, a 23 ff. οὐθὲν δὲ κωλύει κατὰ συμβεβηκὸς καὶ μνημονεύειν ἔνια ὧν ἐπιστάμεθα, C. 2. 451 a 28 f. In dieser Weise ist das Allgemeine und sind die Begriffe in der Seele: ἡ δ' ἐπιστήμη, τῶν καθόλου· ταῦτα δ' ἐν αὐτῇ πώς ἐστι τῇ ψυχῇ, de an. II. 5. 417 b 22 ff. ... ὅσων τὸ εἶδος ἐν τῇ ψυχῇ, metaph. VI, 7. 1032 b 1. Auf dieser Beziehung des Gedankens zum Gedächtnisse beruht die Möglichkeit, das Wißen zu haben, ohne actuell zu denken, de an. II, 1. 412 a 25 f. C. 5. 417 a 24 f. b 5 f. phys. VIII, 4. 255 a 33 ff. metaph. VIII, 6. 1048 a 34 f. analyt. pr. II, 21, 67 b 3 ff. vergl. eth. Eud. VI (Nicom. VII), 5. 1146 b 32 ff. m. mor. II, 6. 1201 b 11 ff. Plat. Theæt. 197 B f. Auch in dieser Hinsicht unterscheidet sich der göttliche Nus vom menschlichen; von jenem heißt es metaph. XI, 7. 1072 b 22: ἐνεργεῖ δὲ ἔχων, der Besitz und das Denken des Denkobjects sind identisch.

Auch gewisse Thiere haben Gedächtniss, de memor. 1. 450 a 15 ff. C. 2. 453 a 7 f. histor. an. I, 1. 488 b 25; die φρονιμώτερα καὶ μαθητικώτερα, metaph. I, 1. 980 a 28 ff. Also nicht alle (wie eth. Eud. VI [Nicom. VII], 5. 1147 b 5 behauptet wird), sondern nur diejenigen, welche die Zeit wahrnehmen.

3) In diese Lücke sucht AVICENNA (mit Hilfe seiner emanatistischen Theorie) einzutreten, vergl. BRENTANO a. a. O. S. 11 ff., womit HANEBERG, Zur Erkenntnisslehre von Ibn Sina und Albertus Magnus. Aus den Abhandl. der k. bayer. Akad. d. W. I. Cl. XI. Bd. I. Abth., München 1866, S. 206 (besonderer Abdr. S. 18), zu vergl.

Das Auskunftsmittel BRENTANO'S a. a. O. S. 162 f. vergl. 132. 218, daß der Verstand die Macht besitze, die Phantasmen „umzugestalten," sieht einer gründlichen Ausbeßerung der Aristotelischen Theorie ähnlich; aus der Beweisführung S. 159 ff. würde die Existenz eines solchen Vermögens des getrennten Nus auch dann noch nicht evident, wenn die Deutung der φαντασία λογιστική (oder βουλευτική, C. 11) de an. III, 10 als „vernünftiger, d. h. einer unter Einwirkung der Vernunft gebildeten Phantasie" auf beßern Füßen stände.

Die Erinnerung [1]) oder „die Thätigkeit mit dem Gedächtnisse" [2]) ist Anschauung oder Wahrnehmung der verharren-
den Affection oder Vorstellung; [3]) es gibt nur bewußte, keine
unbewußte Erinnerung. [4]) Erinnerung ist also nicht Entstehung einer Affection im „Untheilbaren und Letzten," sondern
setzt diese Entstehung nebst einer seit derselben verfloßenen
Zeit voraus; „denn jetzt erinnert man sich dessen, was man
vorher sah und erfuhr (ἔπαθε), nicht dessen, was man jetzt erfuhr, erinnert man sich jetzt." [5]) Zur Erinnerung gehört also
wesentlich das Bewußtsein verfloßener Zeit, [6]) und dieses Bewußtsein setzt wieder die Wahrnehmung der Zeit, unbestimm-
ter oder gemeßener Zeit [7]) voraus; daher nur diejenigen lebendigen Wesen sich erinnern, welche die Zeit wahrnehmen. [8])
Das mit der Erinnerung verknüpfte Zeitbewußtsein oder die
durch ein und dasselbe Organ vermittelte gleichzeitige Empfindung, daß man dieß oder das schon früher gesehen oder
gehört habe, ist die Beziehung des innerlich Angeschauten auf
das ursprüngliche äußere Object. Geht die Erinnerung, fragt
Aristoteles, [9]) bloß auf die Affection oder auf das, woher sie

---

1) μνήμη, ist Gedächtniss und Erinnerung oder Gedächtniss in diesem
doppelten Sinne; nur von der Erinnerung kann Aristoteles sagen: οὐδεμία
γὰρ μνήμη ἕξις, ἀλλὰ μᾶλλον ἐνέργεια, top. IV, 5. 125 b 18 f.

2) ἐνεργεῖν τῇ μνήμῃ, de memor. 1. 450 a 19 f. b 17 f. C. 2. 452 b 24.
26. ἐνεργεῖν κατὰ τὸ μνημονεύειν, C. 1. 449 b 22.

3) ὁ γὰρ ἐνεργῶν τῇ μνήμῃ θεωρεῖ τὸ πάθος τοῦτο καὶ αἰσθάνεται τούτου,
a. a. O. 450 b 17 f. ... ταύτῃ αἴσθηται ἡ ψυχή, αὐτοῦ (τοῦ ἐν ἡμῖν φαντάσματος), b 28 f. u. s. vergl. rhetor. I, 11. 1370 a 29 f.

4) ἐνεργοῦντα δὲ τῇ μνήμῃ, μὴ οἴεσθαι, ἀλλὰ λανθάνειν μεμνημένον οὐκ ἔστιν·
τοῦτο γὰρ ἦν αὐτὸ τὸ μεμνῆσθαι, de memor. 2. 452 b 26 ff.

5) a. a. O. 451 a 21 ff. 30 f. ἡ δὲ μνήμη τοῦ γενομένου κτλ., C. 1. 449
b 15 ff. vergl. 24 ff. διὸ μετὰ χρόνου πᾶσα μνήμη, b 28. μέμνηται δὲ τὰ γεγε-
νημένα, rhetor. I, 11. 1370 a 35. II, 12. 1389 a 22 f. C. 13. 1390 a 9.

6) ὅταν οὖν ἅμα ἥ τε τοῦ πράγματος γίνηται κίνησις καὶ ἡ τοῦ χρόνου, τότε
τῇ μνήμῃ ἐνεργεῖ, de memor. 2. 452 b 23 f. vergl. b 28 f. ἀεὶ γὰρ ὅταν ἐνεργῇ
κατὰ τὸ μνημονεύειν, οὕτως ἐν τῇ ψυχῇ λέγει, ὅτι πρότερον τοῦτο ἤκουσεν ἢ ἤσθετο
ἢ ἐνόησεν, C. 1. 449 b 22 f. b 18 ff. 450 a 19 ff

7) a. a. O. 2. 452 b 7 f. 28 ff.

8) a. a. O. 1. 449 b 28 ff. 450 a 18 f., wo mit Rassow (Progr. 1853,
S. 22) θηρίων anstatt θνητῶν zu lesen ist.

9) de memor. 1. 450 b 11 ff. 451 a 14 ff.

entstanden ist? Wenn auf die Affection, so werden wir uns schwerlich der abwesenden Dinge erinnern; wenn aber auf das, woher die Affection entstanden ist, so muß man fragen: wie können wir, indem wir die Affection wahrnehmen, uns des Abwesenden erinnern, welches wir nicht wahrnehmen? Es ist hiermit, antwortet Aristoteles, wie mit einem Gemälde. Das Abbild entspricht der Erinnerung, jedes andere Gemälde einer Vorstellung oder einem Gedanken, welcher nur sich selbst repräsentirt. Daher wir mitunter, wenn in der Seele Bewegungen von einem frühern Wahrnehmen her entstehen, nicht wißen und schwanken, ob das Erinnerung sei oder nicht. Das Umgekehrte geschieht, wenn Jemand ein Nicht-Abbild für ein Abbild, eine bloße Vorstellung für eine Erinnerung nimmt, wie Antipheron, der Oreite, und andere Ekstatische. [1])

Die Erinnerung ist entweder willkürlich oder unwillkürlich, die letztere entweder Folge wiederholter äußerer Wahrnehmung oder einer innern Thätigkeit des entsprechenden Organs. Aristoteles läßt sich ausführlich nur auf die willkürliche, und von den unwillkürlichen, übrigens auch bloß beiläufig, nur auf die zweite ein.

2. Die willkürliche Erinnerung oder das Sich-besinnen. Die physiologische Seite.

Das Vermögen, sich auf Etwas zu besinnen, kommt nicht den Thieren, sondern nur den Menschen zu, und beruht auf einer Selbstbewegung des Gedächtnissorgans, die „Etwas wie ein logischer Schluß ist."[2])

Die Besinnung auf Etwas führt am Raschesten zum Ziele, wenn sie „einen Anfang faßt," d. h. eine Vorstellung als Anfang einer Reihe setzt, an deren näherem oder entfernterem Endpunkte, wenn die Bewegung gelingt, die erwünschte Erinnerung eintritt. Die Glieder dieser Reihe müßen in ge-

---

1) Bei weniger Gattungen von Wahrnehmungen ist das Gedächtniss stärker; die Blinden erinnern sich beßer, weil sie frei von den Eindrücken des Sichtbaren sind, eth. End. VII, 14. 1248 b1ff.

2) de memor. 2. 453 a 9 ff. histor. an. I, 1. 488 b 25 f. vergl. Abschn. VI. Die Selbstbewegung unterscheidet das Sich-besinnen vom nochmaligen Lernen, de memor. 2. 452 a 4 ff. vergl. 451 b 6 ff.

wissen — innerlichen oder äußerlichen — Beziehungen zu einander stehen. Am Leichtesten besinnt man sich daher auf das, was eine bestimmte Ordnung innehält, z. B. auf etwas Mathematisches.[1]) Die Hauptsache ist also, wenn man „sucht" und „spürt," einen Anfang zu setzen. Dieser Anfang wird der Gegenwart oder einer andern Zeit entnommen, und ist entweder 1. ein dem Gesuchten Gleichartiges oder 2. ein Entgegengesetztes oder 3. ein (räumlich oder zeitlich) unmittelbar Nahes.[2]) In dieser Weise kommt man rasch von Einem zum Andern, von der Milch zum Weißen, vom Weißen zur Luft,[3]) von der Luft zum Feuchten,[4]) vom Feuchten zum Herbst,[5]) wenn man sich etwa auf diese Jahreszeit besinnt,[6]) d. h. auf der Bahn des Gleichartigen zum Entfernten. Denselben Dienst leisten, wie gesagt, auch das Nahe und das Entgegengesetzte.[7]) Den verschiedenen Instanzen

---

1) a. a. O. b 29 ff. Daher ist die Zahl ein Hauptunterstützungsmittel des Gedächtnisses, z. B. für rhetorische Perioden und für Verse, rhetor. III, 9. 1409 b 4 ff. vergl. b 1 ff.

2) διο καὶ τὸ ἐφεξῆς θηρεύομεν νοήσαντες ἀπὸ τοῦ νῦν ἢ ἄλλου τινός, καὶ ἀφ' ὁμοίου ἢ ἐναντίου ἢ τοῦ σύνεγγυς, a. a. O. b 18 ff.

3) Die Luft ist weiß, meteorol. III, 4. 374 a 2 f. u. s. Vergl. PRANTL, Aristoteles über die Farben, S. 105.

4) Ueber die feuchte (zunächst „flüßige") Beschaffenheit der Luft vergl. de generat. et corr. II, 3. 330 b 4. 331 a 5. C. 4. 331 a 18 f. 29 ff. de coelo IV, 3. 310 b 12.

5) ... μετοπωρινὸν ὀμβρήσαντος Ζηνός, Hesiod. op. et d. 415 sq.

6) de memor. 2. 452 a 13 ff.

7) Woran FREUDENTHAL, Ü. d. Begriff etc., S. 40, Anstoß nimmt. ἅμα γὰρ τῇ φύσει τὰ ἀντικείμενα (top. VI, 4. 142 a 24. vergl. b 8 f. V, 3. 131 a 16), oder Gegensätze (ἀντικείμενα, ἀντιθέσεις; κατάφασις und ἀπόφασις, ἐναντία, ἕξις und στέρησις, πρός τι sind ihre Arten; Näheres bei ZELLER a. a. O. S. 152 ff. PRANTL, Geschichte der Logik, I, S. 221 ff.) sind der Möglichkeit nach, weil in gewisser Weise ihrem Begriffe nach identisch und verändern sich deshalb in einander (phys. I, 4. 187 a 31. metaph. III, 5. 1009 a 34 ff. VI, 7. 1032 b 2 ff. IX, 4. 1055 b 26 f. C. 7. 1057 a 30 ff. b 23 ff. u. s.); daher man auch in gewisser Weise ein Gegentheil durch das andere, das Böse durch das Gute erkennt (de an. III, 6. 430 b 23. vergl. top. VI, 9. 147 b 21 f. VII, 3. 153 b 15 f.), ein Glied des Gegensatzes also genügt, es selbst und das Entgegengesetzte zu unterscheiden; denn durch das Gerade erkennen wir dieses selbst und das Krumme (de an. I, 5. 411 a 3 ff.). Wer das Wißen definirt, definirt in gewisser Weise auch das Nichtwißen; wenn

der Fortbewegung entsprechen die Veränderungen des Organs. „Denn die Bewegungen dieser (des Gleichartigen, Ent-

nemlich das Erste klar geworden ist, so wird in gewisser Weise auch das Uebrige klar (top. VI, 9. 147 a 17 ff. vergl. IX [de sophist. el.], 31. 181 b 29 f. metaph. VIII, 2, 1046 b 8 ff. 20). Die Begriffe des an sich Relativen, wie z. B. des Doppelten und des Halben (ὅσα καθ' αὑτὰ πρός τι λέγεται) bestehen so sehr in einem gewissen Verhalten zu Etwas (τῷ πρός τί πως ἔχειν), daß es unmöglich ist, das Eine ohne das Andere zu erkennen (top. VI, 4. 142 a 27 ff. de sophist. el. 31. 181 b 32 f.). Alles dieß unter der Voraussetzung, daß die Gegensätze nicht unter verschiedene, sondern unter dieselben Gattungen fallen (metaph. IV, 10. 1018 a 25 ff. phys. I, 3. 186 a 21 f. de generat. et corr. I, 7. 324 a 2. top. IV, 3. 123 b 2 ff. vergl. categ. 11. 14 a 19 f. τὰ μὲν γὰρ γένει διαφέροντα οὐκ ἔχει ὁδὸν εἰς ἄλληλα ἀλλ' ἀπέχει πλέον καὶ ἀσύμβλητα, metaph. IX, 4. 1055 a 6 f. vergl. C. 10 am Schl. C. 3. 1054 b 28 f. IV, 28. 1024 b 9 ff. IX, 7. 1057 a 26 ff.). Je ein Wißen und je ein Sinn haben je eine Gattung zum Gegenstande (a. a. O. II, 2. 997 a 21 f. III, 2. 1003 b 19 ff. IX, 4. 1055 a 32 X, 3. 1060 b 34 f. C. 7. 1064 a 2. analyt. post. I, 26. 87 a 38 f. vergl. II, 6. 92 a 20 ff. rhetor. I, 2. 1355 b 28 ff. u. s.); somit fallen die Gegensätze innerhalb derselben Gattung: Bejahung und Verneinung, conträre Gegensätze, Besitz und Beraubung und endlich die Relativen, vor allen aber die conträren Gegensätze, τὰ ἐναντία (τὰ πλεῖστον διάφεροντα τῶν ἐν τῷ γένει, metaph. IV, 10. 1018 a 27 f. IX, 4. 1055 a 3 ff. 19 ff. 27 f. C. 8. 1058 a 10 f. 14 f. meteorol. II, 6. 363 a 30 ff. phys. V, 3. 226 b 32 f. [metaph. X, 12. 1068 b 30 f.] analyt. post. I, 4. 73 b 21 ff. vergl. categ. 6. 6 a 17 f., — die artbildenden Unterschiede: διαφορὰ γάρ ἐστι ἡ ἐναντιότης, metaph. III, 2. 1004 a 21. IX, 3. 1054 b 31 f. C. 4. 1055 a 22. C. 7. 1057 b 4 ff. C. 8. 1058 a 16 ff. 26 ff. C. 9. 1058 b 1 ff. C. 10. Anf. vergl. ὅλως γὰρ τὸ κινούμενον ἐκ τινος εἰς τι μεταβάλλει, καὶ ταῦτα ἐξ οὗ καὶ εἰς ὃ εἴδει διαφέρει [εἰς ἀντικείμενα, a 21], de coelo I, 8. 277 a 14 f. vergl. 18 f. de part. an. I, 3. 643 a 31 ff.), unter ein und dasselbe Wißen (metaph. II, 2. 996 a 20 f. III, 2. 1003 b 34 ff. [vergl. BONITZ ad h. l.] 1004 a 9 ff. VIII, 2. 1046 b 4 ff. 24. X, 1. 1059 b 22. C. 3. 1061 a 18 f. b 14 f. phys VIII, 1. 251 a 30. analyt. pr. I, 36. 48 b 4 f. 8 f. analyt. post. I, 7. 75 b 13. top. II, 2. 109 b 17 ff. 3. 110 b 20. I, 14. 105 b 33 f. VIII, 1. 155 b 30 ff. b 11 f. C. 13. 163 a 2 ff. eth Nicom. V, 1. 1129 a 13 f. u. s. w.), und sinnlich wahrnehmbare Gegensätze, wie z. B. Schwarz und Weiß (PRANTL, Aristoteles über die Farben, S. 90 ff.), unter einen und denselben Sinn (top. I, 10. 104 a 15 ff. C. 14. 105 b 5 f. VIII, 1. 156 b 12 ff.).

Vergl. Themist. de memor. Sp. II, p 245, 5 sqq.: ἀπὸ δὲ τοῦ ὁμοίου καὶ ἐναντίου, ὅταν ἀπὸ μὲν τῆς τοῦ Σωκράτους εἰκόνος ἀναμνησθῶ Σωκράτην, ἀπὸ δὲ τοῦ μέλανος λευκόν, καὶ ἐκ θερμότητος ψυχρότητα. ἐκ δὲ τοῦ σύνεγγυς, ὅταν ἀπὸ τοῦ ἀντὶ πολλῶν ἂν ὦ ἄνδρες Ἀθηναῖοι ἀναμνησθῶ χρημάτων ὑμᾶς ἑλέσθαι νομίζω τὸ τῇ πόλει συμφέρον.

gegengesetzten, Verknüpften) sind bei den Einen (bei gleichartigen Vorstellungen) gleich, [1]) bei den Andern (bei entgegengesetzten) gleichzeitig, bei den letzten umfaßen sie (nemlich
die Bewegungen der ersten von zwei auf einander bezogenen
Vorstellungen bereits) einen Theil (der nachfolgenden), so daß
das Uebrige (der folgenden Vorstellung), was nach Jenem (dem
bereits erregten Theile des unmittelbar Nahen) bewegt wird,
unbedeutend ist," — sich also sehr leicht miterregen läßt. [2])
So geht, wie gesagt, das ganze Geschäft ohne Schwierigkeit
von Statten, besonders dann, wenn eine bestimmte Reihe von
Bewegungen dieser Art durch öfteres Ueberdenken zur Gewohnheit geworden. [3]) Dagegen gibt ein innerer, nothwendiger Zusammenhang der Vorstellungen größere Gewähr des
Erfolgs, [4]) sofern die zur andern Natur gewordenen Bewegungen ihren Zweck mitunter verfehlen. Denn wie in der Natur Widernatürliches und Zufälliges geschieht, so noch eher in
dem, was, wie die Gewohnheit, mit der Natur nicht geradezu
identisch ist. [5])

Wie die Bewegungen der Besinnung auf Etwas ihren
Zweck hin und wieder verfehlen, so gehen sie unter Umstän-
den auch darüber hinaus. Hier hat die Absicht, welche diesen Thätigkeiten zu Grunde liegt, ihr Ende; von da ab fällt
der Process auf die Stufe der unwillkürlichen Erinnerung
hinab. Aristoteles führt es als einen Beleg für die stoffliche
Grundlage der hier in Betracht kommenden Functionen der
Seele an, daß hin und wieder einmal begonnenen Bewegungen
kein Einhalt gethan werden kann; [6]) jedenfalls ist es ein stofflicher Zusammenhang, welcher sich hinter dem Scheine des
rein Zufälligen plötzlicher Erinnerungen verbirgt, wenn irgend
einer Vorstellung, unbeabsichtigt und lediglich durch die asso-

---

1) BRANDIS, Handbuch etc. II, 2. S. 1151: „können dieselben sein."

2) αἱ γὰρ κινήσεις τούτων τῶν μὲν αἱ αὐταί, τῶν δὲ ἅμα (τὸ μὲν γὰρ ἀντικείμενον ἅμα τῇ φύσει, top. V, 3. 131 a 16), τῶν δὲ μέρος ἔχουσιν, ὥστε τὸ
λοιπὸν μικρὸν ὃ ἐκινήθη μετ' ἐκεῖνο, de memor. 2. 451 b 20 ff.

3) a. a. O. 2. 452 a 26 ff.

4) a. a. O. 451 b 10 ff.

5) a. a. O. 452 a 30 ff. 451 b 13 ff.

6) a. a. O. 453 a 14 ff.

ciirende Kraft des Gleichen, Entgegengesetzten oder unmittelbar Nahen, eine andere folgt, bei welcher (weil mit einer Zeitbeziehung) eine Erinnerung eintritt. [1])
Auch mit der freiwilligen Bewegung, durch welche die absichtliche Erinnerung vermittelt wird, befinden wir uns im Bereiche stofflicher Processe, und wie überhaupt das Vermögen der Erinnerung auf der Seele und dem Körper zugleich, [2]) und im Besondern die Untüchtigkeit des Gedächtnisses auf der allzu harten oder allzu flüßigen Beschaffenheit des centralen Organs der wahrnehmenden Seele beruht, [3]) so ist auch der Grund einer andern Erscheinung, davon nemlich, daß die langsamen Geister größtentheils ein dauerhaftes Gedächtniss, die raschen und leicht faßenden dagegen meist eine größere Gewandtheit zeigen, das dem Gedächtnisse Anvertraute zu vergegenwärtigen, [4]) wieder in stofflichen Verhältnissen zu suchen. [5])

---

1) καὶ μὴ ζητοῦντες δ' οὕτως ἀναμιμνήσκονται, ὅταν μεθ' ἑτέραν κίνησιν ἐκείνη γένηται, a. a. O. 451 b 23 f.

2) φαίνεται δὲ τὰ μέγιστα, καὶ τὰ κοινὰ καὶ τὰ ἴδια τῶν ζώων, κοινὰ τῆς ψυχῆς ὄντα καὶ τοῦ σώματος, οἷον αἴσθησις καὶ μνήμη κτλ, de sensu 1. 436 a 6 ff.

3) de memor. 1. 450 a 32 ff. C. 2. 453 a 31 ff.

4) ὡς ἐπὶ τὸ πολὺ μνημονικώτεροι μὲν οἱ βραδεῖς, ἀναμνηστικώτεροι δὲ οἱ ταχεῖς καὶ εὐμαθεῖς, a. a. O. 1. 449 b 7 f.

5) Der Ausgang der Stelle de an. I, 4. 408 b 15 ff.: τοῦτο δὲ μὴ ὡς ἐν ἐκείνῃ (sc. τῇ ψυχῇ) τῆς κινήσεως οὔσης, ἀλλ' ὁτὲ μὲν μέχρι ἐκείνης, ὁτὲ δ' ἀπ' ἐκείνης, οἷον ἡ μὲν αἴσθησις ἀπὸ τωνδί, ἡ δ' ἀνάμνησις ἀπ' ἐκείνης ἐπὶ τὰς ἐν τοῖς αἰσθητηρίοις κινήσεις ἢ μονάς, setzt die relative Selbständigkeit der äußern Sinneswahrnehmung voraus. Die Seele bewegt sich nicht, noch wird sie bewegt, sondern der Körper, sie selbst nur accidentiell, a. a. O. a 30 ff. So liegt z. B. in der Wahrnehmung, fährt Aristoteles fort, eine Bewegung von den Dingen bis zur Seele, und umgekehrt in der ἀνάμνησις eine Bewegung von der (im Herzen centralisirten) Seele zu den in den Sinnen befindlichen κινήσεις oder μοναί vor. In den κινήσεις und μοναί (Brandis, Handbuch etc. II, 2. S. 1089: „die von der Seele ausgehende Wiedererinnerung errege Bewegung oder Ruhe in den Sinnesorganen;") sind sogleich die schon erwähnten noch nicht verinnerlichten Wahrnehmungen, näher die von dem Acte der Wahrnehmung her z. Th. unbeachtet zurückbleibenden Sinnesaffectionen zu erkennen, von welchen die einen noch thätig, die andern in ruhende Gebilde übergegangen sind, um, die einen wie die andern, bei nächster Gelegenheit als Traum zu erscheinen. Besinnt man sich nach Verlauf einiger Zeit auf solche flüchtige Wahrnehmungen, so ist auch dieß eine Art, aber doch wie-

Erinnerungen an verschiedene Individuen derselben Art sind der Anfang der Erkenntniss des Allgemeinen als solchen.

B. Die Erfahrung.

1. Zur einstweiligen Verständigung über die Principien der Beweise.

Im Gebiete des Allgemeinen nehmen gewisse Begriffe ihrer Einfachheit und Klarheit wegen den ersten und vornehmsten Rang ein. Diese Vorzüge befähigen sie, in Form von Definitionen als Vordersätze, beziehungsweise Ur-Vordersätze der streng wißenschaftlichen Beweise zu fungiren; insofern heißen sie Principien (ἀρχαί)[1]) oder Ursprüngliche (πρῶτα)[2]). Ihre Klarheit beruht auf ihrer Einfachheit; einfach sind sie, weil unvermittelt oder mittelbegrifflos (ἄμεσα). Vermittelte Begriffe und Definitionen, wie z. B. der Begriff der Mondfinsterniss, sind nicht durch sich selbst gewiss, sondern beruhen auf „einem Andern," der Begriff der Mondfinsterniss auf dem Dazwischentreten der Erde; vermittelte Sätze in der Sphäre des Schlußes sind die Schlußsätze und diejenigen Vordersätze, die an sich Schlußsätze, mithin beweisbedürftig sind. Unvermittelt und Unbeweisbar (ἀναπόδεικτον) sind also wesentlich dasselbe, Sätze dieser Art die Grenzpunkte, d. h. für den „Weg nach Unten" die Ausgangs- und für den „Weg nach Oben" die End-Punkte der beweisenden, in Verknüpfungen an sich getrennter Begriffe mittels der nöthigen *termini medii* fortschreitenden Denkthätigkeit.

---

der nur viel zu untergeordnete Art von ἀνάμνησις, als daß ihre Erwähnung in so allgemeiner und unbeschränkter Weise nicht einen besondern, wenn auch bloß äußerlichen Grund haben müßte. Kommt es hier im Wesentlichen nur auf eine Bewegung von der Seele bis zu den Grenzen des Körpers an, so sollte man eher Etwas wie die Wirkungen des φοβεῖσθαι u. dergl. erwarten. Aber die Rede wird nachdrücklicher, wenn man zweimal dasselbe sagt, oder wenn die centrifugale Bewegung in derselben Bahn wie die erste bleibt und zu einer einfachen Gegenbewegung wird.

1) (ἀρχὴ λέγεται) ὅθεν γνωστὸν τὸ πρᾶγμα πρῶτον καὶ αὕτη ἀρχὴ λέγεται τοῦ πράγματος, οἷον τῶν ἀποδείξεων αἱ ὑποθέσεις, metaph. IV, 1. 1013 a 14 ff.

2) ἐκ πρώτων δ' ἐστὶ τὸ ἐξ ἀρχῶν οἰκείων, analyt. post. I, 2. 72 a 5 f. πασῶν μὲν οὖν κοινὸν τῶν ἀρχῶν τὸ πρῶτον εἶναι ὅθεν ἢ ἔστιν ἢ γίγνεται ἢ γιγνώσκεται, metaph. IV, 1. 1013 a 17 ff.

Die Principien zerfallen in zwei Klassen, in materielle und in formelle Principien oder in Eigenthümliche (ἴδια) und in Gemeinsame (κοινά), d. h. allen Wißenschaften Gemeinsame [1]) oder, wie sie in der Mathematik genannt werden, [2]) Axiome (d. h. Axiome im engern Sinne). [3]) Die Erstern, die zahlreichste Klasse, [4]) gehören bestimmten Gattungen des Wißens an, [5]) so z. B. Größe, Punkt, Linie, das Gradlinige, die Zahl, die Einheit und andere derartige für sich seiende Realitäten, Wesenheiten oder Substanzen (οὐσίαι) [6]) theils der Geometrie, theils der Arithmetik. [7]) Von Jedwedem ist entweder die Aussage oder die Verneinung, daß es ist, wahr, [8]) und Gleiches von Gleichem weggenommen, bleibt Gleiches, [9]) sind Sätze, welche unter die Gemeinsamen gehören.

1) ἐπικοινωνοῦσι δὲ πᾶσαι αἱ ἐπιστῆμαι ἀλλήλαις κατὰ τὰ κοινά, analyt. post. I, 11. 77 a 26 f.

2) ... περὶ τε τῶν ἐν τοῖς μαθήμασι καλουμένων ἀξιωμάτων, metaph. III, 3. 1005 a 20.

3) analyt. post I, 2. 72 a 16 ff. C. 10. 76 b 14. metaph. II, 2. 997 a 10 f. 13. ἐξ ἀρχῆς ὑποθέσεις, analyt. pr. I, 1. 24 a 30 f. ὑποθέσεις, eth. Eud. VI (Nicom. VII), 9. 1151 a 16 f. Auch κοιναὶ δόξαι, metaph. II, 2. 996 b 28. 997 a 21 f. vergl. III, 4. 1005 b 33. 1008 a 16. C. 6. 1011 b 13.

4) analyt. pr. I, 30. 46 a 17.

5) οὔτε γάρ ἐστιν ἅπαντα ἐν ἑνί τινι γένει, οὔτε εἰ εἴη, οἷόν τε ὑπὸ τὰς αὐτὰς ἀρχὰς εἶναι τὰ ὄντα, top. IX (de sophist. el.), 11. 172 a 13 ff. μία δ' ἐπιστήμη ἐστὶν ἡ ἑνὸς γένους, ὅσα ἐκ τῶν πρώτων συγκεῖται καὶ μέρη ἐστὶν ἢ πάθη τούτων καθ' αὐτά, analyt. post. I, 28. 87 a 38 f.

6) a. a. O. C. 4. 73 a 36. de an. I, 1. 402 b 18 ff. metaph. IV, 13 1020 a 17 f. C. 14. 1020 b 1. 7. VI, 11, 1036 a 33 u. s. τὰ μαθηματικὰ οὐ κεχωρισμένα ὡς κεχωρισμένα νοεῖ, de an. III, 7. 431 b 15 f. u. s.: also nicht getrennte oder Einzel-Substanzen, metaph. II, 1. 996 a 12 ff. C. 3. 997 a 27 f. C. 5. X, 2. 1060 b 17 ff. XI, 8. 1073 b 6 ff. XII, 2..1076 b 11 ff. 1077 a 32 ff. XIII, 3. 1090 b 8 ff. C. 4. 1092 a 7 f.

7) analyt. post. I, 10. 76 a 33 ff. 37 f. 40. b 3 ff. C. 1. 71 a 15 f. ἴδιαι (sc. ἀρχαί), οἷον ἀριθμός, μέγεθος, C. 32. 88 b 28 f. αἱ δ' ἀποδείξεις φαίνονται πᾶσαι ὑποτιθέμεναι καὶ λαμβάνουσαι τὸ τί ἐστιν, οἷον μαθηματικαὶ τί μόνας καὶ τί τὸ περιττόν, καὶ αἱ ἄλλαι ὁμοίως, a. a. O. II, 3. 90 b 31 ff. u. s.

In der Satzform, in welcher sie ausgesprochen werden, sind sie die θέσεις, a. a. O. I, 2. 72 a 14 f. vergl. TRENDELENBURG, Elem. log. ed. IV. p. 129 sq. 145 sq., als Voraussetzungen (ebenso wie die Axiome) die ὑποθέσεις der Beweise, metaph. V, 1. 1025 b 11. eth. Eud. II, 11. 1227 b 28 f.

8) analyt. post. I, 1. 71 a 14 u. s. w.

9) a. a. O. C. 6. 76 a 41. b 20 f. C. 11. 77 a 30 f. — metaph. X, 4. 1061 b 19 ff.

Die Kenntniss der Principien als solcher ist Vor-Kennt-
niss. „Alles Lehren und Lernen im Gebiete des Gedankens (im Unterschiede vom Gebiete der Wahrnehmung)
geht aus vorgängiger Erkenntniss hervor,"[1]) ist ein ganz
allgemeiner Kanon, welcher vom Beweise und speciell in Bezug
auf die Principien in rigorosester Weise gilt. [2]) Man muß
vorweg, aber vollkommen bestimmt und klar wißen, sowohl
daß sie sind, als auch was sie sind,[3]) während in Rücksicht
auf das, was bewiesen wird, schon eine vorläufige Kenntniss
dessen genügt, „was das Gesagte ist," oder man nur vorweg
zu wißen, beziehungsweise zu erklären braucht, was dieses
oder jenes wesentliche Accidens oder vielmehr „Accidens an
sich" eines eigenthümlichen Princips „bedeutet."[4])

So viel zum allgemeinen Verständnisse der Ersten, Ursprünglichen oder Principien.

---

1) πᾶσα διδασκαλία καὶ πᾶσα μάθησις διανοητικὴ ἐκ προϋπαρχούσης γίνεται
γνώσεως. φανερὸν δὲ τοῦτο θεωροῦσιν ἐπὶ πασῶν· αἴ τε γὰρ μαθηματικαὶ (lern-
baren, Brandis, Handbuch etc. II, 2. S. 227. Anmerk. 186) τῶν ἐπιστημῶν
διὰ τούτου τοῦ τρόπου παραγίνονται καὶ τῶν ἄλλων ἑκάστη τεχνῶν, analyt. post.
I, 1. 71 a 1 ff. „Es hindert nach meiner Ueberzeugung Nichts, Etwas, was
man lernt, in gewisser Hinsicht schon zu wißen, in andrer nicht zu wißen.
Das ist nicht widersinnig, wenn man gewissermaßen schon weiß, was man
lernt, wohl aber, wenn gerade so, inwieweit und wie man es lernt,- b 5 ff.
Aristoteles hat dabei die Sophisten, vergl. top. IX (de sophist cl.), 4. 165 b
30 ff., und die Platonische Wiedererinnerung im Auge, Zeller a. a. O. I,
S. 771. II, 1. S. 529 f. ὥσπερ γὰρ τῷ γεωμετρεῖν μανθάνοντι ἄλλα ἐνδέχεται
προειδέναι, ὧν δὲ ἡ ἐπιστήμη καὶ περὶ ὧν μέλλει μανθάνειν οὐθὲν προγιγνώσκει,
οὕτω δὴ καὶ ἐπὶ τῶν ἄλλων. ὥστ' εἴ τις τῶν πάντων ἐστὶν ἐπιστήμη, ὥς τινές φασιν,
οὐθὲν ἂν προϋπάρχοι γνωρίζων οὗτος. καίτοι πᾶσα μάθησις διὰ προγιγνωσκομένων
ἢ πάντων ἢ τινῶν ἐστί, καὶ ἡ δι' ἀποδείξεως καὶ ἡ δι' ὁρισμῶν· δεῖ γὰρ ἐξ ὧν ὁ
ὁρισμὸς προειδέναι καὶ εἶναι γνώριμα. ὁμοίως δὲ καὶ ἡ δι' ἐπαγωγῆς, metaph. I, 9.
992 b 26 ff. VI, 4. 1029 b 4 ff. top. VI, 4. 141 a 26 ff. eth. Nicom. I, 2. 1095 b 2.
eth. End. V (Nicom. VI), 3. 1139 b 26 ff.

2) analyt. post. I, 2. 71 b 31 ff. 72 a 25 ff.

3) ταῦτα γὰρ λαμβάνουσι τὸ εἶναι καὶ τοδὶ εἶναι, a. a. O. C. 10. 76 b 5 f. u. s.

4) Bloße Nominaldefinition genügt, weil das „Sein", die Realität, die
Wahrheit, diese Grundbedingung alles wirklichen Wißens, aus dem Beweise
resultirt; es genügt, vorweg zu wißen, τί τὸ λεγόμενόν ἐστι, a. a. O. C. I. 71 a
13. 14 f.

2. Entstehung der erfahrungsmäßigen Erkenntniss der Principien.

Wie werden, fragt Aristoteles im Schlußkapitel der analytischen Schriften, [1]) die Principien bekannt, und welches ist die erkennende Kraft? Daß man nicht durch Beweis wißen kann, wenn man nicht die ersten unvermittelten Principien kennt, ist schon früher erörtert worden. Nun könnten aber irgendwem Bedenken kommen, ob die Erkenntniss der Unvermittelten und die Erkenntniss durch Beweis Beide eine und dieselbe oder nicht dieselbe seien, ob das Eine wie das Andere Wißen, oder ob das Eine zwar Wißen, das Andere aber eine andere Art der Erkenntniss sei, endlich, ob die Erkenntnisse der Principien, indem sie nicht von Natur in uns sind, erst später in uns entstehen, oder ob sie verborgen (potenziell, unthätig, nicht gewußt) in uns seien?

Er beantwortet zunächst den letzten Theil der Frage. [2]) Die Annahme, daß wir die Erkenntnisse der Principien von Natur in uns haben, ergibt etwas Widersinniges. Es kommt dann nemlich so, daß man, ohne es zu wißen, Kenntnisse besitzt, die genauer als der Beweis sind. Nehmen wir sie aber erst später auf, ohne sie vorher beseßen zu haben, wie sollen wir sie dann, wenn keine Erkenntniss vorhergeht, erkennen und lernen? Das ist unmöglich, wie wir bei Gelegenheit des Beweises sagten. Offenbar geht also weder das Eine noch das Andere an, weder daß wir die Principien (von Natur) besitzen, noch daß sie in Solchen entstehen, die Nichts wißen und ganz und gar keine Erkentniss besitzen.

Alles kommt hier auf vorgängige Erkenntniss an. Wie die bereits erworbene Kenntniss der Principien den darauf begründeten Beweisen, so geht den Principien eine andere Kennt-

---

1) a. a. O. II. 19. 99 b 17 ff.

2) ... καὶ πότερον οὐκ ἐνοῦσαι αἱ ἕξεις ἐγγίγνονται ἢ ἐνοῦσαι λελήθασιν. εἰ μὲν δὴ ἔχομεν αὐτάς, ἄτοπον· συμβαίνει γὰρ ἀκριβεστέρας ἔχοντας γνώσεις ἀποδείξεως λανθάνειν. εἰ δὲ λαμβάνομεν μὴ ἔχοντες πρότερον, πῶς ἂν γνωρίζοιμεν καὶ μανθάνοιμεν ἐκ μὴ προϋπαρχούσης γνώσεως; ἀδύνατον γάρ, ὥσπερ καὶ ἐπὶ τῆς ἀποδείξεως ἐλέγομεν (I, 1. 71 a 1 ff.). φανερὸν τοίνυν ὅτι οὔτ' ἔχειν οἷόν τε, οὔτ' ἀγνοοῦσι καὶ μηδεμίαν ἔχουσιν ἕξιν ἐγγίνεσθαι, a. a. O. b 25 ff.

niss voraus, die, wenn jene die höchste, schon so nur eine niedere ist; es muß in Bezug auf die Principien eine Kenntniss geben, welche noch nicht die adäquate ist, aber die wahre Erkenntniss in irgend einer Weise vorbereitet.

Nothwendig müßen wir also, fährt Aristoteles.. fort, [1]) ein gewisses Vermögen haben, sie zu erkennen, nur kein solches, welches in Rücksicht auf Genauigkeit vor den die Principien wahrhaft erkennenden Kräften den Vorzug verdiente. In der That kommt dieses Vermögen allen lebendigen Wesen zu. Alle lebendigen Wesen besitzen nemlich ein angebornes Unterscheidungsvermögen (δύναμιν σύμφυτον κριτικήν), welches man wahrnehmenden Sinn nennt.

Indem der wahrnehmende Sinn von Natur inwohnt, so entsteht den Einen Verharrung des Wahrgenommenen, den Andern nicht. Die Letztern haben entweder überhaupt oder nur für den Umfang dieses Ausfalls keine Erkenntniss über das Wahrnehmen hinaus; die Erstern vermögen, sobald sie Wahrnehmungen haben, dieselben auch ferner in der Seele zu behalten.

„Unter den vielen in solcher Weise (mit Gedächtniss) ausgestatteten Wesen,‟ heißt es weiter, [2]) „entsteht nun ein Unterschied, so daß den Einen aus dem Verharren besagter Wahrnehmungen ein Begriff (λόγος) erwächst, den Andern aber nicht. Aus Wahrnehmung entsteht also Gedächtniss, wie wir das Verharren benennen, aus oft auf Ein und Dasselbe (der Art nach Identisches[3])) bezogenem Gedächtnisse aber Erfahrung (ἐμπειρία); denn der Zahl nach viele Gedächtnisse (Erinnerungen) sind eine Erfahrung. Aus der Erfahrung oder aus jedem in der Seele ruhenden Allgemeinen, dem Einen außer den Vielen, welches in allen diesen das identische Eine ist, ist der Anfang von praktischer (auf Hervorbringen gerichteter) Theorie (τέχνης) und des Wißens (ἐπιστήμης), wenn in Betreff der Entstehung: der praktischen Theorie, [4]) wenn

---

1) a. a. O. b 32 ff.
2) a. a. O. 100 a 1 ff.
3) τοῦ αὐτοῦ, sc. τῷ εἴδει, vergl. top. I, 7. 103 a 8 ff. VII, 1. 152 b 31 f. metaph. IV, 15. 1021 a 11 f. u. s.
4) ἡ δὲ τέχνη λόγος τοῦ ἔργου ὁ ἄνευ τῆς ὕλης ἐστίν, de part. an. I, 1. 640 a

in Betreff des Seienden: des Wißens. [1]) Weder existiren folglich die Erkenntnisse der Principien getrennt in uns, noch entstehen sie von andern erkenntnisstüchtigern Kräften, sondern
vom wahrnehmenden Sinne, — wie wenn in der Schlacht,
wann Flucht eingetreten, sobald erst Einer steht, auch ein
Zweiter steht, sodann ein Dritter, bis es zur anfänglichen Ordnung kommt. Die Seele ist aber so beschaffen, das sie dieß zu
erleiden vermag. Was soeben gesagt wurde, ist noch nicht
klar, wir wollen es noch ein Mal auseinandersetzen. Steht
nemlich das Eine der Nichtunterschiedenen, so steht das erste
Allgemeine in der Seele (denn man nimmt zwar das Einzelne
wahr, die Wahrnehmung bezieht sich aber auf das Allgemeine, z. B. den Menschen, jedoch nicht auf den Menschen Kallias), wiederum stellt sich unter diesen (unter den ersten Allgemeinen) Etwas, bis daß das Theillose und das (vorzugsweise) Allgemeine (die relativ oberste Gattung) steht, wie
wenn z. B. ein solches Thier (das erste Allgemeine ist), bis
daß das Thier; und in diesem auf gleiche Weise. Es ist also
offenbar, daß wir die Ursprünglichen (τὰ πρῶτα, die Principien) durch Induction (ἐπαγωγῇ) erkennen müßen. Denn
Wahrnehmung vollbringt auf solche Weise das Allgemeine."

Durch die Wiederholung der Wahrnehmung „Nichtunter-
schiedener," d. h. Einzelner einer und derselben Art, [2]) entsteht

---

31 f. ἀπὸ τέχνης δὲ γίγνεται ὅσων τὸ εἶδος ἐν τῇ ψυχῇ, metaph. VI, 7. 1032 a 32 ff.
C. 9. 1034 a 24. vergl. XI, 3 Schl. eth. Eud. V (Nicom. VI). 4. 1140 a 8 f. In
einigen Stellen, z. B. metaph. II, 2. 997 a 5. V, 2. 1027 a 6. top. IX (de sophist
el.), 9. 170 a 30 f., steht τέχνη für ἐπιστήμη.

1) Wenn Prantl, Geschichte der Logik etc., I, S. 106, die Entstehung des
Wißens in folgender Weise andeutet: „Bei dem Menschen wird aus dem Gedächtnisse die Erfahrung (ἐμπειρία), indem ein ruhendes Allgemeines in der
Seele festgehalten wird, und von hier aus wirkt die schaffende Thätigkeit
(τέχνη) und vernunftgemäße Erwägung (λογισμός) zum Behufe des Wißens fort,"
wofür er sich auf analyt. post. II, 19. 100 a 1 ff. metaph. I, 1. 980 b 26 ff. (s.
weiter u.), — so steht allerdings die ἐπιστήμη im engsten Sinne über der τέχνη,
oder es stehen die theoretischen Wißenschaften über den praktischen, nemlich
der Würde nach (metaph. I, 1. 982 a 1), aber nicht in dem Verhältnisse des
Zwecks zum Mittel.

2) ἀδιάφορα, analyt. post. II, 13. 97 b 7 f. 31. metaph. VI, 13. 1808 a 16.

„die Erfahrung," — ein Allgemeines in dem flachern Sinn des Gemeinsamen oder dessen, was immer und überall erscheint. Als Exemplar der Art ist also jedes Einzelne an sich selbst schon allgemein. Die Unterschiede, auf denen die Individualität beruht, welche somit nicht das Wesen betreffen, [1]) entziehen sich der bloßen Wahrnehmung und entziehen sich der Erkenntniss so lange, als das Allgemeine noch nicht constatirt und für sich gesetzt ist; die Wahrnehmung geht auf den Menschen (der Mensch gilt als letzter, untheilbarer Artbegriff [2])), nicht auf den Menschen Kallias. Die Wiederholung derselben tilgt mehr und mehr den Ueberschuß des als solchen nicht erkannten Individuellen, und bringt die Vorstellung der Art, d. h. die dem Individuum gegenüber reinere Erscheinung der Art hervor. Aus der weiter oben erläuterten Bemerkung in der Schrift über das Gedächtniss, [3]) welche sich auf die Bewegung des innern Organs im Acte der Besinnung auf Etwas bezieht, und wonach die Bewegungen gleichartiger Vorstellungen dieselben sind, läßt sich auch auf die physiologische Genesis der Artvorstellung schließen. Aus alledem folgt, wie es scheint, mit Evidenz, daß hier überall von einer Mitbetheiligung der Reflexion (vom höchsten Erkenntnissvermögen oder dem Vermögen des schöpferischen Begriffs und des Beweises ganz zu schweigen) abgesehen werden muß. [4]) Wäh-

---

ἀδιάφορα κατὰ τὸ εἶδος, top. I, 7. 103 a 11. IV, 1. 121 b 15. 17. 21 f. de part. an. I, 4. 644 a 24 ff. ἀδιάφορα δ' ὧν ἀδιαίρετον τὸ εἶδος κατὰ τὴν αἴσθησιν, metaph. IV, 6. 1016 a 18 f., πᾶν γὰρ τὸ διαφέρον διαφέρει ἢ γένει ἢ εἴδει, metaph. IX, 3. 1054 b 27 f.

1) πολλαὶ γὰρ διαφοραὶ ὑπάρχουσι τοῖς αὐτοῖς τῷ εἴδει, ἀλλ' οὐ κατ' οὐσίαν οὐδὲ καθ' αὐτά analyt. post. II, 13. 96 a 12 ff.

Kallias und Sokrates sind verschieden διὰ τὴν ὕλην, ἑτέρα γάρ, aber identisch τῷ εἴδει, metaph. VI, 8. 1034 a 7 ff. vergl. IX, 9. 1058 a 34 ff. XI, 5. 1071 a 27 ff. b 1. Die individuellen Unterschiede gründen in der stofflichen im Unterschiede von der formellen als Zweck-Ursache oder in der blinden Naturnothwendigkeit im Unterschiede von der mit der Form als dem Zwecke gesetzten Nothwendigkeit. Ueber diese Gegensätze vergl. ZELLER a. a. O. II, 2. S. 249 ff. 325 ff.

2) histor. an. I, 6. 490 b 16 ff.

3) de memor. 2. 451 b 20 ff.

4) Vergl. auch weiter unten in demselben 19. Capitel 100 b 5 ff., wo die ἕξεις περὶ διάνοιαν, und unter diesen sofort δόξα und λογισμός, also höhere und

rend WAITZ, ohne ein Wort weiter darüber zu verlieren, in
der „Erfahrung" einen Begriff, wenigstens eine Art von einem
allgemeinen Begriffe erkennt, [1]) kommt es TRENDELENBURG
bloß darauf an, dem Denken das Formelle an diesem Vor-
gange zu wahren. [2]) Aristoteles spricht aber doch unzweideu-

höchste Thätigkeitsformen des sinnlichen Vermögens (s. Abschn. VI.), der das
Allgemeine producirenden Wahrnehmung gegenübergestellt werden.

   1) a. a. O. II, p. 431.

   2) *Hoc (commune), quod in rebus ipsis inest, tanquam unum praeter multa
sola cogitatione separatur,* Elem. log., p. 150.   Umgekehrt werden nach FABER,
De universa cognit. lege, p. 40 sq., διανοίᾳ die individuellen Differenzen abgeschieden.   Nach HEYDER a. a. O. S. 166, Anmerk. „wird (l. l. II, 19) der Erfahrung und unmittelbar durch sie der sinnlichen Wahrnehmung, der sie entspringt, eine Rolle ertheilt, welche sonst gewöhnlich von Aristoteles dem Begriff und der Wißenschaft beigelegt wird." Aristoteles, sagt er S. 228 ff., werde
sich die Entstehung der Erfahrung nicht ohne Mitwirkung desjenigen Vermögens gedacht haben, auf welchem Kunst und Wißenschaft beruhen.   Wenn
er das Wißen des Allgemeinen, welches die Erfahrung gebe, auf die sinnliche
Wahrnehmung zurückführe, so dürfe man nicht zuviel Gewicht darauf legen ;
verrathe doch überhaupt die Aristotelische Lehre in Beziehung auf das Verhältniss der Wahrnehmung zum Denken ein Mangel an Durchbildung. Dennoch seien das Allgemeine der Erfahrung, welches nur das Daß, und das Allgemeine des Denkens, welches das Warum aufzeige, nicht identisch.   Das Wißen
um das Allgemeine der Erfahrung wurzele zwar in dem begreifenden Verstande,
habe aber nur eine formelle Bedeutung, nemlich die, aus der Wahrnehmung
Stammendes zu verbinden und zu ordnen.   Ein solches Allgemeine laße sich
leicht in dasjenige, welches den Inhalt der Empfindung und Wahrnehmung
bilde, umsetzen und damit verwechseln, und so sei denn erklärlich, „wie Aristoteles das Wißen um dasselbe als Gegenstand sinnlicher Wahrnehmung bezeichnen konnte." Hieran schließen sich BRANDIS, Handbuch etc. II, 2. S. 274.
350. Geschichte der Entwickelungen etc., S. 419, und PRANTL, Geschichte der
Logik, I, S. 107, letzterer mit der Bemerkung an, daß „vermöge des νοῦς
während und innerhalb der Sinneswahrnehmung das καθόλου ergriffen und
das Gleichartige in einer einheitlichen allgemeinen Annahme ausgeprägt
wird" (l. l. II, 19. 100 a 15 ff.).
      BRENTANO a. a. O. S. 213 leugnet, daß Aristoteles hier „von dem Ent-
stehen der Begriffe": also vom γίγνεσθαι eines λόγος ἐκ τῆς τῶν τοιούτων μονῆς
(l. l. a 1 f.), vom γνωρίζειν der πρῶτα oder Principien durch ἐπαγωγή (b 3 f.)
handele, es sei vielmehr „von dem Entstehen anderer unmittelbarer Wahrheiten, welche die Voraussetzung des Beweises sind, nemlich von der dem
allgemeinen Erfahrungssätze" die Rede.   Diese angeblich anderweitigen Voraussetzungen des Beweises und der Begriff treten nach Br. entschieden auseinander.

tig genug, ja wie um jedem Zweifel zu begegnen, wenn er die
Seele, in welcher die betreffenden Processe vor sich gehen, ausdrücklich geeignet nennt, „dieses zu erleiden," und die Verhandlung mit der Erklärung schließt, daß Wahrnehmung das
Allgemeine hineinarbeite. [1]) Auf nicht minder schwachen Füßen
steht auch die Ansicht von einem *tanquam unum praeter multa*
oder von einem aus der Zahl der wahrgenommenen Individuen
erwählten Stellvertreter der Art, wie wenn Aristoteles
sagen wollte, daß eins der Nichtunterschiedenen oder die erste
beste in der Reihe der Vorstellungen zugleich als Vorstellung der Art fungire. [2]) Auch so wäre die Erfahrung, zunächst die Art, nur eine Vorstellung, und diese Vorstellung
bezeichnet Aristoteles als „das in der Seele ruhende Allgemeine" und noch deutlicher als „das Eine außer den Vielen,
welches in allen diesen das identische Eine ist," d. h. unverkenn-
bar als eine gesonderte, besondere Vorstellung. [3])

Wiederum, fuhr Aristoteles fort, „stellt sich" in den Artvorstellungen Etwas, bis das Theillose und Allgemeine „steht",
z. B. unter den Thieren verschiedener Art, bis das Thier
steht; und ebenso stellt sich unter den Theillosen (z. B. Thier

---

1) *Hoc commune, quod inest experientiae quasi coecum adhuc, in anima
quiescit, notione, quae res illustrat et comprehendit, egens et rerum potius
similitudine quam animi efficacia collectum*, Wolf, Aristotelis de intellectu
agente et patiente, dissert., Berol. 1844, p. 23. „Aus der Wahrnehmung
sofort erzeugt sich mittelst des Gedächtnisses ein allgemeines Bild, indem
dasjenige festgehalten wird, was sich in vielen Wahrnehmungen gleichmäßig
wiederholt, und es entsteht so zunächst die Erfahrung", Zeller a. a. O.
S. 139.

2) Trendelenburg zu τοῦ ἑνὸς παρὰ τὰ πολλά, ὃ ἂν ἐν ἅπασιν ἓν ἐνῇ ἐκείνοις τὸ
αὐτό, 100 b 7 f., in der soeben angeführten Stelle der Elem. log. p. 150;
ferner zu στάντος γὰρ ἀδιαφόρων ἑνός κτλ., b 15 f.: *horum unum si in animo
constiterit, reliquorum, quippe quae idem sibi relint, quasi vicem explet,
ut tanquam universale valeat*, l. l. p. 152 und Erläut., S. 125. 128. Ebenso
Ritter und Preller, Historia philos. etc., ed. IV., p. 267.

3) Er sagt ebenso von der Platonischen Idee: ἕν τι παρὰ τὰ πολλά,
analyt. post. I, 11. 77 a 5. vergl. C. 24. 85 a 31. b 19. de sophist. el. 22.
179 a 7 f. vergl. metaph. I, 9. 991 a 1 f. (XII, 4. 1079 a 31 ff.) II, 1. 995
b 15. VI, 6. 1031 b 1 f. C. 8. 1033 b 19 ff. 27 f. C. 13. 1038 b 34. C. 15.
1040 a 20. C. 16. 1040 b 26 f. 31 f. VII, 6. 1045 b 7. IX, 2. 1053 b 18 ff.
X, 2. 1060 a 7 ff. 13 ff. XII, 1. 1076 a 10 ff. C. 4. 1079 a 2 ff. u. s.

und Pflanze) Etwas, bis auf dieselbe Weise wie zuvor ein noch höheres Allgemeines steht. Folglich müßen wir die Principien durch Induction erkennen. Denn Wahrnehmung bringt auf solche Weise in der Seele das Allgemeine hervor. Und nun erst, im Gegensatze zur Wahrnehmung, wendet sich Aristoteles den Kreisen der höhern intellectuellen Vermögen zu. [1]) Diese Pyramide des Allgemeinen ist also das Werk der Wahrnehmung. Wie von den Einzelnen erst das eine und dann die übrigen standen, hierauf das Allgemeine stand, so steht auch jetzt das Theillose auf dem Unterbau der Arten. Aber es steht und ruht überhaupt Nichts dergleichen, außer im leidensfähigen Urorgane der wahrnehmenden Seele (in der Seele nur beziehungsweise, d. h. inwiefern im Körperlichen), und es gibt kein Gedächtniss der Gedanken, außer accidentiell. Und wenn die Theillosen „stehen,“ so stehen sie, wie die Erfahrung stand und ruhete, d. h. als Affectionen des wahrnehmenden Organs der Mitte. [2]) Und dennoch wurde das, was aus dem Verharren der Einzelvorstellungen entsteht, als Begriff, wurden die Producte der fortgesetzten Wahrnehmung des Allgemeinen am Einzelnen als die Ursprünglichen oder Principien bezeichnet. Art und Gattung sind also auch in dieser Form Begriffe: d. h. die Erfahrung entspricht dem Artbegriffe, „die Theillosen (ἀμερῆ) und (im excellenten Sinne) Allgemeinen“ [3]) entsprechen den relativ

---

1) ἐπεὶ δὲ τῶν περὶ τὴν διάνοιαν ἕξεων, αἷς ἀληθεύομεν, αἱ μὲν ἀεὶ ἀληθεῖς εἰσίν, αἱ δὲ κτλ, analyt. post. II, 19. 100 b 6 f.

2) WAITZ a. a. O. I, p. 430 denkt bei ἠρεμήσαντος, 100 a 6 f., an phys. VII, 3. 247 b 10 ff.: τῷ γὰρ ἠρεμῆσαι καὶ στῆναι τὴν διάνοιαν ἐπίστασθαι καὶ φρονεῖν λέγομεν κτλ., ebenso BRANDIS, Handbuch etc., II, 2. S. 274 Anmerk. und S. 350 Anmerk. bei μονῇ, στῆναι und ἵσταται ebenfalls an phys. VII, 3, sowie an de an. I, 3. 407 a 32 und problem. XXX, 14. Es ist in diesen Stellen von der Thätigkeit des νοητικὸν μέρος in Ruhe und Stillstand, nicht von dem ἠρεμῆσαι und στῆναι der πάθη des πρῶτον αἰσθητικόν die Rede. Zum Ganzen vergl. Philoponus, schol. Br. 250 b 31 sqq.

3) Theile zu haben (μέρη ἔχειν) kommt der Form (dem εἶδος) und somit auch dem Denken oder Gedanken (λόγος) der Form oder der Definition (dem ὁρισμός) zu. Diese Theile sind die Gattung oder vielmehr die beziehungsweise oberste Gattung und der oder die artbildenden Unter-

obersten Gattungsbegriffen; wir haben, mit einem Worte, in den allgemeinen Vorstellungen die gesuchte, der adäquaten

schiede (metaph. IV, 25. 1023 b 20 ff. VI, 10. 1034 b 20. 25 f. 34 ff. 1035 b 31 ff. IX, 7. 1057 b 7 ff. phys. IV, 3. 210 a 18 ff. top. VI, 6. 143 b 8 f. u. s.). Anders angesehen, ist die Gattung das Ganze (ὅλον τι) und als solches eine Einheit (metaph. IV, 26. 1023 b 36 u. s.), welche ihre Theile, nemlich die Arten, zur Einheit zusammenfaßt (a. a. O. b 29 ff.). Wiederum abstract und als Bestandtheil der Art gesetzt, ist die Gattung (ἀσυνθετώτερα γὰρ τὰ ἐξ ὧν, a. a. O. VI, 15. 1040 b 23) ohne Theile. Nicht eine etwaige nächste Gattung (z. B. Säugethier, ζῳοτοκοῦν ἐν αὐτῷ,) noch eine etwa weiterhin folgende (z. B. das Blutführende, ἔναιμον, in Bezug auf Mensch und Pferd), sondern lediglich jene (... οἷον τοιονδὶ ζῷον, ἕως ζῷον, analyt. post. II, 19. 100 b 2 f.), welcher die dem Ganzen der Gattung gemeinschaftlichen, sowohl grundwesentlichen und unmittelbaren als abgeleiteten und vermittelten, d. h. durch Beweis zu erkennenden Bestimmungen ursprünglich (πρώτῳ, ἐπὶ πρώτου) und daher an sich (καθ' αὐτό), also nicht durch ein höheres Allgemeines zukommen (analyt. post. I, 4. 73 b 28 ff.). So kommt z. B. die unterscheidende Bestimmung, Wahrnehmung zu haben (τὸ γὰρ ζῷον ὁριζόμεθα τῷ ἔχειν αἴσθησιν, de part. an. II, 8. 653 b 22 f. u. s.), dem Thiere nicht durch die Gattung der beseelten Wesen (ἔμψυχα; denn auch die Pflanze ist ἔμψυχον, de an. II, 2. 413 a 25 ff.), und die Bestimmung, zwei rechte Winkel zu haben, dem Dreiwinkel nicht durch die Gattung Figur, sondern ursprünglich und an sich zu. Diese den συντιθέμενα ἐκ τῶν ἀτόμων (sc. τῷ εἴδει, analyt. post. II, 13. 96 b 20 ff. vergl. b 16. 97 b 28. C. 17. 99 b 7. top. II, 2. 109 b 16. III, 6. 120 a 35. metaph. IX, 8. 1058 a 19. τοῦτο δ' [sc. λόγος oder εἶδος] ἐστὶ τὸ ἔσχατον ἄτομον, C. 9. 1058 b 9 f. VI, 8 f. Schl.), d. h. den niedern Gattungen, unmittelbar entgegengesetzten ἀμερῆ oder ἁπλᾶ (... τὸ ἁπλοῦν καὶ τοῖς ἁπλοῖς καθ' αὐτά ὑπάρχειν τὰ συμβαίνοντα μόνοις, analyt. post. II, 13. 96 b 23 f.) sind die vorzugsweise allgemeinen Begriffe (a. a. O. I, 4. 73 b 26 ff. τὰ ἀμερῆ καὶ τὰ καθόλου, II, 19. 100 b 2. τὰ πρῶτα καὶ τὰ καθόλου, analyt. pr. I, 28. 44 a 39). TREN-DELENBURG, Comm. zu de an. p. 172. Elem. log. p. 153 sq., geht von der Theil- als Merkmallosigkeit der höchsten, abstractesten Gattungen aus; die Gattung Thier sei als beziehungsweise höchste Gattung comparate ἀμερές. Wogegen WAITZ a. a. O. II, p. 431 sq. ausschließlich an die höchsten Gattungen denkt, inwiefern sie keines höhern Allgemeinen Theil mehr sind, also nach metaph. IV, 25. 1025 b 24 f. (phys. IV, 3. 216 a 18): ἄλλως δὲ τὸ εἶδος τοῦ γένους μέρος, — eine Beziehung, welche gegen den Zusammenhang der Stelle a. a. O. zu verstoßen scheint.

Vom Theile-haben der Artbegriffe ist die Theilbarkeit wohl zu unterscheiden; die Form oder das Wesen (οὐσία) ist untheilbar, untrennbar, einheitlich (metaph. IV, 6. 1016 b 1 ff. 8 ff. 31 ff. IX, 1. 1052 a 30 ff. u. s.). Ebenso die mathematischen Abstractionen. Der Kreis z. B. ist von Seite seines Begriffs untheilbar, wohl aber theilbar dieser bestimmte Kreis in mei-

vorhergehende Erkenntnissform der Principien, — im ganzen Processe die erste Genesis des Allgemeinen vor uns. [1]) In den Schlußbemerkungen zu der ausführlichen Anweisung, wie man auf Principien für Schlüße und Beweise, insbesondere auf *termini medii* (und zwar hauptsächlich auf die relativ obersten Gattungsbegriffe [2])) ausgehen müße, äußert sich Aristoteles in folgender Weise: [3]) „Eigenthümliche in Bezug auf jede Wißenschaft sind die meisten Principien. Diese für Jedes (jede wißenschaftliche Gattung) zu liefern, ist Sache der Erfahrung. Ich meine, wie z. B. die astronomische Erfahrung die Principien der Astronomie liefert. Nachdem nemlich die Erscheinungen hinlänglich aufgenommen worden waren, wurden so die astronomischen Beweise gefunden. Ebenso verhält es sich aber auch mit jeder beliebigen andern praktischen Theorie und jeder andern Wißenschaft." [4]) Höchst vortheilhaft für die Erkenntniss des Begriffs ist auch die vorgängige Kenntniss der „Accidéntien an sich" oder derjenigen

---

nem Denken, d. h. von Seite seines Stoffs, nicht eines wahrnehmbaren, sondern gedachten Stoffs (metaph. VI, 10, 1036 a 9 ff. 1035 a 9 f. 33 ff. C. 11. 1036 b 32 ff.). Der gedachte Stoff (ὕλη νοητή) ist die Vorstellung der durch die Form begrenzten Quantität (besonders a 34 f. a. a. O. zu vergl. αἱ μὲν γὰρ [sc. ἐπιστῆμαι] καὶ τὸ νοητὸν λαμβάνουσι διαιρετόν, αἱ μαθηματικαί, de coelo III, 7. 306 a 27 f.).

1) Die Worte σωζομένων τῶν λόγων ἐν τῇ ψυχῇ, metaph. VI, 15. 1040 a 4, beziehen sich auf Einzelnes und Vergängliches; diese λόγοι sind daher Vorstellungen. Auch in Betreff allgemeiner Vorstellungen kann Aristoteles sagen, daß „sich das Allgemeine in gewisser Weise in der Seele befindet," de an. II, 5. 417 b 22 ff.

2) ὅσ᾽ ἂ καὶ τῶν ἑπομένων (bei den Ober-), καὶ οἷς ἕπεται ἕκαστον (bei den Unter-Begriffen von Subject und Prädicat gegebener Schlußsätze), εἰς τὰ πρῶτα καὶ τὰ καθόλου μάλιστα βλέπειν, analyt. pr. I, 28. 44 a 38 f.

3) a. a. O. C. 30. 46 a 17 ff.

4) „So daß", führt er a 22 fort, „wenn die einem jeden Gegenstande zukommenden (beweisbaren) Bestimmungen aufgenommen sind, es dann unsere Sache ist, prompt die Beweise aufzuzeigen. Erst dann, wenn in der erfahrungsmäßigen Kenntniss dessen, was den Objecten in Wahrheit zukommt, Nichts übergangen ist, werden wir im Stande sein, über Alles, worüber ein Beweis möglich ist, denselben zu finden und durchzuführen, worüber aber der Natur der Sache nach kein Beweis möglich ist, dieß klar zu machen." Vergl. histor. an. I, 6. 491 a 9 ff., wo Aubert und Wimmer ἀπόδειξιν durch „Erklärungen" wiedergeben.

Bestimmungen, deren Verknüpfung mit der Substanz der Beweis erkennen läßt; sobald wir, vor aller begrifflichen Erkenntniss einer Substanz, in der Lage sind, nach der Erscheinung (d. h. auf Grund sinnlicher Wahrnehmung) über die Accidentien an sich, über alle oder die meisten, Angabe zu machen, werden wir auch im Stande sein, am Treffendsten über die Substanz zu sprechen. [1]

Alles Wißen im weitesten Sinne des Worts, alles Kennen geht in diese vierfache Bestimmung auseinander: wir suchen 1. ob Etwas ist, 2. das Daß, 3. was Etwas ist und 4. das Warum. [2] Die erste Frage geht auf das Sein schlechthin (ἀπλῶς); so z. B. existirt der Mond oder existirt er nicht, existirt die Nacht oder existirt sie nicht? Die zweite geht auf nähere Bestimmungen (ἐπὶ μέρους); verfinstert sich der Mond oder nimmt er zu? [3] Haben wir die Existenz erkannt, so suchen wir das Was Etwas ist, [4] und haben wir das Daß, so suchen wir das Warum oder den Grund. [5] Die Erkenntniss einer wesentlichen Bestimmung ist unmittelbar Erkenntniss der Existenz; [6] nicht minder sind das Was Etwas ist und Warum Etwas ist identisch. [7] Der Fortschritt der Erkenntniss geht vom Aeußern und sinnlich Wahrnehmbaren in das Innere und den Begriff, die höhere Stufe setzt die niedere, der Begriff die Vorstellung voraus. In dem Maße, in wel-

---

1) ... ἀλλὰ καὶ ἀνάπαλιν τὰ συμβεβηκότα (sc. καθ' αὐτά) συμβάλλεται μέγα μέρος πρὸς τὸ εἰδέναι τὸ τί ἐστιν· ἐπειδὰν γὰρ ἔχωμεν ἀποδιδόναι κατὰ τὴν φαντασίαν (per imaginationem, Argyrop.; convenienter iis, quae apparent, Pac.) περὶ τῶν συμβεβηκότων, ἢ πάντων ἢ τῶν πλείστων, τότε καὶ περὶ τῆς οὐσίας ἕξομεν λέγειν κάλλιστα, de an. I, 1. 402 b 21 ff.

2) τὰ ζητούμενά ἐστιν ἴσα τον ἀριθμὸν ὅσαπερ ἐπιστάμεθα. ζητοῦμεν δὲ τέτταρα, τὸ ὅτι, τὸ διότι, εἰ ἔστι, τί ἐστιν, analyt. post, II, 1. 89 b 23 ff.

3) a. a. O. b 33. C. 2. 90 a 2 ff.

4) a. a. O. C. 1. 89 b 34 f.

5) ὅταν δὲ εἰδῶμεν τὸ ὅτι, τὸ διότι ζητοῦμεν, κτλ. a. a. O. b 29 ff. τὸ διότι ζητοῦμεν ἔχοντες τὸ ὅτι, ἐνίοτε δὲ καὶ ἅμα δῆλα γίνεται (wenn die Erscheinung, z. B. ein mechanische Wirkung, zugleich die Evidenz des Grundes mit sich führt: anders Trendelenburg, Elem. log. p. 140 sq. Erläut., S. 116), a. a. O. C. 8. 93 a 17 ff. vergl. de part. an. I, 1. 639 b 5 ff. 8 ff. Trendelenburg, Erläut., S. 28 ff.

6) analyt. post. II, 8. 93 a 22. 24 ff.

7) a. a. O. C. 2. 90 a 15.

chem wir die Erkenntniss der Existenz innehaben, in dem
Maße sind wir zur Erkenntniss des Was Etwas ist qualificirt: [1])
es ist unmöglich, das Warum früher als das Daß zu erkennen,
und ebenso ist der formirende oder schöpferische Begriff, „das
Was war das Sein einem Objecte," nicht ohne „das Daß Etwas ist." [2]) Somit umfaßt das Daß alle sinnlich wahrnehmbare Qualität: [3]) die Totalität (das Analoge der Art) oder
einzelne Prädicate.

3. Die Erfahrung hat das Daß im Unterschiede vom Was und Warum zum Gegenstande.

Die Erkenntniss der Existenz und des Daß gründet auf
Wahrnehmung, nicht auf Schluß oder Beweis; [4]) die Erkenntniss des Daß ist Erfahrung. Wie im Schlußcapitel der analytischen Schriften geht auch im Eingange der Metaphysik
die Erfahrung aus dem Gedächtnisse hervor, [5]) und ebenso
wie dort ist sie auch hier die Wurzel der Wißenschaft und
praktischen Theorie. [6]) Die Annahme (ὑπόληψις) z. B.,
daß dieß Bestimmte dem an der und der Krankheit leidenden Kallias, ferner dem Sokrates und so noch einer ganzen Reihe
Anderer geholfen hat, [7]) diese Erkenntniss einzelner Fälle ist

---

1) a. a. O. C. 8. 93 a 27 ff. Und umgekehrt: macht man das τί ἐστι
klar, so denkt man unmittelbar auch die Existenz, εἰ ἔστιν, ... διὸ τὸ τῆς
αὐτῆς εἶναι διανοίας τό τε τί ἐστι δῆλον ποιεῖν καὶ εἰ ἔστιν, metaph. V, 1. 1025
b 17 f.

2) analyt. post. II, 8. 93 a 18 ff.

3) τὸ ὁποῖόν τί ἐστιν, vergl. Waitz a. a. O. II, p. 379 sq.

4) Der Existenz: vergl. ὡς δ' ἔστιν ἡ φύσις, πειρᾶσθαι δεικνύναι γελοῖον·
φανερὸν γὰρ ὅτι τοιαῦτα τῶν ὄντων ἐστὶ πολλά. τὸ δὲ δεικνύναι τὰ φανερὰ διὰ
τῶν ἀφανῶν οὐ δυναμένου κρίνειν ἐστὶ τὸ δι' αὑτὸ καὶ μὴ δι' αὐτὸ γνώριμον,
phys. II, 1. 193 a 3 ff. Der Qualität: vergl. τὸ μὲν οὖν πάντ' ἠρεμεῖν, καὶ
τούτου ζητεῖν λόγον ἀφέντας τὴν αἴσθησιν, ἀρρωστία τίς ἐστι διανοίας, a. a. O.
VIII, 3. 253 a 32 f.

5) γίγνεται δ' ἐκ τῆς μνήμης ἐμπειρία τοῖς ἀνθρώποις, metaph. I, 1. 980
b 28 f.

6) ἀποβαίνει δ' ἐπιστήμη καὶ τέχνη διὰ τῆς ἐμπειρίας τοῖς ἀνθρώποις· ἡ μὲν
γὰρ ἐμπειρία τέχνην ἐποίησεν, ὡς φησὶ Πῶλος, ὀρθῶς λέγων, ἡ δ' ἀπειρία τύχην,
a. a. O. 981 a 2 ff.

7) a. a. O. a 7 ff.

Erfahrung. [1]) Es ist eine neue Bestimmung und fernere Erweiterung der Erfahrung, daß sie sich auch auf Verknüpfungen an sich völlig getreunter Vorstellungen erstreckt. Jene auseinanderliegende Reihe von Wahrnehmungen geht aber auch in eine Einheit, ein Allgemeines zusammen, wenn, wie Aristoteles sagt, [2]) die vielen Erinnerungen einer der Art nach identischen Sache „die Bedeutung einer einzigen Erfahrung" gewinnen. So hat die Erfahrung das dem Warum der Wißenschaft und praktischen Theorie entsprechende Daß, [3]) die immer wiederkehrende, allgemein festgestellte Thatsache, aber die reine Thatsache, die Erscheinungen und Wirkungen, nicht die Ursache zum Gegenstande. Ihre Resultate sind durch sich selbst constatirte Wahrheiten, der Form nach also unvermittelte Sätze, aber nicht solche, die den Grund zur Anschauung bringen. [4]) Hierin liegt ihre Aehnlichkeit mit der höhern Stufe der Erkenntniss, [5]) aber auch der Unterschied. Das Verhältniss der Schiffmanns-Astronomie, die auf der Wahrnehmung der himmlischen Erscheinungen beruht, zur mathematischen, der „Harmonik nach dem Gehör" zur mathematischen Harmonik ist dieses Verhältniss der Erfahrung zur eigentlichen Wißenschaft. „Hier, in der Harmonik, ist das Wißen des Daß Sache derer, welche die geeignete Geschicklichkeit in der sinnlichen Wahrnehmung besitzen, das Wißen

---

1) ἡ μὲν ἐμπειρία τῶν καθ' ἕκαστόν ἐστι γνῶσις, a. a. O. a 15 f.

2) αἱ μὲν γὰρ πολλαὶ μνῆμαι τοῦ αὐτοῦ πράγματος μιᾶς ἐμπειρίας δύναμιν ἀποτελοῦσιν, a. a. O. 980 b 29 f.

3) οἱ μὲν γὰρ ἔμπειροι τὸ ὅτι μὲν ἴσασι, διότι οὐκ ἴσασιν, a. a. O. 981 a 28 f.

4) vergl. analyt. post. I, 13. 78 a 26 ff.

Der Ausdruck ἄμεσον, mittelbegrifflos, unvermittelt, wird nicht bloß von explicirten Begriffen, d. h. von dem Verhältnisse des Subjects und der im Umfange des Begriffs befindlichen Prädicate gebraucht; ἄμεσα sind auch Substanzen mit meistentheils (ὡς ἐπὶ τὸ πολύ) vorhandenen Accidentien, analyt. post. II, 12. 96 a 18; die Meinung hat unter Andern auch unvermittelte Sätze zum Gegenstande, a. a. O. I, 33. 89 a 3 f. Jeder Satz, welcher eine unmittelbare Thatsache ausdrückt, also jeder durch Induction nachweisbare Satz (analyt. pr. II, 23. 68 b 30 ff.) ist ἄμεσον.

5) καὶ δοκεῖ σχεδὸν ἐπιστήμη καὶ τέχνη ὅμοιον εἶναι ἡ ἐμπειρία, metaph. I, 1. 981 a 1 f.

des Warum dagegen Sache der Mathematiker; denn diese haben die Beweise der Gründe."[1]) Dieses Wißen oder vielmehr Kennen des Daß geht — wo nicht ausschließlich, doch wesentlichsten Theils — aus der Wahrnehmung, d. h. aus einer Art von Induction hervor. Was dem Allgemeinen einer solchen Induction im Unterschiede von der obern Stufe der Erkenntniss noch fehlt, ist die Form des wißenschaftlichen Begriffs. Nur die Theorie ist Erkenntniss des (wahrhaft) Allgemeinen, nur der Theoretiker weiß den Grund und das Warum, und nur er hat den Begriff (λόγον). [2])

Die subordinirte Stellung, in welcher sich die Schiffersternkunde der mathematischen, die rein erfahrungsmäßige Harmonik gleichfalls der mathematischen, die medicinische Empirik der medicinischen Theorie und alle möglichen andern Kenntnisse andern Wißenschaften gegenüber befinden, führt nichtsdestoweniger eine gewisse Selbständigkeit mit sich. Die jedesmal höhere Wißenschaft besitzt das Warum, die niedere das Daß, ein gegenseitiges Verhältniss, welches sich insoweit unter den höhern Wißenschaften wiederholt, als diese oder jene den Grund irgend einer Erscheinung ihres Gebiets durch eine andere erfährt. In dieser Rücksicht sind also auch obere Wißenschaften einander subordinirt, die Optik der Geometrie, die Mechanik der Stereometrie, die Naturwißenschaft wieder der Optik und selbst die Medicin in mancher Beziehung der Geometrie. [3]) Beispielsweise muß der Naturforscher in Betreff der Iris (des Auges) das Daß wißen, der Optiker aber weiß das Warum, entweder als solcher oder nach der Mathematik. [4]) Der Arzt muß wißen, daß kreisförmige Wunden langsamer heilen, der Geometer aber das Warum verstehen. [5]) Umgekehrt kommt der relativ höhern Wißenschaft in solcher Anwendung auf eine andere Gattung oder in solcher ausnahmsweise erlaubten [6]) Metabasis in ein fremdes Gebiet nicht ohne

---

1) analyt. post. I, 13. 78 b 40 ff.
2) metaph. I, 1. 981 a 16. 28 ff. b 6.
3) analyt. post. I, 13. 78 b 34 ff. C. 9. 76 a 9 ff. 23 f. C. 12, 77 b 1 ff.
4) a. a. O. C. 13. 79 a 10 ff. vergl. metaph. XII, 3. 1078 a 14 ff.
5) analyt. post I, 13. 79 a 13 ff.
6) a. a. O. C. 7. 75 b 14 ff.

Weiteres die Erkenntniss des Daß zu. Insofern wißen oft die Mathematiker sowie diejenigen, welche das Allgemeine betrachten, Manches aus dem Bereiche des Einzelnen nicht, weil sie nicht Acht darauf geben. Es kommt dieß in denjenigen Wissenschaften, welche sich nicht an die Einzelsubstanzen, sondern an die Formen halten, so namentlich in der Mathematik vor. [1]) Freilich ist dasjenige Wißen, welches Beides, das Daß und das Warum zugleich betrachtet, exacter und vorzüglicher als jenes, welches ausschließlich das Zweite zum Gegenstande nimmt. [2])

Der natürliche Boden der auf sich gestellten Erfahrung ist das alltägliche Leben, weil es hier nicht so sehr auf das Verständniss des Grundes als auf den Zweck (der Zweck gehört ja der Sphäre des Einzelnen an [3])) sowie auf die Entdeckung und Anwendung der Mittel ankommt. Hier, wenn irgendwo, genügt die Erfahrung nicht nur, sondern hat sogar Manches vor dem Wißen voraus. [4]) Eine gleiche Selbständigkeit kommt ihr in solchen Wißenschaften zu, welche ihrem Wesen nach als bloße praktische Anleitungen zu betrachten sind. Da eine jede wißenschaftliche Darstellung das Maß ihrer Deutlichkeit in ihrem Gegenstande hat, [5]) und der Zweck der Ethik nicht Erkenntniss (γνῶσις), sondern Handeln (πρᾶξις) ist, [6]) jede Darstellung aber von Bekanntem anfangen muß,

---

1) a. a. O. C. 15. 79 a 4 ff.
Damit hängt auch der Grund zusammen, warum ein Knabe wohl ein Mathematiker, aber kein Weiser oder Naturforscher sein kann. Weil nemlich der Gegenstand der Mathematik auf Abstraction beruht (δι' ἀφαιρέσεως ἐστιν), dagegen die Principien der Weisheit und Naturforschung aus Erfahrung stammen (τῶν δ' αἱ ἀρχαὶ ἐξ ἐμπειρίας). Von dem Einen haben die jungen Leute keine Ueberzeugung, sondern sprechen bloß nach, von dem Andern ist das Was es ist nicht unklar, eth. Eud. V (Nicom. VI), 9. 1142 a 16 ff.
2) ἀκριβεστέρα δ' ἐπιστήμη ἐπιστήμης καὶ προτέρα ἥ τε τοῦ ὅτι καὶ διότι ἢ αὐτή, ἀλλὰ μὴ χωρὶς τοῦ ὅτι τῆς τοῦ διότι, analyt. post. I, 27. 87 a 31 ff.
3) eth. Eud. VI (Nicom. VII), 5. 1147 a 3 f. u. s.
4) vergl. metaph. I, 1. 981 a 12 ff.
5) eth. Nicom. I, 1. 1094 b 11 ff. 19 ff. C. 7. 1098 a 26 ff. II, 2. 1103 b 34 ff. IX, 2. 1165 a 12 ff. polit. VII, 7. 1328 a 19 ff. analyt. post. I, 27. 87 a 33 ff. metaph. I, 2. 982 a 26 ff. I min., 3. 995 a 14 ff. VIII, 6. 1048 a 36 ff. XII, 3. 1078 a 9 ff. — eth. Eud. I, 6. 1216 b 40 ff.
6) eth. Nicom. I, 1. 1095 a 5 f. II, 2. 1103 b 26 ff. 34 ff. X, 10 init.

das Bekannte aber entweder uns bekannt oder schlechthin
(ἁπλῶς) bekannt ist, so wird die Ethik mit dem Erstern, dem
uns Bekannten anfangen müßen. [1]) Es gibt drei Wege zur
Anschauung der Anfänge oder Principien: die Induction, die
Wahrnehmung und „eine Art Gewöhnung.“ [2]) Wer sich mit
Erfolg über das sittlich Schöne, das Rechte und überhaupt
über Begriffe des Staatslebens belehren laßen will, muß bereits daran gewöhnt sein. Dieß genügt aber auch; denn das
Princip der Ethik ist das Daß, und wenn dieses hinreichend
klar ist, so bedarf es nicht mehr des Warum. Wer an die
Sache gewöhnt ist, hat die Principien entweder schon inne
oder ist im Stande, sie sich leicht anzueignen. [3]) Man kann
also und zwar im Unterschiede von bewußter, auf bestimmte
gleichartige Erscheinungen gerichteter Wahrnehmung und von
der schulgerechten Methode der Induction auch so zur Kenntniss eines Allgemeinen gelangen, daß man sich in die reale
Sphäre desselben einlebt. Aus diesem Verkehre hebt sich
dann im Bewußtsein allmälig und wie von selbst das Allgemeine heraus, welches sich durch die nähere Bestimmung, bloße
Thatsache (das Daß) und ferner „uns“ (d. h. sinnlich), aber
nicht schlechthin (d. h. begrifflich) bekannt zu sein, seinen
Zusammenhang mit der Wahrnehmung und sich selbst als eine
allgemeine, mehr oder weniger klare Vorstellung: als Erfahrung zu erkennen gibt. [4]) Der junge Mensch, sagt die Niko-

---

1) a. a. O. I, 2. 1095 b 2 ff.

2) τῶν ἀρχῶν δ' αἱ μὲν ἐπαγωγῇ θεωροῦνται, αἱ δ' αἰσθήσει, αἱ δὲ ἐθισμῷ τινί,
καὶ ἄλλαι ἄλλως, a. a. O. C. 7. 1098 b 3 f. καὶ ἄλλαι ἄλλως: *talia Aristoteles
addere solet, ut caveatur, ne quid praetermissum sit, quod non nominatim dixe-
rit etiam si ipse nihil in mente habeat, quod adjiciendum sit,* cf. 56 b 8, WAITZ
a. a. O. I, p. 467 zu analyt. pr. I, 36. 49 a 5.

3) eth. Nicom. I, 2. 1095 b 4 ff. Der Satz ἀρχὴ γὰρ τὸ ὅτι καὶ εἰ τοῦτο φαί-
νοιτο ἀρκούντως, οὐδὲν προσδεήσει τοῦ διότι, b 6 f., hat also keine allgemeine und
absolute (wie PRANTL, Geschichte der Logik, I, S. 129 voraussetzt), sondern nur
besondere und relative Geltung, und zwar aus demselben Grunde, aus welchem
ἡμῖν ἀρκτέον ἀπὸ τῶν ἡμῖν γνωρίμων, b 3 f.

4) vergl. ἡ γὰρ ἐπιστήμη ἐξ ἔθους τὴν ἐμπειρίαν λαβοῦσα ἐπιστήμη γίνεται,
m. mor. I, 20. 1190 b 29 f. αἴτιον δὲ τοῦ ἐπ' ἔλαττον δύνασθαι τὰ ὁμολογούμενα
συνορᾶν ἡ ἀπειρία. διὸ ὅσοι ἐνῳκήκασι μᾶλλον ἐν τοῖς φυσικοῖς, μᾶλλον δύνανται ὑπο-
τίθεσθαι τοιαύτας ἀρχὰς αἳ ἐπὶ πολὺ δύνανται συνείρειν· κτλ., de generat. et corr.
I, 2. 316 a 5 ff.

machische Ethik in derselben Gedankenverbindung, [1]) ist kein
geeigneter Schüler der Staatskunst, weil er keine Erfahrung
in der Praxis des wirklichen Lebens hat (ἄπειρος ist): denn
die Praxis ist der Grund und der Gegenstand dieser Darstellung. [2])

4. Die Axiome.

Schließlich erhebt sich eine Schwierigkeit in Betreff der
Axiome. In der Darstellung der naturwüchsigen Entstehung
der Principien hat Aristoteles, wie es scheint, ausschließlich
oder vorzugsweise (denn in derselben Weise entstehen wohl
auch allgemeine Vorstellungen von Accidentien,) die Substanzen
im Auge. Und doch geht die Untersuchung von Vorn herein
auf Principien überhaupt: weder wird zwischen eigenthümlichen und gemeinsamen unterschieden, noch auch sonst irgendwo der Axiome in dieser Beziehung Erwähnung gethan. Hat
Aristoteles ein so wichtiges Element wie diese allgemeinen
Sätze, ohne deren Erkenntniss, wie er wiederholt erklärt, [3])
Niemand an eine Wißenschaft herantreten soll, übersehen oder
der eigenen Folgerung des Lesers überlaßen? Was steht denn
aber im Wege, zu schließen, daß auch die Axiome in erster
und vorläufiger Gestalt im Wege der Wahrnehmung entstehen?
Denn wenn, wie gesagt, ihre Kenntniss ohne Weiteres und
zwar ganz allgemein vorausgesetzt werden darf, [4]) so ist es
überflüßig, sie zu lehren oder zu lernen; Jedermann kommt
wie von selbst in ihren Besitz. Auch das Concrete und Erfahrungsmäßige in der Form der wenigen von Aristoteles an-

---

1) eth. Nicom. I, 1. 1095 a 2 ff.

2) Jüngere besitzen eine geringere Kenntniss des Allgemeinen; man muß
sich, wenn man mit ihnen disputirt, der Induction, — gegen Erfahrene (πρὸς
ἔμπειρον) des Schlußes bedienen, top. VIII, 14. 164 a 12 f. Die Erfahrung ist
auch der Grund der Klugheit (φρόνησις), vergl. eth. Eud. V (Nicom. VI), 9. 1142
a 14 ff. C. 12. 1143 b 11 ff. Nach de virtut. et vit. 4. 1250 b 25 ff. (auch bei
Stob. floril. ed. MEINECKE I, p. 6, 9 sqq.) sind Gedächtniss und Erfahrung
entweder mitwirkende Ursachen oder Wirkungen oder im Geleite der Klugheit.

3) analyt. post. I, 2. 72 a 16 f. metaph. III, 3. 1005 b 15 ff. vergl. II, 2.
997 a 4 f.

4) vergl. a. a. O. a 2 ff. analyt. post. I, 10. 76 b 20 f.

geführten Axiome spricht dafür. [1]) Gemeinsame Principien
heißen sie, weil sie nicht bestimmten Gattungen des Wißens,
sondern allen angehören; denn sie kommen allem Seienden
zu. [2]) Desto eher müßen sich ihre Wahrnehmungen wiederholen, befestigen oder „stellen"; wiederholte oder vielmehr
die überall gleiche Wahrnehmung bringt z. B. die Erfahrung
zu Stande, daß, wenn man gleiche Quanta von gleichen Quan-
ten nimmt, die Reste gleich sind. Je mehr in allen Voraussetzungen, die hier in Betracht kommen, jeder Transcenden-
talität von Vorn herein der Boden entzogen ist, je unbeding-
ter Aristoteles die Wahrnehmung des Einzelnen als den Anfang aller Erkenntniss, die Induction als die Vermittlung des
Allgemeinen bezeichnet, [3]) um so weniger dürfte gerade für
die Axiome eine Ausnahme zuläßig erscheinen. [4])

---

1) vergl. Trendelenburg, Elem log., p. 68. Erläut., S. 17 f. *Aristoteles*
... adeo principium identitatis ipsis etiam rebus subesse judicat, Elem. log., p.
143. n. Bonitz, Comm., p. 211 sq. Nach Prantl, Geschichte der Logik, I,
S. 131 ff., ist dagegen der Satz des Widerspruchs eine Art (Lockescher) Reflexions-
idee. Er gründe, sagt Pr., in der Bestimmtheit und Festigkeit der Begriffe und
der Urtheile, überhaupt in der Subjectivität des Denkens und Sprechens; „weil
die Aussage nicht „zugleich" ihr eigenes Gegentheil sein kann, so finden auch
die Gegensätze nicht „zugleich" in der Realität Statt," S. 159. — Diese Argumentation bezieht sich bei Aristoteles metaph. III, 4. 1006 a 28 ff. C. 3. 1005
b 26 ff. C. 6. 1011 b 15 ff. auf die Anerkennung oder dient der Verthei-
digung des Satzes; Aristoteles geht C. 3. 1005 b 19. C. 4. 1006 a 3 vielmehr
unmittelbar von der objectiven und zwar ganz concreten Form desselben aus
(s. Abschn. V.). Umgekehrt ist die Nothwendigkeit, zu bejahen oder zu verneinen, eine Folge dieses Satzes. Vergl. Bonitz, Comm., p. 186. Die Auffaßung
Prantls bringt etwas Idealistisches herein, was dem Aristotelischen Realismus
fremd ist, oder stellt, mit andern Worten, eine Ausnahme auf, für welche aus-
reichende Belege fehlen.

2) ἅπασι γὰρ ὑπάρχει τοῖς οὖσιν, ἀλλ' οὐ γένει τινὶ χωρὶς ἰδίᾳ τῶν ἄλλων,
metaph. III, 3. 1005 a 22 f.

3) vergl. den folg. Abschn.

4) *... omnes enim conclusiones mathematicae pendent ex primis principiis,*
horum autem omnium cognitio inductione ac sensu acquisita est, etiam illorum.
quae axiomata appellantur; horum enim notitia (ut Aristoteles docet in ultimo
capite secundi libri) non est nobis naturaliter insita, ut esse videtur, sed per in-
ductionem acquisita, tametsi temporis, quo hanc inductionem fecimus, non recor-
damur: a pueritia namque in singulis percipere coepimus, totum esse sua parte
majus, unde per inductionem collegimus hanc universalem, omne totum est sua

Die erste und unmittelbarste Form der Erfahrung, welche als Wirkung der bloßen Wahrnehmung aufgefaßt werden muß, ist Denken, wie jede bewußte Wahrnehmung Denken ist. Die Erfahrung im Sinne einer Gewöhnung schließt die Reflexion nicht ohne Weiteres aus. Endlich umfaßt die Erfahrung in demjenigen Sinne, in welchem sie der Wißenschaft „ähnlich" ist, neben der Wahrnehmung und Erinnerung, worin sie ihre Wurzeln hat, nothwendig auch Reflexion. Der in dieser Sphäre thätige Nus hat neben den allgemeinen Grundwesentliches und Nicht-Grundwesentliches vermischenden Erscheinungen auch Einzelnes und Vergängliches zum Gegenstande, — unmöglich der getrennte und trennbare, ewige und unvergängliche Nus, welcher seiner Natur nach lediglich Ewigem und Unvergänglichem entspricht, sondern ein anderer, — der leidende Nus: ἐπισκεπτέον δὲ τοῦτο βέλτιον.

Aber alle diese Functionen einer niedern, vergänglichen, d. h. der wahrnehmenden Seele offenbaren bereits die Nähe des Göttlichen im Menschen. Der Boden ist vorhanden, und das thätige Auftreten dieses Göttlichen insoweit vorbereitet.

---

parte majus. ZABARELLA l. l. p. 890; vergl. p. 1277 u. 1281 sq. (wo der übereinstimmenden Auffaßung des AVERROES Erwähnung geschieht).

V.

Die Erkenntniss durch Intuition, Meinung und Wissen.

Das Denken (τὸ νοεῖν) ist dem Wahrnehmen, die eine Erkenntnissart der andern ähnlich; die Aehnlichkeit beruht in dem Verhältnisse Beider zu ihren Objecten, aber der Unterschied ist überwiegend. Während jedem Sinne eine begrenzte Sphäre angewiesen ist, steht dem Denkvermögen das Universum offen. Seinem Wesen nach actuell und leidensunfähig, ist der getrennte und trennbare Nus der ihm entsprechenden Objecte nicht in völlig gleicher Weise wie die Sinne und wie das wahrnehmende Organ der Mitte empfänglich; der Gedanke dieses Nus ist keine Affection, keine Impression, keine Verwandlung, der Nus nicht unmittelbar selbst im Besitze des Gedächtnisses der Gedanken, überhaupt an sich alles Inhalts baar. Er nimmt das Object, welches bewegend oder anregend an ihn herantritt, nicht in sich herein, sondern wie das Auge nicht wirklich, sondern nur „gewissermaßen gefärbt" ist, so ist auch er (vom Stoffe ganz zu schweigen, denn „der Form nach erkennen wir Alles,") nur insofern des Denkobjects, d. h. der Form, des Wesens, des schöpferischen Begriffs, empfänglich, als er es zum Gegenstande seiner Thätigkeit zu nehmen oder zu denken vermag.

Das dem höchsten Erkenntnissvermögen adäquate — und correlate [1] — Object ist das Allgemeine, jedoch nicht jedes

---

1) vergl. ὁ γὰρ νοῦς τῶν νοητῶν. ... τῆς γὰρ αὐτῆς (sc. ἐπιστήμης) περὶ νοῦ καὶ τοῦ νοητοῦ θεωρῆσαι, εἴπερ πρὸς ἄλληλα, καὶ ἡ αὐτὴ θεωρία τῶν πρὸς ἄλληλα πάντων, καθάπερ καὶ περὶ αἰσθήσεως καὶ τῶν αἰσθητῶν, de part. an. I, 1. 641 a 36 ff. τῶν νοητῶν (a 36) faßen Einige, z. B. FRANTZIUS, gegen den Zusammenhang mit dem Folgenden: gehört zu den intelligibeln Dingen; so aber gehört der Nus analyt. post. II, 19. 100 b 12 (νοῦς ἂν εἴη τῶν ἀρχῶν) auch unter die Principien der Beweise, die Wahrnehmung de an. II, 5. 417 b 22 (τῶν καθ' ἕκαστον ἡ κατ' ἐνέργειαν αἴσθησις) unter das Einzelne, der Gesichtsinn de insomn. 2. 460 a 3. de an. II, 7. init. unter die Farben, u. s. w.

Allgemeine, sondern das Wesen oder der formende, d. h. schöpferische Begriff, sowie diejenigen Accidentien, deren Erkenntniss der streng wißenschaftliche Beweis vermittelt. Das Object vor der Thätigkeit zu untersuchen, ist vollkommen der Aristotelischen Methode gemäß. [1]

A. Der Begriff des Allgemeinen.

Die actuelle Wahrnehmung ist auf das Einzelne, das Wißen und überhaupt das Denken und denkende Erkennen auf das Allgemeine gerichtet. [2] Allerdings geht auch die Wahrnehmung auf das Allgemeine und nicht auf das Einzelne als solches, aber das Allgemeine des Wahrnehmbaren ist örtlich und zeitlich beschränkt, das Allgemeine des Gedankens dagegen nicht ein Dieses oder Individuelles, noch ein Etwas des gegenwärtigen Augenblicks, sondern, „was immer und überall ist, von dem sagen wir, daß es allgemein sei." [3] Wißbar ist das Allgemeine, weil es verhältnissmäßig Einfaches und weil es Begrenztes ist. Denn die Beschränkung durch Ort und Zeit, welchem das Allgemeine in seiner Erscheinung als Einzelnes unterliegt, schlägt unmittelbar in quantitative und qualitative Maßlosigkeit um: je mehr die Erkenntniss auf Einzelnes gerichtet ist, um so mehr geräth sie in's Unbegrenzte,

---

1) de an. II, 4. 415 a 16 ff. I, 1. 402 b 13 ff. de part. an. a. a. O.

2) τῶν καθ' ἕκαστον ἡ κατ' ἐνέργειαν αἴσθησις, ἡ δ' ἐπιστήμη, τῶν καθόλου, de an. II, 5. 417 b 22 f. τῶν γὰρ καθ' ἕκαστον ἡ αἴσθησις. οὔτε γὰρ ἐνδέχεται λαβεῖν αὐτῶν τὴν ἐπιστήμην, analyt. post. I, 18. 81 b 6 f. αἰσθάνεσθαι μὲν γὰρ ἀνάγκη καθ' ἕκαστον, ἡ δ' ἐπιστήμη, τῷ τὸ καθόλου γνωρίζειν ἐστίν, C. 31. 87 b 37 ff. ᾗ καθόλου τι ὑπάρχει, ταύτῃ πάντα γνωρίζομεν, metaph. II, 4. 999 a 28 f. εἰ δὲ μὴ καθόλου (sc. αἱ ἀρχαί) ἀλλ' ὡς τὰ καθ' ἕκαστα, οὐκ ἔσονται ἐπιστηταί· καθόλου γὰρ αἱ ἐπιστῆμαι πάντων, C. 6. 1003 a 13 ff. vergl. C. 4. 999 b 1 ff. X, 1. 1059 b 25 f. C. 2. 1060 b 20 f. XII, 9. 1086 b 5 f. C. 10. 1086 b 20 ff. 33 ff. 1087 a 10 f. ὁ δὲ λόγος τοῦ καθόλου, VI, 10. 1035 b 34 f. 1036 a 8. X, 1. 1059 b XI, 5. 1071 a 29. phys. I, ‾, 189 a 7.

3) οὐδὲ δι' αἰσθήσεως ἔστιν ἐπίστασθαι. εἰ γὰρ καὶ ἔστιν ἡ αἴσθησις τοῦ τοιοῦδε καὶ μὴ τοῦδέ τινος, ἀλλ' αἰσθάνεσθαί γε ἀναγκαῖον τόδε τι καὶ ποῦ καὶ νῦν. τὸ δὲ καθόλου καὶ ἐπὶ πᾶσιν ἀδύνατον αἰσθάνεσθαι· οὐ γὰρ τόδε οὐδέ νῦν· οὐ γὰρ ἦν καθόλου· τὸ γὰρ ἀεὶ καὶ πανταχοῦ καθόλου φαμὲν εἶναι. κτλ., analyt. post. I, 31. 87 b 28 ff. δεῖ δὲ λαμβάνειν τὸ παντὶ ὑπάρχον μὴ κατὰ χρόνου ὁρίσαντας, οἷον νῦν ἢ ἐν τῷδε τῷ χρόνῳ, ἀλλ' ἁπλῶς, analyt. pr. I, 15. 34 b 7 f. φανερὸν οὖν ὅτι τὸ καθόλου ληπτέον ἁπλῶς, καὶ οὐ χρόνῳ διορίζοντας, b 17 f.

aber die Erkenntniss des Allgemeinen hat das Einfache und die Grenze vor sich. [1]) Das Allgemeine (τὸ καθόλου) ist zunächst das Gemeinsame, das Gemeinsame ein so Beschaffenes. [2]). Allgemein wird dasjenige genannt, was Mehreren zukommt, oder näher: was Mehreren von Natur zukommt, [3]) daher „immer und überall ist,“ und somit nothwendig zukommt. Denn nothwendig im ersten und ursprünglichen Sinne ist das, was nicht anders sein kann, das Unbewegliche, Unveränderliche. [4]) Nun aber ist das Nothwendige theils außerwesentlich, — so die an sich und immer eigenthümlichen Prädicate einer Sache [5]) und die beweiskräf-

---

1) ἔτι ὅσῳ ἂν μᾶλλον κατὰ μέρος ᾖ, εἰς τὰ ἄπειρα ἐμπίπτει, ἡ δὲ καθόλου (sc. ἀπόδειξις) εἰς τὸ ἁπλοῦν καὶ τὸ πέρας. ἔστι δ', ᾖ μὲν ἄπειρα, οὐκ ἐπιστητά, ᾖ δὲ πεπέρανται, ἐπιστητά, analyt. post. I, 24. 86 a 3 ff. καὶ ἡ μὲν καθόλου νοητή, ἡ δὲ κατὰ μέρος εἰς αἴσθησιν τελευτᾷ, a 29 ff. τὸ δὲ καθ' ἕκαστον ἄπειρον καὶ οὐκ ἐπιστητόν, rhetor. I, 2. 1356 b 31 f. metaph. II, 4. 999 a 26 ff. X, 2. 1060 a 4. Unendlich Vieles mit dem Gedanken zu faßen, ist unmöglich, a. a. O. I min., 2. 994 b 20 ff.; die Linie z. B. kann man nur denken, wenn man mit der Theilung derselben innehält, b 24 f. οὐδὲν γὰρ ἐνδέχεται νοεῖν μὴ νοοῦντα ἕν, III, 4. 1006 b 10. Ueber metaph. XII, 10. 1087 a 10 ff. vergl. Abschn. II. S. 85, Anmerk.

2) metaph. II, 6. 1003 a 8 f. VI, 13. 1039 a 1 f. 14 ff. IX, 2. 1053 b 16 ff. top. IX (de sophist. el.), 22. 178 b 37 ff.

3) τὰ δὲ καθόλου κοινά· τὰ γὰρ πλείοσιν ὑπάρχοντα καθόλου λέγομεν, de part. an. I, 4. 644 a 27 f. τὸ δὲ καθόλου κοινόν· τοῦτο γὰρ λέγεται καθόλου, ὃ πλείοσιν ὑπάρχειν πέφυκεν, metaph. VI, 13. 1038 b 11 f. vergl. II, 4. 1000 a 1. de interpret. 7. 17 a 39 ff. -

4) ἔτι τὸ μὴ ἐνδεχόμενον ἄλλως ἔχειν ἀναγκαῖόν φαμεν οὕτως ἔχειν. καὶ κατὰ τοῦτο τὸ ἀναγκαῖον καὶ τἆλλα λέγεταί πως ἅπαντα ἀναγκαῖα, metaph. IV, 5. 1015 a 33 ff. analyt. post. I, 33. 88 b 31 f. u. s. w. Vergl. Pappenheim, Quaestiones de necessitatis apud Aristotelem notione partes quaedam, dissert., Berol. 1856.

5) Die ἴδια καθ' αὑτά und ἀεί (oder ἁπλῶς, im Unterschiede von den zeitweilig Eigenthümlichen), top. I, 4. 101 b 19 ff. C. 5. 102 a 18 ff. C. 8. 103 b 11 ff. II, 2. 109 b 10. V, 1. 128 b 17 f. 34 ff. 129 a 21 ff. C. 3. 131 b 38 ff. 132 a 6 ff. C. 4. 132 b 16 ff. 30 ff. 133 a 8 ff. C. 5. 135 a 14 ff. VII, 5. 154 b 22 f. 25 ff. 155 a 25 ff. Eigenthümliche in diesem Sinne sind die unmittelbaren Wesensbestimmtheiten zweiten Grades, d. h. solche Bestimmtheiten, welche zwar untrennbar mit dem Wesen zusammenhängen, mithin ihrem Subjecte nothwendig zukommen (a. a. O. V, 3. 131 a 37 f. b 31 f. C. 4. 133 a 18 ff.), namentlich auch ganz wie die Totalität der Begriffsbestimmungen ausschließlich angehören, aber sich dennoch nicht im Umfange des Was Etwas ist oder des Begriffs und der Definition befinden (οὐ γὰρ δεῖ δηλοῦν τὸ τί ἦν εἶναι τὸ ἴδιον, a. a. O. V, 3. 131 b 38 f. u. s.), und wofern sie der Definition hinzugefügt wer-

tigen (τεκμήρια) unter dem Zeichen (σημεῖα), z. B. die physiognomischen, [1]) theils „an sich," d. h. grundwesentlicher, begrifflicher Natur. Dieß ist unmittelbar die Unterscheidung des Allgemeinen. Zur ersten Art gehören die erwähnten Zeichen. [2]) Im andern Sinne stellt das Allgemeine ein Ganzes vor; [3]) ein Ganzes ist eine gewisse Einheit. [4]) Das Allgemeine macht die Vielen, die es umfaßt, zu Einem, aber in dem hier einschlagenden Sinne nicht so, daß das Einzelne Bestandtheil wird, sondern in der Weise zu Einem, daß jedes Einzelne, wovon es ausgesagt wird, ein Einzelnes bleibt: [5]) die Gattung [6])

den, überflüßig sind (VI, 3. 140 a 33 ff.). So ist, z. B. ein καθ' αὑτὸ ἴδιον des Menschen („ein zweifüßiges, auf dem Lande lebendes Thier" [vergl. C. 6. 144 b 22 ff.] zu sein, oder die Gattung mit dem *differentiis specificis*, wäre Definition), der Wißenschaft oder speciell der Grammatik empfänglich zu sein (sich mit der Rede zu helfen, rhetor. I, 1. 1355 b 1 f.). Im Unterschiede von der Definition spricht dieser Satz nicht aus, was das ist, was der Wißenschaft etc. empfänglich ist; vergl. VI, 5. 142 b 26 f. — Vergl. auch Trendelenburg, Histor. Beitr. etc. I, S. 148 f. 165. 51.

1) rhetor. I, 2. 1357 b 3 ff. 14 ff. II, 25. 1402 b 18 f. analyt. pr. II, 27. 70 a 8. vergl. b 15. Die τεκμήρια sind nothwendig, aber nicht wesentlich (nicht „an sich"), weil sie weder unmittelbar noch abgeleiteter Weise in der begrifflichen Substanz enthalten, sondern mit gewissen Zuständen der individuellen Substanz verknüpft sind. Somit gründet das Innere, dessen Aeußeres das beweiskräftige Zeichen ist, in letzter Instanz im Stoffe, aber das Aeußere zunächst in jenem Innern.

Der Ausdruck κατὰ συμβεβηκὸς ἀναγκαῖον findet sich de generat. an. IV, 3. 767 b 13 ff. vergl. κατὰ συμβεβηκὸς ἐξ ἀνάγκης, de part. an. III, 7. 670 a 30 f. in Bezug auf die stoffliche Ursache, deren Einfluß den auf absolute Giltigkeit angelegten Zweckbegriff zur Relativität hinabdrückt.

2) ... οὐδ' εἰ ἀεὶ εἴη, μὴ καθ' αὑτὸ δέ, οἷον οἱ διὰ σημείων συλλογισμοί, analyt. post. I, 6. 75 a 32 ff. vergl. analyt. pr. II, 27. 70 a 30. Philop. zu analyt. post. I, 4. 73 a 28 ff. Schol. Br. 205 a 15 sq.

3) τὸ δὲ καθόλου ὅλον τί ἐστιν, phys. I, 1. 184 a 25.

4) ... ὡς οὔσης τῆς ὁλότητος ἑνότητός τινος, metaph. IV, 26. 1023 b 36. C. 6. 1016 b 11 ff. IX, 1. 1052 a 22. 35. phys. V, 4. 228 b 13 f.

5) τὸ μὲν γὰρ καθόλου καὶ τὸ ὅλως λεγόμενον ὡς ὅλον τι ὂν οὕτως ἐστὶ καθόλου ὡς πολλὰ περιέχον τῷ κατηγορεῖσθαι, καθ' ἑκάστου, καὶ ἓν ἅπαντα εἶναι ὡς ἕκαστον, οἷον ἄνθρωπον, ἵππον, θεόν, ὅτι ἅπαντα ζῷα, metaph. IV, 26. 1023 b 29 ff.

6) a. a. O. IV, 16. 1016 a 24 ff. b 31 ff. Bonitz zu dies. St. comm. p. 238 sq.

γένος δ' ἐστὶ τὸ κατὰ πλειόνων καὶ διαφερόντων τῷ εἴδει ἐν τῷ τί ἐστι κατηγορούμενον, top. I, 5. 102 a 31 f. VI, 6. 144 a 30 f. metaph. IV, 28. 1024

(in beschränkterm Sinne auch die Art; denn auch die Art
oder Form ist allgemein; ¹)) — nicht bloß die Gattung der
Substanzen, sondern auch der Accidentien. ²) Als das Ganze
hat das Allgemeine den weitern Umfang, ³) als das Eine in
den Vielen seiner Sphäre ist es die Natur der Dinge und die
sie constituirenden, unmittelbar oder mittelbar constituirenden
Momente. Unmittelbar oder unvermittelt: die Bestimmungen
im Umfange des Begriffs oder die grundwesentlichen Bestimmungen; mittelbar oder vermittelt: diejenigen Bestimmungen,
welche, aus dem Wesen resultirend, durch den Beweis erkannt
werden, wie z. B. daß die Winkel eines Dreiecks zweien

a 36 ff. VI, 7. 1033 a 4. IX, 3. 1054 b 30 f. C. 8. 1057 b 37. Porphyr.
isag. in categ. 2. Schol. in Aristot. Br. 1 a 33 sqq.
Die Gattung, d. h. die relativ oberste, ein abgeschloßenes Ganze (ὅλον
τι) repräsentirende Gattung (s. o. S. 147, Anmerk.), ist vorzugsweise τὸ καθόλου, vergl. analyt. pr. I, 28. 44 a 39. analyt. post. II, 19. 100 b 2. metaph.
IV, 26. 1023 b 29 ff. VI, 13. IX, 2. 1053 b 16 ff. XI, 7. 1069 a 25 f. de
an. I, 1. 402 b 7, weil das Allgemeine als solches seiner Natur nach Prädicat, dagegen die Art als Form und Wesen (οὐσία) im Stoffe bereits Einzelsubstanz (gleichfalls οὐσία) und in gewissem Grade (nicht schlechthin) mit
derselben identificirt, aber damit unmittelbar auch Subject, nicht mehr Prädicat ist, vergl. metaph. VI, 14. 1038 b 34 ff. 1039 a 14 ff. u. s.
1) vergl. metaph. VI, 11. 1036 a 28 f. IX, 1. 1052 a 35 f. analyt. post.
II, 19. 100 a 17 ff. u. s.
2) καὶ γὰρ τὸ νόημα ἓν οὐ μόνον περὶ τὰς οὐσίας ἀλλὰ καὶ κατὰ τῶν ἄλλων
ἐστί, metaph. I, 9. 990 b 24 ff. vergl. I, 9. 990 b 7 f. und Bonitz ad h. l.
comm., p. 108 sq. XII, 4. 1079 a 3 f. So ist die Farbe Gattungsbegriff
(τὸ λευκόν und τὸ χρῶμα sind nicht οὐσίαι, analyt. post. I, 22. 83 a
25 ff. vergl. categ. 5. 4 a 12 ff., sondern ποιά, top. I, 9. 103 b 31 f. IV, 1.
120 b 38 f. categ. 5. 3 b 18 f.), top. II, 2. 109 a 37 f. IV, 3. 123 b 25 ff.
I, 15. 107 b 35 u. s. phys. V, 4. 227 b 6 ff. metaph. IX, 7. 1057 b 15.
de sensu 7. 447 b 26 f. 448 a 13 ff. u. s. de part. an. II, 1. 647 a 6 f.
τὸ καθόλου χρῶμα, metaph. XII, 10. 1087 a 19. Vergl. auch Prantl, Aristoteles über die Farben, S. 86 ff.
3) Jedes einzelne Prädicat, welches mit dem, wovon es ausgesagt wird,
gleichen Umfang hat, so daß es an die Stelle des Subjects treten kann, ist
insofern nicht allgemein; τοῦτο γὰρ λέγω καθόλου, ὃ μὴ ἀντιστρέφει, analyt.
post. II, 17. 99 a 33 f. Sofern das ἴδιον καθ' αὐτό, eben weil ihm ausschließlich angehörend, das ganze Subject vertritt, so steht es auch im Verhältnisse der gegenseitigen Aussage zu ihm; ἴδιον δ' ἐστὶν ὃ μὴ δηλοῖ μὲν τὸ
τί ἦν εἶναι, μόνῳ δ' ὑπάρχει καὶ ἀντικατηγορεῖται τοῦ πράγματος, οἷον ἴδιον ἀνθρώπου τὸ γραμματικῆς εἶναι δεκτικόν κτλ., top. I, 5. 102 a 18 ff.

rechten gleich sind, — kurz, die Bestimmungen an sich
und die Accidentien an sich.[1]) „Allgemein,‟ sagt Ari-

---

1) An sich (καθ' αὐτά) sind in erster Reihe die formende oder schöpferische Wesensbegriff, dessen Theile (μόρια, metaph. IV, 25. 1023 h 22 ff.)
oder Bestandtheile (ἐνυπάρχοντα, d. i. Gattung und artbildender Unterschied)
und die nur durch Mittelbegriffe erkennbaren Accidentien. Also erstens der
Begriff selbst (τὸ τί ἦν εἶναι ἑκάστῳ, a. a. O. C. 18. 1022 a 25 ff. VI, 4.
1029 b 13 ff.), ferner Alles, was Bestandtheil des Begriffs ist (ὅσα ὑπάρχει
ἐν τῷ τί ἐστιν), wie z. B. die Linie in Beziehung auf das Dreieck und der
Punkt in Beziehung auf die Linie; denn die Substanz (οὐσία) des Dreiecks
besteht aus der Linie und die Substanz der Linie aus dem Punkte, Linie
und Punkt inhäriren wesentlich der Definition des Dreiecks und der Linie.
Daran anschließend ist an sich insbesondere auch das, was dem Begriffe
oder der Definition des von ihm selbst Prädicirten (ὑπαρχόντων, 73 a 37,
anstatt ἐνυπ., BONITZ, Aristotel. Stud. Heft IV, S. 367) wesentlich inhä-
rirt. So wird z. B. das Gerade und das Kreisförmige von der Linie, das
Ungerade und Gerade (ἄμφω γὰρ ἀριθμοῦ διαφοραί, top. VI, 4. 142 b 10)
von der Zahl' prädicirt; es ist aber nicht möglich, das Gerade oder Kreisförmige ohne die Linie zu definiren. Linie, Zahl u. s. w. sind, als Träger
solcher Definitionen, an sich (analyt. post. I, 4. 73 a 34 ff. b 16 ff. C. 6.
74 b 7 ff. C. 22. 84 a 12 ff. metaph. IV, 18. 1022 a 27 ff.). — Umgekehrt
sind solche Bestimmungen, welche, wie das Männliche oder das Weibliche,
das Concavnasige (τὸ σιμόν), das quantitativ Gleiche (τὸ ἴσον), ihrer Natur
nach ausschließlich auf gewisse Gattungen von Subjecten bezogen sind (denn
das Männliche und das Weibliche [Beide nicht Artunterschiede, IX, 10 von
Anf. 1058 b 21 ff.] enthalten unmittelbar das Thier, das Concavnasige unmittelbar die Nase, das quantitativ Gleiche unmittelbar das Quantum), „an
sich‟ Bestimmungen ihrer Subjecte (metaph. VI, 5. 1030 b 18 ff. [οὐθ' ἡ
κοιλότης οὐθ', b 19, wird mit CURIST, Studia etc., p. 42, zu streichen sein;]
b 31 f. vergl. XII, 3. 1078 a 5 ff.).

Was dagegen nur so wie z. B. das Gebildete und das Weiße dem lebendigen Wesen zukommt, ist accidentiell (συμβεβηκός, analyt. post. I, 4. 73 b
4 f. top. I, 5. 102 b 4 ff. IV, 1. 120 b 34 f.) und weder nothwendig
(analyt. post. I, 4. 74 b 12. 75 a 31. metaph. IV, 29 von Anf. vergl. V,
2. 1026 b 27 ff. u. s.), noch allgemein (C. 9. 1017 b 33 ff.); denn was an
sich zukommt (was im Umfange der Definition ausgesagt wird, analyt. post.
II, 13. 96 b 2 f.), ist unmittelbar auch nothwendig (a. a. O. I, 4. 73 b 16 ff.
C. 6. 74 b 6 f. 75 a 28 f., z. B. der artbildende Unterschied, top. VI, 6.
144 a 23 ff. 145 a 6 ff.).

Zwischen dem, was den Substanzen an sich zukommt, und den Accidentien befinden sich solche Bestimmtheiten, welche mit der Substanz als
ihrem letzten Grunde zwar nothwendig verknüpft, aber nicht unmittelbar
in der Substanz, und daher nicht Gegenstand der Definition, sondern des
Beweises sind: die Accidentien an sich (λέγεται καὶ ἄλλως συμβεβηκός, οἷον

stoteles, [1]) „nenne ich das, was sowohl Jedem (innerhalb einer

ὅσα ὑπάρχει ἑκάστῳ καθ' αὑτὸ μὴ ἐν τῇ οὐσίᾳ ὄντα, οἷον τῷ τριγώνῳ τὸ δύο ὀρθὰς ἔχειν. καὶ ταῦτα μὲν ἐνδέχεται ἀίδια εἶναι, ἐκείνων δὲ οὐδέν, metaph. IV, 30. 1025 a 30 ff. τὰ καθ' αὑτὰ συμβεβηκότα δηλοῖ ἡ ἀπόδειξις, analyt. post. I, 7. 75 b 1 f. metaph. II, 1. 995 b 19. 25 f C. 2. 997 a 19 ff. phys. II, 2. 193 b 27 f. de part. an. I, 3. 643 a 27 ff. u. s. τὰ κατὰ συμβεβηκὸς ἴδια, de an. I, 1. 402 a 15. τὰ συμβεβηκότα, a. a. O. 402 b 18. 21. 23. 26 f. metaph. II, 2. 997 a 24. 26. 29. 33. III, 1. 1003 a 25. C. 2. 1004 b 7 f. X, 1. 1059 a 30 f. 33. C. 3. 1061 b 4. C. 4. 1061 b 28 f. phys. II, 2. 193 b 32 f. τὸ ὑπάρχον καθ' αὑτό, analyt. post. I, 7. 75 a 41, 76 b 4. II, 3. 90 b 15. metaph. III, 1. 1003 a 22. V, 1. 1025 b 12 f. τὰ ὑπάρχοντα, a. a. O. III, 2. 1005 a 15. V, 1. 1026 a 32 u. s. τὰ πάθη oder παθήματα καθ' αὑτά, analyt. post. I, 10. 76 b 6 ff. 13 u. s. τὰ συμβεβηκότα πάθη, rhetor. I, 2. 1355 b 30 f. τὰ πάθη, analyt. post. I, 10. 76 b 15. 19. metaph. X, 3. 1061 a 34 u. s.).

An sich ist ferner auch das, was sein Sein nicht in einem Andern hat, „nicht als ein Anderes ist, was es seinem Wesen nach ist," nicht, wie das Gehen und das Weiße, von einem zu Grunde Liegenden ausgesagt wird: die Substanz (analyt. post. I, 4. 73 b 5 ff. vergl. C. 19. 81 b 24 ff. C. 22. 83 a 1 ff. vergl. ἔτι οὗ μή ἐστιν ἄλλο αἴτιον. κτλ., metaph. IV, 18. 1022 a 32 ff.). Ferner das, was „durch sich" etwas Anderes als Folge nach sich zieht, d. h. als eigentliche und ausschließliche Ursache einer Wirkung, wie z. B. das Schlachten als Ursache des Sterbens, zu betrachten ist (analyt. post. I, 4. 73 b 10 ff.). Ferner das ursprünglich Empfängliche, πρώτως δεκτικόν einer Sache (metaph. IV, 18. 1022 a 29 ff. vergl. VI, 4. 1029 b 16 f.) und endlich das Ausschließende, Fürsichseiende, μόνον und κεχωρισμένον (a. a. O. IV, 18. 1022 a 25 f., wozu WAITZ a. a. O. I, p. 295). —

Mit συμβεβηκότα werden top. IX (de sophist. el.), 5. 166 b 28 ff. C. 6. 168 a 34 ff. b 27 ff. C. 7. 169 b 3 ff. C. 8. 170 a 4. C. 10. 171 a 26 f. C. 24 von Anf. C. 33. 182 b 11. 28. nicht bloß unwesentliche Accidentien (WAITZ a. a. O. II, p. 534 f. 539. 544; UEBERWEG, System der Logik, 2. Aufl., S. 341), sondern Attribute und Prädicate überhaupt bezeichnet; vergl. die Beispiele ὁ δὲ Σωκράτης ἄνθρωπος, a. a. O. 5. 166 b 34 und σχῆμα vom τρίγωνον, C. 6. 168 b 1 ff., ferner u. A. ᾧ συμβέβηκε καὶ ἀνθρώπῳ εἶναι, metaph. I, 1. 981 a 20. VI, 5. 1030 b. 21. Gegen gewisse Widerlegungs-schlüße, sagt Aristoteles, muß man festhalten, daß, was vom Subjecte nicht nothwendig auch von den Prädicaten, und was von zufälligen Prädicaten, nicht nothwendig auch vom Subjecte gilt; man muß sich hüten, die Sache (das καθ' αὑτό, die Substanz oder die Definition) mit einer Bestimmung der-selben zu verwechseln.

1) καθόλου δὲ λέγω ὃ ἂν κατὰ παντός τε ὑπάρχῃ καὶ καθ' αὑτὸ καὶ ᾗ αὑτό. κτλ., analyt. post. I, 4. 73 b 26 ff. τὰ γὰρ καθόλου καθ' αὑτὰ ὑπάρχει, metaph. IV, 9. 1017 b 35. ... τὰ καθόλου δὲ ἀναγκαῖα, analyt. post. II, 13. 96 b 3.

und derselben Gattung ¹)) zukommt, als auch an sich und
wiefern es das ist, was es ist. Offenbar kommt also Alles,
was allgemein ist, den Objecten nothwendig zu. „An sich"
und „wiefern es das ist, was es ist," sind Ein und Dasselbe
(τὸ καθ' αὑτὸ δὲ καὶ ᾗ αὐτὸ ταὐτόν), wie z. B. der Punkt an sich
der Linie zukommt und (als ein artbildender Unterschied)
das Gerade; er kommt ihr ja auch zu, inwiefern sie Linie
ist. Dem Dreiwinkel kommen, inwiefern er Dreiwinkel ist,
zwei Rechte zu; der Dreiwinkel ist ja auch an sich zweien
Rechten gleich." So angesehen, hat jede Bestimmung, inwiefern sie allgemein ist und an sich zukommt oder die Natur
einer Sache constituirt, die ihr angemeßene Stelle weder in
einem höhern, noch in einem niedern, sondern lediglich in
demjenigen Begriffe, in welchem sie ursprünglich (ἐπὶ πρώτου)
aufgewiesen wird, die Bestimmung „zwei rechte Winkel zu
haben" z. B., inwiefern sie allgemein ist, ihre Stelle weder in
der Figur überhaupt, noch im gleichschenkligen Dreiwinkel.
Allerdings sind auch die Winkel des letztern zweien rechten
gleich, aber nicht ursprünglich, denn der Dreiwinkel ist früher
(πρότερον). „Woran also, wie es sich eben findet (an irgend
einer Art von Dreieck), ursprünglich (πρῶτον) aufgewiesen
wird, daß es zwei Rechte oder irgend etwas Anderes hat,
diesem kommt eine solche Bestimmung ursprünglich (πρώτῳ)
allgemein zu, und der Beweis davon ist an sich, von jeder
andern Figur nur in gewisser Weise, aber nicht an sich allgemein, auch vom gleichschenkligen Dreieck nicht, er reicht
vielmehr weiter." ²)

---

1) vergl. metaph. II, 3. 998 b 17 ff. 999 a 20 f.
2) analyt. post. I, 4. 73 b 39 ff. Vergl. οἷον τῷ ἰσοσκελεῖ καὶ τῷ σκα-
ληνῷ τὸ δυεῖν ὀρθαῖς ἴσας ἔχειν κατὰ κοινόν τι ὑπάρχει· ᾗ γὰρ σχῆμά τι, ὑπάρχει, καὶ οὐχ ᾗ ἕτερον, a. a. O. C. 23. 84 b 6 ff. C. 24. 85 a 27 f. εἰ γὰρ
τὸ „δυεῖν ὀρθαῖς" ὑπάρχει μὴ ᾗ ἰσοσκελὲς ἀλλ' ᾗ τρίγωνον, ὁ εἰδὼς ὅτι ἰσοσκελὲς (daß das gleichschenklige Dreieck von dieser Art sei) ἧττον οἶδεν ᾗ αὐτὸ
(sc. ἰσοσκελές) ᾗ ὁ εἰδὼς ὅτι τρίγωνον (man weiß in höherm Grade, wenn man
in dieser Weise das Allgemeine, als wenn man bloß das Besondere weiß,
vergl. b 7 ff.), a. a. O. b 5 ff. C. 5. 74 a 35 ff. top. II, 3. 110 b 21 ff.
... ἕως τοσαῦτα ληφθῇ πρῶτον, analyt. post. II, 13. 96 a 33. 38. Ein Gattungsbegriff wie der Dreiwinkel ist daher ein Theilloses (ἀμερές, analyt. post.
II, 19. 100 b 2), insofern nemlich, als es keinen ursprünglich einem andern

Das Allgemeine ist unmittelbar Grund, — in erster Reihe
als Gattung und als artbildender Unterschied, oder (Beides in
Einem) als Substanz oder Wesensbegriff unmittelbar Grund,
näher hingesehen, mindestens einer der Gründe und einer der
Ursachen dessen, wovon es ausgesagt wird. [1] Der Ursachen
sind nemlich vier; die erste ist die Substanz als das Was war
das Sein einem Dinge, d. h. als schöpferischer Wesensbegriff;
„denn das Warum wird auf den letzten Begriff zurückgeführt,
Grund oder Princip ist aber zuerst das Warum;" die zweite
ist der Stoff, die dritte das, was den Anfang der Bewegung
enthält, das erste Bewegende („der Mensch zeugt den Menschen"), die vierte endlich ist diejenige, welche der vorigen
gegenüberliegt, das Weswegen (der Zweck) und das Gute;
denn dieses ist der Zweck aller Entstehung und Bewegung. [2]

(höbern) Begriffe angehörigen Bestandtheil an oder in sich hat (s. o. Abschn.
IV, S. 146 f.), oder ein Einfaches (ἁπλοῦν): Wenn man eine Begriffssphäre
(ὅλον τι) bearbeitet (b 15), so muß man die Gattung in die *species specialis-
simas* eintheilen und dieselben (nach a 32 ff.) zu definiren suchen; μετὰ δὲ
τοῦτο λαβόντα τί (welcher Kategorie angehörig) τὸ γένος, οἷον πότερον τῶν
ποσῶν ἢ τῶν ποιῶν, τὰ ἴδια πάθη (z. B. des Säugethiers) θεωρεῖν διὰ τῶν
κοινῶν πρώτων (nicht durch die Axiome, wie WAITZ ad h. l. II, p. 416, auch
nicht durch die „obersten und allgemeinsten Gattungen," d. h. die Kategorien,
wie BONITZ, Ueber die Kategorien des Aristoteles, a. a. O. S. 597, Anmerk., erklärt
[vergl. den folgenden mit γάρ eingeleiteten Satz], sondern durch die gemeinsamen und ursprünglichen πάθη, d. h. die πάθη der höhern oder relativ
obersten, ebendiese Bestimmungen ursprünglich und „an sich" enthaltenden
Gattung, z. B. des Thiers). τοῖς γὰρ συντιθεμένοις ἐκ τῶν ἀτόμων τὰ συμβαίνοντα
(die Accidentien, i. qu. τὰ πάθη der den untheilbaren Arten [„daraus zusammengesetzten"] nächsten Gattungen, vergl. HEYDER a. a. O. S. 290, Anmerk.)
ἐκ τῶν ὁρισμῶν ἔσται δῆλα, διὰ τὸ ἀρχὴν εἶναι πάντων τὸν ὁρισμὸν καὶ τὸ ἁπλοῦν
(im Gegensatze zu den συντιθέμενα κτλ.; also z. B. das Thier in Bezug auf
das Blutführende und das Säugethier), καὶ τοῖς ἁπλοῖς καθ' αὐτὰ ὑπάρχειν τὰ
συμβαίνοντα μόνοις, τοῖς δ' ἄλλοις (den niedern Gattungen und Arten) κατ'
ἐκεῖνα, a. a. O. b 19 ff. Vergl. ferner τὰ πρῶτα καὶ τὰ καθόλου, auf welche
bei dem Suchen nach *terminis mediis* für auszuführende Schlüße hauptsächlich geachtet werden soll, analyt. pr. I, 28. 44 a 39.
   Aus alledem ergibt sich auch dieß, daß Allgemeines und Gattung nicht
identisch sind, metaph. I, 9. 992 b 12 f., und unmittelbar der Unterschied
Beider. Vergl. BONITZ, Comm., p. 229 sq.
   1) τοῦ γὰρ ἀνθρώπου πολλὰ αἴτια, τὸ ζῷον (die Gattung), τὸ δίπουν (der
artbildende Unterschied), metaph. IV, 18. 1022 a 33 f.
   2) τὰ δ' αἴτια λέγεται τετραχῶς, ὧν μίαν μὲν αἰτίαν φαμὲν εἶναι τὴν οὐσίαν

Es sind aber die erste und vierte namentlich bei Naturobjecten so gut wie identisch,[1]) oft aber auch die erste, dritte und vierte; hiermit gehen die vier Ursachen auf zwei: Form oder Begriff und Stoff (d. h. auf die actuelle, schöpferische und die potenzielle Ursache [2])) zusammen. [3])

Der Stoff hat seine besondern Ursachen: die Elemente oder Grundbestandtheile. [4])

καὶ τὸ τί ἦν εἶναι (ἀνάγεται γὰρ τὸ διὰ τί εἰς τὸν λόγον ἔσχατον, αἴτιον δὲ καὶ ἀρχὴ τὸ διὰ τί πρῶτον), ἑτέραν δὲ τὴν ὕλην· καὶ τὸ ὑποκείμενον, τρίτην δὲ ὅθεν ἡ ἀρχὴ τῆς κινήσεως, τετάρτην δὲ τὴν ἀντικειμένην αἰτίαν ταύτῃ, τὸ οὗ ἕνεκα καὶ τἀγαθόν (τέλος γὰρ γενέσεως καὶ κινήσεως πάσης τοῦτ' ἐστίν), a. a. O. I, 3. 983 a 26 ff. II, 2. 996 b 5 ff. IV, 2 von Anf. VII, 4. 1044 a 32 ff. b 11 ff. phys. II, 3 von Anf. 195 a 15 ff. (metaph. IV, 2.) C. 7 Anf. IV, 1. 209 a 19 ff. de generat. an. I, 1. 715 a 4 ff. V, 1. 778 b 10 ff. analyt. post. II, 11. 94 a 21 ff. u. s. Vergl. Waitz a. a. O. II, p. 401 sqq.

1) ... τό τε οὗ ἕνεκα ὡς τέλος, καὶ ὁ λόγος τῆς οὐσίας. ταῦτα μὲν οὖν ὡς ἕν τι σχεδὸν ὑπολαβεῖν δεῖ, de generat. an. I, 1. 715 a 4 f. 8 f. phys. II, 8. 199 a 30 ff. metaph. VII, 4. 1044 b 1. vergl. de generat. et corr. II, 9. 335 b 5 ff. de part. an. I, 1. 639 b 14 ff.

2) vergl. metaph. XI, 5. 1071 a 7 ff.

3) ἔρχεται δὲ τὰ τρία εἰς τὸ ἓν πολλάκις· τὸ μὲν γὰρ τί ἐστι καὶ τὸ οὗ ἕνεκα ἕν ἐστι, τὸ δ' ὅθεν ἡ κίνησις πρῶτον τῷ εἴδει ταὐτὸ τούτοις· ἄνθρωπος γὰρ ἄνθρωπον γεννᾷ, phys. II, 7. 198 a 24 ff. Die στέρησις neben dem εἶδος besonders gezählt, macht wieder drei, metaph. XI, 4. 1070 b 30 ff. Dahin ist auch die von Alexander Aphr. (B. p. 655, 11 sqq.) und Schwegler IV, S. 247 theils zu weit, theils ungenau gefaßte, von Bonitz, Comm. p. 483, wie er selbst sagt, nicht verstandene Stelle im Eingange des folgenden Capitels 5 zu ziehen: ἐπεὶ δ' ἐστὶ τὰ μὲν χωριστὰ τὰ δ' οὐ χωριστά, οὐσίαι ἐκεῖνα. καὶ διὰ τοῦτο πάντων αἴτια ταῦτά (mit Christ, Studia etc. p. 57, für ταῦτα), ὅτι τῶν οὐσιῶν ἄνευ οὐκ ἔστι τὰ πάθη καὶ αἱ κινήσεις (i. qu. τὰ συμβεβηκότα). ἔπειτα ἔσται (wenn dieses Allgemeine, daß πάντων αἴτια ταῦτά, auf die χωριστά allein bezogen und beispielsweise am Menschen nachgewiesen wird) ταῦτα (sc. αἴτια) ψυχὴ (i. e. εἶδος) ἴσως καὶ σῶμα (i. e. ὕλη), ἢ (sc. wenn die Beraubung besonders in Betracht zu nehmen ist [Plut. de placit. philos. I, 3.], wozu das Beispiel C. 4. 1070 b 28 f.: εἶδος, ἀταξία τοιαδὶ [i. e. στέρησις], πλίνθοι [i. e. ὕλη] zu vergl., also statt zweier drei αἴτια, στοιχεῖα oder ἀρχαί zu zählen sind, und demgemäß die ψυχή etwa unter ethischem Gesichtspunkte betrachtet wird,) νοῦς (als εἶδος) καὶ ὄρεξις (als das ἄλογον, vergl. VIII, 2 von Anf. C. 5. 1048 a 2 ff. eth. Nicom. I, 13. 1102 a 27 ff. u. s. [s. die Beilage], und insofern als στέρησις) καὶ σῶμα.

Ueber die Ursachen überhaupt vergl. Zeller a. a. O. S. 246 ff.

4) metaph. IV, 3 von Anf. Vergl. ἀνθρώπου αἴτιον τά τε στοιχεῖα, πῦρ καὶ γῆ ὡς ὕλη, καὶ τὸ ἴδιον εἶδος καὶ εἴ τι ἄλλο ἔξω, οἷον ὁ πατήρ, κτλ. a. a. O. XI, 5. 1071 a 13 ff.

Nun aber heißt Wißen in der tiefern Bedeutung des Worts den Grund und die Ursache, somit den ersten Grund und die erste Ursache: das Princip wißen; [1]) die Verwunderung, welche alles Wißens Ausgang ist, wird in dem Maße überwunden, in welchem die Einsicht in den Grund dringt. [2]) Somit entsteht Wißen in Rücksicht auf die Zusammensetzung eines Körpers, auf den Stoff, aus der Untersuchung der Elemente; „wir glauben dann Jedes zu erkennen, wann wir die ersten Ursachen und die ersten Principien und zwar bis zu den Elementen hin kennen lernen," [3]) — wenn anders die Elemente der Dinge mit Recht als die Principien derselben anzusehen sind. [4]) Inwiefern wir dagegen durch Definition oder der Form nach erkennen, sind wohl die Gattungen als die Principien der Dinge zu betrachten. [5]) Wißen hat das Allgemeine, und Wißen hat den Grund zum Gegenstande. Wißen des Grundes ist unmittelbar Wißen des Allgemeinen. Wir forschen, sagt Aristoteles, [6]) so lange nach dem Warum (τὸ διὰ τί) und glauben dann zu wißen, wann das Betreffende nicht mehr entsteht oder ist, weil ein

---

1) πανταχοῦ δὲ κυρίως τοῦ πρώτου ἡ ἐπιστήμη, καὶ ἐξ οὗ τὰ ἄλλα ἤρτηται, καὶ δι' ὃ λέγονται, a. a. O. III, 2. 1003 b 16 f. vergl. II, 2. 996 b 22 f. εἰδέναι δ' οὐ πρότερον οἰόμεθα ἕκαστον πρὶν ἂν λάβωμεν τὸ διὰ τί περὶ ἕκαστον (τοῦτο δ' ἐστὶ τὸ λαβεῖν τὴν πρώτην αἰτίαν), phys. II, 3. 194 b 18 ff. I, 1. init. τότε ἐπιστάμεθα ὅταν τὴν αἰτίαν εἰδῶμεν, analyt. post. I, 2. 71 b 30 f. u. s.

2) διὰ γὰρ τὸ θαυμάζειν οἱ ἄνθρωποι καὶ νῦν καὶ τὸ πρῶτον ἤρξαντο φιλοσοφεῖν, κτλ., metaph. I, 2. 982 b 12 ff. (vergl. rhetor. I, 11. 1371 a 32 ff. Plat. Theaet. 155 D). ἄρχονται μὲν γὰρ, ὥσπερ εἴπομεν, ἀπὸ τοῦ θαυμάζειν πάντες εἰ οὕτως ἔχει, καθάπερ τῶν θαυμάτων ταὐτόματα τοῖς μήπω τεθεωρηκόσι τὴν αἰτίαν, ἢ περὶ τὰς τοῦ ἡλίου τροπὰς ἢ τὴν τῆς διαμέτρου ἀσυμμετρίαν· θαυμαστὸν γὰρ εἶναι δοκεῖ πᾶσιν, εἴ τι τῷ ἐλαχίστῳ μὴ μετρεῖται. δεῖ δὲ εἰς τοὐναντίον καὶ τὸ ἄμεινον κατὰ τὴν παροιμίαν ἀποτελευτῆσαι, καθάπερ καὶ ἐν τούτοις ὅταν μάθωσιν· οὐθὲν γὰρ ἂν οὕτω θαυμάσειεν ἀνὴρ γεωμετρικὸς ὡς εἰ γένοιτο ἡ διάμετρος μετρητή, 983 a 12 ff.

3) phys. I, 1. init. C. 4. 187 b 11 ff. de cœlo III, 3. 302 a 11 ff. vergl. metaph. II, 3. 998 a 32 ff.

4) a. a. O. II, 3 von Anf. In der Bedeutung begrifflicher Bestandtheil (εἶδος, στέρησις und ὕλη) wird στοιχεῖον metaph. XI, 4. 1070 b 10 ff. C. 5. 1071 a 25. 30. und insofern ausdrücklich als ἀρχή (ἡ γὰρ ἀρχὴ πρώτη τῶν αἰτίων, de generat. et corr. I, 7. 324 a 27 f.) gebraucht.

5) metaph. II, 3. 998 b 4 ff. b 27 f.

6) analyt. post. I, 24. 85 b 27 ff.

Anderes ist oder entsteht; so nemlich ist das Letzte Zweck
(τέλος) und Grenze. Wie z. B.: weshalb kam er? Um das
Geld zu holen; dieses aber, um zurückzugeben, was er schul-
dig war; dieses, um nicht Unrecht zu thun; und indem wir
so weiter gehen und Etwas annehmen, was nicht mehr um
eines Andern willen ist, so sagen wir, daß um dieses Letzten
als Zweckes willen sowohl Sein als Entstehen eingetreten. Wann
es sich somit bei allen Gründen (αἰτιῶν) und jedem Warum (τῶν
διὰ τί) ähnlich verhält, wir aber bei denjenigen, welche Gründe
im Sinne des Weswegen sind, unter der angegebenen Voraussetzung am Besten wißen, so werden wir also auch bei den andern dann am Besten wißen, wann das Betreffende nicht mehr
deswegen ist, weil ein Anderes ist. Wann wir also erkennen,
daß die Außen-Winkel gleich vier rechten sind, weil die Figur
ein gleichschenkliges Dreieck ist, so bleibt noch übrig: warum das gleichschenklige Dreieck diese Beschaffenheit hat.
Antwort: weil das Dreieck, und das Dreieck, weil die geradlinige Figur. Wann aber diese nicht mehr, weil ein Anderes,
dann wißen wir am Besten. Aber dann auch das Allgemeine.

Und wiederum, wenn das Allgemeine, dann unmittelbar
auch den Grund. „Das Wahrnehmen geht nothwendig auf das
Einzelne, das Wißen besteht im Erkennen des Allgemeinen.
Wir würden deshalb, selbst wenn wir uns auf dem Monde
befänden und die absperrende Erde sähen, dennoch nicht die
Ursache der Finsterniss wißen. Denn wir würden dann wohl
wahrnehmen, daß (ὅτι) er sich verfinstert, aber überhaupt nicht,
warum (διότι); denn nicht auf das Allgemeine ginge die Wahrnehmung. Wohl aber würden wir aus der Betrachtung dieses
Ereignisses, wenn es sich öfter wiederholte, das Allgemeine
erforschen und so den Beweis haben; denn aus vielen Einzelnen wird das Allgemeine kund. Das Allgemeine ist schätzens-
werth, weil es die Ursache offenbart." [1] Eine Reihe sinnlicher
Beobachtungen ist noch keine Kenntniss des wahrhaft Allgemeinen. Wenn man z. B. die Bemerkung macht, daß dieses

1) a. a. O. I, 31. 87 b 37 ff. — ᾧ γὰρ καθ' αὐτὸ ὑπάρχει τι, τοῦτο αὐτὸ
αὐτῷ αἴτιον· τὸ δὲ καθόλου πρῶτον· αἴτιον ἄρα τὸ καθόλου, a. a. O. C. 24. 85 b
24 ff. δοκεῖ δὲ καὶ τὸ καθόλου αἴτιόν τισι εἶναι μάλιστα, καὶ εἶναι ἀρχὴ τὸ καθόλου,
metaph. VI, 13. 1038 b 6 ff.

bestimmte Mittel in gewissen Krankheitsfällen von Nutzen war, so fehlt einer solchen Erfahrung immer noch der Character des Allgemeinen. [1]) Der Empiriker kennt die Ursache nicht, nur das Daß, nicht das Warum, wie denn überhaupt die Wahrnehmung allerdings in der Erkenntniss des Einzelnen unübertroffen ist, dagegen von Nichts das Warum (τὸ διὰ τί) anzeigt, nicht, warum das Feuer heiß ist, sondern nur, daß es heiß ist. [2]) Theorie entsteht, wann aus vielen Beobachtungen der Erfahrung in Hinsicht des Gleichartigen eine allgemeine Annahme zu Stande kommt. [3]) Nur die Theorie ist Erkenntniss des Allgemeinen; [4]) die Erkenntniss und die Annahme, daß ein Bestimmtes allen unter einer Art Begriffenen helfe, wenn sie an dieser bestimmten Krankheit leiden, z. B. den Verschleimten oder den Galligen oder den Fieberkranken, ist Sache der Theorie. [5]) Nur der Theorie kommt Wißen und Verständniss zu, [6]) nur der Theoretiker kennt den Begriff und somit das Warum und den Grund, [7]) und nur er kann, was das Kennzeichen eines Wißenden ist, auch lehren; [8]) denn Lehren heißt die Gründe von Etwas angeben. [9])

Daher suchen wir, wenn wir das Daß wißen, das Warum, z. B. wenn wir wißen, daß die Sonne sich verfinstert und daß die Erde erschüttert wird; [10]) aber nicht umgekehrt; denn

---

1) a. a. O. I, 1. 981 a 7 ff.

2) a. a. O. a 28 f. b 10 ff.

3) γίνεται δὲ τέχνη (vergl. Abschn. IV, S. 141 f., Anmerk.), ὅταν ἐκ πολλῶν τῆς ἐμπειρίας ἐννοηματων μία καθόλου γένηται περὶ τῶν ὁμοίων ὑπόληψις, a. a. O. a 5 ff.

4) ... γνῶσις, ἡ δὲ τέχνη τοῦ καθόλου, a. a. O. a 16. vergl. I min., 1. 993 b 21 ff.

5) a. a. O. I, 1. 981 a 10 ff. vergl. rhetor. I, 2. 1356 b 28 ff. analyt. post. II, 13. 97 b 26 f.

6) metaph. I, 1. 981 a 24 f.

7) οἱ μὲν τὴν αἰτίαν ἴσασιν, ... τὸ διότι καὶ τὴν αἰτίαν γνωρίζουσι, a. a. O. a 28 ff. .. ἀλλὰ κατὰ τὸν λόγον ἔχειν αὐτοὺς καὶ τὰς αἰτίας γνωρίζειν, b 6. vergl. rhetor. I, 1. 1354 a 9 ff. und SPENGEL im Comm. p. 6 sqq. ... θεωρίαν, δι' ἧς οὐ μόνον τὸ τί φανερόν, ἀλλὰ καὶ τὸ διὰ τί. φιλόσοφον γὰρ τὸ τοιοῦτο περὶ ἑκάστην μέθοδον, eth. Eud. I, 6. 1216 b 38 ff.

8) metaph. I, 1. 981 b 7 ff.

9) a. a. O. C. 2. 982 a 28 ff.

10) analyt. post. II, 1. 89 b 29 ff. C. 8. 93 a 16 f. „Erschüttert wird,"

es ist unmöglich, das Warum vor dem Daß, und ebenso unmöglich, den Begriff ohne das Daß zu haben. [1]) Das Warum ist der Begriff, der Begriff aber nur so das Warum, daß er das Letzte — oder Erste, Ursprüngliche — oder an sich Grund ist; das Warum Etwas ist und das Was Etwas ist sind daher Ein und Dasselbe. [2]) Aber in doppelter Weise. Der Grund beruht entweder im Begriffe und in der Definition selbst: der unvermittelte Begriff, oder ist etwas Anderes, der *terminus medius* des Begriffs, — dieß Andere entweder selbst wieder zu beweisen oder unbeweisbar. [3]) Ein vermittelter

κινεῖται, sc. durch Erdbeben, oder Platonisch: „in einer zitternd schwankenden Bewegung ist," vergl. ἵλεσθαι καὶ κινεῖσθαι, de cœlo II, 13. 293 b 30 ff. C. 14 init. und PRANTL in s. Ausg. S. 311 ff.

1) ἀλλ' οὔτι πρότερόν γε τὸ διότι δυνατὸν γνωρίζειν τοῦ ὅτι, δῆλον ὁμοίως καὶ τὸ τί ἦν εἶναι οὐκ ἄνευ τοῦ ὅτι ἐστίν, analyt. post. II, 8. 93 a 18 f. vergl. C. 10. 93 b 32 f. metaph. VI, 17. 1041 a 14 ff. 23 f. b 4 f. — Damit stimmt die Methode der Astronomen, de part. an. I, 1. 639 b 7 ff. u. s., und der Naturforscher (der Forscher der diesseitigen, vergänglichen Natur), a. a. O. 640 a 13 ff. u. s., überein.

2) τὸ αὐτό ἐστι τό τί ἐστι καὶ διὰ τί ἐστιν, analyt. post. II, 2. 90 a 15. ἐπεὶ δ' ἐστίν, ὡς ἔφαμεν, ταὐτὸν τὸ εἰδέναι τί ἐστι καὶ τὸ εἰδέναι τὸ αἴτιον τοῦ εἰ ἐστι· κτλ., C. 8. 93 a 3 ff. τὸ μὲν γὰρ τί ἐστι καὶ τὸ οὗ ἕνεκα ἕν ἐστι phys. II, 7. 198 a 25 f.

„Wir wißen dann, wann wir den Grund wißen" (analyt. post. I, 2. 71 b 30 f.), und: „wir glauben dann am Meisten zu wißen, wann wir das Was Etwas ist wißen" (metaph. VI, 1. 1028 a 36 f. vergl. II, 2. 996 b 18 ff.), oder wann wir das Was war das Sein (a. a. O. VI. 6. 1031 b 6 f. 20 f.) und somit auch die Zweckursache erkennen (I, 9. 992 a 29 f., wo sich die Bedenken bei BONITZ, Comm., p. 123 durch phys. II, 7. 198 a 25 ff. b 3 ff. C. 8. 199 a 30 ff. de generat. et corr. II, 9. 335 b 6 ff. de part. an. I, 1. 639 b 14 f. u. s. erledigen dürften), ist gleichfalls Ein und Dasselbe. Somit ist die Differenz des Daß und des Warum die Differenz der Qualitäten und des Begriffs oder des Was Etwas ist; wir schreiben den höchsten Grad des Wißens demjenigen, der Was Etwas ist oder den Begriff, nicht demjenigen zu, der die quantitative und qualitative Beschaffenheit einer Sache und was sie ihrer Natur nach zu thun oder zu leiden im Stande ist erkennt, metaph. II, 2. 996 b 17 f.

3) λόγος δὲ τούτου, ὅτι ἔστι τι τὸ αἴτιον· καὶ τοῦτο ἢ τὸ αὐτὸ ἢ ἄλλο, κἂν ἢ ἄλλο, ἢ ἀποδεικτίν (vergl. b 12 ff.) ἢ ἀναπόδεικτον (vergl. a 36, nach der von KÜHN, De notionis definitione qualem Aristoteles constituerit, dissert., Halis 1844, p. 23 und WAITZ wiederhergestellten Lesart ἂν δι' ἐμέσων ἢ), analyt. post. II, 8. 93 a 5 f. ἔστι δὲ τῶν μὲν ἕτερόν τι αἴτιον, τῶν δ' οὐκ ἔστιν, C. 9.

Begriff ist z. B. die Mondfinsterniss, weil sie ihren Grund in der Absperrung von Seite der Erde hat. Was ist also die Mondfinsterniss? Beraubung des Lichts am Monde durch Absperrung von Seite der Erde. Warum ist die Mondfinsterniss oder warum verfinstert sich der Mond? Weil das Licht wegen der absperrenden Erde mangelt. [1]) Durch sich selbst Grund oder anderweitig begründet, immer ist der Begriff der formende, gestaltende, insofern schöpferische Grund dessen, wovon er ausgesagt wird. In dieser tiefern Bestimmung tritt das (weitere und unbestimmtere) Was Etwas ist als das (streng wißenschaftliche) Was war das Sein einem Objecte (τὸ τί ἦν εἶναι ἑκάστῳ), d. h. eben ausdrücklich als schöpferischer Grund [2]) — ursprünglich und in erster Reihe der Einzelsubstanz, in zweiter (nemlich in Rücksicht auf die „Theilnahme" an der Substanz oder unter Beziehung auf die ursprüngliche oder begrifflich frühere Realität der Substanz) aber auch des Quale und Quantum und überhaupt alles derartigen Seienden auf. [3])

---

93 b 21. τῶν δ' ἐχόντων μέσον, καὶ ὧν ἐστί τι ἕτερον αἴτιον τῆς οὐσίας, κτλ., b 25 f. u. s. Ist das αἴτιον τοῦ εἶναι das μέσον, und das μέσον das αἴτιον, so ist das μέσον der unvermittelten Begriffe (analyt. post. II, 2. 90 a 9 ff. HEYDER a. a. O. S. 282, Anmerk.) in der Einheit des Ganzen aufgehoben (vergl. a. a. O. C. 4 und metaph. a. a. O.).

1) analyt. post. II, 2. 90 a 15 ff. C, 8. 93 b 7 ff.

2) τὰ δ' αἴτια λέγεται τετραχῶς, ὧν μίαν μὲν αἰτίαν φαμὲν εἶναι τὴν οὐσίαν καὶ τί ἦν εἶναι, metaph. I, 3. 983 a 26 ff. καὶ διὰ τί ταδί, οἶον πλίνθοι καὶ λίθοι, οἰκία ἐστίν; φανερὸν τοίνυν ὅτι ζητεῖ τὸ αἴτιον· τοῦτο δ' ἐστὶ τὸ τί ἦν εἶναι ὡς εἰπεῖν λογικῶς (in einer Weise, welche dem streng wißenschaftlichen λόγος [im Sinne des Satzes λόγος δὲ πᾶς ὁρισμὸς ἢ ἀπόδειξις, de an. I, 3. 407 a 25 f.] entspricht, mit einem streng wißenschaftlichen Ausdrucke; vergl. διὰ λογικωτέρων καὶ ἀκριβεστέρων λόγων, XII, 5. 1080 a 9 f.), a. a. O. VI, 17. 1041 a 26 ff. vergl. VII, 6. 1045 a 30 ff. u. s. Vergl. die instructive Abhandlung über τί ἐστι und τὸ τί ἦν εἶναι von TRENDELENBURG, Histor. Beiträge z. Philos. I, S. 34 ff., ferner SCHWEGLER, Etwas über τὸ τί ἐστι und τὸ τί ἦν εἶναι etc., Metaph. IV, S. 369 ff. Ueber τὸ τί ἦν εἶναι: RASSOW, Aristotelis de notionis definitionis doctr., p. 54 sqq. U. m. A.

3) λέγω δ' οὐσίαν ἄνευ ὕλης τὸ τί ἦν εἶναι, metaph. VI, 7. 1032 b 14. ὥστε τὸ τί ἦν εἶναί ἐστιν ὅσων ὁ λόγος ἐστὶν ὁρισμός, C. 4. 1030 a 6 f. οὐκ ἔσται ἄρα οὐθενὶ τῶν μὴ γένους εἰδῶν ὑπάρχον τὸ τί ἦν εἶναι, ἀλλὰ τούτοις μόνον· τοῦτα γὰρ δοκεῖ οὐ κατὰ μετοχὴν λέγεσθαι καὶ πάθος, οὐδ' ὡς συμβεβηκός, a 11 ff. τὸ τί ἦν εἶναι ἢ μόνον τῶν οὐσιῶν ἐστιν (vergl. a 1 f. 11. C. 4. 1030 a 2 ff.) ἢ μάλιστα καὶ πρώτως καὶ ἁπλῶς, C. 5. 1031 a 12 f. ... καὶ τὸ

Auf dem Begriffe, der Form, dem Wesen (οὐσία, auf dem Artbegriffe also [1])) beruht die Existenz; [2]) Begriff, Form, Wesen ist das, was einem Existirenden das Sein, [3]) oder was der Grund seiner Existenz (*causa essendi*) und somit in Einem der Grund unserer Erkenntniss (*causa cognoscendi*), der wahren Erkenntniss, und wenn der wahren Erkenntniss, wiederum unmittelbar auch der Grund der Existenz ist; „das Wesen und das Was war das Sein einem Jeden ist die Grenze der Erkenntniss, wenn aber der Erkenntniss, auch der Sache."[4]) Die Grenze der Erkenntniss; denn alle Erkenntniss beginnt bei dem Aeußern, bei der Oberfläche, bei dem Nahen: durch das Aeußere dringt die Erkenntniss in das Innere, durch die Oberfläche in die Tiefe, durch das für die Wahrnehmung Nahe in das Entlegenere, — die Grenze; „aus dem Undeutlichen, aber mehr Sinnfälligen geht das Deutliche und das in

---

τί ἦν εἶναι ὁμοίως ὑπάρξει πρώτως μὲν καὶ ἁπλῶς τῇ οὐσίᾳ εἶτα καὶ τοῖς ἄλλοις, ὥσπερ καὶ τὸ τί ἐστιν, οὐχ ἁπλῶς τί ἦν εἶναι, ἀλλὰ ποιῷ ἢ ποσῷ τί ἦν εἶναι. δεῖ γὰρ ἢ ὁμωνύμως ταῦτα φάναι εἶναι ὄντα, ἢ προστιθέντας καὶ ἀφαιροῦντας, C. 4. 1030 a 29 ff. vergl. a 14 ff. ἐκεῖνο δὲ φανερὸν ὅτι ὁ πρώτως καὶ ἁπλῶς ὁρισμὸς καὶ τὸ τί ἦν εἶναι τῶν οὐσιῶν ἐστίν. οὐ μὴν ἀλλὰ καὶ τῶν ἄλλων ὁμοίως ἐστί, πλὴν οὐ πρώτως, b 4 ff. — τὸ τί ἦν εἶναι von vermittelten Begriffen: analyt. post. II, 8. 93 a 12 f. 19. C. 11. 94 a 34 f.

1) vergl. τὸ τί ἦν εἶναι λέγεται εἶναι ἡ ἑκάστου οὐσία, metaph. VI, 6. 1031 a 18. εἶδος δὲ λέγω τὸ τί ἦν εἶναι ἑκάστου καὶ τὴν πρώτην οὐσίαν, C. 7. 1032 b 1 f. Also nicht bloß auf der Gattung; PRANTL zur Phys., S. 484, spricht von einer „schöpferischen Gattung (μορφή)." Vielmehr geht Aristoteles gelegentlich so weit, den Satz aufzustellen: τὸ δὲ ζῷον τὸ καθόλου ἤτοι οὐθέν ἐστιν ἢ ὕστερον, de an. I, 1. 402 b 7 f.

2) ... ὥστε τὸ αἴτιον ζητεῖται τῆς ὕλης· τοῦτο δ' ἐστὶ τὸ εἶδος ᾧ τί ἐστιν· τοῦτο δ' ἡ οὐσία, C. 17. 1041 b 7 ff. VII, 2. 1043 a 2 f. αἴτιον τοῦ εἶναι, C. 3. 1043 b 13. XI, 5. 1071 a 24 u. s.

3) a. a. O. VII, 6. 1045 a 31 ff. ... οἷον οἰκία ταδὶ διὰ τί; ὅτι ὑπάρχει ταδί, ὃ ἦν οἰκίᾳ εἶναι, VI, 17. 1041 b 5 f. 25 ff. καθόλου μὲν οὖν εἴρηται τί ἐστιν ἡ ψυχή· οὐσία γὰρ ἡ κατὰ τὸν λόγον. τοῦτο δὲ τὸ τί ἦν εἶναι τῷ τοιῳδὶ σώματι, καθάπερ εἴ τι τῶν ὀργάνων φυσικὸν ἦν σῶμα, οἷον πέλεκυς· ἦν μὲν γὰρ ἂν τὸ πελέκει εἶναι ἡ οὐσία αὐτοῦ, καὶ ἡ ψυχὴ τοῦτο, de an. II, 1. 412 b 9 ff. τοῦτο γάρ ἐστι (sc. τὸ ἐκ τῶν ἐν τῷ τί ἐστιν ἴδιον) τὸ εἶναι ἐκείνῳ (einer Sache), analyt. post. II, 6. 92 a 9. C. 13. 96 b 10 f. 13 f.

4) καὶ ἡ οὐσία ἑκάστου καὶ τὸ τί ἦν εἶναι ἑκάστῳ· τῆς γνώσεως γὰρ τοῦτο πέρας· εἰ δὲ τῆς γνώσεως, καὶ τοῦ πράγματος, metaph. IV, 17. 1022 a 8 ff. ἀνάγεται γὰρ τὸ διὰ τί εἰς τὸν λόγον ἔσχατον, I, 3. 983 a 28.

Rücksicht des Denkens oder Begriffs oder das begrifflich
(κατὰ τὸν λόγον) Bekanntere hervor."[1]) Das Erste ist das
„Frühere und Bekanntere in Bezug auf uns," oder „das, was
der sinnlichen Wahrnehmung näher," das Andere das „schlechthin Frühere und Bekanntere, was der Wahrnehmung ferner
liegt;"[2]) das „schlechthin" oder „der Natur nach" Bekanntere
und Frühere oder Ursprünglichere: weil, wie die letzte oder
erste (im ursprünglichen, platonischen oder platonisirenden
Sinne: der schöpferischen Thätigkeit der Natur gegenständ-
liche[3])) Ursache der äußern wahrnehmbaren, „in Bezug auf
uns bekanntern" (an sich also spätern) Wirkung, ebenso und
ganz unmittelbar auch die Voraussetzung und der Grund jeder
daraus abgeleiteten (mithin spätern[4])) Erkenntniss; alle wahrhafte Erkenntniss durch den Schluß geht nicht blos aus
Bekannterm, sondern wesentlich auch aus Früherm oder Ur-
sprünglicherm hervor.[5])   „Das Frühere ist schlechthin bekannter als das Spätere, wie z. B. der Punkt bekannter als die

---

1) de an. II, 2. 413 a 11 f. vergl. top. VI, 4. 142 a 2 ff. 9 ff. phys.
I, 1. 184 a 16 ff. C. 5. 188 b 30 ff. 189 a 5 ff. metaph. VI, 4. 1029 b 4 ff.
eth. Nicom. I, 2. 1095 a 30 ff.

2) λέγω δὲ πρὸς ἡμᾶς μὲν πρότερα καὶ γνωριμώτερα τὰ ἐγγύτερον τῆς αἰσθήσεως, ἁπλῶς δὲ πρότερα καὶ γνωριμώτερα τὰ πορρώτερον. ἔστι δὲ πορρωτάτω μὲν
τὰ καθόλου μάλιστα, ἐγγυτάτω δὲ τὰ καθ' ἕκαστα· καὶ ἀντίκειται ταῦτ' ἀλλήλοις,
analyt. post. I, 2. 72 a 1 ff. ἄλλον δὲ τρόπον (sc. λέγεται) τὸ τῇ γνώσει πρότερον ὡς καὶ ἁπλῶς πρότερον. τούτων δὲ ἄλλως τὰ κατὰ τὸν λόγον καὶ τὰ κατὰ
τὴν αἴσθησιν. κατὰ μὲν τὸν λόγον τὰ καθόλου πρότερα, κατὰ δὲ τὴν αἴσθησιν τὰ
καθ' ἕκαστα, metaph. IV, 11. 1018 b 30 ff.   Vergl. περὶ τὰ πρότερα ἡ ἐπιστήμη,
a. a. O. XII, 2. 1076 b 35 f. τὰ τῇ φύσει: φανερώτατα, I min., 1. 993 b 11.

3) vergl. ἔστι δ' ἕνεκά του ὅσα τε ἀπὸ διανοίας ἂν πραχθείη καὶ ὅσα ἀπὸ
φύσεως, phys. II, 5. 196 b 21 f. C. 8. 199 a 7 ff. 32 f. u. s.

4) vergl. analyt. post. I, 24. 86 a 23 ff. C. 26. 87 a 27.

5) ἐπεὶ γὰρ ὁ ὅρος ἀποδίδοται τοῦ γνωρίσαι χάριν τὸ λεχθέν, γνωρίζομεν δ'
οὐκ ἐκ τῶν τυχόντων ἀλλ' τῶν προτέρων καὶ γνωριμωτέρων, καθάπερ ἐν ταῖς
ἀποδείξεσιν (οὕτω γὰρ πᾶσα διδασκαλία καὶ μάθησις ἔχει), φανερὸν ὅτι ὁ μὴ διὰ
τοιούτων ὁριζόμενος οὐχ ὥρισται, top. VI, 4. 141 a 27 ff. φύσει δὲ προτέρα ἡ
(sc. πρότασις, der Obersatz) ὅτι τὸ Α τῷ Β ἢ ὅτι τὸ Α τῷ Γ (der Schlußsatz). πρότερα γάρ ἐστι τοῦ συμπεράσματος, ἐξ ὧν τὸ συμπέρασμα, analyt. post
I, 26. 87 a 17 ff.

Das begrifflich Frühere im Unterschiede vom zeitlich Frühern: τῷ μὲν
οὖν χρόνῳ προτέραν τὴν ὕλην ἀναγκαῖον εἶναι καὶ τὴν γένεσιν, τῷ λόγῳ δὲ τὴν
οὐσίαν καὶ τὴν ἑκάστου μορφήν, de part. an. II, 1. 646 a 35 f.

Linie, die Linie bekannter als die Fläche, und die Fläche bekannter als der Körper. ... Für uns tritt jedoch zuweilen das Umgekehrte ein; vorzugsweise fällt nemlich das Körperliche unter die Sinne, die Fläche mehr als die Linie, die Linie mehr als der Punkt; denn die große Menge erkennt dergleichen (das Sinnfälligere) beßer. Um dieses kennen zu lernen, genügt das ganz gewöhnliche, dagegen um jenes (das Frühere), nur ein exactes und außergewöhnliches Denken.“ [1])

Hiermit wendet die Betrachtung aus der Sphäre des Objects in jene des Subjects um. Theilt der Nus mit dem wahr-

1) top. VI, 4. 141 b 5 ff. 24 f. ... τὰ δ' ἀκριβοῦς ... διανοίας, b 13 f. 142 a 12.

Je früher dem Begriffe nach und je einfacher Etwas ist, um so exacter ist die Erkenntniss desselben, metaph. XII, 3. 1078 a 9 f. πρότερα γὰρ τῶν συγκειμένων ἐστὶ τὰ ἀσύνθετα, a. a. O. C. 2. 1076 b 18 f. de coelo II, 4. 286 b 16 f. πρότερον δὲ τὸ στοιχεῖον ἢ ὧν ἐστι στοιχεῖον, XI, 4. 1070 b 2 f. XII, 10. 1087 a 3 f. Die Theile des Stofflichen als solchen sind (begrifflich) später, die Theile des Begriffs und der gedachten oder begrifflichen (κατὰ τὸν λόγον) Substanz aber früher, VI, 10. 1035 b 11 ff.

Vergl. Trendelenburg, Elem. log., p. 82 sqq. Erläut. etc., S. 35 ff. Comm. zu de an., p. 337 sqq. Histor. Beitr. etc. I, S. 38 ff. 72 ff.

Unter anderm Gesichtspunkte ist umgekehrt das uns Klarere und Deutlichere das Allgemeine und das von Natur Deutlichere und Bekanntere das Einzelne. Das Allgemeine ist nemlich ein Ganzes, weil es Vieles als seine Theile umfaßt, phys. I, 1. 184 a 25 f., — τοῦτο δὲ διχῶς: entweder so, daß das Einzelne, woraus ein Ganzes besteht, ein Einzelnes bleibt (das Einzelne der Art und der Gattung), oder so, daß das Ganze aus dem Einzelnen entsteht, metaph. IV, 26. 1023 b 28 f.; hier gilt nun das Zweite. Ein wahrnehmbares Allgemeines oder Ganzes, ein Zusammenfluß von Elementen (vergl. τὰ συγκεχυμένα), ist das uns Klarere und Deutlichere, die Elemente und Principien dagegen, in welche sich dieses „Allgemeine“ zerlegen läßt, und welche die wißenschaftliche Untersuchung zum Gegenstande hat (denn man kann ein Ganzes und doch nicht die Theile innehaben, metaph. I min., 1. 993 b 6 f.), sind das von Natur Deutlichere und Bekanntere, vergl. phys. I, 1. 184 a 16 ff. ... τὸ ἔσχατον ἐν τῇ ἀναλύσει πρῶτον εἶναι ἐν τῇ γενέσει, eth. Nicom. III, 5. 1112 b 23 f. Wenn also Heyder a. a. O. S. 233 f. in der Zerlegung eines „Allgemeinen“ in seine Elemente eine umgekehrte Induction erkennen zu dürfen glaubt, so täuscht er sich wohl über diese Bedeutung des Allgemeinen. Das Allgemeine ist hier ein Ganzes, worin das Einzelne nicht, wie das Einzelne der Induction, ein für sich Bestehendes (ὡς ἕκαστον), sondern Bestandtheil (ἐνυπάρχον) ist.

nehmenden Sinne, ein unterscheidendes Vermögen zu sein, [1]) so
ist er es in anderer, in höherer Weise. [2]) Den Objecten und Objectssphären entsprechen die Erkenntnisskräfte, — auch in der
obern Region: dem leichter Zugänglichen, Zufälligen und Vergänglichen die Meinung, dem Schwierigen, Nothwendigen und
ewig Wahren Intuition und Wißen. Der Meinung liegt ein
vergängliches Organ zum Grunde, Intuition und Wißen sind
Kräfte und Kraftäußerungen des getrennten, ewigen Nus.

B. Die Erkenntniss des Allgemeinen.

**1. Die Erkenntniss durch Intuition oder die Erkennt-
niss des Wesens- oder schöpferischen Begriffs.**

a. Der Wesens- oder schöpferische Begriff ist in der Vorstellung
enthalten.

Aber „das Was war das Sein einem Objecte ist nicht
ohne das Daß Etwas ist," und „es ist durchaus unmöglich,
das Warum früher als das Daß zu erkennen." [3]) Wie die
Möglichkeit der Wahrnehmung der Wirklichkeit derselben,
so geht auch die Möglichkeit des Denkens der Wirklichkeit
vorher; in anderer Beziehung ist das Object früher; denn mit
dem Gegenstande des Wißens wird das Wißen, nicht so mit
dem Wißen der wißbare Gegenstand aufgehoben. [4]) Die rein

---

1) κρίνεται δὲ τὰ πράγματα τὰ μὲν νῷ, τὰ δ' ἐπιστήμῃ, τὰ δὲ δόξῃ, τὰ δ'
αἰσθήσει, de an. I, 2. 404 b 25 ff. III, 3 Anf. C. 9. 432 a 15 ff. C. 12.
434 b 3.

2) φανερὸν οὖν ὅτι ἀδύνατον τῷ αἰσθάνεσθαι ἐπίστασθαί τι τῶν ἀποδεικτῶν,
εἰ μή τις τὸ αἰσθάνεσθαι τοῦτο λέγει, τὸ ἐπιστήμην ἔχειν δι' ἀποδείξεως, analyt.
post. I, 31. 88 a 9 ff. ἀνάγκη ἄρα ἔχειν μέν τινα δύναμιν, μὴ τοιαύτην δ' ἔχειν
ἣ ἔσται τούτων (sc. ἕξεων) τιμιωτέρα κατ' ἀκρίβειαν, a. a. O. II, 19. 99 b 32 ff.
... οὔτ' ἀπ' ἄλλων ἕξεων γίνονται γνωστικωτέρων, ἀλλ' ἀπὸ αἰσθήσεως, 100
a 10 f.

3) analyt. post. II, 8. 93 a 18 ff.

4) ἡ δὲ κατὰ δύναμιν (sc. ἐπιστήμη) προτέρα ἐν τῷ ἑνί, ὅλως δὲ οὐδὲ χρόνῳ
(vergl. metaph. VIII, 8. 1049 b 11 f. 19 ff. 23 ff.)· ἔστι γὰρ ἐξ ἐντελεχείᾳ
ὄντος πάντα τὰ γιγνόμενα, de an. III, 7. 431 a 2 f. — τὸ γὰρ ἐπιστητὸν τῆς
ἐπιστήμης πρότερον ἂν δόξειεν εἶναι. κτλ. ἐπιστητοῦ μὲν γὰρ μὴ ὄντος οὐκ ἔστιν
ἐπιστήμη (οὐδενὸς γὰρ ἔτι ἔσται ἐπιστήμη), ἐπιστήμης δὲ μὴ οὔσης οὐδὲν κωλύει
ἐπιστητὸν εἶναι, κτλ. categ. 7. 7 b 23 ff.

formelle Natur des Nus setzt vor allem actuellen Auftreten die innere Gegenwart eines denkbaren Inhalts voraus. „Da kein Object, die wahrnehmbaren Größen (körperlichen Substanzen) etwa ausgenommen, abgetrennt (an und für sich) existirt, so ist das Denkbare, — sowohl die mathematischen Abstractionen als die Vermögen (ἕξεις) und Affectionen (πάθη) — in den wahrnehmbaren Formen. Und deshalb dürfte auch wohl Einer, der Nichts wahrnimmt, auch Nichts lernen, noch Etwas verstehen. Und wann man denkend betrachtet (θεωρῇ), betrachtet man nothwendig zugleich eine Vorstellung (ἀνάγκη ἅμα φάντασμά τι θεωρεῖν); denn die Vorstellungen sind wie die wahrnehmbaren Objecte, jedoch ohne Stoff. Es ist aber die Vorstellung verschieden von Bejahung und Verneinung; denn das Wahre und Falsche ist eine Verknüpfung von Gedanken. Aber wodurch unterscheiden sich die ersten Gedanken, daß sie keine Vorstellungen sind? Auch die andern sind keine Vorstellungen, aber nicht ohne Vorstellungen." [1]) Je klarer die unmittelbare Vorlage, um so exac-

---

1) de an. III, 8. 432 a 3 ff. „Wie die wahrnehmbaren Objecte": αἰσθη-[μα]τά, a 9. — τὰ δὲ πρῶτα νοήματα. Simplic. bei TRENDELENBURG, Comm., p. 527: πρῶτα καλῶς τὰ τῶν οὐσιῶν αὐτῶν γνωστικὰ καὶ μάλιστα τὰ τῶν ἀύλων εἰδῶν φαντάσματά ἐστι. Themist. Sp. II, p. 213 und PACIUS, Comm. analyt. zu de an., p. 413: priora compositis. TRENDELENBURG, Comm., p. 526: ea esse videntur, a quibus reliqua veritatem repetunt. TORSTRIK l. l. p. 214: die ersten Abstractionen, die untersten Artbegriffe.
... Quare mens his rerum imaginibus tanquam cogitandi materia utitur, quibus si destituta est, omnino cogitare non potest, SCHRADER a. a. O. p. 9. In diesem Sinne ferner PRANTL, Geschichte der Logik etc., I, S. 108 f. UEBERWEG, Grundriß der Geschichte der Philos. 2. Aufl. I, S. 146. BRENTANO a. a. O. S. 144 ff. EBERHARD a. a. O. S. 33. Auch MARSIL. FICINUS in Plotin. enn. I, 4. ed. CREUZER I, p. 53 b: ... quum solam (activam rationem) phantasia semper egere Aristoteles ait: quemadmodum et Themistius atque Simplicius prudenter interpretantur. Daß ein solches Bild sich zwar immer nothwendig mit dem Denken verbinde, nichtsdestoweniger für die Thätigkeit des Denkens nur zufällig und beiläufig sei, wie HEYDER a. a. O. S. 175 meint, spricht ein gründliches Missverständniss des ganzen Verhältnisses aus. Wie BIEHL a. a. O. S. 6. ausdrücklich (BRANDIS, Handbuch etc. II, 2, S. 1133. 1135. 1175 1181, Geschichte der Entwicklungen etc., I, S. 518, implicite) behauptet, ist nicht bloß das Denken der höchsten Principien, sondern auch der stofflosen und untheilbaren Substanzen ohne Vorstellungen; PACIUS l. l. p. 412 äußert sich folgendermaßen über diesen Punkt:

ter das Denken, und je exacter das Denken ist, um so klarer
wird die Vorstellung sein, so z. B. in der Mathematik; das
mathematische Denken ist „gleichsam ein Sehen mit dem
Denken," ein inneres Schauen. Je seichter und leerer aber
das Denken, wie z. B. die dialektischen Räsonnements, um
so unklarer müßen die Vorstellungen sein.[1]) Mit einem
Worte: kein Gedanke ohne Vorstellung,[2]) ebendarum,
weil, wie gesagt, das Denkvermögen die Formen in den
Vorstellungen denkt.[3]) Aristoteles gibt in dieser Beziehung
noch folgende Erläuterung:[4]) Wie in der Psychologie gesagt
worden ist, kann man ohne Vorstellung nicht denken ; man
kommt nemlich beim Denken in dieselbe Lage wie beim Zeich-

de rebus metaphysicis, id est, re ipsa a materia abjunctis, Aristoteles non
loquitur. ... quod si idem de his affirmaret, sine dubio falsum diceret. Und
p. 409: revera intellectus noster omnis cognitionis originem ducit a sensu
etiam rerum insensibilium; quia etsi non sunt in se sensibiles, tamen sunt
sensibiles vel in contrario, ut privatio et punctum, vel in suis effectibus, ut
Deus. Unde quodammodo ridetur etiam intellectio rerum abstractarum pendere a sensu. Sed observandum est, haec aliter pendere a sensu, quam res
materiales. etc.

1) vergl. analyt. post. I, 12. 77 b 27 ff. ταῦτα δ' ἐστὶν οἷον ὁρᾶν τῇ νοήσει,
ἐν δὲ τοῖς λόγοις λανθάνει· κτλ., b 30 f.

2) νοεῖν οὐκ ἔστιν ἄνευ φαντάσματος (was nach Künx, De virtutibus in-
tellectualibus, dissert., Berol. 1860, p. 12, bedeuten soll, daß wir denkend
die Einbildungskraft „oft" herbeiziehen), de memor. 1. 449 b 31 f. καὶ ἄνευ
ταύτης (sc. φαντασίας) οὐκ ἔστιν ὑπόληψις, de an. III, 3. 427 b 16. οὐδέποτε
νοεῖ ἄνευ φαντάσματος ἡ ψυχή, C. 7. 431 a 16 f. εἰ δ' ἐστὶ καὶ τοῦτο (sc. τὸ
νοεῖν) φαντασία τις ἢ μὴ ἄνευ φαντασίας κτλ., a. a. O. I, 1. 403 a 8 f.

3) τὰ μὲν οὖν εἴδη τὸ νοητικὸν ἐν τοῖς φαντάσμασι νοεῖ, a. a. O. III, 7.
431 b 2.

4) ἐπεὶ δὲ περὶ φαντασίας εἴρηται πρότερον ἐν τοῖς περὶ ψυχῆς, καὶ νοεῖν οὐκ ἔστιν
ἄνευ φαντάσματος· συμβαίνει γὰρ τὸ αὐτὸ πάθος ἐν τῷ νοεῖν ὅπερ καὶ ἐν τῷ διαγρά-
φειν· ἐκεῖ τε γὰρ οὐθὲν προσχρώμενοι τῷ τὸ ποσὸν ὡρισμένον εἶναι τὸ τριγώνου, ὅμως
γράφομεν ὡρισμένον κατὰ τὸ ποσόν· καὶ ὁ νοῶν ὡσαύτως, κἂν μὴ ποσὸν νοῇ, τίθεται
πρὸ ὀμμάτων ποσόν, νοεῖ δ' οὐχ ᾗ ποσόν. ἂν δ' ἡ φύσις ᾗ τῶν ποσῶν, ἀόριστον δὲ τίθεται μὲν ποσὸν ὡρισμένον, νοεῖ δ' ᾗ ποσὸν μόνον, de memor. 1. 449 b 30 ff.

Hiermit stimmt vollkommen zusammen, daß die Gedanken κατὰ συμβεβηκός Depositum des Gedächtnisses sind, und nur bei diesem Verhältnisse des Gedankens zur Vorstellung ist es auch erklärlich, daß körperliche Zustände (Blut-
mischung, Bluttemperatur u. dergl. m.), wie das Denken überhaupt, so auch
das Denken des getrennten, leidensunfähigen Nus entweder aufzuheben oder
zu belästigen im Stande sind.

nen geometrischer Figuren. Denn obwohl wir hier keiner bestimmten Größe eines Dreiecks bedürfen, so zeichnen wir dasselbe dennoch in bestimmter Größe. Ebenso stellt sich der Denkende, wann er auch nichts Quantitatives denkt, dennoch ein Quantitatives vor Augen, denkt es aber nicht als Quantitatives. Denkt er aber die Natur der Quanta selbst, ohne bestimmte Grenze, so stellt er sich zwar ein bestimmt begrenztes Quantum vor Augen, denkt es aber nur insofern, als es schlechthin quantitativ ist. — Das „stellt er sich vor Augen" setzt eine bereits vorhandene nähere oder entferntere Bekanntschaft voraus.

Das Vehikel des Denkobjects ist Erscheinung eines Aeußern im Innern; mit der Vorstellung ist also unmittelbar die Wahrnehmung gesetzt. Der Nus denkt die äußern Dinge nicht, wofern sie nicht mit Wahrnehmung verbunden sind; [1]) mangelt eine Wahrnehmung, so mangelt nothwendig auch ein Wißen. [2]) Ein von Geburt Blinder mag Schlüße über die Farben machen; doch reflectirt solch einer nothwendig nur in Worten, aber er denkt Nichts, d. h. hat keine denkende Anschauung dabei. [3])

Nun aber denkt der ewige Nus nichts Vergängliches, das Vermögen des streng Allgemeinen nichts Einzelnes als solches („es ist nicht möglich, Wißen von ihm zu faßen" [4])), d. h. keine Erscheinung des Einzelnen, überhaupt keine Erscheinung als solche, sondern das Allgemeine in der Erscheinung, und zwar das Allgemeine als solches. Hinwiederum ist das Allgemeine „Nichts außerhalb des Einzelnen," oder existirt nicht als „ein Einzelnes außer dem Vielen," sondern in und an den Vielen, und es gibt nichts Allgemeines, wofern es nicht Vieles gibt, [5]) — ein ganz entschiedener Widerspruch gegen Platons „leeres Gerede." [6])

---

1) de sensu 4. 445 b 16 f.

2) φανερὸν δὲ καὶ ὅτι, εἴ τις αἴσθησις ἐκλέλοιπεν, ἀνάγκη, καὶ ἐπιστήμην τινὰ ἐκλελοιπέναι, analyt. post. I, 18. 81 a 38 f.

3) συλλογίσαιτο γὰρ ἂν τις ἐκ γενετῆς ὢν τυφλὸς περὶ χρωμάτων, ὥστε ἀνάγκη, τοῖς τοιούτοις περὶ τῶν ὀνομάτων εἶναι τὸν λόγον, νοεῖν δὲ μηδέν, phys. II, 1. 193. a 7 ff.

4) analyt. post. I, 18. 81 b 6 f. u. s.

5) εἴδη μὲν οὖν εἶναι ἢ ἕν τι παρὰ τὰ πολλὰ οὐκ ἀνάγκη, εἰ ἀπόδειξις

Aus dem Einzelnen wird sonach das Allgemeine kund, [1]) und es ist nun eins der wichtigsten Interessen der Erkenntnisstheorie, durch welche Processe die Erkenntniss des Einzelnen zur Erkenntniss des Allgemeinen wird.

Der Weg vom Einzelnen zum Allgemeinen ist die Induction. [2])

b. Die Erhebung des Begriffs aus der Vorstellung.

α. Die Induction.

Wir stehen hier zum zweiten Male vor der „Induction." Die in ihrem natürlichen Zusammenhange mit dem Gedächtnisse und der Erinnerung betrachtete, ausdrücklich als eine Wirkung der Wahrnehmung bezeichnete und in Rücksicht auf die Principien oder das Allgemeine, inwiefern es der Grund und Ausgangspunkt des streng wißenschaftlichen Beweises ist, als Vermittlung einer Vorstufe der Erkenntniss aufzufaßende Art von Induction hatte den Charakter des Unmittelbaren, mehr oder

---

ἔσται, εἶναι μέντοι ἓν κατὰ πολλῶν ἀληθὲς εἰπεῖν ἀνάγκη· οὐ γὰρ ἔσται τὸ καθόλου, ἂν μὴ τοῦτο ᾖ, a. a. O. I, 11. 77 a 5 ff. ἔτι εἰ τὸ μὲν καθόλου μή ἐστί τι παρὰ τὰ καθ' ἕκαστα, κτλ. c. 24. 85 a 31. ἔτι τε οὐδεμία ἀνάγκη ὑπολαμβάνειν τι εἶναι τοῦτο παρὰ ταῦτα, ὅτι ἓν δηλοῖ, b 18 ff. εἰ μὲν γὰρ καθόλου (sc. εἰσὶν αἱ ἀρχαί), οὐκ ἔσονται οὐσίαι, metaph. II, 6. 1003 a 7 f. τὸ μὲν γὰρ καθόλου οὐκ οὐσία, XII, 10. 1087 a 1 f.

6) τὰ γὰρ εἴδη χαιρέτω· τετερίσματά τε γάρ ἐστι, analyt. post. I, 22. 83 a 22 f. ... κενολογεῖν ἐστι καὶ μεταφορὰς λέγειν ποιητικάς, metaph. I, 9. 991 a 20 ff. XII, 5. 1079 b 24 ff. In Betreff der Ideenlehre vergl. a. a. O. I, 6. 987 b 7 ff. C. 9 von Anf. 991 b 1 ff. II, 2. 997 a 34 ff. VI, 6. 1031 a 28 ff. C. 8. 1033 b 19 ff. C. 10. 1035 b 27 ff. C. 13 ff. VIII, 9. 1050 b 34 ff. IX, 10. 1059 a 10 ff. XI, 3. 1070 b 27 ff. XII, 4 f. C. 9. 1086 a 30 ff. u. s. ZELLER a. a. O. S. 216 ff. Platon. Studien, S. 229 ff. 199 ff. TRENDELENBURG, Platonis de ideis et numeris doctr. ex Aristotele illustrata, Lips. 1826.

1) ἐκ γὰρ τῶν καθ' ἕκαστα πλειόνων τὸ καθόλου δῆλον, analyt. post. I, 31. 88 a 4 f. vergl. πολλὰς γὰρ εἰσαγγέλουσι διαφοράς (sc. ὄσφρησις κτλ.), ἐξ ὧν ἥ τε τῶν νοητῶν ἐγγίνεται φρόνησις καὶ ἡ τῶν πρακτῶν, de sensu I, 432 a 2 f. ἔχοντες τὸ καθόλου ἐκ τοῦ ὁρᾶν, a 14. eth. Eud. V (Nicom. VI), 12. 1143 b 4 f.

2) ἐπαγωγὴ δὲ ἡ ἀπὸ τῶν καθ' ἕκαστον ἐπὶ τὰ καθόλου ἔφοδος, top. I, 12. 105 a 13 f. Vergl. VIII, 1. 155 b 21 f. 156 a 4 f. b 15 f. C. 8. 160 a 37 ff. ἡ μὲν δὴ ἐπαγωγὴ ἀρχή ἐστι καὶ τοῦ καθόλου, eth. Eud. V (Nicom. VI), 3. 1139 b 28 f.

weniger Unwillkürlichen und Unbewußten;[1] das Ergebniss war das Allgemeine in der Form der Vorstellung.

Ferner fanden wir in der Nikomachischen Ethik drei Wege zur Kenntniss der Principien: die Induction, die Wahrnehmung und eine Art von Gewöhnung. Da die letzte im Wesentlichen in der zweiten aufging, so gibt es zwei solcher Wege, die Wahrnehmung und die Induction. Nicht die einmalige Wahrnehmung, sondern die wiederholte, die es zur Vorstellung der Art und der Gattung bringt, die soeben wieder berührte Induction der Wahrnehmung.[2] Für den vorzugsweise als Induction (ἐπαγωγή) bezeichneten Weg bleibt mithin die Induction in der ursprünglichen Bedeutung des Worts: die methodische Induction. Aber auch diese führt ohne fremde Beihilfe nicht zur Erkenntniss der Principien in derjenigen Weise, in welcher die Intuition als Grund und Anfang des strengen Wißens, d. h. der durch streng wißenschaftlichen Beweis vermittelten Erkenntniss der „Accidentien an sich," sie denkt. Es beruht in ihrer, mit ihrem Principe, der sinnlichen Wahrnehmung und der Beachtung des Thatsächlichen als solchen, unmittelbar gegebenen Natur, daß das Allgemeine, welches aus ihr, d. h. rein aus ihr selber hervorgeht, ein bloß Gemeinsames, ein Allgemeines der Vorstellung oder

---

1) λανθάνει δὲ ὁ τρόπος ἐπαγωγή τις ὤν, Themist. analyt. post. (II, 19), Sp. I, p. 103, 10 sq. ZABARELLA l. l. p. 890. 1281.

2) vergl. analyt. post. I, 13. 78 a 26 ff.: Daß das Nicht-Flimmernde nahe ist, — die allgemeine Thatsache, die ihrem Wesen nach eine Wirkung und zwar sichtbare Wirkung, ein Daß und dabei ein Unvermitteltes, Unmittelbares ist, — weiß man „durch Induction oder durch Wahrnehmung." τὸ γὰρ μὴ στίλβον ἐγγύς ἐστι· τοῦτο δὲ εἰλήφθω δι' ἐπαγωγῆς ἢ δι' αἰσθήσεως, 78 a 33 ff. Ferner: ... οὐ μὴν εἴληπταί γε τὰ συμβαίνοντα (in Bezug auf die Entstehung der Bienen) ἱκανῶς, ἀλλ' ἐὰν ποτε ληφθῇ τότε τῇ αἰσθήσει μᾶλλον ἢ τῷ λόγῳ (mit WIMMER für das BEKKER'sche τῶν λόγων) πιστευτέον, καὶ τοῖς λόγοις ἐὰν ὁμολογούμενα δεικνύωσι τοῖς φαινομένοις, de generat. an III, 10. 760 b 30 ff.

Metaph. V, 1. 1025 b 10. 15. vergl. X, 7. 1064 a 8 f. tritt ἐπαγωγή für das vorhergehende αἰσθησις ein.

Wenn, wie BRANDIS, Handbuch etc. II, 2. S. 253 (vergl. HEYDER a. a. O. S. 229) behauptet, das Allgemeine der Erfahrung nur da auf sinnliche Wahrnehmung zurückgeführt wird, wo es auf Schärfe des Ausdrucks nicht anzukommen scheint, so gibt es schließlich nur einen Weg.

näher des vorstellenden, nicht des streng wißenschaftlichen
Denkens ist.

Die Induction erstreckt sich auf Substanzen wie auf Accidentien aller Gattungen, auf Accidentien an und für sich sowie in ihrem prädicativen, immer aber nothwendigen Verhältnisse zu Substanzen oder zu einander; auf Substanzen und
Accidentien jedoch nicht oder wenigstens streng genommen
nicht unter der Frage: was Etwas ist, oder was das ihm
zu Grunde liegende schöpferische Sein oder Wesen, so nemlich zu Grunde liegende Wesen ist, daß alle übrigen ihm
nothwendig zukommenden Bestimmungen daraus resultiren, [1])
— sondern unter der Frage: wie beschaffen (ποῖον) Etwas ist.
Das Allgemeine der einzelnen Objecte ist, allgemein gesagt,
das Einheitliche derselben und unter dem Gesichtspunkte: wie
beschaffen? das Gleichartige (τὸ ὅμοιον). [2]) Alle Induction
ist insofern Betrachtung des Gleichartigen am Einzelnen. [3])
Es gibt, sagt Aristoteles, [4]) drei Abtheilungen dialektischer
Sätze und Probleme: ethische, physische und allgemein räsonnirende (λογικαί [5])). Ethische sind z. B. solche: ob man mehr
den Eltern gehorchen müße oder den Gesetzen, wenn Beide

---

1) οὐ γὰρ τί ἐστι δείκνυσιν (sc. ὁ ἐπάγων), analyt. post. II, 7. 92 a 38 f.

2) ἔστι δὲ τοῦ μὲν ἑνός ... τὸ ταὐτὸ καὶ ὅμοιον καὶ ἴσον, metaph. IX. 3.
1054 a 29 ff. ὅμοια λέγεται τά τε πάντη ταὐτὸ πεπονθότα κτλ. a. a. O. IV, 9.
1018 a 15 f. ὅμοια δ' ὧν ἡ ποιότης μία, C. 15. 1021 a 11 f. IX, 3. 1054 b
7 ff. 9 ff.

3) ἡ δὲ τοῦ ὁμοίου θεωρία χρήσιμος πρός τε τοὺς ἐπακτικοὺς λόγους (metaph.
XII, 4. 1078 b 28) καὶ πρὸς τοὺς ἐξ ὑποθέσεως συλλογισμοὺς καὶ πρὸς τὴν ἀπόδοσιν τῶν ὁρισμῶν. πρὸς μὲν οὖν τοὺς ἐπακτικοὺς λόγους, διότι τῇ καθ' ἕκαστα ἐπὶ
τῶν ὁμοίων ἐπαγωγῇ τὸ καθόλου ἀξιοῦμεν ἐπάγειν· οὐ γὰρ ῥᾴδιόν ἐστιν ἐπάγειν
μὴ εἰδότας τὰ ὅμοια, top. I, 18. 108 b 7 ff. vergl. ... τὸ καθόλου, ὑφ' ὃ πάντα
τὰ ὅμοιά ἐστιν, VIII, 1. 156 b 16 f. Dazu C. 2. 157 a 21 ff. C. 8. 160 a
37 ff. εἴρηται πρότερον, ὅτι τὸ μὲν ἐπὶ πολλῶν καὶ ὁμοίων δείκνυσθαι ὅτι οὕτως
ἔχει ἐκεῖ μὲν (in der Topik) ἐπαγωγή ἐστιν ἐνταῦθα δὲ παράδειγμα, rhetor. I,
2. 1356 b 12 ff. problem. XVIII, 3. 916 b 33 ff. ... τὸ ἀνάλογον συνοράν,
metaph. VIII, 6. 1048 a 37.

4) top. I, 14. 105 b 19 ff.

5) vergl. περὶ τοὺς λόγους, analyt. post. I, 1. 71 a 5 und κατὰ τοὺς λόγους,
top. VIII, 3. 159 a 1, im Unterschiede von bestimmten Wißenschaften. Ein
λογικὸν πρόβλημα ist a. a. O. V, 1. 129 a 29 ff. 17. ein solches, welches sich
besonders gut zum Disputiren eignet.

nicht zusammenstimmen; ferner räsonnirende: ob eine und dieselbe Wißenschaft conträre Gegensätze umfaße oder nicht; endlich physische: ob die Welt ewig sei oder nicht. Durch Definition (ὁρισμῷ) zu bestimmen, wie jeder der genannten Sätze beschaffen ist (ποῖαι), [1]) ist nicht leicht, man muß dieß durch eine Fertigkeit im Induciren zu erkennen suchen, indem man auf die angeführten Beispiele achtet. — Hiernach setzt schon die Induction eine gewisse Kenntniss, also im Bereiche des sinnlich Wahrnehmbaren eine gewisse Kenntniss der Art, Erfahrung oder eine Art von Gewöhnung, oder mit andern Worten: die methodische eine natürwüchsige Induction voraus. Wo eine Vorstellung und namentlich eine im Vergleiche mit der Erfahrung oder dem Resultate einer Art von Gewöhnung immerhin exactere Vorstellung genügt, da genügt auch Induction; nicht überall lohnt oder rechtfertigt der Zweck den Aufwand von Kenntnissen, Uebung und Subtilität, welchen die Ermittlung des streng wißenschaftlichen Begriffs erfordert. Wie dem praktischen Leben, so thut die Induction speciell auch denkgymnastischen Uebungen in Rede und Gegenrede Genüge, [2]) und es treten selbst im Verlaufe ernster wißenschaftlicher Betrachtungen Fälle ein, in welchen an Stelle genauer Definition schon die Induction oder die Analogie als hinreichend erscheint. [3]) Einer selbständigen Geltung wird

---

1) Wie das streng begrifflich Allgemeine unter das Gemeinsame, so fällt das Was Etwas ist (τί ἐστι) oder diejenige Frage, deren Beantwortung die Definition ist, und unter den Kategorien der Substanz zu entsprechen scheint, unter das Wie beschaffen (ποῖον) im weitern Sinne; vergl. top. IX (de sophist. el.), 22. 178 b 37 ff. metaph. II, 6. 1003 a 8 f. VI, 14. 1039 a 1 f. 14 f. ἡ δὲ οὐσία κατὰ τὸ ποιόν, X, 6. 1063 a 27. τὸ εἶδος καὶ τὸ γένος περὶ τὸ ποιον ἀφορίζει· ποιὰν γάρ τινα οὐσίαν σημαίνει, categ. 5. 3 b 19 f. Im Unterschiede von der Definition wird namentlich die διαφορὰ εἰδοποιός, dieses wesentliche Bestandstück einer jeden wißenschaftlich exacten Definition und jedenfalls streng Allgemeine, als ποιόν, sc. ἐν τῇ οὐσίᾳ, bezeichnet, phys. V, 2. 226 a 28. (Dazu Bonitz, Über πάθος und πάθημα im Aristotelischen Sprachgebrauche. Aristotel. Stud. V. Heft, S. 34 ff.) Dem ποῖον entspricht in derselben Beziehung das Gleichartige (ὅμοιον), welches in der weitern Bedeutung auch das der Sphäre des Was Etwas ist angehörige ταὐτόν in sich begreift (vergl. top. I, 18. 108 b 7. 20 f. 24).

2) top. IV, 2. 122 a 17 ff. und Waitz zu dieser Stelle, II, p. 475.

3) ... τὸ δ' ἐνεργείᾳ. δῆλον δ' ἐπὶ τῶν καθ' ἕκαστα τῇ ἐπαγωγῇ ὃ βουλόμεθα

die methodische Induction erst froh, wo es sich um den Nachweis bestimmter nothwendiger (auch negativer[1])) Prädicate
handelt. Daß Wärme und Kälte thätige (ποιητικά), Trocken-
heit und Feuchtigkeit leidende Ursachen (αἴτια παθητικά) der
Elemente sind, „davon kommt uns die Zuversicht (πίστις) aus
der Induction. Denn die Wärme und die Kälte erscheinen
in allen Dingen als das Homogene und Nichthomogene ab-
grenzend und verbindend, verändernd, feucht und trocken,
hart und weich machend; andrerseits das Trockene und Feuchte,
sowohl sie an und für sich als auch alle diejenigen Körper,
welche aus beiden zusammengesetzt sind, als abgegrenzt wer-
dend und die übrigen genannten Zustände (πάθη) erleidend.“[2])

Nachweise kommen hauptsächlich Andern zu Gute. Die
methodische Induction dient theils zu eigner Forschung, theils
zu Nachweisen der Realität irgend eines Allgemeinen für Andere, Hörende oder Lesende, — dem eigenen Finden wie dem
Lernen; alles Wißen wird durch das Eine oder das Andere
erworben.[3]) Von beiden Anwendungen liegt die zweite dem
didaktischen und dialektischen Interesse des Aristoteles am
Nächsten und der Erklärung: „wer inducirt, zeigt nicht, was
Etwas ist, sondern daß Etwas ist oder nicht ist,“[4]) unmittelbar zu Grunde.   ·

Mit dieser Modification tritt aber zugleich auch ein Wechsel
des unmittelbaren und directen Objects der Induction ein;
denn in einem Nachweise dieser Art tritt die reine Existenz

λέγειν, καὶ οὐ δεῖ παντὸς ὅρον ζητεῖν ἀλλὰ καὶ τὸ ἀνάλογον συνορᾶν, metaph.
VIII, 6. 1048 a 35 ff.

1) top. II, 8. 113 b 17 ff. 22 ff. analyt. post. II, 7. 92 b 1.

2) meteorol. IV, 1. 378 b 13 ff. Vergl. ferner analyt. post. I, 18. 81
b 2 ff. II, 3. 90 b 13 ff. top. I, 12. 105 a 14 ff. VIII, 1. 155 b 34 f. IX
(de sophist. el.), 4. 165 b 27 f. phys. I, 2. 185 a 13 f. V, 5. 229 b 2 ff.
VII, 2. 244 b 2 ff. metaph. IV, 29. 1025 a 9 ff. IX, 3. 1054 b 32 ff. C. 4.
1055 a 5 ff. b 17 ff. C. 8. 1058 a 9 f. rhetor. II, 23. 1398 a 32 ff. —
categ. 11. 13 b 36 ff.

3) top. IX (de sophist. el.), 22. 178 b 34 f. C. 23. 179 a 23, de an.
III, 4. 429 b 9. de memor. 2. 451 b 7 ff. ὥσπερ γὰρ ἐπιστήμην, ἔστι καὶ ἀπά-
την καὶ δι' αὐτοῦ κτᾶσθαι καὶ δι' ἄλλου, phys. V, 5. 229 b 5 f.

4) οὐ γὰρ τί ἐστι δείκνυσιν (sc. ὁ ἐπάγων), ἀλλ' ὅτι ἢ ἔστιν ἢ οὐκ ἔστιν,
analyt. post. II, 7. 92 a 38 f.

vor die existirende gleichartige Qualität. Sobald sich die Induction auf Bezeugung der Existenz beschränkt, steht sie auch unvermittelt aufgestellten Thesen des Was Etwas ist oder der Definition (somit im Besondern auch dem vornehmsten Bestandtheile derselben, der Gattung, [1])) zur Verfügung. In einer solchen unvermittelten Aufstellung liegt eine Umkehr des natürlichen Verhältnisses, wenn anders nemlich das Was und Warum nur auf dem Grunde des Daß zu erkennen ist. [2]) Hier kommt nun die Induction zu Hilfe, indem sie nachträglich stützt, unterbaut und sichert, was so, wie es unmittelbar ist, mehr einer Meinung als einem wißenschaftlichen Satze gleicht; sie bezieht die aufgestellte Definition nachträglich auf den Bereich der Thatsachen und liefert den Nachweis, „daß sie ist."[3]) So angewandt, wird die Induction zu einer wichtigen Instanz des Unterrichts.

Es ist, wie Aristoteles sagt,[4]) nicht gerade nothwendig, daß derjenige, der Etwas lernen will, die Thesis des syllogistischen unvermittelten Princips innehabe, oder im vollzähligen Besitze der einer bestimmten Wißenschaft eigenthümlichen Principien sei. Die fehlenden ergänzt der Lehrer.[5]) Bei jedem Nachweise muß man aber wißen, um was es sich handelt.[6]) Der Schüler muß also das Resultat in gewisser Weise im Voraus wißen. „Man kann theils so erkennen, daß man vorher kennt, theils so, daß man zugleich (mit der sinnlichen Wahrnehmung) die Erkenntniss davon faßt, so z. B. alle diejenigen Objecte, welche unter ein Allgemeines fallen, wovon man Kenntniss hat. Denn daß die Winkel in jedem Dreiecke gleich zweien rechten sind, wußte man zuvor; daß jedoch dieß in den Halbkreis Gezeichnete ein Dreieck ist, er-

---

1) vergl. m. mor. I, 1. 1182 b 17 ff. 31 ff.

2) analyt. post. II, 8. 93 a 18 ff.

3) vergl. ... τὴν δὲ μόναδα ἄμφω, καὶ τί σημαίνει, καὶ ὅτι ἔστιν, a. a. O. I, 1. 71 a 15 f.

4) a. a. O. C. 2. 72 a 14 ff.

5) ... τὰ μὲν ἄμεσα καὶ ἀρχαί εἰσιν, ἃ καὶ εἶναι καὶ τί ἐστι ὑποθέσθαι δεῖ ἢ ἄλλον τρόπον φανερὰ ποιῆσαι, a. a. O. II, 9. 93 b 22 ff.

6) ἔστι δὲ τοῦ λόγου δύο μέρη· ἀναγκαῖον γὰρ τό τε πρᾶγμα εἰπεῖν περὶ οὗ, καὶ τότ' ἀποδεῖξαι. κτλ., rhetor. III, 13. init. C. 14. 1415 a 11 ff. C. 19. 1419 b 31 f.

kennt man in demselben Augenblicke, in welchem man darauf
hingeführt wird (ἄμα ἐπαγόμενος). ... Man muß wohl sagen, daß
man, ehe man (auf das Einzelne) hingeführt wird (πρὶν δ᾽
ἐπαχθῆναι) oder einen Schluß macht, schon in gewisser Hinsicht weiß, in anderer aber auch nicht. ... Aber es ist klar,
daß man zwar soviel weiß, weil man das Allgemeine weiß,
aber nicht schlechthin weiß. Wenn aber nicht, so wird jene
schwierige Frage im Menon eintreten; denn man wird entweder gar Nichts lernen oder was man schon weiß.“ [1]) Mit
dieser Anspielung auf den Menon will Aristoteles sagen, daß
die Wiedererkennung des Allgemeinen im Einzelnen das Wahre
an der Platonischen Wiedererinnerung sei. „Denn das kommt
nirgends vor, daß man das Einzelne im Voraus weiß, wohl
aber, daß man zugleich mit der Hinführung darauf (ἄμα τῇ
ἐπαγωγῇ), gleichsam wiedererkennend, ein Wißen des Einzelnen
faßt.“ [2]) Wie demnach der Lehrer, bevor er einen Beweis,
z. B. einen mathematischen, antritt, die „Accidentien an sich“
vorweg erklären oder angeben muß, was jedes „bedeutet,“ [3])
so ist die Angabe dessen, was er auf inductivem Wege zu
constatiren gedenkt, die Aufstellung der Definition, das Erste.
Was hierdurch im Bewußtsein des Hörers entsteht, kann nur
eine Synthese aus vorhandenen allgemeinen Vorstellungen sein,
aber muß genügen, um die zweckgemäße Auffaßung des
Einzelnen vorzubereiten. Mit der sinnlichen Anschauung fällt
die Wiedererkennung der gegebenen Definition zusammen; aus
der Bekanntschaft mit dem Einzelnen geht die Erkenntniss des
Allgemeinen, [4]) zunächst einer allgemeinen Thatsache, des Daß
des Was, und sofort aus Beiden, Definition und Induction, [5])
die begründete Anschauung, das grundlegende Wißen hervor.

1) analyt. post. I, 1. 71 a 17 ff.

2) analyt. pr. II, 21. 67 a 21 ff. Plat. Men. 80 D sq.

3) analyt. post. II, 7. 92 b 15 f. I, 1. 71 a 12 f. 14 f.

4) ἀμφότεροι (sc. λόγοι, οἵ τε διὰ συλλογισμῶν καὶ οἱ δι᾽ ἐπαγωγῆς) γὰρ διὰ
προγινωσκομένων ποιοῦνται τὴν διδασκαλίαν, ... οἱ δὲ δεικνύντες τὸ καθόλου διὰ
τοῦ δῆλον εἶναι τὸ καθ᾽ ἕκαστον, a. a. O. C. 1. 71 a 6 ff. II, 7. 92 a 37 f. top.
VIII, 1. 156 a 4 ff. metaph. I, 9. 992 b 33.

5) δύο γάρ ἐστιν ἅ τις ἂν ἀποδοίη Σωκράτει δικαίως, τούς τ᾽ ἐπακτικοὺς λόγους καὶ τὸ ὁρίζεσθαι καθόλου· ταῦτα γάρ ἐστιν ἄμφω περὶ ἀρχὴν ἐπιστήμης, a. a.
O. XII, 4. 1078 b 27 ff.

„Existenz und Definition der unvermittelten Principien muß man voraussetzen oder auf andere Weise klar machen (ἢ ἄλλον τρόπον φανερὰ ποιῆσαι). Wesentlich so verfährt der Arithmetiker; denn er setzt voraus, was die Einheit ist und daß sie ist."[1]) Man setzt die Principien mit Rücksicht auf die Kenntniss des Lernenden voraus, und macht die fehlenden durch Induction klar. [2]). Bei einem Theile der Wißenschaften, wie z. B. bei der Astronomie, ist diese Feststellung des zu Grunde liegenden allgemeinen Thatbestands Regel: „der eine Theil der Wißenschaften macht seinen Gegenstand durch sinnliche Wahrnehmung klar, der andere setzt das Was Etwas ist voraus. Darum erhellt aus solcher Induction, daß vom Wesen und Was Etwas ist kein Beweis, sondern eine Darlegung anderer Art stattfindet."[3])

---

1) analyt. post. II, 9. 93 b 23 ff.

2) Zu ἄλλον τρόπον bemerkt WAITZ II, p. 397 Folgendes: *sive inductione sive syllogismo facto, qui posita alia definitione aliam cogat, sive quacunque alia ratione effici possit, ut principia manifesta fiant.* Cf. 1098 b 1: *unde apparet, non probandam esse explicationem, quam dedit* RASSOW p. 25. Schwerlich *syllogismo*. Mittelbegriffloses beweisen ist *petitio principii* (analyt. post. II, 4, 91 a 15 ff. b 3 ff.); die ἄμεσα sind eben solche Definitionen, welche, an sich selbst Grund (C. 8. 93 a 5), den ἔχοντα μέσον oder denjenigen, ὧν ἐστί τι ἕτερον αἴτιον τῆς οὐσίας (C. 9. 93 b 25 ff. C. 8. 93 a 6 ff.), entgegengesetzt sind. RASSOW a. a. O. (Aristotelis de notionis defin. doctr., p. 25 sq., auch HEYDER a. a. O. S. 281,) verweist auf die Erfahrung. Eine gehörige Ernte der Erfahrung setzt uns in den Stand, Alles, wovon es einen Beweis gibt, zu beweisen (denn Erfahrung liefert die Principien, analyt. pr. I, 30. 46 a 17 ff.), „wovon es aber seiner Natur nach keinen Beweis gibt, dieß klar zu machen" (τοῦτο ποιεῖν φανε όν, a. a. O. a 24 ff.): auf dem Boden der Erfahrung durch Induction, durch Hinweisung auf die Thatsachen der Erfahrung klar zu machen.

3) ἀλλ' ἐκ τούτου αἱ μὲν αἰσθήσει (i. qu. ἐπαγωγῇ; vergl. ἐκ τῆς τοιαύτης ἐπαγωγῆς, b 15; nur die undefinirbaren [metaph. VI, 15 1040 a 28 f.] *unica*, Sonne und Mond, entziehen sich der Induction;) ποιήσασαι αὐτὸ δῆλον, αἱ δ' ὑπόθεσιν λαβοῦσαι τὸ τί ἐστιν, ... διόπερ φανερὸν ὅτι οὐκ ἔστιν ἀπόδειξις οὐσίας οὐδὲ τοῦ τί ἐστιν ἐκ τῆς τοιαύτης ἐπαγωγῆς (die richtige Construction [gegen SCHWEGLER, metaph. IV, p. 6] bei BONITZ, Comm. pag. ult. addenda et corrigenda), ἀλλά τις ἄλλος τρόπος τῆς δηλώσεως, metaph. V, 1. 1025 b 10 ff. Zur Parallelstelle X, 7. 1064 a 4 ff. und speciell zu den Worten λαμβάνουσι δὲ τὸ τί ἐστιν αἱ μὲν διὰ τῆς αἰσθήσεως αἱ δ' ὑποτιθέμεναι, a 7 f., fragt TRENDELENBURG im Comm. zu de an p. 496: *unde vero subjiciunt, nisi ex*

Die Induction oder „Hinführung" setzt die sinnliche Wahrnehmung des Lernenden voraus; „daß Solche, welche keine
Wahrnehmung haben, (zum Einzelnen) hingeführt werden
(ἐπαχθῆναι), ist unmöglich. Denn auf das Einzelne geht die
Wahrnehmung; es ist nemlich nicht möglich, Wißen von ihm
zu erlangen. Denn weder (möglich, Wißen zu erlangen) aus
dem Allgemeinen ohne Hinführung, noch durch Hinführung
ohne Wahrnehmung." [1])

ipsa mente? — _Ex mente_, jedoch _ex mente patiente_, d. h. nicht aus einem
angebornen Schatze von Begriffen.

Nimmt man innerhalb des Beweises Stellung, so „setzen alle Beweise
(und somit alle Wißenschaften) das Was Etwas ist voraus und nehmen es
unmittelbar auf, wie z. B. die mathematischen, was die Einheit und was das
Ungerade ist, und ebenso die übrigen," analyt. post. II, 3. 90 b 31 ff. vergl.
metaph. X, 6. 1063 b 7 ff. „Was die Principien und das daraus zu Erschließende (τὰ ἐκ τούτων [metaph. XII, 10. 1087 a 22], τὰ συμβεβηκότα καθ'
αὑτὰ) bedeuten, wird unmittelbar aufgenommen (λαμβάνεται, wie in gewissen
Paralogismen τὸ ἐξ ἀρχῆς [das zu Beweisende] λαμβάνεται, unmittelbar aufgenommen, ohne Weiteres angenommen oder vorausgesetzt wird). Die Realität betreffend (ὅτι δ' ἐστι), so muß man die Principien unmittelbar aufnehmen, das Andere aber (die συμβεβηκότα καθ' αὑτά) beweisen, z. B. was die
Einheit und was das Geradlinige und das Dreieck ist (unmittelbar aufnehmen); andrerseits, daß die Einheit und die Größe sind, unmittelbar aufnehmen (irrthümlich Schwegler, Metaph. III, S. 122: daß es Einheiten gibt, sei
ein ἀξίωμα, ἐξ οὗ ἀποδείκνυσι), das Andere aber (z. B. daß das Dreieck ist,
vergl. II, 7. 92 b 15 f. I, 1. 71 a 14 f.) beweisen," analyt. post. I, 10. 76 a
32 ff. vergl. b 3 ff.

1) analyt. post. I, 18. 81 b 5 ff.

Der Lehrer oder wer disputirend einen Satz zu vertreten sucht (auch
Lehren ist Disputiren, διαλέγεσθαι, aber im weitern Sinne des Worts, top. IX
[de sophist. el.], 2. von Anf.) ist der Hinführende, ἐπάγων (analyt. post. II,
5. 91 b 15. 33. C. 7. 92 a 37. top. VIII, 1. 156 a 4. C. 2. 157 a 21. 34. 37.
rhetor. I, 2. 1356 b 8), der Lernende oder der Gegner ist der, welcher hingeführt wird (ἐπαχθῆναι δὲ μὴ ἔχοντας αἴσθησιν ἀδύνατον, analyt. post. I, 18.
81 b 5. vergl. C. 1. 71 a 21. 24). Das, worauf der Lernende oder der Gegner
hingeführt wird, ist nach analyt. post. I, 18. 81 b 5 ff. und nach Analogie der
Stellen analyt. pr. II, 21. 67 a 21 ff. analyt. post. I, 1. 71 a 19 ff. das Einzelne,
nach top. VIII, 1. 156 a 4 ff. (. . . ὥδε χρηστέον, ἐπάγοντα μὲν ἀπὸ τῶν καθ'
ἕκαστον ἐπὶ τὸ καθόλου καὶ τῶν γνωρίμων ἐπὶ τὰ ἄγνωστα, — analog metaph. I,
8. 989 a 32 f., vergl. Bonitz, ad h. l., Comm., p. 102,) das Allgemeine. Trendelenburg, Elem. log., p. 86 sqq. vergl. p. 124 (ebenso Heyder a. a O.
S. 219 f.) will nicht Personen, sondern Sachen ergänzen: _singula quaeque
afferuntur et fere congeruntur._ So oder so wäre die naturwüchsige Induction,

Also „lernen wir entweder durch Beweis oder durch Induction, — der Beweis geht vom Allgemeinen, die Induction vom Einzelnen aus, — und es ist unmöglich, das Allgemeine anders als durch Induction zu betrachten.“ [1])

Aristoteles sieht in der Induction einen Schluß, jedoch mit Abzug des Wesentlichen eines wahren Schlußes: der Vermittlung durch den *terminus medius*. „Induction und der Schluß aus der Induction heißt: durch den einen äußern *terminus* den andern für den mittlern erschließen, z. B. wenn *B* der *terminus medius* von *A* und *C* ist, durch *C* zeigen, daß *A* dem *B* zukommt. Denn so machen wir die Induction. Es sei z. B. *A* langlebend, das wobei *B* steht: ohne Galle, *C* das einzelne Langlebende wie Mensch, Pferd, Maulesel. Demzufolge kommt dem ganzen *C A* zu, denn alles Gallenlose ist langlebend, — aber auch *B*; das Nicht-Galle-Haben kommt allem *C* zu. Wenn also *C* mit *B* seine Stelle vertauscht (ἀντιστρέφει) und sich nicht über den Umfang des *terminus medius* hinaus er-

---

wenn auch dem allgemeinen Wesen nach mit der methodischen identisch, wenigstens nicht ursprünglich ἐπαγωγή (analyt. post. II, 19. 100 b 4), wofern nicht noch eine andere Beziehung Statt fände: top. I, 18. 108 b 10 f. (τῇ καθ' ἕκαστα ἐπὶ τῶν ὁμοίων ἐπαγωγῇ τὸ καθόλου ἀξιοῦμεν ἐπάγειν, vergl. ἐπάγοντα τὸ καθόλου, de sophist. el. 15. 174 a 34) wird durch Induction das Allgemeine hergeführt.

1) φανερὸν δὲ καὶ ὅτι, εἴ τις αἴσθησις ἐκλέλοιπεν, ἀνάγκη καὶ ἐπιστήμην τινὰ ἐκλελοιπέναι, ἣν ἀδύνατον λαβεῖν, εἴπερ μανθάνομεν ἢ ἐπαγωγῇ ἢ ἀποδείξει (vergl. phys. VIII, 1. 252 a 22 ff.). ἔστι δ' ἡ μὲν ἀπόδειξις ἐκ τῶν καθόλου, ἡ δ' ἐπαγωγὴ ἐκ τῶν κατὰ μέρος· ἀδύνατον δὲ τὰ καθόλου θεωρῆσαι μὴ δι' ἐπαγωγῆς, analyt. post. I, 18. 81 a 38 ff. ἅπαντα γὰρ πιστεύομεν ἢ διὰ συλλογισμοῦ ἢ ἐξ ἐπαγωγῆς, analyt. pr. II, 23. 68 b 13 f. vergl. rhetor. I, 2. 1356 b 5 ff. — eth. Eud. V (Nicom. VI), 3. 1139 b 26 ff.: ἐκ προγινωσκομένων δὲ πᾶσα διδασκαλία, ὥσπερ καὶ ἐν τοῖς ἀναλυτικοῖς λέγομεν· ἡ μὲν γὰρ δι' ἐπαγωγῆς, ἡ δὲ συλλογισμῷ. ἡ μὲν δὴ ἐπαγωγὴ ἀρχή ἐστι καὶ τοῦ καθόλου, ὁ δὲ συλλογισμὸς ἐκ τῶν καθόλου. εἰσὶν ἄρα ἀρχαὶ ἐξ ὧν ὁ συλλογισμός, ὧν οὐκ ἔστι συλλογισμός· ἐπαγωγὴ ἄρα. πᾶσα διδασκαλία genügt, wie es scheint, um die beiden letzten Worte gegen TRENDELENBURG, Histor. Beitr. etc. II, S. 366 ff., zu schützen. Andernfalls bleibt noch der Recurs auf die dem Aristoteles gegenüber bedeutend herabgestimmte und verflachte Auffaßung der Intuition (νοῦς), welcher nun auch Vorstellungen entsprechen, während nur „eine gewisse“ Kenntniss der Principien und „ein gewisser“ Grad von Zuversicht in die Wahrheit derselben in Anspruch genommen werden (worüber gelegentlich weiter u.).

streckt, so muß *A* dem *B* zukommen.   Es ist nemlich früher [1])
gezeigt worden, daß, wenn Zwei (nemlich *A* und *B*) Einem
und Demselben (nemlich *C*) zukommen, und mit Einem von
Beiden (sc. πρὸς τὸ *B*) das Aeußere (das *minus extremum C*) die
Stelle tauscht (ἀντιστρέφη τὸ ἄκρον; *per conversionem simplicem*,
in Rücksicht des Inhalts, nicht der Form; aus Vordersätzen
des Modus Darapti werden Vordersätze des Modus Barbara;),
daß dann demjenigen (der beiden Prädicate), welches seine
Stelle vertauscht (*B*), auch das andere der Prädicate (*A*) zukommt. [2]) Man muß aber *C* als das aus sämmtlichen Einzelnen Zusammengesetzte denken; denn die Induction geschieht durch alle." [3]) Durch alles Einzelne [4]) aber doch
wohl nur ihrer abstracten Idee nach, nicht in Wirklichkeit,
sondern in Wirklichkeit durch das Detail der Erfahrung [5])
und unter der Voraussetzung, daß das an Einigem Beob-
achtete sich an Allem finden werde. [6]) In dieser Particularität
des Grundes verschwindet die Grenze der Induction gegen die

---

1) analyt. pr. I, 22. 68 a 21 ff.

2) Das ganze *C* ist *A*,
Das ganze *C*, sonst Nichts, ist *B*; daher umgekehrt das ganze *B* auch *C*,
Das ganze B ist A (alles Gallenlose ist langlebend).

3) a. a. O. C. 23. 68 b 15 ff. ἐξ ἁπάντων τῶν καθ' ἕκαστον, b 28, und ἐξ
ἁπάντων τῶν ἀτόμων, C. 24. 69 a 17. ὅτι δὲ καλῶς τοῦτο ὑποτιθέμεθα, δῆλον
ἐκ τῆς ἐπαγωγῆς· πάντα γὰρ κτλ., metaph. IX, 3. 1054 b 32 ff. φανερὸν δὲ καὶ
διὰ τῆς ἐπαγωγῆς. πᾶσα γὰρ ἐναντίωσις κτλ., C. 4. 1055 b 17. δῆλον δὲ καὶ ἐκ
τῆς ἐπαγωγῆς. πάντα γὰρ κτλ., C. 8. 1058 a 9 f. τοῦτο δὲ δῆλον ἐξ ἐπαγωγῆς·
ἐν ἅπασι γὰρ συμβαίνει κτλ., phys. VII, 2. 244 b 3 f. φαίνεται γὰρ ἐν πᾶσιν κτλ,
meteorol. IV, 1. 378 b 14. — δῆλον δ' ἐκ τῆς ἐπαγωγῆς· ἐπὶ πάντων γὰρ οὕτω
τίθεμεν, eth. Eud. II, 1. 1219 a 1 f.

4) i. e. τὰ ἄπειρα, vergl. top. II, 2. 109 b 14 u. s. w.

5) Die Erfahrung hat das Ihre gethan, wenn sie die astronomischen Erscheinungen „hinlänglich" gesammelt hat, analyt. pr. I, 30. 46 a 20 f. Die
τέχνη beginnt, ὅταν ἐκ πολλῶν τῆς ἐμπειρίας ἐννοημάτων μία καθόλου γένηται
περὶ τῶν ὁμοίων ὑπόληψις, metaph. I, 1. 981 a 5 ff. Andrerseits bringt freilich das ἐπάγειν ἐπὶ πολλῶν (157 a 4) nur dialektische, wahrscheinliche, nicht
wißenschaftliche Sätze zu Stande, top. VIII, 2. 157 b 31 ff.
Die a. a. O. I, 12. 105 a 14 ff. metaph. IV, 29. 1025 a 9 ff. u. s. angeführten Beispiele sind als nähere Andeutungen des epagogischen Verfahrens
anzusehen; rhetor. II, 23. 1398 a 32 ff. mit 1399 a 32 ff. zu vergl.

6) vergl. analyt. post. I, 31. 88 a 31 ff.

Analogie (τὸ παράδειγμα), [1]) und liegen die Schwäche und der Nachtheil der erstern gegen die zwingende Kraft des Schlußes. Endlich die Frage nach dem *terminus medius* betreffend, so „geht besagter Schluß auf einen ursprünglichen und mittelbegrifflosen (unvermittelten) Satz (τῆς πρώτης καὶ ἀμέσου προτάσεως). Für solche Sätze nemlich, welche ein Mittleres (μέσον) enthalten, wird der Schluß durch das Mittlere, für diejenigen aber, welche kein Mittleres enthalten, durch Induction vollzogen. In gewisser Weise ist die Induction dem Schluße entgegengesetzt: denn dieser weist d u r c h d a s M i t t l e r e das Aeußere für d a s D r i t t e, jene dagegen d u r c h das D r i t t e (das Einzelne) das Aeußere für d a s M i t t l e r e nach. Der Schluß durch das Mittlere ist demnach seiner Natur nach früher und bekannter, der Schluß durch Induction aber für uns anschaulicher.“ [2]) Der Beweis geht eben v o m A l l g e m e i n e n, die Induction v o m E i n z e l n e n aus. [3]) Die Induction ist „ein Beweis aus dem u n s Bekanntern,“ [4]) gerade darum überhaupt weder Beweis noch Schluß, — wer inducirt, beweist Nichts, aber macht Etwas klar oder kund, [5]) sondern nur Etwas wie ein Schluß, d. h. eine einfache, unvermittelte Folgerung, aber dafür praktisch wirksamer als der Schluß: überredender, deutlicher, rücksichtlich der Wahrnehmung bekannter und bei der

---

1) analyt. pr. 1, 24 von Anf. 69 a 16 ff. analyt. post. 1, 1. 71 a 10. ἔστι γὰρ τὸ μὲν παράδειγμα ἐπαγωγή, κτλ.; die Analogie ist die Induction des Redners, rhetor. I, 2. 1356 b 2 ff. Ferner 1357 b 25 ff. C. 9. 1368 a 29 ff. ὅμοιον γὰρ ἐπαγωγῇ τὸ παράδειγμα, ἡ δ' ἐπαγωγὴ ἀρχή. κτλ., a. a. O. II, 20. 1393 a 26 ff. 1394 a 9 ff. C. 25. 1402 b 16 ff. (SPENGELS Text), 1403 a 5 ff. Daß das Leben der recht Handelnden an sich mit Lust verbunden (ἡδύς) ist, wird eth. Nicom. I. 9. 1099 a 7 ff. durch Analogie nachgewiesen; vergl. ferner polit. II, 9. 1268 b 34 ff. rhetor. II, 23. 1399 a 32 fl.

2) analyt. pr. II, 23. 68 b 30 ff. vergl. C. 24. 69 a 16 ff.

In der Induction wie im Cirkelschluße ist Ein und Dasselbe früher und später als es selbst: das Allgemeine ist nemlich „schlechthin früher,“ aber in der Erkenntniss später; das sinnlich Wahrgenommene ist an sich später, aber in Bezug auf uns früher,“ analyt. post. 1, 3. 72 b 27 ff.

3) a. a. O. I, 18. 81 a 40 f.

4) a. a. O. C. 3, 72 b 31 f.

5) a. a. O. II, 5. 91 b 33 f.

Masse geläufiger, — der Schluß dagegen zwingender und
nachdrücklicher gegen Widersprechende. [1])

Also kommt der Seele das Allgemeine durch Induction,
naturwüchsige und regelrechte, und somit aus der Außenwelt zu. [2])

[1]) top. 1, 12. 105 a 16 ff. VIII, 2 von Anf. C. 14. 164 a 14 ff. rhetor. I,
2. 1356 b 22 ff. analyt. pr. II, 23. 68 b 36 f. vergl. probl. XVIII, 3.

[2]) Die entgegengesetzten Auffaßungen TRENDELENBURGS und ZELLERS
haben die angeborne Immanenz der Begriffe (Abschn. I, S. 55, Anmerk.) zur Voraussetzung. In Bezug auf TRENDELENBURG vergl. dessen Histor. Beitr. etc.
II, S. 397 f. u. s. ZELLER spricht sich (Die Philos. der Griechen etc. II, 2.
S. 135 ff.) in folgender Weise aus: „... In seiner Selbstanschauung ist . . .
jene irrthumslose Erkenntniss der höchsten Principien gegeben, die von
allem abgeleiteten und vermittelten Wißen als Anfang und Bedingung desselben vorausgesetzt wird. Die Seele kann insofern als der Ort der Ideen
bezeichnet und es kann von dem Denkvermögen gesagt werden, daß es alles
Denkbare sei, weil es Alles seiner Form nach in sich schließt. Aber zum
wirklichen Wißen kann dieser Inhalt erst in der Erkenntnissthätigkeit selbst
werden; es bleibt also nur übrig, daß er vor derselben bloß der Möglichkeit
und Anlage nach in der Seele sei; und dieß ist er, sofern sie die Fähigkeit
hat, ihre Begriffe selbstthätig aus sich zu bilden.“ „Was seiner Natur nach
keines Beweises fähig ist“ (S. 176), „das muß durch Induction festgestellt
werden. Daß dieses Unbeweisbare darum nicht nothwendig erst aus der Erfahrung abstrahirt sein soll, daß vielmehr die allgemeinen Grundsätze nach
Aristoteles durch eine unmittelbare Vernunftthätigkeit erkannt werden, ist
schon bemerkt worden; aber wie sich diese Vernunftthätigkeit im Einzelnen
nur allmälig, an der Hand der Erfahrung, entwickelt, so können wir uns,
wie er glaubt, auch wißenschaftlich ihren Inhalt nur dadurch sichern, daß
wir ihn durch eine umfaßende Induction bewähren.“ Eine Ansicht, welche
eher an LEIBNIZ: l'expérience est nécessaire, je l'avoue etc. Nouv. ess.
II, 1. vergl. I, 1. opera philosoph., p. 223 a. 212 a, erinnert. Aristoteles
spricht aber nirgends von einer derartigen Bewährung; vielleicht sollte man
in seinem Sinne eher umgekehrt schließen, daß, wenn die Seele diese Fähigkeit hat, ihre Begriffe selbstthätig aus sich zu entwickeln (was aber einmal
in der Seele ist, muß sofort auch Gegenstand des Bewußtseins sein [s. o.
S. 54 f.]), weder Induction, noch sinnliche Wahrnehmung von Nöthen sind.
Wenigstens stimmt eine solche Folgerung mit der gegen Platon und die
Platoniker gerichteten Bemerkung, daß, wofern dieselben im Besitze der
Principien aller Dinge sind, die sinnliche Wahrnehmung für sie im Grunde
ein bloßer Luxus ist (metaph. I, 9. 993 a 7 ff.). Nur wenn das Allgemeine
ohne alle Einschränkung aus der Außenwelt stammt, wird auch der außer-
ordentliche Nachdruck verständlich, welchen Aristoteles überall auf Induction, Erfahrung und sinnliche Wahrnehmung legt. In der That kommt
ZELLER über dieses Bedenken nicht völlig hinweg, wenn das Ganze schließ-

Nun aber glauben wir erst dann Jedwedes im höchsten Maße zu wißen, wann wir das Was Etwas ist, nicht sowohl dann, wann wir die Qualität, Quantität oder das Wo erkennen. [1]) Vor dieser Höhe bleibt die Induction, wofern sie lediglich auf sich selbst angewiesen ist, die im Groben des Einzelnen arbeitende Induction, eine ansehnliche Strecke Wegs zurück. Jedoch kommt der wißenschaftliche Gedanke des Allgemeinen nicht ohne die Vorstellung desselben, die adäquate nicht ohne die vorhergehende (προϋπάρχουσα γνῶσις), vorbereitende Erkenntniss, — die Bethätigung der höhern oder vielmehr höchsten nicht ohne die Bethätigung der niedern Kraft zu Stande.

β. Die Erforschung der Definition. Intuition.

Hiermit sind wir an den Wendepunct der Darstellung des Schlußcapitels der analytischen Schriften versetzt. Nachdem dort die Wahrnehmung für die Entstehung der Principien das Ihre gethan, fährt Aristoteles in folgender Weise fort: [2]) „Da nun von den verschiedenen Denkkräften (τῶν περὶ τὴν διάνοιαν ἕξεων), durch welche wir Wahres erkennen, die einen immer wahr sind, die andern den Irrthum zulaßen, wie Meinung (δόξα) und praktische Ueberlegung (λογισμός), aber immer wahr ist Wißen (ἐπιστήμη) und intuitives Denken (νοῦς), — und keine andere Gattung das Wißen an Genauigkeit übertrifft als das intuitive Denken, die Principien aber bekannter sind als die

lich im Unklaren bleiben soll: „... Die Vorstellung," sagt er a. a. O. S. 137, Anmerk. 1, „als ob der Seele ihr Inhalt, wie einem leeren Buch, von Außen her eingeschrieben würde, liegt ihm ferne. Inwiefern ihr aber freilich ein ursprüngliches Wißen, wenn auch nur ein potenzielles, oder genauer eine ursprüngliche Befähigung, das Wißen aus sich selbst zu entwickeln, beigelegt werden kann, wenn doch alle Begriffe erst vermittelst der Erfahrung gewonnen werden, dieß bleibt hier desbalb im Unklaren, weil Aristoteles noch nicht im Fall war, das Verhältniss des Apriorischen und Empirischen in unsern Vorstellungen schärfer zu bestimmen, und jenes, wie Kant, auf die Vorstellungsformen zu beschränken."

1) καὶ εἰδέναι τότ' οἰόμεθα ἕκαστον μάλιστα, ὅταν τί ἐστιν ὁ ἄνθρωπος γνῶμεν ἢ τὸ πῦρ, μᾶλλον ἢ τὸ ποιόν ἢ τὸ ποσόν ἢ τὸ ποῦ, ἐπεὶ καὶ αὐτῶν τούτων τότε ἕκαστον ἴσμεν, ὅταν τί ἐστι τὸ ποσὸν ἢ τὸ ποιόν γνῶμεν, metaph. VI, 1. 1028 a 36 ff. vergl. II, 2. 996 b 16 ff. 20 f. τὸ ἐπίστασθαι ἕκαστον τοῦτό ἐστι τὸ τί ἦν εἶναι ἐπίστασθαι, VI, 6. 1031 b 20 f. vergl. b 6 f.

2) analyt. post. II, 19. 100 b 5 ff.

Beweise, alles Wißen aber mit Argumentation ($\mu\varepsilon\tau\grave{\alpha}$ $\lambda\acute{o}\gamma\upsilon$) verbunden ist, so kann das Wißen die Principien nicht zum Gegenstande haben. Da aber Nichts das Wißen an Wahrheit übertreffen kann als das intuitive Denken, so wird wohl, wie man aus Vorstehendem und namentlich auch daraus ersieht, daß das Princip des Beweises nicht wieder Beweis, demgemäß auch nicht Wißen Princip des Wißens ist, — so wird wohl das intuitive Denken die Principien zum Gegenstande haben. Besitzen wir also außer dem Wißen keine andere wahre Gattung, so wird wohl das intuitive Denken Princip des Wißens sein. Und so wird wohl einerseits das Princip (des Wißens) das Princip (des Beweises) zum Gegenstande haben, andrerseits aber jedwedes Wißen sich in ähnlicher Weise zu jedwedem (ihm gemäßen) Objecte (d. h. zum Schlußsatze des Beweises, also wie Abgeleitetes zu Abgeleitetem) verhalten."

Die der exactesten und wahrsten, für alles echte Wißen grundlegenden Erkenntniss entsprechende Kraft und Kraftäußerung des Nus ist das von Wißen und Meinen wesentlich verschiedene intuitive Denken [1] — der bewußten sinnlichen

---

1) ... $\nu o\tilde{\upsilon}\varsigma$ $\ddot{\alpha}\nu$ $\epsilon\ddot{\iota}\eta$ $\epsilon\pi\iota\sigma\tau\acute{\eta}\mu\eta\varsigma$ $\dot{\alpha}\rho\chi\acute{\eta}\cdot$ $\varkappa\alpha\grave{\iota}$ $\dot{\eta}$ $\mu\grave{\varepsilon}\nu$ $\dot{\alpha}\rho\chi\grave{\eta}$ (sc. $\tau\tilde{\eta}\varsigma$ $\epsilon\pi\iota\sigma\tau\acute{\eta}\mu\eta\varsigma$) $\tau\tilde{\eta}\varsigma$ $\dot{\alpha}\rho\chi\tilde{\eta}\varsigma$ (sc. $\tau\tilde{\eta}\varsigma$ $\dot{\alpha}\pi o\delta\epsilon\acute{\iota}\xi\epsilon\omega\varsigma$) $\epsilon\ddot{\iota}\eta$ $\ddot{\alpha}\nu$, $\dot{\eta}$ $\delta\grave{\varepsilon}$ (sc. $\epsilon\pi\iota\sigma\tau\acute{\eta}\mu\eta$) $\pi\tilde{\alpha}\sigma\alpha$ $\dot{o}\mu o\acute{\iota}\omega\varsigma$ $\ddot{\varepsilon}\chi\epsilon\iota$ $\pi\rho\grave{o}\varsigma$ $\tau\grave{o}$ $\ddot{\alpha}\pi\alpha\nu$ $\pi\rho\tilde{\alpha}\gamma\mu\alpha$, a. a. O. b 15 ff. I, 3. 72 b 23 ff. C. 23. 85 a 1. C. 33. 88. b 36. vergl. eth. Eud. V (Nicom. VI), 6. 1140 b 31 ff. C. 9. 1142 a 25 f. C. 12. 1143 a 35 ff. b 9 f. m. mor. I, 35. 1197 a 20 ff.

$\nu o\tilde{\upsilon}\varsigma$ in dieser Beschränkung (als Thätigkeit des Denkens überhaupt: top. I, 17. 108 a 11. eth. Nicom. IX, 8. 1169 a 17. polit. I, 5. 1254 b 5 u. s.) drückt also 1. die entsprechende $\ddot{\varepsilon}\xi\iota\varsigma$, 2. (vergl. $\nu o\epsilon\tilde{\iota}\nu$ in der engsten Bedeutung; die weiteste, Denken überhaupt: de an. III, 3. 427 b 9 ff. 27 ff. I, 1. 403 a 8 u. s. w.) die Actualität derselben aus. Als $\ddot{\varepsilon}\xi\iota\varsigma$ wird der $\nu o\tilde{\upsilon}\varsigma$ intuitivus eth. Eud. V (Nicom. VI), 12. 1143 b 2 ff. unter die geistigen Tüchtigkeiten, die $\dot{\alpha}\rho\epsilon\tau\alpha\grave{\iota}$ $\tau\tilde{\eta}\varsigma$ $\delta\iota\alpha\nu o\acute{\iota}\alpha\varsigma$ ($\nu o\tilde{\upsilon}\varsigma$, $\epsilon\pi\iota\sigma\tau\acute{\eta}\mu\eta$, $\sigma o\varphi\acute{\iota}\alpha$, $\tau\acute{\varepsilon}\chi\nu\eta$ und $\varphi\rho\acute{o}\nu\eta\sigma\iota\varsigma$ mit $\epsilon\dot{\upsilon}\beta o\upsilon\lambda\acute{\iota}\alpha$, $\sigma\acute{\upsilon}\nu\epsilon\sigma\iota\varsigma$ und $\gamma\nu\acute{\omega}\mu\eta$), und zwar (im Unterschiede von der $\sigma o\varphi\acute{\iota}\alpha$) zu den angebornen Tüchtigkeiten gezählt, was PRANTL mit seinem engern, auf das ethische Gebiet beschränkten Begriffe der $\dot{\alpha}\rho\epsilon\tau\acute{\eta}$ (Ueber die dianoetischen Tugenden in der Nikomach. Ethik, München 1852, S. 10. 13) in Abrede stellt; dagegen auch ZELLER a. a. O. II, 2. S. 503 f. Anmerk. Das Resultat der intuitiven Erkenntniss ist eine Art Wißen, wofür denn auch die höchst elastischen Ausdrücke $\epsilon\pi\iota\sigma\tau\acute{\eta}\mu\eta$, $\epsilon\pi\acute{\iota}\sigma\tau\alpha\sigma\theta\alpha\iota$, $\epsilon\dot{\iota}\delta\acute{\varepsilon}\nu\alpha\iota$, öfters mit dem Zusatze $\mu\acute{\alpha}\lambda\iota\sigma\tau\alpha$, in Anwendung kommen, z. B. analyt. post. I, 9. 76 a 21. vergl. a 18. C. 14. 79 a 24. metaph. III, 2. 1003 b 16 f. VI, 1. 1028 a 36 f. C. 6. 1031 b 6 f. 20 f. u. s.

Wahrnehmung analoges, eben weil auf Unvermitteltes (ἄμεσον) oder Einfaches (ἁπλοῦν), Einheitliches (ἕν) [1]) und Ursprüngliches (πρῶτον, dessen Grund nicht in einem Frühern enthalten ist) bezogenes, immer aber Wesen und damit Grund erforschendes Denken.

Das Dritte zur Lehre von der vorläufigen Erkenntniss der Principien und von der adäquaten Kraft wäre nun die Lehre von der Art und Weise der Bethätigung dieser Kraft. Hier tritt zunächst die Anweisung zur Erforschung der Prädicate im Umfange des Was Etwas ist oder näher: des Was war das Sein einem Objecte, d. h. der grundwesentlichen Bestimmungen eines Begriffs oder kurz: zur Erforschung einer streng wißenschaftlichen Definition ein. [2]) Die vollständige wißenschaftlich correcte Definition schließt das Was war das Sein einem Objecte auf; das Was war das Sein ist die (allgemeine) Substanz; [3]) die Substanz aber deckt der letzte, untheilbare Artbegriff. Jede Definition im strengsten und engsten Sinne hat also den untheilbaren Artbegriff zum Gegenstande.[4]) Will man Nichts übersehen, [5]) noch über das Wesentliche oder vielmehr Grundwesentliche hinausgehen, [6]) und die rechte Ordnung der einzelnen Bestimmungen einhalten, [7]) so muß man den Weg der Eintheilung einschlagen. Aber wie kann man eintheilen, was man entweder gar nicht oder nur ungenügend kennt? Das Object der Eintheilung ist zugleich das Haupt-Element der Definition; die Elemente der Definition oder das, „woraus die Definition besteht, muß man vorher wißen oder

---

1) analyt. post. I, 23. 84 b 35 ff.

2) πῶς δὲ δεῖ θηρεύειν τὰ ἐν τῷ τί ἐστιν κατηγορούμενα (vergl. top. I, 5. 102 a 32 ff.), νῦν λέγωμεν, analyt. post. II, 13. 96 a 22 f. vergl. I, 14. 79 a 24 f.

3) vergl. ... ταύτην γὰρ ἀνάγκη οὐσίαν εἶναι τοῦ πράγματος, a. a. O. II, 13. 96 a 34 f. ὅτι δ' οὐσία, ἐκ τῶνδε δῆλον. ἀνάγκη γάρ, εἰ μὴ τοῦτο ἢν τριάδι εἶναι, κτλ. b 6 f. u. s. w. S. weiter u.

4) Vergl. ZABARELLA l. l. p. 1199.

5) ἔτι πρὸς τὸ μηδὲν παραλιπεῖν ἐν τῷ τί ἐστιν οὕτω μόνως ἐνδέχεται, a. a. O. b 35 f.

6) a. a. O. 97 b 1 f.

7) a. a. O. 96 b 27 ff. 97 a 25. 28 ff. In der objectiven οὐσία findet allerdings keine τάξις Statt, metaph. VI, 12. 1038 a 33 ff.

muß bekannt sein."[1]) Es ist der erste Theil des vorliegenden Geschäfts, diese Kenntniss zu erwerben, — die irgendwie, durch Wahrnehmung oder Erfahrung, mehr oder weniger schon erworbene gründlich zu prüfen und sicher zu stellen.[2]) Wie man denn überhaupt in diesem Gebiete der Erkenntniss und noch mehr als in jedem andern auf die exacteste Weise verfahren und namentlich überall auf das, was genau die Sache trifft, zu achten hat. Mit Solchem zu definiren, was bekannter ist als der Gegenstand der Definition, will noch nicht Viel sagen; es hängt vielmehr Alles davon ab, in welchem Sinne die Bestandtheile der Definition „bekannter" sind. Denn wie mit ersten besten, so gibt es auch mit uns bekanntern, weil sinnfälligern Prädicaten (Qualitäten) nur zu leicht mehrere (und doch ist das wesenhafte Sein eines Jeden nur eins) und dabei solche Definitionen, welche das Was war das Sein einem Objecte verfehlen (und doch wollen wir durch die Definition das Object erkennen), d. h. überhaupt keine strenge, keine wahre Definition, den Fall ausgenommen, wenn etwa das uns Bekanntere und das schlechthin Bekanntere zusammenfallen.[3]) Also thut nur das schlechthin Bekanntere, d. h. das schlechthin oder begrifflich Ursprünglichere oder Frühere Genüge, und das ist die Gattung und der Unterschied.[4]) Vor allem Andern kommt es also darauf an, das Erste oder Ursprüngliche (τὸ πρῶτον) eines bestimmten Ganzen oder dasjenige, was, vom Einzelnen aus gesehen, allem Uebrigen folgt:[5]) die relativ oberste, principielle Gattung (das „Theillose," „Ein-

---

1) δεῖ γὰρ ἐξ ὧν ὁ ὁρισμός προειδέναι καὶ εἶναι γνώριμα, a. a. O. I, 9. 992 b 32 f.

2) S. weiter u.

3) top. VI, 4. 141 b 24 f.

4) a. a. O. a 26 ff. b 15 ff. 22 ff. 142 a 6 ff. vergl. metaph. VI, 15. 1040 a 18. 21 (und Christ, Studia etc., p. 46 sq. zu diesen Stellen, — wobei zu bemerken, daß das erste πρότερα ebenso wie das zweite die absolute Substantialität, nicht die „Ewigkeit" ausdrückt;). categ. 13. 15·a 4 f. Die Gattung ist früher und bekannter als der Unterschied (vergl. top. VI, 11. 148 a 18. metaph. IX, 9. 1057 b 5), der Unterschied früher als die Art: τοῦ μὲν γὰρ γένους ὕστερον, τοῦ δ' εἴδους πρότερον τὴν διαφορὰν δεῖ εἶναι, top. VI, 6. 144 b 10 f. metaph. IX, 7. 1057 b 5 ff. 8 ff. 29 f.

5) analyt. post. II, 13. 97 a 28 ff. vergl. metaph. VI, 12. 1037 b 29 ff.

fache," vorzugsweise sogenannte Allgemeine,) [1]) und wegen
der Homogeneität aller weitern Bestimmungen sofort auch die
absolut höchste Gattung oder Kategorie derselben (ob sie unter
die Quanta oder Qualia u. s. w. fällt,) festzustellen. [2]) Zur
Gattung gehören die coordinirten, gegenseitig conträren Unterschiede (διαφοραί). [3]) Demnächst sind also die Unterschiede,
zuvor aber die Gegensätze (ἀντικείμενα, ἐναντία) zu ermitteln;
denn die Gegensätze begründen die Unterschiede. [4]) Einen
Unterschied weglaßen, heißt das Was war das Sein verfehlen. [5])
Hiermit beginnt die Eintheilung, — die zweite Hälfte dieses Verfahrens, indem sich alles Subsumirte, wofern nichts Mittleres
dazwischenliegt (denn eine abstracte Dichotomie verfährt immer
äußerlich und zufällig, trennt gewaltsam und kommt nie zum
Ziele [6])), in zwei entgegengesetzte Theile trennt, [7]) und Jedwedes auf die eine oder andere Seite tritt. [8]) Der Unter-

---

1) vergl. o. S. 147. 162. 165 f.

2) ... λαβόντα τί (welcher Kategorie angehörig) τὸ γένος, οἷον πότερον
τῶν ποσῶν ἢ τῶν ποιῶν, analyt. post. II, 13. 96 b 19 f. (Bonitz, Ueber die
Kateg. des Aristot., a. a. O. S. 596 f. Anmerk. faßt τὸ γένος als Kategorie.)
Vergl. πρῶτον δ' ἴσως ἀναγκαῖον διελεῖν ἐν τίνι τῶν γενῶν καὶ τί ἐστι, λέγω δὲ
πότερον τόδε τι καὶ οὐσία ἢ ποιὸν ἢ ποσὸν ἢ καί τις ἄλλη τῶν διαιρεθεισῶν
κατηγοριῶν, de an. I, 1. 402 a 22 ff.

3) καὶ γὰρ τὴν διαφορὰν ὡς οὖσαν γενικὴν (nicht Differenz der Gattung
von andern Gattungen, wie Zeller a. a. O. S. 145 Anmerk. annimmt) ὁμοῦ
τῷ γένει τακτέον, top. I, 4. 101 b 18 f. πᾶν γὰρ γένος ταῖς ἀντιδιῃρημέναις διαφοραῖς διαιρεῖται, ibid. VI, 6. 143 a 36 f. αἱ γὰρ διαφοραὶ ἐναντίαι, αἷς διαφέρει
τὸ γένος, metaph. VI, 12. 1037 b 20 f. ἐπιφέρει γὰρ ἑκάστη τῶν διαφορῶν τὸ
οἰκεῖον γένος, καθάπερ τὸ πεζὸν καὶ τὸ δίπουν τὸ ζῷον συνεπιφέρει, top. VI, 6.
144 b 16 ff. Eine nähere Betrachtung ergibt folgende Beschränkung: δῆλον
δὲ καὶ ὅτι οὐκ ἀνάγκη τὴν διαφορὰν πᾶν τὸ οἰκεῖον ἐπιφέρειν γένος, ἐπειδὴ ἐνδέχεται τὴν αὐτὴν δύο γενῶν εἶναι· μὴ περιεχόντων ἄλληλα. ἀλλὰ τὸ ἕτερον μόνον
ἀνάγκη συνεπιφέρειν καὶ τὰ ἐπάνω τούτου, καθάπερ τὸ δίπουν τὸ πτηνὸν ἢ τὸ
πεζὸν συνεπιφέρει ζῷον, b 26 ff.

4) διαφορὰ γάρ ἐστι ἡ ἐναντιότης, metaph. III, 2. 1004 a 21. τ' ἀντικείμενα,
οἷον λευκότης καὶ μελανία (innerhalb der Gattung Farbe) καὶ εὐθύτης καὶ καμ-
πυλότης (innerhalb der Gattung Linie), de part. an. I, 3. 643 a 31 ff. u. s. w.
S. o. S. 134. Anmerk.

5) ἀπολείπειν γὰρ διαφορὰν ἡντινοῦν οὐ λέγει τὸ τί ἦν εἶναι, top. VI, 8.
146 b 31 f.

6) de part. an. I, 2. C. 3. 643 a 16 ff. b 17 ff. 644 a 7 ff.

7) analyt. post. II, 13. 97 a 19 ff. 96 b 32.

8) a. a. O. 97 a 14 ff. 35 f. 96 b 36 ff.

schied auf der Seite des begrifflich zu Bestimmenden ist rücksichtlich der Ordnung in der Stellung der Begriffe das Zweite.
In strenger, innerer Continuität folgt dem Zweiten der neue,
immer wieder eigenthümliche, nothwendige und grundwesentliche, nicht etwa abgeleitete oder gar bloß zufällige [1]) Unterschied des Unterschieds [2]) als Drittes u. s. f., [3]) bis endlich kein
Unterschied mehr vorhanden ist, oder das mit dem letzten
Unterschiede Gefundene, also nicht weiter Trenn- und Unter-
scheidbare, sich der Art nach von dem begrifflich zu bestimmenden Objecte nicht mehr unterscheidet. [4]) Dieß gibt eine
Definition, welche weder zu weit noch zu eng ist, [5]) — weder
das Eine noch das Andere, inwiefern die Prädicate dem Objecte ursprünglich (πρῶτον), d. h. keinem Höhern oder Niedern
inhäriren, [6]) zugleich die einzig mögliche Definition, denn von
Einem und Demselben gibt es überall nur eine. [7]) Sonach

---

1) metaph. VI, 12. 1038 a 23 f. 26 ff. IX, 8. 1057 b 37 ff. C. 9.
1058 a 34 ff. de part. au. I, 3. 643 a 27 ff. u. s. vergl. analyt. post. II,
13. 97 a 12 ff. top. VI, 6. 145 a 8 f. 11 f.

2) metaph. VI, 12. 1038 a 9 ff. 25. de part. an. I, 3. 643 b 17 ff.

3) analyt. post. II, 13. 97 a 32 ff. 36 f. metaph. VI, 12. 1037 b 32 ff.
1038 a 9 ff.

4) analyt. post. II, 13. 97 a 37 ff. φανερὸν γὰρ ὅτι ἂν οὕτω βαδίζων ἔλθη
εἰς ταῦτα ὧν μήκετι ἐστὶ διαφορά, ἕξει τὸν λόγον τῆς οὐσίας, a 18 ff. ... ἕως ἂν
ἔλθη εἰς τὰ ἀδιάφορα. κτλ., metaph. VI, 12. 1038 a 16 ff.

5) analyt. post. II, 13. 97 b 1 ff.

6) a. a. O. 96 a 33. 38. vergl. o. S. 165.

7) top. VI, 5. 142 b 35. C. 14. 151 b 16 f. VII, 3. 153 a 21 f. 154
a 10 f. vergl. VI, 4. 141 a 32. b 34 ff. 142 a 8 f. C. 10. 148 b 14 ff.
C. 14. 151 a 33 f. metaph. IV, 29. 1024 b 29. vergl. VII, 3. 1043 b 38 ff.
1044 a 9 ff. Die eine wißenschaftliche Definition ist der ὁρισμὸς ἐπιστημονικός, metaph. VI, 15. 1039 b 32. Vergl. ἐπιστημονικὸν (sc. συλλογισμόν) δὲ
λέγω καθ' ὃν τῷ ἔχειν αὐτὸν ἐπιστάμεθα, analyt. post. I, 2. 71 b 18 f.

Daß in der einzig wahren Definition auch von Jedem das Beste am
Meisten ausgedrückt werde, top. VI, 12. 149 b 37 f. vergl. C. 5. 143 a 9 ff.,
scheint mit der dem Aristoteles geläufigsten Definition des Menschen, ζῷον
πεζὸν δίπουν, wenn anders der Nus das Vorzüglichste und Beste im Menschen ist (eth. Nicom. X, 7. 1178 a 3 u. s.), nicht zu stimmen. In dieser
Hinsicht ist zunächst zu bemerken, daß die meisten Menschen, βοσκημάτων
βίον προαιρούμενοι (a. a. O. I, 3. 1095 b 19 f.), obschon von Natur im Besitze des Nus (vergl. a. a. O. X, 7. 1178 a 5 f.), thatsächlich dem wißenschaftlichen Leben so fern als möglich stehen, daß es aber ein Fehler ist,

besteht die Definition aus der Gattung und den Unterschieden. ¹)

einen Gegenstand nicht nach seiner durchschnittlichen Beschaffenheit, sondern nach seiner Vollendung, z. B. anstatt eines Redners einen guten Redner zu definiren (top. VI, 12. 149 b 24 ff.), daß also nur das als das wahre Wesen angesehen werden kann, was als solches durchschnittlich in die Erscheinung tritt. Dazu kommt, daß das Leben in denkender Betrachtung überhaupt nicht dem Menschen als solchem, sondern nur insofern ihm zukommt, als etwas Göttliches in ihm ist (eth. Nicom. X, 7. 1177 b 27 f.). Wenn auch der göttliche, getrennte Nus gelegentlich, wo es darauf ankommt, die Seligkeit denkender Betrachtung aus der Natur des Menschen zu constatiren, als das eigentliche oder wenigstens vorzugsweise Selbst oder als das bezeichnet wird, worin der Begriff des Menschen seinen reinsten und zugleich seinen unmittelbaren Ausdruck findet (δόξειε δ᾽ ἂν καὶ εἶναι ἕκαστος τοῦτο, εἴπερ τὸ κύριον καὶ ἄμεινον, a. a. O. 1178 a 2 f. ... εἴπερ τοῦτο μάλιστα ἄνθρωπος, a. 7 f.), so ist er doch in Wahrheit nur das, was da, wo und wiefern es in Actualität tritt, das für sich seiende Wesen zum Mittel herabsetzt, in gewisser Weise absorbirt und insoweit das Centrum der Persönlichkeit verlegt. Denn der unsterbliche Nus ist nicht die Seele des Menschen, noch ein untrennbarer Theil derselben (gehört er nicht zum σπέρμα, so gehört er nicht zum εἶδος, metaph. VI, 9. 1034 a 33 ff., also nicht zur Seele; er kommt von Außen herein, ist getrennt und trennbar), sondern der Seele gegenüber ein περιττόν, welches nur insofern doch wieder ein ἀναγκαῖον ist (vergl. top. III, 2. 118 a 6 ff.), als die Bestimmung der Seele, u. A. auch λογιστική (nicht θεωρητική im wißenschaftlichen Sinne, — s. Abschn. VI.) zu sein, in ihm ihre, aber ihr selbst äußerliche (der Nus ist, wie gesagt, χωριστός u. s. w.) Voraussetzung hat. Macht also die Definition des Menschen diese Ausnahme, nicht das Beste ausdrücken zu können, eben weil das Beste zugleich etwas dem Wesen gegenüber Heterogenes, nur von Außen her Geliehenes, trotzdem Integrirendes, mit einem Worte der Mensch an sich selbst diese Ausnahme von allen Existenzen der diesseitigen Natur ist, so imponirt schließlich das λογιστικόν, dieses mittlere Vermögen zwischen dem göttlichen Nus und dem erkennenden Vermögen der Thiere, dem Naturforscher und Philosophen viel zu wenig, um darin eine *differentia specifica* der Gattung ζῷον zu sehen (— beiläufig gegen Schwegler's Beispiel ζῷον λογικόν, Metaph. III, S. 130 f. IV, S. 235). Als Ergänzung der Wesensbestimmung tritt das ἴδιον καθ᾽ αὐτό ein.

1) ὁ ὁρισμὸς ἐκ γένους καὶ διαφορῶν, top. I, 18. 103 b 15 f. VI, 1. 139 a 28 f. C. 4. 141 b 25 ff. C. 6. 143 b 19 ff. VII, 3. 153 a 17 f. b 3 f. 14 f. C. 5. 154 a 27 f. 29 ff. metaph. VI, 12. 1037 b 29 ff. 1038 a 8 f. Die mit der Gattung eng verknüpfte (top. I, 4. 101 b 18 f. categ. 5. 3 a 21 ff. vergl. Trendelenburg, Histor. Beiträge etc. I, S. 55 ff. 93 ff., andrerseits aber auch Zeller a. a. O. S. 145 Anmerk.), aber nicht damit zu verwechselnde (a. a. O. IV, 2. 122 b 12 ff. VI, 6. 144 a 9 ff. 37 f. b 5 ff. — auch wird die Gattung, obschon allgemeiner [a. a. O. IV, 2. 123 a 6 f.

Die Gattung muß von den übrigen Gattungen scheiden, der Unterschied aber von dem, was in derselben Gattung ist; [1])

metaph. IV, 3. 1014 b 11 ff. VI, 12. 1037 b 18 ff.], nicht vom Unterschiede [vergl. a. a. O. X, 1. 1059 b 33], sondern von der Art prädicirt, top. VI, 6. 144 a 32 ff. [IV, 1. 121 a 12 f.] metaph. II, 2. 998 b 25 f.) διαφορά ist insofern εἰδοποιός, *differentia specifica* (aber nicht unmittelbar selbst Art, top. IV, 2. 122 b 18 ff. vergl. VI, 6. 144 a 5 ff. δοκεῖ γὰρ ποιόν τι [sc. ἐν τῇ οὐσίᾳ, nicht das παθητικόν, phys. V, 2. 226 a 27 f. metaph. X, 12. 1068 b 18] πᾶσα διαφορὰ δηλοῦν, 144 a 21 f. 18 f. IV, 2. 122 b 16 f. C. 6. 128 a 26 f. phys. V, 2. 226 a 28. metaph. IV, 14. 1020 a 33 ff. b 14 f. C. 28. 1024 b 5 f. 8 f. — X, 12. 1068 b 18 ff.); πᾶσα γὰρ εἰδοποιὸς διαφορὰ μετὰ τοῦ γένους εἶδος ποιεῖ, top. VI, 6. 143 b 8 f. ἐκ γὰρ τοῦ γένους καὶ τῶν διαφορῶν τὰ εἴδη, metaph. IX, 7. 1057 b 7. Die ursprünglichen Unterschiede der Gattung Farbe sind das Zerstreuende (διακριτικόν) und das Sammelnde (συγκριτικόν); diese bringen mit der Gattung Farbe das Weiße und das Schwarze, ebenso die aus jenen abgeleiteten Unterschiede die Mittelfarben hervor, a. a. O. b 4 ff. 13 ff. phys. I, 5. 188 b 23 ff. Vergl. Waitz a. a. O. I, p. 279 sq. Prantl, Geschichte der Logik, I, S. 229 ff. 231 f.

1) top. VI, 3. 140 a 27 ff.

Oder kurz: man setzt das, was man definiren will, entweder in die entferntere Gattung (τὸ ἐπάνω γένος), aber fügt dann sämmtliche Unterschiede bei, durch welche die nächste Gattung (τὸ ἐγγυτάτω, ὑποκάτω γένος) definirt wird, oder man nimmt die nächste oder untere Gattung (natürlich mit dem Unterschiede, C. 6. von Anf.), und spricht damit unmittelbar auch die obern (mit den obern nicht zugleich auch die untern) Gattungen aus. Jedenfalls ist es einer der vielen Fehler, welche bei der Definition begangen werden können, Gattungen zu überspringen, a. a. O. C. 5. 143 a 15 ff.

In dieser Weise verfährt man vor allem Andern den Natursubstanzen gegenüber, vergl. de part. an. I, 2 f.

Einiges wird so definirt, daß man den Zweck in's Auge faßt; in diesem Sinne ist z. B. „ein Behältniss zur Bedeckung von Menschen und Gütern" die Definition des Hauses, metaph. VII, 2. 1043 a 9. 16 ff. C. 3. 1043 a 31 f. vergl. VI, 10. 1035 b 16 ff. Hier steht der Zweck (der Zweck ist an sich der Begriff, λόγος, de part. an. I, 1. 639 b 14 f. u. s. S. o. S. 171 Anmerk. 2, — d. h. der abstractere Begriff) an der Stelle des Unterschieds.

Ferner ist zu beachten, daß alles an sich Relative oder Alles, dessen Wesen in einem Verhältnisse zu Etwas besteht (πᾶσι γὰρ τοῖς τοιούτοις ταὐτὸν τὸ εἶναι τῷ πρός τί πως ἔχειν), nicht ohne sein Gegentheil (in derselben Gattung), das Doppelte z. B. nicht ohne das Halbe (Einfache) definirt werden kann. „Es ist unmöglich, das Eine ohne das Andere zu erkennen, deshalb muß das Eine in der Definition des Andern einbegriffen sein," top. VI, 4. 142 a 26 ff. •Der spitze Winkel, als Theil des rechten, wird durch

die Unterschiede sind wie die Formen, die Gattung wie der

---

den rechten, der Halbkreis durch den Kreis, überhaupt der Theil durch das Ganze definirt (die stofflichen Theile sind „später", dagegen die begrifflichen „früher" als das Ganze), metaph. VI, 10. 1035 b 6 ff. vergl. XII, 8. 1084 b 4 ff. Ebenso wird derjenige Gegensatz, welcher eine Beraubung ausdrückt, durch sein Gegentheil definirt, aber nicht umgekehrt, wie wenn man sagen wollte, die Gleichheit sei das Gegentheil der Ungleichheit, d. h. so viel als: die Gleichheit sei das Gegentheil der Beraubung der Gleichheit, — wie es denn überhaupt ein Fehler ist (vergl. metaph. VI, 4. 1029 b 18 ff.), den Gegenstand der Definition in der Definition zu wiederholen, C. 9. 147 b 5 ff. — Daran schließen sich die Definitionen gewisser Bestimmungen und Prädicate an, welche ohne dasjenige, von welchem sie prädicirt werden, nicht definirt werden können, z. B. das Concavnasige (τὸ σιμόν) nicht ohne die Nase, das Gleiche nicht ohne das Quantum, das Männliche oder Weibliche nicht ohne das Thier, metaph. VI, 5. 1030 b 23 ff. 30 ff. 1031 a 1 ff. C. 10. 1035 a 5 f. V, 1. 1025 b 30 ff. analyt. post. I, 4. 73 a 37 ff.

Nase oder Fleisch drücken den Stoff des Concavnasigen aus, metaph. VI, 10. 1035 a 1 ff.; mit dem Stoffe sind die Grenzen der Form überschritten. Der schöpferische Begriff (τὸ τί ἦν εἶναι) ist ja dasselbe was die Form (τὸ εἶδος), a. a. O. 1035 b 32, die Aussprache (ὁ λόγος) des schöpferischen Begriffs aber die Definition, a. a. O. C. 5. 1031 a 11 f. u. s., also Gegenstand der Definition die Form, τοῦ εἴδους ὁ ὁρισμός, a. a. O. C. 11. 1036 a 28 f. (Näheres über dieses Verhältniss weiter unten.) Es kommt mithin eine beachtenswerthe Modification herein, wenn für naturwißenschaftliche Definitionen neben der Angabe der reinen Form die Angabe des den betreffenden Gegenständen, z. B. dem Menschen („die Form des Menschen erscheint immer in Fleisch, Knochen und derartigen Theilen," a. a. O. 1036 b 3 f.), dem Blatte, der Wurzel, der Rinde u. s. w., eigenthümlichen Stoffs gefordert wird, a. a. O. V, 1. 1025 b 30 ff. VI, 10. 1035 b 27 f. C. 11. 1036 b 29 ff. 1037 a 5 ff. X, 7. 1064 a 19 ff. de an. I, 1. 403 a 3 ff. 25 ff. II, 1. 412 a 19 ff. Gegenstand der naturwißenschaftlichen Definition ist hiernach das aus Form und Stoff Zusammengesetzte, das Concrete, aber allgemein gefaßt (vergl. καθόλου δέ, metaph. VI, 10. 1035 b 28. 30. C. 11. 1037 a 7). Mithin gibt es vom Concreten in gewisser Beziehung Begriff, in gewisser Beziehung (des Stoffes wegen) nicht, metaph. VI, 11. 1037 a 26 f. — Der durch die Angabe des Stoffs, d. h. der Qualität oder nächsten Formbestimmtheit des Stoffs ergänzte und erweiterte Begriff drückt an sich eine unmittelbare Aufhebung des Aristotelischen Dualismus von Form und Stoff, oder spricht unmittelbar die Nothwendigkeit aus, den Bann dieses abstracten Gegensatzes zu durchbrechen.

Daß man nur durch Nothwendiges und zwar durch Wesentliches, d. h. Grundwesentliches, definiren darf, metaph. VI, 15. 1039 b 31 ff. top. VI, 12. 149 b 12 ff. C. 6. 144 a 23 ff. u. s., ist jetzt selbstverständlich.

Stoff. ¹) Nichtsdestoweniger ist die Gattung der erste, sowohl der in der Entstehung der Definition erste als auch seiner Bedeutung nach erste, ursprüngliche, also Haupt-Bestandtheil, ²) und so an sich, aber auch nur an sich die Definition. ³)

1) καὶ ταῦτα λέγεται ἓν πάντα, ὅτι τὸ γένος ἓν τὸ ὑποκείμενον ταῖς διαφοραῖς, οἷον ἵππος ἄνθρωπος κύων ἕν τι, ὅτι πάντα ζῷα, καὶ τρόπον δὴ παραπλήσιον, ὥσπερ ἡ ὕλη μία, metaph. IV, 6. 1016 a 25 ff. εἰ οὖν τὸ γένος ἁπλῶς μὴ ἔστι παρὰ τὰ ὡς γένους εἴδη, ἢ εἰ ἔστι μὲν ὡς ὕλη δ' ἐστὶν (ἡ μὲν γὰρ φωνὴ γένος καὶ ὕλη, αἱ δὲ διαφοραὶ τὰ εἴδη καὶ τὰ στοιχεῖα ἐκ ταύτης ποιοῦσιν), φανερὸν ὅτι ὁ ὁρισμός ἐστιν ὁ ἐκ τῶν διαφορῶν λόγος, VI, 12. 1038 a 5 ff. VII, 6. 1045 a 29 ff. IX, 8. 1058 a 1. 23 ff. ἔστι γὰρ καὶ ἐν τῷ λόγῳ ἔνια μόρια ὡς ὕλη τοῦ λόγου, phys. II am Schl. In der That beruht der Gattungsunterschied auf dem Unterschiede, also dem nächsten Formunterschiede des Stoffs: πᾶν γὰρ τὸ διαφέρον διαφέρει ἢ γένει ἢ εἴδει, γένει μὲν ὧν μή ἐστι κοινὴ ἡ ὕλη μηδὲ γένεσις εἰς ἄλληλα, metaph. IX, 3. 1054 b 27 ff. IV, 28. 1024 b 9 ff. Daher sagt Aristoteles geradezu: ἔστι δ' ἡ διαφορὰ τὸ εἶδος ἐν τῇ ὕλῃ, de part. an. I, 3. 643 a 24. οὗ γὰρ ἡ διαφορὰ καὶ ἡ ποιότης ἐστί, τοῦτ' ἐστὶ τὸ ὑποκείμενον, ὃ λέγομεν ὕλην. ἕτερα δὲ τῷ γένει λέγεται ὧν ἕτερον τὸ πρῶτον ὑποκείμενον καὶ μὴ ἀναλύεται θάτερον εἰς θάτερον κτλ., metaph. IV, 28. 1024 b 8 ff. vergl. τὴν μὲν γὰρ ὕλην λέγομεν ὁμοίως ὡς εἰπεῖν τὴν αὐτὴν εἶναι τῶν ἀντικειμένων ὁποτεροῦν, ὥσπερ γένος ὄν, de generat. et corr. I, 7. 324 b 6 f.

2) τὸ πρῶτον ἐνυπάρχον, ὃ λέγεται ἐν τῷ τί ἐστι, metaph. IV, 28. 1024 b 4 f. ἀρχαὶ δὲ τὰ γένη τῶν ὁρισμῶν εἰσίν, a. a. O. II, 3. 998 b 5 f. vergl. VII, 2. 1042 b 31 ff. κατὰ τὴν τοῦ τί ἐστιν ἀπόδοσιν μᾶλλον ἁρμόττει τὸ γένος ἢ τὴν διαφορὰν εἰπεῖν· ὁ γὰρ ζῷον εἴπας τὸν ἄνθρωπον μᾶλλον δηλοῖ τί ἐστιν ὁ ἄνθρωπος ἢ ὁ πεζόν, top. IV, 6. 128 a 23 ff. μάλιστα γὰρ τῶν ἐν τῷ ὁρισμῷ τὸ γένος δοκεῖ τὴν τοῦ ὁριζομένου οὐσίαν σημαίνειν, a. a. O. VI, 1. 139 a 29 ff. analyt. post. II, 13. 97 b 1 ff. — eth. Eud. VII, 2. 1236 a 23 f. Vergl. PRANTL, Geschichte der Logik etc. I, S. 219 ff. 229 ff.

3) Nur in diesem Sinne kann Aristoteles sagen: τὸ δὲ γένος βούλεται τὸ τί ἐστι σημαίνειν, top. VI, 5. 142 b 27 ff. (I, 9. 103 b 27 ff. metaph. VI, 1. 1028 a 16 ff.); καὶ πρῶτον, setzt er hinzu, ὑποτίθεται τῶν ἐν τῷ ὁρισμῷ λεγομένων; vergl. I, 5. 102 a 32 ff. — metaph. IV, 18. 1022 a 27 ff. bemerkt er ausdrücklich: ἐν γὰρ τῷ λόγῳ ἐνυπάρχει τὸ ζῷον. Auch de an. I, 1. 402 b 5 ff. II, 3. 414 b 22 ff. zu vergl. Die Behauptung SCHWEGLERS, Metaph. III, S. 240. IV, S. 378, das τί ἐστι sei das γένος, ist auf die nicht streng wißenschaftlichen· Definitionen zu beschränken. —

Es ist nicht ohne Interesse, von der Theorie der Definition einen Blick auf den berühmten ὅρος τῆς οὐσίας der Tragödie, poet. 6. 1449 b 24 ff., zu werfen.

Derselbe lautet folgendermaßen: ἔστιν οὖν τραγῳδία μίμησις πράξεως σπουδαίας καὶ τελείας, μέγεθος ἐχούσης, ἡδυσμένῳ λόγῳ χωρὶς ἑκάστου τῶν εἰδῶν ἐν τοῖς μορίοις, δρώντων καὶ οὐ δι' ἀπαγγελίας, δι' ἐλέου καὶ φόβου περαίνουσα τὴν τῶν τοιούτων παθημάτων κάθαρσιν.

Die Eintheilung setzt die Kenntniss des Einzutheilenden, der relativ obersten Gattung voraus. Zur Feststellung derselben und somit in Einem der Identität oder einer etwaigen Nichtidentität der Wortbedeutung des zu definirenden Objects dient ein der Induction in hohem Grade ähnliches Verfahren, welches von der Vergleichung des Einzelnen eines bestimmten

---

Alle poetischen Nachahmungen schöpfen ihre Unterschiede aus dem Material (Rhythmus, Wort und Melodie) oder aus dem Bereiche der Gegenstände oder aus der Art und Weise der Nachahmung (Vortrag des Dichters oder Handlung auftretender Personen), a. a. O. 1. 1447 a 16 ff. ἐν οἷς τε καὶ ἃ καὶ ὥς, 3. 1448 a 25.

ἔστιν οὖν τραγῳδία μίμησις; μίμησις ist die oberste (abstracte) Gattung, .a. a. O. 1. 1447 a 13 ff. C. 25. 1460 b 8 f. — πράξεως σπουδαίας καὶ τελείας, μέγεθος ἐχούσης; πράξεως τελείας, μέγεθος ἐχούσης: der aus der Sphäre der nachahmbaren Objecte entnommene, mit Epos und Komödie gemeinsame Unterschied; σπουδαίας: diejenige Beschaffenheit des Objects, welche Tragödie und Epos (Aristoteles nimmt beide zusammen) von der Komödie unterscheidet, C. 2. C. 3. 1448 a 25 ff. C. 5. 1449 a 32 f. b 9 f. — ἡδυσμένῳ λόγῳ χωρὶς ἑκάστου τῶν εἰδῶν ἐν τοῖς μορίοις; der λόγος, das Material aller poetischen Nachahmung, unterscheidet die letztere von den übrigen nachahmenden Künsten, die Gattung von den nebengeordneten Gattungen, zunächst von der Musik und vom Tanz. μίμησις λόγῳ repräsentirt somit die oberste concrete Gattung, das πρῶτον καὶ τὸ καθόλου der Definition. — ἡδυσμένῳ κτλ. sind nähere Bestimmungen, welche die Verwendung und Disposition des übrigen zu Gebote stehenden Stoffs betreffen. Wenn, wie das Versmaß nicht den Dichter (1. 1447 a 28 ff. C. 9. 1451 a 38 ff. b 27 ff.), so die scenische Darstellung nicht die Tragödie macht, also das innere Wesen derselben nicht berührt, und das bloße Lesen genügt (6. 1450 b 18 ff. C. 14. 1453 b 3 ff. C. 26. 1462 a 11 ff.), so haben wir in diesen Bestimmungen (ἡδυσμένῳ κτλ.) keinen innern, sondern äußern, mithin auch keinen artbildenden, sondern nur einen solchen Unterschied (von der epischen und lyrischen, insbesondere von der Dithyramben- und Nomen-Dichtung, 6. 1449 b 28 ff. C. 1. 1447 a 18 ff. b 24 f.) vor uns, welcher der Tragödie, inwiefern sie scenisch dargestellt wird, „eigenthümlich“ ist. — δρώντων καὶ οὐ δι' ἀπαγγελίας: aus der Art und Weise der Nachahmung (vergl. C. 3 von Anf.) entnommener, letzter artbildender Unterschied der Tragödie vom Epos (5. 1449 b 10 ff. C. 23. 1459 a 16 f.). — δι' ἐλέου καὶ φόβου περαίνουσα τὴν τῶν τοιούτων παθημάτων κάθαρσιν betrifft die Wirkung der Tragödie. Der ὅρος τῆς οὐσίας der Tragödie greift also nicht nur über die theoretisch aufgestellte allgemeine Grenze aller streng wißenschaftlichen Definition hinaus, sondern verhält sich auch gegen die naturgemäße Reihenfolge der Unterschiede (πράξεως τελείας, μέγεθος ἐχούσης — σπουδαίας — δρώντων) indifferent.

Bereichs der Erfahrung [1]) zur Art, eventuell zu den Arten,
und von hier aus zur Gattung aufsteigt. Als Beispiel wählt
Aristoteles ein Accidens (welches das, was es ist, als ein Anderes
ist, [2]) oder sein Sein in einer Substanz hat; — es gibt ja nicht
nur der Kategorie der Substanz, sondern auch den Kategorien
der Accidentien gegenüber Wißen; [3])) und zwar näher ein
Qualitatives. [4]) „Suchen aber muß man, indem man zuerst
auf die ähnlichen und nichtunterschiedenen Dinge (ἀδιάφορα)
achtet, was sie sämmtlich Identisches (ταὐτόν) haben, dann
auf andere, welche zwar mit jenen einer und derselben
Gattung angehören, aber von ihnen — unter sich selbst der
Art nach identisch — verschieden sind. Wenn nun bei diesen
Alles genommen ist, was sie Identisches haben, und ebenso bei
den andern, so ist das Genommene wiederum darauf hin zu
prüfen, ob es identisch ist, bis man zu einem Begriffe (λόγος)
kommt; denn dieser wird die Definition (ὁρισμός) des
Objects sein. Gelangt man aber nicht zu einem, sondern
zu zweien oder mehreren, so ist dann klar, daß das Gesuchte
nicht ein Begriff ist, sondern in mehrere zerfällt. Z. B. meine
ich, wenn wir suchen wollten, was Hochsinn ist, so müßen wir
bei Einigen, welche wir als hochsinnig kennen, untersuchen, was sie alle, inwiefern sie hochsinnig sind, gemeinsam
haben. Z. B. wenn Alkibiades hochsinnig ist oder Achilleus
oder Ajas, was haben sie allesammt gemeinsam? Beschimpfungen
nicht zu ertragen; denn der Eine fing Krieg an, der Andere

---

1) εἰ τί ἐστι μεγαλοψυχία ζητοῖμεν, σκεπτέον ἐπί τινων μεγαλοψύχων οὓς
ἴσμεν, τί ἔχουσιν ἐν πάντες ᾗ τοιοῦτοι, analyt. post. II, 13. 97 b 15 ff. Historische Berichte ergänzen oder vertreten die eigene Wahrnehmung.

2) a. a. O. I, 4. 73 b 6 f. u. s. w.

3) καὶ ἐπιστῆμαι οὐ μόνον τῆς οὐσίας εἰσὶν ἀλλὰ καὶ ἑτέρων, metaph. I, 9.
990 b 26 f. XII, 1. 1079 a 22 f.

4) . . . ἐν τῷ ποιῷ αἱ ἀρεταί, eth. Nicem. I, 4. 1096 a 25.
Der Hochsinn (μεγαλοψυχία) ist ein Charakterzug (ἕξις), eth. Nicom. IV,
7. 1123 b 1, welcher auf ethischer Tüchtigkeit beruht; der μεγαλόψυχος
hält sich großer Dinge für werth und ist ihrer auch wirklich werth, a. a.
O. b 1 ff. 26 ff. C. 8. 1124 a 26 ff. rhetor. I, 12. 1389 a 32 ff. (vergl. II,
24. 1401 b 20 ff.) eth. Eud. III, 5. 1233 a 1 ff. m. mor. I, 26. περὶ τιμὰς
δὴ καὶ ἀτιμίας ὁ μεγαλόψυχός ἐστιν, eth. Nicom. IV, 7. 1123 b 21 f. 1124 a
4 f. 12 f. eth. Eud. III, 5. 1232 b 10 ff.

grollte, der Dritte tödtete sich selbst. Wiederum stellen wir Betrachtungen an Andern an, z. B. an Lysander und Sokrates. Wenn diese somit gemeinsam haben, im Glück und Unglück gleichmüthig zu sein, [1]) so nehme ich dann dieß Beides und sehe, was die Apathie in den Wechselfällen des Glücks und das Nichtertragen von Beleidigungen Identisches haben. Wenn Nichts, so gibt es zwei Arten des Hochsinns." [2]) Die aufgefundene Gattung, sagt Aristoteles, ist die Definition des Objects, — ohne artbildenden Unterschied, somit (als das Princip und der Hauptbestandtheil) nur an sich Definition, oder, wenn anders an und für sich, noch nicht streng wißenschaftliche, [3]) sondern nur eine unvollkommene, weil unvollständige Art von Definition. [4])

Eine Stelle in der Topik scheint diese Auffaßung zu unterstützen; die Betrachtung des Gleichartigen am Einzelnen, sagt hier Aristoteles, [5]) ist auch brauchbar „zur Aufstellung der Definition, weil wir, wenn wir erkennen, was in Jedem das Identische ist (ταὐτόν), nicht in Verlegenheit kommen werden, in welche Gattung wir, wenn wir definiren, das Vorliegende zu setzen haben. Denn dasjenige unter den gemeinsamen Prädicaten, welches am Meisten das Was Etwas ist trifft, ist die Gattung. Ebenso," fährt er fort, „ist die Betrachtung des Gleichartigen auch bei bedeutend Verschiedenem brauchbar, so z. B., daß die Stille auf der See

---

1) Mit dem von Lysander und Sokrates abstrahirten allgemeinen Begriffe stimmt eth. Nicom. IV, 7. 1124 a 10 ff. (vergl. de virtut. et vit. 2. 1250 a 14 f. C. 5. 1250 b 34 ff., bei Stob. floril. Mein. I, p. 5, 13 sqq. p. 7, 29 sqq.; — ausdrücklich gegen die dem Alkibiades u. s. w. gemeinsame Eigenschaft: de virtut et vit. 5. 1250 b 40 f. Stob. l. l. p. 8, 4 sq.), mit keinem der beiden obigen rhetor. I, 9. 1366 b 17 überein.

2) analyt. post. II, 13. 97 b 7 ff.

3) nicht ὁρισμὸς ἐπιστημονικός, metaph. VI, 15. 1039 b 32.

4) Trendelenburg, Erläut. etc., S. 107 f., Künn, de notionis definit., p. 35. Rassow, Aristot. de notionis definitione doctrina, p. 40, Heyder a. a. O. S. 287 ff., Waitz a. a. O. II, p. 419, und Zeller a. a. O. S. 184 sehen in dem von Unten nach Oben aufsteigenden Verfahren einen der von Oben nach Unten steigenden Methode gegenüber besondern, selbständigen Weg zur Definition.

5) top. I, 18. 108 b 19 ff.

(γαλήνη) und die Stille in der Luft (νηνεμία, — denn jedes von Beiden ist Ruhe), und daß der Punkt in der Linie und die Einheit in der Zahl (denn jedes von Beiden ist Princip) dasselbe sind. So daß, wenn wir bei Allem die gemeinsame Gattung aufstellen, wir nicht unangemeßen zu definiren scheinen werden. In dieser Weise pflegen ja auch die, welche definiren, zu verfahren. Denn sie sagen, daß die Einheit das Princip der Zahl, und der Punkt das Princip der Linie ist; offenbar setzen sie also (die zu definirenden Objecte) in die beiden gemeinsame Gattung."

Es wird aber aus dieser Stelle in ihrem Zusammenhange auch evident, daß Aristoteles das von Unten nach Oben aufsteigende, suchende oder revidirende, für sich allein bei minder strengen Anforderungen allenfalls auch genügende [1]) Verfahren von der Induction unterscheidet; [2]) die Induction und die analoge Aufsuchung der Gattung werden hier unter einem und demselben Gesichtspunkte getrennt besprochen. Die Betrachtung des Gleichartigen, sagt er, ist brauchbar für die Induction, für die Schlüße auf Grund von Zugeständnissen und drittens für die Aufstellung der Definitionen, — was in derselben Ordnung weiter ausgeführt wird. [3]) Die Differenz, um welche es sich handelt, liegt nicht in der Methode, sondern in der Sache, in dem von der Form des Vermittlungsprocesses ungetrennten, nur in dieser (auch in der Lehre vom Schluße u. s. wiederkehrenden) concreten Weise aufgefaßten Gehalte. Alle methodische Induction führt entweder den Nachweis, daß Et-

---

1) Gibt es außer den κατὰ τὰς διαιρέσεις noch irgend andere ὁρισμοί, vergl. metaph. VI, 12. 1037 b 28 f. 1038 a 34 f., — so scheint Aristoteles denselben keine wißenschaftliche Bedeutung beigelegt zu haben; die a. a. O. unmittelbar in Aussicht gestellte Betrachtung anderer Arten der Definition fehlt. Diejenigen, von welchen VII, 2. 1042 b 25 ff. die Rede ist, verbinden, um die Actualität des Seins, also den Begriff auszudrücken, die Formbestimmung mit dem Stoffe; die Unterschwelle z. B. ist ein in dieser bestimmten Lage befindliches Holz oder Stein, das Haus ist als Ziegeln und Steine in einer bestimmten Lage zu definiren, C. 2. 1043 a 7 ff.

2) Kühn a. a. O.: *reliquum est, ut investigationem definitionis exponamus illius, quae inductione constituitur.* Dagegen TRENDELENBURG, Elem. log., p. 132: *... id quod exemplo ostenditur inductioni cognato.*

3) a. a. O. b 7 ff.

was, gleichviel ob Qualität im engern Sinne oder Definition oder nur der Hauptbestandtheil derselben, kurz, daß Etwas ist, oder forscht nach dem Daß, und sieht dabei auf die Einheit in der Qualität, auf das Gleichartige (τὸ ὅμοιον). Dagegen sucht man, aufsteigend von Unten nach Oben, unter dem Gesichtspunkte der Frage was Etwas ist den Hauptbestandtheil der schöpferischen Form, und sieht auf das Identische (ταὐτόν), d. h. auf das Einheitliche in Rücksicht des Wesens.¹) Hiernach unterscheidet sich die Induction vom Suchen der ersten und wesentlichsten Bestimmung der Definition wie das Daß vom Was; die aufsteigende Bewegung im unmittelbaren Dienste der Erforschung der vollständigen, wißenschaftlich brauchbaren Definition und die Induction sind nur der Methode nach identisch.

Eine in der Anschauung des Aristoteles wesentliche und für das tiefere Verständniss fruchtbare Bestimmung jeder wißenschaftlichen Definition ist die ursprüngliche Einheit derselben.

αα. Die ursprüngliche Einheit der Definition und das Verhältniss der letztern zum Wesens-oder schöpferischen Begriffe.

Jeder einzelne Begriff der Definition ²) reicht zwar nicht über die Gattung, wohl aber über den Gegenstand der Definition hinaus, alle zusammengenommen dagegen nicht; der Complex muß mit dem Gegenstande identisch sein. ³) Die Definition ist daher eine Rede (λόγος), welche das Was war das Sein einem Objecte (allgemeiner: das Was Etwas ist)

---

1) ταὐτὰ μὲν γὰρ ὧν μία ἡ οὐσία, ὅμοια δ' ὧν ἡ ποιότης μία, metaph. IV, 15. 1021 a 11 f. C. 9. 1018 a 6 f. 15 f. vergl. VI, 13. 1038 b 14 f. IX, 3. 1054 a 35 ff. XI, 5. 1071 a 27 ff. C. 8. 1074 a 31 ff. top. I, 7. 103 a 8 ff. VII, 1. 152 b 31 f. analyt. post. II, 19. 100 a 4. histor. an. I, 16. 486 a 16 ff.

2) Die Worte, aus welchen eine Definition besteht, sind allgemein oder gemeinsam, metaph. VI, 15. 1040 a 9 ff.

3) analyt. post. II, 13. 96 a 24 ff. 32 ff. ἅπαντα δὲ μὴ ἐπὶ πλέον, a 34. τὸ δὲ τί ἐστιν ἴδιον κτλ., C. 4. 91 a 15 ff. C. 6. 92 a 7 ff. δεῖ γὰρ τὸν ὁρισμὸν ἴδιον εἶναι, top. VI, 1. 139 a 31 f. I, 6. 102 b 29 ff. VII, 5. 154 b 10 ff. 155 a 8 f. 20 f. ... εἴπερ δὴ ταὐτόν ἐστι τὸ κατὰ τὸν λόγον ἀποδοθὲν τῷ πράγματι, a. a. O. VI, 7. 146 a 6 f.

„bedeutet," „offenbart" oder „ausspricht," [1]) eine gewisse Erkenntniss der Substanz, d. h. des Wesens [2]) (die Substanz ohne
den Stoff ist eben das Was war das Sein [3])) oder der Form. [4])
Definition und Substanz oder Form, d. h. Definition und Gegenstand der Definition (daß die Definition ihrer Natur nach allgemein ist, [5]) beruht auf der Allgemeinheit der Form und des
Wesens;) decken sich, Eins kann an des Andern Stelle treten
(ἀντιστρέφειν). [6])   Die Einheit des Wesens [7]) ist somit die Ein-

1) ἔστι δ' ὅρος μὲν λόγος ὁ τὸ τί ἦν εἶναι σημαίνων, top. I, 5. 101 b 39.
C. 4. 101 b 21 f. C. 8. 103 b 9 f. VI, 1. 139 a 33 f. C. 4. 141 b 23. VII, 3.
153 a 15 f. C. 5. 154 a 31 f. 155 a 21 f. analyt. post. I, 22. 82 b 38. metaph.
IV, 8. 1017 b 21 f. VI, 4. 1029 b 20. C. 5. 1031 a 11 f. VII, 1. 1042 a 17 f.
20 f. eth. Nicom. II, 6. 1107 a 6 f.

2) ὁ ὁρισμὸς οὐσίας τις γνωρισμός, analyt. post. II, 3. 90 b 16. ὁρισμὸς
μὲν γὰρ τοῦ τί ἐστι καὶ οὐσίας, C. 3. 90 b 30 f. Vergl. τὸν λόγον τῆς οὐσίας,
C. 13. 97 a 19. top. V, 2. 130 b 25 f. metaph. VI, 1. 1028 a 14 f. C. 12.
1037 b 25 f. C. 13. 1039 a 19 f. de part. an. IV, 5. 678 a 34. de generat.
an. I, 1. 715 a 5. de generat. et corr. II, 9. 335 b 5 ff. m. mor. I, 1. 1182
b 18 ff.

3) metaph. VI, 7. 1032 b 14. C. 16. 1031 a 18. C. 13. 1038 b 2 f.
vergl. b 14 f. IV, 8. 1017 b 21 f.   ·

4) τοῦ εἴδους ὁ ὁρισμός, a. a. O. VI, 11. 1036 a 28 f. vergl. C. 10.
1035 a 7 f.

5) analyt. post. II, 13. 97 b 26. top. VI, 1. 139 a 26 f. VII, 5. 154 a 37 ff.
τοῦ γὰρ καθόλου καὶ τοῦ εἴδους ὁ ὁρισμός, metaph. VI, 11. 1036 a 28 f. τοῦ δὲ
συνόλου ἤδη, οἷον κύκλου τουδί, τῶν καθ' ἕκαστά τινος ... οὐκ ἔστιν ὁρισμός, κτλ.
a. a. O. C. 10. 1036 a 1 ff. Es gibt vom Einzelnen keine Definition wegen
des Stoffs, dessen Natur es ist, sein und nicht sein zu können, und daher
vergänglich zu sein, C. 15. 1039 a 27 ff. Aber auch von keinem wenn auch
unvergänglichen unicum, z. B. von einer Platonischen Idee (ferner von der
Sonne und dem Monde); denn die Prädicate (prädicirenden Ideen) der unica
müßten wieder nur unica sein, was einestheils nicht die Ansicht der Platoniker ist, anderntheils den Begriff der Definition aufhebt (— die vis argu-
mentationis, welche Bonitz, Comm. p. 355, vermißt), 1040 a 22 ff. 28 ff. überhaupt a 8 ff. Vergl. Heyder a. a. O. S. 283 ff.

6) analyt. post. I, 22. 83 a 24 f. 84 a 22 ff. II, 4. 91 a 16 ff. top. VII, 2.
152 b 39 f. C. 3. 153 a 16 f. C. 5. 154 b 1 f. metaph. III, 7. 1012 a 23 f. vergl.
... ἀρχὴ ἡ οὐσία· ἐκ γὰρ τοῦ τί ἐστιν ..., a. a. O. C. 9. 1034 a 31 f. ... ταύτην
γὰρ ἀνάγκη οὐσίαν εἶναι τοῦ πράγματος, analyt. post. II, 13. 96 a 34 f.

7) metaph. IV, 6. 1016 b 1 ff. 8 ff. 31 ff. VI, 12. 1037 b 26 f. VII, 3.
1044 a 7 ff. Die Einheit der „Form": a. a. O. IV, 6. 1016 b 1 ff. 8 ff. 31 ff.
IX, 1. 1052 a 30 ff. ὥστ' ἓν ἂν εἴη πρῶτον τὸ ταῖς οὐσίαις (den Einzelsubstanzen) αἴτιον τοῦ ἑνός, a 33 f. de an. III, 6. 430 b 14 ff.

heit der Definition; „der Mensch ist ein zweifüßiges Thier"
ist Eins und nicht Vieles. [1]) „Das Denken besteht aus Gedanken;" wenn „die Gedanken durch die Nacheinanderfolge
Eins sind wie die Zahl," [2]) wie eine Zahlenreihe durch Addition
zu einer Zahl zusammengehen, so liegt die Einheit der Definition vielmehr zu Grunde, die Definition ist vielmehr von
Hause aus, d. h. dadurch eins, daß der Gegenstand, welchen
sie ausdrückt, ein einheitlicher ist, [3]) also nicht durch Verknüpfung wie z. B. die Ilias, [4]) auch nicht in dem Sinne, wie
wann ein Subject Etwas (z. B. der Mensch die weiße Farbe)
erleidet, d. h. afficirt von Etwas ist oder irgendwelche wechselnde
Qualität mit sich führt, ferner auch nicht in der Weise, daß
der Begriff des Einen den Begriff des Andern als Bestandtheil
in sich enthält (denn der Begriff der Gattung ist umfaßender
als jener des Unterschieds), [5]) sondern nur dadurch und aus
dem Grunde eins, weil sich die Gattung wie der Stoff, der
artbildende Unterschied wie ·die Form verhält. [6])

Hiernach ist die Definition mit der Form, dem Wesen
und Wesens- oder schöpferischen Begriffe (dem Was war das
Sein einem Objecte) dem Inhalte nach identisch, aber Jedes
in entwickelter, mittheilbarer Gestalt: die entfaltete Form, die

---

1) δεῖ δέ γε ἓν εἶναι ὅσα ἐν τῷ ὁρισμῷ· ὁ γὰρ ὁρισμὸς λόγος τίς ἐστιν εἷς
καὶ οὐσίας, ὥσθ' ἑνός τινος δεῖ αὐτὸν εἶναι λόγον, metaph. VI, 12. 1037 b 24 ff.
b 10 ff. VII, 3. 1044 a 5 ff. ἐκ τούτου (sc. τοῦ ζώου ἡμέρου) καὶ τῆς διαφορᾶς
ὁ ἄνθρωπος ἢ ὅ τι δή ποτ' ἐστὶ τὸ ἓν γινόμενον, analyt post. II, 13. 96 b 33 f.
vergl. C. 6. 92 a 27 ff. de interpret. 5. 17 a 13 ff. C. 11. 20 b 17 f. Eins ist
aber auch der Gedanke der Accidentien; καὶ γὰρ τὸ νόημα ἓν οὐ μόνον περὶ
τὰς οὐσίας ἀλλὰ καὶ κατὰ τῶν ἄλλων ἐστί, metaph. I, 9. 990 b 24 ff. XII, 4.
1079 a 21 f.

2) de an. I, 3. 407 a 7 f. vergl. top. VIII, 14, 164 b 4 ff.

3) καὶ διὰ τί εἷς λόγος ὁ ὁρισμός, δῆλον γὰρ ὅτι τὸ πρᾶγμα ἕν, ... σκεπτέον
ὕστερον, metaph. VI, 11. 1037 a 18 ff.

4) ὁ ὁρισμὸς λόγος ἐστὶν εἷς οὐ συνδέσμῳ καθάπερ ἡ Ἰλιας, ἀλλὰ τῷ ἑνὸς
εἶναι, a. a. O. VII, 6. 1045 a 12 ff. VI, 4. 1030 b 8 f. analyt. post. II, 10.
93 b 35 ff. poet. 20. 1457 a 28 ff. vergl. de interpret. 5. 17 a 15 ff. metaph.
IV, 6. 1016 b 9.

5) a. a. O. VI, 12. 1037 b 13 ff. vergl. top. IV, 2. 123 a 6 f.

6) metaph. VII, 6. 1045 a 29 ff. Eins aber sind Form und Stoff durch
die producirende Ursache, das Bewegende, a. a. O. a 30 f. b 19 ff. C. 3. 1044
a 5. XI, 10. 1075 b 36 f.

Erscheinung des Wesens und des Wesens- oder schöpferischen Begriffs im Denken und in der Rede, der explicirte Begriff. [1]) Wiederum folgt aus diesem Verhältnisse, daß eine Definition von solcher Art weder Bejahung noch Verneinung (da zu Beiden eine Synthesis von Begriffen gehört), sondern bloß ein „Sagen," [2]) also gewissermaßen ein Reden der Sache selbst, oder rein objective, durch sich selbst gewisse Thesis (nicht Urtheil oder Behauptung) ist. [3]) Die ursprüngliche Einheit ihrer Prädicate (Gattung und artbildende Unterschiede) einer- und die unmittelbare, d. h. unvermittelte oder mittelbegrifflose (nicht erschloßene oder durch Schluß erkannte) Beziehung dieser Prädicate zum Subjecte, andrerseits qualificiren diese Definitionen zu Principien der Beweise.

βββ. **Die Principien der Beweise sind unvermittelte Definitionen.**

Schluß und Beweis beruhen wesentlich auf Vermittlung; aber zur Natur des Beweises gehört auch die Aufhebung etwaiger Vermittlung der Vordersätze. Es sind entweder beide oder nur einer der Vordersätze vermittelt. Die Aufhebung der Vermittlungen ist die Zurückführung derselben auf die mittelbegrifflosen oder unvermittelten Principien; sie geschieht

---

1) Alexander Aphr. bemerkt über den Unterschied des τί ἦν εἶναι und des ὁρισμός Folgendes: ... καὶ τοῦτο διαφέρει τὸ τί ἦν εἶναι τοῦ ὁρισμοῦ, ὅτι ἐκεῖνο μέν ἐστι νόησις συγκεχυμένη καὶ ὡς φύσιν καὶ ὡς ἕν τὸ πρᾶγμα θεωροῦσα, ὁ δὲ ὁρισμὸς ἀνάπτυξίς τις τοῦ πράγματος καὶ ἀπαρίθμησις τῶν αὐτοῦ μερῶν, Box. p. 433, 6 sqq. vergl. p. 432, 31 sqq. und einen Scholiasten des Cod. Reg. in schol. Br. 743 a 10 sqq.

2) τὸ μὲν θιγεῖν καὶ φάναι (der nicht verbundenen Begriffe) ἀληθές (οὐ γὰρ ταὐτὸ κατάφασις καὶ φάσις), metaph. VIII, 10. 1051 b 24 f.

3) vergl. analyt. post. I, 2. 72 a 14 f. 18 ff. C. 10. 76 b 35 f. II, 3. 90 b 33 ff. Es wird somit nur auf Rechnung der bekannten *negligentia in scribendo* (worüber WAITZ und BONITZ zu vergl.) zu setzen sein, wenn metaph. V, 4. 1027 b 31 ff. die διάνοια das τί ἐστιν auf gleicher Linie mit Sätzen, deren Prädicate andern Gattungen (Qualität, Quantität u. s. w.) entnommen sind, zusammenfügt, συνάπτει, und um so mehr, wenn, wie soeben fest-gestellt worden war, Wahres und Falsches auf σύνθεσις und διαίρεσις, auf diesen Thätigkeiten der διάνοια im engern Sinne, aber in Rücksicht der τί ἐστι und ἁπλᾶ (worüber weiter unten) auch nicht einmal auf der διάνοια be-ruhen.

in folgender Weise: die Verbindung von Subject und Prädicat wird durch denjenigen Begriff, welcher dem Subject unmittelbar folgt, gelöst und durch denselben Begriff in der Function eines *terminus medius*, mithin als Schlußsatz, wiederhergestellt. Wenn auch der Vordersatz des neuen Schlußes (Prosyllogismus) vermittelt ist, so tritt der nächstfolgende Begriff abermals als *terminus medius* ein, es wird Schluß über Schluß, oder was dasselbe ist, *terminus medius* über *terminus medius* gehäuft, und „der Weg nach Oben" in dieser Weise so lange verfolgt, bis der unvermittelte, durch keinen *terminus medius* mehr zu scheidende, untrennbare Satz oder das allererste Princip des Beweises angetroffen wird. In dieser Weise, sagt Aristoteles,[1]) werden die *termini medii* gehäuft (und so der Abstand zwischen Subject und Prädicat des zu beweisenden Satzes gefüllt), bis das Untrennbare[2]) und Einheitliche (ἕν, — Eins und Untrennbares sind übrigens identisch[3])), d. h. das Unvermittelte oder Mittelbegrifflose (ἄμεσον) oder der eine, unvermittelte Satz eingetreten ist.[4]) Und wie in allem Uebrigen, schließt Aristoteles,[5]) das Princip etwas Einfaches, dieses aber nicht überall dasselbe, sondern im Gewichte die Mine, in der Musik der Viertelston, in Anderm etwas Anderes ist, so ist das Eine im Schluße der unvermittelte Satz, im Beweise und Wißen (d. h. im Wißen durch Beweis) die Intuition (ὁ νοῦς). Ebenso verhält sich im Schlußcapitel der analytischen Schriften[6]) der unvermittelte

---

1) analyt. post. I, 23. 84 b 34 ff.

2) ἀδιαίρετα oder ἄτομα; a. a. O. b 14 f. vergl. ἀτόμως und πρώτως ὑπάρχοντα, C. 15. 79 a 33 ff. 38. ἄμεσον καὶ ἀδιαίρετον, C. 22. 84 a 35.

3) metaph. IX, 1. 1052 b 16 ff. C. 3. 1054 a 23.

4) ἄμεσος δὲ (sc. πρότασις) ἧς μή ἐστιν ἄλλη προτέρα, C. 2. 72 a 7 f.

5) analyt. post. I, 23. 84 b 37 ff. metaph. XIII, 1. 1087 b 33 ff. vergl. τὸ δὲ ἑνὶ εἶναι ἀρχῇ τινί ἐστιν εἶναι (Text mit Christ a. a. O. p. 36 sq.)· τὸ γὰρ πρῶτον μέτρον ἀρχή· ᾧ γὰρ πρώτῳ γνωρίζομεν, τοῦτο πρῶτον μέτρον ἑκάστου γένους· ἀρχὴ οὖν τοῦ γνωστοῦ περὶ ἕκαστον τὸ ἕν· οὐ ταὐτὸ δὲ ἐν πᾶσι τοῖς γένεσι τὸ ἕν. ἔνθα μὲν γὰρ δίεσις, ἔνθα δὲ τὸ φωνῆεν ἢ ἄφωνον· βάρους δ' ἕτερον καὶ κινήσεως ἄλλο· πανταχοῦ δὲ τὸ ἓν ἢ τῷ ποσῷ ἢ τῷ εἴδει ἀδιαίρετον, a. a. O. IV, 6. 1016 b 17 ff. IX, 1. 1052 b 18 ff. Das Maß ist also ἕν, ἀδιαίρετον, ebenso ἄτομον, a. a. O. b 33, und ἁπλοῦν, b 35. Vergl. ferner: καὶ διὰ τοῦτο τὸ ἓν ἀδιαίρετον, ὅτι τὸ πρῶτον ἑκάστων ἀδιαίρετον, 1053 a 20 f.

6) analyt. post. II, 19. 100 b 15 f. 13.

Satz zum Beweise, wie die Intuition zum Wißen; der eigenthümliche Gegenstand der Intuition ist der Grund des Beweises, das „Eine," aber concret Eine, Subject und untrennbares Prädicat: die Definition. Die Principien der Beweise sind Definitionen. Von den Principien gibt es keine Beweise; die Ursprünglichen (τὰ πρῶτα) sind vielmehr unbeweisbare Definitionen. [1])

Nominaldefinitionen [2]) abgerechnet, gibt es erstens und vor allen andern unbeweisbare Definitionen, ferner solche, welche Schlüße des Was Etwas ist sind, endlich drittens auch solche, welche als bloße Schlußsätze der letztern auftreten. [3]) Der in jeder wahrhaften Definition mitgesetzte Grund ist in denen der ersten Art die Substanz selbst, in denen der zweiten etwas Anderes; letztere sind vermittelt, sie enthalten die „Elemente" oder *termini* des Beweises, [4]) ja die Klarheit der Einsicht, namentlich in den Grund, erfordert eine wirkliche Umstellung dieser Elemente in die Form des Beweises. Der Schlußsatz mit dem *terminus medius* gibt die Definition. [5]) Der bloße Schlußsatz des Hilfsbeweises oder der Schlußsatz ohne den Träger des Grundes, den *terminus medius*, ergibt eine dritte, ebenso geläufige wie fehlerhafte Art der Definition. [6])

---

1) a. a. O. II, 3. 90 b 24 f. vergl. τοὺς ὁρισμοὺς δὲ ὧν αἱ ἀποδείξεις, I, 33. 89 a 18. C. 8. 75 a 31. ἐν τοῖς συλλογισμοῖς πάντων ἀρχὴ ἡ οὐσία· ἐκ γὰρ τοῦ τί ἐστιν οἱ συλλογισμοί εἰσιν. metaph. VI, 9. 1034 a 31 f. ἀρχὴ δὲ τῶν συλλογισμῶν τὸ τί ἐστιν, XII, 4. 1078 b 24 f. 28 ff. X. 7 1064 a 19 f. de an. I, 1. 402 b 16 ff. 25 f. top. VII, 3. 153 a 8 ff. Die Mathematik legt ihren Beweisen nicht Attribute (οὐδὲν συμβεβηκὸς [vergl. de sophist. el. 6. 168 b 2 ff. 27 ff. u. s.] λαμβάνουσιν), sondern ὁρισμούς zu Grunde, analyt. post. I, 12 78 a 11 ff.

2) Nominaldefinitionen mangelt die Kenntniss der Existenz und des Daß, a. a. O. II, 10. 93 b 29 ff., sie treffen daher die Sache nicht, top. I, 5. 102 a 2 ff.; in der Weise der Nominaldefinitionen kann man auch Nichtexistirendes, z. B. den Bockhirsch, definiren, analyt. post. II, 7. 92 b 6 ff. 29 f. Eine Nominaldefinition ist z. B. die vorläufige Definition des Vorstellungsvermögens de an. III, 3. 428 a 1 ff.

3) a. a. O. II, 10. 94 a 11 ff. vergl. I, 8. 75 b 31 f.

4) στοιχεῖα τοσαῦτ' ἐστιν ὅσοι ὅροι, analyt. post. I, 23. 84 b 25 f.

5) a. a. O. II, 8. 93 a 5 ff. 15 ff. C. 9. 93 b 25 ff. C. 10. 93 b 38 ff. metaph. VII, 4. 1044 b 12 f. Näheres weiter unten.

6) analyt. post. II, 10. 94 a 7 ff. de an. II, 2. 413 a 13 ff. vergl. metaph. VII. 4. 1044 b 13 ff.

Nur die erste oder die Klasse der unvermittelten Definitionen, die nicht auf Beweis noch auf beweisartiger Reflexion beruhen, [1]) ist zu Principien der Beweise geeignet. [2]) Wenn „die Definition (1.) entweder Princip des Beweises oder (2.) ein Beweis, der sich durch die Stellung (der Begriffe) unterscheidet, oder (3.) eine Art von Schlußsatz eines Beweises ist," [3]) so steht die Bestimmung, Princip des Beweises zu sein, bereits an der Stelle der unvermittelten Definition.

Wie aber, wenn jeder Satz eines Schlußes in der Regel nur aus zwei *termini*, [4]) jede wißenschaftliche Definition aber außer dem zu Grunde liegenden Begriffe noch aus der Gattung und den artbildenden Unterschieden besteht? Das löst diese Frage nicht, daß „es überhaupt keinen Unterschied macht, ob man die Definition mit vielen oder mit wenigen Worten gibt,

---

1) ὁ δὲ τῶν ἀμέσων ὁρισμὸς θέσις ἐστὶ τοῦ τί ἐστιν ἀναπόδεικτος, analyt. post. II, 10. 94 a 9 f. ἔστι τι τὸ αἴτιον, καὶ τοῦτο ἢ αὐτὸ ἢ ἄλλο, C. 8. 93 a 5 f. ... ὅσων ἕτερόν το αἴτιον· περὶ δὲ τῶν πρώτων ἄλλος λόγος, I, 31. 88 a 7 ff. (καθ' αὑτό ist ferner.) οὐ μή ἐστιν ἄλλο αἴτιον. τοῦ γὰρ ἀνθρώπου πολλὰ αἴτια, τὸ ζῷον, τὸ δίπουν· ἀλλ' ὅμως καθ' αὑτὸν ἄνθρωπος ὁ ἄνθρωπός ἐστιν, metaph. IV, 18. 1022 a 33 ff. οὐ δοκεῖ δὲ τοῦ τί ἐστιν ἀπόδειξις εἶναι, II, 2. 997 a 31 f. V, 1. 1025 b 14 f. X, 7. 1064 a 8 ff. u. s.

Indem Esser, Die Definition nach Aristoteles, Progr., Stargard 1864, in denjenigen Definitionen Stellung nimmt, welche den Grund in etwas Anderm haben und deshalb vermittelte sind, die unvermittelten auf die mathematischen beschränkt, die vermittelten aber für erfahrungswißenschaftliche „Hypothesen über das Wesen der Sache" ansieht (S. 5 f. — dahin wird auch die Stelle analyt. post. II, 9. 93 b 22 ff. [ὅπερ ὁ ἀριθμητικὸς ποιεῖ] bezogen), somit schließlich in der Definition der Seele nur ein Beispiel der Inconsequenz erkennt, mit welcher Aristoteles seine Lehren in Anwendung bringt, — muß sein Unternehmen, „der bisherigen Erklärung, welche in dem anscheinend räthselhaften Namen Waswarsein eine Hindeutung auf die schöpferische Kraft des Begriffes als des ursprünglichen Seins erblickt, eine weniger weit ausholende entgegenzustellen," als gescheitert angesehen werden. Auch Erdmann, Grundriß der Geschichte der Philosophie, I, S. 125, vermischt die im Sinne des Aristoteles ihrer Natur nach verschiedenen Definitionen mit einander.

2) ἔστι δὲ τῶν μὲν ἕτερόν τι αἴτιον, τῶν δ' οὐκ ἔστιν· ὥστε δῆλον ὅτι καὶ τῶν τί ἐστι τὰ μὲν ἄμεσα καὶ ἀρχαί εἰσιν, ἃ καὶ εἶναι καὶ τί ἐστιν ὑποθέσθαι δεῖ ἢ ἄλλον τρόπον φανερὰ ποιῆσαι, analyt. post. II, 9. 93 b 21 ff.

3) a. a. O. I, 8. 75 b 31 f.

4) ἡ γὰρ πρότασίς ἐστιν ἓν καθ' ἑνός, top. IX (de sophist. el.), 1. 169 a 7 f.

daß sogar schon zwei genügen: von den Zweien ist das Eine der Unterschied, das Andre die Gattung. Bei „zweifüßiges Thier" ist Thier Gattung, das Andere der Unterschied."[1]) Jeder artbildende Unterschied führt nemlich unmittelbar die vorhergehenden, der letzte also sämmtliche vorhergehende Unterschiede mit sich, und genügt deshalb für sich allein.[2]) Hiermit wird, wie gesagt, die Frage nicht gelöst; denn eine weitere Reduction ist nicht möglich. Ohne Zweifel wird aber die ursprüngliche Einheit der Definition auf Grund der Einheit des Objects entscheidend; Gattung und Unterschied — Stoff und Form stellen dem Sinne nach einen einzigen *terminus* vor.

Die Principien der Beweise sind Gegenstand der Intuition, — die Principien der Beweise: d. h. die unvermittelten Definitionen; der Grund aller Denkbarkeit durch Intuition beruht in der Unmittelbarkeit und Ursprünglichkeit. Daraus wird der Zusammenhang ersichtlich, durch welchen auch die Axiome so zu sagen zu den „Eigenthümlichen" der Intuition gehören.

Hier aber thut sich die Frage auf, wie sich diese Kraft und Kraftbethätigung zu jenem Aufspüren und Suchen der gehörigen Prädicate, zu jenem Eintheilen und endlich zu jenem Schließen, welches das Was Etwas ist vermitteln soll,[3]) verhalten mag.

γγ. **Die Methode der Erforschung der Definition und die Intuition.**

Der Schluß auf das Was Etwas ist ist kein Schluß in der strengen Bedeutung des Worts. Jeder Versuch, das Was Etwas ist in correcter Form, d. h. *A* für *C* durch *B* zu erschließen, setzt das zu Erschließende (denn das Was oder der Complex der definirenden Prädicate gehört dem Subjecte so eigenthümlich, eng und untrennbar an, daß Beide, weit entfernt, einer Vermittlung zu bedürfen oder fähig zu sein, sich

---

1) metaph. VI, 12. 1038 a 1 ff.

2) φανερὸν ὅτι ἡ τελευταία διαφορὰ ἡ οὐσία τοῦ πράγματος ἔσται καὶ ὁ ὁρισμός, εἴπερ μὴ δεῖ πολλάκις ταὐτὰ λέγειν ἐν τοῖς ὅροις· περίεργον γάρ. κτλ., a. a. O. a 19 ff. 25 f. 28 ff. top. VI, 5. 143 a 20 ff.

3) χρήσιμοι (sc. αἱ διαιρέσεις) δ' ἂν εἶεν ὧδε μόνον πρὸς τὸ συλλογίζεσθαι τὸ τί ἐστιν, analyt. post. II, 13. 96 b 27 f.

vielmehr decken, und Eins an des Andern Stelle treten kann,) voraus, oder erbittet das anfänglich Behauptete (τὸ ἐξ ἀρχῆς αἰτεῖται), und ist insofern kein wirklicher Schluß. [1]) Auch wenn man voraussetzungsweise, d. h. auf Grund eines von Seite des Gegners, überhaupt des Hörers zugestandenen Satzes (ἐξ ὑπο-θέσεως;), nemlich in der Weise schließen zu können glaubt, daß man sagt:

Das aus der Summe der Prädicate im Umfange des Was Etwas ist bestehende Eigenthümliche des Subjects ist das Was war das Sein demselben,

Nun aber befindet sich das und das, Nichts weiter, im Umfange des Was Etwas ist, und die Summe ist dem Objecte eigenthümlich,

Also ist das und das das Was war das Sein dem betreffenden Objecte, [2])

setzt man nicht auch so wieder das Was war das Sein einfach voraus? Will man beweisen, so muß es durch einen *terminus medius* geschehen, davon zu schweigen, daß auch im wirklichen Bereiche des Schlußes nicht von der Definition dessen, was Schließen ist, ausgegangen wird. [3]) Die Eintheilung betreffend, so ist sie nur der Schatten eines Schlußes, weil sie das, was sie beweisen soll, wiederum „erbittet."[4]) Wenn ferner Lysander gleichmüthig im Unglück ist, Sokrates mit ihm dasselbe gemeinsam hat, so wird ganz wie im Schluße der Induction das Erste (gleichmüthig im Unglücke zu sein) durch das Dritte (Lysander und Sokrates) für, Nichts d u r c h das Mittlere erschloßen.[5]) Aber so wenig alles Schließen in dieser Sphäre

---

1) analyt. post. II, 4 von Anf. 91 a 33 ff.

2) vergl. top. VII, 3. 153 a 7 ff. 15 ff.

3) analyt. post. II, 6 von Anf.

4) ἡ διαίρεσις οἷον ἀσθενὴς συλλογισμός· ὃ μὲν γὰρ δεῖ δεῖξαι αἰτεῖται, analyt. pr. I, 31. 46 a 32 f. analyt. post. II, 5.

5) BRANDIS, Geschichte der Entwickel. etc. I, S. 419, äußert sich über die Genesis des streng Allgemeinen in folgender Weise: „Quellen unserer Erkenntniss waren ihm (Aristoteles) daher, jedoch in verschiedener Weise, die s i n n l i c h e W a h r n e h m u n g und die S e l b s t t h ä t i g k e i t d e s G e i - s t e s; jene aus der fast fehllosen Empfindung kraft des ihr einwohnenden kritischen Vermögens Wahrnehmungen und (aus ihnen) Erfahrungen bildend, d i e s e durch das Verfahren der Induction das (relativ) Allgemeine aus ihnen

als wirklich vermittelndes Denken angesehen werden kann, so
ist es darum nicht intuitives, sondern immer noch discursives
Denken. Ferner liegt die Betrachtung des wenn auch vorläufig,
jedoch nur in der Vorstellung bekannten Einzelnen, zumal vor
aller Erkenntniss des Wesensbegriffs, nicht minder die Betrachtung allgemeiner Vorstellungen völlig außerhalb der Befähigung des obersten Denkvermögens; in diesem Sinne sind
Suchen, Forschen, Eintheilen als vorbereitende Thätigkeiten
anzusehen. Also vollzieht vermuthlich die hohe Kraft des
intuitiven Denkens, faßt in sich als die Urform aller Form
oder setzt in die Form des schöpferischen Begriffs um, was
das niedere Vermögen aus dem Rohmaterial der Vorstellungen
ihm entgegenpräparirt. Jedenfalls wird der Nus nicht von der
Vorstellung als solcher, sondern „von dem Denkbaren," also
wohl von Demjenigen in der Vorstellung „angeregt," [1]) was
den Bestandtheilen des Denkbaren oder des schöpferischen Begriffs entspricht. Nur unter der Voraussetzung einer solchen
Theilung dieser außerordentlich schwierigen Arbeit, [2]) einer
solchen Unterstützung in Ansehung des Stofflichen dringt die
universelle und unendliche abstracte Begriffsform, d. i. der
Nus als Begriff erkennende Kraft, die einzige, welche exacter
als das mit Reflexion verbundene Wißen ist, durch das Aeußere
in's Innere, durch das in Beziehung auf uns Frühere in das

---

ableitend und durch das strengere Schlußverfahren es auf seine
letzten Gründe zurückführend; ..." Dieses („von Aristoteles als ein
apodiktisches oder auch als ein analytisches bezeichnete") Verfahren soll
darin bestehen (S. 418), „von Grund zu Grund aufsteigend bis zum letzten
unbedingten Grunde zu führen, und damit dem vorläufig durch Induction
gewonnenen Allgemeinen die noch mangelnde Unbedingtheit und Nothwendigkeit zu gewähren," etc. — eine Verwechslung mit der Methode, Vordersätze und termini medii eines Schlußes aufzufinden, und mit dem Rückgange
von den Vordersätzen nach den „unbeweisbaren," weil „unvermittelten" Principien. Diese Rückgänge oder „Wege nach Oben" kommen der Evidenz der
Beweise, aber nimmermehr dem ursprünglichen Quell dieser Evidenz, d. h. den
Principien zu Gute.

1) νοῦς δὲ ὑπὸ τοῦ νοητοῦ κινεῖται, metaph. XI, 7. 1072 a 30. — Mit
derartigen Affectionen des centralen Organs der wahrnehmenden Seele läßt
sich die Wiedererkennung des Gedankens (s. Abschn. IV. S. 130) combiniren.

2) κατασκευάζειν δὲ (sc. ὅρον) χαλεπώτατον, top. VII, 5. 155 a 18. 154 a
23 ff. vergl. metaph. I, 2. 982 a 23 ff.

von Natur Frühere, in das Was war das Sein einem Objecte,
— und hier schließt sich denn nun, wie es scheint, ohne
Schwierigkeit an, was Aristoteles in der Psychologie über die
Art und Weise der Bethätigung dieser Kraft bemerkt, eine
Stelle, die auf das Wiedererkennen des bereits Erkannten, schwerlich auf ein ursprünglich erstes Erkennen,
auch ausdrücklich nur schlechthin auf das Denken (νοεῖν) des
der Form nach Untrennbaren bezogen sein will. [1])

Das Untrennbare oder Einheitliche ist entweder quantitativ
oder qualitativ. [2]) Was das quantitative betrifft, so ist der
Nus im Stande, jedes sowohl discrete als continuirliche Quantum als Einheit zu denken. Das Untrennbare (Eine) ist nemlich entweder der Möglichkeit nach (d. h. ein discretes) oder
thatsächlich (ein stetiges Quantum). Eine Länge (Linie) denkt
man als Untrennbares und „in untrennbarer Zeit;" denn die
Zeit ist in derselben Weise trennbar und untrennbar wie die

---

1) In ähnlicher Weise wird auch das Verhältniss der Intuition zur Un-
terrichtsmethode durch Definition und Induction (S. 185 f.) vorzustellen sein.
ZABARELLA l. l. p. 1280 sqq. bringt den *intellectus* und die Induction
und zwar so Beide zusammen, daß er letztere für ein nicht discursives, d. h.
nicht *a noto ad ignotum*, wie im Syllogismus, fortschreitendes Denken erklärt. Die Axiome betreffend, so täusche diejenigen, welche behaupten, daß
diese Principien, ohne der Induction zu bedürfen, *proprio lumine ab intellectu nostro per solam terminorum intelligentiam* erkannt werden, die Schnel-
ligkeit des Überganges vom Sinne zum Intellect; *nam simulatque intellectus
noster per aetatem aptus esse incipit ad abstrahendum universale, tanta cum
celeritate in rebus ita conspicuis transitus fit a sensu ad intellectum, et abstra-
hitur universale, quum nullus labor, nulla mora interponatur, ut illi nullum
esse transitum existimaverint, et intellectum esse horum principiorum primum
apprehensorem, nec illa a sensu sumpsisse affirmare ausi sunt.*
Die Ansicht ZELLERs a. a. O. S. 136, Anmerk., wonach die Unklarheit in
der Lehre vom unmittelbaren Wißen im letzten Grunde darin ihre Erklärung
findet, daß Aristoteles die allgemeinen Begriffe und Grundsätze als „ein unmittelbar Gegebenes" betrachtet, hebt Induction und Erforschung der Definition, d. h. den „außerordentlich schwierigen" Process der Erkenntniss des
allgemeinen Begriffs, unmittelbar auf.
Wie sich nach BRENTANO a. a. O. S. 208 von Vornherein Alles „licht
und einfach" gestaltet, darüber ist das Nähere im folgenden VI. Abschnitt
nachzusehen.
2) παντχχοῦ δὲ τὸ ἓν ἢ τῷ ποσῷ ἢ τῷ εἴδει ἀδιαίρετον, metaph. IV, 6.
1016 b 23 ff.

Länge. Man kann also nicht sagen, was man in einer der
beiden Hälften dachte; denn wenn die Trennung nicht vollzogen worden ist, so gibt es auch keine Hälften, ausgenommen der Möglichkeit nach.ᵛ Denkt man aber jede der Hälften
für sich, so trennt man zugleich die Zeit; man denkt dann
die Hälften wie für sich bestehende Längen. Wofern aber
beide Hälften als Einheit, dann auch in einer aus beiden entsprechenden Zeiten zusammengefaßten Zeit. Ebenso, heißt
es nun weiter, denkt man auch das qualitativ Eine „in untrennbarer," einheitlicher, der Einheit des Objects entsprechender Zeit (nicht in einem untheilbaren Jetzt oder Zeitatom ¹)),
nemlich so, daß man die direct aufgefaßten Bestimmungen oder
das direct aufgefaßte Mannigfache (Gattung und Unterschiede)
zur Einheit zusammenfaßt, oder die Einheit mit der Mannig-
faltigkeit in ähnlicher Weise combinirt, wie das Centralorgan
der Wahrnehmung „in einer Wahrnehmung" z. B. das Bittere
mit dem direct wahrgenommenen Gelben verbindet. „Das nicht
quantitativ, sondern der Form nach Untrennbare denkt man in
untrennbarer Zeit und mit dem Untrennbaren der Seele; aber
accidentiell, und nicht inwiefern jene, womit man denkt und
die Zeit, in welcher, trennbar sind, sondern wiefern sie untrennbar sind. Denn es ist auch in diesen (den Qualitativen)
etwas Untrennbares (Einheitliches), aber nicht Scheid- oder
Theil-bares (wie das), was die Zeit und die Länge zu Einem
macht; und dieß ist gleicher Weise in jedem Continuirlichen,
sowohl Zeit als Länge." ²)

1) ἔχει γὰρ ὁ χρόνος ἀπείρους διαιρέσεις, phys. VIII, 8. 263 a 20 f. IV,
10 ff. ἐλάχιστος (sc. χρόνος) δ' οὐκ ἔστιν, de coelo I, 6. 274 a 9. vergl. III,
1. 300 a 14. Pacius, Comm. analyt. zu de an., p. 385 sq. 349. s. o. Abschn.
II, S. 107. Anmerk. 2.

2) de an. III, 6. 430 b 6 ff. τὸ δὲ μὴ κατὰ ποσὸν ἀδιαίρετον ἀλλὰ τῷ
εἴδει (der Form nach ist dasjenige untrennbar oder eins [τὸ ἑνὶ εἶναι τὸ ἀδιαιρέτῳ ἐστὶν εἶναι, ὅπερ τῷδε ὄντι καὶ ἀχωρίστῳ ἢ τόπῳ ἢ εἴδει ἢ διανοίᾳ, ἢ τῷ
ὅλῳ καὶ ἀδιαιρέτῳ, metaph. IX, 1. 1052 b 16 ff. C. 3. 1054 a 23], dessen
Denken und Wißen eins oder untrennbar ist, metaph. IV, 6. 1016 b 1 ff
8 ff. 31 ff. IX, 1. 1052 a 30 ff. XII, 8. 1084 b 14 ff.) νοεῖ ἐν ἀδιαιρέτῳ
χρόνῳ καὶ ἀδιαιρέτῳ τῆς ψυχῆς· κατὰ συμβεβηκὸς δέ, καὶ οὐχ ᾗ ἐκεῖνα διαιρετά,
ᾧ νοεῖ καὶ ἐν ᾧ χρόνῳ, ἀλλ' ᾗ ἀδιαίρετα· ἔνεστι γὰρ κἂν τούτοις τι ἀδιαίρετον,
ἀλλ' ἴσως οὐ χωριστόν (dessen Theile nicht, wie jene des stetigen Quantums
oder quantitativen ἕν oder ἀδιαίρετον, χωρὶς [b 11] gesetzt werden können;

γ. Jeder Act des Denkens ist ein einheitlicher.

Die Untrennbarkeit dessen, womit man denkt, ist die Unmöglichkeit, zu einer und derselben Zeit verschiedene Begriffe zu denken: wiederum ein Analoges zur Wahrnehmung des innern, zugleich auch zur Wahrnehmung des äußern Sinnes. Gedanken, deren einer eine reale Negation des andern ausdrückt, werden, obwohl dieses Verhältniss in gewissem Sinne als Identität angesehen werden muß (daher man gewissermaßen das Gegentheil durch das Gegentheil erkennt), nur einer nach dem andern gefaßt. [1])

in derselben Bedeutung steht ἀχώριστος de an. III, 2. 427 a 2. metaph. IX, 1. 1052 b 17), ὃ ποιεῖ ἕνα τὸν χρόνον καὶ τὸ μῆκος. καὶ τοῦθ' ὁμοίως ἐν ἅπαντί ἐστι τῷ συνεχεῖ καὶ χρόνῳ καὶ μήκει, b 14 ff.

TRENDELENBURG, Comm. p. 503 sq., bezieht κατὰ συμβεβηκός (b 16) auf die Theile des Begriffs; ebenso BRANDIS, Handbuch etc. II, 2. S. 1131. Das Nächste und direct Vorliegende ist das Mannigfaltige der Theile, die Reflexion auf die Einheit der Theile (διὰ τί ποτε ἕν ἐστιν οὗ τὸν λόγον ὁρισμὸν εἶναί φαμεν, οἷον τοῦ ἀνθρώπου τὸ ζῷον δίπουν, metaph. VI, 12. 1037 b 10 ff.) das Entferntere.

TORSTRIK glaubt der _inextricabilis confusio" dieser Stelle (p. 192 seiner Ausg.) nur so beikommen zu können, daß er 430 b 17 bis 20 (ἔνεστι γὰρ κἂν τούτοις bis καὶ μήκει) hinter μήκει b 10 versetzt. Sodann tilgt T. den Satz ἀλλ' ἢ ἀδιαίρετα (b 17), weil er nur dazu diene, das von seiner ursprünglichen Stelle gerückte ἔνεστι γὰρ κτλ. anzuknüpfen; haec enim (verba) tum manifesto absurda sunt, ut nihil possit supra. Schließlich ändert T. 430 b 16 die Interpunktion, und deutet die Stelle so: Accidentiell aber, nicht wiefern man Untrennbare (ἐκεῖνα, sc. denkt, ist) getrennt, womit man denkt und die Zeit, in welcher.

Die nicht minder durchgreifende Textveränderung SCHNEIDERS, De causa finali Aristotelea, p. 116 sqq., geht gleichfalls davon aus, daß sich ἔνεστι γὰρ κἂν τούτοις auf die quantitativen Einheiten, Linie und Zeit, beziehe. Die Verbindung der Zeit mit der Thätigkeit des Nus sei auffallend (vergl. jedoch metaph. IV, 6. 1016 b 2. — de an. III, 2. 426 b 22 ff. findet sich Analoges). Um unter dem Relativum vor νοεῖ (ᾧ, b 16) die Linie verstehen zu können, müße man ὃ lesen. τὸ δὲ μὴ κατὰ ποσόν bis τῆς ψυχῆς (b 14 f.) gehöre hinter χρόνῳ καὶ μήκει (b 20). So denke der νοῦς per accidens getrennt, was an sich (Linie und Zeit) ungetrennt sei.

1) ἡ δὲ στιγμὴ (vergl. metaph. X, 2. 1060 b 15: αἱ δὲ στιγμαὶ [sc. διαιρέσεις] γραμμῶν, b 19: διαίρεσις γὰρ ἡ στιγμή· ferner de an. III, 2. 427 a 10) καὶ πᾶσα διαίρεσις (vergl. 430 b 3) καὶ τὸ οὕτως ἀδιαίρετον (das abgetrennte negative selbständige Ganze) δηλοῦται ὥσπερ ἡ στέρησις (im Sinne der Metaphysik als realer negativer Gegensatz [ἐναντίον]; τῆς γὰρ στερήσεως οὐσία ἡ,

δ. Die Wiedererkennung des Allgemeinen im Einzelnen.

Unter der Voraussetzung der Kenntniss des Begriffs ist der Nus im Stande, die sinnliche Wahrnehmung denkend zu begleiten, in dem wahrgenommenen Einzelnen den Begriff zu erkennen. Wann das Einzelne eintritt, sagt Aristoteles, [1]) so weiß der Nus durch das Wißen des Allgemeinen gewissermaßen das Einzelne. Diese Fähigkeit einer Wiedererkennung des Allgemeinen im Einzelnen ist die Voraussetzung der erkenntnisstheoretischen Thatsache, daß individuelle Vorstellungen als Vehikel der Denkobjecte, so z. B. die Vorstellung dieses bestimmten Quantums als Vehikel des Begriffes Quantum, dienen. In dieser Beziehung des Nus auf Einzelnes ist also die Wahrnehmung secundär, der Nus auch in der Sphäre des Sinnlichen in seinem Elemente. [2])

οὐσία ἡ ἀντικειμένη, οἷον ὑγίεια νόσου· ἐκείνης γὰρ ἀπουσία ἡ νόσος, metaph. VI, 7. 1032 b 3 ff. φαίνεται στέρησίς τις ὁ ὕπνος τῆς ἐγρηγόρσεως, de somno I. 453 b 26 f. — nicht im Sinne der Physik als Unform, ὕλη, oder im Sinne der Kategorien als bloßes α privativum [wie metaph. IV, 22. 1022 b 32 ff.]; vergl. TRENDELENBURG, Histor. Beitr. I, S. 111 ff. 103. 116. PRANTL, Geschichte der Logik, 1, S. 222 ff.). καὶ ὁμοίως ὁ λόγος ἐπὶ τῶν ἄλλων, οἷον πῶς τὸ κακὸν γνωρίζει ἢ τὸ μέλαν· τῷ ἐναντίῳ γάρ πως γνωρίζει. δεῖ δὲ δυνάμει εἶναι τὸ γνωρίζον καὶ ἐν εἶναι αὐτῷ, de an. III, 6. 430 b 30 ff.

1) ὅταν γὰρ γένηται τὸ κατὰ μέρος, ἐπίσταταί πως (sc. τὸ ἐπιστῆμον) τῇ καθόλου τὸ ἐν μέρει, phys. VII, 3. 247 b 5 f. τούτων δὲ τὸ μὲν πάντα ἐπίστασθαι τῷ μάλιστα ἔχοντι τὴν καθόλου ἐπιστήμην ἀναγκαῖον ὑπάρχειν· οὗτος γὰρ οἶδέ πως πάντα τὰ ὑποκείμενα, metaph. I, 2. 982 a 21 ff. Vergl. ὁ δὲ τὴν καθόλου (sc. ἀπόδειξιν) ἔχων οἶδε καὶ τὸ κατὰ μέρος, analyt. post. I, 24. 86 a 11 f., — d. h. πώς und δυνάμει: μάλιστα δὲ δῆλον ὅτι ἡ καθόλου (sc. ἀπόδειξις) κυριωτέρα, ὅτι τῶν προτάσεων τὴν μὲν προτέραν ἔχοντες ἴσμεν πως καὶ τὴν ὑστέραν καὶ ἔχομεν δυνάμει, οἷον εἴ τις οἶδεν ὅτι πᾶν τρίγωνον δυσὶν ὀρθαῖς, οἶδέ πως καὶ ἰσοσκελὲς ὅτι δύο ὀρθαῖς, δυνάμει, καὶ εἰ μὴ οἶδε τὸ ἰσοσκελὲς ὅτι τρίγωνον, 86 a 22 ff. Auch I, 1. 71 a 19 ff. analyt. pr. II, 21. 67 a 21 ff. u. s. Daher der methodologische Satz: ῥᾷον ... οὕτω τὰ καθ' ἕκαστον θεωρήσομεν, ὅταν περὶ τὸ καθόλου λάβωμεν πρῶτον, de generat. et corr. II, 9. 335 a 27 f.

2) Alles dieß unter dem Widerspruche von Seite metaph. XII, 10. 1087 a 10 ff., wonach das Wißen actuell und direct auf das Einzelne, dagegen potenziell und indirect auf das Allgemeine geht.

Nach der Eudemischen Ethik hat das intuitive Denken einerseits die grundlegenden Begriffe in den Urvordersätzen der Beweise, andererseits das Einzelne in den Untersätzen der praktischen Schlüße (ἡ δὲ πρᾶξις περὶ τὰ καθ' ἕκαστα, eth. Eud. V [Nicom. VI], 8. 1141 b 16. C. 12. 1143 a 32 f.

c. Die erkenntnisstheoretische Bedeutung der unvermittelten
Definitionen und die Stellung derselben als eigenthümliche
Principien der Beweise.

Die Erkenntniss des unvermittelten Begriffs ist der Eintritt in das erste Gebiet aller höhern Erkenntniss; alle wißen-

VI, 5. 1147 a 3 f.), beide Male also Principien, theoretische und praktische,
zum Gegenstande, während die erwägende Beschäftigung mit dem Einzelnen
der Meinung (δόξα) und der Klugheit (φρόνησις) zukommt. Die Sache ist
näher folgende: ὅτι δ' ἡ φρόνησις οὐκ ἐπιστήμη, φανερόν· τοῦ γὰρ ἐσχάτου ἐστίν,
ὥσπερ εἴρηται· τὸ γὰρ πρακτὸν τοιοῦτον ἀντικεῖται μὲν δὴ τῷ νῷ· (Dieser Gegensatz liegt nicht „in der verschiedenen Weise, wie die αἴσθησις zu verstehen ist,“ TRENDELENBURG, Histor. Beitr. II, S. 380 ff.; der Grund folgt:)
ὁ μὲν γὰρ νοῦς (das intuitive Denken) τῶν ὅρων, ὧν οὐκ ἔστι λόγος (Reflexion),
ἡ δὲ (sc. ἡ φρόνησις) τοῦ ἐσχάτου, οὗ (inwiefern es an und für sich betrachtet wird,) οὐκ ἔστιν ἐπιστήμη (welche μετὰ λόγου, mit Reflexion [s. weiter
unten] verbunden ist) ἀλλ' αἴσθησις, οὐχ ἡ τῶν ἰδίων (nicht die Wahrnehmung
im ursprünglichen Sinne), ἀλλ' οἵᾳ αἰσθανόμεθα ὅτι τὸ ἐν τοῖς μαθηματικοῖς
ἔσχατον τρίγωνον (daß die elementare Figur der Geometrie, das Letzte in der
Analyse aller gradlinigen Figurationen das Dreieck ist; οὔτε γὰρ ἐκεῖ σχῆμα
παρὰ τὸ τρίγωνόν ἐστι, de an. II, 3. 414 b 21;)· στήσεται γὰρ κἀκεῖ, ἀλλ' αὕτη
(sc. ἡ τῶν ἰδίων) μᾶλλον αἴσθησις ἢ φρόνησις, ἐκείνης δ' ἄλλο γένος, eth. Eud.
V, 9. 1142 a 25 ff. Das intuitive Denken (ὁ νοῦς) und nicht Reflexion
(καὶ οὐ λόγος), heißt es an einer andern Stelle (C. 12. 1143 a 35 ff.), geht
auf beide Extreme, die πρῶτοι und ἔσχατοι ὅροι, das intuitive Denken in den
Beweisen (ὁ μὲν κατὰ τὰς ἀποδείξεις) auf die begrifflichen Grundlagen (τῶν
ἀκινήτων ὅρων καὶ πρώτων), das intuitive Denken in den praktischen Schlüßen
(ὁ δ' ἐν ταῖς πρακτικαῖς) auf den äußern Gegenstand (τοῦ ἐσχάτου καὶ ἐνδεχομένου sc. ἄλλως ἔχειν), welcher Subject des Untersatzes und mit dem Prädicate desselben (unmittelbar) verknüpft ist; daher auf den ganzen Untersatz
(καὶ τῆς ἑτέρας προτάσεως· ἀρχαὶ γὰρ τοῦ οὗ ἕνεκα αὗται). Hiernach wäre die
αἴσθησις τοῦ ἐσχάτου, οὗ οὐκ ἔστιν ἐπιστήμη (jedoch οὐχ ἡ τῶν ἰδίων), — weit
entfernt, „das genus zu sein, unter welches die φρόνησις fällt“ (TEICHMÜLLER,
Beiträge zur Erklärung der Poetik des Aristoteles, Halle 1867, S. 254. 92;
vergl. S. 253 ff.). vielmehr intuitives Denken, νοῦς, beziehungsweise denkende
Auffaßung des Einzelnen, die sinnliche Wahrnehmung dabei secundär. Dieß
behauptet die Eudemische Ethik ausdrücklich.

An die Bemerkung, daß der Untersatz des praktischen Schlußes Princip
des Zweckes sei, schließt sich als Grund: daß das Allgemeine aus dem Einzelnen entstehe, und ferner die Behauptung an, daß die Wahrnehmung der
Principe des Zwecks, d. h. des Einzelnen in dieser Bedeutung, intuitives
Denken sei: ἐκ τῶν καθ' ἕκαστα γὰρ τὸ καθόλου (KÜHN, De Aristotelis virtut.
intellect., p. 17 sq. n., erklärt diese Worte für unecht). τούτων οὖν (sc. τῶν
ἀρχῶν τοῦ οὗ ἕνεκα) ἔχειν δεῖ αἴσθησιν, αὕτη, δ' ἐστὶ νοῦς, a. a. O. V, 12.
1143 b 4 f., — ein „locus obscurissimus,“ in welchem TRENDELENBURG a. a.

schaftliche, wahrhafte Erkenntniss oder alles Denken in diesem engern Sinne ist entweder Begriff und Manifestation des Be-

O. S. 377 ff. ein Gleichniss sieht. Die Thätigkeit der praktischen Vernunft könne „vergleichungsweise" αἴσθησις heißen, weil diese, wie jene, ihren Gegenstand unmittelbar ergreife. Es wird übrigens nicht die Thätigkeit der Vernunft als Wahrnehmung, sondern umgekehrt die auf die ἀρχαὶ τοῦ οὗ ἕνεκα bezogene Wahrnehmung (ein ἄλλο εἶδος τῆς αἰσθήσεως, ganz von der Art wie jene, οἵα αἰσθανόμεθα ὅτι τὸ ἐν τοῖς μαθηματικοῖς ἔσχατον τρίγωνον, C. 9. 1142 a 28 ff.) als νοῦς, d. h. als intuitive Thätigkeit der Vernunft bezeichnet. Indem ZELLER die bildliche Deutung fallen läßt, setzt er „das von uns zu erreichende Ziel, welches im praktischen Syllogismus durch den Untersatz, ausgedrückt wird," zu einer Vorstellung, die zugleich von der zwecksetzenden Vernunft ausgehe, kurz zu einer „unmittelbaren Vernunftvorstellung" herab; a. a. O. S. 504 f. Anmerk. Nun aber scheint der Untersatz des praktischen Schlußes (wie z. B. „dieß da ist süß," a. a. O. VI, 5. 1147 a 29 f. 32 f.) als Princip des Zieles oder Zweckes vom Zwecke selbst unterschieden werden zu müßen (... καὶ τῆς ἑτέρας προτάσεως· ἀρχαὶ γὰρ τοῦ οὗ ἕνεκα αὗται, V, 12. 1143 b 3 f.); so tritt, glauben wir im Sinne des Aristoteles folgern zu dürfen, die Vernunft-Vorstellung wieder auf die Stufe einer niedern Vorstellung (im weitern Umfange des Wortes) oder specieller einer Wahrnehmung, einer Wahrnehmung im prägnantesten Sinne oder einer solchen zurück, welche unmittelbar ein Urtheil, also Beides in Einem, Wahrnehmung und vorstellendes Denken, jedoch nicht reflectirendes, sondern der Intuition des unvermittelten Begriffs analoges Denken in Vorstellungen ist; Abschn. II, B, 7 ff. S. 109 ff. und Abschn. VI zu vergl. — Gegen diese Folgerung erhebt die Eudemische Ethik unmittelbar Einspruch. Hier sind der νοῦς τῶν ἀκινήτων ὅρων καὶ πρώτων und der νοῦς τοῦ ἐσχάτου καὶ ἐνδεχομένου καὶ τῆς ἑτέρας προτάσεως nicht zwei den Subjecten nach unterschiedene, sondern eine und dieselbe, bald auf die theoretischen, bald auf die praktischen Principien bezogene Kraftäußerung: ὁ νοῦς τῶν ἐσχάτων ἐπ' ἀμφότερα, C. 12. 1143 a 35 ff. b 9 ff. Womit auch die Auffaßung PRANTLS, Ueber die dianoetischen Tugenden etc., S. 13 (Geschichte der Logik I, S. 106 f.), zu vergl.: „... und andrerseits erfaßt er der nemliche auch τὰ καθ' ἕκαστα, ja so heißt sogar die αἴσθησις direct selbst νοῦς." Aber damit hat die Eudemische Ethik die Lehre des Aristoteles von der intuitiven, alle übrigen intellectuellen Kräfte, namentlich auch das exacte Wißen übertreffenden Kraft und Kraftäußerung verlaßen; wie contrastirt die Stelle C. 3. 1139 b 33 f.: ὅταν γάρ πως πιστεύῃ καὶ γνώριμοι αὐτῷ ὦσιν αἱ ἀρχαί, ἐπίσταται, mit dem Aristotelischen Satze, daß die Principien das Klarste und Gewisseste von Allem sind! Es gibt bei Aristoteles kein Vermögen, welches dem schöpferischen Begriffe und zugleich der Vorstellung als solcher oder der Wahrnehmung als solcher, d. h. dem Ewigen und zugleich dem Vergänglichen (worüber eth. Eud. V [Nicom. VI], 2. 1139 a 31 ff.) entspräche. Das intuitive Denken, Denken im höchsten Sinne und Princip des Wißens, hat τὰ ἐν

griffs, d. h. Definition, oder Beweis. [1]) Dieser erste Eintritt
ist unmittelbar vom höchsten Erfolge begleitet; das Erste und
Früheste ist auch dem Wesen und demgemäß der Würde nach
das Erste; denn das Wißen des unvermittelten Begriffs ist
das klarste und gewisseste, [2]) und somit auch das vornehmste
vor allem andern. [3]) Was daher die Schlußtüchtigkeit für
den Beweis, ist die Klarheit für die Definition. [4]) Dieser hohe
Vorzug beruht in der Einfachheit, Unmittelbarkeit oder Mittelbegrifflosigkeit. Ein Unmittelbares solcher Art, eine unvermittelte Definition, ist das Wirkliche, ja das Wirklichste alles
Wirklichen [5]) im Denken. Daß dieses Denken das gewisseste
ist, ist nur ein neuer Ausdruck jenes Realismus, welcher im
Thatsächlichen den einzigen und ausschließlichen Grund des
Inhalts alles wahren, alles reellen Denkens erkennt. Je weiter
sich das Denken, fortschreitend von Schluß zu Schluß, von
dieser hellsten Sphäre der Erkenntniß, diesem Frühern und
Ursprünglichern entfernt, um so mehr nehmen die Klarheit
und die Gewissheit ab; je näher dagegen der ursprüngliche
Satz, um so heller das Licht der Erkenntniss und um so in-
tensiver die Zuversicht. [6]) Ein Schluß ist nur in dem Maße

τῷ τί ἐστι κατηγορούμενα und die Axiome, aber keineswegs die erste beste
(gleichviel, ob nothwendige oder zufällige und vergängliche; — wenn aber
zufällige und vergängliche, auch dem Bereiche eines andern Vermögens angehörige) unmittelbare Verknüpfung zum Gegenstande.

1) λόγος δὲ πᾶς ὁρισμὸς ἤ, ἀπόδειξις, de an. I, 3. 407 a 25 f.

2) vergl. analyt. post. I, 2. 72 a 25 ff. Mehr weiter unten.

3) vergl. καὶ ἐπιστήμη, ἐκείνων (sc. τῶν ἑκάστου ἰδίου ἀρχῶν) κυρία πάντων,
a. a. O. I, 9, 76 a 18. eth. Eud. V (Nicom. VI), 7. 1147 a 18 ff.

4) ὥσπερ δὲ ἐν ταῖς ἀποδείξεσι δεῖ τό γε συλλελογίσθαι ὑπάρχειν, οὕτω καὶ
ἐν τοῖς ὅροις τὸ σαφές, analyt. post. II, 13. 97 b 31 fl. top. VI, 1. 139 b 12 ff.
C. 2. C. 14. 151 b 7 ff.

5) ... ὥστε εἰ τὸ εἶδος τῆς ὕλης πρότερον καὶ μᾶλλον ὄν, καὶ τοῦ ἐξ ἀμφοῖν
πρότερον ἔσται διὰ τὸν αὐτὸν λόγον, metaph. VI, 3. 1029 a 5 fl.

6) vergl. ἀκριβέσταται δὲ τῶν ἐπιστημῶν αἱ μάλιστα τῶν πρώτων εἰσίν· αἱ
γὰρ ἐξ ἐλαττόνων ἀκριβέστεραι τῶν ἐκ προσθέσεως λεγομένων (als die concretern
Wißenschaften, vergl. analyt. post. I, 27. 87 a 34 ff. WAITZ a. a. O. II,
p. 347. BONITZ, Comm., p. 49 sq. TRENDELENBURG, Histor. Beitr. I, S. 83 f.
Anmerk. 2), οἷον ἀριθμητικὴ γεωμητρίας, metaph. I, 2. 982 a 26 ff. Solche
Sätze, welche von ihrem Principe nur durch wenig Mittelglieder getrennt
sind, sind schwer anzugreifen, top. VIII, 3. 158 b 5 ff. b 18.

Beweis, und das Wißen nur in dem Maße wahres Wißen, in welchem ihre Verknüpfung mit ursprünglichen Sätzen und der Erkenntniss solcher Sätze zu Tage liegt. Alle weitern Bestimmungen der Urprincipien der Beweise gehen aus der Unmittelbarkeit (Mittelbegrifflosigkeit) hervor.

Näher erklärt sich Aristoteles in folgender Weise über diese Principien: [1]) „Wenn nun das Wißen so ist, wie wir angegeben haben, so muß das beweisbare Wißen aus Solch'em hervorgehen, was wahr, ursprünglich (Erstes), .unvermittelt, bekannter, früher als das dadurch Bewiesene und Grund des Schlußes ist. Von solcher Art werden auch die dem zu Beweisenden eigenthümlichen Principien sein. Ein (bloßer) Schluß kann nemlich auch ohne diese Voraussetzungen sein, nicht aber ein Beweis; andernfalls er kein Wißen hervorbringen würde." Wahr müßen die Principien sein, weil man das, was nicht ist, nicht wißen kann. [2]) Das Wißen muß aus Ursprünglichen, will sagen: aus den jedem besondern Gegenstande eines Beweises entsprechenden Principien fließen, — aus unbeweisbaren, [3]) weil aus unvermittelten. Unvermittelt ist nemlich ein Satz, „als welcher kein anderer (welcher den *terminus medius* enthalten würde) früher ist." [4]) Die Principien werden ihrer Natur nach nicht durch Anderes, sondern durch sich selbst, [5]) oder werden durch Definition erkannt, [6]) die Ursprünglichen, weil sie in sich

---

1) analyt. post. I, 2. 71 b 19 ff.

2) a. a. O. b 25 ff.

3) a. a. O. b 26 ff. 72 a 14 f. vergl. C. 9. 76 a 16 ff. C. 10. 76 a 31 f. C. 22. 84 a 32 f. top. VII, 3. 153 a 7 ff. τῆς γὰρ ἀρχῆς ἄλλη γνῶσις καὶ οὐκ ἀπόδειξις. ἀρχὴ δ' ἐν μὲν τοῖς ἀκινήτοις τὸ τί ἐστιν, de generat. an. II, 6. 742 b 32 ff. u. s.

Als unbeweisbar werden sie bei allem Beweisen nach Bedeutung und Existenz v o r a u s g e s e t z t, von Seite des Beweisenden einfach a u f g e n o m m e n, analyt. post. I, 10. 76 a 31 ff. b 3 ff. II, 3. 90 b 31 ff. C. 9. 93 b 23 ff. metaph. V, 1. 1025 b 10 ff. — X, 6. 1063 b 7 ff. C. 7. 1064 a 4 ff.

4) ἄμεσος δὲ ἧς μή ἐστιν ἄλλη πρότασις, analyt. post. I, 2. 72 a 7 f.

5) ἀλλ' ἐπεὶ τὰ μὲν δι' αὐτῶν πέφυκεν γνωρίζεσθαι τὰ δὲ δι' ἄλλων (αἱ μὲν γὰρ ἀρχαὶ δι' αὐτῶν, τὰ δ' ὑπὸ τὰς ἀρχὰς δι' ἄλλων), κτλ. analyt. pr. II, 16. 64 b 34 ff.

6) τὰ μὲν γὰρ ἄλλα διὰ τούτων (sc. τῶν ἀρχῶν) δείκνυται, ταῦτα δ' οὐκ ἐνδέχεται δι' ἑτέρων, ἀλλ' ἀναγκαῖον ὁρισμῷ τῶν τοιούτων ἕκαστον γνωρίζειν, top. VIII, 3. 158 b 2 ff.

selbst begründet (an und für sich nothwendig [1])) sind; durch sich selber für gewiss gehalten. [2]) Ursprüngliches und Princip sind Eins und Dasselbe. [3]) Ursachen müßen die Principien sein, weil wir nur dann wißen, wenn wir den Grund oder die Ursache wißen, [4]) als Ursachen auch früher und bekannter, [5]) — nicht „in Bezug auf uns," nicht in Folge sinnlicher Wahrnehmung, durch Beobachtung und Erfahrung, also der äußern Erscheinung und Wirkung nach (Schlüße aus solchen unvermittelten Principien ergeben natürlich nur ein Wißen des Daß; [6])

1) ἔτι ἡ ἀπόδειξις τῶν ἀναγκαίων, ὅτι οὐκ ἐνδέχεται ἄλλως ἔχειν, εἰ ἀποδέδεικται ἀπλῶς· τούτου δ' αἴτια τὰ πρῶτα, εἰ ἀδύνατον ἄλλως ἔχειν ἐξ ὧν ὁ συλλογισμός, metaph. IV, 6. 1015 b 6 ff.

2) ἔστι δὲ ἀληθῆ μὲν καὶ τὰ μὴ δι' ἑτέρων ἀλλὰ δι' αὑτῶν ἔχοντα τὴν πίστιν· οὐ δεῖ γὰρ ἐν ταῖς ἐπιστημονικαῖς ἀρχαῖς ἐπιζητεῖσθαι τὸ διὰ τί, ἀλλ' ἑκάστην τῶν ἀρχῶν αὐτὴν καθ' ἑαυτὴν εἶναι πιστήν, top. I, 1. 100 a 30 ff. b 18 ff.

3) ταὐτὸ γὰρ λέγω πρῶτον καὶ ἀρχήν, analyt. post. I, 2. 72 a 6 f. vergl. ἥ τε γὰρ ἀρχὴ πρῶτον καὶ τὸ πρῶτον ἀρχή, κτλ. top. IV, 1. 121 b 9 f.

4) analyt. post. I, 2. 71 b 30 f.

5) a. a. O. b 31 ff. vergl. II, 19. 99 b 26 f. 100 b 9 f. top. VI, 4. 141 a 28 ff. VIII, 1. 155 b 14 ff. 12.

6) analyt. post. I, 13. 78 a 26 ff. Unvermittelte Sätze, welche eine Ursache und deren Wirkung und zwar dergestalt enthalten, daß die letztere jede andere Ursache ausschließt, so daß man mit Sicherheit von der Ursache auf die Wirkung und von der Wirkung auf die Ursache schließen kann, laßen sich convertiren, ἀντιστρέφονται, z. B. das Nahe flimmert nicht, das Nicht-Flimmernde ist nahe. Macht man nun von solchen „gegenseitig prädicirten" Sätzen denjenigen, der nur das Verhältniss der Wirkung als allgemeine Erfahrungsthatsache ausdrückt (δι' ἀμέσων μέν ..., 78 a 26. τοῦτο δ' εἰλήφθω δι' ἐπαγωγῆς ἤ, δι' αἰσθήσεως, a 34 f.), also beziehungsweise den Satz: das Flimmernde ist nahe, zum Obersatze eines „Beweises" (a 29 f. κωλύει γὰρ οὐδὲν τῶν ἀντικατηγορουμένων γνωριμώτερον [sc. πρὸς ἡμᾶς] εἶναι ἐνίοτε τὸ μὴ αἴτιον, a 28 f.), so erhält man das Daß, nicht das Warum (ἔστω ἐφ' ᾧ Γ πλάνητες, ἐφ' ᾧ Β τὸ μὴ στίλβειν, ἐφ' ᾧ Α τὸ ἐγγὺς εἶναι. ἀληθὲς δὴ τὸ Β κατὰ τοῦ Γ εἰπεῖν· οἱ γὰρ πλάνητες οὐ στίλβουσιν. ἀλλὰ καὶ τὸ Α κατὰ τοῦ Β· τὸ γὰρ μὴ στίλβον ἐγγύς ἐστι· τοῦτο δ' εἰλήφθω δι' ἐπαγωγῆς ἤ, δι' αἰσθήσεως. ἀνάγκη οὖν τὸ Α τῷ Γ ὑπάρχειν, ὥστ' ἀποδέδεικται ὅτι οἱ πλάνητες ἐγγύς εἰσιν. οὗτος οὖν ὁ συλλογισμὸς οὐ τοῦ διότι ἀλλὰ τοῦ ὅτι ἐστίν· οὐ γὰρ διὰ τὸ μὴ στίλβειν ἐγγύς εἰσιν, ἀλλὰ διὰ τὸ ἐγγὺς εἶναι οὐ στίλβουσιν, a 31 ff.). Denn die Planeten sind nicht nahe, weil sie nicht flimmern, sondern sie flimmern nicht, weil sie nahe sind. Nimmt man dagegen das von Natur Frühere und Bekanntere, was den ersten Grund ausdrückt (das Nahe flimmert nicht) zum Obersatze. so entsteht ein Schluß auf das Warum (οἷον ἔστω τὸ Γ πλάνητες, ἐφ' ᾧ Β τὸ

denn wie die Principien, so sind auch die Schlußsätze ¹)),
sondern schlechthin oder von Natur früher und bekannter, ²) —
bekannter, in höherm Maße gewußt und zugleich in höherm
Maße für gewiss gehalten, ³) weil eine Ursache das, was sie ist,
mehr als ihre Wirkung ist. ⁴)

d. Die gemeinsamen Principien der Beweise oder die Axiome.
Der Satz des Widerspruchs und seine erkenntnisstheoretische
Bedeutung.

Von dieser Art sind nicht bloß die unvermittelten Definitionen, sondern auch die Axiome.   Sie heißen „gemeinsame"
Principien, weil sie allem Seienden angehören (ihre wißen-

ἐγγὺς εἶναι, τὸ Α τὸ μὴ στίλβειν· ὑπάρχει δὴ καὶ τὸ Β τῷ Γ, ὥστε καὶ τῷ Γ
τὸ Α, τὸ μὴ στίλβειν. καὶ ἔστι τοῦ διότι· ὁ συλλογισμός· εἴληπται γὰρ τὸ πρῶτον
αἴτιον, a 40 ff.).   Ein anderes Beispiel b 4 ff.

Was die negativen unter derartigen unvermittelten Principien (a. a. O.
1, 23. 84 b 28 ff. 24 ff., vergl. C. 15) betrifft, so sind die affirmativen
beßer, weil die Negation erst durch die Affirmation bekannt wird, die letztere
also -früher- ist, C. 25. 86 b 30 ff. — Wenn endlich die Qualität der
Principien unmittelbar die Qualität der Schlußsätze (s. die folg. Anmerk.),
und somit der Schlüße ist, so gehören solche „Beweise", welche zwar in
unvermittelten und beziehungsweise den Grund enthaltenden, dabei aber
nicht definitorischen, Wesen und Begriff explicirenden, sondern am Ende
doch immer nur in Erfahrungs-Sätzen wurzeln, nur zu den Beweisen im
weitern (s. w. u.), nicht im engern, rigorosen und eminenten Sinne.

1) ὅμοιον γὰρ ἑκάστου τὸ συμπέρασμα ταῖς ἀρχαῖς, analyt. pr. I, 27. 43
b 35 f.

2) analyt. post. I, 2. 71 b 33 f. C. 3. 72 b 26 f. Folglich werden eth.
Nicom. I, 7. 1098 b 2 (zumal wenn man auch b 5 f.: ... καὶ σπουδαστέον
ὅπως ὀριϑῶσι καλῶς, sc. αἱ ἀρχαί, in's Auge faßt,) die Worte: οἷον καὶ περὶ
τὰς ἀρχάς mit MÜNSCHER. Quaestionum criticarum et exegeticarum in Aristotelis ethica Nicomachea specimen, Marburgi Catt. 1861, p. 18 sqq., zu streichen sein.

3) a. a. O. 72 a 25 ff. C. 3. 72 b 26 f. (Es gehört demnach auch eine
Einsicht in das Gegentheil dazu, a 37 ff.) ἡ γὰρ ἀπόδειξις ἐκ τῶν πιστοτέρων
τε καὶ προτέρων ἐστίν, analyt. pr. II, 16. 64 b 32 f. analyt. post. I, 9. 76
a 21 f. C. 25. 86 b 4 f. 27. C. 26. 87 a 18 ff. 25. μάλιστα δ' ἐπιστητὰ τὰ
πρῶτα καὶ τὰ αἴτια, metaph. I, 2. 982 b 2. Vergl. eth. Eud. V (Nicom. VI),
3. 1139 b 33 ff., wo das limitirende πώς (b 33) mit den Ansprüchen des
strengen Wißens nicht im Einklange steht.

4) analyt. post. I, 2. 72 a 29 f. vergl. metaph. I min., 1. 993 b. 24 ff.
IX, 7. 1057 b 4 ff.

schaftliche Betrachtung und Prüfung fällt daher in die Philosophie oder näher in die erste, d. h. in diejenige Philosophie, welche „das Seiende inwiefern es Seiendes ist" untersucht), [1]) und aus ihnen die Beweise aller Wißenschaften geführt werden. [2]) Nichtsdestoweniger kommen sie nur insoweit als man ihrer bedarf, oder als die Gattung (das wißenschaftliche Gebiet) reicht, [3]) d. h. in den verschiedenen Gattungen nur in analoger Weise, hier in Bezug auf Fläche u. dergl., dort in Bezug auf Zahlen, also mit dieser Beschränkung in Anwendung. [4])

Aehnlich wie die Beweise in den Axiomen, gründen alle übrigen Axiome in einem einzigen, welches ihre eigene Realität und Wahrheit verbürgt. Dieß ist das Axiom des Widerspruchs oder der Satz: „daß Etwas Einem und Demselben in einer und derselben Beziehung zukommt und nicht zukommt, ist unmöglich;" „nothwendig ist (daher) Alles entweder zu bejahen oder zu verneinen." [5]) Unmöglich „in einer und derselben Beziehung:" denn es ist allerdings möglich, daß Gegensätze, conträre wie contradictorische, Einem und Demselben „in gewisser Rücksicht oder in einem gewissen Verhält-

---

1) a. a. O. III, 3. 1005 a 21 ff. 27 ff. b 5 ff. X, 4. 1061 b 17 ff. II, 2. 997 a 14 f. analyt. post. I, 12. 77 b 5 f. vergl. phys. I, 2. 185 a 1 ff.

2) ... τῶν ἀρχῶν ἐξ ὧν δεικνύουσιν ἅπαντες, metaph. II, 1. 995 b 8 f. C. 2. 996 b 28 f. 997 a 4 f. 10 f. 14. III, 3. 1005 a 23 ff. analyt. post. I, 11. 77. a 26 ff.

3) metaph. III, 3. 1005 a 25 ff.

4) analyt. post. I, 10. 76 a 38 ff. vergl. C. 7. 75 b 2 f. C. 11. 77 a 23 ff. metaph. X, 4. 1061 b 19 ff.

5) καὶ γὰρ αὐτὸ ἅμα ὑπάρχειν τε καὶ μὴ ὑπάρχειν ἀδύνατον τῷ αὐτῷ καὶ κατὰ τὸ αὐτό, a. a. O. III, 3. 1005 b 19 f. ... πότερον ἐνδέχεται ταὐτὸ καὶ ἐν ἅμα φάναι καὶ ἀποφάναι ἢ οὔ, a. a. O. II, 1. 995 b 9 f. ὅτι πᾶν ἀναγκαῖον ἢ φάναι ἢ ἀποφάναι, καὶ ἀδύνατον ἅμα εἶναι καὶ μὴ εἶναι, C. 2. 996 b 29 f. III, 3. 1005 b 23 f. εἰ δὲ μὴ ἐνδέχεται ἅμα ὑπάρχειν τῷ αὐτῷ τἀναντία κτλ., b 26 f. 29 ff. C. 4. 1006 a 30 f. C. 6. 1011 b 15 ff. vergl. 13 f. 20 ff. VIII, 8. 1051 a 10 ff. IX, 10. 1058 b 34 f. top. II, 7. 113 a 22 f. πᾶν γὰρ ἀνάγκη ἢ εἶναι ἢ μὴ εἶναι, phys. VI, 5. 235 b 15 f. VIII, 7. 261 a 7 ff. 14 f. φάσις δὲ καὶ ἀπόφασις οὐχ ὑπάρχουσιν αἱ ἀντικείμεναι ἅμα τῷ αὐτῷ, analyt. pr. I, 46. 51 b 20 ff. b 32 ff. κατὰ παντὸς γὰρ ἢ φάσις ἢ ἡ ἀπόφασις, C. 13. 32 a 27 ff. vergl. C. 17. 37 a 12. II, 2. 53 b 14 ff. 22 f. C. 12. 62 a 13 ff. analyt. post. I, 1. 71 a 13 f. C. 4. 73 b 23. C. 11. 77 a 10. 22. 30. top. VI, 6. 143 b 15 f. λέγω δὲ κοινὰς οἷον τὸ πᾶν φάναι ἢ ἀποφάναι, C. 32. 88 a 37 f. vergl. metaph. X, 5 von Anf. C. 6. 1063 b 15 ff. de interpret. 9. 18 a 34 f.

15 *

nisse oder in einer gewissen Weise, oder daß das Eine in
gewisser Rücksicht, das Andere schlechthin" zukommt. [1]) Wer
irgend einen Beweis führt, geht ausdrücklich oder schweigend
auf dieses Princip zurück (ausdrücklich, wo der Schlußsatz
an der Entscheidung zwischen contradictorischen Gegensätzen
hängt [2])), weil es seiner Natur nach Princip der andern Axiome
ist. [3]) Was von den übrigen Axiomen, gilt vom Principe der
Principe im höchsten Maße; es ist das unumstößlichste, sicher-
ste, — täuschungslos und von keinem Zugeständnisse abhängig,
und das bekannteste Princip. [4]) Unmöglich kann Jemand annehmen, wie Einige von Heraklit erzählen, daß Eins und
Dasselbe sei und nicht sei; denn es ist nicht gerade nothwendig, daß Einer auch glaube, was er sagt. [5]) Beweisbar
ist dieses Princip so wenig wie alle andern, aber es läßt sich
indirect, „widerlegend" oder so beweisen, daß die Unmöglichkeit der entgegengesetzten Behauptung dargethan wird. [6]) Die
Energie, Schärfe und Ausführlichkeit, womit Aristoteles sich
dieser Aufgabe unterzieht, entsprechen der hohen Bedeutung
und unendlichen Tragweite dieses Princips. [7])

Man weiß in der That nicht, sagt er, [8]) ob man in dem,
was die Gegner vorbringen, Ernst oder Scherz vor sich hat.

---

1) τὰ γὰρ ἐναντία καὶ ἀντικείμενα καὶ φάσιν καὶ ἀπόφασιν ἁπλῶς μὲν ἀδύνατον ὑπάρχειν τῷ αὐτῷ, πῇ μέντοι ἑκάτερον ἤ, πρός τι ἤ, πῶς, ἤ, τὸ μὲν πῇ τὸ
δ' ἁπλῶς, οὐδὲν κωλύει, top. IX (de sophist. el.). 25. 180 a 26 ff. vergl.
32 ff. ἀδύνατον καὶ τἀναντία ὑπάρχειν ἅμα, ἀλλ' ἤ, πῇ, ἄμφω, ἤ, θάτερον μὲν πῇ
θάτερον δὲ ἁπλῶς, metaph. III, 6. 1011 b 20 ff. καὶ (sc. ἐνδέχεται) ἅμα τὸ
αὐτὸ εἶναι ὂν καὶ μή, ὄν, ἀλλ' οὐ κατὰ ταὐτὸ ὄν· δυνάμει μὲν γὰρ ἐνδέχεται ἅμα
ταὐτὸ εἶναι τὰ ἐναντία, ἐντελεχείᾳ δ' οὔ, C. 5. 1009 a 33 ff.

2) analyt. post. I, 11. 77 a 10 ff., besonders also bei der deductio ad
absurdum, a 22 f.

3) metaph. III, 3. 1005 b 32 ff.

4) βεβαιοτάτη δ' ἀρχὴ πασῶν περὶ ἣν διαψευσθῆναι ἀδύνατον· γνωριμωτάτην
... καὶ ἀνυπόθετον, a. a. O. b 11 ff. 22 f. C. 4. 1006 a 4 f. C. 6. 1011 b
13 f. — X, 5 von Anf.

5) a. a. O. III, 4. 1005 b 23 ff.

6) ἔστι δ' ἀποδεῖξαι ἐλεγκτικῶς καὶ περὶ τούτου ὅτι ἀδύνατον, a. a. O. 1006
a 11 f. vergl. X, 5. 1062 a 2 f. 9 ff. 30 f.

7) Zum Ganzen ist die kürzere Reproduction aus der Feder irgend eines
Aristotelikers metaph. X, 5 f. zu vergl.

8) a. a. O. III, 4. 1006 a 12 ff.

Wirklichen Ernst vorausgesetzt, so spricht schon, fährt er fort, [1) die Copula (Sein oder Nichtsein), und so spricht ferner jedes Nomen etwas Bestimmtes aus: wenn z. B. das Wort Mensch nicht Eins, dieses zweifüßige Thier, sondern Mehrerlei bezeichnete, so würde es Nichts bezeichnen, und wenn die Worte Nichts bezeichnen, so ist die Verhandlung mit den Gegnern und überhaupt alles Denken aufgehoben. Ferner heben diese die Substanz und den schöpferischen Begriff, d. h. alle festen, das Nichtsein unmittelbar ausschließenden Begriffsbestimmungen auf, und verwandeln sie in accidentielle oder solche Eigenschaften, welche ebenso gut sein als auch nicht sein können. Dann aber gibt es auch kein Erstes, welches Jenen zu Grunde läge. [2) Wenn alle widersprechenden Aussagen von Einem und Demselben zu gleicher Zeit wahr sind, wenn man, wie Protagoras will, Alles beliebig bejahen und verneinen darf, so müßten eine Galeere, eine Mauer und ein Mensch offenbar dasselbe sein, und Nichts mehr in Wahrheit existiren: der Urzustand des Anaxagoras, in welchem alle Dinge in Eins zusammengeflossen sind. Es ist also das Unbestimmte, wovon sie sprechen, und in dem Glauben, vom Seienden zu reden, reden sie vom Nichtseienden; denn das potenziell, nicht actuell Seiende ist das Unbestimmte. [3) Es würde ferner folgen, daß Alle die Wahrheit und Alle die Unwahrheit sagen, und Jeder selbst zugeben, daß er die Unwahrheit sagt. Mit einem Menschen von solcher Ansicht ist keine Untersuchung anzustellen, weil er eigentlich Nichts sagt. Wodurch unterscheidet er sich aber von den Pflanzen, wenn er Nichts bestimmt annimmt, sondern Jedes ebenso glaubt wie nicht glaubt? [4) Aber das praktische Handeln überführt sie, daß sie selbst nicht glauben, was sie sagen. Denn warum geht Einer nach Megara, und bleibt nicht ruhig zu Hause, in der Meinung, er gehe? Warum springt er nicht in einen Brunnen oder in eine Schlucht, sondern nimmt sich in Acht? Offenbar hält er das Eine für beßer als das Andere; dann muß er aber auch das Eine für einen Menschen,

---

1) a. a. O. a 28 ff.
2) a. a. O. 1007 a 20 ff.
3) a. a. O. b 18 ff.
4) a. a. O. 1008 a 28 ff.

das Andere für einen Nichtmenschen, das Eine für süß, das Andere für nichtsüß halten. [1]) Gesetzt aber auch, es verhalte sich Alles so und zugleich nicht so, so liegt doch das Mehr oder Weniger in der Natur der Dinge; Zwei und Drei sind nicht auf gleiche Art gerade Zahlen, und der Irrthum, wenn Einer Vier und ein Anderer Tausend für Fünf ansieht, ist beide Male nicht derselbe, sondern der Eine sagt mehr die Wahrheit. Wenn aber das mehr Wahre der Wahrheit näher steht, so muß es wohl ein schlechthin Wahres geben, welchem das mehr Wahre näher steht. Und wenn nicht, so gibt es wenigstens ein relativ Festes und Wahres, und somit dürften wir jener maßlosen Lehre, welche jede gedankenmäßige Bestimmung beseitigt, entledigt sein. [2]) — Die Gegner, von welchen bisher die Rede war, sind hauptsächlich die Schüler Heraklits. Sie bejahen und verneinen das Sein Eines und Desselben, oder behaupten die Identität des Seins und Nichtseins auf Grund ihrer Voraussetzung, daß Alles im Fluße des Werdens begriffen, und Nichts feste Bestimmung, objective Erkenntniss also nicht möglich sei. [3]) Aber auch Protagoras theilt diese Ansicht; denn wenn Alles, was irgendwer meint, und Alles, was irgendwem scheint, wahr ist, Viele aber entgegengesetzte Meinungen haben, so muß Alles zugleich wahr und falsch, Eins und Dasselbe sein und auch nicht sein. Die Erstern, die Philosophen, muß man zu überzeugen, die Andern (die Sophisten) dialektisch zu überwältigen suchen. Denn dort beruht die Ansicht, mit der wir es zu thun haben, auf einer wißenschaftlichen Verlegenheit, aus welcher man keinen andern Ausweg sah, aber doch auf sachlichem Interesse, hier aber nur auf dem Bedürfnisse, Worte zu machen. [4])

Die Meinung der Erstern, d. h. die Ansicht, daß Widersprüche und Entgegengesetztes zugleich existiren, stammt aus der sinnlichen Wahrnehmung, insofern sie aus Einem und Demselben Entgegengesetztes entstehen sehen. In gewisser Beziehung

---

1) a. a. O. b 12 ff.
2) a. a. O. b 31 ff.
3) vergl. a. a. O. X, 5. 1062 a 31 ff. top. VIII, 5. 159 b 30 ff. phys. I, 2. 185 b 19 ff. Ueber Heraklit vergl. ZELLER a. a. O. I, S. 463 ff.
4) metaph. III, 5. 1009 a 6 ff.

haben sie Recht; denn Eins und Dasselbe kann zwar der Möglichkeit nach zugleich das Entgegengesetzte sein, aber nicht der Wirklichkeit nach. Ueberdieß gibt es noch eine andere Substanz (in der obern Region), welcher durchaus keine Bewegung (Veränderung), weder Entstehen noch Vergehen zukommt. [1] Einige stützen die Meinung, daß Alles, wie es eben scheint, auch wahr sei, auf die angebliche Subjectivität der sinnlichen Wahrnehmung. Das Wahre, sagen sie, sei nicht nach der Mehrheit oder Minderheit der Stimmen zu bemeßen; nun komme aber Eins und Dasselbe den Einen süß, den Andern bitter vor, und der Einzelne mache auch an sich selbst die Erfahrung widersprechender Wahrnehmungen. Wem freilich das Denken als dasselbe wie die sinnliche Wahrnehmung, diese aber als Verwandlung gilt, muß auch das, was auf Grund sinnlicher Wahrnehmung so oder anders zu sein scheint, für wahr ausgeben. Von diesen Voraussetzungen aus sind auch Empedokles [2]) und Demokrit [3]) und fast alle Uebrigen solchen Meinungen verfallen. So namentlich auch Parmenides, [4]) und von Anaxagoras erinnert man sich einer Aeußerung einigen Freunden gegenüber, daß die Dinge für sie so beschaffen seien, wie sie sie etwa nehmen. [5]) Aber hier ergibt sich nun etwas sehr Uebles. Wenn nämlich die, welche das Wahre, soweit es erkennbar ist, am Meisten geschaut haben (und dieß sind diejenigen, welche es am Meisten suchen und lieben), solche Meinungen hegen und sich so über die Wahrheit auslaßen, wie sollten die Anfänger nicht den Muth verlieren? Denn das Suchen nach Wahrheit wäre ja dann ein Haschen nach Etwas, was immer davonfliegt. Näher ist der Grund dieser Meinung folgender: sie forschten zwar nach der Wahrheit des Seienden, fanden aber das Seiende nur im sinnlich Wahrnehmbaren; an diesem aber haften die Natur des Unbestimmten sowie jene Weise des Seins (das potenzielle Sein), von welcher bereits

---

1) a. a. O. a 22 ff.
2) Genaueres bei ZELLER a. a. O. S. 545 f.
3) Wogegen MULLACH, Democriti Abder. operum fragm., p. 415. 413 sqq. ZELLER a. a. O. 1, S. 630 ff.
4) Dagegen BONITZ comm. ad h. l. p. 202 sq. ZELLER a. a. O. I, S. 404 f.
5) ZELLER a. a. O. S. 701.

die Rede war, in hohem Maße. Da sie ferner diese ganze
Natur in Bewegung sahen, so behaupteten sie, daß über das,
was sich in jeder Rücksicht ganz und gar verändert, eine wahre
Aussage unmöglich sei. Aus dieser Annahme ging nun die
extremste unter den aufgeführten Meinungen, nämlich jene der
Anhänger Heraklits hervor, die auch Kratylos theilte, welcher
am Ende der 'Ansicht war, man dürfe gar Nichts sagen, nur
den Finger bewegte und Heraklit wegen seines Ausspruchs,
man könne nicht zwei Mal in denselben Fluß steigen, tadelte;
er selbst glaubte nemlich: nicht ein Mal. Aber wenn Etwas
vergeht, so ist doch noch Etwas vorhanden, und wenn Etwas
wird, so muß schon Etwas da sein, woraus es wird. Und
wenn sich auch die Quantität verändert, so ist es doch die
Form, nach welcher wir Alles erkennen. Ferner: nur die uns
umgebende Region ist in beständigem Werden und Vergehen,
aber diese ist nur ein verschwindender Theil des All; es gibt
auch eine unbewegliche (unveränderliche) Natur (die Natur der
himmlischen Körper [1])). Was nun die Wahrheit und was die
Richtigkeit des Satzes betrifft, daß nicht Alles, was Einem
scheint, auch wahr sei, so muß man zunächst zugeben, daß
allerdings die sinnliche Wahrnehmung nicht in Bezug auf dasjenige trügt, was einem Sinne eigenthümlich zukommt; aber
die Vorstellung (welche Protagoras und seine Anhänger zur
Instanz der Wahrheit machen) ist nicht identisch mit der Wahrnehmung. Sodann setzt es mit Recht in Erstaunen, wenn man
eine Streitfrage daraus macht, ob die Größe so groß und die
Farben so beschaffen sind, wie sie aus der Ferne oder wie sie
in der Nähe, ob sie so sind, wie sie den Gesunden oder wie
sie den Kranken erscheinen, ob das schwerer ist, was den
Schwachen oder was den Starken, und das wahr, was den
Schlafenden oder was den Wachenden scheint. Daß sie selbst
nicht glauben, was sie sagen, liegt am Tage; wenigstens macht
sich Niemand, wenn er des Nachts in Athen zu sein meint,
während er in Libyen ist, auf den Weg in's Odeon. Ebenso
wenig schenkt man in Bezug auf den Ausgang einer Krankheit
der Meinung eines Unkundigen dasselbe Vertrauen wie der

---

1) vergl. metaph. a. a. O. a 36 ff.

Ansicht des Arztes. Nicht über eine bestimmte Qualität, sondern darüber, wem dieselbe zukommt, ist der Sinn zu verschiedenen Zeiten nicht mit sich einig; der Wein z. B. mag sich verändert haben, aber das Süße hat nothwendig immer eine bestimmte Beschaffenheit. Nichtsdestoweniger heben die Gegner wie das Wesen so auch alle Nothwendigkeit auf; denn das Nothwendige kann sich nicht so oder anders verhalten. Gibt es also etwas Nothwendiges, so wird es sich nicht zugleich so und nicht so verhalten. ¹) Nun fragen Einige sowohl von denen, welche jene Ueberzeugung haben, als von denen, welche nur Worte machen, wer über die Gesundheit des Wahrnehmenden und über die Urtheilsfähigkeit zu entscheiden habe? Wie wenn man daran zweifeln wollte, ob wir jetzt schlafen oder wachen! Dergleichen Zweifel sind sämmtlich von einer Art: denn für Alles verlangen diese Leute eine Argumentation; sie suchen ein Princip und wollen es durch Beweis erlangen, während sie durch ihre Handlungen bekunden, daß sie selbst nicht an diese Nothwendigkeit glauben. Man sucht Argumentation für das, wofür es keine gibt; denn das Princip des Beweises ist nicht wieder Beweis. Die eine Seite mag in dieser Hinsicht leicht zu überzeugen sein, denn es ist nicht schwer zu faßen. Die andere dagegen, welche dialektisch überwältigt sein will, verlangt den Nachweis von Widersprüchen, während sie den Widerspruch als Princip setzt. Wenn aber nicht Alles unter die Gattung des Relativen ($\pi\rho\delta\varsigma$ $\tau\iota$) gehört, sondern Manches auch an sich ist, so kann nicht Alles, was scheint, wahr sein; denn das, was scheint, scheint irgend Einem, so daß derjenige, welcher behauptet, daß alles Scheinende wahr ist, Alles zum Relativen herabsetzt. Deshalb dürfen die Sophisten, wenn sie Rede stehen wollen, nicht sagen, daß das Scheinende objective Existenz und Wahrheit habe, sondern nur soviel, daß es für denjenigen, welchem und wann und wiefern und wie es ihm scheint, Existenz und Wahrheit hat; ohne diese nähern Bestimmungen müßen sie sich bald in Widersprüche verwickeln. Denn es ist möglich, daß Einem Etwas dem Augenscheine nach wie Honig, dem Geschmacke nach

---

1) a. a. O. a 38 ff.

aber nicht so scheint. So aber müßen sie zugeben, daß sie Alles in der Gattung des Relativen unterbringen, Alles auf die Meinung und Wahrnehmung stellen, so daß weder Etwas geworden ist, noch Etwas sein wird, wenn Niemand zuvor eine Meinung darüber gehabt hat. Wenn aber dennoch Etwas geworden ist oder sein wird, so ist klar, daß nicht Alles auf die Meinung ankommen kann. Daß also die Ansicht (δόξα), wonach entgegengesetzte Aussagen nicht zugleich wahr sein können, die zuverläßigste von allen ist, was sich ferner für diejenigen ergibt, welche das Letztere dennoch für möglich halten, und warum sie dieß behaupten, mag ·insoweit erörtert sein. Wenn aber widersprechende Aussage über Ein und Dasselbe unmöglich zugleich wahr sein kann, so ist offenbar, daß Einem und Demselben auch nicht Entgegengesetztes zugleich zukommen kann. Denn von zwei Gegensätzen ist der eine nicht minder Beraubung als Gegensatz, Beraubung aber geht auf eine Substanz und ist Verneinung an einer bestimmten zu Grunde liegenden Gattung. Wenn es also überhaupt unmöglich ist, wahrheitsgemäß zugleich zu bejahen und zu verneinen, so ist es auch unmöglich, daß das Entgegengesetzte zugleich stattfinde, ausgenommen so, daß entweder Beides in gewisser Weise, oder das Eine in gewisser Weise, das Andere aber schlechthin stattfindet. [1])

Hieraus ergibt sich, daß zwischen den Gliedern des Widerspruchs Nichts mitten inne sein kann, sondern etwas Bestimmtes von etwas Bestimmtem entweder zu bejahen oder zu verneinen ist, [2]) — oder der Satz des Widerspruchs ist unmittelbar der Satz des ausgeschloßenen Dritten. Es folgt daraus auch die Unmöglichkeit, zu sagen, daß Alles ohne Ausnahme falsch, und daß Alles ohne Ausnahme wahr sei, ganz abgesehen davon, daß sich dergleichen Reden selbst aufheben. Denn wer sagt, Alles sei wahr, macht auch die entgegengesetzte Behauptung zur wahren, und somit die eigene zur nichtwahren;

---

1) a. a. O. C. 6. 1011 a 3 ff.
2) ἀλλὰ μὴν οὐδὲ μεταξὺ μεταφάσεως ἐνδέχεται εἶναι οὐθέν (IX, 4. 1055 b 1 f. 8 f. C. 7. 1057 a 33 f. phys. V, 3. 227 a 9. [metaph. X, 12. 1069 a 3 f.] analyt. post. I, 2. 72 a 12 f.), ἀλλ' ἀνάγκη ἢ φάναι ἢ ἀποφάναι ἐν καθ' ἑνὸς ὁτιοῦν, a. a. O. C. 7. 1011 b 23 f.

wer dagegen sagt, Alles sei falsch, zeiht sich auch selbst des
Irrthums. [1]) Diese absolute Wahrheit und Gewissheit und diese absolute
Bedeutung für alle Erkenntniß kommen dem Axiome des Wider-
spruchs zu.

e. Vermittelte Begriffe.

Im Unterschiede von den Axiomen und den unvermittelten
Definitionen gehen diejenigen Begriffe und Definitionen, welche
den Grund in etwas Anderm, wie die Mondfinsterniss in der
Absperrung von Seite der Erde, die Harmonie in dem Verhältniss der Zahlen, der Donner im Verlöschen des Feuers in
der Wolke haben und somit vermittelt sind, [2]) wie jedes Allgemeine von Seite des Daß aus der Induction, von Seite des
Was und Warum aber aus einer Reflexion hervor, welche mit
dem Beweise zwar nicht dem Wesen, aber der äußern Form
und Erscheinung nach identisch ist. Mit dem Beweise und
nicht mit dem bloßen Schluße, weil, wofern diese Reflexion
den Grund enthalten soll, der Obersatz unvermittelt sein oder
andernfalls von Neuem bewiesen werden muß. [3]) Es sei z. B.
C die Wolke, *A* der Donner, die Auslöschung des F.euers *B*.
Dem *C* kommt also *B*, — denn in ihm erlischt das Feuer,
dem *B* aber *A*, das Krachen zu. Der Donner ist also Auslöschen des Feuers in der Wolke [4]) oder Krachen bei dem
Auslöschen des Feuers in den Wolken. [5]) Denn man muß sich
wohl hüten, den Schlußsatz ohne den (den Grund enthaltenden)
Mittelbegriff zu nehmen, wie wenn der Donner ein Krachen
in den Wolken wäre, — eine oben schon erwähnte dritte, aber
mangelhafte Art von Definition. [6]) Nimmt man also den *terminus*

---

1) a. a. O. C. 8. 1012 a 29 ff. vergl. analyt. post. 1, 33. 89 a 25 ff.

2) ἐν γὰρ τῷ λόγῳ τῷ τοῦ ἐκλείπειν ἐνυπάρχει τὸ ἐν μέσῳ (i. e. τὸ τὴν γῆν ἐν μέσῳ εἶναι), analyt. post. II, 16. 98 b 22 f.

3) ἅμα τὸ ὅτι καὶ τὸ διότι ἴσμεν, ἂν δι' ἀμέσων ᾖ. εἰ δὲ μή, τὸ ὅτι, τὸ διότι δ' οὔ, a. a. O. C. 8. 93 a 35 ff. καὶ ἔστι γε λόγος τὸ Β (sc. ἀπόσβεσις πυρός) τοῦ Α τοῦ πρώτου ἄκρου (sc. βροντῆς). ἂν δὲ πάλιν τούτου ἄλλο μέσον ᾖ, ἐκ τῶν παραλοίπων ἔσται λόγων, b 12 ff.

4) a. a. O. b 7 ff.

5) a. a. O. C. 10. 94 a 5.

6) a. a. O. a 7 ff. 13 f. de an. II, 2. 413 a 16 ff. S. o. S. 212.

medius mit dazu, so kommt, wie es scheint, der Unterschied vom Beweise auf die verschiedene Stellung der Begriffe, auf eine bloße Modification hinaus. [1]) Nichtsdestoweniger liegt in derartigen Definitionen kein wirklicher Beweis, sondern nur Etwas wie ein Beweis, [2]) und darum ein dialektischer Schluß vor. [3]) Es ist unmöglich, Ein und Dasselbe in einer und derselben Rücksicht durch Definition und durch Beweis zu wißen. [4]) Vielmehr gibt es von Einem, inwiefern es eins ist, immer nur eine Art des Wißens, entweder Wißen durch Beweis (denn Wißen des Beweisbaren heißt den Beweis haben) oder durch Definition. [5]) Beweis und Definition sind ihrem ganzen Wesen nach verschieden; die Definition sagt, was Etwas ist, sie explicirt das Wesen, den schöpferischen Begriff eines Denkobjects; der Beweis (indem er die Definition voraussetzt) sagt, daß Etwas an Etwas ist oder nicht ist. [6]) Daß die Winkel eines Dreiecks gleich zweien rechten, ist keine Definition. [7]). Ein wirklicher Schluß und ein wirklicher Beweis von einer Definition sind also nicht möglich; wohl aber machen ein formeller Schluß und ein formeller Beweis die Definition klar, und sind unentbehrlich, wofern der Grund der Definition in etwas Anderm als in der Substanz liegt. [8])

---

1) τῇ θέσει διαφέρων τῆς ἀποδείξεως (sc. ein derartiger ὅρος)· κτλ., analyt. post. II, 10. 94 a 2 ff. πτώσει (Modification, — Bonitz, Über die Kategorien des Aristoteles, a. a. O. S. 614;) διαφέρων τῆς ἀποδείξεως, a 12 f. ὁ ὁρισμός ... ἀπόδειξις θέσει διαφέρουσα, 1, 8. 75 b 31 f.

2) οἷον ἀπόδειξις, a. a. O. II, 10. 94 a 1 f.

3) ἀλλ' ἔστι λογικὸς συλλογισμὸς τοῦ τί ἐστιν, a. a. O. C. 8. 93 a 15.

4) a. a. O. C. 3. 90 b 2 ff. οὐ γάρ ἐστιν ἀπόδειξις οὗ ὁρισμός, b 29 f. 91 b 7 ff.

5) a. a. O. 90 b 9 ff. 18 ff.

6) a. a. O. 91 a 1 f. 90 b 28 ff.

7) a. a. O. 90 b 7 ff.

8) ὥστε συλλογισμὸς μὲν (ein eigentlicher Schluß) τοῦ τί ἐστιν οὐ γίνεται οὐδ' ἀπόδειξις (ein eigentlicher Beweis), δῆλον μέντοι διὰ συλλογισμοῦ (durch einen formellen Schluß) καὶ δι' ἀποδείξεως· ὥστ' οὔτ' ἄνευ ἀποδείξεως ἐστι γνῶναι τὸ τί ἐστιν, οὗ ἐστιν αἴτιον ἄλλο, οὔτ' ἔστιν ἀπόδειξις (ein eigentlicher Beweis) αὐτοῦ (sc. τοῦ τί ἐστιν), ὥσπερ καὶ ἐν τοῖς διαπορήμασιν εἴπομεν, a. a. O. C. 8. 93 b 16 ff. τῶν δ' ἐχόντων μέσον, καὶ (und zwar) ὧν ἐστι τι ἕτερον αἴτιον τῆς

Somit stehen Definitionen dieser Art auf der Grenze, und bilden den natürlichen Uebergang von der intuitiven Erkenntniss zur Erkenntniss durch den Schluß, oder vom Erkennen dessen, was „durch sich selbst erkennbar," zum Erkennen dessen, was „nicht durch sich selbst erkennbar" ist, [1]) überhaupt vom Denken des Unverknüpften zum Denken des Verknüpften, [2]) — zum discursiven Denken.

2. Die Erkenntniss durch discursives Denken.

a. Das discursive Denken im Allgemeinen.

α. Der Satz.

Das Wesen des discursiven Denkens (διάνοια. διανοεῖσθαι [3])) ist Zusammensetzung zuvor getrennter Gedanken: [4]) zur Analysis des Begriffs durch die Definition kommt jetzt die Synthesis; jene findet eine Einheit vor, durch diese wird eine Einheit (aber andrer Art) hervorgebracht. Denn die Synthesis der Gedanken ist unmittelbar eine innere Beziehung, so nemlich, daß aus dem Nacheinander die Einheit wie eine Zahlensumme hervorgeht: [5]) bei Vergangenem und Zukünftigem wird noch

---

ousίας, ἔστι δι' ἀποδείξεως, ὥσπερ εἴπομεν, δηλῶσαι, μὴ τὸ τί ἐστιν ἀποδεικνύοντας, a. a O. C. 9. 93 b 25 ff.

1) τὸ δι' αὐτὸ καὶ μὴ δι' αὐτὸ γνώριμον, phys. II, 1. 193 a 5 f.

2) vergl. categ. 2. 1 a 16 ff.

3) ἡ συμπλοκή ἐστι καὶ ἡ διαίρεσις ἐν διανοίᾳ ... συνάπτει ἡ διαιρεῖ ἡ διάνοια, metaph. V. 4. 1027 b 29 ff vergl. τὸ διανοητόν καὶ νοητόν, III, 7 1012 a 2. — τί δὲ δὴ διαφέρει τὸ διανοεῖσθαι τοῦ νοεῖν; ἆρα τὸ νοεῖν μὲν ὅταν τοὺς ἁπλοῦς ὅρους καταλαμβάνῃ, τὸ διανοεῖσθαι δὲ ἐν τῷ συντιθέναι τούτους καὶ διαιρεῖν; Themist. de an. Sp. II, p. 55, 19 sqq. vergl. Alexander Aphr. comm. in libr. metaphys. B p. 289, 15 sqq.

Wie νοῦς und νοεῖν, werden metaph III, 7. 1012 a 2. V, 1. 1025 b 6 C. 4. 1027 b 28. analyt. post I, 1. 71 a 1. II, 19. 100 b 6 de an. II, 2. 413 b 12 f. 414 a 12. C. 3. 414 a 32 u s auch διάνοια, διανοεῖσθαι und διανοητικός in der allgemeinen Bedeutung Denken gebraucht. Vergl ZELLER a a. O. II, 2. S. 443 f. Anmerk. 4.

4) vergl. οὕτω καὶ ταῦτα κεχωρισμένα συντίθεται, κτλ. de an. III, 6. 430 a 30 f.

5) ὁ δὲ νοῦς εἷς καὶ συνεχής ὥσπερ καὶ ἡ νόησις· ἡ δὲ νόησις τὰ νοήματα· ταῦτα δὲ τῷ ἐφεξῆς ἕν, ὡς ὁ ἀριθμός, de an. I, 3. 407 a 6 ff. σύνθεσίς τις νοημάτων ὥσπερ ἓν ὄντων, a. a. O. III, 6. 430 a 27 f. „Wie das zugleich (ἅμα, positiv) oder das getrennt (χωρίς, negativ) Denken vor sich geht, ist eine andere Untersuchung; ich meine das Zugleich und Getrennt so, daß kein Nacheinander (μὴ τὸ ἐφεξῆς), sondern eine gewisse Einheit (ἕν τι) entsteht," metaph. V, 4 1027 b 23 ff. οὐ

die Zeit hinzugedacht. [1]) Was so zu Einem macht — die Begriffe liegen in der Seele vor [2]) — ist der Nus. [3]) Zusammensetzung schlechthin ist positive Beziehung; man kann aber Alles auch in Form einer Trennung aussprechen. [4]) Daraus entsteht der Widerspruch (ἀντίφασις). Derjenige Theil eines directen Widerspruchs oder contradictorischen Gegensatzes, welcher von einer Sache Etwas aussagt, ist Bejahung (κατάφασις), derjenige dagegen, welcher einer Sache Etwas abspricht, ist Verneinung (ἀπόφασις). [5]) Satz (πρότασις) ist eine Reflexion, welche Etwas an Etwas bejaht oder verneint; [6]) wesentlich dasselbe, was das Urtheil (ἀπόφανσις): der eine oder andere Theil eines contradictorischen Gegensatzes. [7])

Die einer solchen bejahenden oder verneinenden Beziehung fähigen Elemente sind die Substanzen (οὐσίαι), die in sich selbst, und die Accidentien (τὰ συμβεβηκότα), die in einem Andern, welchem sie entweder an sich (καθ' αὐτό) oder nicht an sich zukommen, [8]) ihren Bestand haben; [9]) die Gattungen der Accidentien sind das Qualitative, Quantitative, auf Anderes Bezogene,

γὰρ ἔχει (sc. ὁ ἀνθρώπινος νοῦς, ὅ γε τῶν συνθέτων,) τὸ εὖ ἐν τῳδὶ ἢ ἐν τῳδὶ, ἀλλ' ἐν ὅλῳ τινὶ τὸ ἄριστον, a. a. O. XI, 9. 1075 a 8 ff.

1) ἂν δὲ γενομένων ἢ ἐσομένων, τὸν χρόνον προσεννοῶν, de an. III, 6. 430 a 32 f. b 4 f.

2) metaph. VI, 15. 1040 a 4. vergl. Abschn. IV. S. 148. Anmerk. 1.

3) το δὲ ἓν ποιοῦν, τοῦτο ὁ νοῦς ἕκαστον, de an. III, 6. 430 b 5 f.

4) ἐνδέχεται δὲ καὶ διαίρεσιν φάναι πάντα, a. a. O. b 3 f. metaph. III, 7. 1012 a 2 f.

5) analyt. post. I, 2. 72 a 13 f. vergl. de interpret. 6. 17 a 25 f. 32 ff. Der positive Satz ist immer der deutlichere und bekanntere, weil frühere, metaph. III, 4. 1008 a 16 ff. analyt. post. I, 25. 86 b 34 ff. de coelo II, 4. 286 a 25 f. vergl. de interpret. 5 init.

6) πρότασις μὲν οὖν ἐστὶ λόγος καταφατικὸς ἢ ἀποφατικὸς τινὸς κατὰ τινος. κτλ., analyt. pr. I, 1. 24 a 16 ff. analyt. post. I, 2. 72 a 8 f.

7) ἀπόφανσις δὲ ἀντιφάσεως ὁποτερουοῦν μόριον, a. a. O. a 11 f.

8) ὅσα δὲ μὴ οὐσίαν σημαίνει, ἀλλὰ κατ' ἄλλου ὑποκειμένου λέγεται, ὃ μή ἐστι μήτε ὅπερ ἐκεῖνο μήτε ὅπερ ἐκεῖνό τι, συμβεβηκότα, οἷον κατὰ τοῦ ἀνθρώπου τὸ λευκόν. οὐ γάρ ἐστιν ὁ ἄνθρωπος οὔτε ὅπερ λευκὸν οὔτε ὅπερ λευκόν τι, analyt. post. I, 22. 83 a 25 ff. συμβεβηκότα γάρ ἐστι πάντα, ἀλλὰ τὰ μὲν καθ' αὐτά, τὰ δὲ καθ' ἕτερον τρόπον, b 19 f. u. s.

9) ἕτερόν τι ὄν, a. a. O. I, 4. 73 b 5 ff. C. 22. 83 a 31 f. b 23. vergl. a 9 f. 13 f. C. 19. 81 b 27. metaph. I, 6. 987 b 23. II, 23. 1001 a 6 f. 10. XIII, 1. 1087 a 33 ff. 1088 a 25. 28. phys. I, 4. 188 a 8. u. s.

Thuende, Leidende, Wo und Wann (Liegen und Haben). ¹)
Naturgemäß nimmt im Satze nur das die Stelle des Subjects
ein, was den Accidentien zu Grunde liegt (τὸ ὑποκείμενον) oder
Substanz ist, und nur dasjenige die Stelle des Prädicats ein,
was entweder, wie die allgemeine Substanz, das Wesen des
Subjects ausdrückt, ²) oder was, wie die Accidentien, in der
Substanz eines jeden Dinges enthalten ist. ³) „Der Mensch ist
weiß" ist daher eine Aussage, aber „jenes Weiße ist ein
Mensch" entweder überhaupt keine oder nicht schlechthin,
sondern accidentiell, ⁴) durch die Beziehung des Weißen zum
Menschen. ⁵)

Der Satz „ist entweder allgemein oder theilweise oder
unbestimmt. Ich nenne ihn allgemein, wenn Etwas Jedem
oder Keinem zukommt, theilweise, wenn Etwas irgend Einem
oder irgend Einem nicht oder nicht Jedem zukommt (singuläre
und particuläre Sätze), unbestimmt, wenn Etwas zukommt oder
nicht zukommt ohne Bestimmung des Allgemeinen oder Theil-

---

1) analyt. post. I, 22. 83 a 21 ff. Und zwar sämmtliche Gattungen: ἀλλὰ
δὴ, ὅτι οὐδ᾽ εἰς τὸ ἄνω ἄπειρα ἔσται (die Accidentien)· ἑκάστου γὰρ κατηγορεῖται
ὃ ἂν σημαίνῃ ἢ ποιόν τι ἢ, ποσόν τι ἢ τι τοιούτων ἢ, τὰ ἐν τῇ οὐσίᾳ· ταῦτα δὲ
πεπέρανται, καὶ τὰ γένη, τῶν κατηγοριῶν· ἢ γὰρ ποιὸν ἢ ποσὸν ἢ πρός τι ἢ ποιοῦν
ἢ πάσχον ἢ ποῦ ἢ ποτέ, b 12 ff. Top. I, 9. 103 b 21 ff. wird die Zahl der Kategorien (die Substanz als Prädicat des Stoffs eingerechnet, τὰ μὲν γὰρ ἄλλα τῆς
οὐσίας κατηγορεῖται, αὕτη δὲ τῆς ὕλης, metaph. VI, 3. 1029 a 23 f. vergl. Prantl.,
Geschichte der Logik, I, S. 187 f., — oder mit Brandis, Handb. etc. II, 1. S. 376,
und Bonitz, Über die Kategorien des Aristoteles, a. a. O. S. 618 ff., αἱ κατηγορίαι
im weitern Sinne als Aussagen, oder bestimmter als die verschiedenen Bedeu-
tungen, welche man mit dem Aussagen des Begriffs ὄν verbindet, gefaßt,) auf
zehn festgestellt; ἔστι δὲ ταῦτα (sc. τὰ γένη τῶν κατηγοριῶν; über diesen Genitiv
Bonitz a. a. O. S. 622:) δέκα, τί ἐστι, ποσόν, ποιόν, πρός τι, ποῦ, ποτέ, κεῖσθαι,
ἔχειν, ποιεῖν, πάσχειν. Vergl. categ. 4. Zeller a. a. O. S. 189 f. Anmerk. 2.
— Über die Kategorien Liegen und Haben vergl. Bonitz a. a. O. S. 643.

2) analyt. post. I, 22. 83 a 24 f. 29 f. vergl. categ. 5. 2 b 29 ff.

3) τὰ συμβεβηκότα, ὅσα ἐν τῇ οὐσίᾳ ἑκάστου, analyt. post. I, 22. 83 b
26 f. u. s.

4) a. a. O. I, 22. 83 a 14 ff. a 1 ff. 24 ff. C. 19. 81 b 24 ff. metaph. IV, 7.
1017 a 21 f. Dazu Bonitz comm. p. 240 sq. gegen Schwegler, Metaph. III,
S. 211 und Waitz a. a. O. I, p. 290.

5) ὅταν μὲν γὰρ τὸ λευκόν εἶναι ᾧ ξύλον, τότε λέγω ὅτι ᾧ συμβέβηκε λευκῷ
εἶναι ξύλον ἐστίν, . . . ὥστ᾽ οὐκ ἔστιν ἀλλ᾽ ἢ, κατὰ συμβεβηκός, analyt. post. I, 22.
83 a 4 ff. — Zum Ganzen vergl. analyt. pr. I, 27. 43 a 25 ff.

weisen." [1]) Ferner spricht jeder Satz entweder aus, daß Etwas einem Andern schlechthin (so daß ein anderes Mal auch wohl das Gegentheil Statt finden kann [2])), oder daß es nothwendig, oder daß es, ohne nothwendig zu sein, [3]) möglicher Weise zukommt, in jeder dieser drei Modalitäten wieder positiv oder negativ. [4]) — Die Position gründet in objectiver Vereinigung, die Negation in objectiver Trennung; [5]) die Begriffe der Quantität, Qualität und Modalität existiren ursprünglich in den Objecten. Aristoteles definirt sie als gewisse Weisen des Seins und Geschehens, nicht des Denkens. [6])

Der nothwendige Satz ist das Element des Beweises; an sich Zukommendes enthaltend, unvermittelt und ursprünglich, ist er Grundlage, — an sich Zukommendes enthaltend und dabei vermittelt, ist er Gegenstand des Beweises, als Grundlage Quelle, als vermittelt oder beweisbar Gegenstand einer neuen Art wahrhafter Erkenntniss. Die Form derselben ist der Schluß.

β. Der Schluß.

Es gehört auch zum Wesen des Schlußes, daß das Unbekannte aus Bekanntem resultirt; [7]) wenn das Erste bekannt,

---

1) a. a. O. 1, 1. 24 a 17 ff.

2) a. a. O. C. 9. 30 a 23 ff. C. 10. 30 b 30 f. 37. C. 11. 31 b 7 f.

3) λέγω δ' ἐνδέχεσθαι καὶ τὸ ἐνδεχόμενον, οὗ μὴ ὄντος ἀναγκαίου, τεθέντος δ' ὑπάρχειν, οὐδὲν ἔσται διὰ τοῦτ' ἀδύνατον, a. a. O. C. 13. 32 a 18 ff. ἔσται ἄρα τὸ ἐνδεχόμενον οὐκ ἀναγκαῖον καὶ τὸ μὴ ἀναγκαῖον ἐνδεχόμενον, a 28 f. ἔστι δὲ δυνατὸν τοῦτο, ᾧ ἐὰν ὑπάρξῃ ἡ ἐνέργεια, οὗ λέγεται ἔχειν τὴν δύναμιν, οὐδὲν ἔσται ἀδύνατον. κτλ., metaph. VIII, 4. 1047 a 24 ff. C. 8. 1050 b 10 f. u. s. Vergl. ZELLER a. a. O. S. 160 ff. Anmerk. Über den Begriff des Möglichen bei Aristoteles: PRANTL a. a. O. S. 166 ff. 168 ff.

4) πᾶσα πρότασίς ἐστιν ἢ τοῦ ὑπάρχειν ἢ τοῦ ἐξ ἀνάγκης ὑπάρχειν ἢ τοῦ ἐνδέχεσθαι ὑπάρχειν, τούτων δὲ αἱ μὲν καταφατικαὶ αἱ δὲ ἀποφατικαὶ καθ' ἑκάστην πρόσρησιν, analyt. pr. 1, 2. 24 b 31 ff. vergl. C. 8. 29 b 29 ff.

5) vergl. metaph. V, 4. 1027 b 21 f. VIII, 10. 1051 b 3 f. PRANTL a. a. O. 1, S. 118 f. 224. 235. 242, nimmt Anstoß an diesem factischen Bestande des Negativen.

6) τὸ γὰρ ἀναγκαῖον οὐκ ἐνδέχεται ἄλλως καὶ ἄλλως ἔχειν ὥστ' εἴ τι ἔστιν ἐξ ἀνάγκης, οὐχ ἕξει οὕτω τε καὶ οὐχ οὕτως, metaph. III, 5. 1010 b 28 ff. u. s. w. In Bezug auf das Mögliche vergl. a. a. O. VIII, 5. 1047 a 24 ff. IV, 12. 1019 b 27 ff. analyt. pr. 1, 13. 32 a 18 ff. b 4 ff. u. s. de interpret. 12. 21 b 12 ff. TRENDELENBURG, Elem. log. ed. IV., p. 62 sq.

7) Alle Reden in Schlüßen entnehmen termini und Vordersätze aus dem

so ist das Zweite in gewisser Weise im Voraus bekannt. „Der Schluß (συλλογισμός) ist eine Reflexion, in welcher, wenn Etwas vorausgesetzt wird, ein von dem Vorliegenden (Vorausgesetzten) Verschiedenes mit Nothwendigkeit und zwar dadurch eintritt, daß dieses ist. Ich meine mit dem „dadurch, daß dieses ist," daß es (das Verschiedene) seinetwegen eintritt, — und daß es seinetwegen eintritt, heißt, daß zum Werden des Nothwendigen kein *terminus* von Außen her erforderlich ist." [1]) Das Vorliegende oder Vorausgesetzte sind die Vordersätze (προτάσεις), [2]) das seinetwegen Eintretende oder aus ihm Folgende ist der Schlußsatz (συμπέρασμα). Die Elemente der Vordersätze sind die *termini* oder Grenzbegriffe (ὅροι), d. h. Begriffe, welche die Sätze, wie Punkte die Linien, begrenzen. [3]) Aus dem Vorhergehenden folgend oder das Vorhergehende sammelnd und zusammenfaßend, ist der Schlußsatz das letzte Glied einer einzigen, continuirlich zusammenhängenden Reflexion; es folgt Nichts, wenn die Vordersätze vereinzelt genommen, sondern nur dann Etwas, wenn sie zusammen betrachtet werden. [4]) Andererseits sagt jeder Satz Eins von Einem aus; [5]) jeder Vordersatz enthält somit zwei *termini*. Das Eine mit dem An-

---

Verständnisse des Hörers, analyt. post. I, 1. 71 a 1 f. top. VI, 4. 141 a 26 ff. VIII, 5. 159 b 8 f.

1) συλλογισμός δέ ἐστι λόγος ἐν ᾧ τεθέντων τινῶν ἕτερόν τι τῶν κειμένων ἐξ ἀνάγκης συμβαίνει τῷ ταῦτα εἶναι. λέγω δὲ τῷ ταῦτα εἶναι τὸ διὰ ταῦτα συμβαίνειν, τὸ δὲ διὰ ταῦτα συμβαίνειν τὸ μηδενὸς ἔξωθεν ὅρου προσδεῖν πρὸς τὸ γενέσθαι τὸ ἀναγκαῖον, analyt. pr. I, 1. 24 b 18 ff. ἔστι δὴ συλλογισμὸς λόγος ἐν ᾧ τεθέντων τινῶν ἕτερόν τι τῶν κειμένων ἐξ ἀνάγκης συμβαίνει διὰ τῶν κειμένων, top. I, 1. 100 a 25 ff. IX (de sophist. el.), 1. 164 b 27 ff. rhetor. I, 2. 1356 b 15 ff.

2) ὅλως μὲν γὰρ συλλογισμὸς ἐκ προτάσεών ἐστι, rhetor. I, 3. 1359 a 8 f. Auch ὑποθέσεις, metaph. IV, 2. 1013 b 20. phys. II, 3. 195 a 18. ἀρχαί, analyt. pr. I, 27. 43 a 21 f. b 36. C. 30. 46 a 10. vergl. analyt. post. I, 32. 88 b 7 f. II, 12. 96 a 18.

3) ὅρον δὲ καλῶ εἰς ὃν διαλύεται ἡ πρότασις, οἷον τό τε κατηγορούμενον καὶ τὸ καθ᾽ οὗ κατηγορεῖται, ἢ προστιθεμένου ἢ διαιρουμένου τοῦ εἶναι καὶ μὴ εἶναι, analyt. pr. I, 1. 24 b 16 ff. Vergl. PACIUS, Comm. (Francof. 1597), p. 114 a. TRENDELENBURG, Elem. log. ed. IV., p. 88 sq. WAITZ a. a O. I, p. 370.

4) ... οὐ γὰρ ἐπίσταται ὅτι τὸ Α τῷ Γ, μὴ συνθεωρῶν τὸ καθ᾽ ἑκάτερον, analyt. pr. II, 21. 67 a 36 f.

5) ἡ γὰρ πρότασίς ἐστιν ἓν καθ᾽ ἑνός, top. IX (de sophist cl.), 6. 169 a 7 f. 14. 10 f. vergl. C. 30. 181 a 38 f. analyt. pr. I, 1. 24 a 26 f.

dern combinirt ergibt für die richtige Gliederung [1]) des (einfachen) Schlußes, daß, wenn Zwei (nicht mehr und nicht weniger) die Zahl der Vordersätze ist (denn aus einem kann Nichts nothwendig folgen [2])), beide Vordersätze zusammen drei *termini* enthalten, [3]) also überhaupt Drei (nicht mehr und nicht weniger) die Zahl der *termini* eines Schlußes ist. [4]) Geht aber „nichts Nothwendiges daraus hervor, so wird auch kein Schluß vorhanden sein." [5]) Nothwendig folgt das Zweite und zwar ohne Intervention eines *terminus* von Außen her, sondern lediglich dadurch, daß das Erste gesetzt ist, insofern das Erste, indem es das Allgemeine und zweimalige Subsumtion enthält, das Zweite schon an sich enthält; denn „was vom Prädicate gesagt wird, wird auch vom Subjecte gesagt." [6]) In den Vordersätzen hat man also unmittelbar auch den Schlußsatz, [7]) der Schlußsatz bringt nur an den Tag, was im Wißen des Allgemeinen des Obersatzes „in gewisser Weise," „potenziell," [8])

---

1) vergl. ... μὴ διαρθρωθέντων τῶν πρότερον συλλογισμῶν, top VIII, 1. 156 a 19.

2) analyt. pr. I, 15. 34 a 17 ff. II, 1. 53 b 16 ff. analyt. post. I, 3. 73 a 7 ff. II, 11. 94 a 24 f.

3) analyt. pr. I, 25. 42 a 32 ff. C. 28. 44 b 6 f. II, 2. 53 b 20.

4) a. a. O. I, 25. 41 b 36 ff. 42 a 30 f. II, 2. 53 b 19. analyt. post. I, 19. 81 b 10. C. 25. 86 b 7 f. metaph. IV, 3. 1014 b 2 f.

5) analyt. pr. I, 4. 26 a 7 f. C. 32. 47 a 34 f. vergl. II, 2. 53 b 18 f. οὐ γὰρ δεῖ τὸ συμπέρασμα ἐρωτᾶν, οὐδὲ τῷ δοῦναι εἶναι· ἀλλ' ἀνάγκη, εἶναι ἐκείνων ὄντων, κᾶν μὴ φῇ ὁ ἀποκρινόμενος, analyt. post. II, 5. 91 b 15 ff. C. 7. 92 a 36. C. 11. 94 a 26 f. top. VIII, 13. 163 a 35 f. IX (de sophist. el.), 6. 168 a 21 ff. 38 ff. b 23 ff. So fehlt z. B. bei particulären Vordersätzen die Nothwendigkeit der Folge, analyt. pr. II, 1. 53 a 34 f.

6) categ. 5. 3 b 4 f. C. 3. 1 b 10 ff. „Wovon die Art prädicirt wird, muß auch die Gattung prädicirt werden," top. IV, 1. 121 a 25 f.

7) Aus den Vordersätzen läßt sich das, was sich aus ihnen ergibt, vorhersehen, a. a. O. VIII, 1. 156 a 16 ff. C. 6. 160 a 12.

8) analyt. post. I, 24. 86 a 22 ff.
Begrifflich angesehen, geht umgekehrt die Actualität der Potenzialität vorher. Eine Stelle in der Metaphysik versucht dieses allgemeine Gesetz für das Verhältniss des actuellen und potenziellen Wißens in folgender Weise durchzuführen: Man weiß das, was man nur potenziell weiß, in Wahrheit erst dann, wenn man es actuell weiß: τὰ δυνάμει ὄντα εἰς ἐνέργειαν ἀναγόμενα εὑρίσκεται, metaph. VIII, 9. 1051 a 29 f. Dieß wird durch die geometrischen Constructionen anschaulich, a 20 ff.; „diese" Actualität (die Actualität der

in der Weise des Stoffs im Unterschiede vom formirten Stoffe [1])
schon vorhanden ist: man weiß in gewisser Weise schon, daß
A dem *C* durch *B* zukommt, weil man durch das Allgemeine
das Besondere weiß. [2]) „Durch *B*:" denn daß das Zweite aus
dem Ersten folgt, beruht wesentlich auf dieser Vermittlung.
„Wenn sich drei *termini* so zu einander verhalten, daß der
letzte (der *terminus minor*) im Umfange des ganzen mittlern
(des *terminus medius*), und der mittlere im Umfange des ganzen
ersten (des *terminus major*) entweder liegt oder nicht liegt, so
findet nothwendig ein vollständiger Schluß der äußern *termini*
Statt." [3]) Der mittlere *terminus*, „welcher zu jedem der beiden

---

mathematischen Abstractionen) und Denken sind nemlich identisch: αἴτιον δ'
ὅτι νόησις ἡ (vergl. Christ a. a. O. p. 72 sq.) ἐνέργεια· ὥστ' ἐξ ἐνεργείας ἡ δύ-
ναμις· καὶ διὰ τοῦτο ποιοῦντες γιγνώσκουσιν, a 30 ff. ποιοῦντες: diejenigen, welche
das Potenzielle zum Actuellen der geometrischen Construction fortführen; die
Actualität ist an sich früher als die Potenzialität, aber im realen Falle (C. 8.
1049 b 19 ff.) tritt sie später ein: ὕστερον γὰρ γενέσει ἡ ἐνέργεια ἡ κατ' ἀριθμόν,
a 32 f.

1) Die Vordersätze oder ὑποθέσεις τοῦ συμπεράσματος sind Ursachen (αἴτια)
im Sinne des Das woraus (ὡς τὸ ἐξ οὗ) oder des Stoffs, metaph. IV, 2. 1013
b 16 ff. phys. II, 3. 195 a 18 f.; der Schlußsatz enthält das vo lendete Resultat
und somit die Form.

2) ἐπίσταται γὰρ πως; ὅτι τὸ Λ τῷ Γ ὑπάρχει διὰ τοῦ Β, ὡς τῇ καθόλου
τὸ κατὰ μέρος, analyt. pr. II, 21. 66 b 31 ff. τῇ μὲν οὖν καθόλου θεωροῦμεν τὰ
ἐν μέρει, a. a O. 67 a 27 u. s. S. o. 185 f. 220.

3) analyt. pr. I, 4. 25 b 22 ff.

*Ex hac subsumtionis, quam parum latine vocant, ratione omnis syllogismi
ratio repetitur*, Trendelenburg, Elem. log., p. 90. Wesentlich dasselbe in
Bezug auf die Schlüße mit nothwendigen Vordersätzen: ἐπεὶ γὰρ παντὶ τῷ Β
ἐξ ἀνάγκης ὑπάρχει ἤ, οὐχ ὑπάρχει τὸ Α, τὸ δὲ Γ τι τῶν Β ἐστί, φανερὸν ὅτι καὶ
τῷ Γ ἐξ ἀνάγκης ἔσται θάτερον τούτων (sc. ἤ τὸ ὑπάρχειν ἤ, τὸ μὴ ὑπάρχειν), a.
a. O. C. 9. 30 a 21 ff. *Scilicet*, bemerkt Waitz ad h. l. a. a. O. I, p. 395, *optime
Aristoteles perspexit omnem ratiocinandi vim in eo esse, quod alterum in altero
insit ut pars in toto.* Vergl. in Bezug auf Celarent mit möglichen Vordersätzen:
τὸ γὰρ καθ' οὗ τὸ Β ἐνδέχεται, τὸ Α μή, ἐνδέχεσθαι τοῦτ' ἦν, τὸ μηδὲν ἀπολείπειν τῶν ὑπὸ τὸ Β ἐνδεχομένων, a. a. O. C. 14. 33 a 3 ff. vergl. C. 15. 33 b
34 ff. In Betreff des Sorites C. 25. 42 a 8 ff. Auch C. 28. 44 a 29 f. Der Untersatz affirmativer Schlüße (nicht negativer, noch der *deductio ad absurdum*,
analyt. post. I. 26. 87 a 22 ff.) ist im Obersatze enthalten: analyt. pr. I, 32. 47
a 14 ff. Gilt der *terminus major* (Λ) von der gesammten Sphäre des *term. med.*
(B), so gilt er unmittelbar vom *terminus minor*: εἰ δὲ καθ' οὗ ἂν τὸ Β λέγηται
ἀληθῶς (i. e. als *genus*), τούτῳ πάντι ὑπάρχει (sc. τὸ Α), συμβήσεται τὸ Α, καθ' οὗ

16 *

andern in einem gewissen Verhältnisse steht," ist der Träger
der Vermittlung, das ebenso unentbehrliche wie charakteristische
Glied eines Schlußes. [1] „Mittlern *terminus* nenne ich das,"
fährt Aristoteles fort, [2] „was sowohl in einem Andern enthalten
ist, als auch ein Anderes in sich enthält, was auch der Stellung
nach ein Mittleres wird. Aeußere *termini* aber sowohl das,
was (nur) in einem Andern enthalten ist, als auch das, was
(ohne in einem Andern enthalten zu sein) Anderes in sich enthält. Wenn nemlich *A* vom ganzen *B*, und *B* vom ganzen *C*
ausgesagt wird, so muß *A* nothwendig vom ganzen *C* ausgesagt
werden (Barbara). ... Ebenso muß auch, wenn *A* von keinem
B, *B* vom ganzen *C* ausgesagt wird, *A* keinem *C* zukommen"
(Celarent). Ferner wenn der letzte *terminus* oder das kleinere
Aeußere nur theilweise im Mittlern enthalten ist, so findet auch
dann ein „vollständiger Schluß" Statt, wofern nur der erste
terminus oder das größere Aeußere vom ganzen Mittlern ausgesagt wird, d. h. das Mittlere Nichts enthält, wovon das Andere
nicht ausgesagt oder im entgegengesetzten Falle nicht verneint
werden kann. [3] „Es komme *A* dem ganzen *B*, *B* einigem *C*
zu. Also muß, wenn man „vom Ganzen Aussagen" in dem
Eingangs festgestellten Sinne nimmt, *A* einigem *C* zukommen
(Darii). Und wenn *A* keinem *B*, *B* aber einigem *C* zukommt,
so ist es nothwendig, daß auch *A* einigem *C* nicht zukommt"
(Ferio). [4] Dieß sind die vier *modi* der ersten, in den beiden

---

παντὸς τὸ B λέγεται, κατὰ τούτου παντὸς λέγεσθαι, a. a O. I, 41. 49 b 22 ff. ἐν
δὴ ταῖς τρισὶν ὅροις δῆλον, ὅτι τὸ καθ' οὗ τὸ B παντὸς (*intell.* κατὰ τούτου) τὸ A
λέγεσθαι, τοῦτ' ἔστι, καθ' ὅσων τὸ B λέγεται, κατὰ τούτων λέγεσθαι καὶ τὸ A, κτλ.
b 27 ff. analyt. post. II, 6. 92 a 12 f. und dazu WAITZ a. a. O. p. 390.

1) ὅλως γὰρ εἴπομεν ὅτι οὐδεὶς οὐδέποτε ἔσται συλλογισμὸς ἄλλου κατ' ἄλλου μὴ
ληφθέντος τινὸς μέσου, ὃ πρὸς ἑκάτερον ἔχει πως ταῖς κατηγορίαις· ... ὥστε ληπτέον
τι μέσον ἀμφοῖν, ὃ συνάψει τὰς κατηγορίας, εἴπερ ἔσται τοῦδε (des *term.* major) πρὸς
τόδε (den *term.* minor) συλλογισμός, analyt. pr. I, 23. 41 a 2 ff. 11 ff. vergl. 40
b 33 ff. C. 31. 46 a 40 f. φανερὸν οὖν ὡς ἐν ᾧ λόγῳ μὴ λέγεται ταὐτὸ πλεονάκις,
ὅτι οὐ γίνεται συλλογισμός· οὐ γὰρ εἴληπται μέσον, a. a. O. C. 32. 47 b 7 ff. II,
19. 66 a 27 ff. C. 23. 68 b 31 f. 33 f. analyt. post. II, 4. 91 a 14 f.

2) analyt. pr. I, 4. 25 b 35 ff.

3) vergl. λέγομεν δὲ τὸ κατὰ παντὸς κατηγορεῖσθαι, ὅταν μηδὲν ᾖ λαβεῖν τῶν
τοῦ ὑποκειμένου, καθ' οὗ θάτερον οὐ λεχθήσεται· καὶ τὸ κατὰ μηδενὸς ὡσαύτως, a.
a. O. C. 1. 24 b 28 ff.

4) a. a. O. C. 4. 26 a 23 ff.

allgemeinen (denn die beiden particulären *modi* wurzeln in den
beiden allgemeinen [Barbara und Celarent], können also auf
diese zurückgeführt werden, [1])) ursprünglichen, allem schließen-
den Denken zu Grunde liegenden Schlußfigur (τὸ πρῶτον
σχῆμα). [2]) „Vollständig" ist ein Schluß nach irgend einem
dieser *modi*, weil er die Nothwendigkeit der Folgerung durch
sich selbst zur Evidenz bringt, d. h. im Interesse dieser Evidenz weder einer Zurückführung auf das unmögliche Gegentheil, noch auch irgendwelcher zugestandener, immer also
äußerlicher Voraussetzung, noch endlich einer Zurückführung
auf einen einfachern, durchsichtigern Ausdruck bedarf. [3]) So
unterscheidet sich der vollständige und wirkliche vom unvollständigen (ἀτελής) [4]) und möglichen (δυνατός), also verborgenen
und erst durch besondere Operationen an's Licht zu ziehenden
Schluße. [5])

Drei wesentliche Momente gehören zu jedem Schluße: ein
qualitatives: daß mindestens einer der *termini* positiv,
ein quantitatives: daß mindestens einer allgemein sei; denn
ohne das Allgemeine entsteht entweder überhaupt kein Schluß

---

1) φανερὸν ὅτι καὶ οἱ κατὰ μέρος ἀναχθήσονται εἰς τοὺς ἐν τῷ πρώτῳ σχήματι
καθόλου συλλογισμούς, a. a. O. C. 7. 29 b 18 f. C. 23. 41 b 3 ff.

2) a. a O. C. 4. 26 b 24. Die drei Schlußfiguren beruhen auf der verschiedenen Stellung des *term. medius*; τῇ τοῦ μέσου θέσει γνωριοῦμεν τὸ σχῆμα, a. a. O.
C. 32. 47 b 13 f. In der zweiten Schlußfigur ist derselbe sowohl im Ober- wie
im Untersatze Prädicat, in der dritten in beiden Subject; in der zweiten wird
durchgängig negativ, in der dritten durchgängig particulär geschloßen, οἱ μὲν
ἐν τῷ δευτέρῳ σχήματι στερητικοὶ πάντες, οἱ δ' ἐν τῷ τρίτῳ οὐ καθόλου, analyt.
post. II, 3. 90 b 6 f. Die Theorie von den Schlußfiguren in Kürze analyt. pr.
I, 32. 47 a 40 ff. Das Nähere gehört in die Logik.

3) τέλειον μὲν οὖν (τέλειον λέγεται ἐν μὲν οὖ μὴ ἔστιν ἔξω τι λαβεῖν κτλ.,
metaph. IV, 16. 1021 b 12. 32 ff. IX, 4. 1055 a 13 ff. οὐδὲ προσδεῖται οὐδενὸς
τὸ τέλειον, a 15 f. de coelo I, 4. 286 b 18 f.) καλῶ συλλογισμὸν τὸν μηδενὸς
ἄλλου προσδεόμενον παρὰ τὰ εἰλημμένα πρὸς τὸ φανῆναι τὸ ἀναγκαῖον, analyt.
pr. I, 1. 24 b 22 ff. C. 4. 26 b 29 f. vergl. C. 5. 28 a 5 ff. C. 7. 29 a 30 ff.
C. 15. 34 a 4 f. C. 16. 36 a 5 ff. C. 19. 39 a 1 ff. C. 22. 40 b 15 ff. C. 23.
40 b 17 ff. 41 b 3 ff. Die directe ἀναγωγή, ἀνάλυσις oder μετάβασις der Schlüße
zweiter und dritter Figur in die erste wird analyt. pr. I, 45. 50 b 17 ff. durch-
geführt.

4) a. a. O. C. 1. 24 b 24 ff. u. s.

5) a. a. O. 41 b 33. δυνατός im Gegensatze zum συλλογισμὸς τέλειος auch
C. 5. 27 a 2.

oder kein solcher, der sich auf ein Vorliegendes bezieht, oder es findet ein unmittelbares Nehmen, ein Erbitten der anfänglichen Behauptung, d. h. des durch den Schluß zu Bewährenden, eine *petitio principii* Statt;[1] endlich ein modales Moment: die Nothwendigkeit der Folge.

Die Nothwendigkeit der Folge ist *in concreto* gediegene Einheit der allgemeinen Form und des Inhalts. Geht diese Einheit auseinander, so verliert die formelle Nothwendigkeit ihre Kraft. Ein Schluß dieser Art ist nur der Form und Erscheinung, dem Scheine nach ein Schluß, ohne Wesen, — ohne Bedeutung für die Erkenntniss. Man kann nemlich auch

---

1) ἔτι τε ἐν ἅπαντι δεῖ κατηγορικόν τινα τῶν ὅρων εἶναι (ebenso analyt. post. 1, 25. 86 b 10 ff.) καὶ τὸ καθόλου ὑπάρχειν· ἄνευ γὰρ τοῦ καθόλου ἢ οὐκ ἔσται συλλογισμὸς ἢ οὐ πρὸς τὸ κείμενον, ἢ τό ἐξ ἀρχῆς αἰτήσεται (ἔσται εἰλημμένον, analyt. pr. I, 23. 40 b 32 f. λαμβάνει, C. 24. 41 b 13. vergl. II, 16. 64 b 38 f. top. VIII, 13. 162 b 34 ff u. s.), analyt. pr. I, 24. 41 b 6 ff. διὰ γὰρ τῶν καθόλου προτάσεων ὁ συλλογισμός. κτλ., a. a. O. 1, 27. 43 b 13 ff. vergl. b 11 ff. C. 33. 47 b 27 f. II, 26. 69 a 39 f. analyt post. I, 12. 77 b 36 f. ... διὰ τό μὴ εἶναι συλλογίσασθαι μηδὲν ἄνευ τῶν καθόλου, top. VIII, 14. 164 a 10 f. Was in dieser Hinsicht vom Schluße überhaupt, gilt im Besondern auch vom Widerlegungsschluße (ὁ γὰρ ἔλεγχος ἀντιφάσεως συλλογισμός· κτλ., analyt. pr. II, 20· 66 b 11 ff. top. IX [de sophist. el.], 1. 165 a 2 f. C. 5. 167 a 23 ff. C. 6. 168 a 35 ff. C. 9. 170 b 1 ff. C. 17. 175 a 36) und vom Ueberredungsschluße aus dem Indicium (ἐνθύμημα μὲν οὖν ἐστι συλλογισμὸς ἐξ εἰκότων ἢ σημείων, analyt. pr. II, 27. 70 a 10 Das Enthymem, der Schluß oder Beweis des Redners, geht allerdings auch von Nothwendigem, gewöhnlich aber von dem, was meistentheils stattfindet, d. h. vom Wahrscheinlichen [s. u.], speciell von Indicien und herrschenden Ansichten aus, rhetor. I, 1. 1355 a 6 ff. C. 2. 1356 b 4. 17. 1357 a 30 ff. 1358 a 2 ff. C. 3. 1359 a 7 ff. II, 1. 1377 b 19 f. C. 21. 1394 a 26 ff. C. 22. 1395 b 22 ff. 1396 b 23 ff. C. 24 von Anf. C. 25. 1402 b 12 ff. vergl. αἱ κατὰ τὸ σημεῖον ἀποδείξεις ἐκ τῶν ἐπομένων εἰσίν, de sophist. el. 5. 167 b 8 f.). Ist das Zeichen (der Obersatz) allgemein, selbstverständlich auch wahr — die Schlußfigur ist in diesem Falle die erste — und so beweiskräftiges Zeichen (τεκμήριον, analyt. pr. II, 27. 70 b 1 ff. rhetor. I, 2. 1357 b 3 f. 14 ff. II, 25. 1403 a 10 ff.), so ist der Schluß unwiderlegbar; ein nach der dritten Schlußfigur gebildetes Enthymem wie z. B. Pittakos ist tugendhaft, Pittakos ist weise, die Weisen sind tugendhaft (analyt. pr. II, 27. 70 a 16 ff. rhetor. I, 2. 1357 b 10 ff.), ist widerlegbar, weil in den Vordersätzen das Allgemeine fehlt (analyt. pr. II, 27. 70 a 29 ff.), somit überhaupt ein solches Enthymem, wiefern es ein wirklicher Schluß sein will, unvollziehbar ist (ἀσυλλόγιστον, rhetor. I, 2. 1357 b 13 f. 24. 1401 b 9 ff. C. 25. 1403 a 4 f.).

aus ganz und gar (ψευδοῦς οὔσης ὅλης τῆς προτάσεως) oder nur in quantitativer Beziehung (εἰ ἐπί τι ψευδὴς ἡ πρότασις) falschen Vordersätzen (einem oder sogar beiden) etwas Wahres erschließen. [1]) Aus wahren Vordersätzen folgt nothwendig Wahres, [2]) — die Voraussetzung aller Erkenntniss durch den Schluß; aber nicht nothwendig aus falschen Vordersätzen Wahres. [3]) Denn wenn *A* (die Wahrheit der Vordersätze) und *B* (die Wahrheit des Schlußsatzes) nothwendig mit einander verknüpft sind, so folgt zwar, daß, wenn *B* nicht ist, zugleich auch *A* nicht ist, aber nicht, daß, wenn *B* ist, zugleich auch *A* ist. Wenn *A* insofern sowohl ist als nicht ist, so kann nichts Nothwendiges daraus folgen. [4]) Von Seite des Inhalts angesehen, ist diese Folge also zufällig. Der Schlußsatz verdankt seine Wahrheit einem zufälligen Verhältnisse des *terminus major* und *minor* zu einander, wie wenn z. B. jeder Stein (*B*) ein lebendiges Wesen (*A*), jeder Mensch (*C*) ein Stein, also jeder Mensch ein lebendiges Wesen ist. [5]) „Es ist möglich," daß *A* dem ganzen *C*, dabei aber in Wahrheit keinem *B*, auch keinem *C* zukommt. [6]) Vermittelt ist der Schlußsatz mithin nicht, zwar dem Scheine nach, aber nicht wirklich: es findet also, trotz der äußern formellen Nothwendigkeit, in letzter

1) analyt. pr. II, 2. 53 b 8. 26 ff. C. 3 u. 4. C. 15. 64 b 7 f. analyt. post. I, 12. 78 a 6 ff. tqp. VIII, 11. 162 a 8 ff. C. 12. 162 b 12 ff. 22 ff. 27. IX (de sophist. cl.), 18. 176 b 36 ff. — vergl. eth. Eud. I, 6 Schl.

Ebenso kann man auch aus nicht nothwendigen Vordersätzen zufällig einmal Nothwendiges erschließen: analyt. post. I, 6. 75 a 1 ff. 74 h 27 ff. C. 32. 88 a 20 ff.

2) ἐξ ἀληθῶν μὲν οὖν οὐκ ἔστι ψεῦδος συλλογίσασθαι, analyt. pr. II, 2. 53 b 7 f. 10 ff. C. 11. 62 a 5 f. C. 18. 66 a 19 f. analyt. post. I, 6. 75 a 5 f. C. 16. 80 a 19 f. τὰ δ' ἀληθῆ ἐξ ἀληθῶν, C. 32. 88 a 26.

3) vergl. ... αἴτιον δ' ὅτι αἱ ὑποθέσεις καὶ ἀρχαὶ ψευδεῖς. χαλεπὸν δ' ἐκ μὴ καλῶς ἐχόντων λέγειν καλῶς, κατ' Ἐπίχαρμον· ἀρτίως τε γὰρ λέλεκται, καὶ εὐθέως φαίνεται οὐ καλῶς ἔχον, metaph. XII, 9. 1086 a 15 ff.

4) analyt. pr. II, 4. 57 a 38 ff. *Quodcunque re vera colligitur,* bemerkt WAITZ a. a. O. I, p. 510 unter Beziehung auf diese Stelle, *id eandem habet necessitatem, ut τὸ ἐξ ἀνάγκης συμβαῖνον alium sensum habere non possit, nisi ut significet id quod concludatur ἐκ τῶν οἰκείων ἀρχῶν.*

5) analyt. pr. II, 2. 53 b 31 ff. vergl. TRENDELENBURG, Erläut. etc., S. 62 ff.

6) ἐνδέχεται δὲ τοῦτο, a. a. O. b 30 f. vergl. ἐγχωρεῖ 54 a 24 f. u. oft in C. 2 — 4.

Instanz überhaupt kein reeller Schluß, daher, wie gesagt, auch keine Erkenntniss, welche der Schluß vermittelt, keine Erkenntniss des Warum Statt. „Aus falschen Vordersätzen kann man wohl Wahres, jedoch nicht, warum, sondern nur daß Etwas ist schließen; denn es gibt keinen Schluß über das Warum aus falschen Vordersätzen." [1] Von Seite des Inhalts ist also die Wahrheit der Vordersätze eine der Voraussetzungen aller Erkenntniss durch den Schluß. Das Maß der Wahrheit der Vordersätze ist das Maß der Beweiskräftigkeit des Schlußes. [2]

b. Die Erkenntniss durch Meinung und Wißen.

α. Die Meinung und Schlüße der Meinung.

Das bloß Wahre und nicht zugleich Nothwendige ist Gegenstand einer niedern Erkenntnissform, der Meinung (δόξα). „Das Wißbare und das Wißen unterscheiden sich so von der Meinung und ihrem Objecte, daß das Wißen allgemein ist und durch Nothwendiges zu Stande kommt; das Nothwendige kann nicht anders sein. Nun gibt es aber auch Solches, was zwar wahr ist und existirt, sich aber auch anders verhalten kann. Es ist klar, daß es das Wißen nicht mit diesem zu thun haben kann; es müßte ja das, was anders sein kann, nicht anders sein können. Jedoch auch nicht Intuition; ich nenne Intuition das Princip des Wißens. Auch nicht das unbeweisbare Wißen; dieß ist Annahme (ὑπόληψις) des (auf Erfahrung und Induction beruhenden) unvermittelten Satzes. Wahr aber ist die Intuition, das Wißen und das dadurch Ausgesprochene. So daß es die Meinung schließlich mit dem zu thun hat, was wahr und falsch, möglicher Weise aber auch anders ist; dieß ist die Annahme des unvermittelten, nicht nothwendigen Satzes. Und es stimmt dieß zu den Erscheinungen; denn es ist sowohl die Meinung (d. h. der Gegenstand der Meinung) etwas Schwankendes als auch ihre Natur von solcher Art." [3] Doch ist die Meinung

---

1) a. a. O. C. 2. 53 b 8 ff.

2) ὅσῳ δ' ἂν ἀληθέστερον (sc. τούτων, an Requisiten zur Bildung der Vordersätze, εὐπορῇ τις), μᾶλλον ἀποδείξει, a. a. O. I, 27. 43 b 10 f.

3) analyt. post. I, 33. 88 b 30 ff. vergl. 89 a 34 ff. b 5 f. metaph. VI, 15. 1039 b 34 f. III, 4. 1008 b 30 f. δοξάζομεν δὲ ἃ οὐ πάνυ ἴσμεν, etb.

nicht auf dergleichen unvermittelte Sätze beschränkt; auch die
Schlußsätze aus Principien der Meinung (selbst jene aus wahren
aber bloß wahren Principien [1])) fallen in die Meinung; [2]) denn
die Schlußsätze sind wie die Vordersätze oder Principien. [3])
Auf dieser Stufe der Erkenntniss stehen die Schlüße der Dialektik; die Meinung ist das rechte und zugleich einzig mögliche Element einer Methode, welche das, was die Wißenschaft zu ergründen sucht, durch Experimentiren erreichen zu
können glaubt. [4])

Nicom. III, 4. 1112 a 8, — eine von jenen mehr oder weniger vagen Erklärungen, mit welchen sich diese auf das Praktische abzielende Schrift
principmäßig zufrieden gibt.

1) vergl. analyt. post. I, 6. 74 b 15 f. δῆλον δ' ἐκ τούτων καὶ ὅτι εὐήθεις
οἱ λαμβάνειν οἰόμενοι καλῶς τὰς ἀρχάς, ἐὰν ἔνδοξος ᾖ ἡ πρότασις καὶ ἀληθής,
οἷον οἱ σοφισταὶ ὅτι τὸ ἐπίστασθαι τὸ ἐπιστήμην ἔχειν. οὐ γὰρ τὸ ἔνδοξον ᾖ μὴ
ἀρχή ἐστιν, ἀλλὰ τὸ πρῶτον τοῦ γένους περὶ ὃ δείκνυται· καὶ ἀληθὲς οὐ πᾶν
οἰκεῖον, b 21 ff.

2) κατὰ μὲν οὖν δόξαν συλλογιζομένοις καὶ μόνον διαλεκτικῶς δῆλον ὅτι τοῦτο
μόνον σκεπτέον, εἰ ἐξ ὧν ἐνδέχεται ἐνδοξοτάτων γίνεται ὁ συλλογισμός, a. a. O.
C. 19. 81 b 18 ff.

3) ὅμοιον γὰρ ἑκάστου τὸ συμπέρασμα ταῖς ἀρχαῖς, analyt. pr. I, 27. 43
b 35 f.

4) ἔστι δ' ἡ διαλεκτικὴ πειραστική (über π. im engern Sinne vergl. de
sophist el. 2, 165 b 4 ff. C. 8. 169 b 23 ff. C. 11. 171 b 3 ff. 9. 172 a
21 ff. 35 ff. C. 34. 183 a 37 ff.) περὶ ὧν ἡ φιλοσοφία γνωριστική, ἡ δὲ σοφιστικὴ
φαινομένη (vergl. a. a. O. 1. 165 a 21 ff. C. 11. 171 b 34 u. s.), οὖσα δ'
οὔ, metaph. III, 2. 1004 b 25 f. Die Meinung wagt sich also auch an Ewiges; ἡ μὲν γὰρ δόξα δοκεῖ περὶ πάντα εἶναι, καὶ οὐδὲν ἧττον περὶ τὰ ἀίδια καὶ
τὰ ἀδύνατα ἢ τὰ ἐφ' ἡμῖν, eth. Nicom. III, 4. 1111 b 31 ff. vergl. analyt.
post. I, 33. 89 a 23 ff. — διαλεκτικὸς δὲ συλλογισμὸς ὁ ἐξ ἐνδόξων (ἔνδοξον, das
allgemein Angenommene, I, 1. 100 b 21 ff. 101 a 11 ff. C. 10. 104 a 8 ff.)
συλλογιζόμενος, top. I, 1. 100 a 29 f. IX (de sophist. el.), 2. 165 b 3 f.
πρὸς μὲν οὖν φιλοσοφίαν κατ' ἀλήθειαν περὶ αὐτῶν πραγματευτέον, διαλεκτικῶς δὲ
πρὸς δόξαν, I, 14. 104 b 30 f. διαλεκτικὴ δὲ (sc. ἔσται πρότασις) . . . λῆψις τοῦ
φαινομένου καὶ ἐνδόξου, analyt. pr. I, 1. 24 b 10 f. C. 30. 46 a 9 f. metaph.
II, 1. 995 b 23 f. u. s. w. Der Dialektiker (und der Redner; denn die
Rhetorik ist ἀντίστροφος [TRENDELENBURG de an. p. 408. Elem. log., p. 74 sq.
WAITZ zum Org. I, p. 373 sq. 480. SPENGEL zur Rhetor. von Anf.] τῇ
διαλεκτικῇ, rhetor. I, 1. init. 1356 a 25 ff. 30 ff. C. 4. 1359 b 11 f. ἀλλ'
ὅλης οὔσης πρὸς δόξαν τῆς πραγματείας τῆς περὶ τὴν ῥητορικήν, κτλ. a. a. O.
a. a. O. III, 1. 1404 a 1 f.) führt daher seine Argumentation nicht durch
Definition und Beweis, sondern durch Induction oder vielmehr Analogie und

Objecte der Meinung sind in erster Reihe das Zufällige, das Mögliche und das Vergängliche. Das Mögliche ist entweder in der Natur begründet und tritt meistentheils (ὡς ἐπὶ τὸ πολύ), aber nicht nothwendig ein, wie z. B. das Grauwerden, Wachsen und Vergehen des Menschen, oder zweitens das Unbestimmte (τὸ ἀόριστον), was so und auch nicht so geschehen kann, z. B. daß das Thier geht oder daß, während es geht, ein Erdbeben entsteht, oder was überhaupt zufällig, (ἀπὸ τύχης) geschieht; denn von alledem ist Nichts von Natur das, was es ist, in höherm Maße als das Gegentheil. [1]) Vom Zufälligen [2]) und unbestimmt Möglichen gibt es weder Beweis noch Wißen, weder vom Einen noch vom Andern, weil der

---

bloßen Schluß, top. I, 12. 105 a 10 ff. VIII, 1. 155 b 35 ff. rhetor. I, 2. 1356 a 35 ff. b 7 ff. analyt. post. I, 1. 71 a 9 ff.

Nichtsdestoweniger ist die Dialektik für die philosophischen Wißenschaften von nicht zu unterschätzender Bedeutung (wenn wir eine Untersuchung nach beiden Seiten hin zu führen wißen, so werden wir leichter in jeder Sache das Wahre und das Falsche gewahren;), so insbesondere für die Erkenntniss der Principien einer jeden Wißenschaft; denn da dieselben unbeweisbar sind, so muß man sie durch das Wahrscheinliche erwägen. Durch Forschung und Prüfung (namentlich durch Discussion der ἀπορίαι, metaph. II, 1. von Anf.; vergl. SCHWEGLER, Metaph. III, S. 113 f.) bahnt die Dialektik den Weg zu den Principien aller Wißenschaften, top. I, 2. 101 a 34 ff. rhetor. I, 1. 1355 a 14 ff. Auch die sophistischen Disputationen sind für die Philosophie von Nutzen. Denn sie fördern nicht nur darin, die Bedeutung der einzelnen Wörter zu unterscheiden und auf die Verbindungen derselben zu achten (sie bewegen sich ja auch meistens παρὰ τὴν λέξιν), sondern sie vermindern auch die Möglichkeit der Selbsttäuschung in den eigenen Untersuchungen; ὁ γὰρ ὑφ᾽ ἑτέρου ῥᾳδίως παραλογιζόμενος καὶ τοῦτο μὴ αἰσθανόμενος κἂν αὐτὸς ὑφ᾽ αὑτοῦ τοῦτο πάθοι πολλάκις, de sophist. el., 16. 175 a 5 ff.

Vergl. HEYDER a. a. O. S. 341 ff. WAITZ a. a. O. II, p. 435 ff. PRANTL, Geschichte der Logik, I, S. 96 ff.

1) analyt. pr. I, 13. 32 b 4 ff. vergl. C. 3. 25 b 14 f. Was nicht nothwendig, noch immer, noch meistentheils ist oder geschieht, ist oder geschieht zufällig, metaph. V, 2. 1026 b 27 ff. ἔστιν ἄρα τι παρὰ ταῦτα τὸ ὁπότερ᾽ ἔτυχε καὶ κατὰ συμβεβηκός, 1027 a 16 f. vergl. X, 8. 1064 b 32 ff.

2) τοῦ ἀπὸ τύχης οὐκ ἔστιν ἐπιστήμη δι᾽ ἀποδείξεως, analyt. post. I, 30. 87 b 19. τῶν δὲ συμβεβηκότων μὴ καθ᾽ αὑτά, ὃν τρόπον διωρίσθη τὰ καθ᾽ αὑτά, οὐκ ἔστιν ἐπιστήμη ἀποδεικτική. οὐ γὰρ ἔστιν ἐξ ἀνάγκης δεῖξαι τὸ συμπέρασμα· τὸ συμβεβηκὸς γὰρ ἐνδέχεται μὴ ὑπάρχειν, a. a. O. C. 6. 75 a 18 ff. metaph. V, 2. 1026 b 2 ff. 26 f. 1027 a 19 f. 27 f. X, 8. 1064 b 30 ff. 1065 a 3 ff.

terminus medius — der Träger der Ursache [1]) — unsicher
(ἄτακτος) ist. [2]) Ein bloßer Schluß ist wohl möglich, man
pflegt aber dergleichen nicht zu suchen. [3]) Ebenso gibt es
vom Vergänglichen (φθαρτῶν), Wahrnehmbaren oder Einzelnen
weder Beweis noch eigentliches Wißen, sondern nur Meinung
oder, inwiefern Allgemeines dabei ausgesagt wird, beziehungsweise Wißen. [4]) Wenn ein Schluß dieser Art gebildet werden
soll, so kann der eine der beiden Vordersätze nicht allgemein,
sondern nur vergänglich sein, vergänglich: weil der Schlußsatz von dieser Art, nicht allgemein: weil der *terminus minor*
das eine Mal ist und das andere Mal nicht ist, so daß man
nicht allgemein, sondern nur, daß es jetzt so ist, schließen
kann. [5])

Vom unbestimmt Möglichen also nicht, wohl aber gibt es
von dem, was auf Grund seiner Natur möglich ist und
„meistentheils" in die Erscheinung tritt, „Wißen und beweiskräftigen Schluß," [6]) und die Argumentationen (οἱ λόγοι) und
Untersuchungen sind gewöhnlich auf das in diesem Sinne
Mögliche gerichtet. [7]) Daß in Schlüßen dieser Art die Bestimmung „meistentheils" an die Stelle der sonstigen beweis-
gemäßen Allgemeinheit des *terminus medius* treten muß, ist
selbstverständlich; meistentheils ist der Mann im Besitze eines
Bartes, nicht jeder Mann; [8]) nun richtet sich der Schlußsatz

---

1) Die Ursache des Zufälligen ist unbestimmt (ἀόριστον) und unsicher
(ἄτακτον), metaph. IV, 30. 1025 a 24 ff. V, 2. 1027 a 7 f. C. 4. 1027 b
33 f. X, 8. 1065 a 6 f. 26. 32 ff. phys. II, 5. 197 a 8 ff. rhetor. I, 10.
1369 a 32 ff.

2) analyt. pr. I, 13. 32 b 18 f.

3) speciell vom unbestimmt Möglichen: a. a. O. b 21 f.

4) analyt. post. I, 8. 75 b 24 ff. metaph. VI, 15. 1039 b 27 ff.

5) analyt. post. I, 8. 75 b 20 ff. (τοιούτου für οὔσης, Bonitz, Aristotel.
Stud. Heft. IV, S. 379 f.) vergl. δεῖ γὰρ ἴσως τῶν μὲν αἰσθητῶν αἰσθητάς, τῶν
δὲ ἀιδίων ἀιδίους, τῶν δὲ φθαρτῶν φθαρτὰς εἶναι τὰς ἀρχάς, de coelo III, 7. 306
a 9 ff.

6) τῶν δὲ πεφυκότων ἔστι (sc. ἐπιστήμη καὶ συλλογισμὸς ἀποδεικτικός), analyt.
pr. I, 13. 32 b 20. analyt. post. I, 30. 87 b 19 ff. ἐπιστήμη μὲν γὰρ πᾶσα
ἢ τοῦ ἀεὶ ἢ τοῦ ὡς ἐπὶ τὸ πολύ, metaph. V, 2. 1027 a 20 f. X, 8. 1065
a 4 f.

7) analyt. pr. I, 13. 32 b 20 f. vergl. C. 27. 43 b 33 ff.

8) analyt. post. II, 12. 96 a 8 ff. 15 ff.

nach den Vordersätzen: [1]) mithin haben auch die Männer zu
Athen meistentheils einen Bart. Ist dieß, wie nicht ein Mal
und beiläufig, sondern wiederholt und ganz ernstlich versichert
wird, ein „beweiskräftiger Schluß" oder Beweis, — auf der
andern Seite aber zugleich Nichts weiter als ein Wahrschein-
lichkeitsschluß, der Gegenstand in der That Etwas, was sich
auch anders verhalten kann, und ist ferner die Erkenntniss
aus solchem Schluße „Wißen," — das Wahrscheinliche aber
Gegenstand der Meinung, [2]) so liegt, wie es scheint, ein Widerspruch oder ein Schwanken vor. Die Auskunft, daß „Beweis"
und „Wißen," jedes in einem weitern Sinne, wie sonst so
auch hier den bloßen Schluß und die Meinung bedeuten, [3]) ist
richtig, aber genügt nicht; wir haben ja einen ganz ausdrücklichen Gegensatz zu den Schlüßen über das unbestimmt Mögliche vor uns; auch werden die Schlüße aus dem Nothwendigen
und aus dem, was meistentheils eintritt, und andrerseits das
Wißen dessen, was immer, und dessen, was meistens ist, je

---

1) analyt. pr. I, 27. 43 b 35 f. εἰ δ' ὡς ἐπὶ τὸ πολύ (sc. αἱ προτάσεις),
καὶ τὸ συμπέρασμα τοιοῦτον, analyt. post. I, 30. 87 b 24 f. vergl. rhetor. I, 2.
1357 a 27 f. eth. Eud. II, 6. 1222 b 41 f. 29 ff. m. mor. I, 10. 1187 a
34 ff. C. 11 von Anf.

2) Das Wahrscheinliche (τὸ εἰκός) ist ein Satz der Meinung (πρότασις
ἔνδοξος); denn wovon man weiß, daß es meistentheils in dieser Weise geschieht
oder nicht geschieht, ist oder nicht ist, das ist wahrscheinlich, z. B. daß
die, welche beneiden, auch haßen, oder die Verliebten auch lieben, analyt.
pr. II, 27. 70 a 3 ff. rhetor. I, 2. 1357 a 34 ff. II, 25. 1402 b 21.

3) vergl. *quod facile excusatur ita, ut* ἐπιστήμη, *sensu latiori accipienda
sit,* WAITZ a. a. O. II, p. 304 unter Bezugnahme auf analyt. pr. I, 13. 32
b 20.

Ueber die Weite der ἀπόδειξις vergl. WAITZ a. a. O. II, p. 295; so wird
analyt. post. II, 9. 93 b 17 ff. derselbe Ausdruck abwechselnd vom eigentlichen Beweise wie von der rein formellen Demonstration einer Definition
gebraucht, vergl. top. I, 18. 108 b 18 u. s.

Wißen (ἐπιστήμη, ἐπίστασθαι, nicht minder εἰδέναι, vergl. BONITZ, Comm.,
p. 36 sq.) im weitesten Sinne geht auch auf die Existenz und äußere Erscheinung (εἰ ἔστι und τὸ ὅτι), analyt. post. II, 1. 89 b 23 f. (vergl. πᾶσα
ἐπιστήμη διανοητικὴ ἢ μετέχουσά τι διανοίας, metaph. V, 1. 1025 b 6. BONITZ,
p. 279 sq.), ja es reicht fast so weit wie der Begriff des Erkennens (γνῶσις,
γιγνώσκειν, γνωρισμός, γνωρίζειν), so nemlich, daß man allenfalls auch die
Vorstellung darunter befaßen kann; ... ἡ ἐπιστήμη, εἰ δεῖ καλεῖν ἐπιστήμην
τὴν ἕξιν ἢ τὸ πάθος, de memor. 2. 451 a 27 f.

Beide in einer Weise zusammengefaßt, wie wenn sie auf einer
und derselben Stufe ständen. [1]) Die Ausgleichung wird in der
doppelten Natur dessen, was von Natur meistentheils eintritt,
zu suchen sein. Diese Particularität hat die Allgemeinheit im
Hintergrunde: in einer Regel, die nicht ohne Ausnahme ist.
Was von Natur so beschaffen ist, daß es meistentheils in die
Existenz tritt, hat die innere Bestimmung, Allgemeines zu sein;
aber die Energie der Form erliegt zuweilen der Reaction des
Stoffs. Zufall und blinde Nothwendigkeit kreuzen und stören
die Zwecke und die Zweckthätigkeit der Natur. Von dieser
Seite angesehen, sind die angeblichen Beweise nur Schlüße
der Meinung; wofern man dagegen auf die Zweckursache, auf
die Regel reflectirt, so stehen sie höher. Alle Naturwißenschaft (die Astronomie gehört wesentlich zu den mathematischen
Wißenschaften [2]) ist insofern halb Wißen, halb Meinen, ziemlich zuverläßig unterbautes Meinen und nicht völlig exactes,
weil mit dem Stoffe verflochtenes, [3]) oder nur insoweit exactes
Wißen, als die Naturwißenschaft Solches, was sich immer
findet oder immer ereignet, zum Gegenstande hat. [4])

---

1) τοῦ δ' ἀπὸ τύχης οὐκ ἔστιν ἐπιστήμη δι' ἀποδείξεως. οὔτε γὰρ ὡς ἀναγκαῖον οὔθ' ὡς ἐπὶ τὸ πολὺ τὸ ἀπὸ τύχης ἐστίν, ἀλλὰ τὸ παρὰ ταῦτα γινόμενον·
ἡ δ' ἀπόδειξις θατέρου τούτων. πᾶς γὰρ συλλογισμὸς ἢ δι' ἀναγκαίων ἢ διὰ τῶν
ὡς ἐπὶ τὸ πολὺ προτάσεων· καὶ εἰ μὲν αἱ προτάσεις ἀναγκαῖαι, καὶ τὸ συμπέρασμα
τοιοῦτον, analyt. post. I, 30. 87 b 19 ff. vergl. metaph. V, 2. 1027 a 20 f.
1026 b 31 ff. 36. 1027 a 15 f. 25. phys. II, 5. 197 a 31 f. de coelo I, 12.
283 a 32 ff. u. s.

2) metaph. I, 8. 989 b 32 f. II, 2. 997 b 17. τὸ δὲ πλῆθος ἤδη τῶν
φορῶν ἐκ τῆς οἰκειοτάτης (hier am Meisten einschlagenden, zur vorliegenden
Untersuchung in engster Beziehung stehenden) φιλοσοφίας (vulg.; denn φιλοσοφίᾳ [Bonitz] wäre [wie in dem unächten Buche X, nemlich C. 3. 1061
b 5. 10. — dagegen XI, 8. 1074 b 11,] so viel wie πρώτῃ φιλοσοφίᾳ) τῶν
μαθηματικῶν ἐπιστημῶν δεῖ σκοπεῖν, ἐκ τῆς ἀστρολογίας, a. a. O. XI, 8. 1073
b 3 ff. vergl. analyt. post. I, 13. 78 b 39 ff. de part. an. I, 1. 639 b 7 f.
rhetor. I, 10. 1369 a 35 ff.

3) τὴν δ' ἀκριβολογίαν τὴν μαθηματικὴν οὐκ ἐν ἄπασιν ἀπαιτητέον ἀλλ' ἐν
τοῖς μὴ ἔχουσιν ὕλην. διόπερ οὐ φυσικὸς ὁ τρόπος· ἅπασα γὰρ ἴσως ἡ φύσις ἔχει
ὕλην, metaph. I min., 3. 995 a 14 ff.

4) vergl. δεῖ δὲ τὴν φύσιν θεωρεῖν εἰς τὰ πολλὰ βλέποντα· ἢ γὰρ ἐν τῷ
παντὶ ἡ ὡς ἐπὶ τὸ πολὺ τὸ κατὰ φύσιν ἐστίν, de part. an. III, 2. 663 b 27 ff.
τὰ γὰρ γινόμενα φύσει πάντα γίγνεται ἢ ἀεὶ ὡδὶ ἢ ὡς ἐπὶ τὸ πολύ, τὰ δὲ παρὰ

Aber selbst das Wahre und dabei Allgemeine und Nothwendige, aber beziehungsweise Allgemeine, weil nur beziehungsweise Nothwendige, oder das, was sich unter gegebenen Voraussetzungen zwar „immer" findet, aber nicht „an sich" ist,
begründet noch kein eigentliches Wißen, weil kein Wißen des
Grundes.   Von dieser Art sind die beweiskräftigen Zeichen. [1])
Schlüße aus beweiskräftigen Zeichen (sie werden durchaus nach
der ersten Schlußfigur gebildet) mögen wahr und allgemein sein: [2])
das Wißen, welches daraus hervorgeht, [3]) ist am Ende doch nur
Meinung, allerdings mehr als die gewöhnliche, [4]) weil es sich
auf eine allgemeine Thatsache stützt.

Es gibt demnach Erkenntnissstufen zwischen der schwankenden Meinung und dem mit rigorosem Maße gemeßenen
Wißen, Formen des Wißens, welche immer noch nicht das
rechte, in dem einen Falle noch nicht Wißen des ausnahmelosen
Allgemeinen, in dem andern noch nicht Wißen des Allgemeinen
als „An sich" oder Wesentlichen und so erst des im Wesen

τὸ ἀεὶ καὶ ὡς ἐπὶ τὸ πολὺ ἀπὸ ταὐτομάτου καὶ ἀπὸ τύχης, de generat. et corr.
II, 6. 333 b 4 ff. phys. II, 7. 198 b 6. C. 8. 198 b 34 ff. 199 b 23 ff. περὶ
γὰρ τὴν ἀεὶ καὶ τὴν ἐξ ἀνάγκης οὐδὲν γίνεται παρὰ φύσιν, ἀλλ' ἐν τοῖς ὡς ἐπὶ τὸ
πολὺ μὲν οὕτως γινομένοις ἐνδεχομένοις δὲ καὶ ἄλλως, de generat. an. IV, 4.
770 b 11 ff. ἐν γὰρ τοῖς μὴ ἀδυνάτοις ἄλλως ἔχειν ἀλλ' ἐνδεχομένοις τὸ κατὰ
φύσιν ἐστὶ τὸ ὡς ἐπὶ τὸ πολύ, C. 8. 777 a 19 ff. — eth. Eud. VII, 14. 1247
a 31 f. u. s.

In der Scala der ἀκρίβεια und ἀκριβολογία nimmt daher die Wißenschaft
der Natur, des Stofflichen und Wahrnehmbaren, die niederste Stelle ein;
vergl. analyt. post. I, 27. 87 a 31 ff. metaph. 1 min., 3. 995 a 14 ff. XII,
3. 1078 a 9 ff. III, 5. 1010 a 3 f. u. s.   Womit o. S. 201. Anmerk. zu
vergl.

Die von RITTER aufgestellte Behauptung (welche ZELLER a. a. O. S. 326
Anmerk. 2., vergl. S. 113, auf ein Missverständniss der Stelle analyt. post.
I, 33. 89 a 5 f. zurückführt), daß die Naturlehre nach Aristoteles „mehr
der unsichern Meinung angehöre als der Wißenschaft," bedarf hiernach nur
der genauern Bestimmung.

1) ὥστ' οὐκ ἀνάγκη τὸ συμπέρασμα εἰδέναι διότι ὑπάρχει, οὐδ' εἰ ἀεὶ εἴη,
μὴ καθ' αὑτὸ δὲ (vergl. II, 17. 99 a 2 f.), οἷον οἱ διὰ σημείων συλλογισμοί,
analyt. post. I, 6. 75 a 32 ff.

2) ὁ μὲν διὰ τοῦ πρώτου σχήματος (sc. συλλογισμὸς ἐκ σημείων) ἄλυτος,
ἂν ἀληθὴς ᾖ (καθόλου γάρ ἐστιν), analyt. pr. II, 27. 70 a 29 f.

3) τὸ γὰρ τεκμήριον τὸ εἰδέναι ποιοῦν φασιν εἶναι, a. a. O. b 2 f.

4) ἐνδοξότατον γὰρ καὶ μάλιστα ἀληθὲς τὸ διὰ τοῦ πρώτου σχήματος, a. a.
O. b 4 ff.

und schöpferischen Begriffe der Sache beruhenden Grundes
sind. [1]) Wie sich aber so die Meinung in das Element des Wißens
zu drängen sucht, so läßt auch das Wißen in gewisser Beziehung Etwas ab, um auch von sich aus jenen höchsten Formen
der Meinung einen Schritt entgegen zu thun, oder auch seinerseits die Schroffheit des Abstandes durch eine Nüance seiner
selbst möglichst zu mildern. Ebendeshalb sind aber auch die
hier zunächst folgenden Schlüße, nemlich solche, welche ein von
Zeit zu Zeit in die Erscheinung Tretendes, also ein Einzelnes,
z. B. eine Mondfinsterniss, in der Weise mit dem Allgemeinen
combiniren, daß sie das Erste im Zweiten und durch das
Zweite erkennen laßen, von den vorhergehenden ihrem Wesen
nach unterschieden. Inwiefern, sagt Aristoteles, [2]) solcher Beweis und solches Wißen das Allgemeine (das allgemeine Gesetz) zum Gegenstande haben, sind sie von immerwährender
Geltung (ἀεί εἰσιν), „inwiefern sie aber nicht immer sind, sind
sie einzeln" (auf Einzelnes gerichtet). [3]) Was diese Art von
Beweis und Wißen von der höhern Stufe des im Allgemeinen
gleichen Niveau syllogistisch vermittelter Erkenntniss einzig
und allein noch trennt, ist der Mangel durchgängiger Allgemeinheit.

β. Das Wißen und der Schluß des Wißens oder der Beweis.

Denn das Wißen (ἡ ἐπιστήμη) — schlechthin und wahrhaft [4]) — hat die „Accidentien an sich", d. h. die durch Ver-

---

1) Auch das ist nur Meinen und nicht Wißen, wenn man das Wahre, das
man durch Vermittlung eines Schlußes weiß, nicht auf Grund der Substanz
und der Form weiß, δοξάσει καὶ οὐκ ἐπιστήσεται ἀληθῶς, analyt. post. I, 33.
89 a 11 ff.

Zur Meinung wird schließlich auch das „unbeweisbare Wißen" gehören, welches „Annahme des unvermittelten Satzes" ist (vergl. ZELLER a. a. O. S. 444.
Anmerk. 1). Das Princip des Wißens, sagt Aristoteles analyt. post. I, 33. 88 b
35 ff., geht nicht auf das Zufällige, οὐδ' ἐπιστήμη ἀναπόδεικτος· τοῦτο δὲ ὑπόληψις
τῆς ἀμέσου προτάσεως. Jeder lediglich auf Erfahrung oder Induction beruhende
und somit allerdings unvermittelte Satz, z. B. γάλα ἔχουσα κύει (vergl. analyt.
pr. II, 27. 70 a 13 ff.), ist Gegenstand dieses unbeweisbaren Wißens.

2) analyt. post. I, 8. 75 b 33 ff.

3) Exspectabas, ut pergeret ἢ δὲ κατὰ μέρος, οὐκ ἀεί, WAITZ a. a. O.
p. 324.

4) vergl. οὐδὲ ... ἐπίστασθαι ἁπλῶς οὐδὲ κυρίως, analyt. post. I, 3. 74

mittlung erkennbaren wesentlichen (im Unterschiede von den
grundwesentlichen) und daher im höhern Sinne allgemeinen [1])
Bestimmtheiten des Begriffs zum Gegenstande, — also nicht
unmittelbar den Begriff, sondern der Begriff liegt zu Grunde.
Es geht somit auch nicht auf das Nichtseiende, sondern auf
das, was ist, [2]) nicht auf das Zufällige [3]) und Vergängliche, [4])
sondern auf das Nothwendige [5]) (also Ewige [6])), auf das Allgemeine; [7]) nur die Erkenntniss des Grundes ist Wißen. [8])
Unmöglich können daher Wißen und Meinen über eine und

---

b 14. C. 2. 71 b 9. C. 22. 83 b 38 u. s. ἐπίστασθαι ἀληθῶς, C. 33. 89 a 21.
ἐπιστήμη ἁπλῶς, C. 8. 75 b 24 f. u. s. — ἐπίστασθαι und εἰδέναι sind gleich-
bedeutend, vergl. z. B. analyt. post. I, 9. 76 a 18 f. C. 2. 71 b 16 f. 72
a 25. 31 u. s. w. metaph. I, 2. 982 b 20 f. und Bonitz ad h. l. comm. p.
51 sq. cf. p. 36 sq.

1) Darin beruht der Unterschied des καθόλου (nicht bloß, wie Pacius
erklärt, des Metaphysikers) vom διαλεκτικός, top. IX (de sophist. el.), 11.
172 a 13.

2) οὐκ ἔστι τὸ μὴ ὂν ἐπίστασθαι, analyt. post. I, 2. 71 b 25 f. II, 7.
92 b 5 f.

3) a. a. O. I, 30. 87 b 19 ff. metaph. XII, 4. 1077 b 34 ff. u. s.

4) analyt. post. I, 6. 74 b 36 ff. C. 8. 75 b 24 ff. u. s.

5) ὥστε οὗ ἁπλῶς ἐστιν ἐπιστήμη τοῦτ' ἀδύνατον ἄλλως ἔχειν, a. a. O. I,
2. 71 b 15 f. C. 6. 74 b 6. C. 4. 74 a 21. τοῦ δ' ἀναγκαίου ἐπιστήμη, C. 33.
89 a 10. 6 ff. 88 b 30 f. ἡ μὲν γὰρ (sc. ἐπιστήμη) οὕτως τοῦ ζῴου ὥστε μὴ
ἐνδέχεσθαι μὴ εἶναι ζῷον (i. e. ἄλλως ἔχειν), ἡ δ' (sc. δόξα) ὥστ' ἐνδέχεσθαι (sc.
ἄλλως ἔχειν). οἷον εἰ ἡ μὲν ὅπερ ἀνθρώπου ἐστίν, ἡ δ' ἀνθρώπου μὲν, μὴ ὅπερ
δ' ἀνθρώπου, 89 a 33 ff. metaph. V, 5. 1039 b 31 f. vergl. Eud. V. (Nicom.
VI), 3. 1139 b 19 ff. C. 6. 1140 b 31 f.

6) ὥστ' εἰ ἔστιν ἐξ ἀνάγκης, ἀΐδιόν ἐστι, καὶ εἰ ἀΐδιον, ἐξ ἀνάγκης, de generat.
et corr. II, 11. 338 a 1 f. 337 b 35. C. 9. 335 a 33 f.

7) analyt. post. I, 31. 87 b 37 ff. de an. II, 5. 417 b 22 ff. metaph.
X, 1. 1059 b 26. XII, 10. 1086 b 33 u. s.

8) ἐπίστασθαι δὲ οἰόμεθα ἕκαστον ἁπλῶς, ἀλλὰ μὴ τὸν σοφιστικὸν τρόπον
τὸν κατὰ συμβεβηκός (vergl. metaph. V, 2. 1026 b 15 ff. X, 3. 1061 b 7 ff.
C. 8. 1064 b 23 ff. 28 ff.), ὅταν τήν τ' αἰτίαν οἰώμεθα γινώσκειν δι' ἣν τὸ
πρᾶγμά ἐστιν, ὅτι ἐκείνου αἰτία ἐστί, καὶ μὴ ἐνδέχεσθαι τοῦτ' ἄλλως ἔχειν. δῆλον
τοίνυν ὅτι τοιοῦτόν τι τὸ ἐπίστασθαί ἐστι, analyt. post. I, 2. 71 b 9 ff. 30 f.
C. 6. 74 b 27 ff. C. 14. 79 a 23 f. C. 24. 85 b 28 f. 35 ff. II, 11. 94 a 20.
phys. I, 1. init. II, 3. init. de part. an. I. 5. 645 a 7 ff. metaph. III, 2.
1003 b 16 f. V, 1. 1025 b 5 ff. vergl. I min., 1. 993 b 23 f. C. 2. 994 b
29 f. X, 7. init.

Positiv Wißen ist in höherm Sinne Wißen als negativ Wißen, a. a. O.
II, 2. 996 b 14 ff.

dieselbe Sache zu gleicher Zeit in einem und demselben Individuum sein. [1]) Solches Wißen, also Wißen, daß Etwas (ein Accidens an sich) ist, [2]) Wißen des Nothwendigen und zwar näher des an sich Zukommenden, [3]) also Wißen des Allgemeinen, [4]) somit des Ewigen, nicht des Zufälligen und Vergänglichen, [5]) wird durch den Schluß vermittelt, wenn die Vordersätze wahr sind [6]) und Nothwendiges, näher: an sich Zukommendes [7]) und Allgemeines enthalten; [8]) denn kraft der Natur des Schlußes resultirt mit Nothwendigkeit der Schlußsatz: [9]) der Beweis (ἡ ἀπόδειξις) im strengsten Sinne des Worts, der mathematische Beweis. [10]) Nicht jeder Schluß ist Beweis, [11])

---

1) analyt. post. I, 33. 89 a 33 ff. 38 ff.

2) εἶτα καὶ δι' ἀποδείξεώς φαμεν ἀναγκαῖον εἶναι δείκνυσθαι ἅπαν ὅτι ἔστιν, εἰ μὴ οὐσία εἴη, a. a. O. II, 7. 92 b 12 f. ἀπόδειξις ἄρ' ἔσται ὅτι ἔστιν. κτλ., b 14 ff. I, 10. 76 b 9 f.

3) ἐπεὶ τοίνυν εἰ ἐπίσταται ἀποδεικτικῶς, δεῖ ἐξ ἀνάγκης ὑπάρχειν (sc. τὸ Α τῷ Γ), κτλ. a. a. O. I, 6. 75 a 12 f. τρία γάρ ἐστι τὰ ἐν ταῖς ἀποδείξεσιν, ἓν μὲν τὸ ἀποδεικνύμενον τὸ συμπέρασμα· τοῦτο δ' ἐστὶ τὸ ὑπάρχον γένει τινὶ καθ' αὑτό, C. 7. 75 a 39 ff. 29 ff. ... ἢ ἐκεῖνο, C. 9. 75 b 38. metaph. IV, 5. 1015 b 7 f. VI, 15. 1039 b 31 ff. Ueber Platon vergl. ZELLER a. a. O. II, 1. S. 370 f.

4) ἡ ἐπιστήμη τῶν καθόλου. δῆλον δ' ἔκ τε τῶν ἀποδείξεων καὶ τῶν ὁρισμῶν· οὐ γὰρ γίγνεται συλλογισμὸς ὅτι τόδε τὸ τρίγωνον δύο ὀρθαῖς, εἰ μὴ πᾶν τρίγωνον δύο ὀρθαῖς οὐδ' ὅτι ὁδὶ ὁ ἄνθρωπος ζῷον, εἰ μὴ πᾶς ἄνθρωπος ζῷον, a. a. O. XII, 10. 1086 b 33 ff. ... ἀνάγκη καὶ τὰ ἐκ τούτων καθόλου, ὥσπερ τι τῶν ἀποδείξεων, 1087 a 22 f.

5) analyt. post. I, 8. 75 b 24 f. C. 30. 87 b 19 ff. metaph. VI, 15. 1039 b 27 ff.

6) analyt. pr. I, 1. 24 a 30 f. vergl. ἐκ τῶν κατ' ἀλήθειαν im Gegensatze zu ἐκ τῶν κατὰ δόξαν προτάσεων, C. 30. 46 a 8 ff. top. I, 1. 100 a 27. 29. vergl. VIII, 1. 155 b 11 f.

7) ἐξ ἀναγκαίων ἄρα συλλογισμός ἐστιν ἡ ἀπόδειξις, analyt. post. I, 4. 73 a 24. ἀναγκαῖα und καθ' αὑτά, C. 6. 74 b 5 ff. 15 ff. 26 ff. 75 a 28 ff. ἡ μὲν γὰρ ἀπόδειξίς ἐστι τῶν ὅσα ὑπάρχει καθ' αὑτὰ τοῖς πράγμασιν, C. 22. 84 a 11 f. εἰ μὲν αἱ προτάσεις ἀναγκαῖαι καὶ συμπέρασμα ἀναγκαῖον, C. 30. 87 b 23 f. analyt. pr. I, 12. 32 a 12 ff. τὰ δ' ἀναγκαῖα ἐξ ἀναγκαίων, rhetor. I, 2. 1359 a 29. b 5 f. ὅταν τὸ μέσον ἐξ ἀνάγκης, κτλ. analyt. post. I, 6. 75 a 4 ff. — eth. Eud. II, 6. 1223 a 1.

8) φανερὸν δὲ καὶ ἐὰν ὦσιν αἱ προτάσεις καθόλου ἐξ ὧν ὁ συλλογισμός, ὅτι ἀνάγκη καὶ τὸ συμπέρασμα ἀίδιον εἶναι τῆς τοιαύτης ἀποδείξεως καὶ τῆς ἁπλῶς εἰπεῖν ἀποδείξεως, analyt. post. I, 8. 75 b 21 ff. C. 22. 83 a 18 ff.

9) a. a. O. I, 6. 74 b 13 ff. C. 4 init. metaph. IV, 5. 1005 b 6 ff. vergl. X, 8. 1064 b 33 f. eth. Eud. V (Nicom. VI), 3. 1139 b 22 ff.

10) Die Wahl der Beispiele weist fast überall auf den mathematischen

nur der Beweis Vermittlung des (wahren) Wißens; [1]) Wißen
des Beweisbaren heißt den Beweis haben[2].)

hin. Die mathematischen sind die exactesten Wißenschaften, analyt. post.
I, 27. de coelo III, 7. 366 a 27 f. eth. Nicom. I, 1. 1094 b 25 ff. metaph.
I min., 3. 995 a 14 ff.

11) πρότερον δὲ περὶ συλλογισμοῦ λεκτέον ἢ περὶ ἀποδείξεως διὰ τὸ καθόλου
μᾶλλον εἶναι τὸν συλλογισμόν· ἡ μὲν γὰρ ἀπόδειξις συλλογισμός τις, ὁ συλλογισμὸς δὲ οὐ πᾶς ἀπόδειξις, analyt. pr. I, 4. 25 b 28 ff.
1) φαμὲν δὲ καὶ δι' ἀποδείξεως εἰδέναι. ἀπόδειξιν δὲ λέγω συλλογισμὸν ἐπιστημονικόν. ἐπιστημονικὸν δὲ λέγω καθ' ὃν τῷ ἔχειν αὐτὸν ἐπιστάμεθα, analyt.
post. I, 2. 71 b 17 ff. ἐπιστημονικοὶ συλλογισμοί, top. VIII, 1. 155 b 16.
Vergl. ἔστι δὲ φιλοσόφημα μὲν συλλογισμος ἀποδεικτικός, a. a. O. C. 11, 162
a 15 f. — εἴπερ ἐπιστήμη μὲν μετ' ἀποδείξεως, κτλ. eth. End. V (Nicom. VI),
5. 1140 a 33. vergl. m. mor. I, 35. 1196 b 37 ff. 1197 a 21 f.
Eth. Eud. a. a. O. C. 3. 1139 b 31 f. ist ἐπιστήμη (als eine der ἀρεταὶ
διανοίας — was PRANTL, Ueber die dianoetischen Tugenden in der Nikom.
Ethik, S. 10. 14 19 leugnet; dagegen KÜHN, de Aristotelis virtute intellec-
tualibus, p. 11.) auch eine ἕξις: die ἕξις ἀποδεικτική. ἕξις ist ἐπιστήμη, neben
νοῦς, δόξα und λογισμός auch analyt. post. II, 19. 100 b 6; ἀποδεικτικὴ weist
auf Argumentation, also auf discursives Denken hin, vergl. λέγω γὰρ ... διάνοιαν δέ, ἐν ὅσοις λέγοντες ἀποδεικνύασί τι ἢ καὶ ἀποφαίνονται γνώμην, poet. 6.
1450 a 6 f. διάνοια δέ, ἐν οἷς ἀποδεικνύουσί τι ὡς ἔστιν ἢ ὡς οὐκ ἔστιν, ἢ καθόλου τι ἀποφαίνονται, b 11 f.

Im Unterschiede von der Intuition ist das Wißen (als actuelle ἕξις) zwar
nicht selbst unmittelbar Reflexion (ἐπίστασθαι ist nicht διανοεῖσθαι, top. II,
10. 114 b 33 ff.), aber mit Argumentation, also mit Reflexion verbunden:
ἐπιστήμη δ' ἅπασα μετὰ λόγου ἐστί, analyt. post. II, 19. 100 b 10. μετὰ λόγου,
sc. συλλογιστικοῦ, vergl. analyt. pr. I, 25. 42 a 35 f. top. I, 4. 101 b 14 f.
Vergl. ferner μετὰ λόγου γὰρ ἡ ἐπιστήμη, eth. Eud. V (Nicom. VI), 6. 1140
b 33. ὁ μὲν γὰρ νοῦς τῶν ὅρων, ὧν οὐκ ἔστι λόγος, C. 9. 1142 a 25 f. τῶν
πρώτων ὅρων καὶ τῶν ἐσχάτων νοῦς ἐστι καὶ οὐ λόγος, C. 12. 1143 a 36 f. TREN-
DELENBURG, Histor. Beitr. etc. II, S. 375, deutet dieß so: „denn von den
ersten Terminis und den letzten gibt es Vernunft und keinen Begriff;" vielmehr weil lediglich Begriff, nicht λόγος, nicht Reflexion. ὁ λόγος ὁ
ὀρθός, C. 1. 1138 b 20, ist die richtige Ueberlegung; vergl. ferner λόγον
ἀληθῆ, C. 2. 1139 a 24. τὸν ὀρθὸν λόγον· ὀρθὸς δ' ὁ κατὰ τὴν φρόνησιν, C. 13.
1144 b 24 f. 27 ff. μετὰ λόγου ψευδοῦς, C. 4. 1140 a 22. ἀλλὰ μὴν οὐδ' ἄνευ
λόγου ἡ εὐβουλία. διάνοια ἄρα λείπεται, C. 10. 1142 b 12 f. Σωκράτης μὲν οὖν
λόγους καὶ ἀρετὰς ᾤετο εἶναι. ἐπιστήμας γὰρ εἶναι πάσας· ἡμεῖς δὲ μετὰ λόγου
(mit Ueberlegung), C. 13. 1144 b 28 ff. u. s. w. Aehnlich de coelo I, 3.
270 b 4 f.: ἔοικε δ' ὅ τε λόγος τοῖς φαινομένοις μαρτυρεῖν καὶ τὰ φαινόμενα τῷ
λόγῳ, wo sich λόγος auf die vorhergehende Argumentation bezieht, vergl.
das parallele ὁ δὲ νῦν μαρτυρεῖ λόγος ὡς κτλ. II, 1. 284 a 13. TRENDELENBURG,
Erläuterungen zu den Elementen der Aristotel. Logik, S. 116, übersetzt hier

Der Grund, den der Beweis erkennen läßt,[1]) beruht im Allgemeinen,[2]) somit Frühern oder Ursprünglichern[3]) des Obersatzes, der reale Grund ist der mit *major* und *minor* nothwendig verbundene *terminus medius*.[4]) Dem innern Verhältnisse des Mittelbegriffs nach Oben und Unten entspricht die

wieder: „der Begriff bezeugt die Erscheinungen, und die Erscheinungen bezeugen den Begriff." — Prantl, Geschichte der Logik, S. 98, faßt den λόγος analyt. post. II, 19. 100 b 10 (ebenso metaph. VIII, 2. 1046 b 7 ff.) als Sprache: „kein Wißen ist ohne Sprache." Jedoch οὐ πρὸς τὸν ἔξω λόγον ἡ ἀπόδειξις (aus welcher alles strenge Wißen hervorgeht), ἀλλὰ πρὸς τὸν ἐν τῇ ψυχῇ (τὸν ἔσω λόγον, 76 b 26 f.), analyt. post. I, 10. 76 b 24 f.; auch folgende Stelle zu vergl.: Eine gemeinsame Untersuchung mit Hin- und Herreden führt leicht zur Täuschung, eine Untersuchung, die man allein anstellt (σκέψις καθ᾽ αὐτόν, nicht διὰ λόγων), hält sich eher an die Sache, de sophist. el. 7. 169 a 36 ff. λόγος πρὸς αὐτόν, metaph. III, 4. 1006 a 23 b 9.

Um es kurz zu sagen, so ist λόγος überhaupt sowohl äußere oder hörbare (Wort, Satz, Erzählung, Fabel, Dialog) als innere Rede, d. h. Denken im Allgemeinen und im weitesten Sinne des Worts, besonders Reflexion, Argumentation (bisweilen auch objectiv: der Grund), — aber als λόγος des εἶδος (metaph. VI, 10. 1036 a 34 u. s. w.) auch Begriff, zunächst subjectiv, dann auch objectiv, — endlich ganz speciell Verhältniss. Ueber νοῦς und ἐπιστήμη, einer-, δόξαι und πίστεις andrerseits bei Platon, namentlich im Timäus, vergl. Zeller a. a. O. S. 407 f. Anmerk.

2) analyt. post. I, 2. 71 b 28 f. II, 3. 90 b 9 f. 21 f.

1) ἡ ἀπόδειξις μέν ἐστι συλλογισμὸς δεικτικὸς αἰτίας καὶ τοῦ διὰ τί, a. a. O. I, 24. 85 b 24 f.

2) a. a. O. b 23 ff.

3) top. VI, 4. 141 a 27 ff. analyt. post. I, 26. 87 a 17 ff.‹

4) a. a. O. I, 6. 74 b 27 ff. 75 a 13 ff. δι᾽ αὐτὸ ἄρα δεῖ καὶ τὸ μέσον τῷ τρίτῳ καὶ τὸ πρῶτον τῷ μέσῳ ὑπάρχειν, a 35 ff. καὶ τὸ διότι· τοῦτο δὲ μέσον, C. 33. 89 a 16. τὰ αἴτια τὰ μέσα, C. 34. 89 b 15 (Die Fähigkeit, mit schnellem und treffendem Blicke zu gegebenem [Schluß-] Satze den Mittelbegriff und so den Grund zu finden, nennt Aristoteles in diesem Schlußcapitel des I. Buchs der zweiten Analytika ἀγχίνοια [ἔστι δ᾽ εὐστοχία τις ἡ ἀγχίνοια, eth. Eud. V [Nicom. VI], 10. 1142 b 6], — dasselbe, was Avicenna als „das Umherschweifen auf pfadlosem Gebiete" [hads] bezeichnet; vergl. Haneberg, Zur Erkenntnisslehre von Ibn Sina und Albertus M., a. a. O. S. 202 f., besonderer Abdr. S. 14 f. Also kein *novum* bei Avicenna, wie Haneberg anzunehmen scheint. Mit dieser *subtilitas* und *subita inventio medii termini* bringen dann Avicenna und Albertus M. die Prophetie als die höchste Stufe aller Erkenntniss in Verbindung, a. a. O. S. 246 ff. [S. 58 ff.]). τὸ μὲν γὰρ αἴτιον τὸ μέσον, II, 2. 90 a 6 f. 9 ff. C. 8. 93 a 5 ff. 30 ff. b 4 ff. vergl. C. 11. 94 a 26 ff. C. 12. 95 a 11 ff. 17 ff. C. 14. 98 a 7 ff. 18 f. C. 16. 98 b 10. 25 ff. C. 17. 99 a 1 ff. 35 f.

17 *

Stellung der *termini* in der ersten Schlußfigur, weil diese dem *major* den *medius* und dem *medius* den *minor* subsumirt, nicht, wie die zweite und dritte (dort in Ober- und Untersatz als Prädicat, hier beide Male als Subject), den *medius* äußerlich heranbringt; mit Schlüßen dieser Art ist daher auch nur das Daß, nicht das Warum zu beweisen. [1]) Die brauchbarste Schlußfigur in Rücksicht des Wißens ist also die erste, die erste recht eigentlich die wißenschaftliche Schlußfigur. Arithmetik, Geometrie, Optik und andere mathematische Wißenschaften, ja so ziemlich alle, die das Warum erforschen, führen ihre Beweise in der ersten Schlußfigur. [2]) Dazu kommt, daß in der zweiten niemals bejahend, in der dritten niemals allgemein geschloßen wird, endlich, daß die erste in keiner Weise der beiden andern, wohl aber die zweite und dritte, wenn ihre Vordersätze auf die allerersten Ursachen zurückgeführt, sie selbst mittels einer Anhäufung von *termini medii* so lange erweitert werden, bis man zu den unvermittelten Sätzen gelangt, der ersten bedürfen. Denn diese Vervollständigung und Erhebung zu einem wahrhaften Beweise geschieht (am Besten [3])) durch die erste Schlußfigur; „klar also, daß die erste die vornehmste Schlußfigur des Wißens ist." [4])

Wenn aber auch so das Wißen noch nicht das eigentliche, sondern nur beziehungsweise (κατὰ συμβεβηκός) Wißen ist, so liegt der Grund in dem Heterogenen des Inhalts der Schluß- und der Vorder-, immerhin wahrer, ja selbst unvermittelter und unbeweisbarer Vorder-Sätze, eine Art und Weise, wie z. B. Bryson die Quadratur des Kreises aus einem Gemeinsamen (κοινόν, d. h. aus einem verschiedenen wißenschaft-

---

1) ἔτι ἐφ' ὧν τὸ μέσον ἔξω τίθεται. καὶ γὰρ ἐν τούτοις τοῦ ὅτι καὶ οὐ τοῦ διότι ἡ ἀπόδειξις, a. a. O. I, 13. 78 b 13 f.

2) τῶν δὲ σχημάτων ἐπιστημονικὸν μάλιστα τὸ πρῶτόν ἐστιν. κτλ., a. a. O. I, 14. 79 a 17 ff. εἰ τοίνυν ἐστὶν ἄλλο (sc. τὸ αἴτιον) καὶ ἐνδέχεται ἀποδεῖξαι, ἀνάγκη μέσον εἶναι τὸ αἴτιον καὶ ἐν τῷ σχήματι τῷ πρώτῳ δείκνυσθαι· καθόλου τε γὰρ καὶ κατηγορικὸν τὸ δεικνύμενον, II, 8. 93 a 6 ff.

3) vergl. a. a. O. I, 21. 82 b 14 f.; nebenher kann die zweite Schlußfigur den „Weg nach Oben" auch in ihrer eigenen Weise, die dritte auch mit Hilfe der zweiten (durch sich selbst nur den „Weg nach Unten") gehen, b 15 ff.

4) a. a. O. C. 14. 79 a 24 f. vergl. analyt. pr. II, 27. 70 b 4 ff.

lichen Gattungen Gemeinsamen [1])) demonstrirte, [2]) d. h. so, daß die Argumentation auch auf andere, nicht verwandte Gattungen passt, [3]) und deshalb eben ist der Uebergang von einer Gattung in eine andere, wie wenn man Geometrisches arithmetisch beweisen wollte, nicht gestattet, [4]) sondern der äußere und der mittlere *terminus* müßen aus einer und derselben Gattung, [5]) das Erschloßene mit den ursprünglichen Principien verwandt (συγγενές), [6]) die letztern dem erstern eigenthümlich (οἰκεῖα, [7]) ἴδια [8])) oder mit ihm in einer und derselben Gattung sein. [9]) Das hat freilich seine Schwierigkeit, zu wißen, ob man aus den einem jeden Gegenstande eigenthümlichen Principien weiß, aber das ist eben das Wesen des Wißens (ὅπερ ἐστὶ τὸ εἰδέναι), [10]) und ist mehr Wißen als jedes andere, Wißen im höchsten Sinne. [11]) Hiermit sind wir

---

1) Ueber das auf dem rhetorischen Gebiete analoge κοινόν: λέγω δὲ κοινὰ μὲν τὸ ἐπαινεῖν τὸν Ἀχιλλέα ὅτι ἄνθρωπος καὶ ὅτι τῶν ἡμιθέων καὶ ὅτι ἐπὶ τὸ Ἴλιον ἐστρατεύσατο· ταῦτα γὰρ καὶ ἄλλοις ὑπάρχει πολλοῖς, ὥστ' οὐδὲν μᾶλλον ὁ τοιοῦτος τὸν Ἀχιλλέα ἐπαινεῖ ἢ Διομήδην, rhetor. II, 23. 1396 b 12 ff.

2) analyt. post. I, 9. 75 b 35 ff. ὥσπερ Βρύσων τον τετραγωνισμόν, vergl. top. IX (de sophist. el.), 11. 171 b 16 ff. 172 a 4 ff. Waitz a. a. O. II, p. 324 sq. Prantl zu phys. I, 2. 185 a 15 ff. S. 471 f.

3) analyt. post. I, 9. 75 b 42 f.

4) οὐκ ἄρα ἔστιν ἐξ ἄλλου γένους μεταβάντα δεῖξαι, οἷον τὸ γεωμετρικὸν ἀριθμητικῇ, a. a. O. C. 7. 75 a 38 f. vergl. b 12 ff. C. 23. 84 b 17 f. top. VIII, 11. 162 a 12 ff. Ausgenommen sind solche Wißenschaften, von welchen eine der andern, wie die Harmonik der Arithmetik, die Mechanik und Optik der Geometrie, untergeordnet ist, analyt. post. I, 7. 75 b 14 ff. C. 9. 76 a 9 ff. 23 ff. C. 28. 87 a 39 ff. C. 12. 77 a 40 ff.

5) a. a. O. C. 7. 75 b 10 f. ὥστ' εἰ καθ' αὑτὸ κἀκεῖνο ὑπάρχει ᾧ ὑπάρχει, ἀνάγκη τὸ μέσον ἐν τῇ αὐτῇ συγγενείᾳ εἶναι, C. 9. 76 a 8 f.

6) a. a. O. C. 9. 76 a 29 f. 4 ff. C. 28. 87 b 3 f.

7) a. a. O. C. 6. 74 b 25 f. de generat. an. II, 8. 748 a 7 ff. 747 b 28 ff. top. VIII, 3. 158 a 36 f. vergl. IX (de sophist. el.), 2. 165 b 1 ff.

8) analyt. post. I, 9, 76 a 17.

9) a. a. O. C. 23. 84 b 14 ff. C. 28. 87 b 1 ff. vergl. C. 32. 88 a 31 ff. rhetor. I, 2. 1358 a 18 ff. II, 22. 1396 a 33 ff.

10) analyt. post. I, 9. 76 a 26 ff.

11) καὶ γὰρ ἐπίσταται μᾶλλον ὁ ἐκ τῶν ἀνώτερον αἰτίων εἰδώς· ἐκ τῶν προτέρων γὰρ οἶδεν, ὅταν ἐκ μὴ αἰτιατῶν εἰδῇ αἰτίων. ὥστ' εἰ μᾶλλον οἶδε καὶ μάλιστα, a. a. O. I, 9. 76 a 18 ff. ἡ ἐξ ἀρχῆς τῆς μὴ ἐξ ἀρχῆς, ἡ μᾶλλον ἐξ ἀρχῆς τῆς ἧττον ἀκριβεστέρα ἀπόδειξις. C. 24. 86 a 16 f.

wieder in den Bereich der unvermittelten Anfänge der Beweise, in die Sphäre der Intuition aufgestiegen.

Wofern es sich nemlich trifft, daß einer oder beide Vordersätze nicht unmittelbar durch sich selbst gewiss, also nur beziehungsweise Principien sind, somit ihrerseits selber des Beweises bedürfen, so treibt die Natur des Wißens nach dem Grunde, nach dem Letzten als der Grenze, dem Ziele und Ruhepuncte: [1]) nach dem allerersten, ursprünglichen Grunde, [2]) d. h. von *terminus medius* zu *terminus medius*, [3]) immer innerhalb derselben Gattung, auf einen Punkt zurück, der, durch sich selbst gewiss und somit des Beweises weder bedürftig noch fähig, weil durch keinen *terminus medius* mehr zu trennen, sondern einheitlich, [4]) der absolute Anfang des Beweises ist: die „Ersten" oder „Ursprünglichen" sind eben die „eigenthümlichen Anfänge." [5]) Wäre dieser „Weg nach Oben" ein Fortgang in's Unendliche, und gäbe es nicht vielmehr Stillstände bei Unvermitteltem, so gäbe es auch kein Wißen durch Beweis; [6]) das Unvermittelte, Untheilbare, ursprünglich Eine

---

1) ἔτι μέχρι τούτου ζητοῦμεν τὸ διὰ τί, καὶ τότε οἰόμεθα εἰδέναι, ὅταν μὴ ᾖ ὅτι τι ἄλλο τοῦτο ἢ γινόμενον ἢ ὄν· (i. e. ὅταν μὴ ᾖ δι' ἄλλο μηδ' ἄλλου ἕνεκα, ἀλλὰ δι' αὐτό, Waitz l. l. II, p. 366;) τέλος γὰρ καὶ πέρας τὸ ἔσχατον ἤδη οὕτως ἐστίν, a. a. O. 85 b 27 ff.

2) τότε γὰρ εἰδέναι φαμὲν ἕκαστον, ὅταν τὴν πρώτην αἰτίαν οἰώμεθα γνωρίζειν, metaph. I, 3. 983 a 25 f. ἡ δὲ τοῦ διότι ἐπιστήμη κατὰ τὸ πρῶτον αἴτιον, analyt. post. I, 13. 78 a 25 f. b 2 ff. phys. I, 1. 184 a 12 ff. II. 3. 194 b 18 ff. δεῖ δὲ ἀεὶ το αἴτιον ἑκάστου τὸ ἀκρότατον ζητεῖν, κτλ. 195 b 21 ff.

3) analyt. post. I, 23. 84 b 19 ff. 31 ff. Bloß dialektisches und nicht ernsthaft auf die Wahrheit gerichtetes Interesse beruhigt sich bei vermittelten Vordersätzen; ὥστ' εἰ καὶ ἔστι τι τῇ ἀληθείᾳ τῶν Α Β μέσον, δοκεῖ δὲ μή, ὁ διὰ τούτου συλλογιζόμενος συλλελόγισται διαλεκτικῶς· πρὸς δ' ἀλήθειαν ἐκ τῶν ὑπαρχόντων δεῖ σκοπεῖν, C. 19. 81 b 20 ff.

4) ἀεὶ τὸ μέσον πυκνοῦται, ἕως ἀδιαίρετα γένηται καὶ ἕν, a. a. O. C. 23. 84 b 35. Die Schlüße, von denen man ausgeht, κατακπυκνοῦται καὶ αὔξεται ἕως ἂν εἰς τὰ ἄμεσα ἔλθῃ, C. 14. 79 a 30 f. τῷ γὰρ ἐντὸς ἐμβάλλεσθαι ὅρον, ἀλλ' οὐ τῷ προσλαμβάνεσθαι ἀποδείκνυται τὸ ἀποδεικνύμενον, C. 22. 84 a 36 f.

5) ... ἐκ πρώτων δ' ἐστὶ τὸ ἐξ ἀρχῶν οἰκείων, a. a. O. C. 2. 72 a 5 f.

6) a. a. O. C. 3. 72 b 7 ff. 18 ff. metaph. III, 4. 1006 a 8 ff. Die Zahl der *termini medii* ist begrenzt: ὅτι μὲν οὖν τὰ μεταξὺ οὐκ ἐνδέχεται ἄπειρα εἶναι, εἰ ἐπὶ τὸ κάτω καὶ τὸ ἄνω ἵστανται αἱ κατηγορίαι, δῆλον. λέγω δ' ἄνω μὲν τὴν ἐπὶ τὸ καθόλου μᾶλλον, κάτω δὲ τὴν ἐπὶ τὸ κατὰ μέρος (sc. ὁδόν), analyt. post. I, 20. 82 a 21 ff. ... ἀνάγκη ἄρα ... εἶναί τι ὃ οὐκέτι οὔτε κατ' ἄλλου

ist hier das Erste. Wenn nun, wo kein Erstes, überhaupt keine Ursache ist, [1]) und wenn man demnach überhaupt weder wißen noch erkennen kann, bevor man auf ein letztes Untheilbares gelangt ist, [2]) oder mit andern Worten: wenn in allen Dingen die Erkenntniss durch das Erste zu Stande kommt, [3]) so gibt es noch viel weniger Wißen durch exacten Beweis ohne die Erkenntniss der ursprünglichen, unvermittelten Principien. [4]) Nicht das Wahre unterscheidet das Wißen vom Meinen, auch nicht das Ewige; denn auch die Meinung nimmt sich Ewiges zum Gegenstande, [5]) sondern der Grund in der Substanz und Form oder in der Definition, [6]) im letzten und ursprünglichen Träger aller „Accidentien an sich." Der Weg nach Oben ist diese Bewegung durch die vermittelten wesentlichen Bestimmtheiten oder die Accidentien an sich in den Umkreis der unmittelbaren Bestimmtheiten an sich. Denn Wißen des Warum ist, wie gesagt, Wißen durch den ersten Grund oder die erste Ursache: durch die unvermittelten Sätze. [7]) Die unvermittelten Sätze sind die Principien in diesem engern Sinne: die an sich unbeweisbaren [8]) Uranfänge der Beweise. [9])

προτέρου οὔτε κατ' ἐκείνου ἄλλο πρότερον κατηγορεῖται, C. 22. 83 b 28 ff. εἰ δὲ μή ἐστιν (sc. *termini medii*), οὐκέτι ἔστιν ἀπόδειξις, ἀλλ' ἡ ἐπὶ τὰς ἀρχὰς ὁδὸς αὕτη ἐστίν κτλ , a. a. O. C. 23. 84 b 22 ff. II, 3. 90 b 25 f.

1) metaph. I min., 2. 994 a 18 f. vergl. a 1 ff.

2) a. a. O. b 21 f.

3) ἐν ἅπασιν ἡ γνῶσις διὰ τῶν πρώτων, de cœlo III, 3. 302 a 11.

4) ὅτι μὲν οὖν οὐκ ἐνδέχεται ἐπίστασθαι δι' ἀποδείξεως μὴ γινώσκοντι τὰς πρώτας ἀρχὰς τὰς ἀμέσους, εἴρηται πρότερον, analyt. post. II, 19. 99 b 20 f. Das Princip des Beweises ist nicht wieder Beweis, a. a. O. 100 b 13. metaph. III, 6. 1011 a 13.

5) eth. Nicom. III, 4. 1111 b 31 ff.

6) analyt. post. I, 33. 89 a 16 ff. vergl. de an. I, 1. 402 b 16 ff. metaph. IV, 5. 1015 b 7 ff. I, 3. 983 a 28 f. phys. II, 7. 198 a 16 ff.

7) analyt. post. I, 13. 78 a 22 ff.

8) ... τὰ ἄμεσα, ταῦτ' ἀναπόδεικτα ἀνάγκη, εἶναι, a. a. O. C. 3. 72 b 22 f. s. o. S. 137. 224 f.

9) ἀρχὴ δ' ἐστὶ ἀποδείξεως πρότασις ἄμεσος, a. a. O. C. 2. 72 a 7. ... τὸ ἄμεσον· τοῦτο δ' ἀρχή, C. 24. 86 a 15 f. C. 25. 86 b 30 f. C. 32. 88 b 18 f. ἔσονται γὰρ ἐκεῖναι (sc. αἱ ἴδιαι ἀρχαί) ἁπάντων ἀρχαί, C. 9. 76 a 17 f. top. I, 2. 101 a 37 ff. διὰ τὸ ἀρχὴν εἶναι πάντων τὸν ὁρισμὸν καὶ τὸ ἁπλοῦν, analyt. post. II, 13. 96 b 22 f. ... τῆς ἀρχῆς, δι' ὧν ἀνάγκη δείκνυσθαι τὰ μετὰ ταῦτα,

Die Principien sind theils gemeinsame oder Axiome, theils eigenthümliche; letztere zeigen zugleich die wißenschaftlichen Gattungen an. Die Axiome, sagt Aristoteles, [1]) sind die Wurzeln, die andern die Objectssphären der Beweise.

So angesehen, gibt es folgende drei Stücke in jedem Beweise zu unterscheiden: 1) der Schlußsatz, der bewiesen wird, oder seinem Inhalte nach das, was einer Gattung an sich zukommt, 2) die Axiome, 3) die zu Grunde liegende — etwa wie der Stoff der Form und näher wie die Gattung als Stoff den artbildenden Unterschieden als den Formen [2]) zu Grunde liegende Gattung, deren vermittelte Bestimmungen oder Accidentien an sich der Beweis offenbart, [3]) oder kurz: was, voraus und vorüber bewiesen wird. [4])

Ein Beweis liegt mithin vor, wann der Schluß aus wahren und ursprünglichen Sätzen, oder wann er aus solchen gebildet wird, deren Erkenntniss in ursprünglichen und wahren Sätzen gründet. [5])

Alle denkende Erkenntniss im tiefern und tiefsten Sinne, d. h. alle in den Grund dringende und so erst wahrhafte und wirkliche Erkenntniss geht theils aus denkender Betrachtung des Unvermittelten, Untrennbaren oder Einheitlichen: des (in der Form der Definition entwickelten) Begriffs als Grundes

---

top. VIII, 3. 158 b 7 f. τὰ μὲν γὰρ ἄλλα διὰ τούτων δείκνυται, b 2 f. metaph. I, 2. 982 b 2 ff.

1) αἱ γὰρ ἀρχαὶ διτταί, ἐξ ὧν τε καὶ περὶ ὅ. αἱ μὲν οὖν ἐξ ὧν κοιναί, αἱ δὲ περὶ ὃ ἴδιαι, οἷον ἀριθμός, μέγεθος, analyt. post. I, 32. 88 b 27 ff. καὶ τὰ κοινὰ λεγόμενα ἀξιώματα, ἐξ ὧν πρῶτον ἀποδείκνυσι, C. 10. 76 b 14 f. 22. C. 7. 75 a 42. b 2. C. 11. 77 a 27 ff. metaph. II, 1. 995 b 8 f. C. 2. 996 b 28 ff. 997 a 8 f. 20. 22 f. Aus dem Axiome des Widerspruchs wird z. B. auf die objective Existenz oder Wahrheit eines von zwei contradictorischen Gegensätzen geschloßen: analyt. pr. I, 13. 32 a 21 ff. C. 17. 37 a 10 ff. II, 2. 53 b 13 ff. 22 f. analyt. post. l, 4. 73 b 23 f. C. 11. 77 a 15 ff. vergl. a 10 ff. Als Beispiel eines Schlußes aus dem Axiom ἀπὸ τῶν ἴσων ἀφαιρουμένων ἴσα λείπεσθαι kann der geometrische Beweis analyt. pr. I, 24. 41 b 13 ff. gelten.

2) metaph. IV, 28. 1024 b 8 f. u. s. vergl. ἡ μαθηματικὴ ... περί τι μέρος τῆς οἰκείας ὕλης ποιεῖται τὴν θεωρίαν, X, 4. 1061 b 21 f. Die Zahl ist z. B. die Gattung der Arithmetik.

3) analyt. post. I, 7. 75 a 39 ff. C. 10. 76 b 11 ff. a 32 ff.

4) a. a. O. C. 10. 76 b 21 f. metaph. II, 2. 997 a 6 ff.

5) top. I, 1. 100 a 27 ff.

der Wirklichkeit einer Sache, theils aus dem Beweise, und wenn aus dem Beweise, dann in letzter Instanz wieder aus der Betrachtung des ursprünglichen Trägers aller beweisbaren Bestimmungen, des schöpferischen Begriffs hervor; [1]) wie das Princip der Sache Princip des Beweises, so ist das intuitive Denken „das Princip des Wißens," [2]) — als Princip des Wißens *implicite* [3]) das Wißen. [4]) Erkenntniss in diesem Sinne (Intuition und Wißen verbunden) ist Weisheit, und wer so erkannt hat, ist ein Weiser. [5])

3. Ueber Wahrheit und Irrthum der drei Erkenntnissarten Intuition, Wißen und Meinung.

Der oberste und allgemeinste Gesichtspunkt ist die Wahrheit; alle Erkenntniss ist ihrem Begriffe nach wahre oder

---

1) vergl. πᾶσαι αἱ ἐπιστῆμαι δι' ὁρισμοῦ γίγνονται, analyt. post. II, 17. 99 a 22 f.

2) ἐπιστήμης ἀρχή, a. a. O. C. 19. 100 b 15. I, 23. 85 a 1. C. 33. 88 b 36. ... καὶ οὐ μόνον ἐπιστήμην ἀλλὰ καὶ ἀρχὴν ἐπιστήμης εἶναί τινά φαμεν, ἢ τοὺς ὅρους (die Grenzen der Beweise und des Wißens, vergl. O. 22. 84 a 29; BRANDIS, Handbuch etc. II, 2. 231: „die Grundbestimmungen der Wißenschaft,") γνωρίζομεν, C. 2. 72 b 23 ff. ὥστ' οὐδ' ἐπιστήμης (sc. ἀρχὴ) ἐπιστήμη, II, 19. 100 b 13 f.

3) vergl. πᾶς ὁ εἰρηκὼς ὁτιοῦν τρόπον τινὰ πολλὰ εἴρηκεν, ἐπειδὴ πλείω ἑκάστῳ ἐξ ἀνάγκης ἀκολουθά ἐστιν, κτλ. top. II, 5. 112 a 16 ff. τὰ γὰρ ἐξ ἀνάγκης συμβαίνοντα τῆς αὐτῆς εἶναι δοκεῖ θέσεως, IX (de sophist. el.), 17. 176 a 32 f.

4) Es ist an diesem Punkte unserer Untersuchung nicht abzusehen, was noch fehle, um das Bedenken TRENDELENBURGS am Schluße seiner Erläuterungen zu den Elementen der Aristot. Logik: „Aristoteles hat ihn (den νοῦς ποιητικός) in der vorliegenden Stelle (analyt. post. II, 19) lediglich dadurch gefunden, daß er die verwandten Richtungen ausgeschloßen, und hat ihn nur kurzweg als das Princip der Wißenschaft bezeichnet. Wie er es sei und sein könne, hat er nicht erörtert," für ganz oder in der Hauptsache als erledigt zu erklären. Vergl. übrigens auch PRANTL, Geschichte der Logik, I, S. 125 ff.

5) σοφία, σοφός, vergl. eth. Eud. V (Nicom. VI), 7. 1141 a 17 ff. m. mor. I, 35. 1197 a 23 ff. Die σοφία als ἀρετὴ διανοίας, eth. Eud. V (Nicom. VI), 3. 7. 13. In engster Bedeutung ist σοφία die Erkenntniss der ursprünglichen Gründe und Principien, metaph. I, 1. 981 b 27 ff. XI, 10. 1075 b 20 u. s., — dasselbe, was die πρώτη φιλοσοφία oder Metaphysik, vergl. SCHWEGLER, Metaph. III, S. 14. BONITZ, Comm., p. 57 sq.

richtige Erkenntniss. Aber nicht alles Denken ist richtiges Denken. ¹) Der Irrthum beruht in der Zusammensetzung der Gedanken; ²) man kann die Diagonale und das Incommensurabele ebenso wie die Diagonale und das Commensurabele zusammensetzen. ³) Also sind der Irrthum und das Wahre nicht in den äußern Objecten, wie wenn das Gute ohne Weiteres wahr, das Schlechte ohne Weiteres falsch wäre, sondern im Denken; im Denken sind Verknüpfung und Trennung, aber nicht in den Objecten. ⁴) Die Objecte bleiben unberührt von unserm Dafürhalten, und nicht deshalb ist eine Sache so oder anders, weil wir diese oder jene Ansicht von ihr haben, sondern wir haben diese Ansicht, weil die Sache so ist; ⁵) nicht das Wißen ist das Maß des Wißbaren, sondern es wird umgekehrt „in gewisser Weise das Wißen durch das Wißbare gemeßen." ⁶) Somit „enthält nun das Wahre die Bejahung bei dem (objectiv ⁷)) Vereinigten, die Verneinung

---

1) . . τὸ νοεῖν ἐν ᾧ ἐστὶ τὸ ὀρθῶς καὶ τὸ μὴ ὀρθῶς, de an. III, 3. 427 b 8 f. διανοεῖσθαι δ' ἐνδέχεται καὶ ψευδῶς, b 13. vergl. eth. Eud. V (Nicom. VI), 2. 1139 a 27 f.

2) τὸ γὰρ ψεῦδος ἐν συνθέσει ἀεί· κτλ., de an. III, 6. 430 b 1. ἐν οἷς δὲ καὶ τὸ ψεῦδος καὶ τὸ ἀληθές, σύνθεσίς τις ἤδη νοημάτων ὥσπερ ἓν ὄντων, a 27 f. συμπλοκὴ γὰρ νοημάτων ἐστὶ τὸ ἀληθές ἢ ψεῦδος, C. 8. 432 a 1 f. ὅταν μὲν ὡδὶ συνθῇ φάσα ἢ ἀποφάσα (sc. ἡ διάνοια), ἀληθεύει, ὅταν δὲ ὡδί, ψεύδεται, metaph. III, 7. 1012 a 4 f. τὸ δὲ ὡς ἀληθὲς ὂν καὶ μὴ ὂν ὡς ψεῦδος ἐπειδὴ περὶ σύνθεσίν ἐστι καὶ διαίρεσιν, τὸ δὲ σύνολον περὶ μερισμὸν ἀντιφάσεως (et omnino in eo versatur, ut inter affirmationem et negationem dijudicetur, BONITZ ad h. l. comm. p. 293), a. a. O. V, 4. 1027 b 18 ff. vergl. de interpretat. 1. 16 a 12 f.

3) de an. III, 6. 430 a 31 f.

4) metaph. V, 4. 1027 b 25 ff. ἐπεὶ δὲ ἡ συμπλοκή ἐστι καὶ ἡ διαίρεσις ἐν διανοίᾳ ἀλλ' οὐκ ἐν τοῖς πράγμασι, κτλ. b 29 ff. . . . τοῦ δὲ (des als Wahres Seienden Grund ist) τῆς διανοίας τι πάθος (eine Bestimmtheit oder bestimmte Art und Weise des Denkens), b 34 f. (X, 8. 1065 a 21 ff.) Ueber den Widerspruch in dem ὡς πρᾶγμα ψεῦδος, a. a. O. IV, 29 init., und dessen Lösung vergl. BONITZ, Comm., p. 276.

5) οὐ γὰρ διὰ τὸ ἡμᾶς οἴεσθαι ἀληθῶς σε λευκὸν εἶναι εἶ σὺ λευκός, ἀλλὰ διὰ τὸ σὲ εἶναι λευκὸν ἡμεῖς οἱ φάντες τοῦτο ἀληθεύομεν, a. a. O. VIII, 10. 1051 b 6 ff. phys. III, 8. 208 a 16 ff. vergl. categ. 12. 14 b 21 f. de interpret. 9. 18 b 37 ff. 19 a 33.

6) metaph. IX, 6. 1057 a 11 f. C. 1. 1053 a 31 ff.

7) SCHWEGLER, Metaph. IV, S. 31: subjectiv.

bei dem Getrennten, der Irrthum dagegen den Widerspruch
dieser Theilung,"[1]) oder die Wahrheit ist überhaupt diese
Uebereinstimmung der Rede mit dem Seienden oder Nichtseienden.[2]) Daraus folgt auch, daß das Wahre, wie die wirkliche Sache selbst, nach jeder Seite hin mit sich im Einklange
ist,[3]) wogegen die Theile des Falschen einander entgegengesetzt
sind und.unmöglich zugleich sein können, wie z. B., daß die
Gerechtigkeit Ungerechtigkeit oder Feigheit, der Mensch
Pferd oder Rind oder das Gleiche größer oder kleiner sei.[4])
Die nichtzusammengesetzten Begriffe betreffend, so finden
die Gegensätze von Irrthum und Wahrheit auch auf das
Denken keine Anwendung.[5]) Denn Wahrheit und Gedacht-
werden sind unmittelbar identisch: „das Berühren (das Erfaßen
des Begriffs) und das Aussprechen sind wahr, Nichtwißen ist
Nichtberühren."[6]) Das Nichtwißen ist doppelsinnig: entweder

---

1) metaph. V, 4. 1027 b 20 ff. ... τὸ δὲ κυριώτατα ὂν ἀληθὲς ἢ ψεῦδος
(dasjenige, was in eigentlichster Weise als wahr Seiendes oder falsch Seiendes auftritt, Prantl., Geschichte der Logik etc., I, S. 185. Anmerk. 299),
τοῦτο δ' ἐπὶ τῶν πραγμάτων ἐστὶ τῷ συγκεῖσθαι ἢ διῃρῆσθαι, ὥστε ἀληθεύει μὲν ὁ
τὸ διῃρημένον οἰόμενος διῃρῆσθαι καὶ συγκείμενον συγκεῖσθαι, ἔψευσται δὲ ὁ ἐναντίως ἔχων ἢ.τὰ πράγματα, κτλ. a. a. O. VIII, 10. 1051 b 1 ff. 33 ff. λόγος
ψευδής, IV, 29. 1024 b 26 ff.

2) τὸ μὲν γὰρ λέγειν τὸ ὂν μὴ εἶναι ἢ τὸ μὴ ὂν εἶναι ψεῦδος, τὸ δὲ ὂν
εἶναι καὶ τὸ μὴ ὂν μὴ εἶναι ἀληθές, a. a. O. III, 7. 1011 b 26 f. 1012 a 4 f.
C. 8. 1012 b 8 ff. und die Comment. zu dies. St. Vergl. IV, 7. 1017 a 31 ff.
V, 2. 1026 a 35. de interpret. 9. 19 a 33. Daher denn auch die Principien des ewig Seienden (denn sie sind nicht bloß zuweilen wahr, sondern
vielmehr der Grund der Wahrheit alles Uebrigen) das Wahrste sind, ὥσθ'
ἕκαστον ὡς ἔχει τοῦ εἶναι, οὕτω καὶ τῆς ἀληθείας, metaph. I min., 1. 993 b 28 ff.

3) δεῖ γὰρ πᾶν τὸ ἀληθὲς αὐτὸ ἑαυτῷ ὁμολογούμενον εἶναι πάντῃ, analyt.
pr. I, 32. 47 a 8 f. vergl. eth. Nicom. I, 8. 1098 b 11 f., wo das τἀληθές
(b 12) getilgt werden zu müßen scheint; vergl. Rassow, Progr., Weimar
1861, p. 3 sq.

4) analyt. post. I, 32. 88 a 27 ff.

5) περὶ δὲ τὰ ἁπλᾶ καὶ τὰ τί ἐστιν οὐδ' ἐν τῇ διανοίᾳ (sc. τὸ ψεῦδος καὶ
τὸ ἀληθές), metaph. V, 4. 1027 b 27 ff.

6) ἢ ὥσπερ οὐδὲ τὸ ἀληθὲς ἐπὶ τούτων (sc. τῶν ἀσυνθέτων) τὸ αὐτό, οὕτως
οὐδὲ τὸ εἶναι, ἀλλ' ἔστι τὸ μὲν ἀληθές τὸ δὲ ψεῦδος, τὸ μὲν θιγεῖν καὶ φάναι ἀληθές (οὐ γὰρ ταὐτὸ κατάφασις καὶ φάσις), τὸ δ' ἀγνοεῖν μὴ θιγγάνειν· ἀπατηθῆναι
γὰρ περὶ τὸ τί ἐστιν οὐκ ἔστιν ἀλλ' ἢ κατὰ συμβεβηκός. ὁμοίως δὲ καὶ περὶ τὰς
μὴ συνθετὰς οὐσίας. οὐ γὰρ ἔστιν ἀπατηθῆναι. καὶ πᾶσαί εἰσιν ἐνεργείᾳ, οὐ δυνά-
μει· ἐγίγνοντο γὰρ ἂν καὶ ἐφθείροντο· νῦν δὲ τὸ ὂν αὐτὸ οὐ γίγνεται οὐδὲ φθείρε-

Negation des Wißens (ἄγνοια ἡ κατ᾽ ἀπόφασιν), d. h. schlechthin gegenstandlos, oder Täuschung, besteht entweder darin, „nicht innezuhaben," oder darin, „schlecht innezuhaben."[1]) Das Nichtwißen in Bezug auf unverknüpfte Begriffe ist Gegenstandlosigkeit, oder was auf Seite des Nus ganz dasselbe ist, Nichtberühren; man denkt diese Begriffe und denkt sie wahr, oder man denkt sie überhaupt nicht. „Denn über das Was Etwas ist," fährt Aristoteles fort,[2]) „kann man sich nicht täuschen, ausgenommen accidentiell. Ebenso," fügt er hinzu, „verhält es sich auch in Bezug auf die nichtzusammengesetzten Substanzen; denn da kann man sich nicht täuschen." Die „nichtzusammengesetzten" Substanzen sind die „einfachen" oder stofflosen.[3]) Das von der Bejahung (κατάφασις) ausdrücklich unterschiedene[4]) Aussprechen (φάσις) der unverknüpften, stoffbehaftet oder nichtstoffbehaftet gedachten Begriffe ist ihre Definition. Wenn das Was Etwas ist nach Maßgabe des Was war das Sein, also nach Maßgabe der stofflosen Substanz ausgesprochen wird, so ist es wahr, nicht ebenso ein Urtheil über und von Etwas.[5])

ται· ἔκ τινος γὰρ ἂν ἐγίγνετο. ὅσα δή ἐστιν ὅπερ εἶναί τι καὶ ἐνεργείᾳ, περὶ ταῦτα οὐκ ἔστιν ἀπατηθῆναι ἀλλ᾽ ἢ νοεῖν ἢ μή, metaph. VIII, 10. 1051 b 22 ff. ... εἰ δὲ μὴ οὕτως οὐκ ἔστιν (vergl. Bonitz, Comm., p. 412). τὸ δὲ ἀληθὲς τὸ νοεῖν αὐτά· τὸ δὲ ψεῦδος οὐκ ἔστιν, οὐδ᾽ ἀπάτη, ἀλλ᾽ ἄγνοια, οὐχ οἵα ἡ τυφλότης· ἡ μὲν γὰρ τυφλότης ἐστὶν ὡς ἂν εἰ τὸ νοητικὸν ὅλως μὴ ἔχοι τις, 1052 a 1 ff. ἡ μὲν οὖν τῶν ἀδιαιρέτων νόησις ἐν τούτοις περὶ ἃ οὐκ ἔστι τὸ ψεῦδος, de an. III, 6. 430 a 26 f.

1) τῷ μὴ ἔχειν oder τῷ φαύλως ἔχειν, analyt. post. I, 12. 77 b 24 ff. ἄγνοια δ᾽ ἡ μὴ κατ᾽ ἀπόφασιν ἀλλὰ κατὰ διάθεσιν λεγομένη κτλ., C. 16. 79 b 23 f. vergl. top. VI, 9. 148 a 4 ff.

2) metaph. VIII, 10. 1051 b 25 ff., s. die vorletzte Anmerk.

3) Bei Stofflosem nicht aus Form und Stoff Zusammengesetztem (ἐπὶ τῶν ἁπλῶν), sagt Aristoteles a. a. O. VI, 17. 1041 b 9 ff., findet nicht eine ebensolche Frage und Antwort wie bei den zusammengesetzten Substanzen (den σύνθετα und συνειλημμένα), sondern eine andere Art der Frage und der Nachforschung Statt; vergl. τὰ ἁπλᾶ καὶ τὰ τί ἐστιν im Zusammenhange der ganzen Stelle, V, 4. 1027 b 27 f. Ebenso ... οὕτως ἔχει ὅσα ἄνευ ὕλης, de an. III, 6. 430 b 30 f. Wenn man mit Schwegler, Metaph. IV, S. 187, die μὴ συνθετὰς οὐσίας auf den Gottesbegriff bezieht, somit als concrete, immer aber stofflose Einzelsubstanzen vom τί ἐστι unterscheidet, so gehören auch die Sphärengeister und weiterhin (denn der Aether ist Stoff und zugleich auch nicht Stoff) auch die himmlischen Körper dazu.

4) οὐ γὰρ ταὐτὸ κατάφασις καὶ φάσις, metaph. VIII, 10. 1051 b 24 f.

5) ἔστι δ᾽ ἡ μὲν φάσις (vergl. Waitz a. a. O. I, p. 403. Bonitz, Comm.,

Wie nun das Sichtbare den Gesichtssinn und das Tastbare
den Tastsinn, so fordert der unvermittelte schöpferische Begriff oder das Was war das Sein einem Objecte die Kraft
der Intuition, den anschauenden Nus. Wie aber dann das
Sehen des dem Gesichtssinne Eigenthümlichen und das Tasten
des Tastbaren über alle Täuschung erhaben, so ist auch hier
lediglich von Wißen (intuitivem Wißen oder Wißen im höchsten Sinne) oder Nichtwißen (κατ' ἀπόφασιν), von Denken
(νοεῖν) oder Nichtdenken, — von Nichtwißen und Nichtdenken,
wenn Wahrnehmung mangelt, und wieder nicht anders als
„beziehungsweise" von Täuschung die Rede. Wie nemlich
das Sehen des dem Gesichtssinne Eigenthümlichen wahr, aber
nicht jederzeit wahr ist, ob das Weiße dort ein Mensch oder
etwas Anderes ist, ebenso verhält es sich in Ansehung des
stofflosen Begriffs. [1]) Ist das der Erkenntniss des Begriffs und
der Definition entsprechende Vermögen nicht umsonst mit jener
Kraft ausgerüstet, durch das Aeußere in das Innere zu dringen,
nicht umsonst etwas Göttliches, und ist ferner die ursprünglich
zu Grunde liegende Wahrnehmung im Wesentlichen wahr, so
ist auch der an und für sich erkannte Begriff allezeit wahr.
Zugleich wird die Infallibilität des begrifferforschenden Nus
als wesentliche Voraussetzung und Bedingung von einer andern
Seite her gefordert. Alle Wißenschaft gründet in der Erkenntniss des Begriffs und der Definition. Um dem Irrthume
den Eintritt in das Heiligthum der Wißenschaft zu wehren,
ist das Göttliche im Menschen in der seinem Wesen adä-
quatesten Thätigkeitsform als Horos an die Pforte postirt.
So ist der hohe Satz von der Wahrheit exacter Erkenntniss

---

p. 197) τι κατά τινος, ὥσπερ ἡ κατάφασις, καὶ ἀληθὴς ἢ ψευδής πᾶσα· ὁ δὲ νοῦς
οὐ πᾶς, ἀλλ' ὁ τοῦ τί ἐστι κατὰ τὸ τί ἦν εἶναι ἀληθής, καὶ οὐ τὶ κατά τινος, de
an. III, 6. 430 b 26 ff. Zu κατὰ τὸ. τί ἦν εἶναι vergl. (λόγος) κατὰ τὸ οἰκεῖον
καὶ ἄτομον εἶδος, a. a. O. II, 3. 414 b 27.

1) ἀλλ' ὥσπερ τὸ ὁρᾶν τοῦ ἰδίου ἀληθές, εἰ δ' ἄνθρωπος τὸ λευκὸν ἢ μή,
οὐκ ἀληθὲς ἀεί, οὕτως ἔχει ὅσα ἄνευ ὕλης, de an. III, 6. 430 b 29 ff. ἀπατηθῆναι γὰρ περὶ τὸ τί ἐστιν οὐκ ἔστιν ἀλλ' ἢ κατὰ συμβεβηκός, metaph. VIII, 10.
1051 b 25 f. — Eine nichtzutreffende Meinung oder Vorstellung von einem
Begriffe (vergl. analyt. post. I, 33. 89 a 29 ff.) ist für den competenten
Nus Nichtberühren und darum auch Nichtwißen.

des Begriffs der Grund des Selbstvertrauens aller Wißenschaft. ¹)

Um in dieser Beziehung Alles zusammenzufaßen, so sind
die Intuition und das Wißen ²) oder alles wißenschaftliche
Denken ³) immer wahr, — die Meinung dagegen kann Beides,
sowohl wahr als auch irrig sein. ⁴)

1) *Quum* ἀδιαίρετα, bemerkt TRENDELENBURG im Comm. zu de an. p. 508 sq.,
*saepius difficillima sint et inventu et cogitatu: mirum est, Aristotelem ab his
maxime errorem removisse.* „Was eine Diagonale ist," meint SCHWEGLER,
Metaph. IV, S. 187, „davon habe ich entweder eine Vorstellung oder
nicht: wahrreden oder falschreden, überhaupt also ein Urtheilen (καταφάναι)
findet hier nicht Statt, sondern nur ein φάναι, weil es eine einfache Vorstellung ist, um was es sich handelt." Vergl. o. Abschn. III. S. 127.

2) αἱ μὲν (sc. τῶν περὶ τὴν διάνοιαν ἕξεων, αἷς ἀληθεύομεν) ἀεὶ ἀληθεῖς εἰσίν,
αἱ δὲ ἐπιδέχονται τὸ ψεῦδος, οἷον δόξα καὶ λογισμός, ἀληθῆ δ' ἀεὶ ἐπιστήμη καὶ
νοῦς, analyt. post. II, 19. 100 b 6 ff. ἀληθὴς δ' ἐστὶ νοῦς καὶ ἐπιστήμη καὶ
δόξα καὶ τὸ διὰ τούτων λεγόμενον, I, 33. 88 b 37 ff. ἀλλὰ μὴν οὐδὲ τῶν ἀεὶ
ἀληθευόντων οὐδεμία ἔσται οἷον ἐπιστήμη ἢ νοῦς· ἔστι γὰρ φαντασία κτλ., de an.
III, 3. 428 a 16 ff. Wie vom νοῦς des Begriffs (s. o.) heißt es eth. Eud.
V (Nicom. VI), 10. 1142 b 10 auch von dem seiner Natur nach mit λόγος
und διάνοια verbundenen, durch sie resultirenden Wißen, daß es über die
Gegensätze der Richtigkeit und Unrichtigkeit erhaben sei: ἐπιστήμης μὲν γὰρ
οὐκ ἔστιν ὀρθότης (οὐδὲ γὰρ ἁμαρτία), κτλ.

3) νοῦς μὲν οὖν πᾶς ὀρθός· ὄρεξις δὲ καὶ φαντασία καὶ ὀρθὴ καὶ οὐκ ὀρθή,
de an. III, 10. 433 a 26 f. νοῦς μὲν οὖν πᾶς: jede ἕξις des höhern Nus, im
Unterschiede von der φαντασία, wozu Abschn. VI zu vergl.; ὁ δὲ νοῦς οὐ πᾶς
(sc. ἀληθὴς ἢ ψευδής), C. 6. 430 b 27: die δόξα als ἕξις des niedern Nus einbegriffen, wie metaph. I, 9. 992 a 30 (πᾶς νοῦς), ferner XI, 9. 1075 a 7 f.
(ὁ ἀνθρώπινος νοῦς, ὅ γε τῶν συνθέτων,) u. s. νοῦς in der weitern Bedeutung
genommen werden zu müßen scheint. Vergl. οὐ δὴ χρῆται: (sc. 'Αναξαγόρας)
τῷ νῷ ὡς δυνάμει τινὶ περὶ ἀλήθειαν, de an. I, 2. 404 a 30 f.

4) αἱ δὲ (sc. τῶν περὶ τὴν διάνοιαν ἕξεων) ἐπιδέχονται τὸ ψεῦδος, οἷον δόξα
καὶ λογισμός, analyt. post. II, 19. 100 b 7. ... ὥστε λείπεται δόξαν εἶναι περὶ
τὸ ἀληθὲς μὲν ἢ ψεῦδος, ἐνδεχόμενον δὲ καὶ ἄλλως ἔχειν, I, 33. 89 a 2 f. περὶ
μὲν οὖν τὰ ἐνδεχόμενα ἡ αὐτὴ γίγνεται ψευδὴς καὶ ἀληθὴς δόξα καὶ ὁ λόγος ὁ
αὐτός, καὶ ἐνδέχεται ὁτὲ μὲν ἀληθεύειν ὁτὲ δὲ ψεύδεσθαι, metaph. VIII, 10. 1051
b 13 ff. δοξάζειν δ' οὐκ ἐφ' ἡμῖν· ἀνάγκη γὰρ ἢ ψεύδεσθαι ἢ ἀληθεύειν, de an.
III, 3. 427 b 20 f. γίνεται γὰρ δόξα καὶ ἀληθὴς καὶ ψευδής, 428 a 19. Die
Meinung (mit ihrem Schein) im Gegensatze zur Wahrheit des Wißens: analyt.
pr. I, 27. 43 b 8 f. C. 30. 46 a 8 ff. II, 16. 65 a 36 f. analyt. post. I,
19. 81 b 18 ff. 22 f. de generat. et corr. I, 3. 318 b 27 f. top. I, 14. 105
b 30 f. πολλὰ γὰρ τῶν μὴ ὄντων δοξαστά, IV, 1. 121 a 23 b 2 f. Vergl.
ὑπολήψει γὰρ καὶ δόξῃ ἐνδέχεται διαψεύδεσθαι, eth. Eud. V (Nicom. VI), 3. 1139
b 17 f. δόξης δ' ὀρθότης ἀλήθεια, C. 4. 1142 b 11.

4. Die Gewissheit in jeder der drei Erkenntnissarten und die Annahme.

Eine irrige Meinung ist wenigstens in der Voraussetzung des Subjects wahr. Diese Voraussetzung ist, wofern der Gegenstand, das Wahre oder wenigstens für wahr Gehaltene, „der Seele zusagt,"[1]) Vertrauen und Glauben (πίστις). Wenn diejenigen, welche nicht wirklich wißen, sondern nur meinen, dennoch des Glaubens sind, zu wißen,[2]) so kann das auf eine Meinung gesetzte Vertrauen von derselben Intensität wie das Vertrauen auf das Wißen sein. Es ist nemlich jede Gattung der Erkenntniss von Vertrauen oder vom Glauben an die Wahrheit, d. h. von Gewissheit begleitet.[3]) Diese beruht ihrerseits wieder auf dem Vertrauen in die Grundlagen.[4]) Das besonders hohe Vertrauen auf den Beweis[5]) hat jenes in die

1) vergl. ἀληθῆ δὲ τὰ λεγόμενα καὶ σαίνει τὴν ψυχήν, metaph. XIII, 3. 1090 a 36 f. οἱ ἄνθρωποι πρὸς τὸ ἀληθὲς πεφύκασιν ἱκανῶς καὶ τὰ πλείω τυγχάνουσι τῆς ἀληθείας, rhetor. I, 1. 1355 a 15 ff. — ἔχει γὰρ ἕκαστος οἰκεῖόν τι πρὸς τὴν ἀλήθειαν, eth. End. I, 6. 1216. b 30 f.

2) analyt. post. I, 2. 71 b 13 f.

3) δόξῃ μὲν ἕπεται πίστις (οὐκ ἐνδέχεται γὰρ δοξάζοντα οἷς δοκεῖ μὴ πιστεύειν), de an. III, 3, 428 a 20 f. 22 f. ἱκανὴ δὲ πίστις καὶ ἐκ τῆς ἐπαγωγῆς, analyt. post. II, 3. 90 b 13 f. μία μὲν πίστις ἡ διὰ τῆς ἐπαγωγῆς · ... ἄλλη δὲ πίστις ἡ διὰ συλλογισμοῦ, top. I, 8. 103 b 3. 6 f. τούτου δὲ πίστις ἥ τε διὰ τῆς ἐπαγωγῆς, κτλ. a. a. O. IX (de sophist. el.), 4. 165 b 27 f. phys. V, 1. 224 b 30. (metaph. X, 11. 1067 b 14.) de cœlo I, 7. 276 a 14 f. meteorol. IV, 1. 378 b 13 f. τούτου δὲ πίστις ἐκ τῶν ὁμοίων (aus der Analogie), analyt. pr. II, 24. 69 a 4 f. 12 f. ὅτι δ' οὐ μόνον οἱ διαλεκτικοὶ καὶ ἀποδεικτικοὶ συλλογισμοὶ διὰ τῶν προειρημένων γίνονται σχημάτων, ἀλλὰ καὶ οἱ ῥητορικοὶ καὶ ἁπλῶς ἡμισοῦν πίστις καὶ καθ' ὁποιανοῦν μέθοδον, νῦν ἂν εἴη λεκτέον. ἅπαντα γὰρ πιστεύομεν ἢ διὰ συλλογισμοῦ ἢ ἐξ ἐπαγωγῆς, C. 23. 68 b 9 ff. διόπερ ἐξ ἁπάντων ἄν τις τούτων συλλογιζόμενος πιστεύσειεν ὡς ἔστι τι κτλ., de cœlo I, 2. 269 b 13 f. rhetor. I, 2. 1356 a 19 ff. ὅτι δ' ἀνάγκη ἵστασθαι, ἡ πίστις οὐ μόνον ἐπὶ τῆς αἰσθήσεως ἀλλὰ καὶ ἐπὶ τοῦ λόγου (Argumentation), phys. VIII, 8. 262 a 17 ff.

4) ... εἴ τις τοῖς ὑποκειμένοις πιστεύει, φανερὸν ἐκ τῶν εἰρημένων ἐστίν, de cœlo I, 3. 270 b 3 f.

5) τότε γὰρ πιστεύομεν μάλιστα, ὅταν ἀποδεδεῖχθαι ὑπολάβωμεν, rhetor. I, 1. 1355 a 5 f. vergl. II, 1. 1378 a 7 f. C. 20. 1394 a 10 f. οἷον ἐπεὶ ὁ θεὶς ἐπιστήμης ἴδιον ὑπόληψιν τὴν πιστοτάτην ..., εἴη ἂν κατὰ τοῦτο καλῶς κείμενον τὸ τῆς ἐπιστήμης ἴδιον, top. V, 3. 131 a 23 ff. vergl. ... εἰ ὁ ἐπιστάμενος ff ἐπίσταται πιστεύει · δῆλον γὰρ ὅτι ἡ ἐπιστήμη πίστις ἄν τις εἴη, IV, 6. 128 a 35 ῆ.

Lehrende (nur im weitern Sinne des Worts als dialektische zu bezeichnende) Schlüße sind solche, welche aus den eigenthümlichen Principien jeder Dis-

Principien zur Vorzussetzung; wenn wir durch die Principien wißen, und auf sie Vertrauen setzen, so wißen wir auch die Principien in höherm Maße als das durch sie Begründete, und setzen ein um so größeres Vertrauen auf sie, weil wir durch sie das Spätere wißen und durch sie auf das Spätere unser Vertrauen setzen. [1])

Aus dem vorher vorhandenen Vertrauen oder Glauben geht der Glaube an das Spätere oder an das Resultat, und mit diesem Glauben die Annahme und die Annahme zugleich mit dem Glauben hervor. [2]) Eine Annahme (ὑπόληψις) ist die Resolution des in Schluß oder Induction reflectirenden Subjects, der Abschluß einer so gewonnenen Erkenntniss, daher Bejahung oder Verneinung und nicht Auslegen oder „Sagen" wie die durch sich selbst gewisse unvermittelte Definition, gleichviel, ob wahr oder irrig, und daher das Allgemeine und zwar die nächste Gattung von Wißen und Meinung. [3])

ciplin, nicht aus den Meinungen der gegen uns Disputirenden geschloßen werden: δεῖ γὰρ πιστεύειν τὸν μανθάνοντα, a. a. O. IX (de sophist. el.), 1. 165 b 1 ff.

1) analyt. post. I, 2. 72 a 30 ff. u. s. — Der 5. Theil der Kyrenaischen Ethik, der τόπος περὶ τῶν πίστεων (Sext. Emp. c. Math. VII, 11; vergl. 191.), enthielt die Erkenntnisstheorie dieser Schule.

2) vergl. οὐδ' ἡ πίστις ὑπόληψις· ἐνδέχεται γὰρ τὴν αὐτὴν ὑπόληψιν καὶ μὴ πιστεύοντα ἔχειν. ... ἂν δέ τις φῇ ἐξ ἀνάγκης τὸν ὑπολαμβάνοντα καὶ πιστεύειν, ἐπ' ἴσον ἡ ὑπόληψις καὶ ἡ πίστις ῥηθήσεται, ὥστ' οὐδ' ἂν οὕτως εἴη γένος· ἐπὶ πλέον γὰρ δεῖ λέγεσθαι τὸ γένος, top. IV, 5. 125 b 35 ff. εἰ δὲ μηδὲν ὑπολαμβάνει (der Gegner), ἀλλ' ὁμοίως οἴεται καὶ οὐκ οἴεται, κτλ. metaph. III, 4. 1008 b 10 f.

3) εἰσὶ δὲ καὶ αὐτῆς τῆς ὑπολήψεως διαφοραί, ἐπιστήμη καὶ δόξα καὶ φρόνησις καὶ τἀναντία τούτων, de an. III, 3. 427 b 24 ff. In diesem allgemeinen Sinne findet sich ὑπόληψις z. B. a. a. O. C. 2. 427 b 16. metaph. I, 2. 982 a 6. 20. polit. VIII, 5. 1339 b 7. ὑπολαμβάνειν de coelo I, 3. 270 a 12. 26. metaph. II, 3. 998 a 22. 999 a 16 f. XII, 2. 1077 a 15. rhetor. I, 1. 1355 a 5 f. de an. III, 4. 429 a 23, wozu Trendelenburg, Comm., p. 469 und 453. Elem. log. ed. IV., p. 68.

Im Besondern ist also Wißen ὑπόληψις; ... εἰ ἡ ἐπιστήμη εἶδος μὲν ὑπολήψεως, γένος δὲ τῶν ἐπιστημῶν, phys. V, 4. 227 b 13 f. εἰ ἡ ἐπιστήμη ὑπόληψις, καὶ τὸ ἐπιστητὸν ὑπολητόν, top. II, 8. 114 a 18. vergl. IV, 4. 125 a 9 ff. ... ἐπιστήμης ἴδιον ὑπόληψιν τὴν πιστοτάτην κτλ, V, 3. 131 a 23. ἔδει οὖν τὴν ἐπιστήμην εἰπεῖν ὑπόληψιν ἐπιστητοῦ, VI, 8. 146 b 5. γίνεται δὲ τέχνη (i. e. ἐπιστήμη ποιητική), ὅταν ἐκ πολλῶν τῆς ἐμπειρίας ἐννοημάτων μία καθόλου γένηται περὶ τῶν ὁμοίων ὑπόληψις, metaph. I, 1. 981 a 5 ff. Ferner:

Weil aber das intuitive Denken über alles Subjective in
der „Annahme" erhaben, ohne Täuschung und Wißen im
höchsten Sinne ist, so nimmt es nicht bloß die Stelle des
Ausgangs des eigentlichen Wißens, sondern in Einem die
höchste Stufe ein, oder die Mitte, welche es auf der Stufen-
leiter aller Erkenntniss behauptet, ist unmittelbar diese vornehmste und der höchsten Würde angemeßenste Stelle. Wenn

Es ist nicht möglich, daß (strenges) Wißen und Meinen über einen und
denselben Gegenstand zugleich in einem und demselben Individuum seien,
ἕξει γὰρ ὑπόληψιν ἅμα, οἷον ὅτι ὁ ἄνθρωπος ὅπερ ζῷον (τοῦτο γὰρ ἦν τὸ μὴ
ἐνδέχεσθαι εἶναι μὴ ζῷον) καὶ μὴ ὅπερ ζῷον· τοῦτο γὰρ ἔστω τὸ ἐνδέχεσθαι,
analyt. post. I, 33. 89 b 3 ff. Somit kann Aristoteles auch sagen: ἡ γὰρ
ὑπόληψις τῇ ἐπιστήμῃ οὐ ταὐτόν, top. VI, 11. 149 a 10 ff. In Bezug auf
Gegenstände des Wißens steht ὑπολαμβάνειν z. B. metaph. XII, 7. 1082 b 8.
16 f. analyt. pr. II, 21. 66 b 29. 67 b 18 ff. de insomn. 2. 459 b 1 f. de
generat. an. I, 1. 715 a 6. eth. End. V (Nicom. VI), 3. 1139 b 20, προϋπο-
λαμβάνειν analyt. post. I, 1. 71 a 12.

Im Gebiete der Meinung tritt zuerst das von der Intuition unterschiedene, auf Erfahrung oder Induction beruhende „unbeweisbare Wißen"
als ὑπόληψις des unvermittelten Satzes ein, analyt. post. I, 33. 88 b 36 f.;
solche unvermittelte Sätze sind z. B.: das Ferne flimmert, das Nahe flimmert
nicht. Ferner ist die Meinung ὑπόληψις; τοῦτο δ' ἐστιν ὑπόληψις τῆς ἀμέσου
προτάσεως καὶ μὴ ἀναγκαίας, a. a. O. 89 a 3 f. meteorol. I, 3. 339 b 19 f.
Das Subjective in ὑπόληψις und ὑπολαμβάνειν drückt Beide leicht in die Sphäre
der Meinung hinab; so wird ὑπόληψις so viel wie Meinung, ὑπολαμβάνειν so
viel wie Meinen, vergl. analyt. pr. II, 21. 66 b 19. 28. 30. 31 u. s. w. 67
b 8. 10 u. s. w. analyt. post. I, 16. 79 b 26 ff. C. 24. 85 b 19. metaph. XI,
7. 1072 b 31. ἡ περὶ τὰς ἰδέας ὑπόληψις, C. 8. 1073 a 17 f. I, 9. 990 b 23.
XII, 4. 1078 b 11. 19. (ἡ περὶ τῶν εἰδῶν δόξα, b 12 f. 1079 a 18), ferner
XI, 8. 1073 b 13. 1074 a 16. 25, wo der Gegenstand der Annahme und
Meinung Wahrscheinlichkeit für sich hat, ferner de an. III, 3. 427 b 17,
vergl. b 20. 428 b 3 u. s. w. (m. mor. I, 35. 1197 a 30 ff.: ἡ δὲ ὑπόληψίς
ἐστιν, ἣ ὑπὲρ ἁπάντων ἐπαμφοτερίζομεν πρὸς τὸ καὶ εἶναι ταῦτα οὕτω καὶ μὴ εἶναι,
hält sich an eine Modification dieses engern Begriffs.) Somit gehört das
analyt. pr. I, 39. 49 b 6 ff. gebrauchte Beispiel: εἰ μηδὲν διαφέρει εἰπεῖν τὸ
ὑποληπτὸν τοῦ δοξαστοῦ μὴ εἶναι γένος ἢ, μὴ εἶναι ὅπερ ὑποληπτόν τι τὸ δοξαστόν
(ταὐτὸν γὰρ τὸ σημαινόμενον), unter diejenigen, in welchen, wie C. 36. 48 b
32 f. C. 46. 52 a 37 f. II, 26. 69 b 19 ff. vergl. analyt. post. I, 31. 88 a
14 ff. II, 11. 94 b 27 ff. 32 ff. u. s., vom Inhalte geradeso abgesehen werden
muß, wie von der zufällig krummen Beschaffenheit einer oder der andern Linie
eines geometrischen διάγραμμα, die im Beweise eine gerade repräsentirt, analyt.
pr. I, 41. 49 b 34 f. analyt. post. I, 10. 76 b 39 ff. metaph. XII, 3. 1078
a 18 ff. XIII, 2. 1089 a 21 ff.

der Nus, indem er aus der Berührung mit der stofflichen Welt
zurückkehrt, auch der Wirklichkeit nach seinem Wesen, dieß
aristokratisch Vornehme, Göttliche, — Getrennte zu sein, adä-
quat wird, sich selber denkt, so denkt er in dieser vollkom-
mensten Form alles Denkens.

C. Die Selbsterkenntniss oder das Sich-selbst-denken des Nus.

Wie alles sinnliche Wahrnehmen unmittelbar ein Sichselbstwahrnehmen der äußern Sinne, der Sinn in Thätigkeit sich
zugleich selber Gegenstand der Wahrnehmung ist, so ist auch
die Richtung des Nus auf sein Denkobject unmittelbar Richtung auf sich. Wenn der Nus die denkbaren in den wahrgenommenen Formen oder das Allgemeine im sinnlich wahrgenommenen Einzelnen, und wenn er solche Begriffe, welche
ihrer Natur nach einen bestimmten Stoff als Bestandtheil enthalten, wie z. B. die Concavnasigkeit ($\dot{\eta}$ σιμότης) [1]) denkt, so
ist er in gewisser Weise mit den seiner Natur fremden Stoffen
verflochten. Eine solche Verflechtung ist noch keine Vermischung, zumal der Nus nur das Denkbare, nicht diesen
Stoff, sondern das Allgemeine desselben denkt, aber doch Etwas wie eine Vermischung, ein ihm nicht völlig adäquates
Verhalten, und nur um so mehr, wenn er schon so, indem er
die Dinge denkt, in gewisser Weise mit denselben identisch
ist. Identisch mit den Dingen, denkt er sich selbst; „in gewisser Weise" identisch, denkt er in gewisser Weise, denkt
er nur „beiläufig" sich selbst. [2]) Der Nus, sagt Aristoteles
ferner, [3]) ist getrennt; wann er aber mit allen Dingen, und

---

1) τῆς δὲ σιμότητος μέρος (sc. ἡ σάρξ), metaph. VI, 10. 1035 a 5 f.

2) φαίνεται δ' ἀεὶ ἄλλου ἡ ἐπιστήμη καὶ ἡ αἴσθησις καὶ ἡ δόξα καὶ ἡ διάνοια,
αὐτῆς δ' ἐν παρέργῳ, a. a. O. XI, 9. 1074 b 35 f. Nach Alexander Aphr. ad
h. l. B. p. 688, 25, ebenso Bonitz zur Metaphysik p. 517 ist die Beziehung
ἐν παρέργῳ eine direct reflexive; dabei wird die αἴσθησις, die doch nicht direct
auf sich selbst gerichtet ist (vergl. o. S. 91 f.), ferner das ἀεί und schließlich
der Umstand übersehen, daß Wahrnehmung, Nus und Wißen in Actualität
mit ihren Objecten in gewisser Weise identisch sind (s. o. S. 51).

3) ὁ δὲ χωριστός. ὅταν δ' οὕτως ἕκαστα γένηται ὡς ὁ ἐπιστήμων λέγεται ὁ
κατ' ἐνέργειαν (τοῦτο δὲ συμβαίνει ὅταν δύνηται ἐνεργεῖν δι' αὐτοῦ, adeo ut non

zwar in derselben Weise wie der, welcher ein actuell Wißender heißt, identisch wird (und dieß tritt ein, wann er im Stande ist, durch sich selbst thätig zu sein), so verhält er sich zwar auch dann noch in gewisser Weise potenziell, jedoch nicht in dem Sinne, wie vor dem Lernen oder Finden, aber er vermag dann auch sich selbst zu denken. „Dann" nemlich, wann er die erlernten oder durch eigene Thätigkeit gefundenen Begriffe in sich hat. Es gibt hiernach zwei Weisen des Sichselbstdenkens. Wenn, heißt es an einer andern Stelle, [1]) dem Nus kein äußeres Object gegenübersteht, dann erkennt er sich selbst, und ist in Wirklichkeit getrennt, — getrennt aber lediglich das, was er seinem Wesen nach ist. [2]) Wird also vom Stoffe abstrahirt, so ist bei den auf Hervorbringen gerichteten Wißenschaften das Wesen und zwar der schöpferische Wesensbegriff, bei den theoretischen Wißenschaften der Begriff und die Denkthätigkeit Object; überhaupt aber wird das Vermögen an der Bethätigung, das Denk- oder Wahrnehmungs-Vermögen am Denken oder Wahrnehmen, die Bethätigung aber wieder am Objecte erkannt. [3]) Das Object und das Denken desselben sind (unbeschadet der begrifflichen Differenz von Denken und Gedachtem) identisch; zugleich sind das Gedachte und der Nus identisch. Einerseits mit sich und andrerseits mit seiner Thätigkeit, also in doppelter Rücksicht Identisches denkend, denkt er sich selber. [4]) Dieses Sichselbstdenken des Nus ist Intuition

---

egeat doctore, PACIUS ad h. l. comm. analyt. p. 373), ἔστι μὲν καὶ τότε δυνάμει πως, οὐ μὴν ὁμοίως καὶ πρὶν μαθεῖν ἢ εὑρεῖν· καὶ αὐτὸς δὲ αὐτὸν τότε δύναται νοεῖν, de an. III, 4. 429 b 5 ff.

1) εἰ δέ τινι μή ἐστιν ἐναντίον (i. e. ἀντικείμενον, objectum) τῶν ὄντων (so TORSTRIK für αἰτίων), αὐτὸ ἑαυτὸ γινώσκει (sc. τὸ γνωρίζον) καὶ ἐνεργείᾳ ἐστὶ καὶ χωριστόν, a. a. O. C. 6. 430 b 24 ff.

2) χωρισθεὶς δ' ἐστὶ μόνον τοῦτο' ὅπερ ἐστί, a. a. O. C. 5. 430 a 22 ff. PACIUS, Comm. analyt. zu de an., p. 381 sq. BIEHL a. a. O. S. 17 ff. u. s. BRENTANO a. a. O. S. 204 ff. sehen hier eine Trennung vom Körper.

3) εἰ δὲ χρὴ λέγειν τί ἕκαστον αὐτῶν, οἷον τί τὸ νοητικὸν ἢ τὸ αἰσθητικὸν ἢ τὸ θρεπτικόν, πρότερον ἔτι λεκτέον τί τὸ νοεῖν καὶ τί τὸ αἰσθάνεσθαι· πρότεραι γὰρ εἰσι τῶν δυνάμεων αἱ ἐνέργειαι καὶ αἱ πράξεις, κατὰ τὸν λόγον. εἰ δ' οὕτως, τούτων δ' ἔτι πρότερα τὰ ἀντικείμενα δεῖ τεθεωρηκέναι, κτλ. de an. II, 4. 415 a 16 ff.

4) οὐδὲ γὰρ ταὐτὸ τὸ εἶναι νοήσει καὶ νοουμένῳ. ἢ ἐπ' ἐνίων ἡ ἐπιστήμη τὸ

oder geschieht mittels der Kraft (ἕξις) der Intuition, und es
kann als eine Apotheose dieser Thätigkeitsform und dieser

πρᾶγμα· ἐπὶ μὲν τῶν ποιητικῶν ἄνευ ὕλης ἡ οὐσία καὶ τὸ τί ἦν εἶναι (vergl.
metaph. VI, 7. 1032 b 11 f. a 32 ff. de part. an. I, 1. 640 a 31 f.), ἐπὶ δὲ
τῶν θεωρητικῶν ὁ λόγος τὸ πρᾶγμα καὶ ἡ νόησις. οὐχ ἑτέρου οὖν ὄντος τοῦ νο-
ουμένου καὶ τοῦ νοῦ, ὅσα μὴ ὕλην ἔχει, τὸ αὐτὸ ἔσται, καὶ ἡ νόησις τῷ νοουμένῳ
μία, metaph. XI, 9. 1074 b 38 ff.   Dazu ἡ δὲ νόησις τὰ νοήματα, de an. I, 3.
407 a 7 ff.   Ferner ἔτι δ' (sc. ἀπορήσειε ἄν τις) εἰ νοητὸς καὶ αὐτός. ἢ γὰρ
τοῖς ἄλλοις ὁ νοῦς ὑπάρξει, εἰ μὴ κατ' ἄλλο αὐτὸς νοητός, ἓν δέ τι τὸ νοητὸν εἴδει,
ἢ μεμιγμένον τι ἕξει, ὃ ποιεῖ νοητὸν αὐτὸν ὥσπερ τἆλλα, de an. III, 4. 429 b 26 ff.
„Man könnte auch d i e Schwierigkeit erheben, ob der Nus auch selbst denkbar ist (wie b 9 gesagt wurde).   Dann nemlich wird er entweder, wenn er
nicht in Rücksicht auf Anderes (nicht dadurch, daß er, um sich selbst zu
denken, ein reales Object denkt) selbst denkbar, das Denkbare aber etwas
der Form nach Einheitliches (nicht theils das denkbare Object an und für
sich, theils etwas Anderes, Beigemischtes) ist, den realen Dingen zukommen
(so daß er sich zwar an den Dingen, aber direct denkt), oder er wird (wofern er doch nur in Rücksicht auf Anderes, auf ein reales Object, gedacht
werden kann) etwas Gemischtes haben, was ihn selbst denkbar macht wie
die andern (die realen) Dinge." — Von dieser Disjunction ist jedoch weder
das eine noch das andere Glied zuläßig; die Lösung ist nach Aristoteles
vielmehr folgende: der Nus ist überhaupt nicht so wie die realen Objecte
(ὥσπερ τἆλλα, 429 b 29), sondern so wie die Begriffe. wie das Denkbare
(ὥσπερ τὰ νοητά, 430 a 3) denkbar. „Bei den stofflosen Wesenheiten ist nemlich das Denkende und das Gedachte dasselbe; denn das theoretische Wißen
und das so 'd. h. ἄνευ ὕλης, vom Stoffe freie Wißbare ist dasselbe." Daraus
könnte man ohne Weiteres folgern, daß, wenn Denkbares immer existirt,
auch der Nus immer denkt, nicht nur überhaupt, sondern auch im Besondern
sich selbst immer denkt. Dieß ist aber nicht der Fall, und hiervon, sagt
Aristoteles, muß man den Grund erforschen. Diese Untersuchung ist nicht
vorhanden, jedoch leicht zu ergänzen. Der Grund der Thatsache, daß der
Nus nicht immer denkt, beruht nemlich darin, daß die Vorstellungen, ohne
welche der Nus nicht zu denken vermag, nicht immer und zwar deshalb nicht
immer gegenwärtig sind, weil das Subject derselben, das innere Organ der
wahrnehmenden Seele, den Einflüßen des Körpers und (als vergänglich) der
Ermüdung ausgesetzt ist. Denkbar aber, führt Aristoteles a. a. O. fort, sind
die realen Dinge nicht ohne Weiteres, nicht actuell, sondern potenziell, so
daß (b 27 zu vergl.; — gegen Diogenes von Apoll., Parmenides, Empedokles,
Demokrit, Anaxagoras;) zwar der Nus nicht den realen Objecten (denn der Nus
ist ein Vermögen ohne den Stoff derselben), wohl aber das Denkbare der
realen Objecte dem Nus zukommen wird: καὶ αὐτὸς δὲ νοητός ἐστιν ὥσπερ τὰ
νοητά. ἐπὶ μὲν γὰρ τῶν ἄνευ ὕλης τὸ αὐτό ἐστι τὸ νοοῦν καὶ τὸ νοούμενον· ἡ γὰρ
ἐπιστήμη ἡ θεωρητικὴ καὶ τὸ οὕτως ἐπιστητὸν τὸ αὐτό ἐστιν. τοῦ δὲ μὴ ἀεὶ νοεῖν
τὸ αἴτιον ἐπισκεπτέον. ἐν δὲ τοῖς ἔχουσιν ὕλην δυνάμει ἕκαστόν ἐστι τῶν νοητῶν.
ὥστ' ἐκείνοις μὲν οὐχ ὑπάρξει νοῦς (ἄνευ γὰρ ὕλης δύναμις ὁ νοῦς τῶν τοιούτων),

Kraft angesehen werden, wenn das Denken des göttlichen, d. h. jenseitigen Nus, welcher in allem Uebrigen mit dem menschlichen nur den Namen gemeinsam zu haben scheint, [1])

ἐκείνῳ δὲ τὸ νοητὸν ὑπάρξει, 430 a 2 ff. Endlich vergl. ἐπ' ἐνίων ταὐτό ἐστιν ὁ νοῦς καὶ τὸ νοητόν, ὡς ἐν τοῖς περὶ ἀνθρώπου εἴρηται, Fragm. (311) bei HEITZ l. l. p. 191. Vom jenseitigen Nus gilt in vorliegender Beziehung Folgendes: αὐτὸν δὲ νοεῖ ὁ νοῦς κατὰ μετάληψιν τοῦ νοητοῦ· νοητὸς γὰρ γίγνεται θιγγάνων καὶ νοῶν, ὥστε ταὐτὸν νοῦς καὶ νοητόν, metaph. XI, 7. 1172 b 20 ff. αὐτὸν ἄρα νοεῖ, ... καὶ ἔστιν ἡ νόησις νοήσεως νόησις, C. 9. 1174 b 33 f.

1) Die Hauptmomente der Aristotelischen Theologie sind folgende: Der göttliche Nus, ohne Größe, körperlos (phys. VIII, 10. von Anf. 267 b 17 ff. de coelo I, 7. 275 b 21 ff. II, 6, 288 b 5 f. metaph. XI, 7. 1073 a 5 ff., — und deshalb auch ἀμερής und ἀδιαίρετος, a. a. O. a 6 f. phys. VIII, 10. 267 b 25 f. vergl. C. 6. 258 b 25 f.), ist das Urprincip aller Bewegung und zwar zunächst des „ersten" oder obersten Himmels, das Urbewegende (phys. VIII, 5. 256 b 20 ff. C. 6. von Anf. 259 b 22 ff. C. 10. 267 a 24 ff. b 6 ff. metaph. XI, 7. 1072 a 23 ff. 1073 a 7. C. 8. 1073 a 29 f.); nach der Metaphysik bewegt er nur so wie der Gegenstand des Begehrens (a. a. O. C. 7. 1072 a 26 ff.). Die (allezeit unermüdete, gleichmäßige, weil naturgemäße, de coelo II, 6. 288 b 13 ff.) Bewegung des ersten Himmels und der Gestirne ist ewig (metaph. XI, 7. 1072 a 21 ff. C. 8. 1073 a 25), daher auch das — an und für sich unbewegte (a. a. O. C. 7. 1072 a 25. 1073 a 4. C. 8. 1074 a 24. 27. 30. 38. phys. VIII, 6 init. 259 b 22 ff. C. 10. 267 a 20 ff. de generat. et corr. II, 10. 337 a 19) und somit seinem Wesen nach nothwendige (metaph. XI. 7. 1072 b 10. 4 ff.), nicht minder leidensunfähige und unwandelbare (a. a. O. 1073 a 11 ff. C. 9. 1074 b 26 f. de coelo I, 9. 279 a 30 ff. II, 6. 288 a 34 ff. de generat. ct. corr. II, 10. 337 a 20. Fragm. aus dem III. Buche des Dialogs περὶ φιλοσοφίας bei Simplicius, scholia Br. 487 a 7 ff. ROSE [welcher in Abrede stellt, daß hier überhaupt ein Fragment vorliege], Aristot. pseudepigr., p. 41 sqq. HEITZ, Fragm. Aristot., 21 [41]. p. 36 sq. Vergl. BERNAYS a. a. O. S. 110 ff.), also außer dem Bereiche der Gegensätze befindliche (metaph. XI, 10. 1075 b 21 ff.) — Bewegende (a. a. O. C. 8. 1073 a 26 ff. C. 7. 1072 b 28 ff. V, 1. 1026 a 19 ff. 15 ff. phys. VIII, 6. 259 a 6 f. 13 ff. C. 10. 267 b 24 f. de coelo II, 3. 286 a 9. de generat. et corr. II, 10. 337 a 18 f. — ἀγένητον, a 20), und ferner continuirlich (συνεχής), also eine, daher das Bewegende der Zahl nach nur eins (phys. VIII, 6. 259 a 12 ff. C. 10. 267 a 21 ff. de generat. et corr. II, 10. 337 a 19. metaph. XI, 8. 1073 a 28). Als Gott lebt das Urbewegende in ewiger Seligkeit (metaph. XI, 7. 1072 b 14 f. 28 ff. de coelo I, 9. 279 a 16 ff.), seine immerwährende Thätigkeit ist mit immerwährender Lust verbunden (metaph. XI, 7. 1072 b 16 ff. eth. Nicom. X, 4. 1174 b 18 ff. 33 ff. C. 5. 1175 b 30 ff. C. 8. 1178 b 8 ff.). Die Bewegung der Sphären als ihre sehnsüchtige Selbstbewegung vorausgesetzt, so ist die einzig gotteswürdige Thätig-

nicht discursives, sondern, auf das Wesen und Grundwesentliche, jedenfalls also Unvermittelte, Einheitliche und Untrennbare

keit (sich selbst Zweck, hat er keinen Zweck außer sich, de coelo II, 12. 292
b 4 ff. vergl. polit. VII, 3. 1325 b 28 ff.) das Denken (eth. Nicom. X, 8.
1178 b 7 ff. 21 ff.), ununterbrochenes, also beschwerdeloses, unermüdetes
Denken (metaph. XI, 7. 1072 b 14 ff. C. 9. 1075 a 10. eth. Nicom. X, 8.
1178 b 26 f.); im Gegensatze gegen den menschlichen Nus ist der göttliche
seinem Wesen nach Thätigkeit, Actualität in diesem engern Sinne, nicht
Potenzialität (metaph. XI, 9. 1074 b 28 ff.; Innehaben des Objects und Denkthätigkeit sind unmittelbar Ein und Dasselbe bei ihm, ἐνεργεῖ δὲ ἔχων, C. 7.
1072 b 22 f.), sein Wesen eher νόησις als νοῦς (C. 9. 1074 b 21 f. vergl.
C. 7. 1072 b 18 f.). Nothwendig denkt er nur das Beste, Göttlichste, Ehr-
würdigste, und das ist er selbst (C. 9. 1074 b 21 ff. 25 ff. vergl. eth. End.
VII, 12. 1245 b 16 ff. m. mor. II, 15. 1212 b 38 ff.; — metaph. XI, 7.
1072 b 20 ff. I, 2. 983 a 9 f.), und da, wie gesagt, sein Wesen nicht bloß
Denkvermögen, sondern vielmehr Denken ist, so ist dieses Denken seiner
selbst unmittelbar Denken des Denkens (a. a. O. XI, 9. 1074 b 33 ff. 1075
a 10).

Aber wie kann er überhaupt denken, fragt der Epikuräer bei Cicero
de nat. deor. I, 13. § 33, und können wir auf dem Boden Aristotelischer
Voraussetzungen mit ihm fragen, wenn ein Gedanke ohne Wahrnehmung,
d. h. wenn ein Gedanke ohne Vorstellung und insofern auch ohne Wahrnehmung, und Wahrnehmung ohne wahrnehmende Organe, wenn insbesondere
das Princip aller Wahrnehmung, der Tastsinn ohne zusammengesetzten (de
an. III, 12. 434 a 27 f. b 9 f. III, 13. 435 a 11 f. b 3 f.), geschweige denn
ohne allen Stoff nicht möglich ist? Dieselbe Frage erhebt sich schon für die
ätherischen Götter oder die Gestirne, welche de an. III, 13. 434 b 4 ff. ausdrücklich von der Regel ausgenommen werden (vergl. TRENDELENBURG, Comm. p.
550 sqq. — Nach einem Schol. zum Phädon bei HEITZ 1. 1. 26 [46], p. 38
sq., spricht Aristoteles den Gestirnen wenigstens Gesicht und Gehör, τὰς πρὸς
τὸ εὖ εἶναι συμβαλλομένας, sc. αἰσθήσεις, zu). Mit dem Maße der menschlichen
Psychologie und Erkenntnisslehre ist der göttliche Nus also nicht zu meßen,
und schon umdeswillen nicht, weil ihm, als stofflosem Wesen, auch keine
Entelechie des Stoffs, d. h. keine Seele zukommt (de coelo I, 7. 275 b 26 f.).
Es geht also nicht an, Bestimmungen des göttlichen ohne Weiteres auf den
ἀνθρώπινος νοῦς (metaph. XI, 10. 1075 a 7) zu übertragen, wenn, um Alles
mit wenigen Worten zu sagen, der erstere seinem Begriffe wie der Zahl nach
einzig, also einzig in seiner Art ist (a. a. O. C. 8. 1074 a 36 f.), — Bestimmungen aus einer Sphäre herüberzunehmen, die im Grunde mehr Vorstellung als Gedanke, und zwar unbestimmte Vorstellung ist, wenn, wie hier,
Alles in's Nebelhafte verschwindet, und die Philosophie zur Scholastik wird.
Je weniger der Zusammenhang zwischen dem nach Außen thätigen Beweger
und dem obersten Denker auch durch metaph. XI, 7 befriedigend vermittelt
ist, um so mehr geht an dieser Stelle der Aristotelischen Philosophie die

gerichtet, intuitives Denken ist. [1]) Wenn der Nus in solcher
Trennung oder Freiheit von der in der äußern Welt ver-
kehrenden Thätigkeit, in solcher Beziehung auf sich selbst
„lediglich das ist, was er seinem Wesen nach ist," so ist er
in Wahrheit auch erst so, in dieser vollkommenen Zusammen-
stimmung seines Verhaltens mit seinem Wesen, [2]) die Quelle
einer Glückseligkeit, die mehr als Nektar und Ambrosia und
alle Freuden des Olymp, allerdings eine Götterseligkeit, aber
eine Götterseligkeit im Lichte und Sinne der Philosophie bedeutet. [3]) Fürwahr ist der Nus eine solche Quelle, wenn er,

sonst so gründliche Verarbeitung überkommener Theorien in einen Synkre-
tismus über, dessen Hauptbestandtheile: eine physikalische Hypothese, ferner
der persönlich zugespitzte und Platonisch näher bestimmte Anaxagoreische
Weltordner, endlich die vollkommenste Glückseligkeit nicht schwer zu erkennen sind. Als diese nach dem Herzen des Philosophen anthropologisch
ausgestattete Hypostase ist denn nun der jenseitige Nus der höchste Endzweck
alles Seienden, jenes schönste, beste und vollkommene Princip, daran Himmel
und Erde hangen (metaph. XI, 7. 1072 a 35 ff. b 13 ff. 29. 30 ff. C. 10
von Anf. 1075 b 25 ff. ZELLER a. a. O. II, 2. S. 272 ff.), und würdig, um
ihn, wie Aristoteles thut, mit Ehrfurcht und Begeisterung zu feiern.

1) vergl. metaph. XI, 9. 1075 a 5 ff. BONITZ, Comm., p. 517 sq. Auch
C. 7. 1072 b 19: καὶ ἡ (sc. νόησις καθ' αὐτήν) μάλιστα (wozu o. S. 191) τοῦ
μάλιστα (sc. καθ' αὐτὸ ἀρίστου).

2) τὸ γὰρ οἰκεῖον ἑκάστῳ τῇ φύσει κράτιστον καὶ ἥδιστόν ἐστιν ἑκάστῳ, eth.
Nicom. X, 7. 1178 a 5 f. vergl. IX, 9. 1169 b 33. I, 9. 1099 a 7 ff.

3) ... νόησις ἥδιστον, metaph. IX. 7. 1072 b 17. ἡ θεωρία τὸ ἥδιστον
καὶ ἄριστον. εἰ οὖν οὕτως εὖ ἔχει, ὡς ἡμεῖς ποτέ, ὁ θεὸς ἀεί, θαυμαστόν b 24 f.
εἰ δὴ θεῖον ὁ νοῦς πρὸς τὸν ἄνθρωπον, καὶ ὁ κατὰ τοῦτον βίος θεῖος πρὸς τὸν
ἀνθρώπινον βίον. οὐ χρὴ δὲ κατὰ τοὺς παραινοῦντας ἀνθρώπινα φρονεῖν ἄνθρωπον
ὄντα οὐδὲ θνητὰ τὸν θνητόν, ἀλλ' ἐφ' ὅσον ἐνδέχεται ἀθανατίζειν καὶ πάντα ποιεῖν
πρὸς τὸ ζῆν κατὰ τὸ κράτιστον τῶν ἐν αὐτῷ, eth. Nicom. X, 7. 1177 b 30 ff.
τὸ γὰρ οἰκεῖον ἑκάστῳ τῇ φύσει κράτιστον καὶ ἥδιστόν ἐστιν ἑκάστῳ. καὶ τῷ ἀνθρώπῳ δὴ ὁ κατὰ τὸν νοῦν βίος, εἴπερ τοῦτο μάλιστα ἄνθρωπος. οὗτος ἄρα
καὶ εὐδαιμονέστατος, 1178 a 5 ff. Die ἀρεταὶ ἀνθρωπικαί, wie Gerechtigkeit,
Muth u. s. w., hängen mit den πάθη und so mit dem Körper zusammen;
die auf sie begründete Glückseligkeit ist daher bloß eine menschliche,
ἡ δὲ τοῦ νοῦ κεχωρισμένη, diejenige des Nus dagegen vom Körperlichen
getrennt, X, 8. 1178 a 19 ff. Der Philosoph bedarf zu seiner Thätigkeit
keiner äußern Bedingung, Aeußerliches ist ihm in dieser Rücksicht sogar
hinderlich, τῷ δὲ θεωροῦντι οὐδενὸς τῶν τοιούτων πρός γε τὴν ἐνέργειαν χρεία,
ἀλλ' ὡς εἰπεῖν καὶ ἐμπόδιά ἐστιν πρός γε τὴν θεωρίαν, b 3 ff. Daß die vollkommene Glückseligkeit im wißenschaftlichen Betrachten (θεωρητική τις ἐνέργεια) besteht, geht auch daraus hervor, daß die Thätigkeit der nach unserer

wie seiner Natur, so seiner Thätigkeit nach das Vorzüglichste im Menschen, [1]) etwas Göttliches, [2]) und vor allem andern das Denken der höchsten Principien und Ursachen das Beste und etwas Göttliches ist. [3])

Man darf aber auch bei dieser angeblich vollkommen durchgeführten Trennung nicht aus den Augen verlieren, daß das höchste Vermögen ohne Vorstellungen überhaupt nicht, also auch den stofflichen Begriff nicht ohne anschauliche und concrete Grundlage denkt.

Daß alles wißenschaftliche Denken in solcher Weise aus Stoff und Form besteht, drückt unmittelbar aus, daß das obere und das niedere Vermögen, der Nus und das Vermögen der Vorstellungen, in dieser Richtung zusammenwirken.

Annahme (ὑπειλήφαμεν) im höchsten Maße seligen und glückseligen Götter nichts Anderes als diese Betrachtung (θεωρία) ist, a. a. O. b 7 ff. καὶ τῶν ἀνθρώπων δὴ ἡ ταύτῃ συγγενεστάτη εὐδαιμονικωτάτη, b 22 f. ὥστ' εἴη ἂν ἡ εὐδαιμονία θεωρία τις, b 32. Vergl. polit. VII, 3. 1325 b 16 ff.

1) κυριώτατον, eth. Nicom. IX, 8. 1168 b 30 ff. τὸ κύριον, de insomn. 2. 460 b 17. τὸ κύριον καὶ ἄμεινον, eth. Nicom. X, 7. 1178 a 3. κράτιστον, 1177 b 34. vergl. de an. I, 5. 410 b 13 f. Die Nikomachische Ethik nennt ihn (nicht völlig correct, s. o. S. 199, Anmerk.) das Ich des Menschen; δόξειε δ' ἂν τὸ νοοῦν ἕκαστος εἶναι, ἢ μάλιστα, eth. Nicom. IX, 4. 1166 a 22 f. ... τοῦ γὰρ διανοητικοῦ χάριν, ὅπερ ἕκαστος εἶναι δοκεῖ, a 17. vergl. X, 7. 1178 a 2. εἴπερ τοῦτο μάλιστα ἄνθρωπος, a 7. IX, 2. 1168 b 35. vergl. polit. VII, 15. 1334 b 15.

2) ἐνεργεῖ δὲ ἔχων (der jenseitige Nus)· ὥστ' ἐκείνου μᾶλλον τοῦτο (mit Alexanders Text) ὃ δοκεῖ ὁ νοῦς θεῖον ἔχειν, metaph. XI, 7. 1072 b 22 f. ... εἴτε θεῖον ὂν καὶ αὐτὸ εἴτε τῶν ἐν ἡμῖν τὸ θειότατον, eth. Nicom. X, 7. 1177 a 15 f. θεῖον πρὸς τὸν ἄνθρωπον, b 34. 30. θεῖόν τι, b 28. θειότατον, de part. an. IV, 10. 686 a 29.

3) μόνη γὰρ αὐτὴ (sc. ἡ ἐπιστήμη τῶν πρώτων ἀρχῶν καὶ αἰτιῶν) αὐτῆς ἕνεκέν ἐστιν. διὸ καὶ δικαίως ἂν οὐκ ἀνθρωπίνη νομίζοιτο αὐτῆς ἡ κτῆσις· κτλ., metaph. I, 2. 982 b 27 ff. ἡ γὰρ θειοτάτη καὶ τιμιωτάτη, 983 a 5. αἱ μὲν οὖν θεωρητικαὶ τῶν ἄλλων ἐπιστημῶν αἱρετώτεραι, αὕτη δὲ (sc. ἡ θεολογική) τῶν θεωρητικῶν, V, 1, 1026 a 22 f. vergl. X, 7. 1064 b 3 ff. XI, 7. 1072 b 23 f. Die Würde des jenseitigen Nus, das θειότατον unter allem Göttlichen der himmlischen Erscheinungen und das σεμνόν zu sein, beruht wesentlich darauf, daß er denkt und zwar das Beste, d. h. sich selbst denkt, a. a. O. C. 9. 1074 b 15 ff.

VI.

Der leidende Nus und der Process des wißenschaftlichen Denkens.

A. Der leidende Nus.

1. Das Verhältniss des thätigen und des leidenden Nus im Allgemeinen.

Die Erscheinung eines Aeußern im Innern der Seele ist theils bewußte Wahrnehmung, theils Vorstellung im engern Sinne; das Organ beider Arten ist ein und dasselbe, nur die Thätigkeitsformen sind verschieden. Passiver [1]) Natur sind sowohl der Empfang der innern Erscheinung als ihre Wiederbelebung auf äußere Anregung hin; aber passiv ist dieses Organ auch im Verhältnisse zum Nus. In jedem Gedanken ist die Vorstellung als der Stoff, als das Potenzielle, somit Passive, der Nus als die Ursache, als das Hervorbringende und Actuelle, insofern überhaupt also das Organ der innern Erscheinungen als der Stoff und das Leidende, der Nus als die Ursache, das Hervorbringende (ποιητικόν), an sich Vollendete und Thätige, wie die Kunst (τέχνη) im Verhältnisse zum Stoffe, zu betrachten, — eine Differenz, welche sich in der gesammten Natur und folglich auch „in der Seele" findet, demnach nicht so aufgefaßt werden darf, wie wenn das eine Extrem die menschliche Seele und das andere der jenseitige göttliche Nus wäre. Wie das centrale Vermögen der wahrnehmenden Seele seiner universellen Receptivität zufolge „Alles wird," so wird es unter der Wirksamkeit des Nus auch in der höhern Rücksicht des Begriffs alle Dinge oder „Alles," während der Nus die gesammte äußere Welt im Spiegel der begrifflichen

---

1) S. Abschn. II. S. 63 f.

Erkenntniss, alle diese Gedanken, producirt, „Alles macht,"
aber in Wahrheit nur so, wie eine gewisse Beschaffenheit, das
Licht, die der Möglichkeit nach schon vorhandenen Farben,
also nur „in gewisser Weise," zu wirklichen Farben „macht."
Der Nus ist eine Kraft wie das Licht; denn nicht dadurch,
daß er die Vorstellung verwandelt oder umgestaltet, tritt der
Gedanke im Bewußtsein auf, sondern durch eine Art Beleuch-
tung; der Nus erhebt in das Bewußtsein und denkt für sich,
was in der Vorstellung bereits thatsächlich vorhanden ist. Somit
ist der Gedanke Product zweier und zwar unter sich völlig
verschiedener Factoren. Der eine Factor ist der seiner Natur
nach getrennte, leidensunfähige, unvermischte, seinem Wesen
nach actuelle, unsterbliche und ewige Nus, — der productive,
principielle und darum ehrwürdigere Theil, der andere der
stoffliche und leidensfähige, weil der Gegensätze empfängliche
und deshalb vergängliche, aber darum nicht minder wesentliche
Theil: der unsterbliche und ewige Nus „denkt Nichts ohne
diesen," auch die äußern Dinge nicht, Nichts ohne den
leidenden Nus (παθητικὸς νοῦς).[1]

---

1) ἐπεὶ δ' ὥσπερ ἐν ἁπάσῃ τῇ φύσει ἐστί τι τὸ μὲν ὕλη ἑκάστῳ γένει (τοῦτο
δὲ ὃ πάντα δυνάμει ἐκεῖνα), ἕτερον δὲ τὸ αἴτιον καὶ ποιητικόν, τῷ ποιεῖν πάντα,
οἷον ἡ τέχνη πρὸς τὴν ὕλην πέπονθεν, ἀνάγκη καὶ ἐν τῇ ψυχῇ ὑπάρχειν ταύτας
τὰς διαφοράς. καὶ ἔστιν ὁ μὲν τοιοῦτος νοῦς τῷ πάντα γίνεσθαι, ὁ δὲ τῷ πάντα
ποιεῖν, ὡς ἕξις τις, οἷον τὸ φῶς· τρόπον γάρ τινα καὶ τὸ φῶς ποιεῖ τὰ δυνάμει ὄντα
χρώματα ἐνεργείᾳ χρώματα. καὶ οὗτος ὁ νοῦς χωριστὸς καὶ ἀπαθὴς καὶ ἀμιγής, τῇ
οὐσίᾳ ὢν ἐνεργείᾳ· ἀεὶ γὰρ τιμιώτερον τὸ ποιοῦν τοῦ πάσχοντος καὶ ἡ ἀρχὴ τῆς
ὕλης. (Die folgenden Worte, C. 7 Anf. wiederholt, scheinen nicht hieher
zu gehören.) ἀλλ' ὁτὲ μὲν νοεῖ ὁτὲ δ' οὐ νοεῖ. χωρισθεὶς δ' ἐστὶ μόνον τοῦθ'
ὅπερ ἐστί, καὶ τοῦτο μόνον ἀθάνατον καὶ ἀίδιον. οὐ μνημονεύομεν δέ, ὅτι τοῦτο
μὲν ἀπαθές, ὁ δὲ παθητικὸς νοῦς φθαρτός, καὶ ἄνευ τούτου οὐδὲν νοεῖ, de an. III, 5.
Mit Trendelenburg ad h. l. comm., p. 491. Brandis, Handbuch etc.
II, 2. S. 1130. 1177 („ohne ihn," den thatkräftigen Geist, „ohne seine Er-
leuchtung vermag der leidende Geist Nichts zu denken;") u. A. das Verhältniss umzudrehen und νοεῖ am Schluße des Capitels auf den παθητικός,
τούτου auf den ποιητικὸς νοῦς zu beziehen, verstößt gegen den Zusammenhang: „wir erinnern uns aber nicht, weil zwar dieses" (der getrennte etc.
unsterbliche und ewige Nus) „leidensunfähig, der leidensfähige Nus aber"
(der Inhaber des Gedächtnisses und somit der Vorstellungen) „vergänglich
ist, und es" (der unsterbliche und dabei erinnerungslose) „ohne diesen" (weil
ohne Vorstellungen) „Nichts denkt." Vergl. Pacius zu de an. p. 385. Prantl,
Geschichte der Logik, I, S. 108.

2. Der leidende Nus ist die wahrnehmende Seele.

Es ist im Allgemeinen also nur zu bestätigen, wenn TRENDELENBURG, [1]) gegen eine Weite, die den Rahmen der Erkenntniss und des Denkens überschreitet, [2]) unter dem leidenden Nus *omnes illas, quae praecedunt, facultates in unum quasi nodum collectas, quatenus ad res cogitandas postulantur*, versteht, wogegen der Einwand ZELLERS, [3]) daß „Aristoteles Vermögen, welche noch der empfindenden thierischen Seele angehören, nicht zu dem von ihr so bestimmt unterschiedenen höhern Seelentheil, dem Nus, hätte rechnen können," von der substanziellen Identität beider Nus ausgeht. Nach ZELLER u. A. ist der leidende Nus eine niedere Thätigkeitsform des höhern Seelentheils selbst oder der Nus auf der Stufe des discursiven Denkens. Aber wie soll man in dieser Auffaßung das Verhältniss von Thun und Leiden, den Kern in der Darstellung Psychol. III, 5, so namentlich das „Alles Werden" des leidenden Nus wiederfinden, und wie stimmt die Vergänglichkeit des letztern dazu? [4]) Nichtsdestoweniger fehlen auch

---

1) Comm. zu de an., p. 493 sq. vergl. 173. 175. PANSCH, de Aristot. animae defin., p. 35.

2) Nach HEGEL, Encyclop. § 389. III, S. 46 f. (und in der Hauptsache ebenso RIBBENTROP, Aristotelis νοῦς, dissert., Berol. 1840, p. 25 sq.), ist der νοῦς παθητικός die Seele als natürliche Vorstufe des denkenden Geistes, näher als Substanz oder absolute Grundlage aller Besonderung und Vereinzelung des Geistes, so daß er in ihr allen Stoff seiner Bestimmung hat, und sie die durchdringende, identische Idealität derselben bleibt, — der Schlaf des Geistes.

3) a. a. O. S. 442. Vergl. BIEHL a. a. O. S. 16.

4) ZELLER spricht sich S. 441 f. vergl. 457 f. in dieser Weise aus: „... Wir sehen auch, was er im Allgemeinen mit dem Begriff der leidenden Vernunft bezeichnen wollte: das Ganze der Vorstellungskräfte, welche über die sinnliche Wahrnehmung hinausgehen, ohne doch schon die höchste Stufe des vollendeten, in seinem Gegenstand schlechthin zur Ruhe gekommenen Denkens zu erreichen, die dem Mannigfaltigen und Sinnlichen zugewendete, aus der Erfahrung sich entwickelnde Seite der Denkthätigkeit, die Vernunft, wiefern sie sich noch auf der Stufe der Reflexion, des discursiven Denkens bewegt. Weil er aber den Gegensatz von Form und Stoff, Geist und Körper, im Innersten doch nicht gelöst und nicht lösbar gemacht hat, begegnet ihm auch hier das Gleiche, was wir schon öfters in ähnlichen Fällen bemerken mußten: es gelingt ihm nicht, die gesuchte Vermittlung zwischen

der Ansicht TRENDELENBURGS die concreteren Bestimmungen. Daß die bezeichneten Vermögen *ab agente intellectu ad per-*

beiden wirklich zu finden, und er zieht sich schließlich auf den unklaren und widerspruchsvoll zusammengesetzten Begriff der leidenden Vernunft zurück, als ob nicht er selbst uns anderswo gesagt hätte, daß das Leiden nur dem Stofflichen zukomme, zu welchem sich doch die Vernunft in keiner Beziehung rechnen läßt. Wenn daher in der Folge die Ansichten über den Sinn der Aristotelischen Lehre von der doppelten Vernunft weit auseinandergingen, so erklärt sich dieß aus der Unmöglichkeit, sie mit sich selbst vollständig in Einklang zu bringen, zur Genüge."

Auch PACIUS in seinem comm. analyt. p. 366 sqq. bezieht das 4. Capitel des III. Buchs der Psychologie mit den einschlagenden Stellen des 5. Capitels, im Besondern also die Bestimmungen über Leidensunfähigkeit und Vergänglichkeit gleichmäßig auf den νοῦς παθητικός.

Unter den Neuern geht BIEHL. a. a. O. S. 11—15 f. 19 f. in der Hauptsache mit ZELLER. Nach RASSOW, Aristotelis de not. definit. doctr., p. 69. 72. 74, ist der Nus *patiens*, inwiefern er, der getrennte Nus, *omnia in unum comprehendit, quae ceterae animi facultates ad rerum naturam cognoscendam contulerant*, inwiefern er *illarum auxilio adjutus rerum cognoscendarum quasi copiam colligit, etc.* „In seiner Zusammengehörigkeit mit dem Vorstellen," sagt BRANDIS, Geschichte der Entwickel. etc. I, S. 518. 522, vergl. Handbuch II, 2. S. 1178, „soweit er von ihm und der sinnlichen Wahrnehmung den Stoff für das vermittelnde Denken entlehnt und der Denkbilder (Schemata) bedarf, oder sagen wir, soweit er als vermittelndes Denken wirkt, soll er als leidender Geist bezeichnet werden, und kommt ihm Einfachheit und Ewigkeit nicht zu." Auch FABER a. a. O. p. 53 sqq. zu vergl. — Ist der Nus insofern *patiens*, als er von den Dingen bewegt wird und leidet, ihre Formen in sich aufnimmt und im Gedächtniss bewahrt, dagegen insofern *agens*, als er sich κατ' ἐνέργειαν verhält, WOLF, Aristotelis de intellectu agente et patiente doctr. p. 34 sqq. 38 sqq., und HEYDER a. a. O. S. 202, so ist der reale Unterschied, beziehungsweise der Gegensatz der wahrnehmenden und der denkenden Seele aufgegeben, und sind Beide, die vergängliche und die leidensunfähige, ewige, κατὰ μέγεθος getrennte Seele zu Bestimmungen eines Dritten herabgesetzt. Die Ansicht, daß überdieß Gott *omnis cogitationis ultimum principium* sei, WOLF a. a. O. p. 41 sq., weist unmittelbar und direct auf Eudemos (. . ἀρχὴ τῆς κινήσεως τῆς ἐν τῇ ψυχῇ [sc. ὥσπερ ἐν τῷ ὅλῳ]. κτλ., eth. Eud. VII, 14. 1248 a 24 ff.) und nur etwa mittelbar (durch vermittelnde Schlüße) auf Aristoteles zurück.

Nach STARKE, Aristotelis de intelligentia sive mente sententia, progr., Neo-Ruppini 1833, p. 21 sqq., ist der νοῦς ποιητικός zunächst Gott als *omnium rerum* (weder der Welt, noch des Himmels, noch der Gestirne, noch der Formen der Dinge, noch des Stoffs u. s. w., s. Abschn. I. S. 42 f.; die ewige Verjüngung und Verlebendigung der diesseitigen Welt hängt in letzter Be-

fectionem perducuntur, läßt die Sache im Unbestimmten, und was die Individualität des leidenden Nus betrifft, so ist die

ziehung an der Urbewegung oder ewigen Drehung der Aetherwelt, vergl. ZELLER a. a. O. S. 359 ff. Nur in diesem Sinne ist Gott *omnium rerum*) *auctor.* ... *Itaque mens poetica potestas quaedam esse videtur, quae cum efficaciam actumre suum in aliis, non in semetipsa habeat, quodammodo potentia est, atque, in societatem rerum accedens, particeps fit passionis et interitus.* *Necesse igitur est, ut sit aliqua substantia, quae in motu et interitu rerum perpetuo una atque eadem permaneat, quae* ἐνέργεια, *non* δύναμις *sit, quae id. quod optimum est, continuo ac perpetuo habeat et in semetipsa acquiescat.* *Atque haec quidem substantia mens theoretica est, mens autem poetica ea potestas est, quae cogitationes Dei in materiam introducit eamque perficit, ut id, quod potentia est, ad vitae divinae fructum pervenire possit.* ... *Sed quod mens facit, id non modo per eam fit, sed etiam ipsa in societatem ejus, quod fit, accedit, ita, ut effectio ejus in eo. quod efficitur, includatur.* ... *Sed quae mens in rebus naturalibus constituendis vim suam exhibet, eadem in animo hominis rationis intelligentiaeque fit particeps. etc.* Aehnlich RITTER und PRELLER, Histor. philos., ed. IV., p. 307. Unter die neuern Alexandristen (vergl. BRENTANO a. a. O. S. 32 ff.) gehört auch SCHWEGLER. „Alle diese Merkmale,“ sagt Schw., Geschichte der Griech. Philos., S. 195 f., „die Aristoteles dem νοῦς zuschreibt, laßen nicht daran zweifeln, daß dieser im Menschen thätige νοῦς der göttliche Geist selbst ist. Aristoteles bezeichnet ihn auch als θεῖον, und es erscheint von hier aus nur als consequent, wenn er ihn von Außen in den Menschen kommen läßt. Aber das fragt sich alsdann, wie man sich diese göttliche Vernunft mit der Seele verknüpft zu denken hat, wenn die Einheit des Seelenlebens dabei bestehen soll. Es ist dieß einer der schwierigsten und unklarsten Punkte des Aristotelischen Systems. Daß der göttliche νοῦς die Stelle der menschlichen Vernunft unmittelbar einnehme, das menschliche Denken mit dem göttlichen identisch sei, konnte Aristoteles unmöglich annehmen: denn die Vernunft des Individuums ist eine sich zeitlich entwickelnde, wogegen das Wesen des göttlichen νοῦς jede Entwicklung und Veränderung ausschließt. Um diese Schwierigkeit zu lösen, unterscheidet Aristoteles einen doppelten νοῦς im Menschen, einen endlichen, vergänglichen, der dem Individuum eigen ist, mit ihm entsteht und stirbt, und einen ewigen, der vom Körper trennbar, χωριστός, und mit der göttlichen Vernunft identisch ist. Jenen nennt er νοῦς παθητικός, leidende Vernunft, diesen νοῦς ποιητικός oder thätige Vernunft. Nur die letztere ist schlechthin wirkliche Vernunft, reine Actualität, wogegen die erstere sich aus der Potenzialität zur Actualität entwickeln muß, und hiezu, da alles Potenzielle nur durch ein ihm vorangehendes Actuelles zur Actualität bewegt wird, des νοῦς ποιητικός bedarf. Diesen ursprünglichen Potenzzustand der menschlichen Vernunft macht Aristoteles anschaulich durch das Bild einer unbeschriebenen Wachstafel, die zwar der Möglichkeit, aber noch nicht der Wirklichkeit nach ein Buch ist. Ein solcher unerfüllter Ort der

Einheit desselben nicht bloß eine vorgestellte, sondern sehr
reale; die betreffenden *facultates* werden nicht *in unum quasi*

___

Gedanken ist also die leidende Vernunft, bis sie durch Einwirkung der thätigen Vernunft das wird, was sie der Anlage nach ist. Der νοῦς ποιητικός
verhält sich also zur leidenden Vernunft ebenso sollicitirend, wie der erste
Beweger zur Welt. Beide können nie eins werden. Wie aber freilich damit
die Einheit des Seelenlebens zu vereinigen sein soll, ist schwer abzusehen.
Ueberhaupt ist nicht zu leugnen, daß an dieser Darstellung des Aristoteles,
besonders am Begriff der leidenden Vernunft, Vieles dunkel und unklar bleibt.“
„Man sieht nicht recht ab,“ fügt Schwegler in einer Anmerkung bei, „wie
man sich das Verhältniss der leidenden Vernunft zu den Seelenkräften zu
denken hat. Einestheils unterscheidet sie Aristoteles von den übrigen Theilen der Seele, andrerseits rechnet er sie zum sterblichen Theil der Seele.“

Wie Themistius u. A. unterscheidet auch Brentano einen νοῦς ποιητικός, νοῦς δυνάμει ὅταν ἀπολάβῃ, τὴν οἰκείαν μορφὴν ἐλλάμψαντος αὐτῷ τοῦ ποιητικοῦ, κτλ. Themist. l. l. p. 200, 26 sq.) und νοῦς παθητικός. Näher faßt
Br. dieses Verhältniss (a. a. O. S. 143 f. 163 ff.) in folgender Weise auf:
Der Mensch hat nur ein einziges geistig erkennendes Vermögen, den νοῦς
δυνάμει, den aufnehmenden Verstand, welcher „geistig und unsterblich“ ist.
Dieser νοῦς ist keine Substanz, sondern ein Accidens des intellectiven Theils
unserer Seele. Von ihm ist namentlich de an. III, 4 die Rede; erst mit
dem 5. Cap. tritt der νοῦς ποιητικός direct als er selber ein (S. 3. 30 f. 143).
So wenig wie der νοῦς δυνάμει ist auch der νοῦς ποιητικός eine Substanz,
sondern eine ἕξις, eine „actuelle Eigenschaft der intellectiven Seele“ (ὡς ἕξις
τις οἷον τὸ φῶς, de an. III, 5. 430 a 15 nicht als nähere Bestimmung des
ποιεῖν, sondern neben τοιοῦτος als Prädicat gefaßt, a. a. O, S. 166. 169 f.),
durch welche die Einwirkung des sensitiven Theils auf den intellectiven vermittelt, der νοῦς δυνάμει zum wirklich denkenden gemacht wird. Diese Vermittlung beruht in einem gewissen directen Einflußße des νοῦς ποιητικός auf
die Phantasmen, durch welchen „das Geistige im Sinnlichen für das Auge
unseres Geistes erkennbar“ wird. Dieser Einfluß ist direct: ohne Induction
und ohne anderweitige Veranstaltung, sofern „zur Entstehung eines
Begriffs das Phantasma als solches,“ „ein einziges Phantasma
genügt“ (S. 214). Kurz, der νοῦς ποιητικός „erleuchtet“ die Phantasmen, ein
Ausdruck, welcher nicht etwa bloße Metapher, sondern so ernstlich als irgend
möglich zu verstehen ist, wenn die betreffende Einwirkung (vermuthlich macht
der νοῦς ποιητικός die Phantasmen transparent), wie Br. ganz entschieden behauptet, eine unbewußte ist, — womit denn unmittelbar zusammenhängt, daß
der νοῦς ποιητικός selbst nicht denkt (auch S. 32. 72. 144 u. s. zu vergl.).
Nichtsdestoweniger ist dieses Vermögen νοῦς, deshalb nemlich, weil es „das
wirkende Princip für alle in dem Verstande zu erfaßenden intelligibelen
Formen“, oder das ist, „was als Princip die Gedanken hervorbringt“ (S. 171 f.).
In dieser Function als „ποιητικόν für den Verstand“ entspricht es dem „ποιητικόν für die Sinne, d. h. dem wahrnehmbaren Objecte in Bezug auf die

nodum. d. h. nicht metaphorisch, sondern im innern Organe der wahrnehmenden Seele, in diesem centralen, beziehungs-

---

Sinnesthätigkeit. Jedes dieser Vermögen, der νοῦς δυνάμει und das ποιητικόν, sind gleichmäßig χωριστόν, ἀπαθές, ἀμιγές (der νοῦς π. soll insofern unvermischt sein, als er — umgekehrt wie der νοῦς δυνάμει — frei von jeder Möglichkeit, reine Wirklichkeit ist, S. 177 ff.), jedoch das Aufnehmende von Beiden nur δυνάμει, dagegen das ποιητικόν seinem Wesen nach ἐνεργείᾳ; wozu freilich nicht passen zu wollen scheint, daß das, was einmal ἀπαθές, auch ἄφθαρτον, was ἄφθαρτον zugleich ἀίδιον (de cœlo I, 12. 282 a 30 ff.), was ἀίδιον unmittelbar seinem Wesen nach ἐνεργείᾳ ist (Abschn. I. S. 25 Anmerk. 6 zu vergl.). Hiermit fällt die Annahme zweier leidensunfähiger Nus. Die angebliche Analogie der „bewußtlos wirkenden geistigen Kraft" (S. 69) als „ποιητικόν für den Verstand" mit dem „ποιητικόν für die Sinne" näher angesehen, so ist das sinnlich wahrnehmbare Object bekanntlich insofern ποιητικόν, als es in dem Sinneswerkzeuge hervorbringt, was es selber ἐντελεχείᾳ ist. Nicht so das ποιητικόν für den Verstand. „Der wirkende Verstand, der das eigentliche Princip bei dem Entstehen unserer Gedanken ist," sagt Br. S. 187 selbst, „ist nicht eins mit dem Begriffe, den wir erfaßen, vielmehr erkennen wir durch ihn das Wesen der körperlichen Dinge;" — der νοῦς ποιητικός ist weder ein begriffartiges, noch ein selbstbewußtes und denkendes Vermögen, also nicht ἐντελεχείᾳ das, was er producirt, somit weder νοῦς noch ποιητικός. ποιητικός weder in der Weise des wahrnehmbaren Objects, noch nach Maßgabe eines hier einschlagenden allgemein giltigen Gesetzes. Verstößt dieß also, wie sich Br. ausdrückt, gegen das „im natürlichen, künstlichen und zufälligen Werden" geltende „Gesetz der Synonymie zwischen Wirkung und Ursache" (metaph. VI, 7 und 9. XI, 3. 1070 a 4 f.), „wie werden wir", fragt er nun, „die Schwierigkeiten lösen?" „Sie ist in der That unlösbar," sagt er, „außer in einem Falle," u. s. w.: ausgenommen, wenn Gottes Allwißenheit und Allmacht sie lösen. Und dieß geschieht.

Aber „was ist nach unserer Behauptung der νοῦς παθητικός?" Man ist in der That um so mehr darauf gespannt, je mehr, streng Aristotelisch, das ποιητικόν nicht direct einem δυνάμει ὄν, sondern einem παθητικόν, das ποιοῦν einem πάσχον (de an. III, 5. 430 a 19) entspricht. „Er ist," antwortet Br., „die Phantasie, welche als sinnliches Vermögen, wie das 4. Cap. (de an. III, 4. 429 a 29) lehrt, nicht an der ἀπάθεια des aufnehmenden Verstandes Theil hat," u. s. w. (S. 208. 204 ff.) νοῦς (denn der Mensch hat nur ein einziges geistig erkennendes Vermögen) ist der παθητικός nur dem Namen nach, wie ja Aristoteles in der Nikomach. Ethik (VI, 12. 1143 b 4) ein Mal die αἴσθησις selbst νοῦς „nennt," die Phantasie oft zu dem νοεῖν „rechnet" (de an. III, 3. 427 b 27), sie νοῦς und eine Art νόησις „nennt" (C. 10 init.). Ist dieß richtig, und nimmt man damit die im 5. Cap. des III. Buchs der Psychologie vorhergehenden beiden andern Nus, von welchen der noetische Charakter des einen, producirenden, ohnehin schon bedenklich war, zusammen, so scheint der παθητικός νοῦς, wie schon Eberhard a. a. O. S. 61

weise der wahrnehmenden Seele correlaten Knotenpunkte aller Wahrnehmung, wahrhaft und wirklich zusammengefaßt. Daher ist der leidende Nus, genau zu sprechen, nicht deshalb vergänglich, weil jene Vermögen *a sensibus, i. e. a corpore caduco rim et principium repetunt*, sondern weil dieser reale Knoten an sich selbst zerstörbar, — zerstörbar, weil der Gegensätze empfänglich ist.

Das innere sinnliche Vermögen ist also auch insofern als leidend anzusehen, als das Denkbare in den Erscheinungen gedacht und zum Bewußtsein erhoben wird. Zugleich sind die Vorstellungen Bewegungen der entsprechenden Affectionen. Wenn das Denkobject, wie es heißt, den Nus „bewegt,“ wenn andrerseits der Nus des Denkobjects in gewisser Weise „empfänglich“ ist, so ist für jeden besondern Denkact zuerst, wie es scheint, das Vermögen der innern Erscheinungen und dann erst das Denken thätig. Denken und Gedanke setzen die actuelle oder bewußte Vorstellung und somit die Thätigkeit des betreffenden Vermögens voraus. Der Nus denkt das Allgemeine doch nicht bloß in unmittelbaren Wahrnehmungen; denkt er also nur dann, wann zufällig eine Affection, deren Thätigkeit eine Vorstellung ist, in Bewegung geräth? Oder soll die Initiative in demjenigen Vermögen zu suchen sein, welches der Mensch mit den Thieren gemein hat? Es wäre aber auch möglich, · daß dasselbe Vermögen, welches theils in Wahrnehmungen, theils in Vorstellungen (im engern Sinne) thätig ist, mit Rücksicht auf den höhern Zweck und somit im Unterschiede von den Thieren auch noch eine dritte Seite an sich hätte, durch welche es im Stande wäre, von sich aus an den denkenden Theil heran- und mit ihm in Verbindung zu treten. Es müßte also in diesem Falle vor allem Andern die Fähigkeit besitzen, sich in sich selbst zusammenzunehmen, um aus sich selbst thätig zu sein. Aber näher hingesehen, wäre eine bloße Reproduction innerer Erscheinungen nicht genügend, es gehört nothwendig eine logische Verknüpfung der Vorstellungen dazu; diese dem Denken vorher-

bemerkt hat, von Aristoteles nur „der Verwirrung wegen“ als νοῦς bezeichnet worden zu sein.

gehende Thätigkeit müßte also Etwas w i e das Denken, eine
Art Denken: Denken im Elemente der Vorstellung sein.

3. Der leidende Nus ist wahrhaft und wirklich Nus.

a. Ein Vermögen, zu denken, zu schließen, zu reflectiren.

Wenn das „Denken" und die „Annahme" aus d e m
Grunde nicht dasselbe sind, weil das erstere eine Affection oder
ein Zustand des Afficirtwerdens (πάθος) ist, die beide unserer
Willkür zu Gebote stehen, da wir, wie die Gedächtnisskünstler
beweisen, die sich der mnemonischen Fächer bedienen und
Bilder machen, uns Etwas vor Augen stellen können, [1]) so
haben wir in diesem Denken bloße reproducirte Vorstellung,
in den mnemotechnischen Kunstgriffen productive Thätigkeit
in Vorstellungen: die Phantasie vor uns, ein Vermögen, welches
bei Aristoteles ebenso wenig wie das Gefühl psychologisch zu
seinem Rechte kommt. [2]) Somit ist schon die bloße Vorstellung
eine Art Denken, [3]) alles Denken „theils Vorstellung, theils
Annahme." [4]) In der innern Erscheinung (φαντασία) trifft die
Vorstellung mit der centralen oder innern Wahrnehmung zusammen. Was das Süße vom Weißen unterscheidet, ist das
innere Wahrnehmungsvermögen, und wie es spricht, so „denkt
und nimmt man wahr;" [5]) „das Süße bewegt den Sinn oder

1) ὅτι δ' οὐκ ἔστιν, ἡ αὐτὴ νόησις καὶ ὑπόληψις, φανερόν. τοῦτο μὲν γὰρ τὸ
πάθος ἐφ' ἡμῖν ἐστιν, ὅταν βουλώμεθα (πρὸ ὀμμάτων γάρ ἐστι ποιήσασθαι, ὥσπερ
οἱ ἐν τοῖς μνημονικοῖς τιθέμενοι καὶ εἰδωλοποιοῦντες [top. VIII, 14. 163 b 28 ff.
de insomn. I. 458 b 21 ff.]), κτλ. de an. III, 3. 427 b 16 ff.

2) Das Fratzenhafte in den Traumerscheinungen z. B. wird bloß von
physiologischer Seite oder als eine Wirkung organischer Vorgänge betrachtet,
wobei innerer Dunst und Blut betheiligt sind, de insomn. 3. 461 a 14 ff.
21 ff. do divinat. per s. 2. 464 b 10 ff.

3) Nur so kann Jemand τὴν φαντασίαν ὡς νόησίν τινα τιθέναι, de an. III,
10. 433 a 9 f. Den Demonstrationen der Platoniker aus der D e n k b a r k e i t
des V e r g ä n g l i c h e n (Einzelnen) zufolge müßte es auch Ideen des Vergänglichen geben; denn auch von diesen gibt es eine gewisse V o r s t e l l u n g:
κατὰ δὲ τὸ νοεῖν τι φθαρέντος· τῶν φθαρτῶν· φάντασμα γάρ τι τούτων ἐστίν,
metaph. I, 9. 990 b 14 f. XII, 4. 1079 a 10 f.

4) περὶ δὲ τοῦ νοεῖν, ἐπεὶ ἕτερον τοῦ αἰσθάνεσθαι, τούτου δὲ τὸ μὲν φαντασία
δοκεῖ εἶναι τὸ δὲ ὑπόληψις, κτλ. de an. III, 3. 427 b 27 f.

5) λέγει ἄρα τὸ αὐτό. ὥστε ὡς λέγει, οὕτω καὶ νοεῖ καὶ αἰσθάνεται, a. a. O.
C. 2. 426 b 21 f.

das Denken in dieser, das Bittere in conträrer Weise."[1]) Das
Denken, welches so oder anders bewegt wird, ist schwerlich
das streng begriffliche. Aristoteles spricht ferner vom „Denken
großer und entfernter Gegenstände," wo wiederum durch
nähere Bestimmungen, wie „analoge Bewegungen," „ähnliche
Figuren und Bewegungen in der Seele," und durch die Beziehung auf die Formen der Wahrnehmung sogenannter eigenthümlicher Objecte eine directe Mitbetheiligung des dem
schöpferischen Wesensbegriffe und dem Beweise entsprechenden
oder höhern Nus ausgeschloßen ist. [2])

Ausdrücklich ist das Sichbesinnen „Etwas wie ein Schluß."
Das Sichbesinnen, sagt Aristoteles, [3]) beruht auf einer bewegenden Kraft, welche der Möglichkeit nach im Innern vorhanden
ist, dergestalt, daß die Bewegung der Erinnerung aus dem
Innern heraus und aus den andern schon besprochenen Bewegungen erfolgt. Daß hier nicht von einer Thätigkeit des
höhern Nus, der nur das Allgemeine im strengen Sinne denkt
und allerersten Einzelvorstellungen gegenüber unwirksam bleibt,
die Rede, unmöglich er der Jäger im Jagdreviere der Vorstellungen ist, scheint evident. Höchstens liegt und zwar in
letzter Instanz eine gewisse, nicht weiter aufgeklärte Beziehung
auf diesen Nus zu Grunde, [4]) wenn eine große Anzahl von
Thieren Gedächtniss, aber nur der Mensch auch das Vermögen
hat, sich zu besinnen, [5]) — nur der Mensch, weil das Sichbesinnen Etwas wie ein Schluß ist; denn wer sich durch Be-

---

1) τὴν αἴσθησιν ἢ τὴν νόησιν, a. a. O. b 31 f. εἰ τοιοῦτον ἡ αἴσθησις καὶ
ἡ νόησις, 427 a 9.

2) . . . νοεῖ γὰρ τὰ μέγαλα καὶ πόρρω οὐ τῷ προτείνειν ἐκεῖ τὴν διάνοιαν,
ὥσπερ τὴν ὄψιν φασί τινες (καὶ γὰρ μὴ ὄντων νοήσει), καὶ κινήσεις. τίνι οὖν διοίσει,
ὅταν τὰ μείζω νοῇ; ἢ ὅτι ἐκεῖνα νοεῖ, ἢ τὰ ἐλάττω; πάντα γὰρ τὰ ἐντὸς ἐλάττω,
ὥσπερ ἀνάλογον καὶ τὰ ἐκτός. ἔστι δ᾽ ἴσως ὥσπερ καὶ τοῖς εἴδεσιν ἀνάλογον λαβεῖν
ἄλλο ἐν αὐτῷ, οὕτω καὶ τοῖς ἀποστήμασιν, de memor. 2. 452 b 9 ff.

3) τὸ γὰρ μεμνῆσθαί ἐστι τὸ ἐνεῖναι δυνάμει τὴν κινοῦσαν· τοῦτο δέ, ὥστ᾽ ἐξ
αὐτοῦ (sc. τοῦ κινοῦντος, a 9) καὶ ὧν ἔχει κινήσεων κινηθῆναι, ὥσπερ εἴρηται a. a
O. a 10 ff.

4) vergl. ἢ ἐκεῖνο ἔχει, s. weiter u.

5) τοῦ μὲν μνημονεύειν καὶ τῶν ἄλλων ζώων μετέχει πολλά, τοῦ δ᾽ ἀναμιμνήσκεσθαι, οὐδὲν ὡς εἰπεῖν τῶν γνωριζομένων ζώων, πλὴν ἄνθρωπος, de memor.
2. 453 a 7 ff. histor. an. I, 1. 488 b 25 f.

sinnen erinnert, schließt, daß er vorher schon Etwas der Art
sah oder hörte oder erfuhr. Es ist aber von Natur nur denjenigen zugetheilt, welchen auch das Vermögen zu erwägen
und zu beschließen zukommt; denn auch Erwägen und Beschließen ist eine Art logischen Schlußes. [1]) Diese Selbstbewegung des centralen sinnlichen Vermögens ist also eine Bewegung in logischer Form und dabei eine vorstellende Thätigkeit, kurz, es ist Denken und wird auch ausdrücklich so
bezeichnet. [2])

Wenn ferner, wie Aristoteles sagt, [3]) Reflectiren (διανοεῖσθαι)
eine Affection (πάθος) wie Trauer oder Empfinden der Freude, Sich-
fürchten, Erzürnen, Lieben, Haßen, Wahrnehmen u. s. w., —
ferner eine Bewegung [4]) und zwar entweder des Herzens selbst
(wie das Zornigwerden oder Sich-fürchten) oder eines gewissen
andern Theils, [5]) also wohl eine Bewegung des sinnlichen Ur-
vermögens ist, so gibt sich diese Art des Reflectirens deutlich
als eine Thätigkeit in Vorstellungen zu erkennen. Im weitern
Verlaufe der soeben angezogenen Stelle, wo Aristoteles von
der Unbeweglichkeit der Seele und von gewissen innern theils
räumlichen, theils qualitativen Bewegungen (Furcht, Zorn,
Wahrnehmung und reflectirendes Denken u. s. w.) handelt,
kommt er mit einem Male und in der Form eines strengen

---

1) ... πλὴν ἄνθρωπος. αἴτιον δ' ὅτι τὸ ἀναμιμνήσκεσθαί ἐστιν οἷον συλλογισμός τις. ὅτι γὰρ πρότερον εἶδεν ἢ ἤκουσεν ἢ τι τοιοῦτον ἔπαθε, συλλογίζεται ὁ
ἀναμιμνησκόμενος, καὶ ἔστιν οἷον ζήτησίς τις. τοῦτο δ' οἷς καὶ τὸ βουλευτικὸν ὑπάρχει, φύσει μόνος συμβέβηκεν· καὶ γὰρ βουλεύεσθαι συλλογισμός τίς ἐστιν, de
memor. 2. 453 a 9 ff.

2) διὸ καὶ τὸ ἐφεξῆς θηρεύομεν νοήσαντες ἀπὸ τοῦ νῦν ἢ ἄλλου τινός, a. a.
O. 451 b 18 f. Den Versuch machen, sich auf Etwas zu besinnen, heißt
den Nus (selbstverständlich den leidenden Nus) anstrengen; εἴ τις προσέχοι
τὸν νοῦν καὶ πειρῷτο μνημονεύειν ἀναστάς, de insomn. 1. 458 b 19 f. Diese
Stelle bezieht sich nemlich auf gewisse (der δόξα beigelegte, a. a. O. b 24 f.
als φαντάσματα, C. 3. 462 a 2 f. als ἔννοιαι bezeichnete) Unterbrechungen des
Träumens.

3) de an. I, 4. 408 b 25 f. C. 1. 403 a 3. 5 ff. 16. 24 f. b 17.

4) a. a. O. C. 4. 408 b 1 ff. b 5 f.

5) τὸ δὲ κινεῖσθαί ἐστιν ὑπὸ τῆς ψυχῆς, οἷον τὸ ὀργίζεσθαι ἢ φοβεῖσθαι τὸ
(so Bonitz, Aristotel. Studien II u. III, S. 22) τὴν καρδίαν ὡδὶ κινεῖσθαι, τὸ
δὲ διανοεῖσθαι ἢ τὸ τοῦτο (Bonitz a. a. O.) ἴσως ἢ ἕτερόν τι, a. a. O b 7 ff.

Gegensatzes mit der unzerstörbaren Natur des Nus herein. [1]) Wie die Schkraft der Seele schwächer werde, wenn das Auge altere, so schwinde sowohl das Denken (νοεῖν) als das wißenschaftliche Betrachten (θεωρεῖν), wenn ein gewisses Anderes drinnen verderbe, es selber aber sei leidensunfähig. „Das reflectirende Denken aber und das Lieben oder Haßen," fährt er fort, [2]) „sind nicht Affectionen Jenes (des Nus), sondern Dessen (des Menschen), das Jenes (den Nus) hat, inwiefern es Jenes hat. Deshalb erinnert man sich weder, noch liebt man, wenn Dieses (der Mensch) zu Grunde geht; denn es (das Erinnern und Lieben) war nicht (eine Affection, ein Afficirtwerden) Jenes (des Nus), sondern des (diesen Zuständen wie dem Nus) Gemeinsamen (des Menschen), das zu Grunde gegangen." Wenn das reflectirende Denken in diesem Sinne nicht ein Afficirtwerden des Nus, sondern des Menschen ist, „inwiefern er ihn hat," so ist der unzerstörbare Nus als Voraussetzung, oder weil als Zweck, auch als Grund des andern Denkvermögens zu betrachten. „Des andern Denkvermögens": des centralen Vermögens der wahrnehmenden Seele, inwiefern es, unbeschadet der Differenz des Wahrnehmens, Vorstellens und Denkens in Vorstellungen, Denkvermögen ist. [3])

---

1) ... ὁ δὲ νοῦς ἔοικεν ἐγγίνεσθαι οὐσία τις οὖσα, καὶ οὐ φθείρεσθαι κτλ., a. a. O. b 18 ff.

2) τὸ δὲ διανοεῖσθαι καὶ φιλεῖν καὶ μισεῖν οὐκ ἔστιν ἐκείνου (sc. τοῦ νοῦ) πάθη, ἀλλὰ τουδὶ τοῦ ἔχοντος ἐκεῖνο, ᾗ ἐκεῖνο ἔχει (sc. der Mensch, vergl. C. 1. 403 a 4, auch Pacius l. l. p. 209). διὸ καὶ τούτου φθειρομένου οὔτε μνημονεύει οὔτε φιλεῖ (sc. τις)· οὐ γὰρ ἐκείνου ἦν, ἀλλὰ τοῦ κοινοῦ, ὃ ἀπόλωλεν, a. a. O. b 25 ff. Das διανοεῖσθαι, gesteht Brandis, Geschichte der Entwickel. etc. I, S. 519 Anmerk. 401, ohne Rückhalt ein, wird I, 4. 408 b 25 dem νοῦς abgesprochen, vergl. polit. I, 5. 1254 b 8." Man vergl. auch de an. II, 3. 414 b 18: ἑτέροις δὲ καὶ τὸ διανοητικόν τε καὶ νοῦς (sc. ὑπάρχει), wo also das Vermögen des διανοεῖσθαι und der νοῦς unterschieden werden. Aber was ist dann das διανοητικόν oder das, was διανοεῖται und doch nicht der unzerstörbare νοῦς ist? Also wohl ein anderer νοῦς. Wenn Brentano a. a. O. 207 dieses διανοεῖσθαι auf „das sinnliche Denken, welches in der Phantasie sich findet," bezieht, so drücken diese Worte, S. 287 f. Anmerk. vergl., mehr aus, als sie ausdrücken sollen.

3) Etwa τούτου δ' ᾗ διανοητικόν; vergl. καὶ ἔστι μὲν τὸ αὐτὸ τῷ αἰσθητικῷ τὸ φανταστικόν, τὸ δ' εἶναι φανταστικῷ καὶ αἰσθητικῷ ἕτερον, de insomn.

Um diesem Gegenstande noch schärfer in's Auge zu sehen, überschreiten wir die Grenze des theoretischen Bewußtseins. Berathschlagen und Ueberlegen, beide identisch, [1]) gehören der praktischen Sphäre an. [2]) Die Begierde bewegt den Willen [3]) und das lebendige Wesen, [4]) aber das erste, unbewegte Bewegende ist der Gegenstand der Begierde, der entweder gedacht oder vorgestellt wird. [5]) Eine solche Vorstellung ist entweder unmittelbar Product der Wahrnehmung (dergleichen die Thätigkeit der Thiere, aber mitunter auch der Menschen regieren, [6])) oder Ergebniss einer Erwägung; „alles Vorstellungsvermögen ist entweder überlegend oder wahrnehmend." Das zweite kommt auch den Thieren, [7]) das erste lediglich den vernünftigen Wesen zu; „das berathschlagende Vorstellungsvermögen ist in den überlegenden Wesen. Denn ob es dieß oder das thun soll, ist das Werk der Ueberlegung; und diese muß mit Einem meßen, denn dem Größern geht sie nach, so daß sie aus mehreren Vorstellungen eine zu machen versteht." [8]) Wenn das Vor-

---

1. 459 a 15 ff. τοῦ αἰσθητικοῦ μέν ἐστι τὸ ἐνυπνιάζειν, τούτου δ' ἤ τὸ φανταστικόν, a 21 f.

1) τὸ γὰρ βουλεύεσθαι καὶ λογίζεσθαι ταὐτόν, eth. Eud. V (Nicom. VI), 2. 1139 a 12 f. C. 10. 1142 b 1 f. 14 f. de an. III. 11. 434 a 7 f.

2) vergl. ἔστι δ' ὁ μὲν λογισμὸς τοῦ συμφέροντος, rhetor. I, 12. 1389 a 35 f. C. 13. 1390 a 17.

3) νικᾷ δ' ἐνίοτε καὶ κινεῖ (sc. ἡ ὄρεξις) τὴν βούλησιν, de an. III, 11. 434 a 12 f.

4) τὸ κινούμενον τὸ ζῷον, a. a. O. C. 10. 433 b 18. vergl. de motu an. 10 Anf.

5) τοῦτο γὰρ (sc. τὸ ὀρεκτόν) κινεῖ οὐ κινούμενον τῷ νοηθῆναι ἤ φαντασθῆναι, de an. III, 10. 433 b 11 f. vergl. a 18 ff. 27 ff. b 13 ff. metaph. XI, 7. 1072 a 26 ff. — de motu an. 6. 700 b 23 f.

6) de an. III, 3. 429 a 5 ff. C. 10. 433 a 10 ff.

7) φαντασία δὲ πᾶσα ἤ λογιστική (C. 11. 434 a 7: βουλευτική) ἤ αἰσθητική. ταύτης μὲν οὖν καὶ τὰ ἄλλα ζῷα μετέχει, a. a. O. C. 10. 433 b 29. Brentano a. a. O. S. 161 erklärt diese Stelle so: „die Phantasie aber sei entweder eine vernünftige, d. i. eine unter Einwirkung der Vernunft gebildete, oder eine sensitive," u. s. w.

8) ἡ δὲ βουλευτικὴ ἐν τοῖς λογιστικοῖς (vergl. top. IV, 5. 126 a 13)· πότερον γὰρ πράξει τόδε ἤ τόδε, λογισμοῦ ἤδη ἐστὶν ἔργον. καὶ ἀνάγκη ἑνὶ μετρεῖν· τὸ μεῖζον γὰρ διώκει. ὥστε δύναται ἓν ἐκ πλειόνων φαντασμάτων ποιεῖν, de an. III, 11. 434 a 7 ff.

stellungsvermögen auch bloß insoweit zu berathschlagen und
zu überlegen befähigt ist, als es *in consilii rationibus subdu-*
cendis varias, quae in numerum veniunt, rerum vel expetendarum
vel fugiendarum species suggerit, ut, quae major et melior ratio
visa fuerit, sequenda accipiatur, [1]) so muß man auch so schon
fragen: wie kommt es denn dazu, die praktischen Reflexionen
des Nus gerade in dieser Weise zu unterstützen? Wenn also
dem letztern auch bloß deshalb die Fähigkeit zu berathen und
zu überlegen zugeschrieben wird, weil es die Thätigkeit des
Nus in analoger Weise zu begleiten, in gewisser Weise mit-
zuberathen und mitzuüberlegen im Stande ist, so gehört doch
auch so schon ein Vermögen der Selbstbewegung in Form
eines Schlußes dazu. Der Nus hat Gedanken, Denkbares,
nicht Vorstellungen als solche, sondern Vorstellungen nur als
Vehikel der Gedanken zum Gegenstande; was von mehreren
zur Wahl gestellten Vorstellungen und zwar auf dem Wege
der Ueberlegung, also des Schlußes [2]) sich für eine entscheidet,
ist also nicht derjenige Nus, welcher das Allgemeine, das Unwandelbare und Nothwendige denkt. In einer jener Stellen,
welche von dem Zusammenhange der verschiedenen Seelen und
deren Vermögen handeln, wird der „theoretische," d. h. wißenschaftlich betrachtende Nus der praktischen Ueberlegung (λογισμός) — wie sonst dem reflectirenden Denken (διανοεῖσθαι) —
so gegenübergestellt, daß letztere der niedern Sphäre zuge-
wiesen und von ersterm ausgeschloßen erscheint. Der kleinste
Theil der wahrnehmenden Wesen, sagt hier Aristoteles, [3]) be-

---

1) TRENDELENBURG im Comm. p. 518. Oder wenn nach FREUDENTHAL, Ü. d.
Bedeut. etc., S. 31, die φαντασία λογιστική oder βουλευτική „sich an die Thätigkeit
des Ueberlegens und Schließens, welche vom Denken ausgeht, anlehnt." Nach
PACIUS, Comm. analyt., p. 426, sagt Aristoteles φαντασία, meint aber den νοῦς:
phantasiam hic late accipit: ideoque eam distinguit in intellectivam et sensi-
tivam. Sicut enim in superioribus appellatione intellectus complexus est etiam
phantasiam (aber improprie, p. 385), ita nunc appellatione phantasiae signi-
ficat etiam intellectum.

2) vergl. καὶ γὰρ τὸ βουλεύεσθαι συλλογισμός τίς ἐστιν, de memor. 2. 454
a 13 f. Das Thier hat nicht τὴν ἐκ συλλογισμοῦ (sc. φαντασίαν, PACIUS ad
h. l. comm. analyt. p. 428. TRENDELENBURG, Comm., p. 539. — TORSTRIK
p. 216 sq.: ὄρεξιν), de an. III, 11. 434 a 11.

3) τελευταῖον δὲ καὶ ἐλάχιστα λογισμὸν καὶ διάνοιαν (sc. ἔχει)· οἷς μὲν γὰρ

sitzt praktische Ueberlegung und Denken. Welchen unter
den sterblichen Wesen praktische Ueberlegung zukommt, denen
kommen auch alle übrigen Seelen zu, welchen aber jedwede
von diesen, denen kommt darum nicht auch praktische Ueberlegung, sondern dem einen Theile nicht einmal Vorstellung
zu, während der andere Theil lediglich in diesen lebt. In
Betreff des theoretischen Nus dagegen ist das Verhältniss ein
anderes. — Es scheint nichts Anstößiges mehr zu haben, wenn
Aristoteles in der Einleitung zur Psychologie, wo er nach
Affectionen fragt, welche etwa der Seele allein und nicht, wie
Zürnen, Muthig-sein, Begehren, überhaupt Empfinden (αἰσθάνεσθαι), der Seele und dem Körper zugleich zukommen, das
Denken als Etwas, was „eine Art von Vorstellung oder nicht
ohne Vorstellung ist," bezeichnet. „Am Meisten," sagt er, [1])
scheint das Denken etwas der Seele Eigenthümliches zu sein;
wenn aber auch dieses eine Art von Vorstellung (φαντασία τις)
oder nicht ohne Vorstellung (ἢ μὴ ἄνευ φαντασίας) ist, so dürfte
auch dieses unmöglich ohne Körper sein." Das „Oder" ist
disjunctiv, nicht correctiv zu verstehen, wenn es in der That
eine „überlegende" und „berathende" Vorstellung, wenn es ein
gewisses Afficirtsein, nicht des leidensunfähigen Nus, sondern
des Menschen, gibt, welches darin besteht, zu reflectiren, wenn
es eine besondere Seite des centralen Wahrnehmungsvermögens
gibt, zu überlegen: in Vorstellungen (innern Erscheinungen)
zu reflectiren, zu überlegen. [2])

ὑπάρχει λογισμός τῶν φθαρτῶν, τούτοις καὶ τὰ λοιπὰ πάντα, οἷς δ' ἐκείνων ἕκαστον,
οὐ πᾶσι λογισμός, ἀλλὰ τοῖς μὲν οὐδὲ φαντασία, τὰ δὲ ταύτῃ μόνῃ ζῶσιν. περὶ
δὲ τοῦ θεωρητικοῦ νοῦ ἕτερος λόγος, a. a. O. II, 3. 415 a 7 ff.

1) a. a. O. I, 1. 403 a 8 ff.

Die beiden μέρη oder μόρια der Seele, das βουλευτικόν und das ἐπιστημονικόν, sind nach m. mor. I, 35. 1196 b 15 ff. 22 ff. so verschieden wie
das αἰσθητόν und das νοητόν.

2) Hiernach erklären sich nun unter Anderm die Worte τὸ λογιστικόν
καὶ ὁ καλούμενος νοῦς, de an. III, 9. 432 b 26, ferner die διάνοια a. a. O. II,
3. 415 a 8. III, 9. 433 a 2. de memor. 2. 452 b 10, ferner die von äußern
Dingen bewegte διάνοια phys. VIII, 2. 253 a 17. Ferner hat man die Gesichtspunkte für de an. III, 7. 431 b 2 ff., wo das νοητικόν das höhere und
niedere Denkvermögen zusammenzufaßen scheint; denn τὰ μὲν οὖν εἴδη τὸ
νοητικὸν ἐν τοῖς φαντάσμασι νοεῖ stimmt nur mit dem νοῦς ποιητικός (die εἴδη,

b. Das Vermögen der Meinung.

Hier kommt denn nun auch die Stellung der Meinung zur Entscheidung. So sehr die Meinung von der unmittelbar durch die Wahrnehmung gegebenen Vorstellung unterschieden werden muß, [1]) so setzt ihre Richtung auf das Vergängliche und Unsichere sie dennoch wieder auf das gleiche allgemeine Niveau, in dasselbe Element hinab. In einer Stelle der Psychologie werden Wahrnehmen und Meinen von der „trennbaren" und „ewigen" Seele unmittelbar ausgeschloßen und den niedern, untrennbaren Seelenvermögen zugetheilt. „Es ist aus dem Bisherigen klar," sagt Aristoteles, [2]) „daß die übrigen Theile der Seele nicht trennbar sind, wie Einige sagen, wohl aber klar, daß sie dem Begriffe nach verschieden sind; denn der Begriff des Vermögens, wahrzunehmen, und der Begriff des Vermögens, eine Meinung zu faßen, sind verschieden (αἰσθητικῷ γὰρ εἶναι καὶ δοξαστικῷ ἕτερον), wenn anders das Wahrnehmen und das

welche der νοῦς παθητικός denkt, die sinnlichen Formen, sind unmittelbar die φαντάσματα selbst), das Folgende nur mit dem παθητικός; vergl. de an. III, 4 von Anf. de part. an. IV, 10. 686 a 28 f. Auch findet das von TORSTRIK in τῇ κινήσει veränderte τῇ κοινῇ de an. III, 7. 431 b 5 insoweit eine Stütze, als das Organ der in Rücksicht des φρυκτός κινούμενος thätigen κοινὴ αἴσθησις und der Reflexion, ὅτι πολέμιος, ein und dasselbe ist.

Wird top. V, 1. 128 b 38 f. die ἐπιστήμη, in das λογιστικόν gesetzt, so liegt (wie überhaupt der Topik, vergl. 129 a 11 f. IV, 5. 126 a 8 ff. V, 4. 133 a 30 ff. C. 8. 138 b 12 ff. VI, 3. 140 b 2 ff. II, 3. 110 b 2 f.) die Platonische Psychologie zu Grunde.

PRANTL, Ueber die dianoetischen Tugenden in der Nikomach. Ethik, S. 10, führt das λόγον ἔχον, τὸ μὲν κυρίως καὶ ἐν αὐτῷ (dasselbe, was νοῦς καὶ τὸ μόριον τὸ λόγον ἔχον, polit. I, 5. 1254 b 8 f.), eth. Nicom. I, 13. 1103 a 2 f., auf den „activen, höchsten" Nus, dagegen das ἐπιθυμητικόν oder ὀρεκτικόν, inwiefern es (der Inbegriff der πάθη, an sich ἄλογον) ἀκουστικόν und πειθαρχικόν sei, d. h. inwiefern die πάθη dem ersten und eigentlichen λόγον ἔχον gehorchen, (mit Themistius l. l. II, p. 197) auf den „receptiven, passiven Nus" zurück. In diesem Sinne erklärt Pr. a. a. O. S. 12 das ἐπιστημονικόν und das λογικόν (die beiden unter sich verschiedenen Vermögen des κυρίως λόγον ἔχον oder des ursprünglichen Theils des λόγον ἔχον) für die „zwei Theile des λόγον ἔχον."

1) de an. III, 3. 428 a 18 ff. Träumen und Vorstellen einerseits und Meinen und Reflectiren andrerseits sind nicht Aeußerungen einer und derselben Kraft des Wahrnehmungsvermögens, vergl. de insomn. 1. 459 a 8 ff. S. o. Abschn. III. S. 118.

2) de an. II, 2. 413 b 27 ff.

Meinen." In einer spätern Stelle [1]) wird die Infallibilität allem
(wißenschaftlichen) Denken (Intuition und Wißen), dagegen die
Irrthumsfähigkeit, wie wenn die „Meinung" abhanden gekommen wäre, „der Vorstellung und (in Rücksicht auf seinen
Gegenstand [2]) auch) dem Begehren" zuerkannt. Daß aber die
„Meinung" in der „Vorstellung" aufgehoben ist, zeigen die
nächstfolgenden Worte an: deshalb bewegt durchaus das Object der Begierde; dieß jedoch ist entweder das an sich oder
das scheinbar Gute (dasjenige, wovon man die Meinung hegt,
daß es ein Gutes ist), nicht jedes freilich, sondern nur das
praktisch in Betracht kommende. Praktisch in Betracht kommt
aber das, was sich auch anders verhalten kann. [3]) Es liegt
dieselbe Verwandtschaft und gegenseitige Beziehung der Begriffe
zu Grunde, wenn Aristoteles nach der Erwähnung einer syllogistischen, e i n e aus mehreren Vorstellungen machenden Thätigkeit des erwägenden und überlegenden Vorstellungsvermögens
unmittelbar so fortfährt: [4]) und dieß sei auch die Ursache,
weshalb die Thiere nicht „Meinung" hätten: weil ihnen die
aus dem Schluße resultirende „Vorstellung" abgehe; wenn dagegen ihre, auf das Begehren wirkende Vorstellung durch einen
Schluß vermittelt wäre, so hätten sie auch „Meinung." — Wie
dem Ewigen, Unvergänglichen und Nothwendigen nur der ewige
(dem Getrennten nur der getrennte) Theil des denkenden Ver-

1) νοῦς μὲν οὖν πᾶς ὀρθός· ὄρεξις δὲ καὶ φαντασία καὶ ὀρθὴ καὶ οὐκ ὀρθή,
a. a. O. III, 10. 433 a 26 f.

2) vergl. ὀρεκτικὸν δὲ οὐκ ἄνευ φαντασίας, a. a. O. b 28 f.

3) διὸ ἀεὶ κινεῖ μὲν τὸ ὀρεκτόν, ἀλλὰ τοῦτ' ἐστὶν ἢ τὸ ἀγαθὸν ἢ τὸ φαινόμενον ἀγαθόν (vergl. top. III, 3. 118 b 20: καὶ εἰ τὸ μὲν δι' αὐτό, τὸ δὲ διὰ
τὴν δόξαν αἱρετόν. κτλ., auch b 22 f.)· οὐ πᾶν δέ, ἀλλὰ τὸ πρακτὸν ἀγαθόν.
πρακτὸν δ' ἐστὶ τὸ ἐνδεχόμενον καὶ ἄλλως ἔχειν (vergl. eth. Eud. II, 6.
1223 a 4 ff. C. 10. 1226 a 20 ff. V [Nicom. VI], 2. 1139 a 13 ff. C. 5.
1140 a 31 ff. C. 7. 1141 b 10 ff. eth. Nicom. III, 5 von Anf. rhetor. I, 2.
1357 a 4 ff. 23 ff. C. 4. 1359 a 32 ff.), a. a. O. a 27 ff.

4) καὶ αἴτιον τοῦτο τοῦ δόξαν μὴ δοκεῖν ἔχειν, ὅτι τὴν ἐκ συλλογισμοῦ οὐκ
ἔχει, αὕτη δὲ ἐκείνην, a. a. O. C. 11. 434 a 10 f. — Womit folgende Stelle
zu vergl.: Wir haben bald diese bald jene, bald eine falsche, bald eine richtige Vorstellung und Meinung von einer Sache; „denn Vorstellung (φαντασία)
und Meinung (δόξα) scheinen (als eben dieser Wechsel und dieser Uebergang)
eine Art von Bewegung zu sein," phys. VIII, 3. 254 a 29 f. vergl. a 27 ff.

mögens entspricht, so fällt nach dem allgemeinen erkenntnisstheoretischen Kanon über das wechselseitige Verhältniss von
Object und Subject [1]) das vom Ewigen u. s. w. der Gattung
nach, d. h. völlig verschiedene Vergängliche und Zufällige nothwendig dem vom ewigen u. s. w. der Gattung nach, d. h. völlig
verschiedenen vergänglichen Theile zu. [2])

_____

1) de part. an. I, 1. 641 a 36 ff. vergl. de an. II, 4. 415 a 16 ff. u.
o. S. 7.

2) Hiermit stimmt auch die Eudemische Ethik V (Nicom. VI), 2. 1139
a 31 ff. überein: πρότερον μὲν οὖν ἐλέχθη, δυ' εἶναι μέρη τῆς ψυχῆς, τό τε λόγον
ἔχον καὶ τὸ ἄλογον· νῦν δὲ περὶ τοῦ λόγον ἔχοντος τὸν αὐτὸν τρόπον διαιρετέον.
καὶ ὑποκείσθω δύο τὰ λόγον ἔχοντα, ἓν μὲν ᾧ θεωροῦμεν τὰ τοιαῦτα τῶν ὄντων
ὅσων αἱ ἀρχαὶ μὴ ἐνδέχονται ἄλλως ἔχειν, ἓν δὲ ᾧ τὰ ἐνδεχόμενα· πρὸς γὰρ τὰ
τῷ γένει ἕτερα καὶ τῶν τῆς ψυχῆς μορίων ἕτερον τῷ γένει τὸ πρὸς ἑκάτερον πεφυ-
κός, εἴπερ καθ' ὁμοιότητά τινα καὶ οἰκειότητα ἡ γνῶσις ὑπάρχει αὐτοῖς. λεγέσθω
δὲ τούτων τὸ μὲν ἐπιστημονικὸν τὸ δὲ λογιστικόν· κτλ. m. mor. I, 35. 1196 b
27 ff. (vergl. b 15 ff.): τὸ δὲ βουλευτικὸν καὶ προαιρετικὸν περὶ τὰ αἰσθητὰ καὶ
ἐν κινήσει, καὶ ἁπλῶς ὅσα ἐν γενέσει τε καὶ φθορᾷ ἐστίν. κτλ. Das Vergängliche
und das Unvergängliche sind der Gattung, nicht bloß der Art nach verschieden, τὰ δὲ γένει πλεῖον διέστηκεν ἢ τὰ εἴδει, metaph. IX, 10. 1059 a 9 ff.
τὰ μὲν γὰρ γένε͙: διαφέροντα οὐκ ἔχει ὁδὸν εἰς ἄλληλα, ἀλλ' ἀπέχει πλέον καὶ
ἀσύμβλητα, C. 4. 1055 a 6 f.   Nichtsdestoweniger gibt es nach Brentano
a. a. O. S. 144. 164 nur ein „einziges geistig erkennendes Vermögen," und
und es ist ein „verbreiteter Irrthum, auch den νοῦς ποιητικός für ein geistiges
Erkenntnissvermögen des Menschen zu halten."

Die vorzugsweise sogenannte indirecte Wahrnehmung, z. B., daß das
Weiße dort der Sohn des Diares sei, sowie die Erkenntniss des Einzelnen
als solchen (s. Abschn. II. S. 111 ff.) bestehen aus Wahrnehmung und Meinung; das entsprechende Vermögen ist demnach der innere, der denkende
Sinn. —

Im Unterschied von der Meinung ist das Wißen eine besondere ἕξις
des νοῦς θεωρητικός, der Träger der ἕξις des schöpferischen Begriffs und der
ἕξις des Beweises einer und derselbe: der ποιητικὸς νοῦς. Versteht man das
ziemlich allgemein gehaltene Capitel 5 in de an. III so, daß der getrennte,
ewige Nus ausschließlich den Begriff zum Gegenstande hat, und sind Intuition
(ὁ νοῦς) und Wißen in demselben Sinne wie andrerseits das ἐπιστημονικόν und
das λογιστικόν (eth. Eud. V [Nicom. VI], 2. 1139 a 8 ff.) oder das ἐπιστημονικόν und das δοξαστικόν (vergl. C. 5. 1140 b 26 u. s.), also im strengen
Sinne des Worts der Gattung nach (γένει) verschiedene ἕξεις (analyt.
post. II, 19. 100 b 8 f.), so geht das Wißen immerhin nach wie vor aus
dem intuitiv erkennenden getrennten Nus hervor, kommt aber wesentlich einer
andern denktüchtigen Seele zu. Aber welcher? — wenn, wie gesagt, das
ἐπιστημονικόν und das δοξαστικόν gleichfalls γένει verschieden sind. Hiernach

Faßen wir nun damit zusammen, daß mit der Meinung
und den Schlüßen der Meinung, die ja bis nahe an das Wißen

---

fiele das Wißen zwischen dem νοῦς ποιητικός und παθητικός mitten hindurch.
Verfolgen wir diesen Gegenstand weiter, so ergibt sich aus dem Verhältnisse,
in welchem der schöpferische Begriff und der Beweis zu einander stehen,
daß aller echte Beweis in letzter Instanz als die Enthüllung oder die Be-
leuchtung des in der Substanz und somit im Begriffe an sich oder so wie
die Farbe in der Abwesenheit des Lichts Vorhandenen, d. h. Verborgenen,
nemlich für die Erkenntniss in Hinsicht des Warum (nicht nothwendig auch
als bloße Thatsche oder ohne seine causale Verknüpfung mit der Substanz,
d. h. insoweit nicht nothwendig auch für eine bloße empirische Kenntniss)
Verborgenen anzusehen ist. So ewig wie der schöpferische Begriff sind mithin wohl auch die Accidentien an sich (καὶ ταῦτα μὲν ἐνδέχεται ἀΐδια εἶναι,
metaph. IV, 30. 1025 a 32 f., und sind die mathematischen Objecte, die in
Rücksicht auf die Beschaffenheit des entsprechenden Organs der Erkenntniss
(wie überhaupt die Mathematik in Rücksicht auf die Lehre vom Beweise)
eine so hervorragende Rolle spielen, ihrem Wesen nach vom Stoffe getrennt,
so sind es offenbar auch die Accidentien an sich oder die vermittelten Bestimmtheiten des Begriffs; wie den mathematischen Principien, so entspricht
auch den mathematischen Beweisen nur ein „getrenntes," dem Ewigen nur ein
ewiges Denkvermögen. So wenig wir nun von zwei ihren Substraten nach
unterschiedenen niedern Denkvermögen wißen, so wenig können wir uns für
berechtigt erachten, zwei „getrennte" Nus anzunehmen. Die Differenz des
Unvermittelten und des Vermittelten wird also wohl die Differenz der Intuition (oder der ἕξις des schöpferischen Begriffs) und des Wißens (oder der
ἕξις des Beweises), νοῦς und ἐπιστήμη werden diese ἕξεις des einen getrennten
und unvergänglichen νοῦς θεωρητικός sein. Wie der einfache und unvermischte, d. h. (cum grano salis) stoflose Nus im Unterschiede von den Sinnen
alle Sphären oder Gattungen des Wißbaren umfaßt, so vereinigt er auch die
beiden formellen Gattungen oder genauer: die beiden Arten des intuitiven
und beweisenden Wißens in sich. Somit seinen Kräften nach theils Intuition,
theils Wißen, leuchtet der νοῦς θεωρητικός (die mindestens ein Mal unerläß-
lichen, wesentlich dem leidenden Nus obliegenden Vermittlungen oder Vor-
bereitungen stillschweigend, weil selbstredend vorausgesetzt,) in die niedere
Erkenntnissregion, und bringt in der Vorstellung schon Vorhandenes an den
Tag des wißenschaftlichen Bewußtseins, oder bringt die Substanz im Begriffe sowie die wesentlichen Bestimmtheiten in ihrer Beziehung auf die
Substanz und den Begriff als Grund, d. h. den Begriff mit der Totalität
seiner nähern oder fernern Bestimmtheiten hervor (ποιεῖ). „Gattungen oder
genauer: die beiden Arten:" w nn γένος hier wie auch sonst (vergl.
SCHWEGLER, Metaph. III, S. 90 f. SPENGEL im Comm. zur Rhetor. p. 74,)
die Art bedeutet. Nur als der Art nach verschiedene Kräfte und Kraftäußerungen eines und desselben, von der φαντασία und der δόξα wohl unterschiedenen Vermögens faßt de an. III, 10. 433 a 26 f. Intuition und Wißen

hinanreichen, in einem gewißen Sinne auch das Allgemeine
als solches (denn es sind zwei Klassen des Allgemeinen zu
unterscheiden, beide im Unterschiede vom Allgemeinen der
Wahrnehmung,) gesetzt ist, und daß es in der That Vorstellungen gibt, welche den reinen Begriffen entsprechen, und
namentlich die Erfahrung nicht nur die Kenntniss des Einzelnen
oder „Annahmen" einzelner Beobachtungen, sondern auch eine
allgemeine Kenntniss bedeutet, die Form der Allgemeinheit
dem Vermögen der innern Erscheinungen also nicht fehlt, so
haben wir die wesentlichen Züge bei einander, und sehen nun
deutlich ein Abbild des Nus, einen zweiten Nus, — im leidenden Nus nicht bloß das Vermögen der Wahrnehmung und Vorstellung, sondern drittens auch ein Vermögen der Vorstellung
des Allgemeinen als solchen und der Reflexion vor uns. Das
innere Organ der wahrnehmenden Seele „denkt" die Vorstel-

---

unter dem Ausdrucke νοῦς πᾶς zusammen; damit stimmt a. a. O. I, 3. 407
a 25 f.: „alles Denken (λόγος δὲ πᾶς) ist Definition und Beweis." Insoweit
also das Wißen mit λόγος und διάνοια, mit Reflexion, speciell mit Argumentation verbunden ist (analyt. post. II, 19. 100 b 19 u. s. Beweisen ist
διάνοια, vergl. poet. 6. 1450 a 6 f. b 11 f.), insoweit ist der getrennte
und unvergängliche νοῦς θεωρητικός auch Vermögen der Reflexion, der Ueberlegung und der Annahme (jeder Schlußsatz ist Abschluß einer Ueberlegung):
λέγω δὲ νοῦν ᾧ διανοεῖται καὶ ὑπολαμβάνει ἡ ψυχή, de an. III, 4. 429 a 23
(vergl. περὶ δὲ τοῦ μορίου τοῦ τῆς ψυχῆς ᾧ γινώσκει τε ἡ ψυχὴ καὶ [praktisch,
aber besonders poietisch] φρονεῖ, κτλ. a 10 ff. ἔργον δὲ τοῦ θειοτάτου τὸ νοεῖν
καὶ φρονεῖν, de part. an. IV, 10. 686 a 28 f.). Gibt das διανοεῖται (vergl.
jedoch Abschn. V, S. 237. Anmerk. 3) dem Nus dieser Nominaldefinition den
Schein des leidenden Theils, wie er denn u. A. von Künn de virtut. intell.
p. 12 ohne Weiteres als leidender Nus aufgefaßt wird, so ist der διανοούμενος
und ὑπολαμβάνων doch derselbe χωριστός, welcher 429 b 10 ff. das τί ἦν εἶναι
denkt, so wird ferner II, 2. 413 b 12 f. C. 3. 414 a 32 ψυχὴ νοητικὴ durch
διανοητικόν vertreten, die ἕξις der Intuition (ὁ νοῦς) eth. Eud. V (Nicom. VI.)
unter die ἀρεταὶ διανοίας oder διανοητικαί gerechnet, so beweist schließlich eine
Vergleichung des 5. mit dem 4. Cap., daß hier wie dort von keinem andern
als dem νοῦς ποιητικός die Rede ist: vergl. ἀπαθές (der νοῦς παθητικός ist
φθαρτός, C. 5. 430 a 24 f.) C. 5. 430 a 18. 24 mit C. 4. 429 a 15. 29 ff.
b 23 (dazu das οὐδὲ μεμῖχθαι αὐτὸν τῷ σώματι, C. 4. 429 a 24 ff. mit jenen
Einflüßen des Bluts etc. auf die διάνοια), χωριστός C. 5. 430 a 17. 22 f.
mit C. 4. 429 b 5 16. 21 ff., ἀμιγής C. 5. 430 a 18 mit C. 4. 429 a 18 ff.
und ἁπλοῦν b 23. Wie das δυνατόν C. 4. 429 a 22 mit dem οὐσία ὢν ἐνεργείᾳ zusammengeht, ist Abschn. I. S. 33 f. auseinandergesetzt.

lung des Allgemeinen, indem es sich anders, d. h. wie die ausgespannte Linie zu sich selbst als gebogener verhält. [1]) Wie sonst, so ist auch in diesem Punkte die Ansicht der Altvordern nicht ohne Weiteres zu beseitigen; gibt es wirklich ein Denken, welches als etwas Körperliches, wie das Wahrnehmen ist, angesehen werden soll, [2]) so ist es das Denken

1) vergl. Abschn. I. S. 5 f.

Obwohl die Thiere nicht den Nus und daher auch nicht den leidenden Nus, somit auch nicht das Vermögen des Schlußes und keine Reflexion haben, sondern nur „in Vorstellungen und Erinnerungen leben“ (metaph. I, 1. 980 b 25 f. eth. Eud. VI [Nicom. VII], 5. 1147 b 5. de an. III, 10. 133 a 11 ff. βουλευτικὸν δὲ μόνον ἄνθρωπός ἐστι τῶν ζῴων, histor. an. I, 1. 488 b 24 f. ... τῶν ζῴων. διάνοια δ' οὐδενί, de part. an. I, 1. 641 b 8 u. s.), so besitzen sie dennoch einen gewissen, allerdings nur geringen Antheil an der Erfahrung (τὰ μὲν οὖν ἄλλα [sc. ζῷα] ταῖς φαντασίαις ζῆ καὶ ταῖς μνήμαις, ἐμπειρίας δὲ μετέχει μικρόν, τὸ δὲ τῶν ἀνθρώπων γένος καὶ τέχνῃ καὶ λογισμοῖς, metaph. I, 1. 980 b 25 ff.). In dem engen Kreise ihrer Selbsterhaltung haben auch die Thiere (je klüger und verständiger [φρονιμώτερα, φρόνιμα κτλ., metaph. I, 1. 980 b 21 f. histor. an. I, 1. 488 b 15. VIII, 1. 588 a 18 ff. IX, 1. 608 a 13 ff. C. 3 Anf. C. 5 von Anf. de part. an. II, 2. 648 a 6 f. C. 4. 650 b 24 f. de generat. an. I, 23. 731 a 31 ff. III, 2. 753 a 10 ff. — alles dieß aber nicht in demselben Sinne wie der Mensch, sondern den menschlichen Fähigkeiten „analog,“ histor. an. VIII, 1. 588 a 28 ff.], um so mehr) Vorstellungen von Eigenschaften und Wirkungen der Dinge und besonders von dem, was ihnen zuträglich und was ihnen nachtheilig ist (vergl. eth. Eud. V [Nicom. VI], 7. 1141 a 25 ff. Schwegler im Comm. zur Metaph. III, S. 5 f.). Diese Fähigkeiten sind in der Hauptsache auf den auch den Thieren eigenen „gemeinsamen Sinn,“ welchem eine Kraft zu combiniren eigen ist, zurückzuführen; nach Aristoteles ist die κοινὴ αἴσθησις — Stob. ecl. I, 43. Mein. I, p. 356, 10 sqq. — διατείνουσα ἐπὶ τὰ ἄλογα τῶν ζῴων, καθ' ὁπόσην διανοίας ἀναλογίαν ἔχει.

2) ... δοκεῖ δὲ καὶ τὸ νοεῖν καὶ τὸ φρονεῖν ὥσπερ αἰσθάνεσθαί τι εἶναι (ἐν ἀμφοτέροις γὰρ τούτοις κρίνει τι ἡ ψυχὴ καὶ γνωρίζει τῶν ὄντων), καὶ οἵ γε ἀρχαῖοι τὸ φρονεῖν καὶ τὸ αἰσθάνεσθαι ταὐτὸν εἶναί φασιν (ὥσπερ καὶ Ἐμπεδοκλῆς εἴρηκε

πρὸς παριὸν γὰρ μῆτις ἀέξεται ἀνθρώποισιν

καὶ ἐν ἄλλοις

ὅθεν σφίσιν αἰεὶ καὶ τὸ φρονεῖν ἀλλοῖα παρίσταται,

τὸ δ' αὐτὸ τούτοις βούλεται καὶ τὸ Ὁμήρου

τοῖος γὰρ νόος ἐστίν,

πάντες γὰρ οὗτοι τὸ νοεῖν σωματικὸν ὥσπερ τὸ αἰσθάνεσθαι ὑπολαμβάνουσιν, ...), de an. III, 3. 427 a 19 ff. vergl. analyt. post. I, 31. 87 b 33 ff. 88 a 9 ff. metaph. II, 4. 999 b 3. III, 5. 1009 b 12 f. de generat. et corr. I, 3. 318 b 23 f.

der wahrnehmenden Seele, das Denken im Elemente der sinnlichen Erscheinung. Von dieser Art ist das Denken der großen
Masse. In der Mehrzahl der Menschen ist das Göttliche ver-
hüllt, [1]) und seine Gegenwart wird nur bezeugt durch den
Reflex des Lichts, das es ist. Denn jeder Mensch hat wohl
von Natur den Nus, auch von Natur einen Trieb nach theo-
retischem Wißen, — jedoch nach Wißen überhaupt oder in
der weitesten Bedeutung, in welcher man schon weiß, wenn
man mit Bewußtsein eine sinnliche Wahrnehmung macht, [2])
und ferner findet das höchste Erkenntnissvermögen nicht in
Jedem die Bedingungen seiner Bethätigung, mindestens nicht
in gleichem Maße vor. Das schlechthin Bekannte, sagt Aristoteles, [3]) ist nicht das Allen, sondern nur Denjenigen Bekannte, deren Denken in der rechten Verfaßung ist, sowie
auch das schlechthin Gesunde nur denen als solches gilt, welche
sich körperlich wohlbefinden. — Die rechte Verfaßung des
Denkens betrifft die physische, den Elementen des Diesseit
angehörige Grundlage und Voraussetzung desselben. Wie die
Form einer bestimmten Art von Einzeldingen nur eine ist, [4])
so ist die Form der Formen, der reine und unvermischte,
keiner Veränderung fähige Nus, gleich dem Anaxagoreischen, [5])
überall sich selbst gleich oder überall nur einer und derselbe,
und insofern einer für Alle. Wandelbarkeit und qualitativer
Unterschied fallen auf den vergänglichen Theil. In Betreff der
rechten physischen Verfaßung kommen das innere Organ der
Erscheinungen an und für sich (daß es weder zu hart noch

---

1) de an. III, 3. 429 a 7 f. πάθει γὰρ ζῶντες (sc. οἱ πολλοί) τὰς οἰκείας
ἡδονὰς διώκουσι καὶ δι' ὧν αὗται ἔσονται, φεύγουσι δὲ τὰς ἀντικειμένας λύπας,
τοῦ δὲ καλοῦ καὶ ὡς ἀληθῶς ἡδέος οὐδ' ἔννοιαν ἔχουσιν, ἄγευστοι ὄντες, eth.
Nicom. X, 10. 1179 b 13 ff. οἱ μὲν οὖν πολλοὶ παντελῶς ἀνδραποδώδεις φαίνονται βοσκημάτων βίον προαιρούμενοι, a. a. O. 1, 3. 1095 b 19 f.

2) πάντες ἄνθρωποι τοῦ εἰδέναι ὀρέγονται φύσει. σημεῖον δ' ἡ τῶν αἰσθήσεων
ἀγάπησις· κτλ, metaph. I, 1 von Anf. vergl. τὸ γὰρ μανθάνειν ῥᾳδίως ἡδὺ
φύσει πᾶσιν ἐστί, κτλ. rhetor. III, 10. 1410 b 10 ff. μανθάνειν οὐ μόνον τοῖς
φιλοσόφοις ἥδιστον ἀλλὰ καὶ τοῖς ἄλλοις ὁμοίως, ἀλλ' ἐπὶ βραχὺ κοινωνοῦσιν αὐτοῦ,
poet. 4. 1448 b 13 ff.

3) top. VI, 4. 142 a 9 ff. vergl. VIII, 13. 163 b 13 ff.

4) metaph. XI, 8. 1074 a 34 f. VI, 8. 1034 a 8.

5) ὁ γὰρ νοῦς εἷς, a. a. O. XI, 2. 1069 b 31.

zu flüßig ist), ferner die äußern Sinne, ferner körperliche Einflüße wie z. B. gewisse Verhältnisse des Bluts, überhaupt gewisse qualitative und quantitative Dispositionen des der Form
gegenüber mehr oder weniger gefügigen Stoffs in Betracht.
Der Vorzug des gebornen Philosophen (des φύσει φιλόσοφος [1]))
gründet in derartiger physischer Begabung, und die andernfalls
auf Aristotelischem Boden ganz unverständliche Klage, daß
„der Nus unserer Seele sich zu dem, was von Natur das Klarste
von Allem ist, wie die Augen der Nachtvögel gegen das Tages-
licht verhält," [2]) trifft direct nur den leidenden Nus oder den
sinnlichen Theil des vollständigen Ganzen. [3])

Die Abhängigkeit des Nus von der wahrnehmenden (vorstellenden und reflectirenden) Seele oder des thätigen vom
leidenden Nus steht uns bereits in ziemlich bestimmter und
anschaulicher Gestalt vor der Seele; in dieser Voraussetzung
besitzen wir den Schlüßel für das Geheimniss des wißenschaftlichen Denkprocesses.

B. Der Process des wißenschaftlichen Denkens.

1. Die Anregung geht vom Denkobjecte aus.

Auf dem Vermögen rationeller Bewegung des centralen
sinnlichen Vermögens beruht die Fähigkeit, eine Vorstellung
präsent zu machen oder sich zu besinnen; die Besinnung auf
Etwas ist unmittelbar selbst ein Erwägen, und kommt von
Natur nur denjenigen Wesen zu, welche zugleich auch das
Vermögen der Erwägung besitzen. Der Kreis dieser Thätigkeit umschließt zwar zunächst bloß die Vorstellungen, individuelle wie allgemeine. Da aber ein und dasselbe Gedächtniss
zugleich auch Gedanken, wenn auch nur accidentiell, d. h.
unmittelbar nur Vorstellungen birgt, so erstreckt sich die Thätig-

---

1) de part. an. I, 5. 645 a 7 ff.
2) metaph. I min., 1. 993 b 9 ff. Auch die Ermüdung des menschlichen Nus (a. a. O. XI, 7. 1072 b 14 ff. 24 f.) beruht, wie schon bemerkt,
im vergänglichen leidenden Theile.
3) μικτὸν γάρ πως ὁ νοῦς ἔκ τε τοῦ ποιητικοῦ καὶ τοῦ δυνάμει, sagt Theophrast bei Themistius l. l. p. 200, 3 sq. Der letztere selbst bedient sich
der Ausdrücke ὁ νοῦς σύνθετος oder συγκείμενον.

keit des centralen Organs der wahrnehmenden Seele, sofern es
Organ des Gedächtnisses ist, insoweit auch auf Gedanken. Hält
man nun zusammen, daß der Nus ohne die Gegenwart sinnlicher Erscheinungen überhaupt nicht denkt, daß die Erweckung
der Vorstellungen eigene freie Thätigkeit dieses Organs und
eine directe Theilnahme des unvergänglichen, dem Unvergänglichen entsprechenden Nus davon ausgeschloßen ist, das sinnliche Organ dagegen die Fähigkeit rationeller Bewegung, eines
Denkens in Vorstellungen besitzt, so ergibt sich daraus beziehungsweise ein Uebergewicht des niedern über das höhere
Vermögen. Es ergibt sich nemlich, daß der Nus, wie vom
Willen zu handeln, [1]) so vom besondern Willen zu denken
ausgeschloßen ist; so ist er in der That das Organ, „womit"
die Seele erkennt und denkt. [2]) Der Wille, in die Thätigkeit
des wißenschaftlichen Denkens einzutreten, ist noch nicht selbst
dieses Denken, aber unmittelbar die Gegenwart des Gegenstands
im Allgemeinen oder die Vorstellung desselben; wesentliche
Bedingung des Denkens sind ferner entsprechende körperliche
Stimmungen. Was mit dem Körper unmittelbar zusammenhängt, unter directem Einfluße der körperlichen Zustände steht,
zugleich die stofflichen Requisite des Denkens besitzt und
beherrscht, d. h. in einer dem wißenschaftlichen Denken analogen
Form darüber disponirt, ist nicht der getrennte, dem schöpferischen Begriffe und dem strengen Beweise entsprechende Nus,
sondern das centrale Organ der wahrnehmenden Seele, beziehungsweise die wahrnehmende Seele selbst, der sinnliche
Theil des vollständigen Denkapparats. Wie das Vermögen der
Bewegung den Willen zum Handeln, so hat das Vermögen
der innern Erscheinungen den Willen zum Denken. Weil das
Allgemeine in gewisser Weise, d. h. in der Form der Vorstellung oder in und mit den Vorstellungen, in der vorstellenden Seele selbst ist, so hat der Mensch (im Unterschiede
vom höchsten Denkvermögen) in seiner Gewalt, zu denken,

---

1) vergl. de an. III, 9 f. z. B. ἐν δή τι τὸ κινοῦν, τὸ ὀρεκτικόν, C. 10.
433 a 21.

2) ᾧ γινώσκει τε ἡ ψυχή, a. a. O. C. 4. 429 a 10 f. vergl. a 23. ᾧ νοεῖ,
C. 6. 430 b 16. problem. XXX, 4. 995 b 25 f.

wann er will, [1]) und was er will: wer einen Begriff erkennen
oder eine Definition erkennen will, geht von der allgemeinen
Vorstellung aus; wer einen Gedanken denken will, „stellt sich"
die entsprechende Vorstellung „vor Augen."[2]) Wenn dieses
Verhältniss mit der göttlichen Würde der Denkseele nicht
stimmt,[3]) so hat die Theorie diese Würde nicht beßer gewahrt;
das göttliche Organ ist darum nicht mehr und nicht weniger
als das, „womit" die Seele erkennt und denkt, der Mensch
hat in seiner Gewalt zu denken, wann er will, und was er
will. Erst dann, wann die Bedingungen beisammen sind,[4])
die nöthige Anregung, das „Bewegen" von Seite des in der
Vorstellung enthaltenen Denkobjects[5]) oder dessen, was in
diesem Verhältnisse von Potenzialität und Actualität als das
begrifflich „Frühere" angesehen werden muß,[6]) erfolgt ist,[7])

---

1) ἡ δ' ἐπιστήμη τῶν καθόλου· ταῦτα δ' ἐν αὐτῇ πώς ἐστι τῇ ψυχῇ. διὸ
νοῆσαι μὲν ἐπ' αὐτῷ, ὁπόταν βούληται, de an. II, 5. 417 b 22 ff. a 27 f. III,
3. 427 b 17 ff. In der Stelle de insomn. 1. 458 b 19 f.: εἴ τις προσέχοι τὸν
νοῦν καὶ πειρῷτο μνημονεύειν ἀναστάς, ist der Nus im Sinne des Aristoteles
der leidende.

2) Also ist der Sitz der Persönlichkeit in der wahrnehmenden Seele oder
im leidenden Nus zu suchen.

3) Vergl. BRENTANO a. a. O. S. 153. 162 f.

4) Vergl. das Abschn. V. S. 214 ff. in Beziehung auf die intuitive Erkenntniss des Begriffs Erörterte.

5) νοῦς δὲ ὑπὸ τοῦ νοητοῦ κινεῖται, metaph. XI, 7. 1072 a 30.

6) de an. III, 7. 431 a 2 ff. Das Denken ist ja von seinem Gegenstande
abhängig, metaph. XI, 9. 1074 b 19. 29 f.

7) Die Bewegung oder Anregung des Nus geht also nicht von der ganzen Vorstellung, sondern von dem, was das dem ewigen Nus Gemäße darin
ist, vom νοητόν in der Vorstellung aus. Inwiefern aber auch dieß noch die
Natur der Vorstellung an sich hat, bleibt allerdings die Frage, wie dieß geschieht, wenn anders Stoffliches sowohl auf Stoffloses wie auf Stoffliches
von verschiedener Gattung zu wirken außer Stande ist (de generat. et corr.
I, 1. 324 b 4 f. 9 f. C. 10. 328 a 21 f.). So weit geht jedoch Aristoteles
nicht ein, und es scheint, als müße man sich bescheiden, dieses Schweigen
zu constatiren. Nicht so BRENTANO.

Um diese „Einwirkung des sensitiven Theils auf den intellectiven" begreifen zu können, glaubt er „eine neue active Kraft annehmen zu müßen."
„Es muß," sagt er, „etwas Geistiges sein, was, in dem sensitiven Theile gegenwärtig, auf ihn jenen Einfluß übt, der mittelbar die Bewegung der intellectiven Seele und das geistige Erkennen zur Folge hat." Ohne zu bemerken oder Gewicht darauf zu legen, wie sehr er das „Geistige" unmittelbar

auf das Niveau physischer Processe zurückversetzt, findet Br. es „offenbar,“ wie er sich ausdrückt, „daß es nicht die Thätigkeit des Willens ist, von welcher die Einwirkung auf den sensitiven Theil ausgeht, da dieselbe,“ behauptet Br., „unserer Willkür entzogen ist und unbewußt stattfindet, wie sie ja auch von allem geistigen Erkennen schon vorausgesetzt wird;“ — wie wenn die Aufstellung des schöpferischen Begriffs nicht vielmehr das Schwerste für das Denken wäre (χαλεπώτατον, top. VII, 5. 155 a 18. 154 a 23 ff.), wie im Schlafe vor sich ginge, und der Besitz der schöpferischen Begriffe natürliches Gemeingut mindestens aller erwachsenen Menschen wäre. Auch wird nimmermehr nach Aristotelischer Lehre die Erkenntniss dieser Begriffe „von allem geistigen Erkennen,“ sie wird lediglich vom Erkennen durch Beweis „vorausgesetzt;“ aber die Principien der Beweise sollen ja nach Br. ganz etwas Anderes als die Begriffe sein. Jene, wie es heißt, „bewußtlos und darum nothwendig“ (S. 224) wirkende Kraft (von welcher wir erfahrungsmäßig Nichts wißen können, und von welcher Aristoteles überall schweigt,) ist nach Br. das enthüllte Geheimniss des νοῦς ποιητικός (a. a. O. S. 164. 173 f. 180. vergl. o. S. 286 f.).

Immer aber hat dieses Verhältniss auch so noch seine Schwierigkeit, wenn „der wirkende Verstand ... nicht eins mit dem Begriffe ist, den wir erfaßen,“ — wenn also der Gedankenproducent, der νοῦς ποιητικός, wofern sonst allgemein giltige Gesetze hier nicht suspendirt werden, mit Nichten Producent, ποιητικός, weil an sich weder in irgend einer Weise Gedanke, noch denkend, sondern gedankenlos und unbewußt, doch leuchtend und erleuchtend, — wer weiß, was für eine gespenstige Existenz, jedenfalls aber Nichts weniger als Nus ist. Schwierigkeiten von solcher Art suchen ihren Meister; diese jedoch, gesteht Br. selber ein, ist „in der That unlösbar, außer in einem Falle: wenn wir ein höheres Princip aufzuweisen vermögen,“ u. s. w. Um „das wirkliche Denken in seinem Entstehen vollkommen begreiflich zu machen,“ bleibt Nichts übrig, als mit Cartesius an die göttliche Allwißenheit und Allmacht zu appelliren. Gott ist es, welcher „alles Intelligibele, das der aufnehmende Verstand in Möglichkeit ist, schon in sich hat,“ welcher ferner „den wirkenden Verstand in jene Stellung zum sensitiven Theile brachte,“ welcher „überhaupt den geistigen Theil des Menschen mit dem Leibe zur Einheit verbunden hat,“ — bodenlose Behauptungen im Gebiete der Aristotelischen Philosophie, zu welchen schließlich noch diese hinzukommt, daß Gott es auch ist, „von welchem der geistige Theil des Menschen ausgeht“ (a. a. O. S. 186 ff.).

Dieser Recurs an eine wunderthätige Macht ist der verzweifelte Verzicht auf das wißenschaftliche Verständniss, und das unmittelbare Eingeständniss, daß der ursprüngliche Zweck jener „neuen activen Kraft,“ durch welche die Einwirkung des sensitiven auf den intellectiven Theil vermittelt werden sollte, oder mit andern Worten, daß der Zweck derjenigen Rolle, welche dem νοῦς ποιητικός zugeschoben worden war, völlig verfehlt worden ist. Es ist also auch nicht wahr, daß, um dieß und das „zu begreifen,“

tritt der jederzeit bereite höhere Nus von sich aus in Actualität, [1)]
indem er das Denkobject „berührt."

---

eine unbewußt wirkende und ferner noch so und so beschaffene Kraft angenommen werden „m u ß,- wenn dadurch am Ende doch nur eine „u n l ö s-
b a r e S c h w i e r i g k e i t" geschaffen wird, — „unlösbar," wofern sich nicht
Gott im Himmel des fest gefahrenen exegetischen Fuhrwerks erbarmen will.
Natürlich muß es schließlich Aristoteles selber sein, der mit jenem angeblich
textkritisch correcten Satze: ἀλλ' οὐχ ὁτὲ μὲν νοεῖ ὁτὲ δ' οὐ νοεῖ (de an. III,
5. 430 a 22) „von dem menschlichen zu dem göttlichen Verstande aufblickt"
(BRENTANO, S. 182. 188. 204), um die Kosten des verunglückten Abenteuers
auf sich zu nehmen.

Schließlich lebt Br. a. a. O. S. 221 ff. des Glaubens, die (in Bezug auf
die Lehre des Aristoteles nicht überall gleich werthvollen) Zeugnisse Theo-
phrasts und Eudems für sich zu haben. „Fragen wir aber," fährt er S. 226
fort, „welcher von den frühern Erklärungsversuchen am Meisten der Wahrheit nahe gekommen, so ist es unleugbar, daß wir d e m h e i l i g e n T h o-
m a s v o n A q u i n diese Ehre zuerkennen müßen. Ja, ich weiß nicht, ob
ich nicht sagen soll, daß er die ganze Lehre des Aristoteles richtig erfaßt
habe." Jedem wesentlichen und wirklichen Fortschritte im Verständnisse
des griechischen Philosophen sind hiermit Aussicht und Wege versperrt, und
wir wißen nun genau, nach welchem Punkte alle weitere Thätigkeit in diesem Felde ihre Richtung einzuschlagen hat. Mittlerweile scheint das ganze
Programm wieder unsicher, und die Ehre, der Auslegung BRENTANO's nahe
gekommen zu sein, verdächtig geworden, wenn wir angegangen werden, dem
heiligen Thomas von Aquino „einen gewissen Mangel an Klarheit," seine
Confusion von unbewußter und selbstbewußter Wirksamkeit des intellectiven
Theils z. B., „überhaupt ein gewisses Dunkel, welches über der Lehre des
Aristoteles vom wirkenden Verstande, wie sie Thomas gibt, bleibt," auch
allerhand „minder glückliche,- ja „falsche Deutungen" (wie ihm denn „die
schöne und tiefsinnige Stelle, wo Aristoteles, um unser Denken ganz erklärlich zu machen, auf das Denken der Gottheit hinüberweist, verloren geht,")
zu Gute halten zu wollen; da Thomas von Aquino (was „zum Verwundern
häufig wiederkehrt,") auch dann „in den Geist des Aristoteles eingeht," wenn
„er sich mit den Worten nicht ganz zurechtfindet," so „verzeiht man gerne
die kleinen Unvollkommenheiten." Der fast gebrochene Enthusiasmus stellt
sich sofort wieder her: „. . . In der That, man hat nicht an Thomas gedacht,
wenn man den Sohn des Macedoniers als den größten Schüler des Aristoteles bezeichnete; denn sicher verdient er, der Fürst der Scholastik und der
König aller Theologen, mehr als jeder Andere diesen Namen" (S. 229). Mit
der Entsagung eines Asketen legt BRENTANO den von Rechtswegen ihm selber gebührenden Kranz der Ehre, der Wahrheit nicht bloß nahe gekommen,
sondern vollkommen in sie eingedrungen zu sein, auf dem Altare des heiligen Thomas von Aquino nieder.

1) Erst so scheint die Antwort, welche Theophrast auf die von ihm

20 *

2. Das Berühren von Seite des thätigen Nus.

Wo Aristoteles von der Denkthätigkeit des Platonischen Seelenkreises spricht, setzt er ein Berühren (θιγγάνειν) mit allen oder einem Punkte der Peripherie wie selbstverständlich voraus. [1] Ist diese sinnliche Form der rotirenden Seele ernstlich gemeint, so ist es auch das Berühren, und ist das Berühren nur ein bildlicher Ausdruck, so ist es auch der Kreis. Dann aber weiß man nicht, wogegen Aristoteles eigentlich polemisirt, wenn er von Größe, Kreis und Umdrehung spricht. Hieraus könnte man folgern, daß in dem Berühren von Seite des Nus auch die Substrate der unterschiedenen Vermögen in's Spiel kommen, und der Gedanke an die Substrate führt in der That auf ein allgemeines Gesetz, wonach jede Art von Bewegung eine räumliche Verbindung des thätigen mit dem leidenden Theile zur Voraussetzung hat. [2] Die unendliche Verschiedenheit der hier in Betracht kommenden Substrate wäre wenigstens kein Hinderniss dabei, da dieses Verhältniss kein gegenseitiges ist, die recipirende und zugleich formende Thätigkeit ausschließlich dem höhern Nus zukommt, und die stoffliche Beschaffenheit des passiven Theils in letzter Instanz doch nur den niedern Elementen angehört. [3] Auf der andern Seite ist Berühren (θιγγάνειν, ἅπτεσθαι) eine geläufige Metapher für ähnliche oder verwandte Beziehungen, [4] und es muß genügen, zu wißen,

---

aufgeworfene Frage, ob im Sinne des Aristoteles das Denken vom Nus oder vom Objecte ausgehe, ertheilt: ἐπ' αὐτῷ τὸ νοεῖν (bei Themistius l. l. II, p. 198, 28 sqq. Fragm. in Priscians Metaphrase bei PHILIPPSON a. a. O. p. 248 sq.), auf ihren richtigen und bestimmten Ausdruck gebracht zu sein.

1) de an. I, 3. 407 a 11 ff.
2) phys. VII, 2. u. s. S. Abschn. II. S. 67 f.
3) vergl. de generat. et corr. I, 6. 322 b 18 ff. C. 7. 324 a 34 f. b 4 f. C. 10. 328 a 18 ff.
4) metaph. I, 3. 984 a 28. b 18 ff. C. 4. 985 a 11. C. 5. 985 b 24. 986 b 18 ff. b 21 ff. C. 7. 988 a 22 f. 29. 32. b 18. C. 9. 990 a 34. XI, 2. 1069 b 24. C. 8. 1073 b 9. XII, 4. 1078 b 20. phys. I, 9 Anf. III, 4. 203 a 2. de generat. et corr. I, 7. 324 a 15. de respirat. 4. 472 a 3. rhetor. I, 2. 1358 a 8.
Man citirt hier Theophrast, metaph. VIII, 319. 2: ... ὡς αὐτῷ τῷ νῷ ἡ θεωρία θιγόντι καὶ οἷον ἀψαμένῳ.

daß damit eine der Bedingungen des wißenschaftlichen Denkens
ausgedrückt wird.   Wenn, wie die Alten sagten, Gleiches durch
Gleiches erkannt wird, so bestehen Täuschung und Irrthum,
wie Aristoteles folgert, [1]) in der Berührung des Ungleichen.
In Rücksicht der Erkenntniss des Begriffs, sagt er, [2]) ist das
Berühren und Aussprechen wahr, das Nichtwißen ist Nichtberühren.   Der jenseitige Nus „denkt sich selbst der Theilnahme
am Denkobjecte gemäß; denn er wird Gegenstand des Denkens,
wann er berührt und denkt, so daß Nus und Gegenstand des
Denkens dasselbe sind." [3])

1) de an. III, 3. 427 b 2 ff.
2) metaph. VIII, 10. 1051 b 24 f.
3) a. a. O. XI, 7. 1072 b 20 f.

Eine eigenthümliche Bewandtniss scheint es mit dem Berühren der
Weltperipherie von Seite des göttlichen Nus zu haben.   Daß der letztere
nur so der urerste Beweger ist, daß er die oberste oder erste Sphäre berührt,
ergibt sich aus de generat. et corr. I, 6. 323 a 31 ff. Ist auch dieses Berühren als eine „bildliche Redensart" anzusehen (BRANDIS, Handbuch etc. II,
2. S. 577. Geschichte der Entwickel. etc. I, S. 484), so verliert nicht nur
die in demselben Zusammenhange vorgebrachte Ansicht, um die es dort
hauptsächlich zu thun ist (vergl. a 27 ff.), daß der berührende Urbeweger seinerseits unberührt bleibt (es berühren sich nemlich nur solche
Dinge gegenseitig, welche eine Lage haben und sich gegenseitig zu bewegen vermögen, a. a. O. a 22 ff, vergl. a 4 ff. 322 b 29 ff., also nur
homogene Dinge, a 30), allen Halt, sondern dieser Gott ist, wenn er
er nicht berühren, d. h. sich einem allgemeinen Gesetze der Wirkung auf
Anderes (s. o. S. 67 f.) entziehen will, mit Nichten der Urbeweger. Es folgt
hieraus, daß es Aristoteles von dieser Seite her nicht gelungen ist, die ausdrücklich behauptete Immaterialität des höchsten Nus zu sichern. Wie dieses
Berühren, so trägt überhaupt das örtliche Verhältniss Gottes zur Welt (Näheres bei ZELLER a. a. O. S. 281 f.) mehr der Anschaulichkeit als dem logischen Zusammenhange Rechnung, — wie man denn überhaupt in dieser
Theologie auf einem Boden steht, auf welchem sich die religiöse Vorstellung
und das wißenschaftliche Denken kreuzen. Das dem höchsten, ewigen, an
sich getrennten Principe entsprechende Organ der Erkenntniss ist das höchste,
das ewige, an sich getrennte und trennbare Denkvermögen; sofern der thätige Nus Nichts ohne den leidenden denkt, denkt er auch die höchsten
Principien und Ursachen, den Gott-Nus und die Sphärengeister, — muß man
schließen — wenn einmal nicht unter Voraussetzung beziehungsweiser sinnlicher
Wahrnehmungen, dann mittels einer Combination bekannter Vorstellungen (vergl.
ZABARELLA l. l. p. 890 sq.). In Wahrheit aber herrscht hier der leidende
Nus. Der Vorstellung entspricht äußerlich das Anschauliche, also Wahr-
nehmbare, also dasjenige, dessen Form im Stoffe existirt. Es passt in der

3. Frage nach dem Principe der Einheit der beiden denkenden Seelen.

Auf empfangene Anregung hin geht also der Nus von sich aus in Thätigkeit über, indem er das Object „berührt,“ zum Gegenstande nimmt, — mit den Strahlen seines Lichtes trifft. Soweit erscheint Alles anschaulich, aber höchstens für das Verständniss der Erkenntniss eines einzelnen Begriffes genügend. Denn es fragt sich nun, wie die Fortsetzung dieser doppelten Thätigkeit zu denken ist? Geht die anregende Function vom niedern auf das höhere Vermögen über, oder erregt nun das letztere die Erscheinungen? Der Beweis ist ja eine Verknüpfung einzelner Gedanken. Es bleibt Nichts als eine gleichzeitige und zusammenstimmende beiderseitige Thätigkeit übrig, so daß der Zusammenhang, woran die niedere Thätigkeit mitüberlegend participirt, zugleich auch die Vorstellungen beherrscht. Da erhebt sich die Frage nach dem Grunde dieser parallelen Thätigkeit oder nach dem Principe der Einheit beider Seelen, in gewissem Maße dieselbe Frage, welche Aristoteles hinwiederum seinerseits an die Platonische Dreitheilung der Seele stellen konnte : nach der Einheit des Bewußtseins. Hilft hier jene entfernte Andeutung gewisser Beziehungen zwischen der getrennten und den ungetrennten Erkenntnisskräften, vermuthlich einer gewissen, man weiß allerdings nicht wie und in welchem Umfange geltend gemachten Oberhoheit des thätigen über den leidenden Nus [1]) nicht aus, so liegt der Widerspruch, daß zwei Potenzen ein identisches Bewußtsein constituiren sollen, von welchen die eine ihrer ganzen

---

That nur zu einem unvermerkt wieder eingeschlichenen stofflichen Substrate des höchsten Nus, daß derselbe, wofern er bewegt, auch berührt. Die andere Darstellung der Weltbewegung, wonach der Nus als οὗ ἕνεκα oder wie Etwas, das geliebt wird, bewegt, aus dem Bewegen am Ende nur der Reiz zu einer Selbstbewegung der Sphären wird, metaph. XI, 7. 1072 a 26 ff. b 2 ff., trägt den Stempel einer Ausbeßerung an der Stirn, wechselt aber im Grunde nur ein Mysterium gegen das andere aus. Vergl. auch BLOCH, De notione Dei, qualis e totius systematis connexu enascatur, dissert. Wratisl. 1865, p. 40 sqq.

1) . . . ἢ ἐκεῖνο ἔχει, de an. I, 4. 408 b 27.

Natur nach einer völlig andern Welt angehört, und sich gegen die zweite so schroff und abweisend wie nur irgend möglich verhält, offen am Tage. Muß im Interesse dieser Einheit Etwas fallen, so ist es zunächst und vor allem Andern das Heterogene und Wunderbare, jene Getrenntheit und Trennbarkeit des obern Factors, also gerade das, woraus einzig und allein der Naturforscher und Philosoph, Beides in Einem, dieses hohe Vermögen erklären, und womit er zugleich seiner Bewunderung den entsprechenden Ausdruck geben zu können glaubt. [1])

So sehr der niedere über die Thätigkeit des höhern Theils im Allgemeinen disponiren mag, so dreht sich insofern das Verhältniss und zwar unmittelbar wieder um, als er schließlich doch nur der „leidende" Gefährte ist; der thätige Nus, für jede Activität an etwas Vergängliches, „etwas Anderes drinnen," den leidenden Nus, geknüpft, „denkt Nichts ohne diesen."

---

1) Im Zusammenhange mit der Frage nach der Einheit des Bewußtseins stellt BRANDIS, Handbuch etc. II, 2. S. 1177, die Behauptung auf, daß de an. III, 4. 429 b 10 ff. (s. o. S. 5 f.) „die Zweiheit des sinnlichen und geistigen Sonderungsvermögens zwar anerkannt, aber unentschieden gelaßen werde, ob es ein je verschiedenes oder nur verschieden sich verhaltendes sei. Für letztere Ansicht habe Aristoteles aller Wahrscheinlichkeit nach sich entschieden." Wäre dieß trotz der von BRANDIS anerkannten „so entschieden geltend gemachten Unabhängigkeit des kraftthätigen Geistes vom Organismus" (a. a. O. S. 1176 f.) richtig, so hätte Aristoteles dem kraftthätigen Nus ganz dieselbe Stufe angewiesen, welche obiger Untersuchung zufolge der leidende einnimmt. Denn das, was sich de an. III, 4 „anders verhält," ist eben das sinnliche Sonderungsvermögen in der höchsten Form seiner Bethätigung.

VII.

Ueberblick.

Wie innig die Aristotelische Lehre von der menschlichen
Erkenntniss oder von der stufenweisen Entwicklung und dem
innern Zusammenhange [1]) der verschiedenen Erkenntnissformen
(und damit in Einem von den entsprechenden Vermögen) mit

---

1) Im Sinne des Aristoteles gibt es keine eigentliche Entstehung
und kein eigentliches Werden einer Erkenntnissform (vergl. Abschn. I.
S. 35 ff.). Nur in einer gewissen, weitern Bedeutung des Worts und nur in einer
gewissen Rücksicht, nemlich in der Rücksicht auf organische Functionen, und
auch so nur bis zu einer gewissen Stufe, nemlich bis zum Eintritte der Actualität des höhern Nus, kann man von Entstehung und Werden der Erkenntniss
sprechen. In diesem Sinne entsteht die sinnliche Wahrnehmung durch die
Einwirkung der äußern Dinge (de an. III, 7. 431 a 3 ff.) einer- und durch
die entsprechende Thätigkeit der Sinneswerkzeuge andrerseits, aus der sinnlichen Wahrnehmung wird oder entsteht (γίγνεται) die Vorstellung (a. a. O.
C. 3. 428 b 11 ff. u. s.), und aus dem Gedächtniss identischer Wahrnehmungen und Vorstellungen wird oder entsteht ein Begriff, die Erfahrung (analyt. post. II, 19. 99 b 36 ff. 100 a 1 ff. ἡ αἴσθησις τὸ
καθόλου ἐμποιεῖ, b 4 f.). Hier wäre, um von Werden und Entstehen
im engern und strengern Sinne reden zu können, die Wahrnehmung das
ὑφ' οὗ oder die bewegende Ursache, — die Seele (nicht inwiefern sie Form,
sondern inwiefern das leidensfähige, nicht schlechthin, aber in gewisser
Beziehung leidensfähige Seelensubstrat oder centrale Seelenorgan ihr Corre-
lat ist,) das ἐξ οὗ oder der Stoff, wenn anders der betreffende Process ein
Leiden oder eine Verwandlung im Sinne einer Vernichtung oder Beraubung
mit sich führte, oder wenn das centrale Substrat der wahrnehmenden Seele
lediglich und im einfachen Sinne des Worts Stoff und nicht vielmehr seiner
Bethätigung gewärtiges Werkzeug wäre. Jedoch entsteht oder wird aller
Vermittlungen der προϋπάρχουσα γνῶσις (analyt. post. I, 1 von Anf. II, 19.
99 b 28 ff. 100 a 10 f.) ungeachtet nicht der Begriff im Sinne des Was
war das Sein einem Objecte, nicht die Erkenntniss des getrennten und schlechthin oder in höherm als die Organe der sinnlichen Seele, ja im höchsten Sinne
leidensunfähigen Nus.

der Lehre von den dabei betheiligten organischen Thätigkeiten, das Erkenntnisspsychologische mit dem Erkenntniss-
physiologischen und zwar principiell zusammenhängt, bedarf
jetzt wohl kaum eines Nachweises mehr. Mit der Gegen-
instanz von der Stofflosigkeit der Seele kommt man nicht
weit. Etwas Stoffloses ist sie, weil sie Form und Substanz, d. h. Substanz im Sinne der schöpferischen Form ist. [1])

[1]) Die Seele, d. h. der Inbegriff der unterschiedenen Seelen, befindet sich
„in einem gewissen Theile des Körpers" (de juvent. 1. 467 b 14 ff.); das
Herz ist derjenige Theil, welcher, wie die übrigen, so insbesondere auch die
wahrnehmende Seele ursprünglich (πρώτως) inne hat (de part. an. III, 5.
667 b 23 f.).

Dieses „Ursprünglich" (ein unmittelbarer Protest gegen eine Auffaßung
wie de motu an. C. 10. 703 a 29 ff.) deutet über die Grenzen des Herzens
hinaus. Wenn das Herz, sagt Aristoteles (de juvent. 3. 469 a 4 ff.), den
Zweck des Körpers in sich schließt, so ist nothwendig auch das Princip
der wahrnehmenden und ernährenden Seele dort; als der für sich gesetzte,
die Theile des Ganzen auf sich beziehende Zweck aus sich und somit vom
Herzen aus nach allen Seiten übergreifend, ist die Seele nicht bloß die Einheit oder das Einigende des Körpers (de an. I, 5. 410 b 10 ff. metaph. XII,
2. 1077 a 21 f.), sondern etwas Concreteres und Höheres: die Form (εἶδος)
des natürlichen, der Anlage nach lebendigen Körpers (de an. I, 1. 412 a 20.
II, 2. 414 a 14. metaph. XII, 2. 1077 a 32 f. u. s.; daher sind Seele und
Körper nicht Zwei, sondern Eins, eth. Eud. VII, 9. 1241 b 17 ff.), als Form
aber ferner das Was war das Sein einem so beschaffenen Körper (τὸ τί ἦν εἶναι τῷ
τοιῷδε σώματι, de an. II, 1. 412 b 11. 15 f.; die Seele und das Sein der Seele sind
daher identisch, metaph. VII, 3. 1043 b 2.) oder der schöpferische Begriff des
Körpers (λόγος, de an. II, 1. 412 b 16. C. 2. 414 a 13. C. 4. 415 b 14 f.),
als schöpferische Form das wesenhaft Seiende, Wesen, der Grund und Halt
des realen Bestands: die Substanz (οὐσία, a. a. O. C. 1. 412 a 19. b 13.
C. 4. 415 b 11 ff. metaph. VI, 11. 1037 a 5. VII, 3. 1043 a 35 f. u. s.),
— als Form, formirender oder schöpferischer Begriff und Substanz (a. a. O.
VI, 10. 1035 b 14 ff.) ferner der Grund und das Princip des lebendigen
Körpers (αἰτία καὶ ἀρχή, de an. II, 4. 415 b 8. 11 ff.), als Grund der Zweck
(οὗ ἕνεκα) und als Zweck wieder der Grund (a. a. O. b 10. 15 ff.). Form
(a. a. O. C. 1. 412 a 10), Begriff (C. 4. 415 b 14 f.), Substanz (I, 1. 412
a 21) drücken unmittelbar die Actualität des Stoffes (ἐνέργεια, metaph. VII,
3. 1043 a 35 f. vergl. 1042 b 2 ff.), diese aber, weil einen Zustand aus,
welcher den immanenten Zweck erreicht hat und somit vollendet ist (ἐντελέχεια). So ist die Seele der vollendete (zunächst ruhende, ἐντελέχεια ἡ πρώτη,
oder im Verhältnisse zur Thätigkeit δυνάμει sich verhaltende) Zustand eines
natürlichen, lebensfähigen, mit Werkzeugen versehenen Körpers (διὸ ψυχή
ἐστιν ἐντελέχεια ἡ πρώτη, σώματος φυσικοῦ δυνάμει ζωὴν ἔχοντος. τοιοῦτο δὲ ὃ
ἂν ᾖ ὀργανικόν, de an. II, 1. 417 a 27 ff. b 5 f.).

Gerade deshalb ist jede Thätigkeit der Seele unmittelbar
Function eines entsprechenden Körpertheils, und jede Darstellung und jeder Begriff irgendwelcher Seelenfunction ohne
Beachtung der physischen Organe, wie Aristoteles nachdrücklich markirt, etwas Einseitiges, Ungründliches und Vages.
Wenn sich die Seele vom Körper ebenso wenig trennen läßt
wie das Gerade von seinem Substrate, [1]) und wenn sich die
Seele meistentheils ohne den Körper weder leidend noch thätig
verhält (so z. B. im Zürnen, Muthig-sein, Begehren, überhaupt
im Empfinden), aber auch das Denken, welches doch vor allem
Andern etwas der Seele Eigenthümliches sein dürfte, eine Art
von Vorstellung oder doch nicht ohne Vorstellung ist, ohne
Körper nicht bestehen kann, [2]) so fällt die Untersuchung über
die Seele theilweise in die Naturforschung. [3]) Aber die Forschung bloß im stofflichen Substrate ist ebenso einseitig wie
die Reflexion, welche sich an den allgemeinen Begriff hält.
Diese Art von Betrachtung würde z. B. den Zorn als „eine
Begierde nach Wiedervergeltung" oder Etwas dergleichen bestimmen; so spricht der Dialektiker. Der einseitige Naturforscher, der den Begriff nicht kennt, sieht im Zorne „eine
Aufwallung des Bluts in der Gegend des Herzens und zwar
des Warmen." Der Eine gibt den Stoff, der Andere die Form
und den Begriff. Denn der Begriff ist die Form der Sache;
wenn der Begriff Existenz haben soll, muß er in einem entsprechenden Stoffe sein. Eine gegen die verderblichen Einflüße von Seite der Winde, des Regens und der Hitze schützende
Bedeckung: hier haben wir den Begriff des Hauses nach der
einen, — Steine, Ziegeln und Holz: nach der andern Betrach-

---

1) a. a. O. I, 1. 403 a 12 ff. καὶ διὰ τοῦτο καλῶς ὑπολαμβάνουσιν οἷς
δοκεῖ μήτ' ἄνευ σώματος εἶναι μήτε σῶμά τι ἡ ψυχή· σῶμα μὲν γὰρ οὐκ ἔστι,
σώματος δέ τι, καὶ διὰ τοῦτο ἐν σώματι ὑπάρχει, κτλ. II, 2. 414 a 19 ff.

2) a. a. O. I, 1. 403 a 3 ff. 16 ff. den sensu 1. 436 a 6 ff. de somno
1. 454 a 7 ff. Natürliche Affectionen wie Zorn und Begierde verändern
gleichzeitig Körper und Seele; darauf beruht die Physiognomik, analyt. pr.
II, 27. 70 b 7 ff. vergl. physiognom. 4. 808 b 11 ff. C. 1. 805 a 1 ff.
b 21 ff.

3) de part. an. I, 1. 641 a 17 ff. ... καὶ διότι καὶ περὶ ψυχῆς ἐνίας θεωρῆσαι τοῦ φυσικοῦ, ὅση μὴ ἄνευ τῆς ὕλης ἐστίν, metaph. V, 1. 1026 a 5 f.
vergl. 1025 b 30 ff.

tungsweise. Jene gibt die Form und den Zweck. Der wahre Naturforscher ist der, welcher Beides, Stoff und Form, zu verbinden weiß. [1]) Sind die Affectionen der Seele materialisirte Begriffe (λόγοι ἔνυλοι), so sind auch die Definitionen von dieser Art, und somit das Zürnen, um dieses Beispiel zu erledigen, eine gewisse Bewegung des so und so beschaffenen Körpers oder eines Theils oder eines Vermögens aus dieser Veranlaßung, mit diesem Zwecke. [2]) — Alle diese Verhältnisse und Normen behalten im Wesentlichen und in einem der Sache angemeßenen Umfange auch für wißenschaftliche Untersuchungen auf dem Gebiete der Erkenntnisstheorie ihre Bedeutung.

Auch das Denken ist „nicht ohne Körper," aber in anderm Sinne. Die Seele existirt nicht, das höchste Erkenntniss- und Denkvermögen fungirt nicht ohne den Körper. Die Seele oder der Inbegriff der niedern Seelen ist die Form des Körpers oder concreter derjenige Zustand desselben, worin er mit allen Theilen auf den ihm immanenten Zweck bezogen und insofern vollendet ist, und geht daher zugleich mit dem Körper zu Grunde; zum Körper gehören auch die einer jeden Seele eigenthümlichen Substrate. Die Denkseele dagegen ist „keines Körpers Entelechie," sondern an und für sich eine „gewisse Substanz," ein selbständig Existentes, kommt gleich den Demokriteischen Seelenatomen von Außen in den Körper und tritt, unveränderlich und unsterblich, im Falle des Todes wieder aus. Aber sie fungirt nicht ohne Körper, weil das Denken

1) καὶ διὰ ταῦτα ἤδη, φυσικοῦ τὸ θεωρῆσαι περὶ ψυχῆς, ἢ πάσης ἢ τῆς τοιαύτης. διαφερόντως δ' ἂν ὁρίσαιντο φυσικός τε καὶ διαλεκτικὸς ἕκαστον αὐτῶν, οἷον ὀργὴ τί ἐστιν· ὁ μὲν γὰρ ὄρεξιν ἀντιλυπήσεως ἤ τι τοιοῦτον, ὁ δὲ ζέσιν τοῦ περὶ καρδίαν αἵματος καὶ θερμοῦ. τούτων δὲ ὁ μὲν τὴν ὕλην ἀποδίδωσιν, ὁ δὲ τὸ εἶδος καὶ τὸν λόγον. κτλ. τίς οὖν ὁ φυσικὸς τούτων; πότερον ὁ περὶ τὴν ὕλην, τὸν δὲ λόγον ἀγνοῶν, ἢ ὁ περὶ τὸν λόγον μόνον; ἢ μᾶλλον ὁ ἐξ ἀμφοῖν, de an. I, 1. 403 a 27 ff. phys. II, 2. 194 a 16 ff. C. 9. 200 a 32 f. metaph. VI, 11. 1037 a 13 ff.

Ueber den methodologischen Gegensatz φυσικῶς und λογικῶς (in der Weise eines Räsonnements, dialektisch; vergl. φυσικῶς und καθόλου, ἀναλυτικῶς und λογικῶς) s. HEYDER a. a. O. S. 317. Anmerk. WAITZ a. a. O. II, p. 353 sqq. SCHWEGLER, Metaph. IV, S. 48 ff. 227. ZELLER a. a. O. S. 117 f. Anmerk. 3.

2) de an. I, 1. 403 a 24 ff. Vergl. Abschn. V. S. 200 Anmerk.

Form und Stoff, d. h. Denken und dabei Vorstellen oder „nicht
ohne Vorstellung" ist. Bleibt nun von der Ansicht, daß Gleiches
nur durch Gleiches erkannt werden könne, etwas Stichhaltiges,
also mindestens so viel zurück, daß zwischen Erkanntem und
Erkennendem eine Aehnlichkeit und Verwandtschaft stattfinden
müße, [1]) und sind gewisse Denkobjecte als solche von ihren Substraten abgezogen und insofern vom Stoffe getrennt, so ist auch das
Organ von dieser Art. Nun aber ist die Anlage „einer jeden
Seele" eines Körpers theilhaftig. Die Substrate der übrigen
Seelen sind von relativ edlerer Beschaffenheit als die gewöhnlichen Elemente, und wie sich die Seelen durch ihren ˙Rang
von einander unterscheiden, ebenso die Substrate. Alles er-
wogen, bleibt für die oberste, den niedern gegenüber völlig
fremdartige, getrennte, göttliche Seele kaum etwas Anderes
als das oberste, den gemeinen gegenüber völlig fremdartige,
getrennte, göttliche — denktüchtige Element, das Element
der leuchtenden Götter, das Urelement. [2]) In der That

---

1) Geht man unter demselben Empedokleischen (schon von Parmenides eingeleiteten) Gesichtspunkte, um die damit identischen Prädicate der Denkseele
zu verstehen, von der nichtentstandenen, unvergänglichen, unveränderlichen,
ewigen Form aus, so bleiben die übrigen Bestimmungen nach wie vor ein
Räthsel. Nur das sternelementarische, an sich selbst (denn die aus ihm
gebildeten Gestirne denken) denktüchtige Substrat faßt das Nichtentstanden-
sein, die Unvergänglichkeit u. s. w., das κατὰ μέγεθος (im Unterschiede von
gewissen Wesen ἄνευ μεγέθους) und τόπῳ Getrennt- und Trennbarsein, die
Theilnahme an einem gewissen Körper und zugleich die Einfachheit und
Unvermischtheit oder Stofflosigkeit, ferner daß der Nus, an sich getrennt,
mit Nichts im Diesseit etwas Gemeinsames habe und daher bei der Zeugung·
von Außen hereinkomme u. s. w., endlich die Göttlichkeit, insoweit sich
dieselbe (Demokrit [ZELLER a. a. O. I, S. 623. 641 f.] zu vergl.) auf das
Unmittelbare bezieht, zur Einheit zusammen.

2) Aus Missverständniss oder oberflächlicher Kenntniss der Sache, vielleicht auch unter dem Einfluße einer geläufigen Hypothese der Stoiker wurde
diese Art von Materiatur im Alterthume nicht selten von der ganzen Seele
verstanden. Vergl. oben an Cicero Tuscul. I, 10 § 22: *Aristoteles longe om-
nibus (Platonem semper excipio) praestans et ingenio et diligentia, quum
quattuor nota illa genera principiorum esset complexus, e quibus omnia ore-
rentur, quintam quandam naturam censet esse, e qua sit mens. Cogitare enim
et providere et discere et docere et invenire aliquid et tam multa alia, memi-
nisse, amare, odisse, cupere, timere, angi, laetari: haec et similia eorum in
horum quattuor generum inesse nullo putat. Quintum genus adhibet vacans
nomine; et sic ipsum animum* ἐνδελέχειαν *appellat novo nomine, quasi quan-*

ist der höhere Nus nur so ein universelles Organ, wenn
er weder Feuer (Heraklit und Demokrit mit seinen Feuer-
atomen) noch Luft (Diogenes von Apoll.) noch irgend eine,
wenn auch vollkommenste Mischung der Elemente (wie nach
Empedokles das Blut), kurz, wenn er, unter den Gesichtspunkt
der vier Elemente gestellt, undefinirbar ist.

Daraus folgt unmittelbar, daß das Studium der Denkseele
nicht, wie das Studium der niedern Seelen, [1]) in die Naturforschung („nicht jede Seele ist Natur," nicht alle Seelensubstrate gehören der Region des Werdens und Vergehens an; [2])),

dam continuatam motionem et perennem. Ferner C. 17 § 41. C. 26 § 65.
Acad. I, 7 § 26: quintum genus, e quo essent astra mentesque, singulare, eorumque
quattuor, quae supra dixi, dissimile etc. Hieran schließt sich eine Mitthei-
lung Jamblichs bei Stob. ecl. I, 41. Mein. I, p. 265, 18 sqq.: τινὲς μὲν τῶν
ἀριστοτελικῶν αἰθέριον σῶμα τὴν ψυχὴν τίθενται· ἕτεροι δὲ τελειότητα αὐτὴν (sc.
τὴν ψυχήν) ἀφορίζονται καὶ οὐσίαν τοῦ θείου σώματος (des Aethers), ἣν (die
τελειότης) ἐντελέχειαν καλεῖ Ἀριστοτέλης, ὥσπερ δὴ ἐν ἐνίοις Θεόφραστος. Ferner
Tertull. de an. 5: nec illos dico solos, qui eam (sc. animam) de manifestis
corporalibus effingunt, ut Hipparchus et Heraclitus ex igni, ... ut Critolaus
et Peripatetici ejus ex quinta nescio qua substantia, si et illa corpus, quia
corpora includit; sed etiam Stoicos allego etc. Womit die von Stahr, Aristoteles bei den Römern, S. 186 f. Anmerk. 2, mitgetheilte Stelle aus
Macrob. in somn. Sc. 1, 14 zu vergl.: Plato dixit animam essentiam se
moventem: Xenocrates numerum se moventem; Aristoteles ἐντελέχειαν; ... Heraclitus Ponticus lucem; Heraclitus physicus scintillam stellaris essentiae;
... Critolaus Peripateticus constare eam de quinta essentia; etc. (Auch die
Notiz in der vita Marciana: τῇ δὲ φυσιολογίᾳ προσέθηκε τὴν πέμπτην οὐσίαν,
Robbe p. 8, kann hier eine Stelle finden. Der obengenannte Herausgeber
dieser Lebensbeschreibung erklärt [p. 44] die fünfte Substanz unter Bezugnahme auf Cic. Tusc. I, 10 durch ἐντελέχεια.) Immer dieselbe Ungenauig-
keit, welche in Bezug auf den wiederholt genannten Kritolaos, einen, wie
Zeller a. a. O. II, 2. S. 754 sagt, „im Ganzen treuen Anhänger der peri-
patetischen Lehre," eine Notiz bei Stobäus, ecl. I, 2. 1. 1. p. 14, 30 sq.,
in folgender Weise corrigirt: Κριτόλαος καὶ Διόδωρος ὁ Τύριος (der Nachfolger
des Erstern im Scholarchat) νοῦν ἀπ' αἰθέρος ἀπαθοῦς. Wie sich also Ter-
tullian und Macrobius zu Kritolaos, so wird sich in dieser Hinsicht wohl
Cicero zu Aristoteles verhalten. Soviel ergibt sich in jedem Falle, daß die
Beziehung des νοῦς ἀπαθής auf den Aether in den wißenschaftlichen oder
wißenschaftlich dilettirenden Kreisen des Alterthums noch nicht verloren
war, und noch im 2. Jahrh. vor unserer Z.-R. gerade in den exactesten Re-
präsentanten der Schule ihre Vertreter gefunden hat.

1) περὶ ψυχῆς ἐνίας θεωρῆσαι· τοῦ φυσικοῦ, κτλ. metaph. V, 1. 1026 a 5 f.
2) de part. an. I, 1. 641 a 32 ff.

sondern daß es in diejenige Wißenschaft fällt, welche sich mit dem Ewigen und Unveränderlichen beschäftigt. Dasselbe ergibt sich von einer andern Seite her; der Gegenstand der Denkseele ist das Denkbare, — nicht das Wahrnehmbare und insofern nicht das Reich der Natur. Nun aber stehen das Organ und die Function auf der einen und der Gegenstand auf der andern Seite, wie z. B. die Wahrnehmung und das Wahrnehmbare, in Wechselbeziehung zu einander. Was in Wechselbeziehung steht, gehört überall in eine und dieselbe wißenschaftliche Betrachtung. Wenn anders sich nun die Naturwißenschaft nicht auf Alles erstreckt, und es außer ihr noch eine andere Philosophie gibt, so ist die Betrachtung der Denkseele nicht Sache des Naturforschers. Sonach bewegt sich auch die Erkenntnisstheorie auf zwei unter sich völlig verschiedenen Gebieten, — aber so zu sagen accidentiell, inwiefern nemlich ihr directer Gegenstand nicht die menschliche Seele als solche, sondern die erkennende Thätigkeit derselben ist.

Kennt man nun in dieser Weise die Natur der Denkseele näher, so erklärt sich nicht nur mehr als eine ihrer Bestimmungen leicht und wie von selbst, sondern es fällt von hier aus auch weiterhin noch manches Licht in diese überall als „schwierig und dunkel" [1]) bekannte Lehre.

So steht denn der Mensch auch von Seite seiner stofflichen Bestandtheile wie eine Wiederholung des Kosmos [2]) vor unsern Augen. Auf der Basis des gröbern Stoffs, welchen das Gesetz der Schwere in die Form - des Erdballs zusammendrängt, erheben sich die Sphären der Luft und ihrer Modificationen bis zur ätherischen Region: der menschliche Körper repräsentirt die vier Elemente, und die Substrate der Seelen wiederholen die höhern und höchsten Sphären bis zur Weltperipherie. Ueber Allem aber, Welt und Menschheit, thront der einsame, in seiner Art einzige Ur- und All-Beweger.

Wie das äußere Licht die Dinge, so bringt die Denkseele oder der thätige Nus im Innern der Seele an den Tag, was

---

1) Trendelenburg, Histor. Beiträge zur Philos. II, S. 373 f. Torstrik de an. p. 185. Zeller a. a. O. III, 1. S. 709. U. s. w.

2) Jeder lebendige Körper ist ein μικρὸς κόσμος; vergl. εἰ γὰρ ἐν μικρῷ κόσμῳ γίνεται, καὶ ἐν μεγάλῳ, phys. VIII, 2. 252 b 26 f.

schou darin vorhanden, in und mit der Vorstellung in die
Seele eingetreten ist. Damit geht unmittelbar zusammen, daß
sie an sich einer unbeschriebenen Tafel gleicht; nur ist der
leidensunfähige und thätige Nus dieses eigenthümliche Wesen,
eine Tafel zu sein, die (wann er denkt) sich selber beschreibt.
Aristoteles sagt nicht: die Dinge beschreiben den Nus; so
verstanden, passt dieses Bild auf den andern oder sinnlichen
Nus, welchen in erster Instanz die Dinge und die Medien, in
zweiter die in den äußern Sinnen präparirten Form-Secrete
beschreiben. In dieser passiven Rücksicht sind die unbeschriebene Tafel oder das leere Blatt Papier zu einer Formel
für jede Art von Empirismus geworden. [1] Wie alles concreten
Inhalts ist der Nus an sich auch aller abstracten Denkformen
baar. Nichtsdestoweniger gibt es einen Punkt, worin sich
„das Haupt der Empiristen," wie sich KANT ausdrückt, [2] mit
dem Idealismus und dem Realidealismus berührt. Dieß ist das
a priori und von Ewigkeit her Fertige des höhern Denkvermögens; hier wie dort gehören nur gewisse, dem Denken
äußerliche Bedingungen, nur ein Anstoß dazu, um es selbst
zu sollicitiren. [3] Insofern steht Aristoteles dem Idealismus
näher als dem Sensualismus.

Alle Erkenntniss ist Gegenwart der Form des Objects im
Innern der bewußten Seele. Für die Bethätigung der ihm von
Natur eigenthümlichen geheimnissvollen Kraft ist der Nus an die
Vermittlung durch die Wahrnehmung, — der thätige an den
leidenden Nus gewiesen. Der letztere umfaßt das gesammte
Gebiet der sinnlichen Erkenntniss: Wahrnehmung, Erinnerung,

---

1) Die Stoiker nannten den leitenden oder herrschenden Theil der Seele
ein leeres Blatt Papier. *Let us then suppose the Mind to be*, sagt LOCKE,
An essay concern. human understand. II, 1. § 2, *as we say, white Paper,
void of all Characters, without any Ideas; How comes it to be furnished?*
— CARTESIUS, LOCKE u. A. stimmen auch darin mit Aristoteles überein, daß
Alles, was sich in der Seele befindet, gelegentlich zum Bewußtsein kommen
muß. Wogegen HEGEL, Geschichte der Philos. 2. Aufl. III, S. 379 f. *No
proposition*, sagt z. B. LOCKE a. a. O. I, 2 § 5. vergl. 22. 25. 26 u. s., *can be said
to be in the Mind, which it never yet knew, which it was never yet conscious of.*
2) Kritik d. r. Vernunft, Ausg. v. ROSENKRANZ, S. 657.
3) Vergl. ROSENKRANZ, Psychologie oder Wißenschaft vom subjectiven
Geiste, 3. Aufl., S. 408.

Vorstellung, und dringt mit dem Vermögen, die Vorstellungen logisch zu verbinden, bis nahe an das Niveau des thätigen Nus heran. Wie in der äußern Natur, [1]) so gibt es auch in der Sphäre der menschlichen Erkenntniss keinen Sprung, sondern das Höchste beginnt schon in dem, was Voraussetzung desselben ist. Hat also dasjenige Denken, welches als centrale, bewußte Wahrnehmung und actuelle Vorstellung auftritt, [2]) auch die höhere Form der Reflexion, [3]) oder findet sich zwischen Wahrnehmung und Vorstellung einerseits und dem Denken des schöpferischen Begriffs und des Beweises andrerseits eine Uebergangsform: das Denken in Vorstellungen oder (allgemeiner) in innern Erscheinungen, so ist die Ansicht TRENDELENBURGS vom leidenden Nus constatirt, aber auch näher und zwar wesentlich bestimmt; ihre concretere Bestimmung ist unmittelbar eine gewisse Verknüpfung mit jener, welche u. A. ZELLER vertritt. Das Denken auf der Stufe der centralen Wahrnehmung ist der Intuition des thätigen Nus analog; umgekehrt wie in der Sphäre des letztern ist das discursive Denken des leidenden Nus (Denken im Sinne HUMES u. A.) das Höhere. Der leidende Nus ist also wirklich „Nus"; vergegenwärtigen wir uns dazu die formale Natur des thätigen Nus und die Bedeutung der Vorstellung als stofflichen Theils, so haben wir die Haupt-Elemente der Aristotelischen Theorie des wißenschaftlichen Denkprocesses beisammen. Dieser wird nun verständlicher und anschaulicher, und die Unklarheit im Wesentlichen auf den Punkt zurückgedrängt, wo es sich darum handelt, das Band der parallelen Thätigkeiten zweier im Uebrigen *toto coelo* verschiedener Vermögen oder die Einheit

---

1) histor. an. VIII, 1. 588 b 4 ff. Vergl. ZELLER a. a. O. II, 2. S. 328 ff. 385 ff. 388 ff. 425 ff.

2) Wenn Strato von Lampsakus behauptete, daß keine Wahrnehmung ohne gleichzeitig darauf bezogenes Denken Statt finde (NAUWERCK, De Stratone Lampsaceno philosopho disquisitio, Berol. 1836, p. 13 sqq. ZELLER a. a. O. S. 743), so sagte er damit nichts Neues.

3) vergl. Stob. ecl. I, 43. MEIN. I, p. 356. 5 sqq.: Ἀριστοτέλης ἕκτην μὲν οὖν λέγει, κοινὴν δὲ αἴσθησιν τῶν συνθετῶν εἰδῶν κριτικήν, εἰς ἣν πᾶσαι συμβάλλουσιν αἱ ἁπλαῖ τὰς ἰδίας ἑκάστη φαντασίας, ἐν ᾗ τὸ μεταβατικὸν ἀφ' ἑτέρου πρὸς ἕτερον, οἱονεὶ σχήματος καὶ κινήσεως σώματος, μεθορίῳ τοῦ λογικοῦ καὶ τοῦ ἀλόγου, μνήμης καὶ νοῦ μετέχουσα, κτλ.

des Bewußtseins zu erkennen. Diese Dunkelheit ist in Wahrheit die offene Blöße des Systems. In Strato von Lampsakus,
welcher die transcendente Hypothese ausdrücklich beseitigte,
oder, was dasselbe ist, die Trennung der Denk- und der niedern
Seele wieder aufhob und die Consequenzen des sensualistisch-
physiologischen Princips vertrat, saß die Schule der Peripate-
tiker selber zu Gericht. [1]) Was die Lehre vom thätigen und
leidenden Nus schon im Alterthume und dann namentlich im
Mittelalter, ja bis in die neuesten Zeiten zu einem Gegenstande
der verschiedenartigsten Auffaßungen machte, [2]) ist schwerlich
die Kürze und Dunkelheit des hauptsächlich hier einschlagenden
Stücks der Psychologie allein; [3]) de an. III, 5 ist eher der Prüf-
stein des Verständnisses. Das centrale Organ der wahrnehmenden
Seele als Organ der innern Erscheinungen und der Reflexion
im Elemente dieser Erscheinungen oder die wahrnehmende
Seele selbst, soweit sie in dieser Hinsicht mit dem Organe der
Mitte zusammenfällt, und der leidende Nus sind Eins und Dasselbe.

Der Uebergang von der Potenzialität zur Actualität des
Organs der höchsten Erkenntniss setzt, wie gesagt, die innere
Gegenwart des Inhalts oder des Denkstoffs voraus; diese Ver-
gegenwärtigung beginnt mit der äußern Wahrnehmung (denn
daß die Sinne nicht selbst das wahre Wesen der Dinge erkennen, darüber herrschte seit Parmenides und Heraklit volles
Einverständniss in der Philosophie), die äußere Wahrnehmung

---

1) NAUWERCK a. a. O. ZELLER a. a. O. S. 741 ff. 744 ff. Seine Vorgänger in dieser Richtung waren die unmittelbaren Schüler des Aristoteles,
Aristoxenos der Musiker (ZELLER a. a. O. S. 717 f.) und Dikaiarchos (a.
a. O. S. 718 ff.).

2) Vergl. ZELLER a. a. O. S. 442. Anmerk. 3. WOLF a. a. O. p. 1 sqq.
44 sq. BRENTANO a. a. O. S. 3 ff. HANEBERG, Zur Erkenntnisslehre von Ibn
Sina und Albertus M. a. a. O. S. 212 ff. (24 ff.) 233 ff. (45 ff.)

3) Obscurius enim et breviter de an. III, 5 exposita doctrina illa cam-
pum, quo huc illuc vagentur sententiae diversae, exhibet late patentem, WOLF
a. a. O. p. 1.

Uebrigens ist der Hauptinhalt dieses Capitels das gegenseitige Verhältniss des νοῦς ποιητικός und παθητικός, und der ποιητικός insofern nicht
„direct und unmittelbar“ Gegenstand desselben, wie BRENTANO a. a. O. S. 3.
vergl. S. 39 meint.

Kampe, Die Erkenntnisstheorie des Aristoteles. 21

mit einer gewissen Thätigkeit der Objecte. Die Objecte und
die Medien sind die activen, die Sinnesorgane die passiven,
nur als passive zugleich activen Factoren des Wahrnehmungs-
processes. Der allgemeine Kanon von der Ungleichheit oder
Entgegensetzung innerhalb der Gleichheit erscheint wie eine
Combination der Heraklit-Anaxagoreischen mit der Empedokleischen Ansicht, welche namentlich auch Demokrit theilte.
Das Product der Wahrnehmung ist ·die sinnliche Form des
Objects im entsprechenden Sinne. Die Identität der Form im
Sinne und der äußern Form ist die Wahrheit (Richtigkeit) der
sinnlichen Wahrnehmung. Dieses Vertrauen wird durch keine
Skepsis gestört, [1]) vorausgesetzt, daß jeder Sinn auf seine
Gattung, der Gesichtssinn auf Farbe, das Gehör auf Schall,
kurz jeder Sinn auf das ihm Eigenthümliche gerichtet ist. Aber
erst im Innern wird die Wahrnehmung vollendet; das innere
sinnliche Organ, welches alle Gattungen unterscheidet, vermittelt auch das volle Bewußtsein dieser Erkenntniss. Der physiologische Process der innern Wahrnehmung besteht nicht
bloß, wie späterhin der Stoiker Kleanthes lehrte, in einer
mechanischen, dem Abdrucke eines Siegels in Wachs ganz
und gar ähnlichen Impression, noch, wie Chrysipp, bloß in
einer Verwandlung im leidenden Theile der Seele, sondern in
Beidem. Zugleich ist der Centralpunkt der Wahrnehmung aller
Gattungen das eigentliche Organ für Gestalt, Größe, Zahl
u. dergl. Doch ist die Wahrnehmung der gemeinsamen Objecte nicht unbedingt zuverläßig. So untersucht Aristoteles
dieses Gebiet mit einer Umsicht, Sorgfalt und Schärfe, welche,
um von spätern griechischen Denkern zu schweigen, auch den
Essay LOCKE'S, trotz der Nichtbeachtung jener Demokriteischen
Unterscheidung primärer und secundärer oder ursprünglicher
und abgeleiteter Qualitäten, ein gutes Stück hinter sich laßen.
Die innern Erscheinungen, die Formen oder photographischen

---

1) Unter den Sophisten geht Gorgias von Eleatischen, Protagoras von
Heraklitischen Sätzen aus. Uebrigens handelt es sich bei Protagoras so we-
·nig wie bei den Kyrenaikern und noch weniger als bei Gorgias, von welchem Aristoteles in vorliegender Beziehung keine Notiz zu nehmen scheint,
um die Existenz, sondern um die wahrnehmbaren Eigenschaften der Dinge.

Bilder der Objecte (Bewegungen oder beßer Thätigkeiten ihrer
materiellen Substrate) gehen in Potenzialität über, und verharren in diesem Zustande (— das Gedächtniss), bis eine zufällige Veranlaßung oder der Wille des Menschen sie zur
Actualität zurückruft: die Erinnerung und das Sichbesinnen.
Die wiederbelebte Erscheinung ist die von der Wahrnehmung
getrennte oder die Vorstellung im engern Sinne. Durch Wahrnehmungen derselben Art „stellt sich" Etwas im Haupt-Organe
der wahrnehmenden Seele, die Vorstellung der Art, durch
Artvorstellungen die Vorstellung der Gattung, mit beiden alle
Arten unmittelbarer Synthesen: die Erfahrung im weitern und
weitesten Sinne, eine Erkenntnissform, die, so sehr sie dem
populären Bewußtsein entspricht, im Verhältnisse zum wißenschaftlichen als vorläufige und vorbereitende zu betrachten
ist. [1]) Aber sind denn, muß man fragen, allgemeine Vorstellungen überhaupt möglich? „Laßt Jemanden versuchen,"
ruft HUME, [2]) „ein Dreieck im Allgemeinen, welches weder
gleichschenklig noch ungleichschenklig ist, noch irgend eine
bestimmte Länge, noch Proportion der Seiten hat, zu denken."
In der That erscheint der Mensch im Allgemeinen in der
Form der Vorstellung immer nur als individueller, als der
Sohn des Diares, als Koriskos u. s. w. oder als eine Compilation
aus individuellen Qualitäten; [3]) das Individuelle gehört durch-

— ·

1) „Erfahrung" hat auch bei LOCKE zunächst rein sinnliche Bedeutung.
„Woher hat die Seele alle Materialien der Vernunft und der Erkenntniss?
Ich antworte darauf mit einem Worte: *from Experience*,' a. a. O. II, 1 § 2.
Während LOCKE hier mit dem Begriffe der Erfahrung noch eine Stufe tiefer
als Aristoteles geht, ist in andern Verbindungen der Gedanke nicht davon
ausgeschloßen: Die Erkenntniss der Substanzen, sagt er a. a. O. IV, 12
§ 10. vergl. § 12, können wir nur *by Experience and History* erlangen, —
eine Bedeutung, die bei KANT für die einzig zuläßige gilt. ·„Erfahrung besteht aus Anschauungen, die der Sinnlichkeit angehören, und aus Urtheilen,
die lediglich ein Geschäft des Verstandes sind,· Prolegom. zur Metaph. Ausg.
von ROSENKRANZ und SCHUBERT, S. 65 vergl. S. 60 ff. 57 f. Krit. d. r. Vernunft, dies. Ausg., S. 17. 69. 101 f. 112. 209 f. 671. 703.

2) An enquiry concerning human understanding: in den Essays and
treatises on several subjects, London 1770, III, p. 217.

3) Man wird sich hierbei erinnern, daß nach Aristoteles die Wahrnehmung von Vorn herein nur das Allgemeine an den individuellen Objecten

aus zur Natur der Vorstellung. Aber in allgemeinen Vorstellungen tritt das Individuelle gegen das Allgemeine zurück oder führt die Bestimmung mit sich, theils secundär und beziehungsweise ohne Belang, theils Vertreter des Allgemeinen zu sein; allgemeine sind insofern mehr oder weniger unbestimmte Vorstellungen. Wenn also die Bewegungen des Gleichartigen im centralen Organe immer wieder dieselben sind, und demzufolge durch jede wiederholte Wahrnehmung erneuert, daher markirter und kenntlicher werden, indess die Differenzen früher oder später wieder verschwinden, so verschwinden diese darum nicht völlig: eben weil allgemeine Vorstellungen, also zunächst die Erfahrung, die eine „außer" den vielen gleichartigen innern Erscheinungen, ohne individuelle Elemente unvollziehbar sind.

Alles wißenschaftliche Denken ist Zusammenwirken des leidenden und thätigen Nus. Wir denken nach Aristoteles nicht in bildlosen Namen, [1]) sondern im Gegentheile „nicht ohne Vorstellungen," „nicht ohne diesen — den leidenden Nus," „das Denkvermögen denkt die Formen in den Vorstellungen." Man hat in dieser Beziehung von „veranschaulichenden Denkbildern" oder „Schemata" gesprochen, deren der Nus für das „vermittelnde" Denken bedürfe. [2]) Von einer Beschränkung auf das vermittelnde Denken ist nirgends, wohl aber ausdrücklich davon die Rede, daß denkende Betrachtung (ὅταν τε θεωρῇ, κτλ.), d. h. wißenschaftliches, sowohl intuitives wie vermittelndes Denken, der Vorstellungen bedürfe, während der Ausdruck Schemata, je mehr er Epikurs Anticipationen (προλήψεις) und Kants Producten der reinen Einbildungskraft a priori entspricht, um so bestimmter das volle Missverständniss eines der wichtigsten Punkte der Aristotelischen Erkenntnisstheorie constatirt.

erfaßt; erst durch die Erfahrung oder das von den Spuren seiner Herkunft auf unmittelbare Weise (d. h. ohne Vermittlung der Reflexion) gereinigte (möglichst gereinigte) sinnliche Allgemeine vermittelt der leidende Nus das Bewußtsein des Einzelnen, inwiefern es Einzelnes ist.

1) Hegel, Encyclop. III, S. 347.
2) Brandis, Handbuch etc. II, 2. S. 1133 f. Geschichte der Entwickelungen der griech. Philos. I, S. 518.

In den schließlich mittels der Sinne erworbenen innern Erscheinungen erkennt der thätige Nus das Allgemeine: das Was war das Sein einem Objecte oder den gestaltenden und insofern schöpferischen Begriff. Die Vollzähligkeit unserer fünf Sinne ist die Möglichkeit der begrifflichen Erkenntniss aller Substanzen und Accidentien der uns umgebenden Natur; so ist jede der beiden erkennenden Seelen gewissermaßen an sich alles Objective, ferner aber auch die Grenze der sinnlichen Wahrnehmung zugleich die Grenze der wißenschaftlichen Erkenntniss. Auch das auf Vermittlung beruhende Erkennen oder das Denken durch den beweiskräftigen Schluß, weit entfernt, diese Grenze zu überfliegen, erschließt nur die Fülle derjenigen Bestimmungen, welche in der Erkenntniss des schöpferischen Begriffs an sich enthalten sind. [1] Die Begriffe nun sind theils unvermittelt, theils vermittelt, — unvermittelt, wenn sie ihren Grund in sich selbst haben. Dem unvermittelten, d. h. mittelbegrifflosen, keiner Argumentation bedürftigen Begriffe entspricht die Intuition, dem durch Beweis vermittelten Satze das Wißen. Beides, unvermittelter Begriff und durch Beweis vermittelter Satz, seinem Wesen und gegenseitigen Verhältnisse nach betrachtet, gibt den Begriff in der weitern Fülle seines Inhalts oder mit Allem, was ausdrücklich in ihm gesetzt und was nur an sich in ihm enthalten ist: den Begriff oder die Definition mit den „Accidentien an sich," — die reiche und volle Entwicklung der Sokratischen Grund-

---

1) So der Theorie nach. In der Praxis dagegen überfliegen die Deductionen des Aristoteles die Grenze des sinnlich Gegebenen, und führen aus dem diesseitigen in eine jenseitige Welt. Immer ist auch so die sinnliche Wahrnehmung in gewisser Weise Princip oder Ausgang des Wißens (ἐπεὶ δ' ὁρῶμεν τὸ ἔσχατον, ὃ κινεῖσθαι μὲν δύναται, κινήσεως δ' ἀρχὴν οὐκ ἔχει, καὶ ὃ κινεῖ μέν, ἵνα μὴ ἀναγκαῖον εἴπομεν, καὶ τὸ τρίτον εἶναι ὃ κινεῖ ἀκίνητον ὄν, phys. VIII, 5. 256 b 20 ff. Vergl. auch Pacius, Comm. analyt. zu de an. p. 409 sq., und Zabarella l. l. p. 890 sq.), aber es gilt, wofern die Schlußsätze solcher Räsonnements mehr als Meinung (vergl. εὔλογον a. a. O. b 23) zu sein beanspruchen, dann auch nicht mehr der Satz, daß, wo eine Wahrnehmung mangelt, auch ein Wißen mangele. Die Angriffe Baco's (Nov. organum scient. [opp. Francof. 1694] aphor. 54. 63 etc.) treffen in keiner Weise die Theorie des Aristoteles.

lage. [1]) Die Erkenntniss durch Intuition setzt entsprechende Vor-
bereitungen im Elemente der Vorstellung: für das Verhältniss eines
Schülers (μχθεῖν) vorläufige Angabe der Definition und Induction,
für das eigene Forschen (εὑρεῖν) vor Allem die nöthige Erfahrung
und auf dem Boden derselben ein doppeltes Verfahren voraus.
Das erste, welches in einem der Induction ähnlichen Aufsteigen
von Unten nach Oben besteht, bezweckt die Entdeckung oder
Sicherstellung der Gattung ; das andere bewegt sich umgekehrt
von Oben nach Unten und ermittelt die artbildenden Unterschiede : die Eintheilung. Erst wann der thätige Nus das
Allgemeine an und für sich erkannt, ist er im Stande, es im
ersten besten subsumirten Einzelnen wieder zu erkennen, oder,
was dasselbe ist, es in innern Erscheinungen der ersten besten,
wofern nur subsumirten Einzelsubstanz oder des ersten besten,
wofern nur subsumirten Accidens zu denken. [2]) Alle Erkennt-

---

1) ἐκεῖνος δ' (sc. Σωκράτης) εὐλόγως ἐζήτει τὸ τί ἐστιν. κτλ., metaph. XII,
3. 1079 a 23 f. 17 ff. C. 10. 1086 b 2 ff. I, 6. 987 b 1 ff. de part. an. I,
1. 642 a 28 f.

  2 Hier ist der Ort, die von Ritter ausgegangene, namentlich von
Zeller (a. a. O. S. 231 ff. 234. vergl. 262) vertretene und von Schwegler,
Metaph. III, S. 133, unterstützte Auffaßung, wonach die Aristotelischen Sätze,
daß die Einzelsubstanz das Wirkliche sei, und daß das Wißen auf das Allgemeine, nicht auf das Einzelne, jedenfalls aber auf Seiendes und Wirkliches
gehe, in einen Widerspruch ausschlagen, welcher das ganze System in den
Grundlagen erschüttere, übersehen und beurtheilen zu können. Der Punkt,
von wo aus diese Schwierigkeit gehoben werden zu müßen scheint, ist die
Bedeutung, welche dem Sein der Einzelsubstanz im Vergleich mit demjenigen Sein beigelegt wird, welches dem (strengen) Wißen entspricht. Wenn
nicht Alles täuscht, so verhält es sich damit anders, als hier angenommen wird.
Nicht die πρώτη οὐσία in der Bedeutung der Kategorien, nicht das Einzelne, sondern die πρώτη οὐσία in der Bedeutung der Metaphysik ist das im vollen Sinne
des Wortes Seiende und Wirkliche, — das Sein der wandelbaren und vergänglichen Einzelsubstanz nur Dasein. Die beiden Elemente der letztern
(des σύνολον, συνειλημμένον, σύνθετον, ἐξ ἀμφοῖν) sind die Form und der Stoff.
Von diesen ist das erste „mehr oder in höherm Grade Seiendes“
als das zweite (τὸ εἶδος τῆς ὕλης πρότερον καὶ μᾶλλον ὄν, metaph. VI, 3. 1029
a 5 f.), wie denn überhaupt jeder Grund und jede Ursache das, was sie sind,
in höherm Grade als ihre Folge und ihre Wirkung sind (analyt. post. I, 2.
72 a 29 f. vergl. metaph. I min., 1. 993 b 24 ff. IX, 7. 1057 b 4 ff. rhetor.
I, 7. 1364 a 10 ff.). Somit ist auch die Form oder das Allgemeine, weil
Grund und Ursache der Existenz des Einzelnen oder der Einzelsubstanz (s.

niss des Allgemeinen geht somit in letzter Instanz vom Einzelnen, dagegen der Beweis vom Allgemeinen aus. Sein allgemeines Wesen ist Vermittlung, seine Form mithin der Schluß
(die Lehre vom Schluße ist das eigenste Verdienst des Aristoteles [1])), sein Urprincip und Urgrund das Unvermittelte, jedoch nicht jedwedes, sondern der explicirte Begriff (die unvermittelte Definition) und das Axiom. Das Ur-Axiom, welches
allen übrigen und jedem Beweise ausdrücklich oder schweigend,
überhaupt aller Erkenntniss zu Grunde liegt, ist das Princip
des Widerspruchs. So beruht das Vermittelte auf dem Unvermittelten, die Wahrheit des Wißens auf der Wahrheit der
Intuition: das Unvermittelte ist gewisser und klarer, und daher
die Intuition, wie das Princip des Wißens, so zugleich die
höchste Erkenntniss. Die Realität und Wahrheit der Intuition
oder die Wahrheit der Erkenntniss des Was war das Sein
einem Objecte gründet formell in der dieser Kraft unmittelbar oder von Natur eigenen Tüchtigkeit, materiell in der an
sich wahren sinnlichen Wahrnehmung. „Keine Idee ist im
Geiste, bevor die Sinne sie in sich aufgenommen haben," [2])

---

o. S. 116 ff.) und früher als dieses (ὥστε εἰ τὸ εἶδος τῆς ὕλης πρότερον καὶ
μᾶλλον ὄν, καὶ τοῦ ἐξ ἀμφοῖν πρότερον ἔσται διὰ τὸν αὐτὸν λόγον, metaph. VI,
3. 1029 a 5 ff.), „mehr oder in höherm Grade Seiendes" als das Einzelne.
Inwiefern aber die Form, als Quelle des Seins, mehr oder in höherm Grade
Seiendes als die Einzelsubstanz, ist sie an sich selbst die οὐσία, d. h. die
πρώτη οὐσία (s. Abschn. II. S. 82, Anmerk. 2.), die erste, ursprüngliche Substanz, Substanz in einem gegen die Einzelsubstanz höhern Sinne, während
Stellen wie metaph. VI, 3. 1029 a 1 f.: μάλιστα γὰρ δοκεῖ εἶναι οὐσία τὸ
ὑποκείμενον πρῶτον (von den geradezu gegentheiligen Bestimmungen categ.
5 ganz zu schweigen), sich auf den gewöhnlichen Sprachgebrauch zu bezie-
ken scheinen (Bonitz ad h. l. comm. p. 300). Als letzter Quell des Seins
der Einzelsubstanzen ist die Substanz, dieses Identische in den verschiedenen
Exemplaren der Art (metaph. IV, 15. 1021 a 11. u. s. w.), oder das Allgemeine in diesem Verhältnisse ewig und unvergänglich (vergl. Abschn. I.
S. 42 f., Anmerk.) und somit auch unwandelbar und nothwendig: nun aber
ist dieses und nicht ein Sein wie das der Einzelsubstanzen das dem Wißen
entsprechende Sein.

1) περὶ δὲ τοῦ συλλογίζεσθαι παντελῶς οὐδὲν εἴχομεν πρότερον ἄλλο λέγειν
ἀλλ' ἤ, τριβῇ ζητοῦντες πολὺν χρόνον ἐπονοῦμεν. top. IX (de sophist. el.), 34.
184 b 1 ff.

2) Locke a. a. O. II. 1. § 23.

ist der allgemeine Satz, in welchem, bei aller Verschiedenheit, Aristoteles und Locke sich einmüthig die Hände
reichen.

Werden die ursprüngliche Leere des leidenden Nus und die
unbeschriebene Tafel, mit welcher der thätige verglichen wird,
auf das ethische Gebiet bezogen, so gilt nothwendig ein anderer
Satz Lockes: „keine angebornen praktischen Principien."

Beilage.
Keine angebornen ethischen Grundsätze.

Alle ethische Tüchtigkeit [1]) beruht auf einer gewissen
Naturanlage, Gewöhnung und Ueberlegung. [2]) Es genügt für
den praktischen Zweck der ethischen Untersuchungen, in der
Seele einen Ueberlegung besitzenden (λόγον ἔχον) und einen
überlegungslosen Theil (ἄλογον) zu unterscheiden. [3]) Jeder der
Beiden ist „doppelt.“ 1. Das Ueberlegungslose im Menschen
umfaßt A. das ernährende und B. das begehrende Vermögen
(ἐπιθυμητικὸν καὶ ὀρεκτικόν). Das letztere widerstrebt der Ueber-

---

1) ἀρετή, allgemein Tüchtigkeit, oppos. κακία; — vergl. phys. VII, 3.
246 a 13 ff. eth. Nicom. I, 13 fin. II. 5. 1106 a 15 ff. metaph. IV, 4. 1020
b 18 ff. C. 16. 1021 b 15. 17. 20. 22. C. 20. 1022 b 14. ἀρετὴ ἀποδείξεως,
analyt. post. I. 24. 85 a 22. ἀρετὴ σώματος, top. VII, 3. 153 b 10 u. s.
Vergl. eth. Eud. II, 1. 1218 b 37 ff.

2) ἀλλὰ μὴν ἀγαθοί γε καὶ σπουδαῖοι γίγνονται διὰ τριῶν. τὰ τρία δὲ ταῦτά
ἐστι φύσις ἔθος λόγος, polit. VII, 13. 1322 a 38 ff. vergl. VII, 15. 1334 b 6 f.
ZELLER a. a. O. S. 482 ff. und überhaupt diese ebenso klare als schöne
Darstellung des ganzen Systems von S. 468 ab.

3) eth. Nicom. I, 13. 1102 a 27 ff. vergl. I, 6. 1098 a 4 f. polit. VII,
14. 1333 a 16 ff. C. 15. 1334 b 17 ff. I, 1. 1254 a 28 ff. b 6 ff. metaph. VIII,
2. von Anf. C. 5. 1048 a 2 ff. — eth. Eud. II, 1. 1219 b 27 ff. 1220 a 8 ff.
C. 4 Anf. m. moral. I, 5. 1185 b 3 ff. C. 35. 1196 b 14 f.

Die oben excerpirte Stelle wird 1102 a 26 f. als eine Recapitulation aus
den ἐξωτερικοὶ λόγοι eingeführt. Ueber den Sinn dieser Worte sind STAHR,
Aristotelia II, S. 237 ff. 271 ff. und ZELLER a. a. O. S. 95 ff. 101 Anmerk.
zu vergleichen. Anders bezieht sie BERNAYS a. a. O. S. 30 ff. 91 ff. 164 f.,
für vorliegende Stelle S. 63 ff. 158. wogegen ROSE, Aristot. pseudepigr.,
p. 716 sq. (vergl. de Aristot. libr. ord. et auctor. p. 104 sqq.)

Der Frage nach der Trennbarkeit der einzelnen Seelentheile (s. Abschn.
I. S. 3. 57 f.), insbesondere nach dem Verhältnisse der Darstellung in der
Ethik zu de an. III, 9. 432 a 26 ff. wird durch die ausdrückliche Bemerkung: ταῦτα δὲ πότερον διώρισται κτλ. οὐθὲν διαφέρει πρὸς τὸ παρόν, 1102 a
28 ff., im Voraus begegnet.

legung, hat aber doch in gewisser Weise und zwar insoweit
Antheil an derselben, als es ihr gehorcht. Somit umfaßt II.
das Ueberlegung Besitzende A. das Vermögen der Ueberlegung
an und für sich (διττὸν ἔσται καὶ τὸ λόγον ἔχον, τὸ μὲν κυρίως καὶ
ἐν αὐτῷ), B. das gehorchende Ueberlegungslose. Unter diesem
Ueberlegungslosen werden Affecte (πάθη) wie Begierde, Zorn,
Furcht, Kühnheit, Neid, Huld, Liebe, Haß, Sehnsucht, Eifer-
sucht, Mitleid, überhaupt Alles, was Lust und Unlust im Geleite hat, verstanden. [1]) Tugend und Laster sind mit den
Affecten nicht identisch: denn Zorn und Furcht z. B. sind
ohne Vorsatz, die Tugenden aber gewisse Vorsätze oder nicht
ohne Vorsatz. [2]) Inwiefern solche natürliche Triebe wesentliche
Momente der Tugend sind, ist jede Charakterbeschaffenheit
gewissermaßen von Natur in uns vorhanden. Gewissermaßen
sind wir schon von Geburt an gerecht, weise, muthig u. s. w.,
aber nur so, wie derlei Beschaffenheiten auch Kindern und
Thieren zukommen. Da aber Kinder und Thiere nicht denken
(ἄνευ νοῦ), so geht es ihnen wie einem blinden Riesen, der bei
der ersten Bewegung zu Falle kommt. [3]) Tritt dagegen der
Gebrauch des Denkvermögens dazu, so wird aus der der
Tugend nur ähnlichen Beschaffenheit die eigentliche Tugend.
In diesem Sinne ist die natürliche ethische Tüchtigkeit von
der Tugend in der eigentlichen Bedeutung zu unterscheiden. [4])

---

1) eth. Nicom. II, 4. 1105 b 21 ff. (χάριν für χαράν mit ROSE, Aristot.
pseudepigr., p. 107.) rhetor. II, 1. 1378 a 20 ff. C. 12. 1388 b 33 f. III,
19. 1419 b 25 ff. (vergl. I, 10. 1369 a 1 ff. C. 11. 1370 a 18 ff.) eth. Eud.
II, 2. 1220 b 6 ff. 12 ff. m. mor. I, 7. 1186 a 12 ff.

2) eth. Nicom. II, 4. 1105 b 28 ff. 1106 a 2 ff. eth. Eud. II, 2. 1220
b 14 f.

3) eth. Eud. V (Nicom. VI), 13. 1144 b 4 ff. eth. Nicom. X, 10. 1179
b 29 ff. vergl. polit. I, 13. 1260 a 13 ff. 31 ff. ἔστω γὰρ ὁ ἄνθρωπος τῶν
φύσει σπουδαίων, eth. Eud. VII, 2. 1237 a 16. m. mor. II, 7. 1205 b 4;
ferner I, 35. 1197 b 37 ff. II, 1206 b 22 ff. Von den Thieren: histor. an.
I, 1. 488 b 12 ff. VIII, 1. 588 a 18 ff. IX, 1. 608 a 13 ff. C. 3 Anf. C. 44
von Anf. In Bezug auf die Freundschaft eth. Eud. VII, 2. 1236 b 6 ff.
1238 a 32 ff. — „Wie einem blinden Riesen:" Was das Sehen im Auge,
ist das Denken in der Seele; ὡς ὄψις ἐν ὀφθαλμῷ, νοῦς ἐν ψυχῇ, top. I, 17.
108 a 11. eth. Nicom. I, 4. 1096 b 28 f.

4) vergl. ἐπὶ τοῦ ἠθικοῦ δύο ἐστί, τὸ μὲν ἀρετὴ φυσικὴ τὸ δ' ἡ κυρία, καὶ
οὕτων ἡ κυρία οὐ γίνεται ἄνευ φρονήσεως. eth. Eud. V (Nicom. VI), 13. 1144
b 16 f. 3 f.

So wenig diese rein natürlichen Anlagen schon wahre
Tugenden, sondern für sich ebenso leicht auch das Gegentheil
davon sind, [1]) so wenig ist auch die Ueberlegung oder die
rechte Ueberlegung für sich selbst schon Tugend, aber wesentliches Moment. Keine Tugend ohne Ueberlegung. [2])
Aus dem, was die Natur dazu thut und aus der Ueberlegung entsteht das rechte Handeln. Aber Tugend ist wesentlich auch eine feste Beschaffenheit (ἕξις), eine Fertigkeit, die
aus Gewöhnung entspringt. Das dritte Element ist die Gewöhnung. [3]) Wie wenig hiernach von einer angebornen Tugend
die Rede sein kann, ergibt sich von selbst. [4])
Hat also der Mensch im Unterschiede vom Thiere Wahrnehmung oder Empfindung des Guten und des Schlechten, des
Rechten und Unrechten, [5]) so hat er sie nicht ohne voraus-
gegangene Erkenntniss des Allgemeinen, nicht ohne vorausge-
gangene Thätigkeit des niedern oder höhern Nus oder beider,
d. h. nicht ohne Erfahrung oder wißenschaftlichen Begriff, so
hat er sie mit Nichten von Natur. „Ein unmittelbares

---

1) z. B. οἱ δὴ περὶ ταῦτα πλεονέκται χαρίζονται ταῖς ἐπιθυμίαις καὶ ὅλως
τοῖς πάθεσι καὶ τῷ ἀλόγῳ τῆς ψυχῆς, eth. Nicom. IX, 8. 1168 b 19 ff.

2) λόγος, ὀρθὸς λόγος, φρόνησις. Vergl. ἡ κυρία (sc. ἀρετή) οὐ γίνεται
ἄνευ φρονήσεως. διόπερ τινές φασι πάσας τὰς ἀρετὰς φρονήσεις εἶναι, καὶ Σωκράτης
τῇ μὲν ὀρθῶς ἐζήτει τῇ δ' ἡμάρτανεν· ὅτι μὲν γὰρ φρονήσεις ᾤετο εἶναι πάσας
τὰς ἀρετάς, ἡμάρτανεν, ὅτι δ' οὐκ ἄνευ φρονήσεως καλῶς ἔλεγεν, eth. Eud. V
(Nicom. VI), 13. 1144 b 17 ff. vergl. b 35 ff. I, 5. 1216 b 2 ff. III, 1. 1230
a 6 ff. eth. Nicom. X, 8. 1178 a 16 ff. m. mor. I, 1. 1182 a 15 ff. 1183
b 8 ff. C. 20. 1190 b 28 ff. C. 35. 1198 a 2 ff. II, 3. 1199 b 38 ff. C. 6.
1200 b 25 ff. C. 7. 1206 b 22 ff.

3) ἡ δ' ἠθικὴ (sc. ἀρετή) ἐξ ἔθους περιγίνεται, ὅθεν καὶ τοὔνομα ἔσχηκε μικρὸν
παρεκκλῖνον ἀπὸ τοῦ ἔθους. ἐξ οὗ καὶ δῆλον ὅτι οὐδεμία τῶν ἠθικῶν ἀρετῶν φύσει
ἡμῖν ἐγγίνεται, eth. Nicom. II, 1. 1103 a 17 ff. οὔτ' ἄρα φύσει οὔτε παρὰ φύσιν
ἐγγίνονται αἱ ἀρεταί. ἀλλὰ πεφυκόσι μὲν ἡμῖν δέξασθαι αὐτάς, τελειουμένοις δὲ διὰ
τοῦ ἔθους. ἔτι ὅσα μὲν φύσει ἡμῖν παραγίνεται, τὰς δυνάμεις τούτων πρότερον
κομιζόμεθα, ὕστερον δὲ τὰς ἐνεργείας ἀποδίδομεν. ὅπερ ἐπὶ τῶν αἰσθήσεων δῆλον,
a 23 ff. 31 ff. X, 10. 1179 b 23 ff. eth. Eud. II, 2. 1220 a 39 ff. m. mor.
I, 35. 1198 a 1 f.

4) ... ἐθίζεται δὲ ὑπ' ἀγωγῆς τὸ μὴ ἔμφυτον [FRITZSCHE] τῷ πολλάκις
κινεῖσθαί πως οὕτως ἤδη τὸ ἐνεργητικόν. κτλ., eth. Eud. II, 2. 1220 b 1 ff.

5) τοῦτο γὰρ πρὸς τἆλλα ζῷα τοῖς ἀνθρώποις ἴδιον, τὸ μόνον ἀγαθοῦ καὶ
κακοῦ καὶ δικαίου καὶ ἀδίκου καὶ τῶν ἄλλων αἴσθησιν ἔχειν, polit. I, 2. 1253
a 15 ff.

Gefühl für Gut und Bös, Recht und Unrecht"[1]) ist kein
Aristotelischer Gedanke. Der Mensch erkennt in gewissen
Erscheinungen das Rechte und das Unrechte wieder, und nur
insofern oder accidentiell nimmt er das Eine und das Andere,
in derselben Weise aber auch Anderes, z. B. die Bevorzugung
in der Freundschaft wahr.[2]) Da aber, genau genommen, die
Wahrnehmung der äußern Thatsache nur secundär oder Vehikel der Gewahrung des Rechten und Unrechten ist, so kann
man auch sagen: „diese Wahrnehmung ist Denken."[3]) Die
Gemeinsamkeit des Vermögens, Recht und Unrecht u. s. w.
zu unterscheiden, gründet Familie und Staat.[4]) Insofern ist
der Mensch „von Natur ein politisches Wesen,"[5]) d. h. wie
die Bienen und andere Thiere auf Schwärme und Heerden, so
durch die Eigenthümlichkeit seines Wesens auf das Leben im
Staate angewiesen.[6])

Ferner wird die ungleiche Vertheilung der „natürlichen
Tugenden" unter Völker,[7]) Geschlechter und Lebensalter[8])
klar, ferner klar, was ein „Sclave von Natur"[9]) und ein
„Herr von Natur,"[10]) was eine „natürliche Freundschaft,"[11])
endlich, was das „gemeinsame" und „natürliche" im Unterschiede vom „eigenthümlichen" Gesetze,[12]) und das „natürliche"
im Unterschiede vom positiven Rechte ist. Der Unterschied
und Gegensatz des natürlichen und des positiven Rechts ist

---

1) Heyder a. a. O. S. 163, Anmerk. Vergl. S. 173, Anmerk.

2) μόνον γὰρ αἰσθάνεται (sc. ὁ ἄνθρωπος) τῆς προαιρέσεως, eth. Eud. VII, 2.
1236 b 6.

3) Abschn. V. S. 221 f. Anmerk.

4) polit. I, 2. 1253 a 18.

5) ἄνθρωπος φύσει πολιτικὸν ζῷον, a. a. O. a 2 f. vergl. a 7 f. III, 6. 1278
b 19. eth. Nicom. I, 5. 1097 b 11. VIII, 14. 1162 a 17 f. IX, 9. 1169 b 18.

6) φύσει μὲν οὖν ἡ ὁρμὴ ἐν πᾶσιν ἐπὶ τὴν τοιαύτην κοινωνίαν, polit. I, 2.
1253 a 29 f.

7) φυσικαὶ ἀρεταί, a. a. O. VII, 7. 1327 b 23 ff. III, 14. 1285 a 19 ff. l. l.
1253 b 9. C. 6. 1255 a 29. vergl. eth. Eud. VI (Nicom. VII), 1149 a 9 ff.

8) polit. I, 13. 1260 a 10 ff. oecon. I, 3. 1343 b 26 ff.

9) polit. I, 5. 1254 b 20 ff. C. 6. 1255 b 30. C. 13. 1260 a 12 u. s. w.

10) a. a. O. III, 6. 1278 b 34 u. s.

11) eth. Nicom. VIII, 16. 1163 b 24. C. 12. 1162 a 16 ff.

12) rhetor. I, 13. 1373 b 4 ff. C. 10. 1368 b 7 ff. C. 15. 1375 a 27 ff.

der Gegensatz dessen, was von unabänderlichen Verhältnissen, von der Natur der Sache gefordert wird, und des Willkürlichen. Das politische Recht ist theils natürliches (φυσικόν), theils positives (νομικόν), natürliches das, was überall dieselbe Geltung und Bedeutung hat und nicht darauf beruht, daß man so oder anders beschließt, positives das, was von Vorn herein ebenso gut so oder anders festgestellt werden konnte. [1]) Wenn nichtsdestoweniger alles Recht beweglich, d. h. veränderlich ist, [2]) so hat das natürliche nur seinem Wesen und Anspruche, nicht der Wirklichkeit nach überall dieselbe Geltung; es gehört in den Bereich jenes Möglichen, welches meistentheils (ὡς ἐπὶ τὸ πολύ) in die Wirklichkeit tritt. [3]) Von einer Veränderlichkeit des überall giltigen Rechts kann nur so die Rede sein, daß das an sich Rechte und das Bewußtsein davon nicht unmittelbar zusammenfallen. Wenn das, was der Masse als lustbringend erscheint, nicht von Natur so beschaffen ist, und nur Denen, die das sittlich Schöne lieben, das von Natur Lusterregende lusterregend ist, [4]) so ist das Verhältniss, von dieser Seite betrachtet, dasselbe. Es ist ja nicht Jedermanns Sache, in Jedwedem das Wahre zu sehen, sondern der Vorzug

---

1) eth. End. IV (Nicom. V), 10. 1134 b 18 ff. vergl. top. IX (de sophist. el.), 12. 173 a 7 ff.

2) παρ' ἡμῖν δ' ἐστὶ μέν τι (sc. δίκαιον) καὶ φύσει, κινητὸν μέντοι πᾶν ἀλλ' ὅμως ἐστὶ τὸ μὲν (sc. δίκαιον) φύσει τὸ δ' οὐ φύσει· ποῖον δὲ φύσει, καὶ ποῖον οὐ ἀλλὰ νομικόν καὶ συνθήκη, εἴπερ ἄμφω κινητὰ ὁμοίως, δῆλον. καὶ ἐπὶ τῶν ἄλλων τῶν ἐνδεχομένων καὶ ἄλλως ἔχειν (diese Umstellung mit MÜXSCHER, Quæst. etc. in Aristotelis eth. Nicom. spec., p. 86, und gegen jene von ANTON,· Doctrina de natura hominis ab Aristotele in scriptis ethicis proposita, Berol. 1852, p. 26,) ὁ αὐτὸς ἁρμόζει διορισμός· φύσει γὰρ ἡ δεξιὰ κρείττων, καίτοι ἐνδέχεται πάντας (MÜXSCHER a. a. O. p. 86 liest τινὰς; πάντας hat in m. mor. I, 34. 1194 b 33 eine Art von Beglaubigung sowie ferner die Consequenz und die Energie des Sinnes für sich;) ἀμφιδεξίους εἶναι, eth. Eud. IV (Nicom. V), 10. 1134 b 29 ff.

3) Man darf nicht glauben, sagt der Epitomator m. mor. I, 34. 1194 b 31 ff., daß das natürliche Recht niemals einer Veränderung unterliege; denn auch das, was von Natur ist, nimmt an der Veränderung Theil. Und die Veränderung ist kein Beweis, daß Etwas nicht von Natur sei: von Natur ist nemlich das, was meistentheils und die meiste Zeit hindurch so bleibt, wie die linke Hand die linke und wie die rechte die rechte. Vergl. Abschn. V. S. 253.

4) eth. Nicom. I. 8. 1099 a 11 ff.

des Tüchtigen; nur der tüchtige Mensch weiß das von Natur
Gute auch als solches anzuerkennen. [1])

Bei der Textstelle: [2]) „aber dennoch ist es z. Th. von
Natur, z. Th. aber nicht," corrigirt ZELL die richtige Ergänzung des Paraphrasten, „das Recht," in folgender Weise: [3])
*intelligendum potius videtur e praecedentibus χινητόν; aut cum
Mureto, Lambino plurimisque interpretibus nihil supplendum,
ut sensus sit: aliud natura nobis innatum est, aliud legibus
et consuetudine receptum.* [4]) Nicht einmal zu einem „Gleichsam" oder einer Art von Mittelweg ist ein Recht oder eine
Veranlaßung vorhanden. [5]) Was in der Seele ist, muß gelegentlich auch zum Bewußtsein kommen; das Kind müßte
ja richtigere Erkenntnisse haben als das reifere Alter, was der
Aristotelischen Lehre direct widerspricht. Das sinnliche Organ
der Mitte ist für allen und jeden Inhalt an die Wahrnehmung,
das wißenschaftliche Denkvermögen, der getrennte Nus, an die
innere Erscheinung, — der Mensch für sein ethisches Bewußtsein an das Leben im Staate gewiesen. [6])

---

1) τὸ δὲ τῇ φύσει ἀγαθὸν καὶ τῷ ἐπιεικεῖ, a. a. O. IX, 9. 1170 a 21 f. vergl.
a 14 f. III, 6. 1113 a 31 ff.

2) eth. Eud. IV (Nicom. V), 10. 1134 b 30.

3) Comm. zur Nikom. Ethik, p. 187.

4) Im Gefolge ZELL's befindet sich MÜNSCHER. *Neque enim obtemperatio-
nem legibus naturae,* sagt M. a. a. O. p. 87. Anmerk., *sed ipsas leges hominibus
insitas esse Aristoteles censet.*

5) *Natura curavit, ut leges quaedam essent naturales ingeneratae quasi
cuique homini,* ANTON, De hominis habitu naturali quam Aristoteles in ethicis Nicomacheis proposuerit doctrinam exposuit (Erfordiæ 1860), p. 16.

6) vergl. ἡ δὲ δικαιοσύνη πολιτικόν: polit. I, 1. 1253 a 37.

Verbeßerungen.

S. 37 Z. 9 v. O. denn anstatt „den".
S. 52 Z. 1 v. O. nach anstatt „noch".
S. 90 Z. 12 v. U. die äußere Existenz des wahrgenommenen Objects anstatt
„die Existenz des äußern Obj."
S. 114 Z. 3 v. U. Beleg anstatt „Beweis".